陽明年譜完本手稿

束景南　著

中

浙江大學出版社・杭州

監察御史劉天和謫金壇縣丞，三月政成，創金壇縣志，使來請序，為作金壇縣志序。

王陽明全集卷二十二金壇縣志序：「麻城劉君天和之尹金壇也，三月而政成。考邑之故而創志焉……志成，使來請序。吾觀之，秩然其有倫也，錯然其有章也……夫經之天文，所以立其本也；紀之地理，所以順其利也；參之食貨，所以遂其養也；綜之官政，所以均其施也；節之典禮，所以成其俗也；達之學校，所以新其德也；作之選舉，所以用其才也；考之人物，所以辨其等也；修之宮室，所以安其居也；通之雜志，所以盡其變也。故本立而天道可睹矣，利順而地道可因矣，養遂而民生可厚矣，施均而民政可平矣，俗成而民志可立矣，德新而民性可復矣，才用等辨而民治可久矣，居安盡變而民意不匱矣。修此十者以治，達之邦國天下可也，而況於邑乎？故曰：君子可以觀政矣。」

按：劉天和字養和，號松石，麻城人。王陽明全集於此序題下注「乙亥」作，乃誤。按國榷卷四十九：「正德九年正月戊子，監察御史劉天和謫金壇縣丞，王廷相贛榆縣丞。太監廖堂鎮陝西贖橫，屢裁之，被訐，下鎮撫獄。法司論贖，中旨謫降之。蓋廖堂厚結同輩，得其助也。是劉天和謫金壇縣丞在正德九年正月，三月政成，則在五月以後。

六月，與汪尚和遊歲寒亭，有詩贈別。

王陽明全集卷二十題歲寒亭贈汪尚和：「一覽紅塵夢欲殘，江城六月滿風湍。人間炎暑無逃遯，歸向山中臥歲寒。」

按：歲寒亭在南京瞻園，中山王徐達府邸，傳為宋元璋與徐達下棋處。「一覽紅塵夢欲殘」，蓋憑吊悼歎徐達也。汪尚和（字節夫）號紫峰，休寧人。程尚寬新安名族志前卷汪氏：「休寧，汊口……恒之子曰尚文，性孝，居父喪，寢地得腹疾而歿；曰尚忠，邑庠生；曰尚和，號紫峰，銳意聖學，師友王陽明、謝木齋、章楓山、湛甘泉、呂涇野，嘗創御溪書院。著有紫陽道脉錄、家訓八篇、蓄德錄、師友格言、存忍録、新安藝文志、汪氏足徵録」。按汪尚和與汪循同為休寧汪氏名族，汪循與王鴻臚有云「比者族弟尚和歸自南都，備道執事所以教誨之至」（汪仁峰先生文集卷四），陽明答書稱「首春令弟節夫往」，「鄙懷節夫當能道」，可見汪尚和字節夫，乃是汪循薦來南都受學，實亦陽明弟子也。

弟王守儉歸越，歌楚聲送別。

王陽明全集卷十九守儉弟歸曰仁歌楚聲為別予亦和之：

「庭有竹兮青青，上喬木兮鳥嚶嚶，妹之來兮，弟與偕行；竹青青兮雨風，鳥嚶嚶兮西東，弟之歸兮，兄誰與同？江雲闇兮暑雨，江波渺渺兮愁予。弟別兄兮須臾，兄

思弟兮何處？景翳翳兮桑榆，念重闈兮離居。路修遠兮崎嶇，沮風波兮江湖。山有洞兮洞有雲，深林窅窅兮澗道曛。松落落兮葛纍纍，猿啾啾兮鶴怨群。山之人兮不歸，山鬼晝嘯兮下上煙霏。風嫋嫋兮桂花落，草萋萋兮春日遲。葺予屋兮雲間，芫予圃兮溪之陽。驅虎豹兮無踐我藋，擾麋鹿兮無駭我場。解予綬兮鍾阜，委予佩兮江湄。往者不可追兮，嘆鳳德之日衰；將沮溺其耦耕兮，孰接輿之辟予。回予駕兮扶桑，鼓予枻兮滄浪。終攜汝兮空谷，採三秀兮徜徉。」

按：詩中所云「妹」指徐愛妻七妹，「弟」指王守儉。所謂「妹之來兮，弟與偕行」，當是指正德八年冬，徐愛偕妻赴南京兵部員

第1004頁

外郎任，王守儉護送隨行。至正德九年五月陽明亦至南京，得與徐愛夫婦及弟王守儉相處。不久王守儉即告歸越，詩云「江雲闇兮暑雨」，則別在六月也。

朱克明南宮試不第，遊南雍來受學，作贈言送歸蒙化。

陽明贈朱克明南歸言：「朱光霽，字克明，廉憲朱公之子也。嘗與其兄光弼從學於予，舉於鄉，來遊太學，已而歸省，請學之要。予曰：『君子之學，以變化氣質。其未學也，粗暴者也，貪鄙者也，虛誕者也，矜夸者也，輕

躁者也；及其既學，粗暴者變而為溫良，貪鄙者變而為廉介，虛誕者變而為忠信，矜夸者變而為謙默，輕躁者變而為重厚，夫然後謂之學。其未學也，猶夫人也；及其既學，亦猶夫人也，則亦奚貴乎學矣？于是勉夫！』光霽曰：『敢問何以知其氣質之偏而去之？』予曰：『手足之疾痛，耳目之聵昏，無弗自知也；氣質之偏，猶假於人乎弗思耳。故有隱淪於臟腑，潛泅於膏肓而不能自知者，非有名醫為之切脈觀色，酌之以良劑，蔑由濟矣。』曰：『有弗能自知也乎？』『弗思耳。吾語子以劑：溫良者，粗暴之劑也，能溫良則變其粗暴矣；廉介者，貪鄙之劑也

第1005頁

，能廉介則變其貪鄙矣；忠信者，虚誕之劑也，能忠信則變其虚誕矣；謙默者，矜夸之劑也，能謙默則變其矜夸矣；重厚者，輕躁之劑也，能重厚則變其輕躁矣。醫之言曰：「急則治其標，緩則治其本。」凡吾之言，猶治其標本者也。若夫科第之舉，文藝之美，子之兄弟有餘才也，吾固不屑為二子道也。吾所言五病，雖亦一時泛舉，然今之學者能免於是，亦鮮矣。」道經湖、貴，從吾遊者多，或有相見，其亦出此致勉勵之意。」（蒙化志稿卷八，蒙化府朱氏家譜卷首，陽明文集失載）

按：陽明此文後有朱應登跋云：「督學朱公應登跋之云：陽明仔送其門人朱子克明文，併所書二程語錄。淩溪子讀之，作而歎曰：「是道也，人有之，弗思耳矣。夫有之而弗思者，棄也；思之而不求其要者，是弗思也。」克明曰：「請問之。」淩溪子曰：「自不妄始。」李元陽贈別詩云：「乾坤落地一浮漚，江草江花又上樓。千里停雲誰命駕？百年舊雨得同舟。辭官不受一錢去，掛杖還尋五嶽遊。鷲嶺雞峰留不住，重來明歲又春秋。」淩溪子即朱應登，字升之，寶應人，弘治十二年進士，與陽明為同年。李元陽西安府同知朱公光霽墓志銘：「癸酉，領雲貴鄉薦，上南宮弗利。嘉靖壬辰，授重慶府通判……公生以弘治壬子，卒以隆慶庚午。」又蒙化府朱氏家譜中載有朱光霽作朱職墓表跋云：「先君仕至貴州按察使，正德癸酉乞休，召諸子光遠等，謂曰：「吾若身際國恩，與汝曹忝京官，俱獲進文階二品。」不幸辛巳詔下，翁已是夏殂……嘉靖六年歲次丁亥，孟春望日，孤哀子光遠、光弼、光霽泣血拜謹識。」據此，知先是正德八年朱職乞休歸，朱光霽遂在秋間舉鄉試；次年朱光霽赴南宮試不第，遂來遊南雍，受學於陽明，陽明乃作贈言送歸省。

七月，鄭一初卒於杭城，作祭文馳奠。

王陽明全集卷二十五祭鄭朝朔文：「維正德九年，歲次甲戌，七月壬戌朔，越十有六日丁丑，南京鴻臚寺卿王守仁馳奠於監察御史亡友鄭朝朔之墓：……辛未之冬，朝於京師，君為御史，余留銓司。君因世傑，謬予是資；予辭不獲，抗顔以尸。君嘗問余：「聖學可至？」余曰：「然哉！克念則是。」隱辭奧義，相與剖析，探本窮原，夜以繼日。君嘗問予：「昔迷今悟，昔陷多歧，今由大路。」嗚呼絕學，幾年於茲。孰沿就繹？君獨奮而。古稱豪傑，無文猶興，有如君者，無愧斯稱。當是之時，君疾已構，忍痛扶孱，精微日究。人或勸君：「盍亦休只？」君曰：「何哉？夕死可矣！」君遂疾告，我亦南行。君與世傑，訪予陽明。君疾亦篤，遂留杭城。天不與道，善類云傾……時予祖母，亦嬰危疾，湯藥自須，風江阻涉。君喪遂行，靡由一訣；扶櫬而南，事在世僕；負恨負愧，予復何說！……」

按：陽明此奠文末云「墓草再青，甫茲馳奠」，則鄭一初當卒在正德八年七月，陽明蓋周年祭奠也。歷來以為鄭一初卒在正德九年七月朔，乃誤。

泉翁大全集卷五十六紫坡子傳：「紫坡子者，潮之揭陽人也。名一初，字朝朔，世居於藍橋之里。魁辛酉鄉試，舉乙丑進士。授雲南道監察御史，告病歸，卒於杭，年三十有八。甘泉子曰：余與龔南村舊遊江門，為余道朝朔之為人。余故與朝朔同舉進士，視之信然。朝朔蓋口若不能道其詞，其志謹確，必有所不為。雖自謂賁育，莫能奪之矣。……朝朔不汲汲於富貴，廉介名節自勵，篤行孝友，得祖禰歡心。居喪，水漿不入。昆弟無私蓄，却請託千金而麾之，所謂作善非邪？及恬於進取，卜築讀書於紫陌山之麓六年，閉門却掃，足跡不至公室。及為御史矣，人皆揚揚，而獨首事陽明先生，以為自得師，棄其舊學而學之，彼誠所謂自求多福者邪？而甫登第，乃以病歸，歸而遭喪。喪免，遇瑾變法，去職。瑾誅而起，起為御史。為御未幾，又以病去，而客死夭扎。

湯粥不給，囊無斂資，於有司殯。……或曰：「朝朔歸柩甫及岸，而他舟覆於颶，略無存者，非平生積善之報乎？」或曰：「其長子大崑遊於庠，其仲大崙舉於鄉，未艾也，庶其見天之將定也已！」大崙從甘泉子遊，亦有志於學。太史公曰：「余觀紫坡子之為人，殆孔子所謂忠信者與？」……」

弟王守文來受學，為作立志說授之。

王陽明全集卷七示弟立志說：「予弟守文來學，告之以立志。守文因請次第其語，使得時時觀省；且請淺近其辭，則易於通曉也。因書以與之。夫學，莫先於立志。志之不立，猶不種其根而徒事培擁灌溉，勞苦無成矣。……

聖人之所以為聖人，惟以其心之純乎天理而無人欲，則我之欲為聖人，亦惟在於此心之純乎天理而無人欲耳；欲此心之純乎天理而無人欲，則必去人欲而存天理；務去人欲而存天理，則必求所以去人欲而存天理之方；求所以去人欲而存天理之方，則必正諸先覺，考諸古訓，而凡所謂學問之功者，然後可得而講……自古聖賢因時立教，雖若不同，其用功大指無或少異。書謂「惟精惟一」，易謂「敬以直內，義以方外」，孔子謂「格致誠正」、「博文約禮」，曾子謂「忠恕」，子思謂「尊德性而道問學」，孟子謂「集義養氣」、「求其放心」，雖若人自為說，有不可強同者，而求其要領歸宿，合若符契。何者？夫道一而已，道同則心同，心同則學同。其卒不同，皆邪說也。……」

按：王陽明全集於此文下注「乙亥」作，乃誤。按鄒守益王陽明先生圖譜：「正德九年甲戌夏，陞南京鴻臚寺卿。弟守文來學，作立志說。」王陽明全集卷二十有守文弟歸省携其手歌以別之云：「昨秋童蒙去，今夏成人歸。」此詩作於正德十年夏，是謂王守文正德九年秋來學，至正德十年夏歸去。

南京大理寺卿于鳳喈卒，為作墓志銘。

陽明于廷尉鳳喈墓志銘：「正德甲戌六月癸巳，南京大理寺卿于公卒。踰月，公弟自萊陽來奔喪，外姻及客之弔者畢至。乃舉殯歸葬，聚謀所以銘其墓者，求其家，唯詩文稿存焉，餘則罔有證。公子天錫踊且泣曰：『孤未即死，懵然喪迷。先君則又未嘗以公事言於家，莫可得知也。』公弟鳳喈泣曰：『吾先兄事吾父母，孝待吾友，吾知是而已，然猶不能舉其辭，他尚何知？』惟諸甥氏實圖公之壻孫肴曰：『吾聞諸公之為郎也，嘗雪久冤之獄，其人懷數十金以報，潛投公家而逸。公封其金於官，家人莫知也。』公廉若是，是可以銘矣。公之壻許仁曰：『公之守嘉興也，仁實從。嘗歲饑，流莩者日以千數，公發廩，量地遠近，授成法，使人分行屬縣大賑，活者八萬有餘

。』公仁惠若是，是可以銘矣。公諱鳳喈，字世和，世家登之萊陽。年十九，舉於鄉，連登進士，授行人。擢刑部員外郎、郎中，出知嘉興府，參政雲南，轉太僕寺少卿，遷南太僕卿，又陟大理卿。中外凡八遷，年三十載，壽五十三。……」（民國萊陽縣志卷三，陽明文集失載）

按：國榷卷四十九：「正德九年六月癸巳，南京大理寺卿于鳳喈卒。萊陽人，成化辛丑進士。勤敏，有治才。」于鳳喈與王華為同年，故王華、陽明與之早識，正德六年于鳳喈在嘉興府任上撰寫正德嘉興志補，即取陽明崇玄道院詩入志。正德九年陽明陞南京鴻臚寺卿，于鳳喈亦任南京太僕卿、大理寺卿，兩人關係更密，故于鳳喈子特來請陽明作墓志銘。志銘所及之人皆無考，唯許仁其人，弘藝録卷二十六有泉州府德化縣惠政記，謂許仁字元夫，號竹厓，杭州人。正德中鄉舉，知鄖城，調德化，政績甚著。調同安，罷去。許仁邃於經學，所論著皆折衷六經。

滁陽劉韶來受學，為作約齋說。

王陽明全集卷七約齋說：「滁陽劉生韶既學於陽明子，乃自悔其平日所嘗致力者泛濫而無功，瑣雜而不得其要也，思得夫簡易可久之道而固守之，乃以約齋自號，求所以為約之說於予。予曰：『子欲其約，乃所以為煩也，其惟循理乎！理一而已，人欲則有萬其殊。是故一則約，

萬則煩矣。雖然，理亦萬殊也，何以求其一乎？理雖萬殊，而皆具於吾心；心固一也，吾惟求諸吾心而已。求諸心而皆出乎天理之公焉，斯其行之簡易，所以為約也已。……然而世之知約者鮮矣。孟子曰：「學問之道無他，求其放心而已。」其知所以為約之道歟？吾子勉之！吾言則亦以煩。

方鵬服闋，陞南京刑部主事，作矯亭說贈之，方鵬有答書。

陽明矯亭說：「君子之行，順乎理而已，無所事於偏。偏於柔者，矯之以剛，然或失則傲；偏於慈者，矯之以毅，然或失則刻；偏於奢者，矯之以儉，然或失則隘。凡矯而無節，則過；過則復為偏。故君子之論學也，不曰矯，而曰克，克以勝其私，無過不及矣。矯猶（未）免於意、必也，意、必亦私也。故言矯者，未必能盡克己也。矯而復其理，亦克己之道矣。行其己之實，而以矯名焉，何傷乎？古之君子也，其取名也廉；後之君子，實未至而名先之，故不曰克而曰矯，亦矯世之意也。秋卿方君時（舉）以『矯』名亭，嘗請家君為之說，輒為書之。」（陽明矯亭說手迹，今藏上海博物館）

按：汪陽明全集卷七有矯亭說，題下注「乙亥」，蓋後來改定稿。此所引上海博物館藏矯亭說手迹，乃陽明手書原稿，

第1012页

嘗刻入王文成公書矯亭說真迹（光緒戊申秋仲颿山草堂石印），題云：「係陽明先生代其父海日公作，而陽明先生之手書也。」實則此矯亭說原為王華作，陽明書之贈方鵬；至正德十年修改定稿，遂為己作。方鵬之請王華作矯亭說，蓋因王華為方鵬座主，弘治十四年應天府鄉試嘗親自取錄方鵬（見前考）。按方鵬自撰矯亭方公鵬生壙志：「正德戊辰，與母弟鳳同舉，進授高等。任南京禮部主事，丁外艱。服闋，改南京刑部，陞員外郎、郎中，丁內艱。服闋，改南京職方道。聞逆藩之變，兼程赴難……」方鵬任南京刑部主事、員外郎、郎中在正德九年前後，而陽明亦於正德九年五月至南京鴻臚寺卿任，故可知此文約作於正德九年五月以後。（方鵬時猶在南京刑部任，故稱其為「秋卿」。）或因是文寫漏「未」、「舉」等字，又對「矯」字論述不圓（似講「克」而否定「矯」），故於次年再重寫矯亭說予方鵬（此即收入集中之矯亭說），蓋為贈方鵬丁內艱歸居也。

矯亭在崑山，矯亭存稿卷三有矯亭箴：「予有六病，傷生伐性。有善醫者，曰矯斯性。柔則矯之以和，狂則矯之以敬，褊則矯之以容，躁則矯之以靜，露則矯之以默，懦則矯之以勁。但當矯以就中，不可矯而過正。守一字之秘方，來百福之類應。」王華、陽明皆反其意而用之，隱有以「克」代「矯」之意矣。

矯亭存稿卷四與王陽明：「昨承雄文賜教，非造理精到，用工純熟，必不能吐詞落筆謹嚴正大若是其至也！某惟

第1013页

凡民之生，有幸與不幸存焉，使黃叔度幸而生於聖人之世，惡知其不為顏子、游、夏之徒？不幸而不游於聖人之門，惡知其不為後世之文人而已也？徐君警敏之質，固自夙成，而又得執筆為之師友，日夕與之游處，以潛養而默成之，雖欲不為閒人，不可得也。某自蚤歲沒溺於科舉無用之學，及其長也，昏迷頹惰，至於衰病而將老矣，雖欲不為庸人，亦不可得也。然得執事緒論，雖多未能卒解，非躬詣而面質之，恐有記錄傳聞之誤。謹俟請告。家居，則趨侍有日矣。不備。」

八月，族太叔王克彰歸餘姚，作詩送之，別後致書論學。

王陽明全集卷二十別族太叔克彰：「情深宗族誼同方，消息那堪別後荒。江上相逢疑未定，天涯獨去意重傷。身閑最覺湖山靜，家近殊聞草木香。雲路莫嗟遲發軔，世途崎曲盡羊腸。」

同上，卷二十六與克彰太叔：「別久缺奉狀，得詩，見邇來進修之益，雖中間詞意未盡純瑩，而大致加於時人一等矣。願且玩心高明，涵泳義理，務在反身而誠，毋急於立論飾辭，將有外馳之病。所云『善念纔生，惡念又在』者，亦足以見實嘗用力，但於此處須加猛省，胡為而若此也，無乃習氣所纏耶？自俗儒之說行，學者惟事口耳講習，不復知有反身克己之道。今欲反身克己，而猶狃於口耳講誦之事，固宜其有所牽縛而弗能進矣。夫惡念者，習氣也；善念者，本性也。本性為習氣所汨沒者，由於志之不立也。故凡學者為習所移，氣所勝，則惟務痛懲其志，久則志亦漸立，志立而習氣漸消。學本於立志，志立而學問之功已過半矣。此守仁邇來所新得者，願毋輕擲。若初往年亦常有意左、屈，當時不暇與之論，至今缺然。若初誠美質，得遂退休，與若初了夙心，當亦有日。見時為致其意，務相砥勵以臻有成也。人行，遽不一一。」

按：別族太叔克彰一詩，在王陽明全集置於正德九年詩中。與克彰太叔云「〈立志〉此守仁邇來所新得者，願毋輕擲」，即指陽明為王守文作立志說，故可知陽明送別王克彰歸餘姚當在正德九年八、九月中。疑王克彰與王守文在七月同來南都受學，一月而歸，「新得者」，蓋去七月不遠也。

王克彰，錢德洪於與克彰太叔下題云：「克彰號石川，師之族叔祖也。聽講就弟子列，退坐私室，行家人禮。」可見王克彰雖為太叔，亦是陽明「弟子」也。按陽明太叔輩中，有王世昌生四子：王瑞、王臣、王澤、王豪，疑王克彰即此王瑞。王陽明全集卷二十六另有又與克彰太叔，作於正德十五年，可見陽明與王克彰關係尤密。

九月，南京兵部主事路迎北上入京，有書贈之。

陽明與路賓陽書一：「賓陽質美近道，固吾素所屬望。昨行，必欲得一言，此見賓陽好學之篤，然淺鄙之見平日已為賓陽盡之矣。君子之學，譬若種植然，其始也，求佳種而播之，沃灌耘耔，防其淺收，去其蟊螣，暢茂條達，無所與力焉。今嘉種之未播，而切切然日講求於苗秀實獲之事，以望有秋，其於謀食之道遠矣。賓陽以為何如？北行見甘泉，遂以此意質之。外書三紙，煩從者檢入。守仁頓首，賓陽司馬道契文侍，九月八日。餘空。」（玉虹鑑真續帖卷八王守仁與賓陽司馬書四通，陽明文集失載）

按：國朝獻徵錄卷三十九有兵部尚書路公迎傳略：「路迎，字賓陽，汶上人。舉正德戊辰進士，授南京兵部主事。與堂邑穆孔暉、武城王道同師事王守仁，專務講學，以相切劘。累至本部郎中，歷知襄陽、松江、淮安三府。」路迎正德七年以來一直任南京兵部主事，陽明此書所言「司馬」，即指路迎任南京兵部主事。按湛甘泉正德九年在京任職，正德十年丁憂回西樵，由此可知陽明此書必作在正德九年九月。由書中言「淺鄙之見平日已為賓陽盡之」，可見陽明與路迎在南京多有講論，即傳所云「專務講學，以相切劘」也。

泉翁大全集卷十五贈兵曹路君賓陽還南都序：「古之為道也，渾渾爾也；今之為道也，斷斷爾也。夫道，天下之公，四達之達也。今夫適道，自東至者，或以西至為非，而不知亦猶西之視東也，其可乎？自南至者，或以北至為非，而不知亦猶北之視南也，其可乎？夫自達觀大道者，其至一爾，故言有殊立而無殊理，行有異入而無異至。古之學者，傳而不議，行而致同。色相受也，意相傳也，善相觀也，和相飲也，德相化也，殊途而同歸，百慮而一致，故曰渾渾爾。夫道，一而已矣。視聽言動，皆心也。情性微顯，同原也；內外動靜，一理也。是故知而至之存乎智，默而成之存乎德，化而裁之存乎義，體而盡之存乎心，溥而通之存乎公，遁而無悶存乎蘊，誘而相之，正而不岐，存乎師友。故夫斷斷者各就其方，自其私見言之，未睹乎大道者也。吾友路君賓陽宦學於南都，志篤而行確，與甘泉子相遇於金臺，今歸而南也。南中多學者，然吾懼其斷斷，故有以贈賓陽，庶聞吾言者，斷斷之説或息。斷斷之説不息，渾渾之道不見。」

按：「金臺」指北京。此序即路迎北上入京見湛甘泉後，湛甘泉送其南歸所作，蓋亦意在答陽明書問也，故後陽明見其序，又特為作跋以答之（見下）。

舫齋李貢遣人送書文來，有答書。

陽明致舫齋書：「侍生王守仁頓首啟舫齋先生尊丈：執事去冬教後，隨作一書，申數年闊闊之懷。臧价行促，不及奉。自是俗冗相仍，其書留至今夏，修緝敝寓，始失之。心雖懸懸，而求諸形迹之間，則失禮實甚，惶懼，惶懼！令尊久寓寺中，亦不之知，偶逢僧人道及，將往訪，適又趨庭自通，還辱過布盛情，知尚未棄絕，不任喜愧。又承教墨，重以雄筆，益增悚荷。公素厚德長者，寧復以此責人？顧自不能為情，聊言之耳。雄作熟翫數過，極典重渾密，真金石之文，非諳歷久，涵蓄厚，不能有此，別有聲光照人耳目者，不得論，至於精微所造，於此亦復少窺一二，受教多矣！守仁南竄後，流離道途，舊業廢盡，然亦自知無外於身心，不復念惜，一二年來稍有分寸改圖之志，迺無因請正於有道，徒耿耿也。人還，先謝簡寬之罪，所欲求正，願得繼是請，伏惟尊照。侍生守仁載拜，伯安九月廿八日。餘空。」（葛嗣浵愛日吟廬書畫續録卷二王守仁張璁行書尺牘合册，陽明文集失載）

按：前考「舫齋」即李貢，字惟正，蕪湖人，卒於正德十一年。

書所云「執事去冬教後」，指正德八年冬十月陽明由越赴滁州任，途經蕪湖與李貢一見，可見陽明此書作在正德九年九月廿八日。書所言「令尊久寓寺中」，乃指李貢父李永，字懷永，號恒齋（見太平府志）。

黃綰紫霄山中草庵並二亭建成，寄書及詩來告。

黃綰集卷十八寄陽明先生書二：「辱教，知近況，甚慰。甘泉有書，云其鄉士風之薄，難以久居。綰謂士風之薄，實與吾學無妨，且吾人出處以義，豈因士風之薄為之進退！綰之居鄉，亦甚不易，今亦自孚。近於山中構一庵，更結二亭，各標尊號，以俟二君子共之。偶成小詩數首，敢録請教。」

同上，卷七紫霄懷陽明甘泉二首：「我庵新構紫霄間，萬壑松煙翠自環。却憶曾盟騎鶴侶，兩京寥落幾時還？草庵初與兩亭完，二妙高明落此山。怪我蒲團終日望，天涯人遠掩松關。」吾廬：「寒山過雨青猶潤，野樹經霜葉已疏。日暮誰歌紫芝曲，台雲深處是吾廬。」

按：黃綰草庵成於深秋九月。黃綰集卷十八有寄湛甘泉書二云：「元忠遞至金華書，聞太夫人壽履康健，尤慰。仍奉北上，固知非先生之得已。古有迹溷衆人之中，心超萬物之表，此理在人自知，毫釐之間，天壤懸隔，亮不在喋喋。承喻鄉族難處，敝鄉尤甚。綰方喜於此鍛煉，不知久當何如？叔賢謂陽明此時不宜仕，論恐未瑩。君子出處，何必盡同？但要此心終無不同耳。」即黃綰此寄陽明先生書二所云「甘泉有書，云其鄉士風之薄」。

十月，諸陸往遊嶽麓，有詩送別。

陽明別諸伯生：「予妻之姪諸伯生將遊嶽麓，爰訪舅氏，酌別江滸，寄懷於言。

風吹大江秋，行子適萬里。萬里豈不遥，眷言懷舅氏。朝登嶽麓雲，暮宿湘江水。湘江秋易寒，嶽雲夜多雨。遠客雖有依，異鄉非久止。歲宴山陰雪，歸棹正遲爾。

正德甲戌十月初三日，陽明居士伯安書於金陵之靜觀齋。至長沙見道巖，遂出此致意也。」（中國歷代書法大觀（上），真迹原件今藏臺北故宮博物院，陽明文集失載）

按：陽明娶介庵諸讓之長女為妻，故與諸氏家族關係甚密。大致諸讓生子諸緝（用明），諸緝生子諸陸（伯生）。前考諸偁正德九年正月以部運過金陵，疑諸陸乃與諸偁同來金陵，留至十月遂往遊嶽麓。道巖為長沙一禪僧，黃虞稷千頃堂書目卷二十八著錄：「道巖玉峰集，字魯訥。」知道巖字魯訥，號玉峰。在正德九年以前，陽明唯在正德三年赴貴州龍場驛時嘗經過長沙，陽明與道巖相識即在是年。郭良翰問奇類林卷九載陽明題靜觀樓：「放一毫過去非靜，收萬物回來是觀。」此靜觀樓即靜觀齋，此是對陽明「靜觀」思想之最好解說。

十一月，馬一龍自京師歸溧陽，經南都，投刺來受學。

馬一龍玉華子游藝集卷一南都謁陽明先生小刺：「王生勉之退，與某遇大中橋，欲分以進。頭忽觸風，想作痛，不能俱再力某來見二三矣，豈知識來有此心哉？家君舊有門下之愛，某亦通家愚小子也。昔者互鄉，猶得將命，恃此冒味以干下執事者，伏候次入跪而請益焉。」

按：馬一龍父馬性魯為陽明門人（見前考），故書稱「家君舊有門下之愛」。所謂「昔者互鄉，猶得將命」，是說當初王性魯即已面命馬一龍受學於陽明，故稱「某亦通家愚小子」。李春芳南京國子監司業孟河馬公一龍墓志：「公名一龍，字負圖，號孟河，別號玉華子，溧陽人也。……碧溪公性魯，正德辛未進士，授兵科給事中……許孺人生於河東之里，以有龍祥，因名『龍』。性資穎異，垂髫能詩，讀尚書輒解。聲牙語長，而博綜群籍，涉獵諸子百家。詩類太白，文類莊、孟。恥模擬前人糟粕，故所作直寫胸中所自得，意趣天然。尤精書法，作字懸腕運肘，落管如飛，頃刻滿幅，縱橫闔闢，惟意所向，初覽若不可辨，細玩則條理脉絡具可尋識，非苟然者，謂懷素以後一人。」大中橋在南京，一名白下橋，地處六朝白下城之東門。按玉華子游藝集卷十七有考妣年譜云：「正德九年甲戌，考四十六歲，在兵科……妣四十五歲，家居。命不肖仍事舊師，增廣館穀，集章儒之有聲名者，相與麗澤。是年春，不肖冠。冬，治裝歸。」是正德九年冬馬一龍自京師歸溧陽，蓋是受父命來南都受學於陽明。後其在竹居薛先生文集序中云：「當世道學之宗，有陽明王公者。其後門人，吾所交游，王龍溪畿、錢緒山德洪傳於越州，歐陽南野德、鄒東廓守益傳於洪州，二薛中離侃、竹居僑傳於廣州。天下一時倡明斯道，賢士大夫以致良知為學，而得所見性真道體……」（玉華子游藝集卷二十四）隱然以陽明早年弟子自居。

又石渠寶笈三編第一〇七八册延春閣藏四十元明書翰著錄陽明與諸門人夜話行書手迹，下有馬一龍題詩云：「昔有籠鵝客，今當問字人。出詞天地合，說法鬼神驚。禮樂宗三代，簪纓重萬鈞。吾儒全屬望，斯教邁群倫。

題王夫子卷後，史氏馬孟河。」奉陽明為「夫子」，更自認為陽明弟子矣。

十二月，六合縣儒學重修成，為作記。

王陽明全集卷二十三重修六合縣儒學記：「六合之學，敝久矣。……正德甲戌，縣尹安福萬廷珵氏既和輯其民，始議拓而新之。維時教諭長興徐丙氏來就圯舍，日夜砥新厥士，尹因謂曰：『子為我造士而講肄無所，斯吾責，何敢不力？顧兵荒之餘，民不可重困，吾姑日積月累而徐圖焉，其可乎？』……提學御史張君適至，聞其事而嘉之，衆益趨以勸。十月辛卯，尹乃興事……修大成殿，修兩廡神廚；庫前為戟門，又前為櫺星門，又前為泮宮，坊皆以石；殿後為明倫堂，為東西齋，又後為尊經閣；明倫堂之左為三廨，以宅三師，前區三圃，圃前為名宦祠，又前為鄉賢祠，又前為崇文倉；明倫堂之右為致齋所，又右為饌房，又右為射圃，而亭其圃之北，曰『觀德』；致齋之外為宰牲所，又前為六號。凡為屋百九十有七楹。十二月丁巳，工告畢役，未逾時也。……吾聞徐諭之教六合，不數月而士習已為之一變。使由此日遷於高明廣大，以洗俗學之陋，則夫興起聖賢之學以為天下之倡者，將又不在於六合之士邪！」

一五一五 正德十年 乙亥 四十四歲

春正月，與南京吏部侍郎石瑤游雞鳴寺，登憑虛閣，有詩唱酬。

王陽明全集卷二十登憑虛閣和石少宰韻：「山閣新春負一登，酒邊孤興晚堪乘。松間鳴瑟驚棲鶴，竹裏茶煙起定僧。望遠每來成久坐，傷時有涕恨無能。峰頭見說連閶闔，幾欲排雲尚未曾。」

按：憑虛閣在雞籠山雞鳴寺，呂柟憑虛閣記略：「憑虛閣在雞鳴山之陽，山高三十丈餘，而閣駕出其上。國初，

建佛寺，以崇寶志公祠事，茲閣未有。宣德間，始構焉。而規制弱小。至成化中，已垂敝矣。時吾鄉康敏白公來尹茲土，乃廣之，為間凡五，軒豁爽塏，迄今屹然。緣崖插壁，平臨木杪，俯看山麓，空聳若寄太虛然。」（金陵梵剎志卷十七），故登憑虛閣實即游雞鳴寺也。「少宰」指吏部侍郎，國榷卷四十九：「正德十年五月戊戌，南京吏部左侍郎石瑤為禮部右侍郎。」由此可以確知陽明此詩作於正德十年春正月。

監察御史淩相將葬其母，來請母銘，為作墓志銘。

王陽明全集卷二十五淩孺人楊氏墓志銘：「……孺人之夫為封監察御史淩公石巖諱雲者也。……子僉憲相，予同年，賢也；地官員外郎楷，又賢也。孺人之慈訓存焉，相

嘗為予言：「孺人之賢，十餘年矣。」與今石巖之狀同也。吾鄉之士遊業於通者以十數，稱通之巨族以淩氏為最，淩氏之賢以石巖為最，則因及於孺人之內助，其所稱舉與今之狀又同也。……孺人之生以正統丁卯十二月九日，卒於正德癸酉十一月九日，壽蓋六十七。男四：長即相；次即棋，早卒；次即楷；次栻。……相將以乙亥正月內丙寅附葬孺人於祖塋之左，而格於其次，乃以石巖之狀來請銘，且問葬……予曰：「附也，則祖為之尊，左陽右陰也。陽兼陰而主變者也，陰從陽而主常者也。陽在左則居左，而在右則居右；陰在左則從左，而在右則從右。其虛右而從左乎？」於是孺人之葬虛右而從左。」

按：淩相字忠甫，號芹溪，南通州人，與陽明為同年。明清進士錄：「淩相，弘治十二年三甲六十五名進士。南通州人，字忠甫。知沂水縣，治聲大起，徵拜御史。擢廣東兵備僉事，討平惠湖亂。官終湖廣巡撫。弟楷，中正德進士。」「淩楷，正德三年二甲一百零四名進士。南通州人，字端甫。官戶部主事，監稅江西，性剛直不阿。終戶部郎中。」按崔桐淩公相墓志銘：「登己未進士，授山東沂水知縣……尋擢南京廣西道監察御史……辛未，遷廣東按察司僉事……丁丑，以內艱。……」是正德六年以後淩相一直在南京任職，與陽明當多有交往。

二月，湛甘泉丁母憂，扶柩南還至南京，陽明逆吊於龍江關，兩人辯論「格物」，陽明進呈大學古本及格物諸說，論盡心一章。時陳九川適來問學，亦會於龍江關。

王陽明全集卷二十五湛賢母陳太孺人墓碑：「湛子之母卒於京師，葬於增城。陽明子迎而吊諸龍江之滸，已，湛子泣曰：『若水之辱於吾子，蓋人莫不聞。吾母歿而子無一言，人將以病子。』陽明子曰：『名者，為之銘矣；表者，為之表矣。某何言？雖然，良亦無以紓吾情。吾聞太孺人之生七十有九，其在孀居者餘四十年，靖嚴潔如一日。既老，雖其至親卑幼之請謁見之，未嘗踰閾也，不亦貞乎！績麻舂粱，教其子以顯，嘗使從白沙之門，曰：「寧學聖人而未至也。」不亦知乎！恤其庶姑與其庶叔，化厲為順，撫孤與女，愛不違訓，不亦慈乎！已膺封錫，祿養備至，而縞衣疏食，不改其初，不亦儉乎！貞知慈儉，老而彌堅，不亦賢乎！請著其石曰「湛賢母之墓」。』湛子拜泣而受之。既行，人曰：『湛母之賢，信矣。若湛子之賢，則吾猶有疑焉。湛子始以其母之老，不試者十有三年，是也。復出而取上第，為美官，則何居？母亦老矣，又去其鄉而迎養，既歸復往，卒於旅，則何居？』陽明子曰：『是烏足以疑湛子矣！夫湛子純孝人也，事親以老於畎畝，其志也；其出而仕，母命之也；其迎之也，母欲之也；既歸而復往，母泣而強之也，是能母從乎？無大拂於義，將東西南北之惟命。彼湛子者，亦豈以之譽毀於外者，以易其愛親之誠乎？」曰：「湛子而是，則湛母非歟？」曰：「爲足以非湛母矣！夫湛父之早世也，屬其子曰：『必以顯吾世。』故命之出者，行其夫之志也；就之養者，安其子之心也；強之往者，勉其子之忠，以卒其夫之願也。昔者孟母斷機以勵其子，蓋不歸者幾年，君子不以孟子爲失養，孟母爲非訓。今湛母之心亦若此，而湛子又未嘗違乎養也。故湛母，賢母也；湛

第1028页

子，孝子也。然不免於世惑，吾雖欲無言也，可得乎？」」

按：王陽明全集於是碑文題下注「甲戌」作，乃誤。按湛甘泉母卒於正月三十日，湛甘泉扶柩南歸至南京約在二月底。

湛甘泉陽明先生墓志銘：「又明年，甘泉子丁憂，扶母柩南歸。陽明公時爲南大鴻臚，逆吊於龍江關。」（王陽明全集卷三十八）　奠王陽明先生文：「遭母大故，扶柩南歸。迓吊金陵，我戚兄悲。」（王陽明全集卷四十）

王陽明全集卷四答甘泉：「……向在龍江舟次，亦嘗進其大學舊本及格物諸說，兄時未以爲然，而僕亦遂不復強聒者，知兄之不久自當釋然於此也。乃今果獲所願。」

泉翁大全集卷八先次與陽明鴻臚：「……昨承面諭大學格物之義，以物爲心意之所著，荷教多矣。但不肖平日所以受益於兄者，尚多不在此也。兄意只恐人舍心求之於外，故有是說。不肖則以爲人心與天地萬物爲體，心體物而不遺，認得心體廣大，則物不能外矣。故格物非在外也，格之致之之心又非在外也，於物若以爲心意之著見，恐不免有外物之病。幸更思之。」

傳習錄卷下：「正德乙亥，九川初見先生於龍江，先生與甘泉先生論格物之說，甘泉持舊說。先生曰：『是求之於外了。』甘泉曰：『若以格物理爲外，是自小其心也。』九川

第1029页

甚喜舊說之是。先生又論盡心一章，九川一聞却遂無疑。後家居，復以格物遺質先生。答云：『但能實地用功，久當自釋。』山間乃自錄大學舊本讀之，覺朱子格物之說非是，然亦疑先生以意之所在爲物，『物』字未明。」

羅洪先明水陳公九川墓誌銘：「乙亥，師陽明公於虔（按：誤，當作南都龍江），有所聞，盡火舊所爲周易、春秋、詩、禮諸書。」（國朝獻徵錄卷三十五）

洪垣湛甘泉先生墓志銘：「乙亥二月，丁母憂……初爲體認天理，後覺有未盡，復加『隨處』二字，動靜物我內外始終無起處，亦無止時，與陽明先生『致良知』之說交證於天下。先生嘗曰：『吾之所謂「隨處體認天理」者，格物爾，即孔子「求仁」、「造次顛沛必于是」、曾子所謂「仁以爲己任，死而後已」者也。孔子稱顏子好學，曰：「不遷怒，不貳過。」

都在心性上用功，則古人所謂學者可知矣。豈若後儒尋行數墨，如春蠶作繭絲一層，即自蔽一層，甃甃焉不知天地四方，為可哀也。」又曰：「造次顛沛不違，欲人於本上用，貫通只一理。若無此本，只於制行上便了，則必信必果者，夫子何以謂之小人？孟子何以有由仁義行、非行仁義之辨？……」又曰：「人心與萬物為一體，心體物而不遺。認得心體廣大，則物不能外矣。格物非在外也，格之致之之心不在外也。」故答陽明先生書云：「物者，天理也。即『言有物』、『舜明於庶物』之『物』，即道也。格則造詣之義，格物即造道也。知行並進，博學審問慎思明辨篤行，皆所以造道也。意身心一齊俱到，誠正修功夫皆於格物上用了。……」

是月，烏思藏使者綽吉我些兒請其徒為正副使，還居烏思藏，如大乘法王例入貢，並請國師，設廣茶。陽明疏論不聽，南京給事中潘棠再抗辯，被罷，陽明有詩送歸武陵。

國榷卷四十九：「正德十年二月丁酉，保安寺大德法王綽吉我些兒，本烏思藏使者，以秘術得幸，出入宮禁。至是請其徒領占綽節兒、綽供劄失還居烏思藏，如大乘法王例入貢，且請國師，設廣茶。禮部尚書劉春言：『烏思藏在西遠，性頑獷，雖設闡教王、護教王、闡化王、贊善王撫治，而入貢有節，令毋盜邊耳。今猝往，萬一詐誘羌胡，妄有求請，不從失彼意，從則生事端，害滋甚。願罷之。』不聽，仍予誥，罷設茶敕。時上好異，習胡語，自名忽必列；習回回食，自名沙吉敖爛；習西僧教，自名領占班丹。近幸張銳、張雄、錢寧等日治剎，糜帑無算。」

明武宗實錄卷一百二十一：「正德十年二月戊戌，保安寺大德法王綽吉我些兒，本烏思藏使也，上留之，得幸。至是欲遣其徒領占綽節兒、綽供劄失為正副使，還居烏思藏，比大乘法王例入貢，且為兩人請國師命，及入番設廣茶。下禮部尚書劉春議，不可，且為沮壞茶法，騷擾道路。有旨令復議，春執奏：烏思藏遠在西方，性極頑獷，雖設四王撫化，而其未貢，必為之節之，務令各安其所，不為邊患而已。若遣僧齎茶以往，給之誥敕，萬一假上旨以誘羌胡，妄有所請求，欲因以自利，不從，便為失異俗意；從之，則無益事，與其害有不可勝言者。詔仍與誥命，而罷設茶敕。是時上誦習番經，崇尚其教，常被服如番僧，演法內廠。綽吉我些兒輩出入豹房，與諸權貴雜處。及兩人乘傳歸，輜重相屬於道，所過煩費，行道避之無貴賤，皆稱兩人國師云。」（按

上特勅吏部，將三臣越次起用，督責郡縣，勸令就道，
使天下曉然知古學之可尊，而詞章法律之末不足以惑其
心，知正人之可用，而奔競干謁之風不足以移其守。……」
萬曆重修崑山縣志卷六：「方鳳，字時鳴，與鵬同科進士
。性高爽，負氣不肯詭隨於時。初授行人，改御史，亟
薦鴻臚卿王守仁『忠節才猷，可濟紛亂。託病投閑，似非所
宜。即當越次起用』。又江西副使胡世寧以觸怒宸濠被逮
，申救甚力，後皆符其言，人服其明。」
按：方鳳字時鳴，號改亭，崑山人，正德三年進士。明清進士
錄：「方鳳，正德三年三甲十四名進士。江蘇崑山人，字時鳴

第1049頁

，號改亭。歷御史，武宗南巡，疏論七事。世宗立，數爭大禮，
以災異指切弊政。出為廣東提學僉事，謝病歸，卒。有方
改亭奏草。兄鵬，為同榜進士。」方鳳任御史之時間，據其為
乞恩休致事云：「臣原籍直隸蘇州府崑山縣人。由進士，正德
三年任行人司行人。正德九年，欽陞南京浙江道監察御史。正
德十四年，丁憂。」按正德九年方鳳除監察御史來南都，陽明
亦方陞南京鴻臚寺卿，方鵬亦同時來任南京刑部員外郎（見
前考），三人關係密切，相聚講論學問，方鳳文中所云「臣近
見王守仁議論英發」，實即言其與陽明講論學問也。方鳳
疏薦陽明之時間，按呂柟、魏校引疾病歸皆在正德九年，至

正德十一年五月呂柟父卒丁憂，故方鳳之薦王、呂、魏當在正德十
一年五月以前。又胡世寧以觸怒宸濠被逮事在正德十年四月，
國榷卷四十九：「正德十年四月丙辰，前江西兵備副使胡世寧下
鎮撫司。寧王宸濠訐世寧前疏為離間親藩，權倖右之。都
察院望旨覆，謂世寧狂率，遣緹校往逮。」方鳳薦陽明與其
申救胡世寧在同時，則當亦在四月中。此必是因四月兩京考察，
方鳳以監察御史參予南京考察，熟知陽明考察情況，故在
考察後即上章薦舉陽明也（楊琠薦舉陽明亦同）。
御史楊琠薦改南京國子祭酒，不報。
按：錢德洪陽明先生年譜云：「是年御史楊典薦改祭酒，不

第1050頁

報。」敘事含混有誤。查明代無二名「楊典」之御史，此「楊典」
當是楊琠之誤。楊琠字景瑞，揭陽人，陳白沙弟子，正德九、十年中任御史
，與陽明關係密切。明清進士錄：「楊琠，正德三年三甲一百
九十九名進士。廣東揭陽人，字景瑞。授御史，師陳獻章，
與王守仁友善，講明正學。性方剛，彈劾不避權貴。按南畿
，激揚有聲。致仕卒。」楊琠為正德三年進士，與徐愛
為同年，故其正德九年按南畿來南都，與徐愛、陽明關係
尤密。陽明為其作謹齋說，云：「吾友侍御楊景瑞以『謹』名其
齋……景瑞嘗遊白沙陳先生之門。」楊琠亦遣子楊思元來
受學，陽明為其作書楊思元卷（王陽明全集卷八）。楊琠薦

陽明任祭酒之時間，按國榷卷四十九：「正德十年四月乙巳，南京國子祭酒吴一鵬為南京太常寺卿。……庚戌，國子司業魯鐸為南京國子祭酒。」此當是吴一鵬改南京太常寺卿，楊琠即上章薦陽明為南京國子祭酒，而朝廷乃命魯鐸任南京國子祭酒，陽明事遂不行。

楊琠子楊思元來受學，請為楊琠庭訓録作序。

揭陽縣正續志卷六賢達：「楊琠，字景瑞，龍溪人。與弟瑋俱師事陳獻章。正德戊辰進士。授監察御史，彈劾不避權要，奏徙牧馬草場，以防火患。按江南，全活憲獄百餘人。以養病歸，居家，宗有訓，族有規，鄉有約，化行於鄉。潮久苦隄潰，琠聞奏，勅有司堅築，為民永賴。與王守仁友善，嘗為庭訓録，守仁序之曰：「古人所有教其子者，不外於身心性情之德，人倫日用之常。後世文辭以為功，機械以為智，巧利以為能，浮夸以為美。父以是為能訓，子以是為善承，蓋與古人之教相背而馳矣，亦怪於人心之益壞，風俗之日媮乎！吾友侍御楊君景瑞，獨能以是訓其子，其亦庶幾乎古人之意矣。為楊氏之子若孫者，果能沿是而進，勉勉不已，雖為聖賢可也。君之子思元，從予遊，暇中持斯册來視，因為識數語歸之。」」

第1051页

按：陽明此庭訓録序，文集失載。楊琠於正德十年按江南來南京，其子楊思元亦在其時來南京受學於陽明（見下）。序所云「君之子思元，從予遊，暇中持斯册來視」，即指正德十年楊思元在南京受學時來請作序。或以為此序乃在楊琠卒後，楊思元持此庭訓録自龍溪來請作，顯誤。按楊琠七月即休歸，次年即卒，陽明亦赴江西，楊思元丁憂在家，斷不可能千里迢迢再來請陽明作序。

南京太常寺卿張芮致仕，書論悟真篇二詩贈之。

王陽明全集卷二十書悟真篇答張太常二首：「悟真篇是誤真篇，三註原來一手箋。恨殺妖魔圖利益，遂令迷妄競流傳。造端難免張平叔，首禍誰誣薛紫賢？直說與君惟個字，從頭去看野狐禪。

誤真非是悟真篇，平叔當時已有言。只為世人多戀著，且從情欲起因緣。癡人前豈堪談夢，真性中難更說玄。為問道人還具眼，試看何物是青天？」

按：陽明所言「張太常」，即南京太常寺卿張芮。國榷卷四十九：「正德十年十二月己卯，前南京太常寺卿張芮卒。芮，安邑人。成化戊戌進士，館選，授檢討，至學士。忤瑾，出守鎮江，再謫兩浙鹽運副使，稍遷處州同知。瑾誅

第1052页

：參見明史卷三百三十一烏斯藏）
泉翁大全集卷八先次與陽明鴻臚：「……老兄仁者之心，欲立人達人甚切，故不免急迫，以召疑議。在易之咸，以無心感物，物之感也深。」九四，貞吉悔亡，憧憧往來，朋從爾思。」其上六：「咸其輔、頰、舌，騰口說也。」感人以心且不可，況以頰舌乎？此不肖與老兄當共戒之。」卷九與王陽明先生鴻臚：「相去漸遠……道途人心洶洶，切為老兄危之，獨有此念而已。遯世無悶，不見是而無悶，溥博淵泉而時出之，古人尚韜晦亦未盡，蓋涵養本源深厚，自能爾也。幸惟此義……」寄陽明王先生：「……潘希召黃門肯直言，自是益友，乃老兄禁中汲長孺也，且欲親之。」

按：錢德洪陽明先生年譜於正德十年敘事最為顛倒舛誤，如將陽明當兩京考察例上疏定在正月，實則在四月；將擬上諫迎佛疏定在八月，實則在十一月（見下）。由此遂將陽明二月疏論烏斯藏大德法王事與擬上諫迎佛疏事混為一談，致使陽明二月上疏論大德法王事成千古之秘，不得其詳。今按陽明身任鴻臚寺卿，乃一禮官，明史卷七十四職官志：「鴻臚，掌朝會、賓客、吉凶儀禮之事。凡國家大典，禮、郊廟、祭祀、朝會、宴饗、經筵、冊封、進曆、進春、傳制、奏捷，各供其事。外吏朝

覲，諸蕃入貢，與夫百官使臣之復命、謝恩，若見若辭者，并鴻臚引奏……外使來朝，必先演禮於寺。司賓，典外國朝貢之使，辨其等而教其拜跪儀節。」故烏斯藏大乘法王入貢、請國師、設廣茶等事，正與鴻臚寺密切相關，陽明聞其事，以己之職責，必當疏論也。湛甘泉此致陽明三書，皆作在三月其扶柩歸增城途中（見下），故其中云「道途人心洶洶，切為老兄危之」，必是指陽明因疏論大德法王，議論洶洶，慄慄危懼；而所謂「潘希召黃門肯直言，乃老兄禁中汲長孺也」，則必是指給事中潘棠上書奏援陽明，其遂因此而罷歸矣。

王陽明全集卷二十贈潘給事：「五月滄浪濯足歸，正堪荷葉製初衣。甲非乙是君休問，酉水辰山志未違。沙鳥不須疑雀舫，江雲先為掃魚磯。武陵溪壑猶深僻，莫更移家入翠微。」

按：詩作在五月。「潘給事」即潘棠，字希召，號雲巢，辰州人。正史不載其人，按乾隆辰州府志卷三十六：「潘棠，字希召，號雲巢，辰州衛人。少聰穎，學識甚優。弘治乙卯，舉於鄉。乙丑，成進士。觀政時，上疏請以鎮筸為州，控治苗僚。詔下有司會勘，寢不行。後鎮筸苗猖獗，有司征討靡費，死傷無算。乃設守備，猶其策也。初授河南懷慶府推官，藩王有香火祠，棠白之，即改為韓文公祠。庚午，盜起河朔，棠料

量軍餉，先為捍禦，懷慶以安。陞南京吏科給事中。時寧庶人請益護衛，棠上疏言寧藩無故請兵，將有異志。尋果反。後為忌者所排，降武義丞，遷內江知縣，許州知州。陞雲南按察司僉事，振肅憲度。尋丁父憂歸，以母老不復仕。與諸弟講明正學，力排佛老。著有雲巢集、濟瀆靈異辯諸書，藏於家。」

三月，沅陵郭掌教來問學，别後有詩寄問。

王陽明全集卷二十與沅陵郭掌教：「記得春眠寺閣雲，松林水鶴日為群。諸生問業衡星入，稚子拈香靜夜焚。世事暗隨江草換，道情曾許碧山聞。别來點瑟還誰鼓？悵望煙花此送君。」

按：「郭掌教」即郭麟，乾隆辰州府志卷三十四：「郭麟，閩縣人。正德三年，教諭沅陵，勤於課誨，士之有才者，多方振拔。改學宮，建書院，皆力為之倡，學者敬愛之。去之日，繪其像，留祀名宦祠。」郭麟或是正德五年春陽明自龍場驛歸經辰州時來問學，詩所云「寺閣」，即隆興寺憑虛樓也。「諸生問業衡星入」，道出陽明在虎溪隆興寺講學之生動熱烈場景。

白圻陞右副都御史，來為子白悅請字，為作字說。

王陽明全集卷二十四白說字貞夫說：「白生說，常太保康敏公之孫，都憲敬齋公之長子也。敬齋賓予而冠之，阼既醮而請曰：『是兒也，嘗辱子之門，又辱臨其冠，敢請字而教諸。』曰：『字而教諸，說也，吾何以字而教諸？吾聞之，天下之道，說而已；天下之說，貞而已。乾道變化，於穆流行，無非說也，天何心焉？坤德闔闢，順成化生，無非說也，坤何心焉？仁理惻怛，感應和平，無非說也，人亦何心焉？故說也者，貞也；貞也者，理也。全乎理而無所容其心焉之謂貞；本於心而無所拂於理焉之謂說。故天得貞而說道以亨，地得貞而說道以成，人得貞而說道以生……請字說曰貞夫。』敬齋曰：『廣矣，子之言！固非吾兒所及也。請問其次。』曰：『道一而已……君子之德不出乎性情，而其至塞乎天地。故說也者，情也；貞也者，性也。說以正情之性也，貞以說性之命也。性情之謂和，性命之謂中。致其性情之德而三極之道備矣……夫夫，君子之稱也；貞，君子之道也。字說曰貞夫，勉以君子而已矣。』敬齋起拜曰：『子以君子之道訓吾兒，敢不拜嘉！』顧謂說曰：『再拜稽首，書諸紳，以蚤夜祇承夫子之命！』」

按：「都憲」，指都御史。白圻陞右副都御史在二月，王鏊白公圻神道碑：「遷應天，遂擢都察院右副都御史，提督南京糧儲。」國榷卷四十九：「正德十年二月甲寅，應天府尹白圻為右副都御史，管南京糧儲。」故可知白圻來請字當在二月以後。

王道改陞吏部驗封入京，自是在京與魏校、邵銳輩講論朱學，同陽明弟子展開朱陸論戰。陽明致書論辯批評，終不合，卒乃作朱子晚年定論以終結論戰。

王陽明全集卷四與黃宗賢書四：「春初，姜翁自天台來，得書，聞山間況味，懸企之極。且承結亭相待，既感深誼，復愧其未有以副也。甘泉丁乃堂夫人憂，近有書來索銘，不久且還增城。道途邈絕，草亭席虛，相聚尚未有日。僕雖相去伊邇，而家累所牽，遲遲未決，所舉遂成北山之移文矣。（按：指與甘泉卜居蕭山湘湖）應元忠久不得音問，想數會聚。聞亦北上，果然否？此間往來極多，友道則實寥落。敦夫雖住近，不甚講學。純甫近改北驗封，且行。曰仁又公差未還。宗賢之思，靡日不切！又得草堂報，益使人神魂飛越，若不能一日留此也，如何如何！去冬解冊吏到，承欲與原忠來訪，此誠千里命駕矣，喜慰至極！日切瞻望，然又自度鄙劣，不足以承此。曰仁入夏當道越中來此，其時得與共載，何樂如之！」

按：王陽明全集於此書題下注「癸酉」作，乃大誤。此書明云「甘泉丁乃堂夫人憂」，甘泉母卒於正德十年正月二十七日，以「不久且還增城」、「曰仁入夏當道越中」考之，此書作在三月中。書稱「純甫近改北驗封，且行」，可見王道陞吏部驗封在二月，三月赴京。按魏校已於正德九年入京，故王道一入京即與魏校志同道合，與陽明弟子展開朱陸論戰，其意在攻陽明王學也。太常寺卿魏公校傳：「（在南都）與余公子積、夏公敦夫、王公純甫講明聖賢之學。正德九年，召為兵部職方司郎中。」嚴嵩吏部右侍郎王公道道碑：「居應天學二載，陞南京儀部主事，召改吏部驗封……始也馳騁詞翰，既而嘆曰：『此無益也！』乃遂研精於義理之學，取宋儒程朱書讀之。既又取論語一部，反覆潛玩，有悅於心，曰：『聖門平實簡易之學，固如是也。』公雖潛心理學，而見世之立門户相標榜者，則深耻之。嘗言：『漢以前，無名道學者。其人品如張文成、曹相國、黃叔度、管幼安，皆真道學之流。雖老釋二氏，亦各有所見，不可厚非。』……」（國朝獻徵錄卷二十六）所謂「世之立門户相標榜者」，即隱指陽明及其弟子也。

同上，與黃宗賢書五：「書來，及純甫事，懇懇不一而足，足知朋友忠愛之至。世衰俗降，友朋中雖平日最所愛敬者，亦多改頭換面，持兩端之說，以希俗取容，意思殊為衰颯可憫……僕在留都，與純甫住密邇，或一月一見，或間月不一見，輒有所規切，皆發於誠愛懇惻，中心未嘗懷纖毫較計。純甫或有所疏外，此心直可質諸鬼神。其後純甫轉官北上（按：指改吏部驗封北上），始覺其有恝然者。尋亦痛自悔責，以為吾人相與，豈易有如此芥蒂，却是墮入世間較計坑陷中，亦成何等胸次？當下冰消霧釋矣。其後人言屢屢而至，至有為我憤辭厲色者。僕皆惟以前言處之，實是未忍一日而忘純甫。蓋平日相愛之極，情之所鍾，自如此也。旬日間，復有相知

自北京來，備傳純甫所論。僕竊疑有浮薄之徒，幸吾黨間隙，鼓弄文構，增飾其間，未必盡出於純甫之口。僕非矯為此說，實是故人情厚，不忍以此相疑耳。僕平日之厚純甫，本非私厚，縱純甫今日薄我，當亦非私薄。然則僕未嘗厚純甫，純甫未嘗薄僕也，亦何所容心於其間哉！往往見世俗朋友易生嫌隙，以為彼蓋苟合於外，而非有性分之契，是以如此，私竊嘆憫。自謂吾黨數人縱使散處敵國仇家，當亦斷不至是。不謂今日亦有此等議論，此亦惟宜自反自責而已。……」

按：王陽明全集於此書題下注「癸酉」作，亦大誤。此書言王道已在京任吏部驗封。又書言：「歸計尚未遂，旬月後且圖再舉。」按陽明正德十年有兩次疏乞告歸，一在四月，一在八月（見下），由此可確知陽明此書作在正德十年七月中。所謂「浮薄之徒」，即指魏校、邵銳之輩；而所謂「人言屢屢而至，至有為我憤辭厲色者」，即指此輩書來論朱陸異同也。

同上，與王純甫書四：「屢得汪叔憲書，又兩得純甫書，備悉相念之厚，感愧多矣！近又與曰仁書，貶損益至，三復赧然！夫趨向同而論學或異，不害其為同也；論學同而趨向或異，不害其為異也。不能積誠反躬，而徒騰口說，此僕往年之罪，純甫何尤乎？因便布此區區，臨楮傾念無已。」

按：王陽明全集於此書題下注「甲戌」作，亦大誤。前引與黃宗賢書五作於七月，陽明對王道貶損王學尚在疑信參半之間；至此與王純甫書四，陽明已確知王道貶損王學益至，作此書與之「斷交」，由此可以推斷陽明此書當作在九、十月間，其時雙方朱陸論戰已近「尾聲」，陽明即在十月寫出朱子晚年定論（見下），作為總結定論與最後回答。

此後陽明與王道再無往來。

泉翁大全集卷八寄王純甫驗封：「……昔者辛、壬之歲在

都下，所與賢契語，并殊非懸空杜撰，以相罔也。……哀中不欲多言……過南都，陽明亦有論述。形而上下之說，信有近似者，但為傳者又別告。自今且取其疑者致思，取其同者自輔，方是虛己求益，毋徒紛紛異同之辯，於道無益，而反有害也。……」

按：所謂「紛紛異同之辯」，即指魏校、邵銳、汪道（還有余祐、夏尚樸諸人）針對陽明之朱陸異同論戰。相關論戰文字今多不存，致使此一朱陸論戰史實湮沒無聞。今幸賴黃綰數篇書札所敘，猶可得見其大概。茲特著錄於下，以揭開此一論戰之秘。

黃綰集卷十八答邵思抑書：「……吾人學問，惟求自得，

第1040頁

以成其身，故曰：「誠者自成，而道自道也。」實無門戶可立，名聲可炫，功能可矜，與朱陸之同異，有如俗學者也。苟求之能成吾身而有益於得，雖百家眾說，皆可取也，況朱陸哉！……若朱有益於此，則求之於朱；陸有益於此，則求之於陸，何彼我之間，朱陸之得親疏哉？且僕於朱書曾極力探討，幾已十年，雖只字之微，必咀嚼數四，至今批抹之本、編纂之冊，皆可驗也。請兄於陸書姑讀之，久看所得，比之於朱何如？又比之濂溪、明道何如？則可知矣。世皆以陸學專德性而不及道問學，故疑之曰禪。凡其有言，概置之不考。有誦其言者

輒命之曰禪，不復與論。是以德性為外物，聖學有二道哉！殊不知象山每以善之未明、知之未至為心疚，何不道問學之有？又其言曰：「束書不觀，遊談無根。」何不教人讀書也？但其所明、所知與所讀有異於人者，學者類未之思耳。……又聞魏君子才學行絕出，僕極傾仰，但與陽明時有門戶之馳，淺陋念此，不堪憂悵，惟恨無由一訊其故。然求吾道於此時，真所謂不絕如綫。海內有志如吾徒，能有幾人？只此幾人而又分裂如此，不肯合并切磋，深求至當，往往自高自止，轉相譏刺如世俗，斯道一脈，豈不自吾徒壞也？陽明素知其心如白日，絕無

第1041/1042頁

此事。魏君雖未接，得之李遜庵（李承勛），及見其數書，虛己平恕，可知亦必無此。竊意為其徒者，各持勝心，或私有所懷，巧添密剗，推附開合，如昔朱陸門人，以自快一時。却不知此道塞天地，亘古今，無物不該，無人不同，可獨為陽明、子才之私，象山、考亭之有也？……」

按：邵銳字思抑，號端峰，仁和人。亦一崇朱學之士。

同上，復李遜庵書：「……近者京師朋友書來，頗論學術同異，乃以王伯安、魏子才為是非：是伯安者則以子才為謬，是子才者則以伯安為非。若是異物，不可以同。

第1043頁

子才，舊於公處見其數書，其人可知。伯安，綰不敢阿所好，其學雖云高明，而實篤學，每以去心疚、變氣質為本，精密不雜，殊非世俗謗議所言者，但未有所試，而人或未信。向者公嘗語綰曰：「凡遇事，須將己身放開一邊，則當灑然自得其理。」綰每誦以為數字符。及讀易艮卦云：「艮其背，不獲其身。行其庭，不見其人。」然後知公言之有自，實與伯安之旨無二。子才素講於公，學問根本宜無不同。蓋皆朋友用功未力，好起爭端，添駕為疑，以致有此，誠可慨也。昔者二程之學似不同於濂溪，伊川之言若有異於明道，邵、張之緒若不同於二程，但其大本之同，相觀相長，卒以同歸，而皆不失為善學。他如司馬、呂、文、韓、富諸公，雖功名道德各有其志，然皆為深交篤契，為國家共濟，豈如今日動輒分離也！至於晦翁、象山，始有異辯，然亦未嘗不相為重。至晦翁門人，專事簡册，舍己逐物，以爭門户，流傳至今，盡經纂輯為舉業之資，遂滿天下，三尺童子皆能誦習，騰諸頰舌。或即德性，即目為禪，乃以德性為外物，聖學為粗迹，道之晦蝕，一至此矣！殊不知古人所謂問學者，學此而已，學不由德性，其為何學？賢如子才，豈宜有此？綰知必不然矣。況為學此時，不啻曉天

第1044頁

微星，并力共圖，猶患寥落磨泯，頹而不振，況志之未篤，工之未力，各相排擯，銷沮阻喪，實乃自壞。此事關係非細，區區朱陸之辯，姑置之可也。朱果有益於此，則求之於朱；陸果有益於此，則求之於陸，要皆自成其身而已。辱深愛，敢并及此。倘得一言子才，只以天地為度，各通其志，各盡其力，斯道之幸何如！」

按：李承勛字立卿，號遂庵，嘉魚人，時任浙江按察使（即黃綰書所云「擢憲敝省」）。其為魏校師，故黃綰托其調停，不知李承勛亦一崇朱學者耶？

同上，復王純甫書一：「僕卧病山中，與世隔越，忽邵思抑寄到兄手書，有各尊所聞，各行所知，不知何以有此？即欲修書請問，度或無益，姑止未敢。昨再得書，知不終棄，喜慰何如！且令僕言以盡同異，尤知與善盛心。夫聖人事業，廣博極乎天地，其道雖大，其本只在一心。蓋一心之眇，君臨百骸，道德仁義由此而備，禮樂刑政由此而出，六經四子由此而作。累於私則蔽而昏，反其本則明而通。蔽而昏則無所不害，明而通故無所不用。用之則三極之道立，害之則三極之道廢。今欲學聖人，惟求之吾心而已。不知反之於心，求其累與害者去之，徒以博物洽聞為有事，旁尋遠覓為會通，是乃逐物

而滋蔽也。故古聖傳授皆以克己去私為至要，私去則心無所蔽，其體清明而天下之本立矣。故曰「皇建其有極」也，非若釋老專事生死，不恤其他。昔者朱、陸二先生皆欲明此者也，但所造各有淺深、偏純之異，不可皆為已至，不思補救其弊，以求自成自得之妙，從事紙墨為按圖索駿之誤，卒墮俗學之歸，以貽輪扁之笑。昨兄書云：「講於子才，參之論語集注，無有不合」。僕不敢易，但謂兄更能以我觀書，深求至當，以為先賢忠臣，豈不尤妙？僕嘗曰：「苟求之能變吾氣質而有益於得，雖百家衆說皆可取也；苟求之不能變吾氣質而無益於得，雖聖言不敢輕信。若朱有益此，則求之於朱；陸有益於此，則求之於陸，何彼我之間朱陸之得親疏哉」！今若不求其至，不求其是，妄立門户以為異，自矜功能以誇耀，各離合以為黨，聖人之學絕不如此，吾人又可以此謂之學哉？……」

同上，復王純甫書二：「向日一箋，未蒙回示，深用企仰。吾兄嘗稱魏子才者，雖未識其人，向已聞其略矣。知子才愛玩易傳，僕於易亦嘗用心，但求下手之實，苟非心地精一，則不能立天下之大本；本既不立，則將何變易，隨時以從道哉？且易為潔淨精微之教，舍此不求，

浙江大學古籍研究所

第1045頁

不知所謂潔淨者何有？況體用一源，顯微無間，未有體不立而用獨行，顯微而二致者。陽明向與吾輩所講，先此用力而已，自謂元無不同。子才以為不同，諒子才必自有說，吾兄必得之深矣。便中乞不惜詳教，使僕得究所以同、不同之實，以俟「同人於野」，彼此之益何如？……」

湛甘泉在南歸增城途中寄書來論學，並又有書來乞母銘。陽明為其母作墓碑。

泉翁大全集卷八先次與陽明鴻臚：「不肖孤稽顙：別來無任哀戀。昨承面諭大學格物之義，以物為心意之所著，荷教多矣。但不肖平日所以受益於兄者，尚多不在此也。兄意只恐人舍心求之於外，故有是說。不肖則以為人心與天地萬物為一體，心體物而不遺，認得心體廣大，則物不能外矣。故格物非在外也，格之致之之心又非在外也，於物若以為心意之著見，恐不免有外物之病，幸更思之。……」

同上，卷九與王陽明先生鴻臚：「相去漸遠，相見未涯，豈勝哀思？道途人心洶洶，切為老兄危之。垂死之人，獨有此念而已。遯世無悶，不見是而無悶，溥博淵泉而

浙江大學古籍研究所

第1046頁

時出之，古人尚韜晦亦未盡，蓋涵養本源深厚，自能爾也。幸惟此義，哀中不悉，不悉。」

同上，寄陽明王先生：「不肖孤以某日扶柩過嶺，到家有期，僅可苟活，以襄大事。相去愈遠，無任哀懇！憂病中，惟有平生之志不忘，自省真如七年之病，求三年之艾，急矣，甚矣！就令得艾，尚未知能救否，況又遲耶！此學若非絕去外慕，拚生拚死，無我無人，終難望其有得。若藥不瞑眩，厥疾弗瘳，直須造次必於是，顛沛必於是，乃是徹底工夫。素患難，行乎患難，此不肖近來憂中之病也。人便，更望鞭策。潘希召黃門肯直言，

第1047頁

自是益友，乃老兄禁中汲長孺也，且欲親之。不次。」

按：湛甘泉此三書，皆其扶柩南歸途中所作，均在三月中。

又湛甘泉另有一書致陽明，求為作母銘，此即陽明與黃宗賢書四所云：「甘泉丁乃夫人憂，近有書來索銘，不久還增城。」此書作於三月（見前考），可見陽明乃在三月以後作成湛母墓碑。

王陽明全集卷二十五湛賢母陳太孺人墓碑。

四月，朝廷考察兩京官，上疏自劾乞休，不允。

王陽明全集卷九自劾乞休疏：「臣由弘治十二年進士，歷任今職，蓋叨位竊祿十有六年，中間鰥曠之罪多矣。適者朝廷舉考察之典，揀汰群僚。臣反顧內省，點檢其

平日，正合擯廢之列……若從末減，罷歸田里，使得自附於乞休之末，臣之大幸，亦死且不朽。……」

按：錢德洪陽明先生年譜云：「正月，疏自陳，不允。是年當兩京考察，例上疏。」乃誤。按陽明辭新任乞以舊職致仕疏明云：「臣原任南京鴻臚寺卿，去歲四月，嘗以不職自劾求退。」是陽明疏陳乞休在四月而非正月。考國榷卷四十九：「正德十年四月甲申，考察京官，降斥有差。」是考察京官事確在四月也。

監察御史方鳳疏薦起用為館閣之臣，不果。

方鳳改亭奏草為崇古學用正人以裨聖治事：「……臣見南

第1048頁

京鴻臚寺卿王守仁，性資沉毅，學識淵深，忠節不變於險夷，才猷可濟於紛亂。翰林院養病修撰呂柟，學行純明，出處高潔，養之深而有不可測之度，持之固而有不可易之守。兵部職方清吏司養兵郎中魏校，禀賦既充，學力尤邃，修己有實踐之功，應物無虛餘之行。之三臣者，心慕古人，望隆當世，誠聖代之人瑞，士林之師式也。使隆以館閣之任，必能敬敷教化，而覃至治之澤，其守經之仁，行權之智，必有異乎尋常者。臣近見王守仁議論英發，精力方強；及聞呂柟、魏校前疾愈可，而乃置之散地，託以病鄉，揆之事體，似非所宜。伏望皇

拜南京尚寶司卿，進太常。性坦樸，以嗜酒，於種學績文之事或非所好，稍忝於學士云。」館閣漫録卷十：「正德十年十二月己卯，致仕南京太常寺卿張芮卒。芮字文卿，平陽府安邑人。成化戊戌進士，改翰林庶吉士，授檢討。弘治初預修憲廟實録，歷陞修撰，侍講學士，以憂歸……瑾誅，始入為南京尚寶司卿，進太常寺卿，致仕卒。芮為人樸實，其處僚友無忮害心，在同年中最為平易。然性嗜酒，終日酣酗，於種學績文之事，或非所好，論者以為於學士之職蓋未稱云。」鄧庠東溪別稿有送張太常卿芮致仕，可見陽明乃是與鄧庠一起作詩送張芮。張芮致仕時間，據國榷卷四十九：「正德十年四月乙巳，南京國子祭酒吳一鵬為南京太常寺卿」。是張芮在正德十年四月致仕，乃由吳一鵬接任。張芮卒於正德十年十二月，王陽明全集乃將陽明此二詩置於正德十一年九月中，顯誤。陽明此二詩詩意較隱晦，後人皆以為陽明此二詩旨在批判悟真篇，否定道教內丹悟真修煉，乃大誤。按詩明云「誤真非是悟真篇」，乃是以悟真篇之說不誤，自是世人多貪戀，為情欲所縛，不得悟真修煉而成也。所謂「悟真篇是誤真篇」，乃是謂悟真篇亦有誤說之處（相對于性命圭旨），世人有誤解，注家有誤注，故皆不得悟真修煉而成也。陽明此二詩詩意不過爾爾，何能以此二詩來證明陽明之「道教覺醒」耶？

閏四月，王應鵬擢監察御史，書來論學，有答書。

王陽明全集卷四答王天宇書二：「承書惠，感感。中間問學之意，懇切有加於舊。……來書云：誠身以格物，乍讀不能無疑，既而細詢之希顏，始悉其說。區區未嘗有誠身格物之說，豈出於希顏耶？鄙意但謂君子之學以誠意為主。格物致知者，誠意之功也。猶饑者以求飽為事，飲食者，求飽之事也。……又云：「大學一書，古人為學次第。朱先生謂『窮理之極而後意誠』，其與所謂『居敬窮理』、『非存心無以致知』者，固相為矛盾矣。……」大學次第，但言物格而後知至，知至而後意誠。若『窮理之極而後意誠』，此則朱先生之說如此，其間亦自無大相矛盾，但於大學本旨，却恐未盡合耳。『非存心無以致知』，此語不獨於大學未盡，就於中庸『尊德性而道問學』之旨，亦合有未盡……後之學者，附會於補傳而不深考於經旨，牽制於文義而不體認於身心，是以往往失之支離而卒無所得，恐非執經而不考傳之過也。又云：「不由窮理而遽加誠身之功，適足以為偽而已矣。」此言甚善，但不知誠身之功又如何作用耳，幸體認之。又言：「譬之行道者，如大都為所歸宿之地，猶所謂至善也；行道者不辭險阻，決意向前，猶存心也。……」此譬大略皆是，但以不辭險阻艱難，決意向前，別為存心，未免牽合之苦，而不得其要耳。夫不辭險阻艱難，決意向前，此正是誠意之意……若決意向前，則真往矣，真往者能如是乎？此最功夫切要者。……又云：「格物之說，昔人以扞去外物為言矣。扞去外物，則此心存矣；心存，則所致知者皆是為己。」如此說，卻是「扞去外物」為一事，「致知」又為一事。……區區格物之說亦不如此。大學之所謂「誠意」，即中庸之所謂「誠身」也；大學之所謂「格物致知」，即中庸之所謂「明善」也。博學、審問、慎思、明辯、篤行，皆所謂明善而為誠身之功也，非明善之外別有所謂誠身之功也。格物致知之外，又豈別有所謂誠意之功乎？……喜榮擢，北上有期，倘能迂道江濱，謀一夕之話，庶幾能有所發明。」

按：王陽明全集於此書題下注「甲戌」作，乃誤。按此書云「喜榮擢，北上有期」，乃指王應鵬陞監察御史，國榷卷四十九：「正德十年閏四月甲申，楊谷、唐龍、何鰲、……王應鵬……，為監察御史實授。」國朝獻徵錄卷五十五定齋王公應鵬家傳：「明年（正德七年），流賊兵至狼山，……築城拒守，……蒞任三年，徵拜監察御史，糾劾不避權貴。」可見陽明此書作在正德十年閏四月。王應鵬為鄞人，其北上必經南京，故陽明邀其一訪，所謂「迂道江濱，謀一夕之話」也。

五月，抱病旬日，喬宇、吳一鵬、汪偉、鄧庠有聯句和韻見懷，次韻奉答。

鄧庠東溪別稿喬司馬希大吳太常南夫汪司業器之聯句懷王鴻臚伯安因和其韻：「飛章未下又逢春，琴鶴蕭然共一身。李密報劉歸思切，賈生憂漢二毛新。文詞筆落渾如錦，襟度冰清不受塵。聖主求賢勞夢卜，姚江且莫憶垂綸。曾從諫草慕高風，直氣稜稜奎壁東。貴竹年光隨逝水，九華山色付吟筒。籠鵝漫灑黃庭卷，警枕時看白虎通。仕路餘功猶務學，青衿相對夜燈紅。紅塵擾擾簿書閒，未覩文園憔悴顏。豐采喜君今復舊，醇醪醉我欲望還。日移竹影半窗翠，風送松聲一榻閑。聞說此中詩景富，掀簾試與看鍾山。」

王陽明全集卷二十病中大司馬喬公有詩見懷次韻奉答二首：「十日無緣拜後塵，病夫心地欲生榛。詩篇極見憐才意，伎倆慚非可用人。黃閣望公長秉軸，滄江容我老垂綸。保釐珍重回天手，會有春風萬木新。一自多岐分路塵，堂堂正道遂生榛。聊將膚淺窺前聖，敢謂心傳啟後人。淮海地圖須節制，雲雷大造看經綸。枉勞詩句載風雅，欲借盤銘獻日新。」

按：「大司馬」指喬宇任南京兵部尚書，國榷卷四十九：「正德十年五月戊子，南京禮部尚書喬宇改南京兵部尚書。」鄒庠詩所謂「飛章未下又逢春」，乃指陽明四月上章乞休不允，依舊任南京鴻臚寺卿。時陽明仍抱歸休之思，故鄒庠詩勸其「姚江且莫憶垂綸」。

辰陽劉觀時再來問學，為作見齋說。

王陽明全集卷七見齋說：「辰陽劉觀時學於潘子，既有見矣，復學於陽明子。嘗自言曰：『吾名觀時，觀必有所見，而吾猶懵懵無睹也。』扁其居曰見齋，以自勵。問於陽明子曰：『道有可見乎？』曰：『有，有而未嘗有也。』曰：『然則無可見乎？』曰：『無，無而未嘗無也。』曰：『然則何以為見乎？』曰：『見而未嘗見也。』觀時曰：『弟子之惑滋甚矣。夫子則明言以教我乎？』陽明子曰：『道不可言也，強為之言而益晦；道無可見也，妄為之見而益遠。夫有而未嘗有，是真有也；無而未嘗無，是真無也；見而未嘗見，是真見也。……』曰：『然則吾終無所見乎？古之人則亦終無所見乎？』曰：『神無方而道無體，仁者見之謂之仁，知者見之謂之知，是有方體者也，見之而未盡者也。……』曰：『然則吾何所用心乎？』曰：『淪於無者，無所用其心者也，蕩而無歸；滯於有者，用其心於無用者也，勞而無功。夫有無之間，見於不見之妙，非可以言求也。……子求其見也，其惟人之所不見乎？夫亦戒慎乎其所不覩也已，斯真覩也已，斯求見之道也已。』」

按：文中所言「潘子」即潘棠，其亦辰陽人（見前）。劉觀時原是潘棠弟子。前者潘棠在五月被罷歸辰陽，劉觀時應自是隨同潘棠一起歸辰陽，故可知陽明此文作在五月以前。

周積歸省江山，鄭騮歸省西安，皆作序送之。

王陽明全集卷七贈周以善歸省序：「江山周以善究心格物致知之學有年矣，苦其難而不能有所進也。聞陽明子之說而異之，意其或有見也，就而問之。聞其說，戚然若有所省，歸求其故而不合，則遲疑旬日。又往聞其說，則又戚然若有所省，歸求其故而不合，則又遲疑者旬日。如是往復數月，求之既無所獲，去之又弗能也，乃往告之以其故。陽明子曰：『子未聞昔人之論弈乎？……今子入而聞吾之說，出而有鴻鵠之思焉，亦何怪乎勤而弗獲矣。』於是退而齋潔，而以弟子之禮請。陽明子與之坐。蓋默然良久，乃告之以立誠之說，聳然若仆而興也。明日，又言之加密焉，證之以大學。明日，又言之加密焉，證之以論、孟。明日，又言之加密焉，證之以中庸。乃躍然喜，避席而言曰：「積今而後無疑於夫子之言，而後知聖賢之教若是其深切簡易也，而後知所以格物致知以誠吾之身。……居月餘，告歸。陽明子叙其言以遺之。」

按：周積正德九年五月來受學，以「學有年」算之，則其歸省在正德十年五月。趙鏜周公積行狀：「聞陽明先生倡道東南，亟師事之。初聞知行合一之說，不能無疑。及先生反覆示以立誠

之道，且悔且喜，遂超然有悟。今傳習錄（按：當作陽明大全）所載贈周以善歸省序，則先生與公論學之詞也。公之歸也，日以所聞於先生者啟迪後進，一時及門之士，如今方伯東溪徐君、邑侯、陽溪林君學正、西山汪君成，彬彬焉。吾邑自徐逸平先生倡道之後，寥寥數百載，士之何學寔自公始。」

同上，贈鄭德夫歸省序：「西安鄭德夫將學於陽明子，聞士大夫之議者以為禪學也，復已之。則與江山周以善者，姑就陽明子門人而考其說，若非禪者。則又姑與就陽明子，親聽其說焉。蓋旬有九日，而後釋然於陽明子之學非禪也，始具弟子禮師事之。問於陽明子曰：「釋與儒孰異乎？」陽明子曰：「子無求其異同於儒、釋，求其是者而學焉可矣。」曰：「是與非孰辨乎？」曰：「子無求其是非於講說，求諸心而安焉者是矣。」曰：「心又何以能定是非乎？」曰：「無是非之心，非人也。……心之於是非也，與聖人同。其有味焉者，其心之於道，不能如口之於味，目之於色之誠切也，然後私得而蔽之。子務立其誠而已。子惟慮夫心之於道不能如口之於味、目之於色之誠切也，而何慮夫甘苦妍媸之無辯也乎？」曰：「然則五經之所載，四書之所傳，其皆無所用乎？」曰：「孰為而無所用乎？是甘苦妍媸之所在也，使無誠心以求之，是談味論色而

已也，又孰從而得甘苦妍媸之真乎？」既而告歸，請陽明子為書其說，遂書之。」

按：據此序所述，鄭騮與周積一同來受學，又一同歸省，故可知陽明此序亦作在五月中。

郭慶歸省黃岡，為作序送之。

王陽明全集卷七贈郭善甫歸省序：「郭子自黃來學，踰年而告歸，曰：「慶聞夫子立志之說，亦既知所從事矣。今茲將遠去，敢請一言以為夙夜勖。」陽明子曰：「君子之於學也，猶農夫之於田也，既善其嘉種矣，又深耕易耨，

去其蟊莠，時其灌溉，早作而夜思，皇皇惟嘉種之是憂也，而後可望於有秋。夫志猶種也，學問思辯而篤行之，是耕耨灌溉以求於有秋也。志之弗端，是蕘稗也。志端矣，而功之弗繼，是五穀之弗熟，弗如蕘稗也。……由志學而至於立，自春而徂夏也；由立而至於不惑，去夏而秋矣。……從吾游者衆矣，雖開說之多，未有出於立志者。故吾於子之行，卒不能舍是而別有所說，子亦可以無疑於用力之方矣。」

按：此文以「踰年而告歸」算之，則亦作在正德十年五月中。王陽明全集將贈周以善、鄭善甫、鄭德夫歸省三序放在一起，蓋即因三人歸省在同時之故。

六月二十日，石瑤陞禮部侍郎，賦詩五章贈行。

王陽明全集卷二十六月五章：「六月乙亥，南都熊峰少宰石公以少宗伯召。南都之士聞之，有惻然而戚者，有欣然而喜者。其戚者曰：『公端介敏直，方為留都所倚重，今茲往，善類失所恃，群小罔以嚴。辯惑考學者曷從而討究？剖政斷疑者曷從而咨決？南都非根本地乎？而獨不可以公遺之！』其喜者曰：『公之端介敏直，寧獨留都所倚重，其在京師，獨無善類乎？獨無群小乎？獨無辯惑考學、剖政斷疑者乎？且天子之召之也，亦寧以少宗伯？將必大用。大用則以庇天下，斯衆征之慶也。』公聞之曰：『戚者非吾之所敢，喜者乃吾之所憂也。吾思所以逃吾之憂者而不得其道，若之何？』陽明子素知於公，既以戚衆之戚，喜衆之喜，而復憂衆之憂。乃敘其事，為賦六月，庸以贈公之行。

六月淒風，七月暑雨。倏雨倏寒，道修以阻。允允君子，迪爾寢興。毋沾爾行，國步斯頻。

哀此下民，靡屆靡極。不有老成，其何能國？吁嗟老成，獨遺典刑。若屋之傾，尚支其楹。

心之憂矣，言靡有所。如彼喑人，食荼與苦。依依長谷，言采其芝。人各有時，我歸孔時。

昔彼叔季，沈湎以逞。耄集以咨，我人自靖。允允君子，淑慎爾則。靡曰休止，民何于極！

日月其逝，如彼滄浪。南北其望，如彼參商。允允君子，毋沾爾行。如日之升，以曷不光！」

按：「少宰」指吏部侍郎，「少宗伯」指禮部侍郎。國榷卷四十九：「正德十年五月戊戌，南京吏部左侍郎石瑤為禮部右侍郎」。

弟王守文歸省回越，作歌送別。

王陽明全集卷二十守文弟歸省攜其手歌以別之：「爾來我心喜，爾去我心悲。不為倚門念，吾寧舍爾歸？長途正炎暑，爾行慎興居。涼茗勿頻啜，節食但無饑。勿出船

第1061页 第1062页

旁立，忽登岸上嬉。收心每澄坐，適意時觀書。申洪皆冥頑，不足長嗔笞。見人勿多說，慎默真如愚。接人莫輕率，忠信持謙卑。從來為己學，慎獨乃其基。紛紛多嗜欲，爾病還爾知。到家良足樂，怡顏報重闈。昨秋童蒙去，今夏成人歸。長者愛爾敬，少者悅爾慈。親朋稱嘖嘖，羨爾能若茲。信哉學問功，所貴在得師。吾非崇外飾，欲爾沽名為；望爾日慥慥，聖賢以為期。九兄及印弟，誦此共勉之！」

按：前考王守文正德九年七月來受學，至是歸，即所謂「昨秋童蒙去，今夏成人歸」，蓋受教一年。「長途正炎暑」，乃六月也。「九兄」指王守儉，「印弟」指王守章，蓋皆從王守文立場稱呼也。

梁喬任紹興府知府，託弟王守文抵書梁喬。

陽明寄梁郡伯手札：「治郡侍生守仁頓首，郡伯梁先生大人執事：家君每書來，亟道執事寬雅之度、鎮靜之德、子惠之政，越民脫陷阱而得父母，其受庇豈有量乎？慶幸，慶幸！守仁竊祿如昨，無足道者。余弟還，略奉起居，言所不盡，伏惟亮察。守仁頓首再拜。外香帕奉將遠敬。越民有王文轅、王琥、許璋者，皆貧良之士，有庠生孫瑛、魏廷霖者，門生也，未審曾有進謁者否？□與進之。餘素。」（手札真跡今藏上海博物館，陽明文集失載）

按：「梁郡伯」即梁喬，明清進士錄：「梁喬，弘治十五年二甲七十六名進士。福建上杭人，字遷之。為戶部員外郎，與同官疏劾劉瑾不法狀，不報。喬獨奏之，武宗命下錦衣衛獄，久之始釋。遷兵部郎中，出守紹興，有善政。尋以母老，乞歸。」梁喬任紹興知府在正德七年至十年，萬曆紹興府志卷二十六職官志：「郡守，梁喬，上杭人，（正德）七年。鄭璦，海陽人，十一年。」按陽明札中所云「余弟還」，即指王守文，由此可確知陽明此札作於正德十年六月，乃由王守文歸越帶給梁喬。札中所及王文轅、許璋，已見前考。王琥，橫山遺集卷上賢思敘云：「予嘗因陽明先生善其治民曰黃文轅司輿、王琥世瑞者之二子之抱道懷才，不干聲利，予既信之。」萬曆紹興府志卷四十六人物志：「王埜，字貞翁，山陰人……習養生，專摘山水間，自號蛻巖道人……同時有王琥者，詩才與埜相伯仲，而端謹不逮」云。孫瑛、魏廷霖，即錢德洪陽明先生年譜所稱「孫瑚、魏廷霖」者，兩人於正德七年來受學，故稱為門人。

周瑩歸省永康，為作序送之。

王陽明全集卷七贈周瑩歸省序：「永康周瑩德純嘗學於應子元忠，既乃復見陽明子而請益。陽明子曰：『子從應子之所來乎？』曰：『然。』『應子則何以教子？』曰：『無他言也，惟日誨之以希聖希賢之學，毋溺於流俗。且曰：「斯吾所嘗就正於陽明子者也。子而不吾信，則盍親往焉？」瑩是以不遠千里而來謁。』曰：『子之來也，猶有所未信乎？』曰：『信之。』曰：『信之而又來，何也？』曰：『未得其方也。』陽明子曰：『子既得其方矣！無所事於吾。』周生悚然有問，曰：「先生以應子之故，望卒賜教之。」陽明子曰：「子既得之矣，無所事於吾。」周生悚然而起，茫然有間，曰：「瑩愚，不得其方。先生毋乃以瑩為戲，幸卒賜之教。」陽明子曰：「子之自永康而來也，程幾何？」曰：「千里而遙。」曰：「遠矣。從舟乎？」曰：「從舟，而又登陸也。」曰：「勞矣。當茲六月，亦暑乎？」曰：「途之暑特甚也。」曰：「難矣。具資糧，從童僕乎？」曰：「中途而僕病，乃舍貸而行。」曰：「茲益難矣。」曰：「子之來既遠且勞，其難若此也，何不遂返而必來乎？將亦無有強子者乎？」曰：「瑩至於夫子之門，勞苦艱難，誠樂之，寧以是而遂返，又俟乎人之

強之也乎？」曰：「斯吾之所謂子之既得其方也。子之志，欲至於吾門也，則遂至於吾門，無假於人。子而志於聖賢之學，有不至於聖賢者乎？而假於人乎？子之舍舟從陸，捐僕貸糧，冒毒暑而來也，則又安所從受之方也？」生躍然起拜曰：「茲乃命之方也已！抑瑩由於其方而迷於其說，必俟夫子之言而後躍如也，則何居？」陽明子曰：「子未覩乎爇石以求灰者乎？火力具足矣，乃得水而遂化。子歸，就應子而足其火力焉，吾將儲儋石之水以俟子之再見。」」

按：「應子」即應良，其在正德七年歸居仙居。周瑩為其

弟子。光緒永康縣志卷七：「周瑩，字德純。不屑為舉子業，有志聖賢之學，乃東入台師事南洲應子、石龍黃子，若有得焉。已而入越，從王陽明先生遊，得交天下名士。其歸也，先生為文贈之。講學五峰。邑人應石門典、王麗泉崇有序，皆實紀其行誼云。」

林元敘歸省臨海，為作序送之。

王陽明全集卷七贈林典卿歸省序：「林典卿與其弟遊於太學，且歸，辭於陽明子曰：「元敘嘗聞立誠於夫子矣。今茲歸，敢請益。」陽明子曰：「立誠。」典卿曰：「學固此乎？天地之大也，而星辰麗焉，日月明焉，四時行焉，引類

而言之，不可窮也；人物之富也，而草木蕃焉，禽獸群焉，中國夷狄分焉，引類而言之，不可盡也。夫古之學者，殫智慮，弊精力，而莫究其緒焉；靡晝夜，極年歲，而莫竟其說焉；析蠶絲，擢牛尾，而莫既其奧焉。而曰立誠，立誠盡之矣乎？」陽明子曰：「立誠盡之矣。夫誠，實理也。其在天地，則其麗焉者，則其明焉者，則其行焉者，則其引類而言之不可窮焉者，皆誠也；其在人物，則其蕃焉者，則其群焉者，則其分焉者，則其引類而言之不可盡焉者，皆誠也。是故殫智慮，弊精力，而莫究其緒也；靡晝夜，極年歲，而莫竟其說也；析蠶絲

，擢牛尾，而莫既其奧也。夫誠，一而已矣，故不可復有所益。益之，是為二也。二則偽，故誠不可益。不可益，故至誠無息。』典卿起拜曰：『吾今乃知夫子之教若是其要也！請終身事之，不敢復有所疑。』陽明子曰：『子歸，有黃宗賢氏者、應元忠氏者，方與講學於天台、雁蕩之間，倘遇焉，其遂以吾言諗之。』」

按：林元叙字典卿，號益庵，臨海人。其弟林元倫，字彝卿，號頤庵。皆陽明弟子。民國臨海縣志卷二十：「林元叙，字典卿，號益庵。與弟元倫同薦正德庚午鄉試。元叙師事王守仁，得求仁之旨。吏部喬宇耳其名，嘉

靖初薦知解州。州政頹弛，殫心振刷……年四十九，卒於官。時太史呂柟謫倅於解，為治其喪，檢笥中，衣帶故書外，僅俸金四十兩而已。」「林元倫，字彝卿，號頤庵。己丑下第，東歸……七上春宮不第，謁選授延平倅……元輔徐階以翰林出司郡理，相與講學。著有學則、養蒙說、新泉問辨錄諸書。……元倫素遊陽明、甘泉二先生之門，所得最深。（蔡墓志）」

七月，有書致方獻夫，論釋老之學。湛甘泉書來，質疑「不疑佛老」、「到底是空」之說。

泉翁大全集卷八復方西樵：「昨得來教，哀痛中亦暫解憂，但其中猶有未深領者……夫存心之說則聞之矣，至於了心之說，則不肖所未聞。吾契相從陽明講究，必有實用力處，幸不惜明示，以慰未死人。」

同上，答徐曰仁工曹：「再拜徐曰仁道契執事：承遠致盛禮，重以奠文，甚感斯文骨肉之情。告奠墓前，哀哭不自勝。知旌旆已還都，有師承之益。所嘆此道孤危，彼此同然。七月初，叔賢來此，墓下住二旬，初頗銳意講

貫，極論累日，彼此有益……吾人切要，只於執事敬用功，自獨處以至讀書酬應，無非此意。一以貫之，內外上下，莫非此理，更有何事？吾儒開物成務之學異於佛老者，此也，如何，如何？幸以質諸陽明先生見示……荒迷不次。」

同上，寄陽明：「昨叔賢到山間，道及老兄，頗訝不疑佛老，以為一致；且云『到底是空』，以為極致之論。若然，則不肖之惑滋甚。此必一時之見耶？抑權以為救弊之言耶？不然，則不肖之惑滋甚。不然，則不肖平日所以明辨之功未致也。上下四方之宇，古今往來之宙，

宇宙間只是一氣充塞流行，與道為體，何莫非有？何空之云？雖天地弊壞，人物消盡，而此氣此道亦未嘗亡，則未嘗空也。道也者，先天地而無始，後天地而無終者也。夫子川上之嘆，子思鳶魚之說，顏子卓爾之見，正見此爾。此老兄平日之所潛心者也。叔賢所聞者，必有為而發耶？此乃學最緊關處，幸示教以解惑。」

按：以上三書，皆作在同時。方獻夫之入山（來見甘泉）中在正德十年七月，湛甘泉答周克之亦明云：「七月間，方叔賢至山中，講究半月而去。」故可確知湛甘泉此寄陽明書作在七月中。蓋先是陽明有書致方獻夫，論及「不疑佛老」、「到底是空」；方獻夫入山（甘泉在山中守喪）來見湛甘泉，遂將陽明是書相示，湛甘泉乃作此書寄陽明質疑也。按湛甘泉奠王陽明先生文中亦提及此事云：「我病墓廬，方子來同，謂兄有言：『學竟是空，求同講異，責在今公。』予曰：『豈敢不盡愚衷！莫空匪實，天理流行。』兄不謂然，校勘仙佛，天理二字，豈由此出？』予謂：『學者莫先擇術，孰生孰殺，須辨食物。』我居西樵，格致辨析。兄不我答，遂爾成默。」陽明此致方獻夫書今佚（疑錢德洪編陽明文集時刪去），詳說不可知，然此前滁陽之晤時，甘泉即謂陽明兄言迦、聃，道德高博，焉與聖異，子言莫錯」。陽明致方獻夫書所言，大致亦不出此也。湛甘泉奠王陽明先生文又云：「乙、丙南雍，遺我書

第1069頁

尺，謂我訓規，實為聖則。」是正德十、十一年中陽明多有致湛甘泉答書，今湛甘泉集中致陽明書俱在，而陽明集中答湛甘泉書一篇也無，蓋是陽明或錢德洪有意刪去也。

侍御楊琠告病歸居，陽明為楊琠作謹齋說，為楊思元文卷書言贈別。

王陽明全集卷七謹齋說：「君子之學，心學也。心，性也；性，天也。聖人之心純乎天理，故無事於學；下是，則心有不存而汩其性，喪其天矣，故必學以存其心。學以存其心者，何求哉？求諸其心而已矣。求諸其心何為哉？謹守其心而已矣。博學也，審問也，慎思也，明辨也，篤行也，皆謹守其心之功也。謹守其心者，無聲之中而常若聞焉，無形之中而常若睹焉。……是故至微而顯，至隱而見，善惡之萌而纖毫莫遁，由其能謹也。謹則存，存則明；明則其察之也精，其存之也一。……古之君子所以凝至道而成聖德，未有不由於斯者。雖堯、舜、文王之聖，然且兢兢業業，而況於學者乎！後之言學者，舍心而外求，是以支離決裂，愈難而愈遠。……吾友侍御楊景瑞以『謹』名其齋，其知所以為學之要矣。景瑞嘗遊白沙陳先生之門，歸而求之，自以為有見。又二十年而忽若有得，然後知其向之所見猶未也。一旦告病而歸

第1070頁

，將從事焉，必底於成而後出。君之篤志若此，其進於道也孰禦乎！君遣其子思元從予學，亦將別予以歸，因論君之所以名齋之義以告思元，而遂以為君贈。」

同上，卷八書楊思元卷：「楊生思元自廣來學，既而告歸曰：『夫子之教，思元既略聞之。懼不克任，請所以砭其疾者而書諸紳。』予曰：『子強明者也，警敏者也。強明者病於矜高，是故亢而不能下；警敏者病於淺陋，是故浮而不能實。砭子之疾，其謙默乎！謙則虛，虛則無不容，是故受而不溢，德斯聚矣；默則慎，慎則無不密，是故積而愈堅，誠斯立矣。彼少得而自盈者，不知謙者也

第1071页

；少見而自衒者，不知默者也。……故君子之觀人而必自省也，其謙默乎！』」

按：據此二文，可知楊琠於四月薦陽明任南京國子祭酒未成，後即告病歸揭陽，以「謹」名其齋，由其子楊思元來求陽明作謹齋說，蓋已在七、八月間。御史楊琠是次告病歸，民間廣傳有南京監察御史用雨花石壓船載歸之說（即「御史石」），即指楊琠也。據潮州庵埠楊氏族譜、庵埠志、順治潮州府志、萬姓統譜等載，楊琠為揭陽文里村人，生於天順八年十月初四日。成化十八年秀才，弘治八年舉人，正德二年進士。歷任山西道、南京

監察御史，彈劾不避權貴。在南京時，按察蘇、常、松江，平反死罪冤獄百餘人。南京城內有牧馬草料場，屢引火災，為上疏遷於城外不崎橋。潮地苦水患，韓江墟岸屢潰，民不聊生。乃審度治河之計，於正德七年上請留公項築堤疏，獲准。堤築至南桂都，未竟而卒，時正德十一年五月十五日。越年，葬揭陽地都小龍山。子應舉、應本、應運。楊應本字思元，號燕山，在南京從王守仁學。琠歿後，楊思元奉母陸太宜人遷居潮陽馬窖，嘉靖元年卒。

有書致王邦相。

第1072页

陽明與邦相書：「人來，承惠書。徐曰仁公差出未回，回時當致意也。所須諸公處書，盛价春間已付去，想此時尚未到耶？茲因人還匆匆，又齋有客，不及一一，千萬心照。守仁頓首，邦相宗弟賢契。舍弟在分水者，曾相見否？七月廿二日。空。」（黃定蘭明人尺牘，陽明文集失載）

按：徐曰仁在正德七年任南京兵部車駕員外郎，正德十年正月嘗公差外出，同遊德山詩敘：「正德乙亥春正月壬午，與予同游德山者十有四人。」追記武當之游：「予以乙亥二月初，發自荊北。」故可知陽明此書作於正德十年七月

廿二日。「邦相」即王邦相，疑即王守恭（見下考），陽明託以料理餘姚秘圖王氏故宅家事，故此書所云「諸公處書」，當是指陽明致餘姚王氏長輩處理家事書。

徐天澤來問學，作夜氣説贈歸。

王陽明全集卷七夜氣説：「天澤每過，輒與之論夜氣之訓，津津既有所興起。至是告歸，請益。復謂之曰：『夜氣之息，由於旦晝所養，苟梏亡之反復，則亦不足以存矣。……故曰：「苟得其養，無物不長；苟失其養，無物不消。」夫人亦孰無理義之心乎？然而不得其養者多矣，是以若是其寥寥也。天澤勉之！』」

八月，疏乞養病告歸，不允。

王陽明全集卷九乞養病疏：「頃者臣以朝廷舉行考察，自陳不職之狀，席藁待罪，其時臣疾已作……且臣自幼失母，鞠於祖母岑，今年九十有六，耄甚不可迎侍，日夜望臣一歸為訣。……伏乞放臣暫回田里，就醫調治，使得目見祖母之終，臣雖殞越下士，永銜犬馬帷蓋之恩……」

按：陽明辭新任乞以舊職致仕疏云：「臣原任南京鴻臚寺卿，去歲四月嘗以不職自劾求退；後至八月，又以舊疾交作，復乞天恩赦回調理，皆未蒙准允。」是陽明二次疏乞恩歸在八月。

石樓李瀚來南京訪故友，陪遊獅子山，登閱江樓故址憑弔，有詩感懷。

陽明秋日陪登獅子山：「殘暑須還一雨清，高峰極目快新晴。海門潮落江聲急，吳苑秋深樹腳明。烽火正防胡騎入，雁書愁見朔雲橫。百年未有涓埃報，白髮今朝又幾莖？」

遂登閱江樓故址：「絕頂樓荒但有名，高皇曾此駐龍旌。險存道德虛天塹，守在蠻夷豈石城？山色古今餘王氣，江流天地變秋聲。登臨授簡誰能賦，千載新亭一愴然。守仁頓首上石樓老先生執事。」（二詩見王陽明全集卷二十，二詩真迹藏北京故宮博物院）

按：詩言「殘暑」、「秋深」，則作在正德十年八月中。按明通鑑卷四十六：「正德十年八月丙寅，小王子以十萬餘騎自花馬池入固原，聯營七十餘里，肆行劫殺，城堡為空。巡按陝西御史常在奏劾總兵官潘浩、都御史邊憲及太監廖堂等。」此即詩中所云「烽火正防胡騎入，雁書愁見朔雲橫」。獅子山在金陵城中，閱江樓在獅子山巔。金陵玄覽志卷三：「盧龍山，高三十丈，過十二里，在城西北隅，都城環繞於内。晉元帝渡江，以山象北地盧龍，故名。又名獅子山。」「閱江樓，址在山頂。擬建，不果。」按宋濂閱江樓記云：「京城之西北有獅子山，自盧龍蜿蜒而來，長江如虹，實蟠繞其下。上（太祖）以其地雄勝，詔建樓於巔，與民同遊觀之樂，遂賜佳名為『閱江樓』。」是閱江樓議建於洪武年間，有址無樓，擬建不果，故陽明詩題作「遂登閱江樓故址」。「石樓老先生」即李瀚，字叔淵，一字冰心，號石樓，沁水人。張璧李瀚墓表：「成化己亥為諸生，庚子占鄉試第一，明年舉進士。壬寅，出知樂亭……丁卯，轉河南布政使。無幾，遷順天府尹，尋陞右副都御史……辛未，進南京户部尚書……公脫躧名爵，乃累疏納祿。」（國朝獻徵錄卷三十二）李瀚與王華為同年，是王華、陽明與李瀚早識，弘治十八年李瀚任順天府尹，王華任禮部左侍郎，陽明任兵部武選清吏司主事，三人當有密切往來。李瀚於正德六年乞休歸，正德十年其來南京，或是欲訪昔日僚友，舊地重遊。

秦金寄來黃鶴樓詩，有詩奉答。

陽明夢遊黃鶴樓奉答鳳山院長：「扁舟隨地成淹泊，夜向磯頭夢黃鶴。黃鶴之樓高入雲，下臨風雨翔寥廓。長江東來開禹鑿，巫峽天邊一絲絡。春陰水闊洞庭野，斜日帆收漢陽閣。參差遙見九疑峰，中有蕊藥重華宮。蒼梧雲接黃陵雨，千年尚覺精誠通。忽聞孤雁叫湖水，月映鐵笛橫天風。丹霞閃映雙玉童，醉擁白髮非仙翁。仙翁呼我金閨彥，爾骨癯然仙已半。胡為尚局風塵中，不肩刀圭生羽翰？覺來枕簟失煙霞，江上風清人不見。故人仗鉞鎮湖襄，幾歲書來思會面。公餘登眺賦清詞，醉墨頻勞寫湘練。寫情投報媿瓊瑤，皓皓秋陽濯江漢。」（古今圖書集成第一千一百二十五卷武昌部藝文，陽明文集失載）

按：「鳳山院長」即秦金，字國聲，號鳳山，無錫人。時任都察院右副都御史，巡撫湖廣，故稱「鳳山院長」。按古今圖書集成（同治江夏縣志同）於陽明此詩之下著錄有李東陽寄題秦開府：

扁舟我憶江頭泊，曾上高樓訪黃鶴。仙蹤恍惚不足論，俯視淵澄仰峰廓。石根磋砑若天鑿，棟宇參差連地絡。斷岸秋橫赤壁磯，驚流夜濺觀音閣。衡嶽雲開鴻雁峰，洞庭水落魚龍宮。使槎賈船日來往，其上或與銀漢通。鵠飛已識員方勢，鵬擊似趁扶搖風。舊遊彷彿不再到，前日少年今老翁。江東才子中臺彥，萬里乾坤跡應半。碧嵩青岱幾停車，楚水荊山一揮翰。登斯樓也記須成，望美人今君不見。晝日偏明豸繡衣，炎天不改冰霜面。憑將激濁揚清年，坐使澄江淨如練。歸雲倦鳥亦何心，目送高飛入霄漢。」

又著錄有秦金黃鶴樓次李西涯閣老見寄韻：

黃鶴枕江江岸泊，樓外橫空有孤鶴。萬里乾坤一望中，景象蒼茫胸次廓。古洞嶔岈猶鬼鑿，朱簾捲映青絲絡。鸚鵡洲寒、月滿臺，漢陽樹暝雲連閣。煙嵐紫濕芙蓉峰，蓬萊飛墮神仙宮。翻書無塵白日靜，乘槎有路青霄通。神遊八極非汗漫，毛骨爽颯凌天風。瀟湘逶迤悲帝子，樊口幽絕留坡翁。題名總是金閨彥，個中風月平分半。雲鶴誰降絕代詞，龍蛇或起驚人翰。旬宣蹇我來何遲，突兀燕樓駭新見。憂樂常關范老懷，霜鐵寧改趙公面。天開圖畫真奇哉，先却丹青披素練。北望君門思渺然，萬古朝宗此江漢。」

據此，可知先是李東陽作詩寄秦金，秦金乃作和詩寄答，同時將詩寄陽明，陽明遂作此詩次韻奉答。西涯李東陽卒於正德十一年七月二十二日，故此三人唱酬當在正德十一年以前。考秦金乃在正德九年十一月任右副都御史巡撫湖廣，國榷卷四十九：「正德九年十一月己巳，山東左布政使秦金為右副都御史，巡撫湖廣，兼理軍務。」以三人詩皆作在秋間考之，則三人唱酬必是在正德十年秋間。陽明詩云「故人仗鉞鎮湖襄，幾歲書來思會面」，「幾歲」為將近一歲之意，由正德九年十一月秦金巡撫湖廣至正德十年秋八月，正將近一年。蓋是次黃鶴樓詩韻唱酬由茶陵李東陽發起，唱和者甚多，可謂一次文人超時空之「詩社」勝會，陽明與茶陵派之交遊唱酬由此可見矣：

邵寶容春堂後集卷九寄題黃鶴樓：「秦中丞國聲以涯翁長句索和，用韻為復。時沈休翁亦以和篇寄至。

片雲不向琴臺泊，鷗渚飛來共黃鶴。黃鶴千年尚未歸，惟見高樓倚寥廓。有磯巉巖非人鑿，磯上臨觀何繹絡。長史杯緣庾老停，謫仙筆為崔郎閣。內方迤邐大別峰，遠樹中開夏后宮。朝宗江漢直趨海，天津地脈應流通。登高能賦亦餘事，天子有使將觀風。西涯老作動千古，白首載歌還沈翁。都臺駐節吾鄉彥，五十功名猶未半。不轉常持匪石心，天涯每出如流翰。匡廬雲隱具區濤，我放扁舟君不見。清秋貽我洞庭歌，手墨新題溢緘面。君詩原是杜中人，吏在漢廷稱老練。憑君莫向棟邊懸，恐露精光射星漢。」

按：「沈休翁」即沈鍾，字仲律，號休翁、休齋、思古齋，長洲人。列朝詩集丙集第八沈副使鍾：「天順庚辰進士，授驗封主事，改南主客司。與章懋、羅倫為友，時稱『十君子』。……仕餘三十年，無所干謁。李西涯曰：『今之不識相門者，沈仲律一人耳。』平生好賦詩，多至萬首。」沈鍾黃鶴樓和詩今佚。
唐錦龍江集卷一題黃鶴樓次李西涯少師韵寄鳳山先生：「扁舟鄂渚連宵泊，一尊聊伴樓頭鶴。月光照人如鏡明，水色涵空更澄廓。樓背小亭白石鑿，裂處似有藤蘿絡。欲將勝致付毛生，掌中杯酒且權閣。凌晨歷覽周遭峰，村童野曲鳴商宮。官清萬口詫奇遇，民隱九重偏易通。戰馬千群卧芳草，山川百二皆春風。漢江小歉亦偶爾，全活正賴青州翁。中臺大夫南國彦，胸中石渠有其半。經綸餘滴灑秋風，流水行雲看粱翰。名樓秀句兩爭雄，千載題詩今再見。憑欄獨把廟堂憂，舉頭懶識江少面。酒酣携笛傍梅花，吹徹楚雲飛碎練。不許高語驚星辰，聲名久已登霄漢。」

劉春東川劉文簡公集卷二十四次韵題黃鶴樓：「扁舟昔向楚江泊，勝游未遂登黃鶴。每懷仙跡世人傳，回首江濱渺空廓。誰從絶頂施椎鑿？畫棟雕梁焕聯絡。白雲縹緲宿飛簷，丹霞掩映迷阿閣。爭奇獻秀擁層峰，幻出湖南仙子宮。舳艫上下無停日，吴蜀東西一葦通。長安遥望天之北，南海鵬摶九萬風。萍梗何當今復至，鬖鬖白髮欲成翁。鳳山主人國之彦，歷数海宇幾相半。策勳草木亦知名，豈但豪吟時染翰。我來為喜偶登臨，勝槩平生真僅見。詩篇投我欲為賡，形穢寧容被墻面。續貂漫爾一濡毫，竊愧詞章非素練。獨憐名勝每因人，永矣兹樓重江漢。」
毛伯溫東塘集卷二和涯翁鶴樓簡鳳山韵：「扁舟夜向城西泊，縹緲飛樓屹黃鶴。仙踪杳渺不可求，萬里清風振寥廓。迸江石壁半天鑿，内方大别相綿絡。江濤帶雨翻漁磯，沙月含波明佛閣。縱觀八極豁眉容，朗吟高視滿秦宮。煙開芳樹鸚洲出，雲没青山鳥道通。孤撑豈直壯形勝，洞達時用觀民風。長衢花柳走稚子，破屋蓬蒿坐老翁。今古登臨多英彦，愧我踪迹四方半。江湖遠念感希文，蓴鱸清思動張翰。鳳山磊落天下豪，平生仰止今初見。青天白日照丹心，窮谷深山驚鐵面。文章秦代則雅循，法律漢庭稱老練。甘棠幾樹在樓陰，春風歲歲拂瑶漢。」

夏言秦鳳山招飲黃鶴樓次西涯公韵：「武昌樓頭畫船泊，城上高樓起黃鶴。銀牓孤懸逼太清，朱甍下瞰臨寥廓。參差石勢傍巖鑿，控帶城闉連井絡。磯下潭深鮫杵鳴，檻前水落漁舠閣。青天飛來鳳凰峰，赤霞掩映仙人宮。煙濤微茫溟海樓，雲氣翕忽蓬萊通。四時簾捲楚天雨，萬里帆開巫峽風。仗鉞欣逢鳳山老，題詩共憶西涯翁。春日登臨盡才彦，授簡揮毫酒行半。自慚銜命事奔走，敢為升堂掃詞翰。白雲黃鶴向來聞，晴川芳洲今始見。天開壯觀自千古，地擁雄都當一面。已看黎庶步昇平，近喜強兵休訓練。多暇來時又一

時，轉見高情屬江漢。」（黃鵠山志卷八）

盛明百家詩朱應登詩集和西涯閣老寄題黃鶴樓韵兼呈鳳山中丞：「樓船浮空向空泊，坐對江樓詠孤鶴。杲杲晶晶日乃遠，澄波淼淼心先廓。大別曾聞神禹鑿，洞庭彭蠡相聯絡。貫綠七澤入溟海，控引群山俯飛閣。飛閣西來千萬峰，鈞天九奏敞龍宮。虛傳雲樹書能達，實少桃源路可通。臺洲處處聞芳杜，商舶時時乘便風。風波歲月坐超忽，回首朱顏成老翁。我生蹇劣慚時彥，蹤跡天涯已强半。春草□憂泣楚纍，秋風歸思懷張翰。支離歲月如轉蓬，廿載斯樓已三見。感慨長歌崔老篇，登臨省識白仙面。茲來景物尤絕奇，江水江花淨如練。報詩中丞興不淺，更擬乘槎上霄漢。」

第1081頁

盛明百家詩續傳夢求集代友人寄題黃鶴樓奉舅氏：「壯遊昔日多棲泊，曾向揚州試騎鶴。平生有癖愛幽討，擬遡虛冥入寥廓。茫茫神功開禹鑿，楚江七澤成綿絡。仙人跨鶴何時去，幻出天南幾樓閣。浮雲不隔回雁峰，月明真見馮夷宮。晴川歷歷若在望，芳草有夢還相通。空傳赤壁尤清絕，安得野艇凌秋風。塵纓汩汩每獨感，轉首綠髮還衰翁。玉堂學士瀛洲彥，足跡江山已强半。揮毫攬勝入篇章，一代風騷擅詞翰。挑燈展卷重□□，寤寐頻年慳聞見。彷彿初從雲夢歸，依稀似識蒼梧面。衡山亦在江之濆，慰我時能呈素練。出門一笑發孤吟，徹夜詩魂繞清漢。」

鄧庠東溪別稿登黃鶴樓簡秦都憲國聲（用西涯李文正公韵）：「浮萍止水隨風泊，又上江樓訪黃鶴。黃鶴飛仙去不還，白雲空遶蒼旻廓。懸崖石磴何年鑿？古柏垂蘿露珠絡。憑闌俯視鸚鵡洲，振衣直上凌虛閣。送青天外岣嶁峰，高寒彷彿登蟾宮。洞庭浩浩瀉千里，銀河曾許仙槎通。昨從南都望鄉國，歸帆遠遡玄冥風。中丞邀我設醇酒，盡醉有若襄陽翁。先生自是經邦彥，後樂先憂常過半。瘡痍赤子最關心，湘楚長城咨屏翰。寒谷陽春綵筆回，平生冰玉靈臺見。渡瀘屢仗孔明才，北門復覩萊公面。農知力穡歲有秋，女勤機杼囊餘練。佇看入相四海清，豈惟聖化行江漢。」

第1082-1頁

陳洪謨黃鶴樓次西涯閣老韵簡中丞秦公：「細雨江城秋澹泊，一樽何處堪携鶴。選勝重來近十年，虛樓視昔還恢廓。兩山矗立誰疏鑿？萬壑驚趨猶脉絡。壯勢平吞白帝城，寒光遠帶湘妃閣。雕甍繡闥俯蒼峰，水波搖洩芙蓉宮。几家絃管塵居密，千里舟航貢道通。鐵笛聲孤時對月，蒲帆影亂晚隨風。迎門花鼓來仙客，入畫青蓑羨釣翁。把袂周遊皆國彥，錦席高張叨我半。憑闌觸景各抽毫，摛詞誰復過王翰？稽閣高扁少師章，海若天吳駭吾見。中丞更續郢中歌，玉斝瓊杯照人面。況說綏懷動隱憂，民情吏治精而練。二公聲望將無同，屹屹斯樓並霄漢。」（石倉歷代詩選卷

四百七十五，陳洪謨高吾靜芳亭摘稿卷一）

李麟心齋稿卷二寄題黃鶴樓和西涯元老暨都憲秦公韵：「樓居仙子虛舟泊，一去流傳跨黃鶴。飡霞骨相本身輕，飄然羽化翔寥廓。椽筆誰題樓上頭，白石烏絲碧紗絡。峴首平臨沉水碑，長安屹向朝元閣。西山簾捲青來峰，雲飛縹緲襄王宮。香霧空中下神女，精靈直與星河通。銀屏月懶渾疑水，錦帳春偏不受風。角聲驚起梅花落，鶴背絶倒仙人翁。觀察慚予殿群彥，頭顱不分霜華半。采真何處許參同，笑倩圖南雙鸞翰。還從此老學無生，黃鶴前生坐相見。聞說靈均亦仙蛻，為問仙翁曾識面。我欲因之一寄聲，哀郢江頭濯如練。終始君恩誓不移，百鍊鋼腸真鐵漢。」

游潛夢蕉存稿卷三心齋李憲副以所和西涯閣老寄吊黃鶴樓歌見遺因和一章復之：「黃鶴樓高枕湘鄂，畫闌十二圍珠箔。仙人騎鶴去不還，猶有高樓□黃鶴。江光嶽色閑悠悠，何處翩然跨寥廓。我昔夢見之，紺髮烏絲絡。羽衣玉節浮空來，矯如下聽歌舞滕王閣。海天聲斷樓為空，青霄隱約環高峰。江上野梅，開落不受岳陽笛；道傍官柳，窈裊半入樓前宮。大江東去若走馬，奔流直與銀河通。芳草莽，晴樹依舊生秋風。磴磴東家兒，白髮今為翁。嗟哉仙人兮，滄海桑田，眼見幾度變，乾坤留此突兀驚流盼。洪濤下激層崖危，嵐光遠落簷牙半。洞庭七澤俯瞰如浮杯，以次收拾歸屏翰。黃鶴仙，騎黃鶴，我來訪仙仙不見，惟有青山曾識面。平羌月出天茫然，手弄澄波淨如練。忽看鶴背影落雪片片，便欲乘之躡層漢。」

朱衮白房雜興卷一黃鶴樓次西涯少師韵寄奉黃子：「野性天生故漂泊，登樓笑說人騎鶴。江上青峰映楚天，樓中七澤涵空廓。瀟湘南谷堪耕鑿，吾廬也着香蘅絡。柔蕙煙雲淨素裾，鮮篁風雨生虛閣。雲開每見蒼梧峰，焉知世有蓬萊宮。重華作鄰已不惡，扁舟況復仙家通。赤壁羽衣拂短棹，洞庭鐵篴問長風。名山自合真人住，橘中漫笑商山翁。少師好奇乃好彥，公事平生山水半。猷向池頭奏濩韶，老從黃鶴刷羽翰。新篇秀句傳陽春，豈謂曲中人不見？鷫鷞凄涼鶴不歸，世人省識遼東面。中丞傳奇真不猷，往往書破羊雲練。子與人歌今有無，擬見風聲比江漢。」

葉梧掌教新化，書來相告，有答書。

新刊陽明先生文録續編卷一寄葉子蒼：「消息久不聞。徐曰仁來，得子蒼書，始知掌教新化，得遂迎養之樂，殊慰，殊慰！古之為貧而仕者正如此，子蒼安得以位卑為小就乎！苟以其平日所學熏陶接引，使一方人士得有所觀感，誠可以不媿其職。今之為大官者何限，能免竊禄之譏者幾人哉？子蒼勉之，毋以世俗之見為懷也。尋復得鄒監生鄉人寄來書，又知子蒼嘗以區區之故，特訪寧兆興，足仞相念之厚。兆興近亦不知何似？彼中朋友亦有可相砥礪否？區區年來頗多病，方有歸圖。人遠，匆匆略布閑闊，餘俟後便再悉也」。

按：前考葉梧字子蒼，貴州宣慰司人。正德五年為貴陽書院諸生，正德八年中舉人，故其出仕掌教新化縣學當在正德八年以後。疑其正德九年南宮春試下第，後即出仕掌教新化縣學。陽明此書言「區區年來頗多病，方有歸圖」，乃指陽明正德十年八月疏乞養病告歸（見前），故可知陽明此書作在是年八月中，蓋在其上乞養病疏後不久。

有詩寄雪湖馮蘭。

王陽明全集卷二十寄馮雪湖二首：「竿竹誰隱扶桑東？白眉之叟今龐公。隔湖聞雞謝墅接，渡海有鶴蓬山通。鹵田經歲苦秋雨，浪痕半壁驚湖風。歌聲屋低似金石，點也此意當能同。　海岸西頭湖水東，他年簑笠擬從公。釣沙碧海群鷗借，樵徑青雲一鳥通。席有春陽堪坐雪，門垂五柳好吟風。于今猶是天涯夢，悵望青霄月色同」。

按：馮雪湖即馮蘭，字佩之，號雪湖、雪庵，餘姚人。黃宗羲姚江逸詩卷六：「馮蘭，字佩之。成化己丑進士，選庶吉士，仕至江西副使。其在京師，與李西涯、謝木齋三人稚相好。木齋歸田，與佩之唱和無虛日，間出之以寄西涯，西涯亦一二和之。有云：『惟應兩巾屨，長得夢中遊』。又云：『羨君江海上，猶有舊同遊』。是時西涯為一世宗工，而於佩之則敬為老友也。佩之、西涯同有樂府詠史，號為新體」。今西涯樂府戶誦，在佩之無有能舉之者矣。馮蘭亦一姚江有名詩人，歸居餘姚後，多與謝遷、王華、倪宗正唱酬，同王華、陽明父子熟知。按國榷卷四十九：「正德九年十一月己巳，右通政馮蘭為光祿寺卿」。知馮蘭在正德十年歸居餘姚，陽明此詩即是問候馮蘭歸居餘姚者。「鹵田經歲苦秋雨」，作在秋間；「他年簑笠擬從公」，指陽明有歸休打算，其時已疏請告歸。

九月，三上養病乞休疏，不報。

王陽明全集卷四寄李道夫：「病疏已再上，尚未得報。果遂此圖，舟過嘉禾，面話有日。」陽明又寄梁郡伯手札：「生方以多病在告，已三疏乞休，尚未得旨。冬盡倘能遂願，請謝當有日矣……十月廿三日，守仁頓首上。」（手札真迹，今藏上海博物館）

按：陽明寄李道夫、又寄梁郡伯手札均作於正德十年十月，所謂「三疏乞休」，即指四月、八月、九月三疏乞休歸；所謂「病疏已再上」，即指九月再上疏乞休。錢德洪陽明先生年譜云：「八月，疏請告。是年祖母岑太夫人年九十有六，先生思乞恩歸一見為訣，疏凡再上矣，故辭甚懇切。」此所云「疏凡再上」，即寄李道夫所云「病疏已再上」，指八月、九月二上疏乞休。然因錢氏叙述含混，一併於「八月」下合叙，遂使人誤以為此「疏凡再上」指四月、八月二次上疏乞休，而九月再上疏乞休遂湮沒無聞。陽明九月上乞養病疏今不載王陽明全集，已佚。

李伸任嘉興知府，經南都來問學，別後有書寄之。

第1085页

王陽明全集卷四寄李道夫：「此學不講久矣。鄙人之見，自謂於此頗有發明，而聞者往往詆以為異。獨執事傾心相信，確然不疑，其為喜慰，何啻空谷之足音！別後，時聞士夫傳說，近又徐曰仁自西江還，益得備聞執事任道之勇，執德之堅，令人起躍奮迅。『士不可以不弘毅，任重而道遠。』誠得弘毅如執事者二三人，自足以為天下倡。……比聞列郡之始，即欲以此學為教，仁者之心自然若此。僕誠甚為執事喜，然又甚為執事憂也。學絕道喪，俗之陷溺，如人在大海波濤中，且須援之登岸，然後可授之衣而與之食；若以衣食投之波濤中，是適重其溺，彼將不以為德而反以為尤矣。故凡居今之時，且須隨機導引，因事啟沃，寬心平氣以薰陶之，俟其感發興起，而後開之以其說，是故為力易而收效溥。不然，將有扞格不勝之患，而且為君子愛人之累，不知尊意以為何如耶？病疏已再上，尚未得報。果遂此圖，舟過嘉禾，面話有日。」

按：李道夫即李伸。光緒嘉興府志卷四十二：「李伸，字道甫，三原人。進士，守嘉興，以道自重，言笑不苟，對吏民不怒而威。有大豪侵官錢，事覺，在繫，奸利益甚。伸廉得之，并收其子。有殺兄謀奪官者，不具輸狀，伸一訊遂服。于是

第1086页

奸惡束手，貴勢無敢以私撓之。每從博士弟子講學相詰難，至忘等威。凡遇事無假毛髮，舉措因民，不干聲譽。去郡三十餘年，士民頌思如一日。」陽明書所云「比聞列郡之始」，即指李仲任嘉興守，其當是自三原赴任，經南都來見陽明論學，然後別陽明赴嘉興。又書云「近又徐曰仁自西江還」，按徐愛自西江還在九月，橫山遺集卷上東江吊古記云：「乙亥之秋，九月丁酉，內戚陳丈買舟載酒榼，邀予舅海日翁暨予游上虞之東山。」此蓋是徐愛自西江歸，先順道往紹興祝王華壽（見下），然後經嘉興回南都，故得備聞李仲在嘉興政事也。陽明此書又云「病疏已再上，尚未得報」，即指其在九月再疏告養病歸休。

九月二十九日，祝王華七十壽；三十日，祝陽明壽。乃立王守信第五子王正憲為後。

應良壽大冢宰王公序：「正德乙亥秋九月晦日，為大冢宰王公實翁先生壽辰。予友徐兵部曰仁以書來曰：『盍有言以為賀也。』良聞之，矍然作而曰：『良也昔從公之子陽明先生遊，陽明于良實有開先啟迪之功，師資之誼者。然則拜公賜久矣，敢不拜手稽首以賀而致其辭？』曰：士君子立朝，莫先於出處之正。良自少時，聞公有濟世大才。然公嘗為侍從，為大臣矣，不少暨見，何也？公

第1087頁

早以文章狀元及第，循資累官，平生介然孤立，恥作時流因緣攀附浮沉之態，是以忠而不甚親，受知先朝而不勝用，晦焉曾不少試。迨晚登大位，值逆瑾虐焰時，遂潔身歸，而為越中山水主矣。出處大致何其明也！敢以是為公壽。又曰：公之歸也，九年於茲，今壽七秩矣，須髮黟然，神志氣力逾壯時，此其胸次蓋可想見。然則公自得於天與天之錫公者何如也！而公為老萊，奉太淑人九十有六之年，此人世所稀見，公之樂，雖天下何加焉！敢以是為公壽。又曰：世祿之子勳賢者，則亦有之矣，而我陽明先生反躬力學，偉然一代儒宗，斬伐荒蓁，開辟塞路，明孔孟之道，以淑其身，而與海內有志者共焉，此公餘波所及，澤未易量也。夫古之君子，其於修己奉天至矣，大行無加焉，窮居無損焉，此其中必有不言而喻者，公家庭淵源所漸深也。公雖退，天下以為重，而不以為詘；陽明大卿仕於朝，天下以為慰，而不以為榮。則公父子聽繫於天下，而天下所望公何如也？公以其道壽，其身壽，若子壽，天下後世敢以是為公壽。某也，東南愚儒耳，其未嘗以言語文字悅人久矣。公父子於我為有恩也，其所繫望於天下後世，甚重且遠也。吾將以致吾私，而以無疆之壽壽公也，敢不寓情於言

第1088頁

，以從賀客之後！」（光緒仙居後志卷九）

黃綰集卷十一賓翁先生壽序：「友人駕部員外郎徐君曰仁馳介以書來，曰：『外舅禮部尚書致仕賓翁王公今年壽七十，九月晦日生辰也，將與子弟賦行葦，歌菉竹，獻卮酒。吾子為通家，何以相我一言乎？』乃拜而言曰：公早以文章第狀元，出入青闈，為講官，位卿長，獲天子眷寵，為士雅望，此固可為公榮，未足為公之至也。公門墻清美，子孫羅立，閭里嘻呴，賓祭以無乏，此固可為公樂，未足為之至也。公歷事三朝，卒以明哲自全，優游壟畝，放浪湖山，以與煙霞麋鹿樂其餘，此固可為公

第1089頁

賀，未足為公之至也。抑公行年古稀，而上有太母九十六年，耳聰目明，筋力如少壯，慈閑正則，得以盡公孝養之心；而下有令子得聖人之學於傳，方將龍蛇其身，求天地之化、鬼神之妙以為道，以待百世有徵；曰仁則公之婿，亦以其學為時偉人。以此為公之至，古今可多有乎？譬諸熊蹯與鮒多共食，食者美之，每慮不可兼；或有得者，未足以為難。然膾龍脯鳳，靈糈為飯，飲以甘露，則有非人所可得者，可不為難哉！故曰：莫之為而為者，天也；莫之致而致者，命也。矧公遭危疑，處權奸，懷之以恩而弗居，撼之以威而不動，人或忌而毀之，

在朝則引身以求退，在野則忘之而無辯，巍然高山，淵然鉅浸，曠然絕谷，品彙萬有，靡不自茲出，非公其誰歟？噫！天實篤之，故公優德而完福也，宜哉！綰先選部，公同年而好。公子守仁，綰則從而賴其成，即所謂得聖人之學者。於是以為公壽。」

黃瓚雪洲集卷一壽王鴻臚父七十：「南極占遺老，東溟接巨觴。風攢珠履客，日近綵衣郎。宜壽秔千畝，傳家墨幾莊。子喬華裔在，風吹與年長。」

第1090頁

橫山遺集卷上東江吊古記：「乙亥之秋，九月丁酉，內戚陳文買舟載酒糈，邀予舅海日翁暨予游上虞之東山。翁因拉所知章世傑、王世瑞、陳子中同游。陳文亦以其侄汝謨、子唐卿從。午發山陰，百里，夜抵蒿壩林。嵊尹先遣三舫逆於江。厥明，會內戚尹起潛亦自越至，乃偕易載，北風揚帆，乘漲潮舟行駛甚，視兩涯巖巒，如翔鸞舞鶴，渺不可狎。倏三十里，已距東山。興端欲止莫得，遂竟指清風嶺。又五十里，達夜，至飄雲。時漏月光，映澄潭蒼壁，偶狂飈入峽，並鼓勢盪舟，幾覆。己亥，登麓，謁王貞婦祠。陟嶺，觀貞婦血指寫詩處，旁刻「鑿退恟奴」四字，下瞰絕壑。因思宋室莫能禦虜，而致貞婦彰節於此，為之傷憤久之。雨止，趨下。尹起潛先辭歸嵊，予與世瑞、子中、唐卿冒雨披棘登石屋。屋貯貞婦像。東障石屏數丈，平瑩可鐫。周覽，乃知嶺控台、溫諸路之隘。是日風雨晦烈，欲訪黃沙寺，不果。寺僧饋鵝酒蔬。薄暮，輕舟循涯挽繂而下，宿於三界，即水城故邑。翌晨，吾爨舟與載薪者鬩，詈犯甚逆，翁教之而去。午登東山，松擁鳥道，始若無處，偶有胡服者逐於薔薇屏之趾，僕汗，爭濯洗屐□□□□十餘曲盡

，所謂調馬路乃見，豁然曠谷，有寺榜曰「慶國」，考之，宋姦相侂胄所建。殿後軒曰「白雲」，軒後堂曰「明倫」，堂後寢室以祠晉太傅謝公安石。堂懸公與靈運及王羲之、李太白畫像。由堂階升古閣，四顧如洗，本名「無塵」，信且異之。由寺藩右出，登西眺，俯挼琵琶洲，望極海外靡翳，既灑然滌襟，復有感激古今之意。乃不究東眺而返。舟中酌月，相與劇論謝公忠貞鎮靜，足繫時危之望。辛丑，還抵蒿壩，故舟已移候於東關。爰尋蒿壁，二十里達鳳凰山之陽，謁曹娥祠。祠娥配以朱。娥墓在殿左，庭列古栢數株，觀漢度尚、宋錢時敬暨今翁所為碑詞，咸極闡揚孝道，推引勸勵，颯颯可讀。壁揭子中一疏，欲遷娥父母像於正寢，亦得人子尊親意。出訪子中之廬，子中兄弟宿饌以待，眾乃起，酌酒為翁壽，曰：「翁忘天下之達尊，而油油與士庶嬉飲賡歌於煙雲泉石間，歷險夷，閱晦明，關順逆，而樂不變。翁真超物外者耶？」翁正色曰：「否。夫君子之動也以示法，故觀以輔德，義以節欲；好學則弗樂，喪志則弗玩，故曰君子之游也。然則古之表風教於東江而不可忘者，將獨山川乎哉？將獨山川乎哉？小子識之。」於是乎為之記。」

按：據徐愛此記，可知徐愛自西江回，即順道往紹興見王

華，蓋為祝壽也。其旋即自紹興歸南都，蓋為祝陽明壽，並告知王華擇王正憲為後之況也。

謝遷歸田稿卷七賀龍山太宰得孫及得從曾孫志喜各一首：「槐分世譜幾千葉，蘭茁庭階第一孫。佳氣充閭連故里，德星照夜自初昏。兩朝舊笏龍光遠，萬卷遺書手澤存。燕翼不許匱作室，于公只合再高門。　群衆孫多又見曾，一門福履更誰勝？光昭世德槐陰密，歡動慈顏鶴算增。瀛海仙源流慶澤，丹山雛鳳協休徵。鴻臚復有熊羆夢，佇聽君家燕喜聲。」

錢德洪陽明先生年譜：「立再從子正憲為後。正憲字仲肅，季叔易直先生袞之孫，西林守信之第五子也。先生年四十四，與諸弟守儉、守文、守章俱未舉子，故龍山公為先生擇守信子正憲立之，時年八齡。」

按：王袞字德章，號易直。陽明易直先生墓志云：「生二子：守禮、守信。孺人方氏，生一子：守恭。叔父之生以正統己巳十月戊午，而以弘治戊午之八月廿三卒。」王守信，字伯孚，號西林。倪小野先生全集卷一送王伯孚序：「今吾邑冢宰王公，以狀元入翰林，先帝在東宮。暨御極，侍經帷十餘年，論思陳善，啟沃功多，天下望以為相，而未老謝事，揆之於德位亦未滿。故其子陽明以文學行誼名於時，方被柄用。而從子伯孚輩穎秀特拔，奮庸相繼於此，又有以見天之道，而子瞻之言益信。茲授分水關巡宰，冢宰公所遺明矣。……伯孚承冢宰公所遺，得氣定以盛者也。巡宰雖小官，苟有為，亦足以樹立勳名。……而冢宰公及陽明所面授，當必有切身宜於官、循之易行，守之有效之說，伯孚其念哉！」又卷二贈王西林壽序云：「西林承海日公及陽明之庇，門閥闢閎，澤世文章，薄宦以取榮……西林悠然其間，了無慚德，無乖戾之事形於其身也，無嫌隙之聲出於其戶也……」觀此，可見王守信實亦嘗受學於陽明。按謝遷賀龍山太宰得孫及得從曾孫志喜各一首所云「鴻臚復有熊羆夢」，即指陽明立王正憲為子，故所謂王華「得孫」，顯是指其得王正憲為孫；而所謂「得從曾孫」，必是指王守信長子所生之子，因在同時所生，故一併「志喜」也。蓋王正憲生於八年前，至是年因王守信長子生子有嗣，故王守信才將五子王正憲過繼給陽明。

十月，南京監察御史范輅來訪，為其伯父范淵絕筆詩作跋。

陽明跋范君山憲副絕筆詩後：「此吾故人范君山絕筆也。君山之歿，予方以謫官奔走，不及一哭吊。讀其詩，為之泫然涕下，而『文字謝交遊』之語，猶不能無愧。正德乙亥冬，君猶子侍御以載持以見示，書此以識予感而歸之。」（民國汝城縣志卷三十二，沅湘耆舊集卷十一范僉事

第1093頁

第1094頁

濬，陽明文集失載）

按：范君山即范濬，民國汝城縣志卷二十四：「范濬，字君山，弘治丙辰進士，歷官刑部郎中。隆冬見枷囚甚苦，疏陳五事，上皆嘉納。正德四年，逆瑾擅權，兩被繫逮，左遷濬為威州知州。作民訓十五條，反覆曉諭，囂風遂息。又以邊民不知學問，弟子員不滿三十，因擇民間子弟七十餘人，聚而教之，作學訓十三條，親為講解，由是人咸知勸。後陞雲南按察司僉事，卒於官。濬為人光明平易，立朝忠鯁，居官仁恕。著詩若干卷。」徐禎卿全集卷二有送范靜之遷威州五首，作在正德四年春間，知范濬一字靜之。又邊貢邊華泉集卷六有哭同年范副使濬兼悼亡友徐博士禎卿同空同李子作，中云：「孤魂夜繞青楓闕（徐卒於京），旅櫬春移玉壘關（范卒於蜀）。」知范濬卒於正德六年春三月間（徐禎卿卒於三月），時陽明方由謫龍場驛陞廬陵知縣，入南京任刑部主事，故此跋云「予方以謫官奔走，不及一哭吊」。按陽明於弘治十三年至十七年任刑部主事，范濬同時任刑部郎中，蓋亦一「西翰林」中堅人物，故陽明稱為「故人」。跋中所言范濬侄范以載，即范輅，明史卷一百八十八有傳。國朝獻徵錄卷九十有呂柟作福建左布政使質菴范公輅墓志銘云：「公諱輅，姓范氏，字以載，別號質菴，初號逮呰子，再號三峰，柳州桂陽縣

某里人也。……正德辛未進士，筮仕行人……甲戌歲，授南臺理刑。明年，授雲南道監察御史……」正德十年范輅任南京監察御史，時在春三月，民國汝城縣志卷三十二載有何景明送范以載之南京：「不見君山面，看君意獨哀。曾陪竹林醉，今識仲容才。駿馬登臺去，蒼生攬轡來。春江暮雲樹，愁望北帆開。」國榷卷四十九：「正德十年十月丁巳，南京監察御史范輅上言：『今日大計未定，大疑未決，陛下獨御於上，而皇儲不豫建也。宗室之賢，孰與異姓義子？陛下日馳逞于騎射戎陣，曾念不及此，其如宗廟社稷何？』不報。」可見其時范輅上疏言建儲事，與陽明聲息相通，兩人當有密切往來也。

按民國汝城縣志卷三十二載有范濬絕筆詩：「五十八年事已休，白雲一笑過滄洲。報君匪懈心何似？涉世無欺行可收。喜有書香傳子姓，誰題文字謝交遊？郴山月落江花冷，還為瀟湘寄早秋。」（又見沅湘耆舊集卷十二）。范濬絕筆詩，當時唱和哭悼者甚多，民國汝城縣志猶錄有李夢陽、邊貢、何景明、秦金、湯沐諸人和詩，可見范濬與「前七子」關係甚密，而陽明所跋，似即絕筆詩唱和詩卷耶？

十月二十三日，紹興知府梁喬書來告將離任，有答書。

陽明又寄梁郡伯手札：「治郡侍生守仁頓首，郡公梁老大人先生執事：老父書來，每道愛念之厚，極切感佩。使

至，復承書惠，登拜之餘，益深慚荷。郡人被惠益深，然公高陟之期亦日逼，念之每為吾郡之民戚然也。生方以多病在告，已三疏乞休，尚未得旨。冬盡倘能遂願，請謝當有日矣。使還草草，伏冀照亮。十月廿三日，守仁頓首上。蜀扇吳帕侑緘。餘空。」（手札真迹今藏上海博物館，陽明文集失載）

按：前考梁喬任紹興知府在正德七年至十年間，正德十一年由鄭瓛接任知府，梁喬亦離任歸上杭。札云「已三疏乞休」，按陽明正德十年確嘗三疏乞休，一在四月，一在八月，一在九月（見前），錢德洪陽明先生年譜敘事不明。

十一月初一日，朱子晚年定論成，序定之。

王陽明全集卷三朱子晚年定論序：「洙、泗之傳，至孟氏而息。千五百餘年，濂溪、明道始復追尋其緒。自後辨析日詳，然亦日就支離決裂，旋復湮晦。吾嘗深求其故，大抵皆世儒之多言有以亂之。守仁早歲業舉，溺志詞章之習。既乃稍知從事正學，而苦於眾說之紛撓疲薾，茫無可入，因求諸老、釋，欣然有會於心，以為聖人之學在此矣。然於孔子之教間相出入，而措之日用，往往缺漏無歸，依違往返，且信且疑。其後謫官龍場，居夷處困，動心忍性之餘，恍若有悟，體驗探求，再更寒暑，證諸五經、四子，沛然若決江河而放諸海也。然後嘆聖人之道坦如大路，而世之儒者妄開竇逕，蹈荊棘，墮坑塹，究其為說，反出二氏之下，宜乎世之高明之士厭此而趨彼也。此豈二氏之罪哉！間嘗以語同志，而聞者競相非議，目以為立異好奇，雖每痛反深抑，務自搜剔斑瑕，而愈益精明的確，洞然無復可疑。獨於朱子之說有相牴牾，恒久於心，切疑朱子之賢，而豈其於此尚有未察？及官留都，復取朱子之書而檢求之，然後其晚歲固已大悟舊說之非，痛悔極艾，至以為自誑誑人之罪，不可勝贖。世之所傳集注、或問之類，乃其中年未定之說，自咎以為舊本之誤，思改正而未及，而其諸語類之屬，又其門人挾勝心以附己見，固於朱子平日之說猶有大相繆戾者，而世之學者局於見聞，不過持循講習於此。其於悟後之論，概乎其未有聞，則亦何怪乎予言之不信，而朱子之心無以自暴於後世也乎？予既自幸其說之不謬於朱子，又喜朱子之先得我心之同，然且慨夫世之學者徒守朱子中年未定之說，而不復知求其晚歲既悟之論，競相呶呶，以亂正學，不自知其已入於異端，輒採錄而裒集之，私以示夫同志，庶幾無疑於吾說，而聖學之明可冀矣。正德乙亥冬十一月朔，後學餘姚王守仁序。」

王陽明全集卷四與安之：「留都時偶因饒舌，遂致多口，攻之者環四面。取朱子晚年悔悟之說，集為定論，聊借以解紛耳。」袁慶麟朱子晚年定論跋：「朱子晚年定論，我陽明先生在留都時所採集者也。揭陽薛君尚謙舊録一本，同志見之，至有不及抄寫，袖之而去者。」（朱子晚年定論後附）

按：朱子晚年定論乃陽明正德十年在南都所編集序定，並出以授門人弟子。此一重要事實，錢德洪陽明先生年譜竟不言之及，尤為不當。更誤甚者，錢德洪於王陽明全集卷七中收録朱子晚年定論序，竟注云「戊寅」作（正

德十三年），遂全然掩蓋陽明於正德十年序定朱子晚年定論之事實，尤掩蓋陽明正德十年作朱子晚年定論之真實思想背景與思想淵源。按陽明「朱子晚年定論」思想實早在貴州龍場驛時已經形成，黄綰陽明先生行狀云：「日夜端居默坐，澄心精慮，以求諸靜一之中。一夕，忽大悟，踴躍若狂者。以所記憶五經之言證之，一一相契，獨與晦庵註疏若牴牾，恒往來於心，因著五經臆說。時元山席公官貴陽，聞其言論，謂為聖學復睹。公因取朱子大全閲之，見其晚年論議，自知其所學之非，至有『誑己誑人』之説，曰：『晦翁亦已自悔矣。』日與學者講究體察，愈益精明。」陽明於朱子晚年定論序亦云：「其後謫官龍場，居夷處困，動心忍性之餘，恍若有悟……獨於朱子之説有相牴牾，恒疚於心，切疑朱子之賢，而豈其於此尚未有察？及官留都，復取朱子之書而檢求之，然後知其晚歲固已大悟舊説之非……」可見悟「朱子晚年定論」乃是其「龍場之悟」之核心之悟（見前）。陽明正德九年至留都後，便已私下向弟子講「朱子晚年定論」之說，遂招致一場朱陸論戰（見前），即陽明所自云「留都時偶因饒舌，遂致多口，攻之者環四面」。先是正德九年魏校、王道、余祐、夏尚樸諸人在留都與陽明有朱陸異同之辨；接着正德十

年魏校、王道、邵鋭諸人在京師與陽明有朱陸論戰，是所謂「攻之者環四面」，皆崇朱學之士，除前面所言及者外，尚有多人，如胡世寧、李承勛皆是，明史卷一百九十九胡世寧傳：「遷南京刑部主事……再遷郎中。與李承勛、魏校、余祐善，時稱『南都四君子』。」此「南都四君子」皆朱學中堅人物，亦是環四面攻陽明者也。只因王道在八、九月堅持己說，貶損陽明，與之「斷交」，朱陸論戰難以為繼，故陽明乃在十、十一月編集序定朱子晚年定論，出以示衆，意在欲平息此番朱陸紛爭也，陽明自謂「集為定論，聊借以解紛耳」，清楚道出陽明其時編集序定

朱子晚年定論之真實原因與目的。所謂「朱子晚年悔悟定論」之說，乃出陽明虛構（與遊海詩同），一目了然，其真意不過在故意混淆朱學陸學，無所謂朱陸異同之辨，以此堵住論戰對方爭辯之口，停息這場朱陸論戰。故陽明此朱子晚年定論一書，乃是其朱陸論戰遊戲之筆，未可作嚴肅學術著作觀也。殊未料陽明弄巧成拙，反而招致更激烈之朱陸異同紛爭，更招致六百年來對「朱子晚年定論」說是非得失之紛爭。明史卷二百八十二余祐傳云：「祐之學，墨守師說……時王守仁作朱子晚年定論，謂其學終歸於存養。祐謂：『朱子論心學凡三變，存齋記所言，乃少時所見；及見延平，而悟其

先；後聞五峰之學於南軒，而其言又一變；最後改定已發未發之論，然後體用不偏，動靜交致其力，此其終身定見也。安得執少年未定之見，而反謂之晚年哉？』」其辨出，守仁之徒不能難也。」錢德洪朱子晚年定論序竟吹噓云：「朱子病目靜久，忽悟聖學之淵藪，乃大悔中年註述誤己誤人，遍告同志。師閱之，喜己學與晦翁同，手錄一卷，門人刻行之。自是為朱子論異同者寡矣。師曰：『無意中得此一助！』」其說誤甚。陽明之「朱子晚年悔悟定論」之說，黃綰云是陽明在貴州龍場驛讀朱子大全所獨發之秘說，亦誤。今按：陽明

之「朱子晚年定論」之說實本之程敏政道一編，其在正德十年編集序定朱子晚年定論，亦是針對反擊程曈之閑辟錄也。篁墩程敏政早在弘治二年寫成道一編，提出朱子晚年定論之說，以為朱陸二家其始異而終同。道一編分朱陸同異為三階段：始焉如冰炭之相反；中焉則疑信相參半；終焉若輔車之相依，晚年定論終同。其特從朱子集中選取十五首書，以證成其朱子晚年定論之說。陽明全本程敏政道一編之說作朱子晚年定論，甚至在寫作體例上亦全仿道一編，從朱子集中選取三十四首書，進一步以證成其朱子晚年定論之說。陽明所選

取之三十四首書，有八篇同於程敏政道一編，尤可見陽明襲用道一編之迹。蓋程敏政道一編一出，即遭衆議攻之。至正德十年，程曈作閑辟錄，攻程敏政說不遺餘力。陽明朱子晚年定論序云「然且慨夫世之學者徒守朱子中年未定之說，而不復知求其晚歲既悟之論，競相呶呶，以亂正學」，實即首指程曈，而程曈亦必是陽明所說「環四面攻之者」之人也。故陽明在是年十一月編集序定朱子晚年定論以出之，顯亦是為回擊程曈之閑辟錄也。陽明與安之書中云：「近年篁墩諸公嘗有道一等編，見者先懷黨同伐異之念，故卒不能有入，反

激而怒。」可見陽明確知道一編其書，而所謂「見者必是指程瞳無疑，其朱子晚年定論襲用程敏政道一編之說昭然若揭。茲再選有關重要材料著錄如下，以進一步見朱子晚年定論與程敏政道一編之關係，徹底揭開陽明「朱子晚年定論說」之秘。

程敏政道一編序：「朱陸二氏之學，始異而終同，見於書者可考也。不知者往往尊朱而斥陸，豈非以其早年未定之論，而致夫終身不同之決，惑於門人記錄之手，而不取正於朱子親筆之書邪？以今考之，志同道合之語，著於奠文；反身入德之言，見於義跋；又屢有見於支離之弊，而盛稱其為己之功；於其高弟子楊簡、沈煥、舒璘、袁燮之流，拳拳致意，俾學者往資之。鄜大公無我

第1103頁

之心，而未嘗有芥蔕異同之嫌，茲其為朱子，而後學所不能測識者與？齋居之暇，過不自揆，取『無極』七書，鵝湖三詩，鈔為二卷，用著其異同之始，所謂早年未定之論也；別取朱子書札有及於陸子者，厘為三卷，而陸子之說附焉。其初則誠若冰炭之相反；其中則覺夫疑信之相半；至於終，則有若輔車之相倚，且深取於孟子『道性善』、『收放心』之兩言，讀至此而後知朱子晚年所以兼收陸子之學，誠不在南軒、東萊之下。顧不考者斥之為異，是固不知陸子，而亦豈知朱子者哉？此予編之不容已也。編後附以虞氏、鄭氏、趙氏之說，以為於朱陸之學蓋

得其真。若其餘之紛紛者，殆不足錄，亦不暇錄也。因總命之曰道一編，序而藏之。弘治二年，歲己酉冬日長至，新安程敏政書。」（道一編首）

陳建學蔀通辨提綱：「朱陸早同晚異之實，二家譜、集具載甚明。近世東山趙汸氏對江右六君子策乃云：『朱子答項平父書有去短集長之言，豈鵝湖之論至是而合耶？使其合并於晚歲，則其微言精義必有契焉，而子靜則既往矣。』此朱陸早異晚同之說所由萌也。程篁墩因之，乃著道一編，分朱陸異同為三節：始焉若冰炭之相反；中焉則疑信之相半；終焉若輔車之相倚。朱陸早異晚同之

第1104頁

說於是乎成矣。王陽明因之，遂有朱子晚年定論之録，專取朱子議論與象山合者，與道一編輔車之卷正相唱和矣。……」（學蔀通辨首）

汪宗元道一編後序：「……象山乃蒙無實之誣，人皆以禪學目之四百餘年，莫之辨白。此篁墩先生當群嘵衆咻之餘，而有道一之編也。繼是而得陽明先生獨契正傳，而良知之論明言直指遠紹孟氏之心法，亦是編有以啟之也。……」（道一編後附）

學蔀通辨前編卷下：「篁墩高才博學，名重一時，後學無不宗信也。於是修徽州志者，稱篁墩文學，而以能考合朱陸爲稱首矣。按：閩臺者稱道一編有功於朱陸，爲之翻刻，以廣傳矣。近年各省試録，每年有策問朱陸者，皆全據道一編以答矣。近日，縉紳有著學則、著講學録序、中庸管窺，無非尊陸同朱，群然一辭矣。至席元山之鳴冤録，王陽明之定論，則效尤附和，又其甚者矣。……」

李紱朱子晚年全論凡例：「朱、陸尊德性、道問學之分，始於朱子答項平甫書。嗣後，若包文肅、袁正肅、吳文正諸公及趙東山、鄭師山諸先生并有論述。其著爲成書，則自程篁墩道一編始，次則王陽明先生所録朱子晚年定論……此外，若席文襄公鳴冤録、盧正夫荷亭辨論，止於辨明陸學；而陳清瀾學蔀通辨、孫北海考定朱子晚年定論，則攻陸以尊朱。其實陳、孫二氏名爲尊朱，而不知所以尊之者，其爲書止取相詆之辭，及抄撮一二訓詁之語，凡朱子晚年所以爲學自得於心，與所以人必求諸心者，盈千累萬，皆棄不取。……又有程曈者，作閑辟録，尤爲鄙陋，至謂鵝湖會講，語無可考。……」

第1105頁

按：前考朱子晚年定論乃是陽明朱陸論戰游戲文字，本不具有學術思想之價值與意義。陽明於書中虛構了一個朱熹晚年悔悟己説之非、思想轉向陸學之故事，與其遊海詩一書有異曲同工之妙：陽明於遊海詩中虛構了一個遊海遇仙之故事，用以掩飾自己不赴謫地、遠遁隱居之行；陽明於朱子晚年定論中則虛構了一個朱熹晚年定論與陸學終同之故事，用以掩飾自己反朱學、主陸學之立場。同樣，由於時過境遷，陽明後來亦道出「遊海」之真相，否定了遊海詩之説（遂亡佚）；由於後來陽明建立「良知」新説，已無須再掩飾自己反朱學、主陸學之立場，故在晚年亦自否定了朱子晚年定論之説。嘉靖四年，顧璘致書陽明，認爲「取其厭繁就約，涵養本原數説，標示學者，指爲『晚年定論』，此亦恐非」。陽明未作正面回答，含糊

第1106頁

云：「致吾心之良知者，致知也；事事物物皆得其理者，格物也。是合心與理而為一者也。合心與理而為一，則凡區區前之所云與朱子晚年之論，皆可以不言而喻矣。」（傳習錄卷中答顧東橋書）陽明之意十分清楚，乃是謂：我現已建立「致良知」新說，則以前舊說包括朱子晚年定論之說，你自去體會理喻其意，不必再糾纏强辨其說矣。陽明於此實已默認「朱子晚年定論」舊說之非，而要顧璘以「良知」新說為準。後來黃綰作陽明先生行狀，開列陽明生平著作，獨不列朱子晚年定論及遊海詩，顯是因此二書為陽明早年舊說，已為陽明自己所否定故。明乎此，則六百年來關於「朱子晚年定論」之無謂紛爭可以息矣！

十一月九日冬至，趙寬子趙禧、壻沈知柔自吴江來訪，為半江趙寬文集作序。

陽明半江趙先生文集叙：「君子之學，淵靜而精專，用力於人所不知之地，以求夫自慊，故能篤實輝光，久而益宏，愈挹而愈不可盡。雖漢魏以降，以文辭藝術名家者，雖其用心之公私小大不同，蓋亦未有不由斯道而能蚤有譽於天下也。後世聖學益晦，而文詞之習日盛，然亦卒未有能超漢魏之轍者。豈獨才力之有間，要其精專之工，深根固蒂，以求所謂快然自得之妙者，亦有所不逮矣。半江趙先生，蚤以文學顯召當時，自成化以來，世

第1107頁

之知工文藝者，即知有先生。其為詩文宏贍清麗，如長谷之雲，幽溪之瀨，人望之漠然無窮，悠然翫而樂之，而不忍去也。自先生始入仕，即為刑曹劇司，交四方之賢。然居常從容整暇，其於詩文未或見其有苦心極力之功，遂皆以為得之天分則爾。先生與家君龍山先生為同年進士，故守仁辱通家之愛，亦以是為知先生矣。其後告病歸陽明，先生方董學政，校士於越。邀宿行臺間，得窺其詩稿，皆重複刪改，或通篇無遺字。取其傍枝士卷繙之，盡卷皆批竄點抹。以為此偶其所屬意，則亂抽十數卷，無不然。又見一小冊，履歷所至，山川風俗，道途之所聞，經史之所疑，無不備錄。聞其侍童云：「公暇即拂案展帙，焚香靜對，或檢書已夜分，猶整衿默坐，良久始就卧。」然後知先生平日之所養若是其深，雖於政務猥瑣之末，亦皆用心精密若此也。夫然後嘆先生之不可盡知，而世之以文詞知先生者，蓋猶未見其杜權也已。先生既没，同邑之士有王氏兄者，求先生之遺文於子禧而刻之，先生之壻沈知柔氏與禧以叙請，因與論先生之素，始知先生之全稿既已散失，此所刻者，特禧之所搜輯，而向所謂重複刪改與小冊子所屬者，悉已無存矣。其平生用心之密，充養之深，雖其子若壻，

第1108頁

亦皆未能盡知也。先生之於斯學，其亦可謂淵靜精專，用力於人所不知之地，以求自慊者矣。使先生率是而進，天其假之以年，雖於為聖賢也何有？然以先生之不可盡知者推之，則又安知其不嘗致力於斯也？而今不復可知矣。因序而論之，使後之求先生於是集者得有所考焉。正德乙亥冬至日，餘姚王守仁序。」（半江趙先生文集卷首，陽明文集失載）

按：今半江趙先生文集後附有王鏊半江趙公墓志銘、聞淵半江趙公神道碑、半江趙公墓表及蔡潮半江趙公墓表，均言及陽明為趙寬文集作敘事。敘中所述，前已皆有考。按趙寬為吳江人，卒於弘治十八年，葬於正德元年。其子趙禧多年搜輯其父遺文，至是方與沈知柔自吳江來請敘。禧、知柔皆為邑庠生。王鏊廣東按察使趙君墓誌銘：「父諱暘，累封刑部郎中。母沈氏，封宜人。子男一：禧，邑庠生。庶子二：禴、福。女六：長適沈知柔，次陸墳，皆庠生。餘幼。其孤禧卜以正德元年月日，葬君於橫山靈石峰之麓。」

費宏集卷十三半江趙先生文集序：「宏之成進士也，故廣東按察使半江趙先生與典試事，受知頗深。先生之捐館舍有年矣，宏頃歸，道吳江，訪其廬而吊焉。見其子邑庠生禧，問其遺稿，禧出示此編。凡詩六卷，文如之，蓋校於鄉彥文君璧，而同邑大學生王君明所為鋟梓者也。禧謂宏，先生稿甚富，然多散佚不存，此特十之一二耳。因以編端之序為請。宏雖蕪陋，誼有不可辭者。蓋嘗聞之昔人，謂文者氣之所形，文不可以學而能，氣可以養而致。又謂氣之於言，如水之於浮物也。水大，則物之浮者小大畢浮；氣盛，則言之短長與聲之高下者皆宜焉。先生之文，閎侈鉅衍，奔放橫逸，若得之甚易者，然而法度從容，意味雋永，讀之累日而不能捨去。譬則駕萬鎜之舟，載百車之貨，鼓行於重湖鉅浸之中，乘風破浪，浩乎沛然。而蜀錦、越羅、隋珠、和璧，於凡可珍可愛之物，莫不具在，是其氣之盛也可知矣。桓譚有言，親見揚子雲容貌不能動人，安能重其書？若先生者，白皙纖弱，身不勝衣，而其之形於文也，乃若是其盛，讀者安知其不謂先生為魁梧奇偉之人乎？蓋世之秀慧能文者多矣，然能而好者鮮焉；好而不怠以止者，加鮮焉；不怠以止而能知充養之道者，又加鮮焉。先生天資穎異，出於流輩，早魁多士，名譽赫然，而嘗守之以晦。官西曹，有吏責，日親朱墨敲扑之務，而復乘其餘暇，肆力於經史百氏之書。恬於世利，甘受常調，拔乎流俗，視求田問舍之事若將浼焉。而獨汲汲於問學文章，不啻嗜慾飲食，茲非所謂行之乎仁義之途，遊之乎詩書之源，而無迷無絕者耶？宏嘗惜先生得年不永，而致位未顯，志業勳名有遺恨焉。然文不可腐，且其子能傳之，在先生亦可以自慰矣。先生諱寬，字栗夫，半江其別號云。」

十一月二十六日，朝廷命太監劉允往烏思藏齎送番供諸物，奉迎活佛。擬上諫迎佛疏。

國榷卷四十九：「正德十年十一月己酉，司設太監劉允往烏思藏齎送番供等物。近幸言西域胡僧知三▨生事，土人曰『活佛』，遂遣允迎之。珠琲為幡幢，黃金為七供，賜法王誥印袈裟，及其徒饋賜以鉅萬計，內府黃金為匱。期往返十年，又途帶茶鹽之利亦數十萬計。允未發，而津導已至臨清，阻漕，入峽江，舟大難進，易以艭艫，亘二百餘里。至成都，有司作新館，旬日成，治入番物料計銀二十萬，鎮巡爭之，減七萬。工作日夜不休，歲餘始行。以四川指揮千户十人、甲士千人而西，踰兩月，至其地。番僧云『佛子』者，恐我誘害，不出。允欲威脅之，番人夜襲我，奪寶貨器械，武弁死二人，士卒數百人，傷半之。允騎得善馬疾走，僅免，還成都。戒下人諱其喪敗，空函馳奏乞歸，則上已登遐矣。」

第1111頁

明武宗實錄卷一百三十一：「正德十年十一月己酉，命▨司設監太監劉允往烏思藏齎送香供等物。時左右近幸言：西域胡僧有能知三生者，土人謂之『活佛』。遂傳旨查永樂、宣德間鄧成侯顯奉使例，遣允乘傳往迎之。以珠琲為旛幢，黃金為七供，賜法王金印、袈裟，及其徒饋賜以鉅萬計，內庫黃金為之一匱。勅允往迎，以十年為期，得便宜行事，又所經絡帶鹽茶之利亦數十萬計。允未發，□行相續，已至臨清，運船為之阻截，入峽江，舟大難進，易以艭艫，相連二百餘里。至成都，有司先期除新館督造，旬日而成。日支倉廩百石，蔬菜銀亦百兩，錦官驛不足，旁取近城數十驛供之。又治入番物料估□銀二十萬，鎮巡爭之，減為十三萬。取百工□，偏於公署，日夜不休。居歲餘，始行，率四川指揮千户十人、甲社千人俱西，踰兩月，至期地。番僧號『佛子』者，恐中國誘害之，不肯出。允部下人皆怒，欲脅以威。番人夜襲之，奪其寶貨、器械以去，軍餓死者二人，士卒數百人，傷者半之。允乘良馬疾走，僅免。後至成都，仍戒其部下諱言喪敗事，空函馳奏乞歸，時上已登遐矣。」

王陽明全集卷九諫迎佛疏：「臣自七月以來，切見道路流傳之言，以為陛下遣使外夷，遠迎佛教，群臣紛紛進諫

第1112頁

，皆斥而不納。臣始聞不信，既知其實，然獨竊喜幸，以為此乃陛下聖智之開明，善端之萌蘖。群臣之諫，雖亦出於忠愛至情，然而未能推原陛下此念之所從起，是乃為善之端，作聖之本，正當將順擴充，遡流求原，而乃狃於世儒崇正之說，徒爾紛爭力沮，宜乎陛下之有所拂而不受，忽而不省矣。愚臣之見獨異於是，乃惟恐陛下好佛之心有所未至耳。誠使陛下好佛之心果已真切懇至，不徒好其名而必務得其實，不但好其末而必務求其本，則堯、舜之聖可至，三代之盛可復矣。豈非天下之幸，宗社之福哉！臣請為陛下言其好佛之實。陛下聰明

聖知，昔者青宮，固已播傳四海。即位以來，偶值多故，未暇講求五帝、三王神聖之道。雖或時御經筵，儒臣進說，不過日襲故事，就文敷衍。立談之間，豈能遽有所開發陛下聽之，以為聖賢之道不過如此，則亦有何可樂？故漸移志於騎射之能，縱觀於遊心之樂，蓋亦無所用其聰明，施其才力，而偶託於此。陛下聰明，豈固安於是，而不知此等皆無益有損之事也哉？馳逐困憊之餘，夜氣清明之際，固將厭倦日生，悔悟日切。而左右前後又莫有以神聖之道為陛下言者，故遂遠思西方佛氏之教，以為其道能使人清心絕欲，求全性命，以出離生死

；又能慈悲普愛，濟度群生，去其苦惱而躋之快樂。今災害日興，盜賊日熾，財力日竭，天下之民困苦已極，使誠身得佛氏之道而拯救之，豈徒息精養氣，保全性命，豈徒一身之樂，將天下萬民之困苦，亦可因是而蘇息。故遂特降綸音，發幣遣使，不憚數萬里之遙，不愛數萬金之費，不惜數萬生靈之困斃，不厭數年往返之遲久，遠迎學佛之徒。是蓋陛下思欲一洗舊習之非，而幡然於高明光大之業也。陛下試以臣言反而思之，陛下之心，豈不如此乎？然則聖知之開明，善端之萌蘖者，亦豈過為諛言以佞陛下哉！陛下好佛之心誠至，則臣請

毋好其名而務得其實，毋好其末而務求其本。陛下誠欲得其實而求其本，則請毋求諸佛而求諸聖人，毋求諸外夷而求諸中國。此又非臣之苟為遊說之談以誑陛下，臣又請得而備言之。夫佛者，夷狄之聖人；聖人者，中國之佛也。在彼夷狄，則可用佛氏之教以化導愚頑；在我中國，自當用聖人之道以參贊化育，猶行陸者必用車馬，渡海者必以舟航。今居中國而師佛教，是猶以車馬渡海，雖使造父為御，王良為右，非但不能利涉，必且有沉溺之患。夫車馬本致遠之具，豈不利器乎？然而用非其地，則技無所施。陛下若謂佛氏之道雖不可以平

治天下，或亦可以脱離一身之生死；雖不可以參贊化育，而時亦可以導群品之嚚頑。就此二說，亦復不過得吾聖人之餘緒。陛下不信，則臣請比而論之。臣亦切嘗學佛，最所尊信，自謂悟得其藴奥。後乃窺見聖道之大，始遂棄置其說。臣請毋言其短，言其長者。夫西方之佛，以釋迦為最；中國之聖人，以堯、舜為最。臣請以釋迦與堯、舜比而論之。夫世之最所崇慕釋迦者，慕尚於脱離生死，超然獨存於世。今佛氏之書具載始末，謂釋迦住世說法二十餘年，壽八十二歲而沒，則其壽亦誠可謂高矣。然舜年百有十歲，堯年一百二十歲，其壽比之釋迦則又高也。佛能慈悲施捨，不惜頭目腦髓以救人之急難，則其仁愛及物，亦誠可謂至矣；然必苦行於雪山，奔走於道路，而後能有所濟。若堯、舜則端拱無為，而天下各得其所。惟克明峻德，以親九族，則九族既睦；平章百姓，則百姓昭明；協和萬邦，則黎民於變時雍；極而至於上下草木鳥獸，無不咸若。其仁愛及物，比之釋迦則又至也。佛能方便說法，開悟群迷，戒人之酒，止人之殺，去人之貪，絕人之嗔，其神通妙用，亦誠可謂大矣，然必耳提面誨而後能。若在堯、舜，則光被四表，格於上下，其至誠所運，自然不言而信，不動

而變，無為而成。蓋與天地合其德，與日月合其明，與四時合其序，與鬼神合其吉凶，其神化無方而妙用無體，比之釋迦則又大也。若乃詛咒變幻，眩怪捏妖，以欺惑愚冥，是故佛氏之所深排極詆，謂之外道邪魔，正與佛道相反者，不應好佛而乃好其所相反，求佛而乃求其所排詆也。陛下若以堯、舜既沒，必欲求之於彼，則釋迦之亡亦已久矣；若謂彼中學佛之徒能傳釋迦之道，則吾中國之大，顧豈無人能傳堯、舜之道者乎？陛下未之求耳。陛下試求大臣之中，苟其能明堯、舜之道者，日日與之推求講究，乃必有能明神聖之道，致陛下於堯、舜之域者矣。故臣以為陛下好佛之心誠至，則請毋好其名而務得其實，毋好其末而務求其本；務得其實而求其本，則請毋求諸佛而求諸人，毋求諸夷狄而求諸中國者，果非妄為游說之談以誑陛下者矣。陛下果能以好佛之心而好聖人，以求釋迦之誠而求諸堯、舜之道，則不必涉數萬里之遥，而西方極樂，只在目前；則不必靡數萬之費，斃數萬之命，歷數年之久，而一塵不動，彈指之間，可以立躋聖地，神通妙用，隨形隨足。此又非臣之繆為大言以欺陛下，必欲討究其說，則皆鑿鑿可證之言。孔子云：「我欲仁，斯仁至矣。」「一日克己復禮，而

天下歸仁。」孟軻云：「人皆可以為堯、舜。」豈欺我哉？陛下反而思之，又試以詢之大臣，詢之群臣。果臣言出於虛繆，則甘受欺妄之戮。臣不知諱忌，伏見陛下善心之萌，不覺踴躍喜幸，輒進其將順擴充之說。惟陛下垂察，則宗社幸甚！天下幸甚！萬世幸甚！臣不勝祝望懇切殞越之至！專差舍人某具疏奏上以聞。」

按：陽明擬上諫迎佛疏時間，錢德洪陽明先生年譜謂「八月，擬諫迎佛疏」，乃誤。太監劉允奉迎活佛事在十一月。又錢德洪陽明先生年譜謂「時命太監劉允、烏思藏齎幡供諸佛徒」，亦誤，「烏思藏」為國名，不是人名，何來遣「烏思藏」往迎佛徒？又錢德洪陽明先生年譜謂「先生欲因事納忠，擬疏欲上，後中止」，此疏陽明何以擬而未上，錢氏未說明原因，蓋亦回護師說也。今按：武宗之遣太監劉允往烏思藏迎佛，當時大臣言官多從儒佛異道上辟佛疏諫，獨陽明乃從儒佛同道、釋迦堯舜同聖上疏諫迎佛。蓋在陽明眼裏，釋迦佛氏與堯舜王者同為聖人，佛道與儒道相合，故疏中竟謂武宗遣使外夷迎佛「乃陛下聖智之開明，善端之萌蘖」，「是乃為善之端，作聖之本」，「夫佛者，夷狄之聖人；聖人者，中國之佛也」，「陛下果能以好佛之心而好聖人，以求釋迦之誠而求諸堯、舜之道，則不必涉數萬里之遥，而西方極樂，只在目前」。

儒佛同道，儒釋同聖，只是（比較而言）儒道高於佛道，儒聖高於佛釋，故陽明才反對求佛於夷狄，而主張求聖於中國，此即陽明上此諫迎佛疏之根本立場，並非出於辟佛、排佛之立場也。湛甘泉謂與陽明相見於滁時，「兄言迦、聃，道德高博，焉與聖異？」（奠王陽明先生文）京師卜鄰而居時，陽明「言聖枝葉，老聃、釋氏。予曰同枝，必一根柢，同根得枝，伊尹、夷、惠，佛於我孔，根株咸二」（陽明先生墓志銘）。後來湛甘泉甚且寄書陽明，質問「昨叔賢到山間，道及老兄，頗許不疑佛老，以為一致，且云到底是空，以為極致之論。若然，則不肖之惑滋甚，此必一時之見耶？抑權以為救弊之言耶？」可見湛甘泉之說絕非虛言猜測，陽明之佛道觀，於此諫迎佛疏中皆直言不諱詳論之矣。故此諫迎佛疏若果上奏發表，必會招致士人物議攻詆，於勸阻劉允往迎夷佛無補，適得其反，此即諫迎佛疏卒未得上之根本原因也。陽明對己之佛道觀，一向閃爍其詞，含混不明，此諫迎佛疏可謂是認識陽明佛道觀之「鑰匙」，然却向來不被人所重視，故茲特備録此疏，以見陽明佛道觀之真面目。

按：鄧庠東溪別稿中有送王都憲伯安巡撫南贛郴桂等處詩有云：「應知封事多民隱，鳴鳳朝陽治世音。」此所謂「封事」，即指陽明上此諫迎佛疏，可見陽明確上此疏矣。

十二月，歲暮懷鄉，王文轅寄詩來，有次韵答之。

王陽明全集卷二十冬夜偶書：「百事支離力不禁，一官棲息病相侵。星辰魏闕江湖迥，松柏茅茨歲月深。欲倚黄精消白髮，由來空谷有餘音。曲肱已醒浮雲夢，荷蕢休疑擊磬心。」

按：其時陽明再上乞休疏，不允，疾病相侵，故有是咏。

康熙雲南通志卷二十九引此詩，題作寄朱憲長致仕，顯誤。今按：中華文物集粹清翫雅集收藏展(II)(鴻禧美術館)著錄有王陽明此詩草書手迹，題作鄉思二首次韻答黃與：

「百事支離力不禁，一官棲息病相尋。星辰魏闕江湖迥，松竹茆次歲月深。欲倚黃精消白髮，由來空谷有餘音。曲肱已醒浮雲夢，荷蕢休疑擊磬心。　獨夜殘燈夢未成，蕭蕭窗竹故園聲。草深石屋鼯鼯嘯，雪靜山空猿鶴驚。漫有緘書招舊侶，尚牽纓冕負初情。雲溪漠漠春風轉，紫菌黃芝

第 1119 頁

又日生。」「黃與」即王文轅，字司輿，好道之士。「由來空谷有餘音」，即指王文轅有詩寄來；「漫有緘書招舊侶」，即指王文轅，由此可知此詩題作鄉思二首次韻答黃與為是，題作冬夜偶書為非。疑陽明後來因不欲顯露其與好道之士交遊之迹，有意隱去王文轅其人，將二詩題改為冬夜偶書、與夜坐偶懷故山，而錢德洪及將此二詩分開，一入於正德十年，一入於正德十三年，更大誤。

一五一六　正德十一年　丙子　四十五歲

正月，南京刑部郎中鄭瓛擢知高州府，大書唱和詩送之。

橫山遺集卷上送鄭君出守高州序：「正德乙亥冬，信卿鄭君擢守廣之高州，以丙子春行，都城大夫士與君知者，相率祖餞於郊外。有言君之始官留都刑曹也，留都於君為梓里，而所讞訟，復皆非重勢則鉅豪，是司恩怨之極者也。君能一切任公而裁法，使强者懾懼而弱者無怨，蓋凜乎有威風焉。人咸嘆曰：『君懋於明敏之才，而果於介潔之守，故不避恩怨爾也。』其擢守高州也，人咸惜之曰：『地遠而差小，民樸而近夷，未足以稱具而酬庸。』於君為未慊也。予曰：『否，是惡知君！夫扼世豪之吭，孰與馭縱己之權？司恩怨之極，孰與任孚化之責？君未嘗

第 1120 頁

彼之或難，而顧茲之未慊也。且遠而小者，其地易足；樸而夷者，其民易愚。夫惟視其然，故志者間之以怠心而弗屑，能者乘之以放心而為烈。斯二者，是為地與民所移。今遠地之多困，而民易動者，恒由之也。聖天子毋亦重念之，故特簡任君歟？吾占知君之至高也，相土俗之宜，度緩急之序，總賦役之日，均出入之方；理財正辭，簡賢退不肖，儉節而省文，舉要以親機；既富之，則教之，不破其樸，而培其心，興親愛之情，回仁讓之化。夫君之才，咸既服之；守，咸既信之。是則將移地與民矣，而豈為地與民所移者？斯其為知君也深矣

！」於是吾師陽明王先生大書倡之，曰『春江別思』，諸公詩而和之。是為序。」

按：鄭瓛字信卿，號思齋，南京人，與陽明為同年。劉龍《鄭君瓛墓志銘》：「弘治乙卯薦於鄉。己未登進士第，授新喻令。下車即課農桑，均徭役，平獄訟，民賴以安。乃葺修廟學，作興士類，文化蔚然。以治行被旌召為刑部主事，疏乞養母，改南京刑部，遷郎中……持廉秉公，獄無冤滯，聲稱籍甚。大司寇戌公禮遇特優，擢知高州。尋以才堪治繁，調南昌府。……」陽明在南都，與鄭瓛當多有密切交往。

汪尚和歸休寧見汪循，[redacted]復攜汪循書回南都，請為仁峰精舍作記。有答書。

汪循《汪仁峰先生文集》卷四《與王鴻臚》：「某嘗謂士生宋儒之後者，其於天理之微，人倫之懿，事物之著，鬼神之幽，與凡造入德之方，修己治人之術，莫不秩然，各有條理，備在簡冊之中，學者一舉目即可見而識之，而無復乎他求。其彝則體段本又在我，而不假於外鑠，苟考其故，而驗之心身之間者，實用其力焉，求至聖賢之域不遠矣。然則濂洛關閩之後，宜乎聖賢之多也，反寥寥乎其少者，何耶？其所謂務記覽，工文辭，以釣聲名，取利祿，沿世習俗，陷溺其心，而不自知以為非者，不足論矣；其有學冠一時，名擅當世者，了於斯道無聞焉，何哉？迹其故有二焉：談性命者，未免判心迹於兩途，至於僨事，反類乎文人無行；務行檢者，或不考聖賢之極致，及乎任重道遠，不免顛躓，反類乎不學無術。又有踵襲元儒之謬者，乃以訓詁註述為學，往往類乎借錦鋪張，畫蛇添足，世亦以是多之。至於識者間以先儒知道者議請從祀，廟廷當道直以註述少之，竟寢其議。此亦舉世之通患也。嗚呼！生道學大明之後，而不聞乎道之要；際聖明文明之時，而不蒙至治之澤，某竊有憂之。往者自抱其愚，欲售於時，而無所遇，故奉身求退，

誅茅結屋於仁峰之下，養拙而自修焉。又恨僻在萬山，不得知道養德之士，相與訂疑辨難，以裨益其所不能；切磋琢磨，以相援於斯道之域，朝夕憒憒，竊終無所聞，怏怏賚志以沒耳。比者族弟尚和歸自南都，備道執事所以教誨之至，獎掖之勤，直以斯道為必可行，真以聖賢為必可學，且因以屬意於某。某聾坐山中，已餘十年，歲晚氣衰，幾乎懈矣。忽然得此，辟之深谷之中，一聞跫音，不覺其耳之清、心之懌也，解悟猛省，但可云喻。雖然，稔聞執事之名亦已久矣，但人可知而傳者，文辭之工耳，志節之偉耳，未聞有傳能勇於斯道如此也

；能勇於斯道者，未聞道之人固不知而不能傳也。某於是而知執事之能勇於斯道，則知向之所聞所謂文詞者，道之腴；所謂志節者，道之氣，而非彼事乎鍛煉以為文，出乎憤激以為節者，所可同日而語也。苟於是而養之充之，以臻其極，則所謂處大事，決大議，任重道遠而能不動聲色，措天下國家於磐石之安者，舉此而措之耳，又何難哉！喜轉移之間，廊廟有人，吾道其不孤，生民其無憂矣。尚和去，敬布區區。養拙之窩名曰『仁峰精舍』，未有記之者，倘以詔尚和者為我記之，感佩無量矣，不知以為何如？」

陽明答汪進之書：「仰德滋久，未由奉狀。首春令弟節夫往，又適以事不果，竟為長者所先拜幣之辱，已極惶悚。長箋開喻，推引過分，鄙劣益有所不敢當也。中間敘述學要，究極末流之弊，可謂明白痛快，無復容贅，執事平日之學從可知矣。未獲面承，受教已博，何幸，何幸！不有洪鐘，豈息瓦缶？發蒙警聵，以倡絕學，使善類得有所附麗，非吾仁峰，孰與任之！珍重，珍重！所需鄙作，深懼無益之談，不足以求正有道。方欲歸圖，異時芒鞋竹杖，直造精廬，冀有以面請，顧且徐之，如何？暮夜拾楮未悉，然鄙懷節夫當能道，伏惟照察。

第1123頁

陽明生王守仁頓首拜。」（汪仁峰先生外集卷三，陽明文集失載）

按：前考汪尚和字節夫，休寧人。其來南都受學，蓋常往返於休寧、南都之間，陽明與汪循得可相互通問也。汪循書中云「某聾坐山中，已餘十年」，按王瓚仁峰汪君墓碣銘云：「正德改元，邊警數急，詔下求言，陳外攘内修十策……權貴人忌之，遂乞養母而歸。」（汪仁峰先生外集卷二）是汪循在正德元年乞養歸山，下推餘十年，則為正德十一年，可確知汪循此書作在正德十一年春正月，蓋陽明正德十一年猶在南都，至十二年已赴南贛。汪循此書云「比者族弟尚和歸自南都」，即陽明答書所云「首春令弟節夫往」，即在正德十一年春正月也。仁峰精舍在休寧三峰之下，汪循子汪戠仁峰先生行實：「公既南歸，日以養母為事，辟兩園於三峰之下，其南園倚山之麓，仁峰精舍在焉。」

餘姚胡東皐服闋，改職赴京，有詩送之。

王陽明全集卷二十送胡廷尉：「鍾陵雪後市燈殘，簫鼓江船發曉寒。山水總憐南國好，才猷須濟朔方艱。彩衣得侍仙舟遠，春色行應故里看。別去中宵瞻北極，五雲飛處是長安。」

按：陽明詩所言「胡廷尉」，應即指胡東皐，字汝登，號方岡

第1124頁

、餘姚人，陽明姻戚。時任南京刑部郎中，故陽明稱其為「廷尉」，一如路迎任南京兵部主事，陽明稱其為「司馬」也。顧鯨湖公東皋傳云：「公諱東皋，字汝登，别號方岡，世為餘姚梅川里人……歲乙丑，中進士……丁卯，授南京刑部廣西司主事……庚午，署四川司員外郎事。辛未夏，三載考績……尋陞陝西司郎中。癸酉夏，丁愕庵公憂，喪祭盡禮。丙子夏，服闋，改授南京刑部四川司郎中……公與副都御史宋公冕、府尹胡公鐸，時號為『姚江三廉』云。」（國朝獻徵錄卷五十六）按胡東皋乃在正德十年服闋，正德十一年正月入都，遂在夏中改授南京刑部四川司郎中，以後與陽明關係更密，乃至結為姻親。汪

第1125頁

陽明全集卷七禮記纂言序中云「姻友胡汝登忠信而好禮」，即指陽明子王正憲娶胡東皋女，兩家為姻親。故陽明祭孫安人文中云：「蠢我豚兒，實忝子婿。昏媾伊始，安人捐逝。」祭柴太安人文中云：「守仁忝在姻末……先遣兒曹，匍匐歸役。」按「孫安人」即胡東皋元配，孫燧從女弟。「柴太安人」即胡東皋母（詳後）。

二月，與南京户部尚書鄧庠遊清涼山，有詩唱酬。

王陽明全集卷二十遊清涼寺三首：「春尋載酒本無期，乘興還嫌馬足遲。古寺共憐春草沒，遠山偏與夕陽宜。雨晴澗竹消蒼粉，風暖巖花落紫蕤。鬢黑更須凌絕頂，高懷想見少陵詩。　積雨山行已後期，更堪多病益遲遲。風塵漸覺初心負，邱壑真與野性宜。綠樹陰層新作蓋，紫蘭香細尚餘蕤。輞川圖畫能如許，絕是無聲亦有詩。　不顧尚書此日期，欲為花外板輿遲。繁絲急管人人醉，竹徑松堂處處宜。雙樹暗芳春寂寞，五峰晴秀晚蕤蕤。暮鐘杳杳催歸騎，惆悵煙光不盡詩。」

按：詩中「尚書」指南京户部尚書鄧庠，國榷卷四十九：「正德十年十二月丙寅，南京副都御史鄧庠為南京户部尚書。」陽明在南都，與鄧庠關係最密，唱酬最多（見下），惜多亡佚。鄧庠字宗周，號東溪，宜章人。明清進士錄：「鄧庠，成化八年三甲一百五十名進士。湖廣宜章人，字宗周，號東溪。授御史，官至南京户部尚書，終蘇州巡撫。有東溪稿。」國

第1126頁

朝獻徵錄卷三十一有張璧資政大夫南京户部尚書致仕鄧公庠墓志銘，謂其正德九年八月改右副都御史，巡撫蘇松常鎮，復陞南京都察院右都御史。陽明當在其時與之相識。清涼寺在石頭山，金陵梵剎志卷十九：「石頭山清涼寺，在都城西清江門內……吳順義中，徐溫建為興教寺。南唐改為石頭清涼大道場。宋太平興國五年，改清涼廣惠禪寺。後數廢。國初洪武間，周王重建，改額『清涼陟寺』。」

三月，與南京户部尚書鄧庠、太常寺卿吳一鵬、尚寶司卿劉乾遊牛首山，有詩唱酬。

王陽明全集卷二十遊牛首山：「春尋指天闕，煙霞眇何許

?雙峰久相違，千巖來舊主。浮圖刺中天，飛閣凌風雨。探秀澗阿入，蘿陰息筐筥。滅迹避塵纓，清廟入深沮。風磴仰捫歷，淙壑屢窺俯。梯雲躋石閣，下榻得吾所。釋子上方候，鳴鐘出延佇。頹景耀回盼，層飆翼輕舉。曖曖林芳暮，泠泠石泉語。清宵耿無寐，峰月升煙宇。會晤得良朋，可以寄心腑。」

鄧庠東溪別稿劉尚寶克柔奉乃尊遊牛首山（且邀太常、鴻臚諸同遊，以悅其親。既歸，索予和吳白樓先生韵）：「牛首山中春幾許，衆賓之賞誰其主？浮圖鶴唳九皋雲，稻壠農耕三月雨。參天銀杏聳層巒，瑞草金光携滿筥。符卿欲奉

橋翁歡，綵輿寧為泥途沮。行穿蘿薜屐齒香，貪看紫翠闌干俯。詩牌清潤虎跑泉，石洞溟濛龍卧所。萬松風奏雜笙簧，春酒情歡久延佇。長江渺渺錦帆歸，遠漢翩翩鴻鵠舉。縈紆五里登獻花，鐘磬半空聞梵語。芙蓉高閣更躋攀，笑指蓬萊臨寰宇。歸來魄我遊山吟，流出珠璣自靈腑。」

按：鄧庠詩中所云「劉尚寶克柔」即劉乾，字克柔，號毅齋，任尚寶司卿。「太常」指太常寺卿吳一鵬，字南夫，號白樓。「鴻臚」即指陽明。「乃尊」指劉乾父，鄧庠另作有壽劉尚寶克柔父八十（八月二十七日）。由鄧庠言「索予和吳白樓先生韵」，可知鄧庠此詩與陽明此詩皆是和白樓吳一鵬詩韵，陽明詩中所言「會晤得良朋」，應即指吳一鵬、鄧庠、劉乾及其父諸人。牛首山在南京城南，都穆遊牛首山記：「金陵多佳山，牛首為最。山據城之南，初名牛頭，以雙峰并峙若牛角然，佛書所謂『江表牛頭』是也。晉王丞相導嘗指曰：『此天闕也。』後又名天闕山云。」（金陵梵刹志卷三十三）按陽明是次遊牛首山作詩不止此一篇，齊之鸞蓉川集入夏錄卷下遊牛首山記：「至白雲方丈……壁間有陽明先生律詩，因各次韵一首。」齊之鸞次韵詩見入夏錄卷上白雲方丈次陽明先生韵：「松閣午濤生，林棲白羽明。江山浮世眼，草木舊遊情

。澗石如牛飲，村田似掌平。老僧散禪寂，入户聽經聲。」陽明原題白雲方丈壁詩今佚。

陳沂獻花巖志中，載有吳一鵬遊牛首山詩及魯鐸、徐文溥、周用、喬宇、陳沂、王韋諸人和詩，全面揭開了陽明是次遊牛首山及交遊唱酬之秘密：蓋乃一次結詩社唱酬之宏大勝會也。

吳一鵬陪劉尚寶扶侍遊獻花巖：「半山高，高幾許，今古何人作山主？劉子迎親江左來，紫翠叢中坐煙雨。老氏斑衣春滿庭，陸郎霜橘香生筥。遠近山人皆走觀，德色穰鋤幾慚沮。對山三日捧霞觴，拜獻一興還一俯。借彼禪林選佛場，為我符台奉親所。陶情更賴絲與簧，年在桑榆好延佇。席上公卿

嘆賞餘，至樂百年真盛舉。東海應添仙屋籌，南山敢效詩人語。巋然公壽定無疆，喜氣隨春溢眉宇。宦遊南北縱驅馳，長把牛山藏肺腑。」

山遊果得天公許，携酒仍煩東道主。一笑揚揚并馬行，今日晴明作陰雨。緋桃留艷映疏巾，青杏帶酸盛小筥。天闕嵯峨望眼中（牛首山，一名天闕山），此興勃然誰復沮。雲山排闥翠相迎，野水繞山清可俯。前朝廢寺古城隅，金碧翬飛餘幾所。尋春方欲恣遊遨，解轡何妨少停佇。東山墅賭謝安石，北海尊開孔文舉。天披圖畫萬峰攢，樹隱管弦群鳥語。江東自昔號繁華，第一禪林名海宇。諸公剩有紀遊詩，句句清新從肺腑。」

（獻花巖志　志異蓄第七）

喬宇次吳太常韻：「山遊一約衆即許，符台奉親賓為主。峰回牛首巖在南，彷彿空花散飛雨。山中選勝不一足，坐列盤餐行載筥。我亦平生愛登臨，興到輒往誰復沮。力穿龍窟險捫上，脚踏夔峰低可俯。大如泰華小金焦，江北江南固其所。聞君山水解承歡，金陵梵宮幾延佇。列卿追陪擁冠蓋，道傍嘖嘖稱盛舉。獻壽南山歌頌多，不是尋常燕遊語。歸來為我道其事，怪却絃行惟少宇。大篇强和謝山靈，莫笑雕鎪費肝腑。」（獻花巖志　志異蓄第七）

魯鐸次吳太常韻：「牛首花巖景如許，有美符卿遥作主。星言速客更輿親，天為清塵夜來雨。溪毛野蔌紛採掇，脆碧柔青積箱筥。若翁與客興皆豪，攀壁緣崖色無沮。伐木鳴鶯歷窈深，問梓尋橋看仰俯。林幽花鳥不辨名，壑傳煙霞各為所。題名塔頂頗危升，窺燈佛洞聊凝佇。奇觀書葉詩屢成，小憩班荊杯輒舉。離離天際見帆來，忽忽空中聽人語。要知會合不尋常，試指鄉山列寰宇。坐來卿月在尊罍，更吸清輝照肝肺。」（獻花巖志　志異蓄第七。按：魯鐸魯文恪公文集卷一此詩題作劉尚寶克柔邀同其父友桂翁遊牛首獻花巖次白樓韻。）

徐文溥次吳太常韻：「巨靈何年劈開天闕高如許？我欲携屐作山主，祝融為我先驅除。掃重陰，息淫雨。春風拂衣帶，草露濕筐筥。山嵐光帶日生，殘雲隔林沮。文軒遂隊各後先，山

花壓帽時欹俯。暖風氤氳似欲醉，神遊汗漫何底所？浮圖空中高雙立，行行我亦勞瞻佇。須臾捫歷巉巘之石磴，雙袖飄飄輕霞舉。千丈峰頭一長嘯，萬籟風生驚相語。君不見，白馬小兒昔渡江，萬古浮雲散天宇。我今安得解悟真乘人，與之三年面壁忘心腑。

郡公大手誇燕許，擊竹豪吟忘賓主。得句大叫山神驚，揮毫落素飄風雨。孤鶴啄煙忽飛去，山僧洗研供茗筥。我亦挺戈騷壇下，距踊直前無却沮。况當絕頂望大荒，千山萬壑眼中俯。當時何人坐說法，百鳥銜花獻其所。蒼苔渺茫不可尋，石上惆悵空復佇。斗酒且作詩百篇，玉盞生波不停舉。醉來便即卧草茵，

靜聽古洞神龍語。山中樂事殊未央，疏林夕照欺層宇。卻怪馬蹄促我歸，城闉擾擾還塵腑。」（獻花巖志志異蓄第七）

周用次吳太常韻：「牛首之山在何許，欲問明朝南道主。誰遣紛紛江山雲，化作蕭蕭夜來雨。平明童子市中歸，紫筍青芹動盈筥。門前車馬慘不發，座上賓客色皆沮。當面群山頂可摩，入耳清歌首先俯。便欲移文訟雨師，龍國何人在王所？百壺聊用洗愁寂，雙足那能慰延佇。洞天窈窕懷小酉，詩陣縱橫圖載舉。長卿此興復不淺，東向招招作吳語。當今白日照涂泥，坐見青春轉寰宇。肯辭官曹十日閑，謾與山林論肺腑。」（獻花巖志志異蓄第七。按：周用周恭肅公文集卷八此詩題作劉尚賓約遊牛首阻雨次白樓吳太常韻。）

按：周用字行之，吳江人。據徐階周公用墓志銘（國朝獻徵錄卷二十五），周用時任南京兵科給事中。

王韋次吳太常韻：「結駟招提更誰許，東南彥碩成賓主。靈鷲銜花經幾秋，至今散作空山雨。行廚不用玉為盤，山蔌溪毛薦筐筥。振衣直與高寒期，躡屐肯為巉巖沮？飛閣緣崖鐵鎖攀，此事可仰不可俯。勞勞陌上已無亭，息息山中欣有所。暫揮落日與徘徊，卻望閑雲共凝佇。吾翁浩歌叢杜篇，風吹鬚鬢飄然舉。寂寥衆竅不敢鳴，坐逼青霄聽鈴語。牛山不碍長江流，匹練西來亘寰宇。何時共約佛圖澄，盡挽波濤濯塵腑。」（獻花巖志志異蓄第七）

第1131頁

按：王韋字欽佩，南京人。據顧璘王先生韋傳（國朝獻徵錄卷七十二），王韋時任南京禮部儀制司郎中。

陳沂次吳太常韻：「愛山之癖吾自許，山非吾來屬誰主。花巖出郡三十程，興到何曾擇晴雨。一驢載裹三日糧，惟劚筍蕨食盈筥。那知列卿興更豪，風雨亦不能終沮。千盤百折到絕頂，回首下方同一俯。牛頭兩峰插雲標，但覺飛鳥宿無所。小山翁年八十強，愛此徘徊幾延佇。符台養志極奉歡，遍約群公共杯舉。座中風雅發歌咏，不作依依兒女語。一時物與人意洽，山影江光落天宇。車塵愧不能相逐，空餘想像勞心腑。」（獻花巖志志異蓄第七）

按：陳沂字宗魯，一字魯南，號石亭居士，南京人。擅長詩、書、畫，與同里顧璘、王韋號稱「金陵三友」；又加朱應登合稱「四大家」；又與李夢陽、何景明、徐禎卿、邊貢、朱應登、顧璘、鄭善夫、康海、王九思合稱「弘正十才子」。據顧璘陳先生沂墓志銘（國朝獻徵錄卷一百零四），陳沂弘治十四年舉鄉試，正德十二年中進士。正德九、十、十一年間家居金陵，與南都諸公喬宇、儲巏、王韋、陽明及其弟子等關係甚密，故亦得與遊牛首山唱酬勝會。其詩云「那知列卿興更濃」，即包括陽明在內。其獻花巖志中亦收錄陽明和詩，題作次吳太常韻，則當是陽明此詩原題，後改為遊牛首山，或是有意欲隱去唱酬本事

第1132頁

耶？按諸家和詩，是次春遊實主要是唱和遊獻花巖詩韵，
獻花巖志自序云：「牛頭山去城三十里……崖之半一石窟，曰獻
花巖。釋氏書謂唐釋師法融居此，雪中有奇花，又有鳥
銜花之異，巖因以名，而山亦以巖顯。故金陵稱叢林必
曰牛首、獻花巖、祖堂，而地實相連。」

為毅齋劉乾三子作字說。
王陽明全集卷二十四劉氏三子字說：「劉毅齋之子三人。
當毅齋之始入學也，其孟生，名之曰甫學；始舉於鄉也
，其仲生，名之曰甫登；始從政也，其季生，名之曰甫
政。毅齋將冠其三子，而問其字於予。予曰：『君子之學

也，以成其性；學而不至於成性，不可以為學；字甫學
曰子成，要其終也。學成而登庸，登者必以漸，故登高
必自卑；字甫登曰子漸，戒其躐也。登庸則漸以從政矣
，政者，正也，未有己不正而能正人者；字甫政曰子正
，反其本也。』毅齋起拜曰：『乾也既承教，豈獨以訓吾子
！』」
按：前考劉乾字克柔，號毅齋，江陰人。時任南京尚寶司卿。
王陽明全集於此文題下注「乙亥」作，乃誤。按吳一鵬陪劉尚寶扶
侍遊獻花巖云「劉子迎親江左來」，可見劉乾父劉僎乃在正德
十一年三月來南都（攜劉乾三子），而劉乾之由武選來南都任尚寶

司卿去此不遠。故可知陽明為劉乾三子作字說應在正德十一年
三月以後。泉翁大全集卷六十三明故大中大夫南京光祿寺卿
毅齋劉公墓表：「大中大夫、南京光祿寺卿劉公乾，克柔，生
成化戊子，享年六十九，以嘉靖十五年丙申三月卒於正寢。天子
遣守臣諭祭葬，其長子太學生甫學，與其仲季太學生甫登、甫
政，卜以又明年戊戌七月二十六日，祔於厥考友桂翁墓次。……戊
午領鄉薦，己未登進士，是破天荒，輒大理觀政……」劉乾弘治
十二年中進士，與陽明為同年。弘治十二年入仕（從政），生子甫
政，至正德十一年，甫政十八歲，故劉乾來問其字，此尤可見陽明
此字說作在正德十一年而非作在正德十年。

南湖張綖卒業南雍，與論學，深加賞識。
顧璘南湖墓志銘：「君諱綖，字世文……癸酉領舉，年甫
二十有七。丙子，卒業南雍。時陽明王公網羅人物，訪
士於汪司成，獨以君對。王與君論及武王伐商，大加驚
賞，曰：『汪公謂子豪傑，真豪傑也！』平居商榷義理，進
退古人，多出人意表，聞者厭服。」（張南湖詩集附錄）
按：前考張綖正德九年四、五月入南雍，至是二年卒業。「汪
司業」即汪偉，字器之，號雙溪。明清進士錄：「汪偉，弘治九年

三甲一名進士。江西弋陽人，字器之。授檢討，歷南京祭酒（按：誤，當作南京國子司業）。武宗南巡，率諸生請幸學，不從。嘉靖初，歷吏部侍郎，數爭大禮，為陳洸劾罷。其弟佃，為正德進士。兄俊，為弘治進士。」按鄧庠東溪別稿有送國子司業器之考績，作於正德十二年三月，知汪偉於正德九年三月來任南京國子司業，蓋與陽明、張綖來南都在同時。

汪偉為汪俊弟，故與陽明當早相識。

三月二十四日，（羅欽順父）西岡羅用俊八十壽辰，作詩賀之。

陽明壽西岡羅老先生尊文：「早賦歸來意灑然，螺川猶及拜詩篇。高風山斗長千里，道貌冰霜又幾年。曾與眉蘇論世美，真從程洛溯心傳。西岡自並南山壽，姑射無勞更問仙。陽明山人侍生王守仁頓首稿上，時正德丙子季春望後九日也。」（詩真迹今藏浙江省博物館，陽明文集失載）

鄧庠東溪別稿壽羅少宰允升乃翁八十（由舉人三任教官）：「年少曾聞薦鶚書，筆端文藻照瓊琚。鄭虔昔屢遷黌館，呂望今宜載後車。繼志賢郎登少宰，推恩綸綍賜緋魚。八千願祝莊椿壽，海屋添籌屈指初。」

魯鐸魯文恪公文集卷二壽羅西岡先生分題得鹿皮冠：「製

第1135頁

冠誰道鹿皮迂，遲暮深山稱索居。杖履未嫌遊豕後，功名全付夢蕉餘。霓裳遠俗真同氣，麈尾多情不負渠。玉醴卮中帶清影，驚看華髮黑如初。」

按：西岡在吉安泰和，羅欽順祖居所在，羅欽順父羅用俊因以為號，故陽明此詩所壽西岡羅老先生即羅欽順父羅用俊。整庵存稿卷十四有先吏部府君行述：「羅氏系出豫章，初祖諱詢……和甫生叔大，號大觀，始徙（泰和）邑南鄉上模里之西岡……家君……庚辰加封通議大夫、南京吏部右侍郎。是冬，感寒疾……癸未四月，偶發氣壅滯，至十九日巳時，竟不起。生正統丁巳四月一日戌時，享年八十有七。……家君諱用俊，字舜臣，別號栗齋，又號西岡退叟。」是正德十一年正為其八十大壽。陽明詩作於三月二十四日，距羅用俊壽辰無多日，按羅欽順整庵履歷記云：「正德十一年丙子，春三月，解南京工部事。」（困知記附錄）可見陽明此賀壽詩寫成後，即由羅欽順帶往西岡賀呈（鄧庠賀詩亦然）。蓋羅欽順正德十年陞南京吏部右侍郎來留都，陽明亦在正德九年陞南京鴻臚寺卿，兩人多有往來論學，陽明是次作祝壽詩，當即出於羅欽順之請。魯鐸詩亦是賀羅用俊八十壽辰之作，蓋魯鐸為泰和東岡人，西岡羅氏與東岡魯氏世代關係相好，

羅欽順整庵履歷記云：「弘治十五年壬戌。春，同考禮部會

第1136頁

試。得一卷，三場俱優，……主考吳匏庵先生置之首選，及拆卷，乃景陵魯鐸，果丙午舉人也。」可見魯鐸與羅用俊、羅欽順父子十分相知。時魯鐸任南京國子祭酒，與陽明關係密切，故同有賀詩也。

四月，鴻臚司儀署丞馬思仁之父馬珍卒，為作墓誌銘。

王陽明全集卷二十五登仕郎馬文重墓誌銘：「沛漢臺里有馬翁者，長身而多知。涉書史，少喜談兵，交四方之賢，指畫山川道里弛張闔闢，自謂功業可掉臂取。嘗登芒碭山，左右眺望，嘻吁慷慨，時人莫測也。中年從縣司辟為掾，已得選，忽不慊，復遂棄去。授登仕郎。歸

第1137頁

與家人力耕，致饒富，輒以散其族黨鄉鄰。葬死恤孤，賑水旱，修橋梁，惟恐有間。既老，乃益循飭。邑人望而尊之，以為大賓焉。年八十六，正德丙子四月三日，無疾而卒。長子思仁，時為鴻臚司儀署丞，勤而有禮，予既素愛之。至是聞父喪，慟毀幾絕，以狀來請予銘，又哀而力，遂不能辭。按狀，翁名珍，字文重。……以是年某月某日葬祖塋之側。……」

五月，孟源受學歸滁，為其卷書言贈別，并作與滁陽諸生書、詩答問論學。

王陽明全集卷八書孟源卷：「聖賢之學，坦如大路，但知所從入，苟循循而進，各隨分量，皆有所至。後學厭常喜異，往往時入斷蹊曲徑，用力愈勞，去道愈遠。向在滁陽論學，亦懲末俗卑污，未免專就高明一路開導引接。蓋矯枉救偏，以拯時弊，不得不然，若終迷陋習者，已無所責。其間亦多興起感發之士，一時趨向，皆有可喜。近來又復漸流空虛，為脫落新奇之論，使人聞之，甚為足憂。雖其人品高下，若與終迷陋習者亦微有間，然究其歸極，相去能幾何哉！孟源伯生復來金陵請益，察其意向，不為無進；而說談之弊，亦或未免，故因其歸而告之以此。遂使歸告同志，務相勉於平實簡易

第1138頁

之道，庶幾無負相期云耳。」

同上，卷二十六與滁陽諸生書并問答語：「諸生之在滁者，吾心未嘗一日而忘之。然而闊焉無一字之往，非簡也，不欲以世俗無益之談徒往復為也。有志者，雖吾無一字，固朝夕如面也；其無志者，蓋對面千里，況千里之外盈尺之牘乎！孟生歸，聊寓此於有志者，然不盡列名，且為無志者諱，其因是而尚能興起也。」「或患思慮紛雜，不能強禁絕。」陽明子曰：「紛雜思慮，亦強禁絕不得，只就思慮萌動處省察克治，到天理精明後，有個物各付物的意思，自然靜專，無紛雜之念。大學所謂「知止

而後定也。」

「德洪曰：滁陽為師講學首地，四方弟子，從遊日衆。嘉靖癸丑秋，太僕少卿呂子懷復聚徒於師祠。洪往遊焉，見同門高年有能道師遺事者。當時師懲末俗卑污，引接學者多就高明一路，以救時弊。既後漸有流入空虛，為脱落新奇之論。在金陵時，已心切憂焉。故居贛則教學者存天理，去人欲，致省察克治實功。而征寧藩之後，專發致良知宗旨，則益明切簡易矣。茲見滁中子弟尚多能道靜坐中光景。洪與呂子相論致良知之學無間於動靜，則相覺以為新得。是書孟源伯生得之金陵。時聞滁士有身背斯學者，故書中多憤激之辭。後附問答語，豈亦因靜坐頑空而不修省察克治之功者發耶？」

按：錢德洪跋中所云「是書孟源伯生得之金陵」，即指孟源是次受學攜此書歸滁；所云「當時師懲末俗卑污，引接學者多就高明一路，以救時弊」，即指書孟源卷中所言「向在滁陽論學，亦懲末俗卑污，未免專就高明一路開導引接，……以拯時弊」。可見書孟源卷與與滁陽諸生書并問答語作在同時，皆由孟源自金陵攜歸滁陽也。

孟津編良知同然錄上冊寄滁陽諸生：「一別滁山便兩年，夢魂常是到山前。依稀山路還如舊，只奈迷茫草樹煙。

第1139頁

歸去滁山好寄聲，滁山與我最多情。而今山下諸溪水，還有當時幾派清。」

憶滁陽諸生：「滁陽姚老將，有古孝廉風。流俗無知者，藏身隱市中。」

陽明姚瑛贊：「世胄之家，鮮克有禮。後之人有聞之名而興起者乎！」（光緒滁州志卷七之二，陽明文集失載）

按：詩云「一別滁山便兩年」，陽明正德九年五月離滁至南京，下推兩年，則在正德十一年五月，此三詩蓋皆孟源攜歸滁陽者。良知同然錄（今藏臺北圖書館）由孟津編，書前有孟津序云：「吾懼乎學之日遠於良知也，乃為輯同然錄，以授吾兩庠之來學，使翕然興起之餘，得斯錄而各知求諸其心焉。以此而成身，以此而淑人，以此而施諸國家天下，庶幾乎一體同然之意，而聖學之要因是以復明。否則將吾亦不免焉，以身謗師門也，何以錄為？遂梓之以告夫四方同志。歲在嘉靖丁巳夏五月端陽日，門人南滁孟津書於赤壁之舟中。」按陽明書魏師孟卷云：「心之良知是謂聖。聖人之學、惟是致此良知而已。……愚不肖者，雖其蔽昧之極，良知又未嘗不存也，即與聖人無異矣。此良知所以為聖愚之同具，而人皆可以為堯舜者……每以啟夫同志，無不躍然以喜者，此亦可以驗夫良知之同然矣。」（王陽明全集卷八）孟津編陽明集而取名「良知同然錄」者，即本此。孟津亦陽明弟子，正德八年十月陽明來滁州督馬政，孟津與兄孟源同來受學，南滁會景編卷六有孟津詩云：「萬曆癸酉改元夏

第1140頁

五月，新建伯王龍陽正意奉命南來，經滁謁尊翁祠，太僕卿李漸庵、陸五臺與津咸在，距嘉靖癸亥龍陽過滁謁祠又十年矣」。并有同王龍溪兄丈謁祠云：「共學師門別有年，衰齡何幸遠拔轅」。又有孟津次盛汝謙詩韵云：「髫年曾此侍吾師，忽與仙郎共謁祠」。是孟津正德八年來受學陽明時方在髫齡，亦為陽明瑯琊題名所云「門人二十有八人」之一。陽明此二詩「寄滁陽諸生」，自包括孟津在內，故為孟津所得之編入良知同然錄中。憶滁陽諸生不知與誰，按詩云「滁陽姚老將」，當是指滁陽姚瑛，光緒滁州志卷七之二有云：「姚成，唐姚鳳裔。洪武初，扈駕渡江。後討川

廣凱捷，上授滁州衛指揮使。卒謚『忠懿』，傳世職。萬曆間（按：當作正德間），瑛襲爵居家，以孝友著。蒞官多政績，漕撫都御史蔡公上其事，欲大用之。詔至，瑛以母老致仕，闔門不出，日與其弟稱觴母前。時太僕寺卿王陽明先生與瑛交最善，贈以詩云：『滁陽姚老將……』。」可見姚瑛亦為陽明弟子，正德八年其為「諸生」居家來學，蓋姚成以武功著，姚瑛世襲指揮使職，故陽明戲稱其為「姚老將」也。

六月，雲卿因父卒歸鎮江，有書致慰。

新刊陽明先生文録續編卷一寄雲卿：「尊翁厭世，久失弔慰。雲卿不理於讒口，乃得歸，書送終之禮，此无意也；哀疚寂寥，益足以為反身修德之助，此无意也，亦何恨，亦何恨！君子之學，惟求自得，不以毀譽為欣戚，不為世俗較是非，不以榮辱亂所守，不以死生二其心。故夫一凡人譽之而遽以為喜，一凡人毀之而遽以為戚者，凡民也。然而君子之自責則又未嘗不過於嚴也，自修則又未嘗不過於力也，夫然後可以遺榮辱，一死生。學絕世衰，善儔日寡，卓然雲卿，自愛自愛！風雨半日之程，無緣聚首，細扣新得，動心忍性，自當一日千里。嘗謂友朋言：道者在默識，德者在默成，顏子以能問於不能，有若無，實若虛，犯而不較，此最吾儕準的。雲

卿進修之功，想亦正如此矣。秋半秉考滿，且反棹稽山，京口信宿其期也。不盡不盡。」

按：陽明此書云「京口信宿其期」，蓋是雲卿為京口（鎮江）人，其歸京口送終，南京至京口為半日之程，兩人相隔不得見，故此書云「雨風半日之程，無緣聚首，細扣新得」。可見陽明寫此書時乃在南京任職，擬至秋半考滿歸省稽山，順道經京口與雲卿一見。考陽明生平在南京任職而至三年考滿者，唯有正德九年至十一年在南京任鴻臚寺卿時，可見陽明此書當作在正德十一年夏中秋半以後，陽明在九月陞都察院左僉都御史、巡撫南、贛、汀、漳等處，十月歸越，當會踐約

經京口與雲卿一見。雲卿，無考，據此書，其為京口人，亦陽明弟子。徐愛橫山遺集卷上有別唐雲卿詩，并與鎮江夜渡詩排列在一起，疑此唐雲卿即陽明此書所云「雲卿」。別唐雲卿云：「麒麟出郊藪，物異人莫認。絕學世鮮倫，難明亦難信。子獨言下承，覷觶迎利刃。秋月無隱光，春雷有餘震。氣銳折或摧，質堅磨不磷。請勵剛健德，毋為俗所狥。口室諒不遐，明心在精進。」所謂「口室諒不遐」，即指雲卿京口家室距南京不遠，此詩應即是次徐愛送雲卿歸京口所作。按顧璘息園存稿詩卷八有贈唐員外雲卿二首云：「京口通鄉井，台南接宦遊。……」又毛伯温東堂集卷七有費亨甫唐雲卿同遊焦山云：「昔年畫鷁過京口，遥望金焦思一登。……」是唐雲卿確為京口人，必為陽明此書所言「雲卿」矣。

陸澄書來請問大學中庸註，有答書。王陽明全集卷四與陸原靜：「書來，知貴恙已平復，甚喜！書中勤勤問學，惟恐失墜，足知進修之志不怠，又甚喜！異時發揮斯道，使來者有所興起，非吾子誰望乎？所問大學中庸註，向嘗略具草稿，自以所養未純，未免務外欲速之病，尋已焚毀。近雖覺稍進，意亦未敢便以為至，姑俟異日山中與諸賢商量共成之，故皆未有書。其意旨大略，則固平日已為清伯言之矣。因是益加體認研究，當自有見。汲汲求此，恐猶未免舊日之病也。……

……」按：陽明之作大學中庸註，當在謫居龍場驛時，蓋與其作五經臆說同時。其後旋有大學古本之悟，尋即焚毀大學中庸註，亦與其焚毀五經臆說同時也。錢德洪陽明先生年譜云：「先生在龍場時，疑朱子大學章句非聖門本旨，手錄古本，伏讀精思，始信聖人之本簡易明白。其書止為一篇，原無經傳之分。格致本於誠意，原無缺傳可補。」蓋陸澄向陽明請問大學中庸註時，其書早已焚毀，陽明已作成朱子晚年定論，並思量另作新註（即大學古本傍釋）。傳習錄卷上即錄有陸澄記語錄：「澄問學、庸同異。先生曰：『子思括大學一書之義，為中庸首章。』」此條語錄即與陽明作此與陸原靜書記在同時。後來陽明又作與陸清伯書云：「大學謂之『格物致知』，在書謂之『精一』，在中庸謂之『慎獨』，在孟子謂之『集義』，其工夫一也。向在南都，嘗謂清伯喫緊於此。」（王陽明全集卷二十七）即指此與陸原靜一書也。按陸澄約在是年七月歸安（為來年春赴南宮試與發起雲上耕田之舉），故可知陽明此書約作於六月間（見下）。

七月，有詩寄南山潘府。王陽明全集卷二十寄潘南山：「秋風吹散錦溪雲，一笑南山雨後新。詩妙盡從言外傳，易微誰見畫前真？登山脚健何妨老，留客情深不計貧。朱呂月林傳故事，他年還許上西鄰」。

按：「潘南山」即潘府，字孔修，號南山，上虞人。成化二十三年進士。明史卷二百八十二有傳。國榷卷四十八：「正德七年十月甲辰，吏部薦終養按察副使潘府，致仕工部虞衡司外郎祝苹，養疾御史盧格、主事張翊，許之。」是潘府致仕終養在正德七年，光緒上虞縣志校續卷八潘府傳：「既致仕歸，屏居南山，闢南山書院，聚徒講學。布衣蔬食，足不入城市。修正五經、四書傳註及周程四

子集，參互考訂，為書二十餘種。所著素言，競傳誦之。與王守仁講學，頗有異同」。蓋潘府主程朱學，與陽明多不合。陽明詩云「詩妙盡從言外傳，易微誰見畫前真」，即指潘府在南山修正五經、四書傳註。「錦溪」，即疊錦溪，光緒上虞縣志校續卷二十二：「疊錦溪，在縣北，馬融故宅之西，宋朱文公晦庵講學於此。宋朱子詩：『疊錦溪邊馬融宅，坐看春雨落斜斜。石渠流出桃花片，知是當年宰輔家。』」「朱呂月林傳故事」，用朱熹、呂祖謙講學於月林精舍事，光緒上虞縣志校續卷二十八：「月林堂，在縣北五大夫里，宋淳熙間潘時建。」南山有南山書堂，光緒上虞縣志校續卷二十八：「南山書堂，在縣北寒山之麓，明太常潘府建……始建實弘治戊午冬至日也……厥後甲戌、乙亥間……相度重建之。」陽明寄此詩，或與潘府重建南山書堂有關，故詩云「他年還許上西鄰」。

有書致弟守儉、守文、守章，勸勉立志勤學。

陽明與弟書：「鄉人來者，每詢守文弟，多言羸弱之甚。近得大人書，亦以為言，殊切憂念。血氣未定，凡百須加謹慎。弟自聰明特達，諒亦不俟吾言。向日所論工夫，不知弟輩近來意思如何，得無亦少荒落否？大抵人非至聖，其心不能無所係著，不於正，必於邪；不於道德

功業，必於聲色貨利。故必須先端所趣向，此吾向時立志之說也。趣向既端，又須日有朋友砥礪切磋，乃能薰陶漸染，以底於成。弟輩本自美質，但恐獨學無友，未免縱情肆志而不自覺。李延平云：『中年無朋友，幾乎放

倒了。」延平且然，況後學乎！吾平生氣質極下，幸未至於大壞極敗，自謂得於扶持之力為多。古人蓬麻之喻，不誣也。凡朋友必須自我求之，自我下之，乃能有益。若悻悻自高自大，勝己必不屑就，而日與汙下同歸矣。此雖子張之賢，而曾子所以有堂堂之歎也。石川叔公，吾宗白眉，雖所論或不能無過，然其志向清脫，正可以矯流俗汙下之弊。今又日夕相與，最可因石川以求直諒多聞之友，相與講習討論，惟日孜孜於此，而不暇及於其他，正所謂置之莊嶽之間，雖求其楚，不可得矣。守儉弟漸好仙學，雖未盡正，然比之聲色貨財之習，相去遠矣。但不宜惑於方術，流入邪徑。果能清心寡欲，其於聖賢之學，猶為近之。却恐守文弟氣質通敏，未必耐心於此。閒中試可一講，亦可以養生却疾，猶勝病而服藥也。偶便燈下草草，弟輩須體吾言，勿以為孟浪之談，斯可矣。長兄守仁書致守儉、守文弟，守章亦可讀與知之。」（辛丑消夏記卷五，明尺牘墨華卷一，陽明文集失載）

按：此書中云「此吾向時立志之說也」，即指其示弟立志說，作於正德十年。王守文嘗於正德九、十年來南都受學，故此書云「向日所論工夫，不知弟輩近來意思如何」。書中所云「石川

叔公」，即陽明族叔祖王克彰，時亦自南都歸越家居，故此書云「今又日夕相與，最可因石川以求直諒多聞之友，相與講習討論」。可見此書作在正德十一年。按是年八月陽明陞都察院左僉都御史，巡撫南、贛、汀、漳等處，此書以不言及陞都察院左僉都御史與歸省返越事，則當作在八月以前，蓋與其作與弟伯顯札先後相及也。（見下）

薛侃欲赴南宮春試別歸，徐愛作序送之。

橫山遺集卷下贈薛子尚謙序：「尚謙之質樸而美全，又從陽明先生學，信而有得，故益混然不見言行之可議。而尚謙求過之意，又獨懇切於人人。北行之別，乃復拳拳，使予心戚戚而不能忘也。乃姑自訟其過，以求尚謙正之。予始學於先生，數年惟循迹而行。久而大疑且駭，然不敢遽非，必反而思之。思之稍通，復驗之身心，既乃恍若有見，已而大悟，不知手之舞、足之蹈，曰：『此道體也，此心也，此學也。』人性本善也，而邪惡者客感也。感之在於一念，去之在於一念，無難事，無多術。且自恃禀性柔，未能為大惡，則以為如是終身可矣，而坦坦然，而蕩蕩然樂也，孰知久則私與憂復作也。忽之則無所進，乃今大省，而知通世之痼疾存者有二，而不覺為之害也。夫人孰不謂文字以示法，治今傳後，胥不

免焉，君子攻之固傷仁，絶之亦傷智；功名以昭行，事君事親，胥不免焉，君子求之固害實，無之亦非德。故當今之時，有言絶之、無之者，非笑則詈之曰「怪」；而予始亦以為姑毋攻焉，求不以累於心可矣，絶之、無之不已甚乎？孰知二者之賊，素奪其宜，姑之云者，是假之也，是故必絶之、無之，而後可以進於道，否則終不免於蚩見，且自誣也。予用深懼，乃作歌，時時悲吟以自警。其詞曰：雕蟲之技亦可為，楚漢後天誰是非？譬之蔓草根已培，失今不除蔓將滋。蔓草難圖況心兮，心兮心兮老空悲，人生一死不復回。」

第1149頁

按：薛侃於正德九年五月來南都受學，陽明謂「尚謙始從予於留都，朝夕相與者三年」（祭國子助教薛尚哲文），則其當在正德十一年五月以後別陽明歸，蓋為欲赴南宮試也。徐愛此序所云「北行之別」，即指薛侃北上赴來年南宮春試。按徐愛在秋七月即考滿離南都入京，蕭鳴鳳徐愛墓誌銘云：「丙子秋，考績，便道歸省。」以徐愛在正德七年六月以祁州知州考滿進京者之，徐愛是次考滿進京必在正德十一年秋七月，故徐愛此序當作在秋七月之前。又薛侃是次別陽明乃為欲赴來年南宮試，然其是先歸玉山見母，然後再北上入京。蓋其兄薛俊時任玉山縣教諭，接母來玉山。陽明祭國子助教薛尚哲文明云：「尚謙始從予於留都，朝夕相與者三年。歸以所聞於予者言君，君欣然樂聽不厭，至忘寢食，脫棄其舊業如敝屣。」可見薛侃確嘗先歸玉山見母與兄，至冬間方北上入京，次年遂中進士，蓋與陸澄全同也（見下）。

第1150 1151 1152 1153 1154 1155頁

陸澄赴南宮試歸省，作序贈別。

王陽明全集卷七贈陸清伯歸省序：「陸清伯澄歸安，與其友二三子論繹所學，贈處焉。二三子或曰：『清伯之學日進矣。始吾見清伯，其氣揚揚然若浮雲，其言滔滔然若流波；今而日默默爾，日慊慊爾，日雍雍爾，日休休爾，有大經庭焉。以是知其進也。』或曰：『清伯始見夫子，一月一至；既而旬一至；又既而五六日三四日而一至；又既而遷居於夫子之傍；後乃請於夫子掃庚下之室而旦暮侍焉。夫德莫淑於尊賢，學莫端於親師。故趨權門者日進於勢，遊市肆者日進於利，清伯於夫子之道日加親附焉。吾未遑其他，即是，可以知其學之進也矣。』清伯曰：『有是哉？澄則以為日退也。澄聞夫子之教而茫然，已而歆然，忽耿然而疑，已而大疑焉，又悶然大駭，乃忽闖然若有覩也。當是時，則亦幾有所益焉。自是且數月，蓋悠焉游焉，業不加修焉，反而求焉，倀倀然，穨穨然，昏蔽擴而愈進，私累息而愈興，衆妄攻而愈固，如上灘之舟，屢失屢下，力挽而不能前，以為日退也。」明日，又辭於陽明子，二三子皆焉，各言其所以。陽明子曰：「其然乎！其然乎！謂己為日退者，進修之勵，善日進矣；謂人為日進者，與人為善者，其善亦日進矣。雖然，謂己為日退也，而意阻焉，能無日退乎？謂人為日進也，而氣歉焉，亦能無日退乎？斯又進退之機，吉凶之所由分，可無慎乎！」

橫山遺集卷下送陸子清伯行序：「始客有語清伯於科舉之學，蚤作夜思，食忘味，寢忘寐，出忘客，對客忘言，博考精會，非徒欲獵近義，繪時文，其專有如此者；以六經之義奧，非專門莫究，乃不恥屈己以師同輩焉，其謙有如此者。」予曰：「惜哉！何不務是以求道？」客曰：「彼將有所利也。今之言道，莫陽明夫子若，而世方閧然訕議，彼苟有慕，人將畏而違之，何利焉？」予曰：「不然。清伯且來，未可知。不曰專乎？專者，志之聚也，專而不達，不變；不曰謙乎？謙者，氣之虛也，謙而弗應，必反。夫道也者，虛其體也，一其用也。雖克己可以致虛，故謙者，克之萌也；雖凝神可以致一，故專者，凝之漸也。其機則然，故曰清伯且來。」越數日，清伯果齋潔執弟子禮，來叩陽明夫子之門，夫子納焉。先定之以立志，次培之以灌□，見乃密之以存養省察之功。自天

第1156頁

地之變化，群言之同異，雖靡所不辯，而恒化□以不言之教。久之，清伯慨然曰：「微夫子，幾不喪吾生！」嗚呼！道果在我，何事外求？學果在獨，何事博取？故不知三才合一之道者，不可以言理；不知理者，不可以言性；不知性者，不可以言心；不知心者，不可以言知；不知知者，不可以言行；不知行者，不可以言學。故知學則可以窮理，窮理則可以盡性，能盡其性則可以盡人之性、盡物之性，則可以參兩間、贊造化，此豈依仿名迹私智小見者所能也？故曰：「維天下至誠，為能經綸天下之大經，立天下之大本，知天地之化育。」夫焉有所倚？又曰：「苟不固聰明聖智達天德者，其孰能知之？」吾今而後乃知夫子之學，其一出於性情之真實，而功用自無不大者如此。彼世之懵然訕議者，或且不免自蹈虛無茫昧之失乎？嗚呼！君子亦求自慊而已矣，此豈可以口舌爭哉！會南宮期迫，清伯將歸省而行，謂友道不可無所贈別。予乃言曰：「子之於道，既知大而有本矣；於學，既知其博而有要矣。然充之宜有漸也，居之宜有恒也。予嘗病質懦，稍離師友，即頹墮不自勝，百邪襲而憂患生。因思古之聖賢，獨立而不懼，遯世而無悶，此何為者也？清伯無予之懦病，或亦有離索之嘆乎？則請同事

第1157頁

於弘毅，以行子之所知。清伯以予為多言否邪？

按：陽明此序，王陽明全集於題下注「乙亥作」（正德十年），乃誤。按正德十二年纔有南宮春試，即徐愛序所言「會南宮期迫」，故陽明此序必作於正德十一年。徐愛在是年秋七月考滿入京，其序當作在其離南都赴京之前，可知陸澄歸歸安即在七月中。蓋陽明其時作成朱子晚年定論以授門人，招致四方攻訕，即徐愛序中所云「世方鬨然訕議」，「懵然訕議」，徐愛實借作送別序代師立言，尤具深意焉。

徐愛考滿進京。

蕭鳴鳳徐愛墓誌銘：「丙子秋，考績，便道歸省。」

按：徐愛在秋七月考滿進京，至十一月便道歸省回越，得見陽明與陸澄（見下考）。

八月十九日，以兵部尚書王瓊薦，陞都察院左僉都御史，巡撫南、贛、汀、漳等處。

國榷卷五十：「正德十一年八月戊辰，南京鴻臚寺卿王守仁為左僉都御史，巡撫南、贛、汀、漳。」

王瓊晉溪本兵敷奏卷十南贛類為地方有事急缺巡撫官員事：「照得先因南、贛等處四省接境，地方無官節制，以此添設巡撫都御史一員，專一禁防盜賊，安輯居民。今未及一年，凡陞調都御史陳恪、公勉仁、文森、王守仁共四員。內文森遷延誤事，見奉勅切責，乃敢託疾避難，奏回養病。見今漳州盜賊縱橫，民遭荼毒。脫或王守仁亦見地方多故，假託辭免；或在途遷延，不無愈加誤事。合無早請寫勅本部，差人賫捧馳驛，晝夜前去南京，交與守仁，上緊前去南、贛地方。查找本部節次，題奉欽依內事理，逐一遵依施行，不許遲延。其文森既係奉勅切責官員，幸不加罪，合無以後不必起用，以為推好避事者之戒。及行吏部今後但係本部議設邊方巡撫官員，務照近日户科給事中劉洙奏准事例，無故及在任日淺，不必更調遷轉。正德十一年八月二十五日，具題奉聖旨：『是既地方有事，王守仁着上緊去，不許辭避遲誤。欽此。』」

王陽明全集卷九辭新任乞以舊職致仕疏：「臣原任南京鴻臚寺卿……至今年九月十四日，忽接吏部咨文，蒙恩陞授前職。」

謝恩疏：「正德十一年九月十四日，准吏部咨為缺官事，該部題：『奉聖旨：「王守仁陞都察院左僉都御史，巡撫南、贛、汀、漳等處地方，寫勅與他。欽此。」欽遵。』」

給由疏：「……至正德十一年九月十四日止，連閏歷俸二十九個月零十二日。本日准吏部咨，蒙恩陞都察院左僉都御史，巡撫南、贛、汀、漳等府。」

按：錢德洪陽明先生年譜云：「九月，陞都察院左僉都御史，巡撫南、贛、汀、漳等處。」不確。陽明陞都察院左僉都御史命下在八月十九日，九月十四日乃是陽明接到吏部咨文之日。陽明是次新除，乃是接文森之任。國榷卷五十：「正德十一年正月丙午，南京太僕寺少卿文森為右僉都御史，巡撫南、贛、汀、漳。」然文森實未敢接任，竟託疾避難，養病逃歸。文徵明文森行狀諱言其事。然陽明謝恩疏中云：「十一月十四日續准兵部咨，為緊急賊情事，內開都御史文森遷延誤事。見奉敕書切責：『乃敢託疾避難，奏回養病。見今盜賊劫掠，民遭荼毒。萬一王守仁因見地方有事，假託辭免，不無愈加誤事？』該

本部題：『奉聖旨：「既地方有事，王守仁着上緊去，不許辭避遲誤。欽此。」』……是自正月至八月都察院左僉都御史空缺，無人敢往江西多事之地，朝廷乃強命陽明巡撫江西，亦實無所謂兵部尚書王瓊之薦也。

許完自閩來訪，請作四友亭記，乃為章懋四友亭記作跋贈之。

陽明跋楓山四友亭記：「四友之義，楓山之記盡矣，雖有作者，寧能有加乎？補之迺復靳予言，予方有詩文戒，又適南行。異時泊舟鐵甕，拜四君子於亭下，尚能為補之補之。」（中國古代書畫圖目（十五），陽明文集失載）

按：「楓山」即章懋，字德懋，號楓山，蘭溪人。查今楓山集中無四友亭記文，當為亡佚之篇。「補之」應即許完，字補之，鎮江丹徒人。光緒丹徒縣志卷三十三：「許完，字補之，直隸丹徒縣人。弘治乙丑進士，授蘭溪知縣。擢御史，按河南，重建蘇門嘯臺，慶陽李夢陽為之記。夢陽撰察院題名碑，稱完清河南軍三年，數上封事，所規畫率單便。吳郡徐禎卿亦有贈詩。」光緒蘭溪縣志卷四：「許完，字補之，丹徒人。正德三年以進士授知縣。持身端潔，莅政嚴明。擢江西道監察御史。」蘭臺法鑒錄卷十三：「許完……由蘭溪知縣，選江西道御史。清軍河南，劾中貴錢寧，下獄。降定州通判，復起原職，陞浙江副使卒。」鎮

江有四友亭，即許完所構。空同集卷三有四友亭賦云：「繄許氏之為亭也，左崇嶺，右大江……屹鐵城之東垞，割句吳之西封。圖之以金焦之秀，標之以芝山之峰……茲四物者，非天下之至靈歟？而奚萃吾亭也？適有蘭昆玉季，雁行雙雙，攀勁拊脩，振英擬穠，人取其一，稱為『四友』。」華泉集卷二有四友亭（有序）云：「鎮江之墟有亭峙焉，左松右竹，前梅後柏，許氏四兄弟之所居而友之者也。松友伯焉，竹友仲焉，梅友叔焉，柏友季焉。……」何孟春何燕泉集卷一有題御史許完四友亭卷。按章懋旧記云：「先生掌太學，完為國子生。令蘭溪時，凡有難行之事，必稟正焉。」許完實為章懋門人。據章懋蘭溪縣志序

，許完正德三年至六年任蘭溪縣令，與章懋關係甚密，嘗將章懋、鄭錡撰蘭溪縣志重訂付梓。章懋為作四友亭記即在此時。正德六年春以後許完居丹徒（徐楨卿有送許補之還丹徒）。陽明此跋文所云「鐵甕」，即指鎮江。所謂「又適南行，異時泊舟鐵甕」，指陽明時方在南都任職，不久將南下歸越，途中必經鎮江，得拜四君子亭，便可為許完補寫四君子亭記。故可知此「南行」當指正德十一年九、十月自南都歸越之行，跋即作在其時。

有書致弟王守文，勉其有志於聖學。

陽明與弟伯顯札一：「比聞吾弟身體極羸弱，不勝憂念。此非獨大人日夜所彷徨，雖親朋故舊，亦莫不以是為慮也。弟既有志聖賢之學，懲忿窒欲，是工夫最緊要處。若世俗一種縱欲忘生之事，已應弟所決不為矣，何迺亦至於此？念汝未婚之前，亦自多病，此殆未必盡如時俗所疑，疾病之來，雖聖賢亦有所不免，豈可以此專咎吾弟；然在今日，卻須加倍將養，日充日茂，庶見學問之力果與尋常不同。吾固自知吾弟之心，弟亦當體吾意，毋為俗輩所指議，乃於吾道有光也。不久吾亦且歸陽明，當攜弟輩入山讀書、講學旬日，始一歸省，因得完養精神，薰陶德性，縱有沉疴，亦當不藥自愈。顧今未能一日而遂言之，徒有惘然，未知吾弟終能有此福分否也？來成去，草草，念之！長兄陽明居士書，致伯顯賢弟收看。」（式古堂書畫彙考書考卷二十五。陽明文集失載）

按：札云「不久吾亦且歸陽明……始一歸省」，即指陽明八月陞都察院左僉都御史，將歸省回越，可知此札作在八月中。「伯顯，即王守文，字伯顯。

陽明與弟伯顯札二：「此間事汝九兄能道，不欲瑣瑣。所深念者，為汝資質雖美，而習氣未消除；趣向雖端，而德性未堅定。故每得汝書，即為之喜，而復為之憂。蓋喜其識見之明敏，真若珠之走盤；而憂其舊染之習熟，或如水之赴壑也。汝念及此，自當日嚴日畏，決不能負師友屬望之厚矣。此間新添三四友，皆質性不凡，每見尚謙談汝，輒嘖嘖稱歎，汝將何以副之乎？勉之，勉之！聞汝身甚羸弱，養德養身上只是一事，但能清心寡欲，則心氣自當和平，精神自當完固矣。餘非筆墨所能悉。陽明山人書寄十弟伯顯收看。印弟與正憲讀書，早晚須加誘掖獎勸，庶有所興起耳。」（同上）

第1164頁

按：札中所言「九兄」為王守儉，「印弟」為王守章。「正憲」為王正憲，時年九歲。「尚謙」為薛侃。陽明祭子助教薛尚哲文云：「自君之弟尚謙始從予於留都，朝夕相與者三年。」蓋薛侃自正德九年來南都受學，三年來一直在南都未歸，直至正德十一年十月陽明赴贛，薛侃亦北上赴來年南宮春試。故傳習錄中卷多為薛侃所記。

九月十四日，陞都察院左僉都御史吏部咨文下到南京，上疏辭新任，乞以舊職致仕。

王陽明全集卷九辭新任乞以舊職致仕疏：「臣原任南京鴻臚寺卿……至今年九月十四日，忽接吏部咨文，蒙恩陞授前職。聞命驚惶感泣之餘，莫知攸措……臣自幼失慈，鞠於祖母岑，今年九十有七，旦暮思臣一見為訣。去歲乞休，雖迫疾病，實亦因此。臣敢輒以螻蟻苦切之情控於陛下，冀得便道先歸省視岑疾，少伸反哺之私，以俟矜允之命。……」

按：王陽明全集於此疏題下注「十一年十月」上，乃誤。陽明九月十四日受吏部咨文，豈會遷延至十月纔上辭新任疏？且陽明九月二十九日即離南都歸省（見下），十月已在越，問視岑太夫人，豈能事後在家再上辭新任疏，猶云「冀得便道先歸省視岑病」？故陽明上辭新任疏當在九月十四日以後不久，斷非在十月也。

第1165頁

南都僚友餞行，集餞於清涼山，又餞於惜山亭，再餞於喬宇第，又出餞於龍江關，皆有詩倡和。

鄧庠東溪別稿遊清涼山送王都憲伯安（和喬司馬希大、吳太常南夫、魯祭酒振之、汪司業器之聯句韵）：「金陵清涼山，中有摩尼宅。峨峨青雲端，窅窅紅塵隔。長松掛晴旭，叢篠迷鳥迹。畹蘭含晚香，巖菊飽秋色。良辰盍華簪，離筵餞行客。垂蘿翳深谷，瓊芝俯可摘。遠水羅帶縈，遥岑珊瑚格。曲闌繞十二，斜磴躡千百。高攀玉女盆，下視彭蠡澤。涼飈滌煩襟，晨光轉駒隙。纏蔓引龍蛇，懸崖峙圭璧。島嶼芙蓉青，樓臺蜃霞赤。林巢逋仙鶴，苔護媧皇石。章甫濕山翠，旌旗拂霜白。宣性

第1166頁

發清興，所期就丹液。自慚麋鹿情，素有山林癖。緣雲日熙熙，滿懷春拍拍。勝槩茲逢辰，野趣動疇昔。欲躋鷲嶺奇，旋烹鳳團嗌。紅樹紛煙嵐，鐵枝參古柏。每陋子長遊，惟求卜商益。頻採民隱陳，須叩天閽闢。笑吟恣遊衍，意適忘杖策。危峰一振衣，虛亭時岸幘。穗繁稻初黃，壤沃土非瘠。深竹路轉細，柔草地堪席。始登足嶇嶮，稍瞰心辟易。蟬鳴樵逕午，猿竟林果獲。佳境猶咲蔗，幽尋異滄蘗。茲遊得良朋，文藻自逢掖。拄軫同盤桓，停車採隱僻。南都富靈秀，瀛洲臨咫尺。昨聞使星飛，遥指楚天碧。送別石城門，迢遞匡廬驛。後會知幾時，深杯醉何惜。蕭蕭江上帆，飄飄雲中舄。丈夫志四方，胡為歎離索。雄略仗皇威，執俘兼折馘。王程風霆速，蒼生瞻望劇。思君渺何許，明月照秋夕。」

同上，送王都憲伯安巡撫南贛郴桂等處（和喬司馬希大、吳太常南夫、魯祭酒振之、汪司業器之聯句韵）：「中丞妙選詔新裁，送別高軒出鳳臺。風動遐荒威令肅，霜清嵠峒瘴氛開。旌幢遠帶陽和去，梅信還從驛使來。良會幾時重載酒，江頭笳鼓莫頻摧。

湖海汪洋宇量寬，遠紓南顧望情歡。緋衣舊舞黃金帶，白筆新簪獬豸冠。細略靖邊民盡樂，豺狼當道膽先寒。草頭朝露流光易

第1167頁

，留取勳名汗簡看。　渺渺天南一雁飛，鍾山雲斂曉風微。裴公綠野靈椿老，萊子趨庭綵服歸。暫奉重闈春酒壽，遥瞻南國法星輝。邊疆析靜吾民樂，山甫言還補袞衣。　直諒多聞獲我心，對牀清論辱知深。每懷高誼雲天薄，忽送征帆煙水潯。節操莫云包拯硯，濟時端賴傅巖霖。應知封事多民隱，鳴鳳朝陽治世音。　家世吴山浙水東，翰林家學幾人同？蜚英春榜傳先澤，讞獄秋曹義至公。心上經綸裨聖治，筆端文錦奪天工。歷官中外年華遠，蹇蹇王臣念匪躬。　詩句清新思不群，綵毫落紙見春雲。同遊草閣看山色，共愛巖泉溜竹分。未許文園辭病渴，且勞鎖鑰建殊勳。蠻煙瘴雨汀潮路，一飯無忘答聖君。　崎嶇鳥道倚雲長，巢穴深深草樹荒。赤子頻聞經虎害，彤弓今喜拂秋光。泰山壓卵風塵淨，黄犢耕春野水傍。四省清平更何事，行臺含笑看干將。　攙攙欃槍四載餘，九重宵旰定何如？累提戈甲誅狐鼠，未聽邊庭息羽書。玉帳晚風吹昧爽，畫船秋月照窗虚。相期整頓炎荒後，歸步天衢敘起居。　棠樹螺川去後思，才名燁燁士林知。事繁棼縷無盤結，心靜虚舟任所之。取友每聆開肺腑，憂民那得展愁眉。暫教雙秩登臺憲，還待經邦論道時。　乾坤間氣萃陽

第1168頁

明，山聳高寒雲水清。冢宰早魁天下士，都臺今選浙中英。忠言曾犯雷霆怒，直道寧為寵辱驚？遥想軺車行部處，南荒草木識威名。（陽明，山名，伯安别號。其乃尊以狀元歷官冢宰。）　曉聽秦淮發棹歌，若為分手奈愁何！河橋日麗銀旌遠，鄉國秋深晝錦過。暫向庭闈舒舞袖，早聞邊徼罷干戈。湖南郴桂尤荒落，洗耳人傳霈澤多。　酒盡離筵醉更豪，狂吟應禿兔千毫。魏公自有平羌策，蕭相何須汗馬勞。搗穴力除狼虎虐，磨崖功並斗山高。捷書入奏天顏喜，懋賞恩覃金字袍。　漂漂萍梗倍堪嗟，庾嶺章江入夢賒。京邸屢曾□霽月，吟篇猶未報瓊華。凱歌佇聽聞千里，絃誦應知動萬家。黄閣待君弘治化，銀河翹首望歸槎。」

陽明和大司馬白巖喬公諸人送別：「正德丙子九月，守仁領南、贛之命，大司馬白巖喬公、太常白樓吴公、大司成蓮北魯公、少司成雙溪汪公，相與集餞於清涼山，又餞於惜山亭，又再餞於大司馬第，又出餞於龍江，諸公皆聯句為贈，即席次韵奉酬，聊見留别之意。　未去先愁別後思，百年何地更深知？今宵燈火三人兩，他日緘書一問之。漫有煙霞刋肺腑，不堪霜雪妒鬢眉。莫將分手看容易，知是重逢定幾時？　謫鄉還日是多餘，

第1169頁

長擬雲山信所如。豈謂尚懸蒼水佩，無端又領紫泥書。豺狼遠道休為梗，鷗鷺初盟已漸虛。他日姑蘇歸舊隱，總拈書籍便移居。

寒事偶驚蟋蟀先，同遊剛是早春天。故人愈覺晨星少，別話聊憑杯酒延。我馬驅馳非舊日，筆牀相對又何年？不因遠地疎蹤迹，惠我時裁金玉篇。

無補涓埃媿聖朝，漫將投筆擬班超。論交義重能相負？惜別情多屢見招。地入風塵兵甲滿，雲深湖海夢魂遙。廟堂長策諸公在，銅柱何年折舊標？

孤航眇眇去鍾山，雙闕回看杳靄間。吳苑夕陽臨水別，江天風雨共秋還。離恨遠地書頻寄，後會何時鬢漸斑。今夜夢魂汀渚隔，惟餘梁月照容顏。

陽明山人王守仁拜手書於龍江舟中。餘數詩稿亡，不及錄，容後便覓得補呈也。守仁頓首，白樓先生執事。」（三希堂法帖，壬寅消夏錄王陽明詩真迹卷，陽明文集失載）

周恭肅公文集卷七借山次韻為吳白樓太常賦二首：「題遍長安卷裏詩，先生今日豈無辭？雙藤馬首原曾肯（借藤），箇玉亭中亦未私（借玉）。竹葉細香鄰舍酒，梅花瘦影隔墻枝。春來擬借游山句，解道勸君金屈卮。

碧山應好白家詩，一字題封百不辭。未必樓臺公有地，且教花木我無私。荒唐東海枯魚肆，容易西鄰棗樹枝。是我

第1170頁

借山山借我，只消銀燭共金卮。」

魯文恪公文集卷三借山次吳白樓韻：「借山元自為耽詩，償取須憑絕妙辭。風月可勝論價直，鶯花如解挾恩私。忘情屐齒苔三徑，寄傲峰頭杖一枝。天地本來名逆旅，過逢休放手中卮。」

按：是次南都僚友餞行，乃餞別多地，陽明均有和詩，皆亡佚。如餞別借山亭（在吳白樓宅），陽明後有借山亭詩回憶云：「疏簾細雨燈前局，碧樹涼風月下歌。」（王陽明全集卷二十）是餞別借山亭亦有和詩，旋因離南都歸越亡失，即陽明所云「餘數詩稿亡」也。

第1171頁

南京國子祭酒魯鐸陞國子祭酒，有詩留別。

魯鐸魯文恪公文集卷三留別喬白巖王陽明次白樓韻：「十年聚少別常多，綠鬢重看總向皤。勝地有招還遠赴，高軒無事亦頻過。離觴又對鍾山月，驛棹遥生漢水波。詩社盡收佳句在，相思隨處一長歌。」

按：國榷卷五十：「正德十一年九月丙午，南京國子祭酒魯鐸為國子祭酒。」魯鐸在十月赴京師，故可在南都先送陽明歸越。魯鐸此詩或即在喬宇宅第餞別陽明時所作。

黃綰送來王華、陽明生日賀儀，有書答謝，論學須得其源。

王陽明全集卷四與黃宗賢書六：「宅老數承遠來，重以嘉貺，相念之厚，愧何以堪！令兄又辱書惠，禮恭而意篤，意家庭旦夕之論，必於此學有相發明者，是以波及於僕。喜幸之餘，愧何以堪！別後工夫，無因一扣，如書中所云，大略知之。用力習熟，然後居山之說，昔人嘗有此，然亦須得其源。吾輩通患，正如池面浮萍，隨開隨蔽；未論江海，但在活水，浮萍即不能蔽。何者？活水有源，池水無源；有源者由己，無源者從物。故凡不息者有源，作輟者皆無源故耳。」

李夢陽、邊貢、朱朴皆有詩來送行。

李夢陽空同集卷二十六秋日讀王子赴江西時諸曹贈行篇什感賦：「接攬西江轡，同懷振鐸年。匡廬並突兀，鄱水日悠然。子進薇花省，予歸蓮葉船。梁園邂逅地，把酒對秋天。」

按：所謂「諸曹贈行篇什」，即指鄧庠、吴一鵬、喬宇、魯鐸、汪偉諸人贈別詩。「接攬西江轡」，李夢陽此前任江西提學副使，故云。「同懷振鐸年」，指二人同在京師任職，同被貶謫。「子進薇花省」，指陽明任都察院左僉都使。「予歸蓮葉船」，指己歸居大梁。

同上，寄王憲使：「反側須開縣，安危亦仗兵。饒山夾岸密，鄱水向秋清。部使輕裝入，餘黎裹飯迎。怪來服從易，為懼靖南名。」

邊貢邊華泉集卷四送王子兵備江西二首：「舊隱辭函谷，新章出漢闈。碧山留豈得，芳草怨相違。簡拔皇心注，升沉士論歸。傳聞拜恩日，猶着賞功衣。　蓋拂匡廬過，帆飛蠡澤深。三秋持斧日，萬里渡江心。虎豹潛移窟，牛羊廣出林。祇應臺柏下，端坐聽鳴禽。」

朱朴西村詩集卷上題陽明公書扇後：「落木秋風裏，空庭夕照邊。草玄人不見，滿目是雲煙。」卷下和陽明公入楚韻：「鄂渚煙波接素秋，仙人黃鶴有高樓。亂山明月停征騎，落木寒江倚客舟。紅袖不沾司馬淚，諸篇唯帶杜陵愁。炎方自古無霜雪，莫遣閑絲上黑頭。」

按：朱朴字元素，號西村，海鹽人。其時在南都，疑亦陽明受學弟子。

九月二十五日，赴龍江關整裝待歸。白樓吳一鵬來餞行，以舊作贈別。

陽明小園睡起次韻寄鄉友：「林間盡日掃花眠，獨有官閑愧俸錢。門徑不妨春草合，齋居長對晚山妍。每疑方朔非真隱，始信揚雄誤太玄。混世亦能隨地得，野情總是愛丘園。　奉命將赴南、贛，白樓先生出餞江滸，示此卷，須舊作為別，即席承命。時正德丙子九月廿五日，陽明山人王守仁書於龍江舟中。雨暗舟發，匆匆極潦草。伯安。」（壬寅消夏錄王陽明詩真迹卷）

按：陽明此詩見王陽明全集卷二十，題作林間睡起，歸入「滁州詩」，作於正德九年春。

二十六日，白悅、白誼兄弟來江滸送別，書四箴贈別。

陽明書四箴贈別白貞夫：「白生說貞夫，嘗從予學。予奉命將南，生與其弟追送於江滸，留信宿不能別，求所以誨勵之說。予嘗作四箴以自警，因為生書之。　嗚呼小子，曾不知警。堯詎未聖，猶日兢兢。既墜於淵，猶恬履薄；既折爾股，猶邁奔蹶。人之冥頑，則疇與汝。不見腫纏，砭乃斯愈？不見痿痹，劑乃斯起？人之毀詬，皆汝砭劑。汝曾不知，反以為怒。匪怒伊色，亦反其語。汝之冥頑，則疇之比。　嗚呼小子，告爾不一，既四十有五，而曾是不憶。頑（下缺）……。　嗚呼小子，慎爾出話。憸言維多，吉言惟寡。多言何益，徒以取禍。德默而成，仁者言訒。孰默而譏？孰訒而病？譽人之善，過情猶恥；言人之非，罪曷有已？嗚呼多言，亦惟汝心；汝心而存，將日欽欽。豈遑多言，上帝汝臨。　嗚呼小子，辭章之習，爾工何為？不以釣譽，不以盡愚。佻彼優伶，爾視孔醜；蹈覆其術，爾顏不厚？日月逾邁，爾胡不恤？棄爾天命，昵爾讎賊，昔皇多士，亦胥茲溺。爾猶不鑒，自抵伊亟！　正德丙子九月廿六日，陽明山人王守仁書於龍江舟中。　生又問：『聖賢之學，所以成身；科舉之業，將以悅親。二者或不能並進，奈何？』予曰：『成身悅親，道一而已。不能成身，不可以悅親；不能悅親，不可以成身。子但篤志聖賢之學，其緒餘出之科舉而有餘矣。』曰：『用功何如？』曰：『先定志向，立工程次第，堅持無失。循序漸進，自當有至。若易志改業，朝東暮西，雖終身勤苦，將亦無成矣，生勉之！』陽明山人書。」（文真迹今藏上海市博物館）

按：汪陽明全集卷二十五有三箴一文，同此四箴而缺一箴。鄒守益王陽明先生圖譜以為三箴為正德十四年在虔臺作，乃誤。按三箴明云「既四十有五」，陽明此文云「予嘗作四箴以自警」，可見此四箴原作在正德十一年上半年，至九月離南都歸越時，乃於舟中抄此四箴贈別白悦。前考白悦、弟白誼皆陽明弟子，後來白圻卒，兩人皆以父事陽明，白悦白洛原遺稿卷八復陽明中丞：「白公雖亡，王中丞吊之葬之，誌之銘之，遺其二孤而父子之，白公其幸哉！」

二十八日，路迎來餞行，為其湛甘泉所作贈兵曹路君賓陽還南都序作跋贈別。

陽明與賓陽書二：「舟行匆匆，手卷未及別寫，聊於甘泉文字後跋數語奉納。厚情亦未及裁謝，千萬照恕。守仁頓首，賓陽司馬道契文侍。凡相知中，乞為致意。」（汪虹鑑真續帖卷八王守仁與賓陽司馬書四通，陽明文集失載）

同上，跋甘泉贈兵曹路君賓陽還南都序後：「賓陽視予茲

第1176頁

卷，請一言之益。湛子之說詳矣，凡予之所欲言者，湛子既皆言之，予又何贅？雖然，予嘗有立志之說矣，果從予言而持循之，則湛子之說亦在其中。夫言之啟人於善也，若指迷途，其至之則存乎其人，非指迷途者之所能與矣。孔子曰：『為仁由己，而由人乎哉！』賓陽勉之，無所事於予言。

正德丙子九月廿八日，陽明山人王守仁書於龍江舟次。」（按：原題作與路賓陽書三，乃誤，茲據文意改正）

按：汪虹鑑真續帖中四書，第二書與第三書作在同時，而第三書實為跋文，非書札也。第二書所言「甘泉文字」，即第三書所言「賓陽視予茲卷」；第二書所言「聊於甘泉文字後所跋數語」，即指此第三書。按此「甘泉文字」，即泉翁大全集卷十五之贈兵曹路君賓陽還南都序一文，該序云：「吾友路君賓陽宦學於南都，志篤而行確，與甘泉子相遇於金臺，今歸而南也。南中多學者，然吾懼其斷斷，故有以贈賓陽，庶聞吾言者，斷斷之說或息。」「金臺」即京都，指路迎北行與甘泉會見於京都，湛甘泉作序贈歸，路迎遂攜甘泉贈序還南都，見陽明出視甘泉是卷。至陽明龍江乘舟歸越時，遂就此甘泉贈序文字後作數語跋贈，即此第三書也。跋文中所言「予嘗有立志之說矣」，即指其示弟立志說，作於正德十年，

第1177頁

其說正與甘泉此贈序同。

傅珪亦來龍江關賦詩送別。

傅珪送中丞王陽明撫鎮江右：「龍江風靜潮初落，楓葉蘆花秋漠漠。船頭擊鼓催發船，為君起舞勸君酌。憐君獨擅八斗才，夙承家學繼掄魁。納忠一疏昭日月，謫官三載留塵埃。清朝選拔採廷論，碧海神虬豈終困？省寺迴翔幾十年，超陟內臺持帝憲。愧余仰德如斗山，敢云契誼同金蘭。二子從君辱陶冶，耳提面命開蒙頑。使旌搖曳西江路，天子恩威兩宣布。禮樂三年筆底翻，叩兵數萬胸中富。大敷文教暢武功，帝曰汝來匡朕躬。唐虞治

道在古學，朝夕巖廊沃聖衷。」（曹學佺石倉歷代詩選卷四百三十五）

按：國朝獻徵錄卷三十三有禮部尚書傅珪傳：「傅珪，字邦瑞，保定清苑縣人。成化丁未進士，改翰林院庶吉士，授編修……劉瑾柄政，摘會典訛字，珪以嘗與纂修，降修撰。旋以史勞，陞左中允，歷侍講學士……陞禮部尚書，致仕。正德十年四月卒。……」按王華成化二十三年任同考會試官，與傅珪有座主之誼，陽明與傅珪當早識，故詩云「敢云契誼同金蘭」。詩云「二子從君辱陶冶」，則傅珪二子亦為陽明弟子。唯傳稱傅珪卒於正德十年，不可思議，疑此「正德十年」乃正德十二年之誤。

二十九日，在龍江舟中祝父王華壽。有書致林元叙，論立誠之說。

陽明龍江舟次與某人書：「立誠之說，昔己反覆，今不復贅。別後，諸君欲五日一會，尋麗澤之益，此意甚好，此便是不忘鄙人之盛心。但會時亦須略定規程，論辯疑難之外，不得輒說閑話，評論他人長短得失，兼及諸無益事。只收心靜坐，閑邪存誠，此是端本澄源，為學第一義。若持循涵養得熟，各隨分，自當有進矣。會時但粗飯菜羹，不得盛具肴品為酒食之費。此亦累心損志之一端，不可以為瑣屑而忽之也。舟發匆匆，不盡不盡

。正德丙子九月廿九日，陽明山人守仁書於龍江舟次。」（湖海閣藏帖，陽明文集失載）

按：陽明此書不知與何人，據該書云「立誠之說，昔己反覆，今不復贅」，應指林典卿。王陽明全集卷七有贈林典卿歸省序，即事論立誠以贈別林典卿兄弟，序云：「林典卿與其弟遊於大學，且歸，辭於陽明曰：『元叙嘗聞立誠於夫子矣。今茲歸，敢請益。』陽明子曰：『立誠。』……陽明子曰：『子歸，有黃宗賢氏者、應元忠氏者，方與講學於天台、雁蕩之間，倘遇焉，其遂以吾言諗之。』」是序作於正德十年，相別在去年，故此書云「昔己反覆」。所謂「別後」，即指正德十年之別。所謂「諸君」，則指

林典卿兄弟及黃宗賢、應元忠諸人。

按：九月二十九日為王華生日，三十日為陽明生日，前引鄧庠送王都憲伯安巡撫南贛郴桂等處云：「裴公綠野靈椿老，萊子趨亭綵服歸。暫奉重闈春酒壽，遥瞻南國法星輝。」此詩實有祝賀王華、陽明壽辰之意，「裴公綠野靈椿老」，指王華壽辰；「萊子趨亭綵服歸」，指陽明祝壽。故可知陽明在龍江舟中必當遥祝王華壽。

三十日，在龍江舟中度過生日。

按：九月三十日為陽明生日，前考黃綰已送來賀儀，故陽明在龍江舟中過生日，南都弟子當皆來祝壽。蓋陽明二十五日登龍江舟，却遷延至三十日後發舟南行，一則固因風雨所阻，二則亦因欲在龍江度過王華及自己生辰，方始進發。

十月，歸省至越。

按：陽明約在九月三十日夜發舟歸越，經京口見唐雲卿，經嘉興見李伸，以踐前約。至越已在十月中旬可知。

十月二十四日，朝廷命下催赴江西巡撫南、贛、汀、漳及郴、韶、惠、潮等處。

王陽明全集卷九謝恩疏：「……隨於十月二十四日節該欽奉敕諭：『爾前去巡撫江西南安、贛州，福建汀州、漳州，廣東南雄、韶州、惠州、潮州各府及湖廣郴州地方。

撫安軍民，修理城池，禁革奸弊。一應地方賊情、軍馬、錢糧事宜，小則徑自區畫，大則奏請定奪。欽此。』……」

十一月十四日，兵部咨下，再催赴任，遂與徐愛、鍾世符諸弟子餞別於映江樓，扶疾起程，至杭待命。

王陽明全集卷九謝恩疏：「十一月十四日，續准兵部咨，為緊急賊情事……該本部題：『奉聖旨：「既地方有事，王守仁着上緊去，不許辭避遲誤。欽此。」』聞憂惴，不遑寧處。一面扶疾候旨，至浙江杭州府地方。」

鍾世符祭徐曰仁文：「去冬陽明分視贛上，符與曰仁既餞於映江樓，同舟去雲視萊，為來學計。」（橫山遺集附録）

陽明祭徐曰仁文：「自轉官南、贛，即欲與曰仁過家，堅臥不出。曰仁曰：『未可。紛紛之議方馳，先生且一行。愛與二三子姑為饘粥之計，先生了事而歸。』……」（橫山遺集附録）

按：映江樓在會稽永昌門外江邊，觀潮勝處。鍾世符字階甫，號篤庵，蘭竹山房，天台人。嘉靖太平縣志有傳。蕭鳴鳳徐君墓志銘云：

「丙子秋，考績，便道歸省」。是徐愛在正德十一年秋考績入京，冬至十一月歸省回餘姚，來與陽明餞行。劉鱗長浙東宗傳、周汝登聖學宗傳等謂徐愛「丁丑告病歸」，均誤。按是次映江樓餞別，來送弟子當甚多，如蔡宗兗，其祭徐曰仁文云：「去冬之交，歲則暮矣，公抱疾而南還，我隨群而北試，矢歸同老於深山。」又如季本，亦是來餞別陽明後，即北上赴春試。蔡宗兗所云「隨群而北試」，即指季本、陸澄、許相卿、薛侃等人。

徐愛、鍾世符往歸安，買田雲上，待陽明歸。

鍾世符祭徐曰仁文：「符與曰仁既餞於映江樓，同舟去雲視菜，為來學計。在途儒野衣，若貧素士。泊舟村市，寂寥黃昏，沽酒買肴，自為溫存。令牌酣謔，□□詩一章。既明，過陸清伯家（按：陸澄為歸安人）。視菜事畢，日歸，往返數四。」（橫山遺集附錄）

十二月初二日，吏部咨再下催赴任，遂於三日自杭州啓程。

王陽明全集卷九謝恩疏：「於十二月初二日，復准吏部咨：『該臣奏為乞恩辭免新任仍照舊職致仕事，奏奉聖旨：「王守仁不准休致。南、漳地方見今多事，着上緊前去，用心巡撫。欽此。」』備咨到臣，感恩懼罪之餘，不敢冒昧復請。隨於本月初三日起程。」

過玉山，薛俊、夏浚來執弟子禮。

黃綰薛助教俊墓誌銘：「乙亥，陞玉山教諭……丙子，陽明先生過玉山，君遂執弟子禮。問行己之要，先生曰：『自尚謙與予游，知子篤行久矣。試自言之。』君曰：『俊未知學，但凡事依理而行，不敢出範圍耳。』先生曰：『依理而行，是理與行猶二也。當求無私行之，則一矣。』君乃有省，自是所學遂進。」（國朝獻徵錄卷七十三）

王陽明全集卷二十五祭國子助教薛尚哲文：「自君之弟尚謙始從予於留都，朝夕相與者三年。歸以所聞於予者語君，君欣然樂聽不厭，至忘寢食，脫然棄其舊業如敝屣。君素篤學高行，為鄉邦子弟所宗依，尚謙自幼受業

浙江大学古籍研究所

焉。至是聞尚謙之言，遂不知己之為兄，尚謙之為弟；己之嘗為尚謙師，而尚謙之嘗師於己也。蓋使其群子弟姪來學於予，而君亦躬枉辱焉。……自是其邑之士，若楊氏兄弟與諸後進之來者，源源以十數。」

夏浚月川類草卷五歸越錄題引：「浚竊念昔為諸生，當先生赴贛及獻俘，兩過玉山，得拜教言。是時雖傾蓋邂逅，軍旅倥傯，而先生惓惓接引，循循善誘，於心總不忘。」

按：薛俊字尚節，號靖軒，揭陽人，薛侃之兄，正德十一年來任玉山縣學教諭。（乾隆揭陽縣志有傳。）夏浚字惟明，號月川，玉山人，時為玉山縣學諸生。同治玉山縣志有傳。按夏浚歸越錄題引中稱陽明與甘泉為「二師」，可見夏浚亦自認為是陽明弟子。

第1184頁

浙江大學古籍研究所

過饒州，余祐來問學，討論性論不合，別後有答書。

新刊陽明先生文錄續編卷二答徐子積：「承示送別諸敘，雖皆出於一時酬應，中間往往自多新得，足驗學力之進。性論一篇，尤見潛心之學，近來學者所未能道。詳味語意，大略致論於理氣之間，以求合於夫子『相近』之說，甚盛心也。其間鄙意所未能信者，辭多不能具，輒以別幅寫呈，略下注脚求正，幸不吝往復，遂以蹇劣見棄也。夫析理愈精，則為言愈難；立論愈多，則為繆愈甚。孔子性善相近之說，自是相為發明，程朱之論詳矣。學者要在自得，自然循理盡性；有不容已，毫分縷析，此最窮理之事。言之未瑩，未免支離，支離判於道矣。是以有苦心極力之狀，而無寬裕溫厚之氣，意屢偏而言之窒，雖橫渠有所不免。故僕亦願吾兄之完養思慮，涵泳養理，久之自當條暢也。兄所言諸友，永清與僕同舉於鄉，子才嘗觀政武選，時僕以病罕交接，未及與語。葉君雖未相識，如兄言，要皆難得者也。微服中不答書，為致意。學術不明，人心陷溺之餘，善類日寡，諸君幸勉力自愛，以圖有成也。嘗有論性一書，錄去一目。」

第1185頁

浙江大學古籍研究所

張岳吏部右侍郎訒齋余公祐神道碑：「公學務有用，不事空言，發端於敬齋，而推其本原，以為出於程朱，故於程朱之書尤究心焉……其時公卿間有指主敬存養為朱子晚年定論者，公據朱子初年之說以折之，謂其入門功夫非晚年乃定。又輯朱子書之切治道者為經世大訓，其論及文章辭翰者為游藝錄……所交遊皆賢士大夫，而於莊渠魏公子才尤善。……」（國朝獻徵錄卷二十六）

魏校復余子積論性書：「竊觀尊兄前後論性，不啻數十萬言，然其大意，不過謂性合理與氣而成，固不可指氣為性，亦不可專指理為性。氣雖分散萬殊，理常渾全。

同是一個人物之性不同，正由理氣合和為一，做成許多般來。在人在物，固有偏全，而人性亦自有善有惡。若理，則在物亦本無偏，在人又豈有惡邪？……曩嘗妄謂尊兄論性雖非，論理氣却是。近始覺得尊兄論性之誤，正坐理氣處見猶未真耳……嘗記曩在南都，交游中二三同志，咸樂聞尊兄之風而嚮往焉。至出性書觀之，便掩卷太息，反度尊兄自主張太過，必不肯回。純甫（按：王道）面會尊兄，情不容已，故復其書論辨……昔年張秀卿（按：張邦奇）曾有書辨尊兄，其言失之儱侗，而尊兄來書極肆攻詆，如與人斷罵一般……切願尊兄虛

第1186頁

心平氣，以舜之好問而好察邇言，顏子之以能問於不能、以多問於寡、有若無、實若虛為法……」（明儒學案卷三恭簡魏莊渠先生校）

夏尚樸答余子積書：「性書之作，兼理氣論性，深闢『性即理也』者，重恐得罪於程朱，得罪於敬齋……蓋言人性是理，本無不善，而所以有善不善者，氣質之偏耳，非專由陷溺而然也。其曰天地之性者，直就氣稟中指出本然之理而言，孟子之言是也。氣稟之性，乃是合理與氣而言，荀、揚、韓子之言是也。程、朱之言，明白洞達，既不足服執事之心，則子才、純甫之言，宜其不見取於執事也，又況區區之言哉！……」（明儒學案卷四太僕夏東巖先生尚樸）

按：「徐子積」當為余子積之誤。余子積名祐，號訒齋，鄱陽人，弘治十二年進士。明清進士錄：「余祐，弘治十二年二甲九十四名進士。鄱陽人，字子積，號訒齋。官刑部員外郎，以事忤劉瑾，落職。再起，歷福州守，徐州兵備副使，先後中官所扼，逮獄謫官，在獄中撰性書三卷。嘉靖初，官終雲南布政使。有文公先生經世大訓」。是余祐與陽明為同年，兩人當早識。據張岳訒齋余公祐神道碑，余祐正德十年補山東整飭徐州兵備，是年被逮錦衣獄並作性論，十一年棄韶州知府

第1187頁

歸鄱陽。陽明此書中所云「承示送別諸敘」，當是指余祐歸鄱陽時，諸友所作送別諸敘。據陽明此書云「纔服中不答書」，可知此書當作在正德十二年陽明以都察院左僉都御史巡撫南、贛、汀、漳時。蓋余祐其時歸居鄱陽，陽明赴南、贛經饒州，余祐遂乃來見，呈上性論及送別諸敘等文，所謂「承示」，乃指當面呈示；所謂「兄所言」、「如兄言」，乃指兩人相見面論也。按余祐為敬齋胡居仁弟子，胡居仁以女妻之，故余祐信奉朱學，與陽明不合。明史卷二百八十二余祐傳云：「祐之學，墨守師說，在獄中作性書三卷。其言程、朱教人，專以誠敬入。學者誠能去其不誠不敬者，不患不至古人。時王守仁作朱子晚年定論，

謂其學終歸於存養。祐謂：「朱子論心學凡三變，存齋記所言，乃少時所見；及見延平，而悟其先；後聞五峰之學於南軒，而其言又一變；最後改定已發未發之論，然後體用不偏，動靜交致其力，此其終身定見也。安得執少年未定之見，而反謂之晚年哉？」其辯出，守仁之徒不能難也。」按陽明在南都已寫成朱子晚年定論以授學者，或即是余祐見陽明朱子晚年定論，遂携其性書來呈陽明，而明史所引余祐語，或即出於是次見面講論。陽明書所言「子才」即魏校，字子才，號莊渠，昆山人。明清進士錄：「魏校，弘治十八年二甲九名進士。江蘇昆山人，字子才。其先本姓李，居蘇州葑門之莊渠，因自號莊渠。授南京刑部主事，歷遷郎中。不為太監劉瑾所屈，謫為兵部郎，以疾歸。嘉靖初，起為廣東提轄副使。官至太常寺卿，掌祭酒事。致仕卒，謚「恭簡」。有周禮延革傳、大學指歸、六書精蘊、春秋經世、經世策、官職會通、莊渠遺書等。」按魏校私淑胡居仁，故與胡居仁弟子余祐關係至密，而與陽明鮮有往來。國朝獻徵錄卷七十太常寺卿魏公校傳云：「暇則與余公子積、夏公敦夫、汪公純甫講明聖賢之學。」陽明此書所言「求清」，當是永清之誤。永清即胡世寧，明清進士錄：「胡世寧，仁和人，字永清，號靜庵……歷南京刑部主事，上書極言時政闕失，與李承勳、魏校、余祐并稱『南都四君子』。」胡世寧與陽明同舉弘治

第1188頁

五年浙江鄉舉，故陽明稱「求清與僕同舉於鄉」。

一五一七　正德十二年　丁丑　四十六歲

正月初，過南昌，見寧王宸濠。

張怡玉光劍氣集卷二臣謨：「王文成守仁，初見宸濠，佯言售意，以窺逆謀。宴時，李士實在座，濠指斥朝政，外示愁嘆。士實曰：『世豈無湯、武耶？』陽明曰：『湯、武亦須伊、呂。』濠曰：『有湯、武，便有伊、呂。』陽明曰：『若有伊、呂，何患無夷、齊？』自是始知濠逆謀決矣。乃遣其門生冀元亨往來濠邸，覘其動靜。於是上疏，請提督軍務，言：『臣據江西上流，江西連歲盜起，乞假臣提督軍務之權，以便行事。』意在濠也。」

張瀚松窗夢語卷四：「初，公見濠，佯言朝政缺失，外示愁歎。李士實曰：『世豈無湯、武耶？』公曰：『湯、武亦須伊、呂。』濠曰：『有湯、武便有伊、呂。』公曰：『若有伊、呂，何患無夷、齊？』自是遣人覘濠動靜，益得其詳。於是上疏請提督軍務，意在濠也。」

鄭曉今言類編卷一：「王陽明初見宸濠，佯言售意，以窺

第1189頁

逆謀。宴時李士實在坐。宸濠言：「康陵（武宗）政事缺失，外示愁歎。士實曰：『世豈無湯、武耶？』陽明曰：『湯、武亦須伊、呂。』宸濠又曰：『有湯、武，便有伊、呂。』陽明曰：『若有伊、呂，何患無夷、齊？』自是陽明始知宸濠謀逆決矣。乃遣其門生舉人冀元亨往來濠邸，覘其動靜，益得其詳。於是始上疏，請提督軍務，言：『臣據江西上流。江西連歲盜起，乞假臣提督軍務之權，以便行事。』意在濠也。司馬王晉溪（恭襄瓊）知陽明意，覆奏稱『王某有本之學，有用之才，今此奏請相應准允，給與旗牌，便宜行事。江西一應大小緩急賊情，悉聽王某隨機撫剿。』以故濠反，陽明竟得以此權力起兵擒賊。」

第1190頁

磯園稗史卷一：「陸太宰完，姑蘇人，機、雲之後，富甲蘇州。曾為江西按察副使，與寧藩有舊。後任兵書，宸濠奏復護衛，陸疏未參劾，止備查護衛予奪來歷，疏後云：『今寧王又以太祖典章為言，臣等擅難定擬，乞會官詳議。』內批遂復之。陸改吏書，時孫燧為都御史、巡撫江西。宸濠托書陸去燧，用布政使梁宸為巡撫，或王守仁亦可，惟不用吳廷舉。書至九江被盜。盜擒獲，書事聞於朝，陸請罪己。宸濠反，太監張永隨征江西，以失勢時干請陸，不遂，因劾陸假太祖典章擅復護衛，遂致反叛。陸坐是逮錦衣獄，并原籍捕繫其母、妻、女入浣衣局。」

按：陽明與徐曰仁書云：「正月三日，自洪都發舟。」（見下）可見陽明約在正月初一至南昌。陽明提督軍務則在正德十二年七月，國榷卷五十：「正德十二年七月庚寅，命巡撫南贛汀漳、左僉都御史王守仁提督軍務，給符檄，俾便宜行事。」由此可以確知陽明始見寧王宸濠必在正月初經南昌時。蓋陽明是次赴南贛之所以不經廣信、建昌近路，而轉道饒州、南昌再南下南贛，即為欲見寧王宸濠，一則因宸濠為江西藩王，其所統轄軍隊在其封國境內亦本有協助陽明平叛平亂之責；二則因陽明除江西巡撫實初出宸濠之意，王瓊、陸完不過迎合宸濠之意纔薦舉陽明為江西巡撫；而宸濠在南昌暗中謀叛，方大肆網羅人才，陽明乃是其首要招攬羅致之人物，亦必望其來南昌一見也。由此可見陽明是次見宸濠實為官員上任按官例之「禮節性」拜訪，謂其特來覘濠動靜、以窺逆謀則非。蓋其時宸濠謀反面目尚未全然暴露，其時陽明亦尚未知其反叛逆謀也。至謂陽明其後「乃遣其門生冀元亨往來濠邸，覘其動靜」，絕無其事；陽明後來請提督軍務，更非是「意在濠也」（見下）。

第1191頁

正月十三日，過萬安，安撫流民。

陽明與徐曰仁書：「十三日末，至萬安四十里，遇群盜千餘，截江焚掠，煙焰障天。妻奴皆懼，始有悔來之意。

地方吏民及舟中之人，亦皆力阻，謂不可前。鄙意獨以為我舟驟至，賊人當未能知虛實，若久頓不進，必反為彼所窺。乃多張疑兵，連舟速進，示以有餘。賊人莫測所為，竟亦不敢逼，真所謂大幸也。」（中國書法大成（一五），陽明文集失載）

錢德洪陽明先生年譜：「先生過萬安，遇流賊數百，沿途肆劫，商舟不敢進。先生乃連商舟，結為陣勢，揚旗鳴鼓，如趨戰狀。賊乃羅拜於岸，呼曰：『饑荒流民，乞求賑濟！』先生泊岸，令人諭之曰：『至贛後，即差官撫插。各安生理，毋作非為，自取戮滅。』賊懼散歸。」

正月十六日，至贛州，開府於虔。

陽明與徐曰仁書：「十六日抵贛州，齒痛不能寢食。前官久缺之餘，百冗紛沓，三省軍士屯聚日久，衹得扶病蒞事。連夜調發，即於二十日進兵贛州屬邑。復有流賊千餘突來攻城，勢頗猖獗，亦須調度，汀漳之役遂不能親往。」（同上）

整飭地方各省兵備，選揀民兵，立十家牌法，進剿漳亂。

王陽明全集卷十六巡撫南贛欽奉敕諭通行各屬，選揀民兵，十家牌法告諭各府父老子弟，案行各分巡道督編十家牌，告諭各府父老子弟，剿捕漳寇方略牌。

第1192頁

正月二十六日，上謝恩疏，并有札致兵部尚書王瓊謝。

王陽明全集卷九謝恩疏。

王陽明全集卷二十七與王晉溪司馬書一：「伏惟明公德學政事高一世，守仁晚進，雖未獲親炙，而私淑之心已非一日。乃者承乏鴻臚，自以迂腐多疾，無復可用於世，思得退歸田野，苟存餘息。乃蒙大賢君子不遺葑菲，拔置重地，適承前官謝病之後，地方亦復多事，遂以不敢固以疾辭。已於正月十六日抵贛，扶疾蒞任。雖感恩圖報之心無不欲盡，而精力智慮有所不及，恐不免終為薦舉之累耳。伏惟仁人君子，器使曲成，責人以其所可勉，而不強人以其所不能，則守仁羈鳥故林之想，必將有日可遂矣。因遣官詣闕陳謝，敬附申謝私於門下，伏冀尊照。不備。」

按：據書云「因遣官詣闕陳謝，敬附申謝私於門下」，知陽明此書當與謝恩疏一起遣官送往京師。

二月十三日，有書致徐愛，敘及戰事家事。

陽明與徐曰仁書：「正月三日，自洪都發舟……十六日抵贛州……即於二十日進兵贛州屬邑……近雖陸續有所斬獲，然未能大捷，屬邑賊尚相持，已遣兵四路分截，數日後或可成擒矣。贛州兵極疲，倉卒召募，未見有精勇

第1193頁

如吾邑聞人贊之流者。不知聞人贊之流亦肯來此效用否？聞中試一諷之。得渠肯屈心情願乃可，若不肯隨軍用命，則又不若不來矣。巧婦不能為無米粥，況使老拙婢乎？遇此幸無事，得地方稍定息，決須急求退。曰仁與吾命緣相係，聞此當亦不能恝然，如何而可，如何而可！行時見世瑞，說秋冬之間欲與曰仁乘興來遊。當時聞之，殊不為意，今卻何因，果得如此，亦足以稍慰離索之懷。今見衰疾之人，顛仆道左，雖不相知，亦得引手一扶，況其所親愛乎？北海新居，奴輩能經營否？雖未知何日得脫網羅，然舊林故淵之想，無日不切，亦須

第1194頁

曰仁時去指督，庶可日漸就緒。山水中間須着我，風塵堆裏卻輸儂，吾兩人者，正未能千百化身耳，如何而可，如何而可！黃輿阿覬近如何？似此世界，真是開眼不得，此老卻已省卻此一分煩惱矣。世瑞、允輝、商佐、勉之、半珪凡越中諸友，皆不及作書。宗賢、原忠已會面否？階甫田事能協力否？湛元明家人始自贛往留都，又自留都返贛，遣之還不可，今復來入越，須早遣發，庶全交好。兩弟進修近如何？去冬會講之說，甚善。聞人弟已來否？朋友群居，惟彼此謙虛相下，乃為有益，詩所謂謙謙恭人，懷德之基也。趁曰仁在家，二弟正

好日夜求益，二弟勉之！有此好資質，當此好地步，乘此好光陰，遇此好師友，若又虛度過日，卻是真虛度也，二弟勉之！正憲讀書極拙，今亦不能以相望，得渠稍知孝弟，不汲汲為利，僅守門戶是矣。章世傑在此，亦平安。日處一室中，他更無可往，頗覺太拘束，得渠性本安靜，殊不以此為悶，甚可愛耳。克彰叔公教守章極得體，想已如飲醇酒，不覺自醉矣。亦不及作書，書至可道意。日中應酬憊甚，燈下草草作此，不能盡，不能盡。守仁書奉曰仁正郎賢弟道契。守儉、守文二弟同此，守章亦可讀書知之。二月十三日書。（中國書法

第1195頁

大成（五）、支那墨迹大成第十卷補遺一）

按：陽明於二月十九日領兵進汀漳，此書作在其領兵進汀漳前夕，陽明正月十六日開府以來之戰況，皆從此書可見。書中所及之人，多為浙中士人、陽明弟子。如「黃輿」即王文轅，字司輿，號黃轝子，山陰人。「半珪」即許璋，字半珪，上虞人。「宗賢」即黃綰，字宗賢，黃巖人。「勉之」即黃省曾，字勉之，吳縣人。「原忠」即應良，字原忠，仙居人。「世瑞」即王琥，字世瑞。「聞人弟」即聞人詮，字邦正。「允輝」即孫允輝，陽明嘗贈其遊海詩手稿。「兩弟」即徐天澤，字伯雨，號蕙皋，餘姚人。「階甫」即鍾世符，號篤庵，天台人。章世傑，與王華相知者，徐愛東

江帀古記：「乙亥之秋，九月丁酉，内戚陳文買舟載酒糈，邀予舅海日翁暨予游上虞之東山。翁因拉所知章世傑、王世瑞、陳子中同游。」蓋章世傑亦陽明弟子也。按書中云「階甫田事能協力否」、「北海新居，奴輩能經營否」，即指徐愛買田霅上事，鍾世符云「去冬，陽明分視贛上，符與曰仁既餞於映江樓，同舟去霅視菜」，蓋徐愛與鍾世符二人首往霅上視田，故陽明於此書中特問及之也。

有書致湛甘泉，告南贛戰事，論儒釋之道。湛甘泉四月有答書。

泉翁大全集卷九答王陽明書：「不肖孤適在禫除之際，忽接手諭，此心悲喜交集。贛當四省之衝，殊為重任，以老兄當之，天下屬望不淺矣。不肖固為朝廷喜，亦為老兄懼也。適聞捷報，為慰可知。前此欲遣人走賀，以無紀綱之僕，遂輟。茲因還使，拜附粗段一疋，少具菲意，惟俯鑒幸甚。前葉以嘉來手諭，中間『不關佛氏』，及『到底皆空』之説，恐別有為。不肖頑鈍，未能領高遠之教。雖若小有異同者，然得於吾兄者多。此一節宜從容以候，他日再會，或有商量處也。」

第1196頁

按：前引與徐曰仁書云：「湛元明家人始自贛往留都，又自留都返贛，遣之還遂不可，今復來入越，須早遣發，庶全交好。」陽明書札當即由此湛甘泉家人帶給湛甘泉，以其先入越然後再回增城計之，已在三月，故湛甘泉四月方收到陽明此書，乃作此書答之。書中所云「適聞捷報」，即指陽明四月平漳亂班師。又湛甘泉正德十年二月丁憂，禫除（二十七月）則在正德十二年四月。其乞養病疏云：「臣於本年四月三十日服闋。」（泉翁大全集卷二）。陽明此書亡佚，或即因其中有「不關佛氏」及「到底皆空」之説之故也。

二月十九日，往平漳亂，領兵進屯長汀、上杭，親自督戰。

第1197頁

王陽明全集卷十六欽奉敕諭切責失機官員通行各屬：「……本院於本年正月十六日抵贛蒞事，當據福建參政陳策、僉事胡璉等呈……參看各官頓兵不進，致此敗衄，顯是不奉節制，故違方略，正宜協憤同奮，因敗求勝，豈可輒自退阻，倚調狼兵，坐失機會？本院即於當日選兵二千，自贛起程，進軍汀州，一面督令各官密照方略，火速進剿，立功自贖……隨據各官續呈，遵奉本院紙牌密諭，佯言犒衆班師，乘賊怠弛，銜枚直搗，攻破象湖等寨，又經行令各官，乘此勝峰，速攻可塘，破竹之勢，不可復緩，仍一面分兵搜擒餘猾，毋令復聚為姦。本

院亦自汀州進軍上杭，期至賊寨，親自督戰。隨據各官
復呈，為捷音事，開稱：「攻破賊巢三十餘處，擒斬首從
賊人一千四百二十餘名顆，俘獲賊屬五百七十餘名口，
燒毀房屋二千餘間，奪獲牛馬贓仗無算。即今餘黨，悉
願聽撫，出給告示，招撫得脅從賊人一千二百三十五名
，家口二千八百二十八名口……」
三月十三日，夜宿汀州行臺，有詩感懷。
陽明長汀道中口口詩：「夜宿行臺，用韵於壁，時正德丁
丑三月十三日。陽明口口口口口。　將略平生非所長
，也提戎馬入汀漳。數峰斜日陽旗遠，一道春風鼓角揚

第1198頁

。莫倚貳師能出塞，由來充國善平羌。瘡痍滿地曾無補
，深愧湖邊舊草堂。」（嘉靖汀州府志卷十七。陽明集中
此詩題作丁丑二月征漳寇進兵長汀道中有感，有誤。）
十五日，上參失事官員疏。
王陽明全集卷九參失事官員疏。
按：陽明書察院行臺壁云：「正德丁丑三月，奉命征漳寇，
駐軍上杭。」陽明三月十三日猶在汀州行臺，此疏即上在汀州察
院行臺，陽明當是十五日後進兵上杭，在上杭駐軍一月。
是月，蔡宗兗、許相卿、季本、薛侃、陸澄皆中進士，有
書賀之。
王陽明全集卷四與希顏台仲明德尚謙原靜：「聞諸友皆登

第，喜不自勝。非為諸友今日喜，為野夫異日山中得良
[redacted]伴喜也。入仕之始，意況未免摇動。如絮在風中，若
非黏泥貼網，恐自張主未得。不知諸友却如何？想平時
工夫，亦須有得力處耳。野夫失脚落渡船，未知何時得
到彼岸。且南贛事極多掣肘，緣地連四省，各有撫鎮，
乃今亦不過因仍度日，自古未有事權不一而能有成者。
告病之興雖動，恐成虛文，未敢輕舉，欲俟地方稍靖。
今又得諸友在，吾終有望矣。曰仁春來頗病，聞之極憂
念。昨書來，欲與二三友去田霅上，因寄一詩。今錄去
，聊同此懷也。」

第1199頁

同上，與黃宗明書二：「區區正月十八日始抵贛，即兵事
紛紛。二月往征漳寇，四月班師。中間曾無一日之暇，
故音問缺然。然雖擾擾中，意念所在，未嘗不在諸友也
。養病之舉，恐已暫停，此亦順親之心，未為不是。不
得以此日縈於懷，無益於事，徒使為善之念不專。何處
非道，何處非學，豈必山林中耶？希顏、尚謙、清伯登
第，聞之喜而不寐。近嘗寄書云：『非為今日諸君喜，為
陽明山中異日得良伴喜也。』吾於誠甫之未歸亦然。」
按[redacted]：國榷卷五十：「正德十二年三月庚寅，廷策貢士倫以訓
等三百五十人，賜舒芬、倫以訓、崔相等進士及第出身有差

。明清進士錄：「許相卿，正德十二年二甲一百一十二名進士。」「陸澄，正德十二年三甲二百三十名進士。」「季本，正德十二年三甲五十七名進士。」「薛侃，正德十二年三甲一百七十一名進士。」「蔡宗兗，正德十二年三甲十三名進士。」另尚有後來成為陽明弟子者如聶豹、鄭洛書、舒芬（一說非陽明入門弟子），又有與陽明關係交好者如陳沂、陳逅、吾謹、柯相、張璁、席春、夏言、汪應軫、王覓、王暐等。陽明此二書，一作在四月中，一作在六月中。

張元忭長沙守季彭山先生本傳：「自新建公倡道東南，四方之士興起而從之者，無慮數百千人，而彭山季先生及門最久，稱高第……正德丁丑成進士，時年三十有三矣，猶自以學未就，不欲仕。新建公勸之仕，乃出。自建寧理召拜侍御史……」（國朝獻徵錄卷八十九）

四月初，在上杭行臺祈雨，作祈雨辭與祈雨詩。

王陽明全集卷十九祈雨辭：「嗚呼！十日不雨兮，田且無禾；一月不雨兮，川且無波；一月不雨兮，民已為疴；再月不雨兮，民將奈何？小民無罪兮，天無咎民！巡撫失職兮，罪在予臣。嗚呼！盜賊兮為民大屯，天或罪此兮，赫威降嗔。民則何罪兮，玉石俱焚？嗚呼！民則何罪兮，天何遽怒？油然興雲兮，雨茲下土。彼罪何逋兮，哀此窮苦！」

同上，卷二十祈雨二首：「旬初一雨遍汀漳，將謂汀虔是接疆。天意豈知分彼此？人情端合有炎涼。月行今已虛纏畢，斗柄何曾解挹漿！夜起中庭成久立，正思民瘼欲沾裳。

見說虔南惟苦水，深山毒霧長陰陰。我來偏遇一春旱，誰解挽回三日霖？寇盜郴陽方出掠，干戈塞北還相尋。憂民無計淚空墮，謝病幾時歸海潯？」

按：陽明時雨堂記云：「正德丁丑，奉命平漳寇，駐軍上杭。旱甚，禱於行臺，雨日夜，民以為未足。」（書察院行臺壁同）此祈雨辭及祈雨詩即為是次上杭行臺禱雨所作，時間在四月初，即祈雨所云「旬初」。此為陽明首次祈雨也，至四月五日果雨（見下）。祈雨二首蓋是祈禱雨下後再作。王陽明全集於祈雨辭題下注「正德丙子南贛作」，顯誤。

四月五日，雨中過南泉庵，有詩題壁。梁喬攜酒來訪。

陽明南泉庵漫書：「山城經月駐旌戈，亦復幽尋到薜蘿。南國已看回甲馬，東田初喜出農蓑。溪雲曉渡千峰雨，江漲春深兩岸波。暮倚七星瞻北極，絕憐蒼翠晚來多。

雨中過南泉庵，書壁。是日，梁郡伯攜酒來問，因併呈。時正德丁丑四月五日，陽明山人守仁頓首。」（嘉靖汀州府志卷十七。按：陽明此詩手書真迹在二〇〇七年秋季拍賣會（北京保利國際拍賣有限公司）上出現，並在「書法家王守仁個人網站」上公布）。

按：王陽明全集卷二十有此詩，題作回軍上杭，無後跋。陽明四月戊午（十三日）方回軍上杭，此題顯誤。南泉庵在上杭，「山城」即指上杭。詩云「溪雲曉渡千峰雨」，此即陽明書察院行臺壁所云「正德丁丑三月，奉命征漳寇，駐軍上杭。旱甚，禱於行臺，雨日夜」，時雨堂記所云「正德丁丑，奉命平漳寇，駐軍上杭。旱甚，禱於行臺，雨日夜。」蓋先是禱雨於行臺，得雨，乃雨中過南泉庵也。「梁郡伯」即梁喬，前考梁喬為上杭人，正德十年離紹興知府任歸上杭家居。乾隆汀州府志卷三十人物：「梁喬，字遷之，上杭人。弘治壬戌進士，授刑部主事。常與同官疏劾劉瑾不法，狀章數上，不報。喬獨面奏之。武宗怒，命下錦衣衛獄。喬大呼曰：『臣得寢閹豎逆謀，死且不惜，何況於獄！』乃命枷朝門外，久之始釋。遷兵部郎中，出守紹興，有善政。尋以母老乞歸養。歲丁丑，王守仁以剿寇駐兵上杭，題其堂曰『愛日』。」

十三日，班師，回軍上杭，道中有喜雨詩。

陽明題察院壁：「四月戊午班師上杭道中，都御史王守仁書。

吹角峰頭曉散軍，回空萬馬下氤氳。前旌已帶洗兵雨，飛鳥猶驚卷陣雲。南畝獨忻農事動，東山休作凱歌聞。正思鋒鏑堪揮淚，一戰功成未足云。」（嘉靖汀州府志卷十七）

王陽明全集卷二十喜雨三首：「即看一雨洗兵戈，便覺光風轉石蘿。順水飛檣來賈舶，絕江喧浪舞漁蓑。片雲東望懷梁國，五月南征想伏波。長擬歸耕猶未得，雲門初

伴漸無多。　轅門春盡猶多事，竹院空閑未得過。特
故小舟乘急浪，始聞幽碧出層蘿。山田旱久兼逢雨，野
老歡騰且縱歌。莫謂可塘終據險，地形原不勝人和。」
按：王陽明全集中喜雨三首，第三首即此題察院壁，但無前
序。陽明時雨堂記云：「四月戊午班師，雨；明日又雨；又明
日大雨。」知陽明此喜雨三首當是由上杭班師道中喜雨而作
，至汀州，則將第三首詩題於察院壁，蓋在四月壬戌也。
十七日，至汀州，徐愛書來，告買田霅上，待耕，有詩答之。
陽明四月壬戌復過行臺□□□：「見說相期霅上耕，連簑
應已出烏程。荒畬初墾功須倍，秋熟雖微稅亦輕。雨後

第1204頁

湖舠兼學釣，餉餘堤樹合閑行。山人久辦歸農具，猶向
千峰夜度兵。」（嘉靖汀州府志卷十七）
陽明夜坐有懷故□□□次韻：「月色虛堂坐夜沉，此時無
限故園心。山中茅屋陰蘿合，江上衡扉春水深。百戰自
知非舊學，三驅猶愧失前禽。歸期久負黃徐約，獨向幽
期雪後尋。」（嘉靖汀州府志卷十七）
按：王陽明全集卷二十有聞日仁買田霅上攜同志待予歸
二首，即此二首詩，但題不同，句有異。蓋嘉靖汀州府志乃
從題壁詩著錄，猶存原貌；王陽明全集中此二詩則經
過後來潤改。詩中「黃徐」，指黃綰與徐愛。姚江書院志略卷

上徐日仁傳云：「丁丑請告，買田霅上，為諸友久聚計。時王子
撫南贛，五月遣二詩以慰。」謂「五月」乃誤。
謁晦翁祠，題察院行臺壁，為時雨堂作記，有詩題時
雨堂壁。
王陽明全集卷二十四書察院行臺壁：「正德丁丑三月，奉
命征漳寇，駐軍上杭。旱甚，禱於行臺，雨日夜，民
以為未足。四月戊午，寇平，旋師，是日大雨；明日又
雨；又明日復雨。登城南之樓以觀農事，遂謁晦翁祠於
水南，覽七星之勝概。夕歸，志其事於察院行臺。」
同上，卷二十三時雨堂記：「……四月戊午班師，雨；明

第1205頁

日又雨；又明日大雨。乃出田登城南之樓以觀，民大悅
。有司請名行臺之堂為『時雨』，且曰：『民苦於盜久，又
重以旱，將謂靡遺。今始去兵革之役，而大雨適降，所
謂「王師若時雨」，今皆有焉。請以志其實。』嗚呼！民惟稼
穡，德惟雨，惟天陰騭，惟皇克憲，惟將士用命，去其
螣蜮，惟乃有司實耨獲之，庶克有秋。乃予何德之有
，而敢叨其功？然而樂民之樂，亦不容於無紀也。巡撫
都御史王守仁書。是日，參政陳策、僉事胡璉至自班師
。」
陽明題察院時雨堂：「三代王師不啻過，來蘇良足慰童蟠

。陰霾巖谷雷霆迅，枯槁郊原雨澤多。紆策頓能清海岱，洗兵直見挽天河。時平復有豐年慶，滿聽農歌答凱歌。」（嘉靖汀州府志卷十七，陽明文集失載）

二十九日，經瑞金，往東山寺禱雨。

陽明東山寺謝雨文：「曰：邇者自閩旋師，道經瑞金，以旱魃之為災，農不獲種，輒乞靈於大和尚，期以七日內必降大雨，以舒民困。行至雩都，而雨作，計期尚在七日之內，大和尚亦庶幾有靈矣！敢遣瑞金縣署印主簿孫鑑具香燭果餅，代致謝意，惟默垂鑒佑，以陰騭瑞金之民。」（嘉靖瑞金縣志卷七，陽明文集失載）

第1206頁

按：陽明在五月五日至雩都（見下），以「計期尚在七日之內」算之，則陽明至瑞金并往東山寺禱雨在四月二十九日。東山寺即淨衆寺，嘉靖瑞金縣志卷八：「淨衆寺，在縣東北二里，又名東山。唐天祐中建。正德丁丑旱，適提督王都御史守仁至，父老以狀聞，即步往禱之，果雨。乃為文，命有司致祭。」「大和尚」，指瑞金東山寺所祀之定光佛。

三十日，在瑞金有書致王正思等，勉其立志為學。

王陽明全集卷二十六贛州書示四姪正思等：「近聞爾曹學業有進，有司考校，獲居前列，吾聞之喜而不寐。此是家門好消息，繼吾書香者，在爾輩矣。勉之勉之！吾非徒望爾輩但取青紫榮身肥家，如世俗所尚，以誇市井小兒。爾輩須以仁禮存心，以孝弟為本，以聖賢自期，務在光前裕後，斯可矣。吾惟幼而失學無行，無師友之助，迨今中年，未有所成。爾輩當鑒吾既往，及時勉力，毋又自貽他日之悔，如吾今日也。習俗移人，如油漬麵，雖賢者不免，況爾曹初學小子，能無溺乎？然惟痛懲深創，乃為善變。昔人云：『脫卻凡近，以遊高明。』此言良足以警，小子識之！吾嘗有立志說與爾十叔，爾輩可從鈔錄一通，置之几間，時一省覽，亦足以發。方雖於庸醫，藥可療夫真病。爾曹勿謂爾伯父只尋常人

第1207頁

爾，其言未必足法；又勿謂其言雖似有理，亦只是一場迂闊之談，非吾輩急務。苟如是，吾末如之何矣！讀書講學，此最吾所宿好，今雖干戈擾攘中，四方有來學者，吾未嘗拒之。所恨牢落塵網，未能脫身而歸。今幸盜賊稍平，以塞責求退，歸臥林間，攜爾曹朝夕切磋砥礪，吾何樂如之！偶便，先示爾等，爾等勉焉，毋虛吾望。正德丁丑四月三十日。」

按：「正思」即王正思，字仲行，王準子。歷來以為王正思是王袞長子王守禮之子，乃誤（見後考）。「十叔」即王守文。

五月二日，至會昌，往賴公祠禱雨。五日，至雩都，果雨，作告文遣人致謝賴神。遊羅田巖，有詩詠。

陽明昭告會昌顯靈賴公辭：「維正德十二年，歲在丁丑，五月乙亥，越五日己卯，欽差巡撫南、贛、汀、漳等處、都察院左僉都御史王守仁，昭告於會昌縣受封賴公之神：為會昌民田禾旱枯，禱告神靈，普降時雨。至雩都，果三日之内大雨，賴神可謂靈矣。敬遣會昌縣知縣林信，具香帛牲禮代設謝之誠。神其昭格，永終神惠，以陰騭會昌之民。謹告。」（同治會昌縣志卷二十八祠廟，陽明文集失載）

按：據此辭文，陽明乃五月五日（己卯）至雩都，以「三日之内大雨」算之，則陽明至會昌并往賴公祠禱雨在五月二日。同治會昌縣志卷二十八：「賴公祠，邑人稱賴公為福主，祠為老廟。靈祠翠竹，即湘江八景之一也。在邑西富尾。明成化己卯，知縣梁潛建。正德丁丑，巡撫王守仁班師上杭，道經會昌，適大旱，詣祠祈禱，遂大雨，親為告文，遣知縣林信代謝。」「舊志載：賴神，楚人。晉時事老子教，隱於荊山。後至祁山，得飛昇變幻之術，遂證元宗道家上神秩，初曰元帥，晉曰嘉應侯，再晉曰四海靈應王。」此昭告賴公辭與東山寺謝雨文作在同時，蓋東山寺之定光佛與賴公祠之賴神皆以靈應聞名，故陽明皆往詣禱雨，至雩都果大雨，陽明乃又作二謝文分遣瑞金、會昌二知縣代謝也。

第1208頁

王陽明全集卷二十還贛：「積雨雩都道，山途喜乍晴。溪流遲渡馬，岡樹隱前旌。野屋多移竈，窮苗尚阻兵。迎趨勤父老，無苗愧巡行」。

陽明遊羅田巖懷濂溪先生遺詠詩：「路轉羅田一徑微，吟鞭敲到白雲扉。山花笑午留人醉，野鳥啼春傍各飛。混沌鑿來塵劫老，姓名空在舊遊非。洞前唯有元公草，襲我餘香滿袖歸」。（光緒江西通志卷五十六，陽明文集失載）

按：羅田巖即善山，在雩都，光緒江西通志卷五十六：「羅田巖，在雩都縣南五里，一名善山，兩旁巖岫空洞交通。宋嘉祐間，周子倅虔，游此賦詩，縣令沈希顏因建濂溪閣。明邑人何善山更闢觀善巖，王守仁為之說」。志於陽明此詩之下又引周敦頤雩都遊羅田巖詩：「聞有山巖即去尋，亦躋雲外入松陰。雖然未是洞中境，且異人間名利心。」即陽明此詩所云「濂溪先生遺詠」。按羅田巖為何春、何秦讀書講學之地，何春、何秦皆為陽明弟子，前考正德七年陽明即為何春觀善巖記作序，刻於羅田巖上。故陽明是次過雩都，經善山，何春、何秦、黃弘綱諸弟子必當來見，陪游羅田巖。至陽明歸虔，何春、何秦、黃弘綱遂皆來受學矣。

八日，歸至贛州，上閩廣捷音疏、申明賞罰以勵人心疏。

王陽明全集卷九閩廣捷音疏，申明賞罰以勵人心疏。

致札兵部尚書王瓊，報告平漳亂戰況，乞加勸賞。

第1209頁

王陽明全集卷二十七與王晉溪司馬書二：「守仁近因輋賊大修戰具，遠近勾結，將遂乘虛而入，乃先其未發，分兵掩撲。雖斬獲未盡，然克全師而歸，賊巢積聚亦為一空。此皆老先生申明律例，將士稍知用命，以克有此。不然，以南贛素無紀律之兵，見賊不奔，亦已難矣；況敢暮夜撲剿，奮呼追擊，功雖不多，其在南贛，實創見之事矣。伏望老先生特加勸賞，使自此益加激勵，幸甚！今各巢奔潰之賊，皆聚橫水、桶岡之間，與郴、桂諸賊接境，生恐其勢窮，或并力復出；且天氣炎毒，兵難深入遠攻，乃分留重卒於金坑營前，扼其要害，示以必攻之勢，使之旦夕防守，不遑他圖。又潛遣人於已破各巢山谷間，多張疑兵，使既潰之賊不敢復還舊巢，聊且與之牽持。候秋氣漸涼，各處調兵稍集，更圖後舉。惟望老先生授之以成妙之算，假之以專一之權，明之以賞罰之典。生雖庸劣，無能為役，敢不鞭策駑鈍，以期無負推舉之盛心。秋冬之間，地方苟幸無事，得以歸全病喘於林下，老先生肉骨生死之恩，生當何如為報耶！正暑，伏惟為國為道自重。不宣。」

第1210頁

按：此書云「克全師而歸」，指平漳亂班師歸，「天氣炎毒」、「正暑」，則在五月。按此書之意重在請王瓊「特加勸賞」、「明之以賞罰之典」，中其所上申明賞罰以勵人心疏之意，由此可見陽明此札當在五月八日，乃與申明賞罰以勵人心疏、閩廣捷音疏一起由同一人送往京師。

倫以訓中進士歸南海，經贛來問學。

王陽明全集卷五答倫彥式：「往歲仙舟過贛，承不自滿足，執禮謙而下問懇，古所謂敏而好學，於吾彥式見之。別後連冗，不及以時奉問，極切馳想。近令弟過省，復承惠教……」

按：陽明此書作於正德十六年，「令弟」指倫以詵，是年其南宮試下第，歸經贛來問學。則此書所云「往歲仙舟過贛」必指正德十二年倫以訓中進士歸經贛來問學。按倫以訓為倫文敘子，倫文敘與陽明為同年，蓋早已相識。明清進士錄：「倫以訓，正德十二年一甲二名進士。南海人，字彥式。授編修，官至南京國子監祭酒。迎母奉養，母思歸，即疏請奉母還粵。性儉約雅淡，清廉，不為私。博覽工文辭，尤熟於朝廷典章。其父文敘，兄以諒，弟以詵，皆舉進士。」黃綰倫公文敘傳：「以訓，字彥式，會試第一，殿試第二。官至南京國子監祭酒，贈文敘如己官。穎悟過人，詩文立筆而就。涖監待士以寬。養病卒於家。」（國朝獻徵錄卷十九）

第1211頁

楊驥南宮試下第，歸經贛來受學。

薛侃集卷七楊毅齋傳：「毅齋姓楊氏，諱驥，字仕德，號毅齋，饒平人也。……丙子，鄉試未撤棘，聽講於甘泉先生。既而與弟鸞同領鄉書，會試入京師。遇中離，聞陽明先生之教，遂赴贛州，數月有省，馳簡示知友云：『古人致知工夫，自是直截易簡，視後支離茫無可入大徑庭矣。』時潮學未明，先生偕中離歸自贛，發明合一之旨，銳浣舊習，直培本根。以聖人為必可師，萬物皆吾一體，一時士友翕然興起。」

饒宗頤薛中離年譜：「秋，楊驥、楊鸞兄弟領鄉薦。拜湛甘泉於荷塘，有忘歸意。鸞先歸，理舊業於玉林。驥則會試入京師，遇先生，聞陽明之教，遂赴贛州。」

傳習錄卷上：「士德問曰：『格物之說如先生所教，明白簡易，人人見得。文公聰明絕世，於此反有未審，何也？』先生曰：『文公精神氣魄大，是他早年合下便要繼往開來，故一向只就考索著述上用功。若先切己自修，自然不暇及此。到得德盛後，果憂道之不明，如孔子退修六籍，刪繁就簡，明示來學，亦大段不費甚考索。文公早歲便著許多書，晚年方悔是倒做了。』士德曰：『晚年之悔，如謂「向來定本之悟」，又謂「雖讀得書何益於吾事」，又謂「此與守書籍，泥語言，全無交涉」，是他到此方悔從前用功之錯，方去切己自修矣。』曰：『然此是文公不可及處。他力量大，一悔便轉，可惜不久即去世，平日許多錯處皆不及改正。』」

泉翁大全集卷八與楊士德：「書中所問陽明立志之教，與鄙見理一分殊之說，本並行而不悖者。立志其本也，理一分殊乃下手用功處也。蓋所立之志，志此耳。若不見此理，不知所志者何事。如人欲往京師，此立志也；京師之上，自有許多文物，先王禮樂之遺教，一一皆有至理，此理一分殊之說也。惟其見此可慕可樂，是以志之益篤，求必至而不能自已也。中間學心之言，大段有病，非聖人之旨。更反覆思之，以質陽明，言不能盡也。此月二十五日已攜家入居西樵矣，餘見陽明先生敍中，不具。」

按：楊驥字仕德，號毅齋，饒平人。其會試下第歸，則當在五月經贛州來受學，時陽明亦方平漳亂班師歸贛州也。楊驥受教數月，約在九月離贛歸饒平（陽明率軍攻橫水前夕）。

吉水龍驤來贛受學，乃其父龍光為軍門參謀。

羅洪先集卷二十一明故直隸滁州判官北山龍君墓志銘：「正德丁丑，陽明王先生以都御史督軍虔南，日與士人談學。於是，虔吉士人多出門下。吉水國子生龍履祥將往，其父北山翁怒罵曰：『是皆飾虛名誑人者，汝何得爾？』

廢食偃臥不起，履祥至涕泣請不輟，不得已許之。履祥故侈汰，驕逸難近，數月歸，馴馴如處子。翁喜曰：「吾今乃知王先生。」因履祥以見，願執事終身。翁為人跌宕慷慨，喜交遊，大起庭宇，常歌舞飲燕為豪，絕不類吉水士人。然與之策事，丸轉機發，莫能相難。貌清古，昂鼻多髯，頗似先生。先生悅之，以為軍門參謀。携之巡視閩中。……翁名光，字仲虛。……八歲為諸生，十二入貲為國子生，三十六為大足丞，六年致仕。娶毛氏，先翁幾年卒。生一子騶，即履祥……履祥子子壽，以善書選為中書科儒士，辦事文華殿，與履祥皆早夭。」

第1214頁

國朝獻徵錄卷一百十六龍光傳：「龍光，吉水人。因其子履祥見陽明王先生于虔臺。光為人跌宕慷慨，喜交遊，大起庭宇，常歌舞飲燕為豪，絕不類吉水士人。然與之策事，丸轉機發，莫能相難。貌清古，昂鼻多髯，頗似先生。先生悅之，以為軍門參謀。……」

按：錢德洪陽明先生年譜云：「正德十三年正月初二日……是夕，令龍光潛入甲士，詰旦，盡殲之。」李文鳳月山叢談亦云：「二日……是夕，潛入甲士六百人……密語參隨龍光曰……」可見龍光在正德十二年已來贛見陽明。此必是先在五月陽明班師歸贛，龍騶來贛受學，至九月（所謂「數月歸」）龍光亦來贛見陽明，陽明乃命為軍門參謀，在十月隨陽明往征橫水、桶岡。

汪應軫中進士，選翰林庶吉士，有書致賀，汪應軫有答書。

汪應軫青湖先生文集卷七上陽明王先生：「正翹仰間，辱遠賜手書，不勝感慰！伏念軍務倥傯之際，不忘後輩如此，國盛德忠厚所臻，抑亦可見樽俎笑談之有餘矣。此又可見朝廷得人賀，不獨吾私幸也。雖然，軍旅之事，孔子以為未學；及至論王孫賈，則有取焉。豈聖人於武事真有所未聞耶？亦王孫賈果有長於孔子耶？愚意以為兵者，不祥之器，聖人不得已而用之。王孫賈以軍旅治軍旅，不過足以守國而已。孔子之聖，蓋有在於軍旅之外，以為世不習俎豆，是以有軍旅；及至用軍旅，尚不知臨事而懼，好謀而成。故子路之勇，亦不之許。其所以取王孫賈者，為衛發也，非答靈公之本意也。昨見老先生已論及此矣。誠恐臨事之時，獻謀者不詳，而用命者不勇，萬一有違初議，軍門之紀律固在，然絕之與否臧之後，亦已晚矣。是以敢有此說，不識高明以為如何？近日獨覺之進，更望示下，以啟愚昧，幸甚！」

第1215頁

按：汪應軫字子宿，號青湖，山陰人，與朱守忠、蕭鳴鳳、季本關係甚密，與陽明早識。是年其亦與季本、陸澄、蔡宗兗、許相卿諸浙中士子舉進士，相聚在京師。明清進士錄：「汪應軫，正德十二年二甲十八名進士。」季本汪公墓誌銘則謂：「正德丙子領鄉薦。丁丑中禮闈第二，廷試，賜進士出身，選庶吉士。」（季彭山先生文集卷三）按國榷卷五十：「正德十二年三月甲辰，選翰林院庶吉士汪佃……汪應軫……」陽明作書致賀，當亦是在五月八日，與明賞罰以勵人心疏、閩廣捷音疏一起遣人送往京師。

五月十七日，徐愛卒，有祭文哭奠。

蕭鳴鳳徐君墓誌銘：「丙子秋，考績，便道歸省。明年五月十七日，以疾卒於山陰寓館，距生成化丁未春□三十有一。」（橫山遺集附錄）

王應鵬祭徐曰仁文：「七月六日，得陽明先生書，聞曰仁考績，抱疴而南，既瘥矣，甚喜。及得和曰仁耕雲之詩，鵬方告疾，自分將學稼，且扣年來所得，以愜東歸之志矣。當是時，未有去命，而此心則汲汲也。八月之望，又得陽明先生書，云曰仁於五月十七日長逝矣。……」（橫山遺集附錄）

王華祭徐曰仁文：「……使老親在堂，孰與奉養？寡妻在室，何所瞻依？……我今葬汝于山陰縣迪埠山之麓，葬期將及，而我適遭老母之喪，造次顛沛之際，孰與子

經紀喪事？……我今葺理東邊房屋數楹，以居汝妻，以奉養汝父母，庶幾汝妻朝夕不離吾側，汝父母朝夕可以相守以終餘年。……」（橫山遺集附錄）

王守仁、王守文祭徐曰仁文：「維正德十二年七月十五日，寓贛州左僉都御史王守仁，使十弟守文，具清酌之奠，哭告於故工部都水司郎中妹婿徐曰仁之柩曰：嗚呼曰仁！乃忍去吾而死耶？吾又何以舍子而生為乎？嗚呼曰仁！子則死矣，而使吾妹將何以生乎？使吾父母暮年遭此，何以為懷乎？又使子之父母暮年遭此，何以為生乎？此皆人世之至酷極烈，所不忍言者，吾尚忍言之乎？嗚呼痛哉！吾復何言，吾復何言！尚饗。」（橫山遺集附錄）

按：王應鵬言陽明七月六日書中尚云徐愛病瘥，可見陽明當是七月六日以後方得知徐愛噩耗，故七月十五日纔爲成祭文。錢德洪陽明先生年譜竟謂「正德十三年八月，是年徐愛卒，先生哭之慟」。乃誤甚（今人多踵其誤）。

見素林俊有書來，遣其子林適來受學。

見素集卷二十二復王陽明：「廷言大參回，承致書惠，兼審憲紀霜肅，道況玉潤。潭冠畢功，尋轉而經略贛之新關，儒為世道賴固然，而值今一遇，有餘慨焉。執事中立時行，運醇鎮躁，以大收儒效，少違枘鑿，將欲委嗟

殘棄之，其不誠知輕重大丈夫哉！夫假道以行志，猶欲强尺枉以望尋之直，直不得分，而枉不可反，孰肯立一怒以庇吾瑕哉！腹心之言，同道僭論以嘆世也。達子承論及，渠材猶可教，區區甚難，渠舉之若易，惜不

第1218页

立堅苦志，玩日愒月，竟之無所似。適子文亦異常局，學較博，然亦欠堅苦，負美材。執事幸並下嚴督之教，牧之弟子之末，道風吹鼓，不在門墻間也。至惠，至惠！餘惟吾道多愛。不宣。」

按：其時林俊歸莆田家居，尤關注陽明平漳亂事。林達則在南都任職。「廷言大參」疑即指福建參政陳策，其協助陽明平漳亂立功（見陽明閩廣捷音疏）。邵寶陳公策神道碑：「公諱策，字嘉言，别號蓉湖，世為無錫人。……時汀漳寇方熾，鎮巡舉公往征之。道經同安，巨寇蘇世浩勢尤猖獗，公首降之，遂携焉以臨汀漳，汀漳氣奪。榜到之日，先降者爭出見公。公因撫而諭之曰：『吾欲返爾田宅親戚，爾顧欲肉餵鴟鴞乎？』衆皆稽首曰：『公推赤心人腹，非昔御我詐者比，此固我命盡日也，敢以死請。』公皆遣之，汀漳按堵如故。……」（國朝獻徵録卷八十六）陳策在五月平漳亂後歸，乃携陽明書經莆田呈林俊。

第1219页

二十三日，廣東僉事顧應祥告欲來訪，有答書。

王陽明全集卷二十七與顧惟賢書一：「聞有枉顧之意，傾望甚切。繼聞有夾剿之事，蓋我獨賢勞，自昔而然矣。此間上猶、南康諸賊，幸已掃蕩，渠魁悉已授首，回軍且半月。以湖廣之故，留兵守隘而已。奏捷須湖廣略有次第，然後舉。朱守忠聞在對哨，有面會之圖，此亦一奇遇。近得甘泉書，已與叔賢同往西樵，令人想企，不

能一日處此矣。承示『既飽，不必問其所食之物』，此語誠有病。已不能記當時所指，恐亦為世之專務辨論講說而不求深造自得者說，故其語意之間，不無抑揚太過。雖然，苟誠知求飽，將必五穀是資。……凡言意所不能達，多假於譬喻，以意逆志，是為得之。若必拘文泥象，則雖聖人之言，且亦不能無病，況於吾儕……今時學者大患，不能立懇切之志，故鄙意專以責志立誠為重。同志者亦觀其大意之所在，斯可矣。……承示為益已多，友朋切磋之職，不敢言謝。何時過甘泉，更出此一正之。」

按：陽明五月八日班師至贛州，此書稱「回軍且半月」，則作在五月二十三日。顧應祥在平漳亂中多立功，徐中行《箬溪顧公應祥行狀》：「乃得廣東僉事。得嶺東道汀漳山寇起，毒螫三省，中丞王公伯安討之。公以奇兵挫其鋒，擒鹵首雷振、溫火燒等千四百餘級。王公奏聞，命下勘報，而公故讓功他省，不報。」（《國朝獻徵錄》卷四十八）陽明書中所言「繼聞有夾剿之事」，指三省聯合進剿，事起於五月中旬，見陽明《議夾剿兵糧疏》、《案行廣東福建領兵官進剿事宜》。又陽明書中所言「近得甘泉書，已與叔賢同往西樵」，即指得湛甘泉四月一書，時湛甘泉服闋，有入居西樵之意。

第1220頁

立兵符，整編軍伍，發給兵符，凡遇征調，發符比號而行。

《王陽明全集》卷十六《兵符節制》。

二十八日，上《攻治盜賊二策疏》、《類奏擒斬功次疏》。

《王陽明全集》卷九《攻治盜賊二策疏》，《類奏擒斬功次疏》。

上《添設清平縣治疏》，奏設平和縣，於河頭添設縣治，枋頭移設巡檢司。

《王陽明全集》卷九《添設清平縣治疏》。

有札致王瓊、毛紀，請撤南贛巡撫，設置總制，統一事權。

《王陽明全集》卷二十七《與王晉溪司馬書》五：「守仁始至贛，即因閩寇猖獗，遂往督兵。故前者瀆奉謝啟，極為草略，迄今以為罪。閩寇之始，亦不甚多，大軍既集，乃連絡四面而起，幾不可支。今者偶獲成功，皆賴廟堂德威成算，不然且不免於罪累矣，幸甚。守仁腐儒小生，實非可用之才。蓋未承南、贛之乏，已嘗告病求退。後以託疾避難之嫌，遂不敢固請，黽勉至此，實恐得罪於道德，負薦舉之盛心耳。伏惟終賜指教而曲成之，幸甚幸甚！今閩寇雖平，而南贛之寇又數倍於閩，且地連四省，事權不一，兼之敕旨又有不與民事之說，故雖虛擁巡撫之名，而其實號令之所及止於贛州一城。然且尚多抵牾，是亦非皆有司者敢於違抗之罪，事勢使然也。今為南、贛，止可因仍坐視，稍欲舉動，便有掣肘。守仁竊

第1221頁

以南、贛之巡撫可無特設，止存兵備，而統於兩廣之總制，庶幾事體可以歸一；不然，則江西之巡撫，雖三省之務尚有牽礙，而南、贛之事猶可自專。一應車馬錢糧，皆得通融裁處，而預為之所，猶勝於今之巡撫，無事則開雙眼以坐視，有事則空兩手以待人也。夫弭盜所以安民，而安民者弭盜之本。今責之以弭盜，而使無與于民，猶專以藥石攻病，而不復問其飲食調適之宜，病有日增而已矣。今巡撫之改革，事體關係，或非一人私議之間便可更定，惟有申明賞罰，猶可以稍重任使之權，而因以略舉其職。故今輒有是奏，伏惟特賜採擇施

第1222頁

行，則非獨生一人得以少逭罪戮，地方之困亦可以少蘇矣。非特道誼深愛，何敢冒瀆及此？萬冀鑒恕。不宣」。

陽明致毛紀札：「侍生王守仁頓首再拜啟上大元老毛老先生大人執事：守仁始至贛，即欲一申起居。因閩寇猖獗，莅事未數日而遂往督征，故前者進本人去，竟不及奉啟，迄今以為罪。請教之渴，如何可言！守仁迂腐之資，實無可用於時，蓋未承贛州之乏，已嘗告病求退，後以託疾避難之嫌，遂不敢固請。雖勉至此，實恐得罪於公議，為知己之羞。今遂未知所以稅駕之道，幸卒賜之

指教而曲成之。今南贛之事，誠亦有難為者。蓋閩寇雖平，而南贛之寇又數倍於閩，且地連四省，事權不一，兼之敕旨又有不與民事之説，故雖虛擁巡撫之名，而其實號令所及，止於贛州一城，然且尚多抵捂，是亦非皆有司者敢於違抗之罪，事勢使然也。今為南贛，止可因仍坐視，稍欲舉動，便有掣肘。守仁竊以為南、贛之巡撫可無特設，止存兵備，而統於兩廣之總制，庶幾事體可以歸一；不然，則兼於江西之巡撫，雖三省之務尚有牽礙，而南、贛之事猶可自專，一應車馬錢糧，皆得通融裁處，而預為之所，猶勝於今之巡撫，無事則開雙

第1223頁

眼以坐視，有事則空手以待人也。夫弭盜所以安民，而安民者弭盜之本。今責之以弭盜，而使無與於民，猶專以藥石攻病，而不復問其飲食調適之宜，病有日增而已矣。今巡撫之改革，事體關係或非一人議，一議之間便可更定，惟有申明賞罰，猶可以稍重任使之權，而因以略舉其職。故今輒有是奏，伏惟特賜採擇施行，則非獨生一人得以少逭罪戮，地方之困亦可以少蘇矣。非特道誼深愛，何敢冒瀆及此？萬冀鑒恕。不宣。五月二十八日，守仁頓首再拜啟。餘空。」（陽明手札真迹，見二〇〇八年誠秀雲藝術品收藏專場拍賣會（天津鼎晟拍賣公司

，陽明文集失載）

按：毛紀字維之，號鷗庵、鰲逸叟，山東掖縣人。陽明與毛紀早識（見前），兩人常有通信往返。據陽明後又有致鷗齋書云：「所以强忍未敢告病之故，前啟已嘗略具。」所謂「前啟」，即指此致毛紀札也（見下）。是札稱「大元老毛老先生大人」，按明史宰輔年表一：「毛紀，正德十二年五月，禮部尚書兼東閣大學士入。七月，加太子太保兼文淵閣大學士。」國榷卷五十：「正德十二年五月丙子（二日），禮部尚書兼翰林學士毛紀兼東閣大學士，直閣。」毛紀以東閣大學士直閣，故陽明稱其為「大元老」。陽明此札所云「因閩寇猖獗，蒞事未數日而遂往征督征」，指平漳亂，事在二月至四月間。所謂「前遣者進本人去，竟不及奉啟」，指陽明在五月初八日上閩廣捷音疏、申明賞罰以勵人心疏，時毛紀尚未以東閣大學士直閣，故未作致毛紀札一併由進本人送往京師。陽明此札作於五月二十八日，按陽明攻治盜賊二策疏、類奏擒斬功次疏、添設清平縣治疏均上在五月二十八日，可見陽明此致毛紀札必是由進本人一併賫往京師。按陽明此札所言與其與王晉溪司馬書五全同，可以確證與王晉溪司馬書五與此與毛紀札作在同時，在五月二十八日一併由進本人送往京師。蓋此二札之大旨在請朝廷取消南贛巡撫之設，統於兩廣之總制，

按陽明於五月八日所上申明賞罰以勵人心疏中已首提總制之設，至是則正式提出去巡撫，設總制，因茲請事關重大，非王瓊一人所能定，故又特致札內閣首輔毛紀也。朝廷旋在七月改授陽明提督南、贛、汀、漳等軍務，給旗牌，得便宜行事，即是陽明上此二札所致，蓋提督軍務者，即總制之謂也。

畫家郭詡來贛，投陽明幕下。

陳昌積郭清狂詡傳：「宸濠嗣王，敬公，嘗召與語。公見其鷙猂寡恩，易發怒，欲去。正德五年庚午，宸濠疏請中和之曲，公愕然曰：『是謀將凌其上，以此無貴種矣。吾不可與之俱墊水火也。』故露拙業，托微罪得去。去後，宸濠益猖獗，固不可勝數。己卯，反大有端矣。詡度其反，必劫己，居嘗默默不得志，念右貴惟王都御史智權足解脫己。王都御史者，名守仁，餘姚人也。以學為世儒宗工，時假節提軍汀、贛。乃敬往依之，懸畫題詩見志，陽明悟其志。」（國朝獻徵錄卷一百十五）

按：前考陽明與郭詡於弘治十五年已相識。傳謂郭詡於正德十四年（己卯）來投陽明，乃誤。按陽明正德十二年十二月作平茶寮碑已云：「……並聽選等官雷濟、蕭庾、郭詡、饒寶等，共百有餘名。」（見下）可見郭詡正德十二年已來投陽明幕下，任「聽選」之官，並在征桶岡、橫水中立功。足證郭

翊當是在陽明五月征漳寇班師回贛後，來見陽明。故傳所云「托微罪得去」，即指郭詡正德十二年五月去而至贛投陽明也。按國榷卷五十：「正德十二年五月戊寅，寧府典寶副閻順、典膳正陳宣及內使劉良，潛入京告宸濠陰謀，云信典寶正涂欽與致仕左都御史李士實、都御史葛江、吏羅黃、盧榮、熊濟等，鑿池造船，疑有非常。下錦衣衛獄，杖五十，戍孝陵。餘不問。」郭詡疑即因此事發，乃托微罪去。

六月，有書致顧應祥，論讀書講學。

王陽明全集卷二十七與顧惟賢書二：「閩廣之役，偶幸了事，皆諸君之功，區區蓋坐享其成者。但閩寇雖平，而虔南之寇乃數倍於閩，善後之圖，尚未知所出。野人歸興空切，不知知己者亦嘗為念及否也？ 曰仁近方告病，與二三友去耕霅上，霅上之謀實始於陸澄氏。陸與潮人薛侃皆來南都從學，二子並佳士，今皆舉進士，未免又失却地主矣。向在南都相與者，曰仁之外，尚有太常博士馬明衡、兵部主事黃宗明、見素之子林達，有御史陳傑、舉人蔡宗兗、饒文璧之屬。蔡今亦舉進士。其時凡二三十人，日覺有相長之益。今來索居，不覺漸成放

倒，可畏可畏！閑中有見，不妨寫寄，庶亦有所警發也。甘泉此時已報滿，叔賢聞且束裝，曾相見否？霍渭先亦美質，可與言。見時皆為致意。」

按：陽明此書云「皆諸君之功」，蓋指其上申明賞罰以勵人心疏，獎賞立功，而顧應祥有讓功之舉。錢德洪陽明先生年譜云：「是月奏捷，具言福建僉事胡璉、參政陳策、副使唐澤、

知府鍾湘、廣東僉事顧應祥、都指揮楊懋、知縣張戩勞
績，賜敕獎賚，其餘陞賞有差。」「甘泉此時已報滿」，指湛甘
泉服闋到期。「霍渭先」即霍韜，字渭先，號兀厓，南海人。
其亦於是年舉進士，侯世守霍文敏公韜行實：「南宮廷試，仍
擬大魁，偶封卷中舍，倒用官銜印，更之復爾，主者咸謂天數，
遂置二甲第一。時尚未娶，引例告歸，讀書西樵山中。」（國朝獻
徵錄卷十八）霍韜其時中舉歸南海，故陽明云「見時皆為致意」。
又徐愛卒於五月十七日，此書仍曰「曰仁近方告病」，蓋陽明至七月方
知徐愛病故也（見前）。
十五日，上疏通鹽法疏，請疏通鹽法。有札致王瓊再懇之。

第1227頁

王陽明全集卷九疏通鹽法疏。
同上，卷二十七與王晉溪司馬書三：「前月奏捷人去，曾
瀆短啟，計已達門下。守仁才劣任重，大懼覆餗，為薦
揚之累。近者南贛盜賊雖外若稍定，其實譬之疽癰，但
未潰決；至其惡毒，固日深月積，將漸不可瘳治。生等
固庸醫，又無藥食之備，不過從旁撫摩調護，以紓目前
。自非老先生肯賜俯從，卒授起死回生之方否也？近得
華中消息，云將大舉，乘虛入廣。蓋兩廣之兵近日皆聚
府江，生等恐其聲東擊西，亦已密切布置，將為先事之
圖。但其事隱而未露，未敢顯言於朝。然又不敢不以聞

於門下。且聞府不久班師，則其謀亦將自阻。大抵南、
贛兵力極為空疏，近日稍加募選訓練，始得三千之數。
然糧賞之資，則又百未有措。若夾攻之舉果行，則其勢
尤為窘迫。欲稱貸於他省，則他省各有軍旅之費；欲加
賦於貧民，則貧民又有從盜之虞。惟贛州雖有鹽稅一事
，邇來既奉戶部明文停止。但官府雖有禁止之名，而奸
豪實竊私通之利。又鹽利下通於三府，皆民情所深願，
而官府稍取其什一，亦商人所悅從。用是輒因官僚之議
，仍舊抽放。蓋事機窘迫，勢不得已。然亦不加賦而財
足，不擾民而事辦，比之他圖，固猶計之得者也。今特

第1228頁

以聞奏，伏望老先生曲賜扶持，使兵事得賴此以濟，
實亦地方生靈之幸。生等得免於失機誤事之誅，其為感
幸，尤深且大矣。自非老先生體國愛民之至，何敢每事
控聒若此？伏冀垂照。不具。」
按：書所云「前月奏捷人去」，即指陽明上閩廣捷音疏。所云
「前者申明賞罰之請」，即指陽明上申明賞罰以勵人心疏。
所云「今特具以聞奏」，即指陽明上此疏通鹽法疏。可見陽明
此與王瓊札乃同疏通鹽法疏一起由進本人送往京師，蓋此
札此疏之大旨皆在論疏通鹽法事也。
錢德洪陽明先生年譜：「始，都御史陳金以流賊軍餉，於

贛州立廠抽分廣鹽，許至袁、臨、吉三府發賣，然起正德六年至九年而止。至是，先生以教諭有便宜處置語，疏請暫行，待平定之日，仍舊停止。從之。」

七月五日，以湖廣巡撫秦金提三省夾剿江西方略，乃上議夾剿兵糧疏、南贛擒斬功次疏。十五日，調用三省夾攻官兵。

王陽明全集卷十議夾剿兵糧疏，南贛擒斬功次疏。

同上，卷三十調用三省夾攻官兵：「准兵部咨，該湖廣巡撫都御史秦題云云，已經開陳兩端，具本上請去後。今准前因，除南贛二府兵糧事宜另行外，所據領兵等官，俱在得人，必須先委。訪得九江府知府汪赮、吉安府知府伍文定、汀州府知府唐淳，久習軍旅，惠州府知府陳祥，器度深沉，俱各才識練達。程鄉縣知縣張戩，近征大傘等處，獨統率新民，奮勇當先，功勞尤著。撫州府東鄉縣知縣黃瑩、建昌府新城縣知縣黃文鸑、袁州府萍鄉縣知縣高桂、吉安府龍泉縣知縣陳允諧，素有才名，堪以領兵。但事干各府，各官之中，或有違抗推託，臨期必致誤事。除具本題請，但有不遵約束，許以軍法從事，合就通行知會。為此仰抄案回府，即行本官，密切整備衣裝。及將上杭縣義官李福英名下打手，再行揀選，務要驍勇精悍者一千名，給與資裝器械，聽候命下。另有公文至日，即便不分星夜，兼程前進軍門，以憑調用施行。」

七月十六日，改授提督南、贛、汀、漳等處軍務，給旗牌，便宜行事。

國榷卷五十：「正德十二年七月庚寅，命巡撫南、贛、汀、漳左僉都御史王守仁提督軍務，給符幟，俾便宜行事。」

晉溪本兵敷奏卷十為申明賞罰以勵人心事：「……今都御史王守仁反覆論辯，深切著明，具見本官有用之學，濟世之才……王守仁所奏前事，皆有明驗，若不責成此官，假以兵權，申明□□，誠非長治久安之術也。合無請敕南、贛等處都御史，假以提督軍務，名目照提督軍務文臣事例，給與旗牌應用，以振軍威，一應軍馬錢糧事宜，照依原擬，徑自便宜區畫，文職五品以下，武職三品以下，徑自拏問發落。如遇盜賊入境劫掠，即便調兵剿殺，不許踵襲舊弊，招撫蒙蔽，重為民患。所部官軍，若在軍前違期逗遛退縮者，俱聽以軍法從事。生擒盜賊，鞫問明白，亦聽斬首示眾。其陞賞事宜，除征剿流賊事例先已奏革外，若南、贛、郴、桂等處斬獲賊級，聽本處兵備副使會同該道守巡官，即時紀驗明白，備行江西按察司，造冊奏繳。查照南方剿殺蠻賊見行舊例，議擬陞賞。正德十二年七月十六日具題，奉聖旨，是王守仁着提督南、贛、汀、漳等處軍務，換敕與他，其餘事宜，各依擬行。」

按：錢德洪陽明先生年譜謂「九月，改授提督南、贛、汀、漳等處軍務」，乃誤。蓋陽明早在五月八日申明賞罰以勵人心疏中已請總制之設，云「假臣等以便宜行事，不限以時而惟成功是責」，「特假臣等令旗令牌，使得便宜行事……然後選重臣，假以總制之權而往涖之」。至五月二十八日陽明致書王瓊、毛紀，正式提出撤巡撫，設總制，為王瓊所肯。故遂至七月十六日有改授提督軍務之任。蓋「提督」乃從「總制」而來，提督軍務，即總制事權也。由此可見陽明之有提督之請蓋為三省夾剿江西之設，與其平宸濠亂無關；然陽明得提督軍務，便宜行事，則對陽明後來平宸濠亂起關鍵作用矣。

王陽明全集卷十六欽奉敕諭提督軍務新命通行各屬：「正德十二年九月十一日節該欽奉敕諭：江西南安、贛州地方，與福建汀、漳二府，廣東南、韶、潮、惠四府，及湖廣郴州桂陽縣壤地相接，山嶺相連，其間盜賊不時生

第1231頁

發，東追則西竄，南捕則北奔，蓋因地方各省，事無統屬，彼此推調，難為處置。先年以此之故，嘗設有都御史一員，巡撫前項地方，就令督剿盜賊。但責任不專，類多因循苟且，不能申明賞罰，以勵人心，致令盜賊滋多，地方受禍。今因爾所奏，及該部覆奏事理，特改命爾提督軍務，常在贛州或汀州住劄，仍往前各處撫安軍民，修理城池，禁革奸弊，一應軍馬錢糧事宜，俱聽便宜區畫，以足軍餉，但有盜賊生發，即便嚴督各該兵備、守備、守巡，并各軍衛有司，設法調兵剿殺，不許踵襲舊弊，招撫蒙蔽，重為民患。……」

按：此敕諭據前言「不能申明賞罰，以勵人心」，可知其言「今因爾所奏」，即指陽明五月八日所奏申明賞罰以勵人心疏，尤可見提督軍務之任乃承陽明申明賞罰以勵人心疏中總制之奏而來。

王陽明全集卷十換敕謝恩疏，交收旗牌疏。

錢德洪陽明先生年譜：「事下兵部尚書王瓊，覆奏以為宜從所請。於是改巡撫為提督，得以軍法從事，欽給旗牌八面，悉聽便宜。既而鎮守太監畢真謀于近倖，請監其軍。瓊奏以為兵法最忌遙制，若使南、贛用兵而必待謀於省城鎮守，斷乎不可；惟省城有警，則聽南、贛策應。事遂寢。」

第1232頁

感秋興懷，思念南京僚友，有詩詠寄問。

王陽明全集卷二十借山亭：「借山亭子近如何？乘興時從夢裏過。尚想清池環醉影，猶疑花徑駐鳴珂。疏簾細雨燈前局，碧樹涼風月下歌。傳語諸公合頻賞，休令歲月亦蹉跎。」

按：借山亭為白樓吳一鵬園亭，吳一鵬初號借山。胡纘宗鳥鼠山人小集中有吳太常借山亭子。柴奇黼庵遺稿卷二有吳白樓園亭十二首和原韵，其第九首即和借山亭詩：「滿園花木共嫣然，日日門前繫酒船。卻笑當年借山客，歸來還費買山錢（公前號「借山」）。」陽明詩中所云「諸公」，即指當年南京僚友吳一鵬、喬宇、魯鐸、汪偉、鄧庠諸人。

第1233頁

八月，大庾、上猶流民來攻南康、南安，擊潰之。

國榷卷五十：「正德十二年八月庚申，大庾、上猶盜合攻南康，左僉都御史王守仁擊賊巢，破之。」

王陽明全集卷十議夾剿方略疏：「……據南安府上猶、大庾等縣申稱，各縣鄉民早穀將登，各巢峯賊修整戰具，要行出劫。并據南康縣縣丞舒富呈，訪得大賊首謝志珊號征南王，糾率桶岡等巢賊首鍾明貴等，約會廣東大賊首高快馬等，大修戰具，并呂公車，欲要先將南康縣打破，就行乘虛入廣流劫，乞要早為撲剿等因。已經呈蒙本院密受方略，行委知府季斅、縣丞舒富等領兵分剿。共生擒大賊首陳曰能等三名，首從賊徒五十四名，斬獲賊首級六十八顆，殺死射死賊徒二百四十餘名，燒死賊徒二百餘名，擣過巢穴一十九處，燒毀房屋禾倉八百九十餘間，俘獲賊屬二十九名口，水黃牛、馬、羊、騾一百四十四頭匹，通經報。又蒙本院慮，賊必將乘間復出，行委知府季斅、指揮來春等統兵屯南安，指揮姚璽、縣丞舒富統兵屯上猶，指揮謝昶、千户林節統兵屯南康，各於要害去處往來防剿。至七月二十五日，賊首謝志珊果復統衆一千五百餘徒，攻打南安府城。各官督兵迎敵，生擒賊犯楊鑾

第1234頁

等七名，斬獲首級四十五顆，賊衆大敗而去。八月二十五日，賊首謝志珊又統賊領二千餘徒，復來攻打南安府城。各官督兵迎敵，生擒把龍正等四十二名，斬獲首級一百五十七顆，賊又大敗而去。……」

同上，卷十六咨報湖廣巡撫右副都御史秦防賊奔竄。

陸澄父陸璩卒，陸澄來請墓文，為作陸璩墓碑誌。

王陽明全集卷二十五明封刑部主事浩齋陸君墓碑誌：「封君之葬也，子澄毀甚失明，病不能事事，以問於陽明子曰：『吾湖俗之葬也，咸竭資以盛賓主，至於毀家，不則以為儉其親也。不肖孤則何費之敢靳！大懼疾之不任，遂底於顛殞，以重其不孝。敢請已之，如何？』陽明子曰：『不亦善乎！棺槨衣衾之得為也者，君子不以儉其親。

狗湖俗之所尚，是以其親遂非而導修也，又況以殆其遺體乎？吾子已之，既葬而以禮告，人豈有非之者？將湖俗之變，必自吾子始矣。一舉而三善，吾子其已之！』既而復以誌墓之文請。陽明子辭之不得，則謂之曰：『誌墓非古也。古之葬者，不封不樹。孔子之葬其親也，自以為東西南北之人，不可以無識也，而封之，崇四尺。其於季札之葬，則為之識曰：「有吳延陵季子之墓。」後之誌者，若是焉可矣。而內以誣其親，外以誣於人，是故君

第1235頁

子恥之。吾子志於賢聖之學，苟卒為賢聖之歸，是使其親為賢聖者之父也，誌孰大焉，吾子曷已之？封君之存也，嘗以其田二頃給吾黨以貧者以資學，是於斯文為有襄也，而又重以吾子之好，無已，則如夫子之於札也乎？』因為之題其識墓之石曰：『皇明封刑部主事浩齋陸君之墓』，而書其事於石之陰。君諱璩，字文華，湖之歸安人。墓在樊澤。子澄，舉進士，方為刑部員外郎。澄之兄曰津。」

泉翁大全集卷二十六浩齋記：「太湖之墟，有陸浩齋先生者，其子澄遊於陽明，舉進士，為郎秋官。以推崇浩齋，故浩齋為封君。澄造於甘泉子曰：『惟我家君割股以愈親，行確而貌肅，蓋取諸至剛；不利己，平物我，蓋取諸至大；其名齋也以浩，以養浩也，蓋取諸孟氏。今茲行年七十有五，而志力不衰。惟吾子其明孟氏之學，以詔於我父子。吾子其惠許焉，惟吾父子之幸有承學，而齋則亦有耿光。』甘泉子曰：『夫先生居於斯，思於斯，養於斯，其廣大與？其流行與？是亦孟而已矣！夫心無一物則浩，無一物不體則浩，是故知無物與無物不體者，可與語性矣；可與語性，斯可與知學矣；知學，斯可與廣大流行矣。』元靜曰：『請聞其說。』曰：『惟無物也，是

第1236頁

以大生焉；惟無物不體也，是以廣生焉；惟無物而無物不體也，是以流行生焉。先生苟自孝愛其親之心充之，無弗用愛焉，斯亦無物不體耳矣，其至廣與？自其不利己之心而充之，不有己焉，斯亦無物耳矣，其至大與？以是心而充之，存存不息，其流行與？是故至廣配地，至大配天，流行配造化。至大配天，其盛德乎！至廣配地，其大業乎！流行配造化，其悠久不息乎！生盛德者存乎仁，成大業者存乎義，運不息者存乎誠，合是三者存乎神。君子體諸天地，侔諸造化，以成德業于無疆，存神至矣。孟氏曰：『養而無害，則塞乎天地之間。』配

第1237頁

義與道，故養而無害，則至大至剛，以直道而義出矣，其存神之至乎！』」

按：王陽明全集於碑誌題下注「丙子」作，泉翁大全集於記末注「癸未七月十八日」作，均誤。按陸澄於正德十二年舉進士，授刑部員外郎，明清進士錄：「陸澄，正德十二年三甲二百三十名進士。浙江歸安人，字原靜，一字清伯。授刑部主事，以議大禮不合，罷歸。後悔前議之非，上言自訟，帝惡其反覆，遂斥不用。澄師事王守仁，講『致良知』之說，守仁傳習錄，多澄所記。」故可知陽明此碑誌必作於正德十二年，而湛甘泉浩齋記「癸未七月十八日」則是「丁丑七月十八日」之誤。此必是陸澄在三月舉進士後授刑部員外郎（刑部廣東清吏司），其在七月往廣東按事，乃造訪湛甘泉，請作浩齋記。旋因陸璩卒歸歸安，途經贛州見陽明，請作墓碑誌，時約在八月中。

九月，有書致湛甘泉，論格物之說，申衡嶽之遊前約。湛甘泉有答書，勸其事竣疏歸。

泉翁大全集卷八答陽明：「小僮歸，承示手教，甚慰。衡嶽之約，乃僕素志，近興益濃。然以煙霞山居未完，又以老兄方有公事，皆未可遽遂也。老兄事竣，就彼地上疏，不復返府，是亦一機會也。格物之說甚超脫，非兄高明，何以及此！僕之鄙見大段不相遠，大同小異耳。

第1238頁

鄙見以為，格者，至也，『格於文祖』、『有苗格』之格；物者，天理也，即『言有物』、『舜明於庶物』之物，即道也。格即造詣之義，格物者，即造道也。知行並造，博學、審問、慎思、明辨、篤行，皆所以造道也。讀書、親師友、酬應，隨時隨處，皆求體認天理而涵養之，無非造道之功。意、身、心一齊俱造，皆一段工夫，更無二事。下文誠、正、修功夫皆於格物上用了，其家、國、天下皆即此擴充，不是二段，此即所謂止至善。故愚嘗謂止至善，則明德、親民皆了者，此也。如是方可謂之知至。若夫今之求於見聞之末，謂之知至可乎？知至，即孔子

所謂『聞道』矣。故其下文以修身釋格物，而此謂知之至，可徵也。故吾輩終身終日，只是格物一事耳。『孟子』『深造以道』，即格物之謂也；『自得之』，即知至之謂也；『居安資深逢原』，即修齊治平之謂也。近來與諸同志講究，不過如此。未審高明以為何如？」

按：湛甘泉此書，今人定為正德十三年或十四年作，不合此書所敘。按此書云「以煙霞山居未完」，考湛甘泉於正德十二年四月三十日服闋後，即於八月入西樵（二十日），卜居大科之麓，建煙霞山居。其樵風詩序云：「……我乃移卜於大科之麓，煙霞之墟，……厥既經始，厥既告成，閱月惟五，殫乃智猷，歲暮之廿。……」煙霞山居經始於八月，完工於十二月，即所謂「閱月惟五」。以湛甘泉致陽明書考之：十月寄陽明都憲中云煙霞山居已開工建造：「若水遂為西樵之煙霞所留……」（參見寄應元忠吉士）；十一月寄王陽明都憲中云煙霞山居已小成：「生以十月七日入西樵，築煙霞洞土樓小屋二層，外為正義堂，又外為門樓……諸役冬間可落成，即攜妻拏入居之矣。」十二月寄王陽明都憲中云煙霞山居已完工：「若水煙霞之築已訖工。」（均見下考）以十月湛甘泉又另有書寄陽明考之，可知湛甘泉此書必當作在九月中，故云「煙霞山居未完」。蓋陽明與甘泉早有衡嶽之約，其正德三年所作南遊即云：「元明與予有衡嶽、羅浮之期，賦南遊，申約也。」至是時湛甘泉服闋入居西樵，而陽明亦已平漳亂功成，亦欲疏乞歸居，故致書甘泉，重申衡嶽之約也。

九月十五日，定三省夾剿方略，上議夾剿方略疏。

王陽明全集卷十議夾剿方略疏：「……看得三省夾攻，必須彼此尅期定日，同時並舉，斯乃事體之常。然兵無定勢，謀貴從時，苟勢或因地而異便，則事宜量力以乘機。三省賊巢，連絡千里，雖聲勢相因，而其間亦自有種類之分，界限之隔。利則爭趨，患不相顧，乃其性習。誠使三省之兵皆已齊備，約會並進，夫豈不善？但今廣東狼兵方自府江班師而歸，欲復調集，恐非旬月所能。兩省之兵既集，久頓而不進，賊必驚疑，愈生其奸，悍者奔突，黠者潛逃，老師費財，意外之虞，乘間而起，雖有智者，難善其後。誠使先合湖廣、江西之兵，併力而舉上猶諸賊，遂事之畢，廣東之兵亦且集矣；則又合湖廣、廣東之兵，併力而舉樂昌諸處，遂事之畢，江西之兵又得以少息矣；則又合廣東、江西之兵，併力而舉龍川。方其併力於上猶，則姑遣人佯撫樂昌諸賊，以安其心。彼見廣東既未有備，而湖廣之兵又不及已，苟幸旦夕之生，必不敢越界以援上猶；及夫上猶既舉，而湖廣移兵以合廣東，則樂昌諸賊，其勢已孤。二省兵力益專，其舉之益易。當是之時，龍川賊巢相去遼絶，自以為風馬牛不相及，彼見江西之兵又撤，意必不疑。班師之日，出其不意，回軍合擊，蔑有不濟者矣。……

同上，卷十六，咨報湖廣巡撫右副都御史秦夾攻事宜。

夾剿在即，將征橫水，發布撫諭三浰文。

告諭浰頭巢賊：「人之所共恥者，莫過於身被為盜賊之名；人心之所共憤者，莫過於身遭劫掠之苦。今使有人駡爾等為盜，爾必憤然而怒；又使人焚爾室廬，劫爾財貨，掠爾妻女，爾必懷恨切骨，寧死必報。爾等以是加人，

人其有不怨者乎？人同此心，爾寧獨不知？乃必欲為此，其間想亦有不得已者。或是為官府所迫，或是為大户所侵，一時錯起念頭，誤入其中，後遂不敢出。此等苦情，亦甚可憫。然亦皆由爾等悔悟不切耳。爾等當時去做賊時，是生人尋死路，尚且要去便去。今欲改行從善，是死人求生路，乃反不敢耶？若爾等肯如當初去做賊時拚死出來，求要改行從善，我官府豈有必要殺汝之理？爾等久習惡毒，忍於殺人，心多猜疑。豈知我上人之心，無故殺一鷄犬尚且不忍，況於人命關天？若輕易殺之，冥冥之中，斷有還報，殃禍及於子孫，何苦而必欲

為此？我每為爾等思念及此，輒至於終夜不能安寢，亦無非欲為爾尋一生路。惟是爾等冥頑不化，然後不得已而興兵，此則非我殺之，乃天殺之也。今謂我全無殺人之心，亦是誑爾；若謂必欲殺爾，又非吾之本心。爾等今雖從惡，其始同是朝廷赤子。譬如一父母同生十子，八人為善，二人背逆，要害八人；父母之心，須去二人，然後八人得以安生。均之為子，父母之心，何故必欲偏殺二子？不得已也。吾於爾等，亦正如此。若此二子者，一旦悔惡遷善，號泣投誠，為父母者，亦必哀憫而赦之。何者？不忍殺其子者，乃父母之本心也；今得遂

其本心，何喜何幸如之！吾於爾等，亦正如此。聞爾等為賊，所得苦亦不多，其間尚有衣食不充者。何不以爾為賊之勤苦精力，而用之於耕農，運之於商賈，可以坐致饒富，而安享逸樂，放心縱意，遊觀城市之中，優游田野之内。豈如今日，出則畏官避讎，入則防誅懼剿，潛形遁迹，憂苦終身，卒之身滅家破，妻子戮辱，亦有何好乎？爾等若能聽吾言，改行從善，吾即視爾為良民，更不追爾舊惡。若習性已成，難更改動，亦由爾等任意為之。吾南調兩廣之狼達，西調湖湘之土兵，親率大軍，圍爾巢穴，一年不盡，至於兩年；兩年不盡

，至於三年。爾之財力有限，吾之兵糧無窮，縱爾等皆為有翼之虎，諒亦不能逃於天地之外矣。嗚呼！民吾同胞，爾等皆吾赤子，吾終不能撫恤爾等，而至於殺爾，痛哉，痛哉！興言至此，不覺淚下。」（王陽明全集卷十六。按：錢德洪將此文引入年譜，作了大量修改）

按：此撫諭文發布於三省夾剿前夕，蓋在剿撫兼施，亦出於陽明「破山中賊易，破心中賊難」之意，兵家所謂「攻心者上」也。此告諭浰頭巢賊題下注「正德十二年五月」作，乃誤。李文鳳月山叢談云：「十月，將征橫水，先為告諭三浰。」錢德洪陽明先生年譜放在九月下敘述，云：「方進兵橫水時，恐浰頭乘之，乃為告諭。」則此告諭文當作布在九月下旬。

錢德洪陽明先生年譜：「是時漳寇雖平，而樂昌、龍川諸賊巢尚多嘯聚，將用兵剿之，先犒以牛酒銀布，復諭之曰：……」按是諭文藹然哀憐無辜之情，可以想見虞廷干羽之化矣。故當時酋長若黃金巢、盧珂等，即率衆來投，願效死以報。」

二十五日，調整南贛商稅，上議南贛商稅疏。

王陽明全集卷十議南贛商稅疏：「……看得南、贛二府商稅，皆因給軍餉、裕民力而設。折梅亭之稅，名雖為夫役，而實以給軍餉；龜角尾之稅，事雖重軍餉，而亦以裕民力……但折梅亭雖已抽分，而龜角尾不復詰，未免有脫漏之弊；若折梅亭既已抽分，而龜角尾又復致詰，未免有留滯之擾……若革去折梅亭之抽分，而總稅於龜角尾，則事體歸一，奸弊自消，非但有資軍餉，抑且便利客商。……」

洛村黃弘綱來受學。

羅洪先集卷二十明故雲南清吏司主事致仕洛村黃公墓志銘：「正德丁丑，陽明王先生以中丞督軍於虔，延見士人，輒語以聖學。是時，虔中士人，無少長皆得及門，獨雩都洛村黃君與何善山兩人最有名。是時，君以詩經舉丙子鄉試第七人，丁外艱。往兄弘彝墮父貲，不能償，父怒，將杖之，君憐焉，自代三百金以解。先生聞而異之，嘗謂士人曰：『黃君來何遲也？』既小祥，始上謁。三日而悟心理合一之旨，凡所誦說，即能無悖於先生。先生之教士人也，擇資之近者，特置左右，時挾獎頓挫而造就之；知用力矣，則又諄諄操習其誦說，與己無悖。士人初至者，令先以意接引，且察其性行何若；俟漸領略，徐共面語，故己不勞而人易知。君首在造就中，自以接引得朋友益，故從先生去虔，至歸越，不忍離者四五年。」

按：黃弘綱正德十一年八月鄉試後丁憂，期年小祥，則在正德十二年九月。

康熙雩都縣志卷九黃弘綱：「黃弘綱，字正之，學者稱為

第1245頁

洛村先生。舉正德丙子鄉試第七人。……既長，就鄉塾，教以舉業文字，弘綱曰：「雕蟲小技，壯夫所耻。吾儒之學，須以聖賢為歸耳。」於是苦心刻索，必務追其微茫，而探其元始。久之曰：「聖賢千言萬語，大要不越『主敬』二字。」……正德丁丑，王公守仁講學虔臺。弘綱歸，自計偕往謁，面執贄焉。甫三日，忽悟心理合一之旨，益信聖人可學而至，凡所開導，無不神解。一時同學咸推讓，以為不可及。正德十四年六月，宸濠變起，守仁倉卒整旅。弘綱左右行間，凡張疑設間，必相與密謀之。嘉靖七年戊子，守仁卒于南安。弘綱扶輿櫬至弋陽，適王畿、錢德洪迎喪上嚴瀨，遂同歸越。倣築場義，經紀其家。先是守仁卒，有嫉忌其功高者，譖於朝，革錫典世爵，有司默承風旨，媒孽其家。胤子正億時方四齡，與繼子正憲離仳竄逐。弘綱以身周旋，多方調護，得無恙。後方相國獻夫以王臣為浙江僉事，分巡浙東，於是奸黨稍阻。時黃綰適陞南京禮部侍郎，弘綱特詣金陵會綰，為胤子正億請婚。綰曰：「吾有弱息，願妻之。但老母在家，必得命，乃可。」弘綱乃偕德洪、王畿走台請命，而納聘焉。……拂衣歸。每歲放舟青原，與聶豹、鄒守益、羅洪先諸君子，尋繹師學，辨析毫厘，新建之傳，乃獨歸弘綱矣。故當時陽明之門，夙有評曰：「江有何黃，浙有錢王。」謂弘綱與廷仁也。……

第1246頁

十月初，湛甘泉有書來，告入居西樵。

泉翁大全集卷九寄陽明都憲：「若水遂為西樵之煙霞所留，北行之計不果矣。匪直以煙霞也，德之不修，學之不講，所志未就，終以為憂，此吾心之所汲汲皇皇者也。近於西樵碧雲、雲端之間，卜得一藏修之地，甚高敞盤鬱，殊為稱意，此天之所以與我甚厚，亦有一二學子相隨。甘泉年來為賊所迫，必寄家於廣城之外，而獨往於西樵，雖不免時或省家，亦以不入城為戒也。僕非敢為長往之計，遂與老兄遠，且作二三年之規，或天有意於斯文，必有良會耳。近日一二文字，令人錄於別紙，並西樵詩奉一覽求教。人便，不惜常示及為望。不具。」

按：湛甘泉此書中所云「北行之計不果」，乃指其服闋不北上入都復職，而決意入西樵養病，如其乞養病疏云：「臣於本年四月三十日服闋，五月初旬即吉。義當遵例起復，實則扶病莫前。」湛甘泉入居西樵之時間，其寄王陽明都憲云「生以十月七日入西樵」，與楊士德則云「此月二十五已携家入居西樵」。按甘泉五月服闋後即往西樵尋卜居之地，其寄應元忠吉士云：「僕五月已從吉，未嘗一出。八月二十間往祭石翁先師墓，遂遊西樵山，卜居於霞洞，正在碧雲、雲端村之間，十月間必興工板築矣。」甘泉此寄陽明都憲尚未明確告入居西樵時日，則當作在十月七日以前。按後來有甘泉寄王陽明都憲云：「十月初及郭總戎行，皆嘗有奉疏」，此十月初一疏，即指甘泉此寄陽明都憲一書，由此可以確知此寄陽明都憲作在十月初。

以平漳亂功，陞一級，銀二十兩，紵絲二表裏。上謝疏，并有札致兵部尚書王瓊。

王陽明全集卷十陞賞謝恩疏。

按：陞賞謝恩疏題下注「正德十二年十月初□日」。錢德洪陽明先生年譜將陽明上陞賞謝恩疏定在九月，乃誤。

王陽明全集卷二十七與王晉溪司馬書六：「即日，伏惟經綸邦政之暇，台候萬福。守仁學徒慕古，識乏周時，謬膺簡用，懼弗負荷。祇命以來，推尋釀寇之由，率因姑息之弊。所敢陳請，實恃知己。乃蒙天聽，并賜允從，蕃錫寵右，恩與至重。是非執事器使曲成，奬飾接引，何以得此？守仁無似，敢不勉奮庸劣，遵禀成略，冀收微效，以上答聖眷，且報所自乎？茲當發師，匆遽陳謝，伏惟台照。不備。外具用兵事宜一通，極知狂妄，伏惟曲賜採擇，并垂恕察，幸甚，幸甚！」（按：「外具用兵事宜」以下一段原缺，茲據上海圖書館藏陽明先

第1247頁

生與晉溪書補。）

按：陽明此書所云「蕃錫寵右，恩與至重」，即指朝廷陞賞事，故可知陽明此札當是與陞賞謝恩疏一起由進本人送往京師。「茲當發師」，指陽明即將出師攻橫水、左溪。「用兵事宜一通」，指陽明咨報湖廣巡撫右副都御史秦夾攻事宜（王陽明全集卷十六）。

十月七日，出師攻橫水、左溪，親率兵進屯南康、至坪。十二日，破橫水、左溪。

王陽明全集卷十橫水桶岡捷音疏：「……於是臣等乃決意先攻橫水、左溪。密切分布哨道，使都指揮僉事許清率兵千餘，自南康縣所溪入；知府邢珣率兵千餘，自上猶

縣石人坑入；知縣王天與率兵千餘，自上猶縣白面入；令其皆會橫水。使守備指揮郟文率兵千餘，自大庾縣義安入；知府唐淳率兵千餘，自大庾縣聶都入；知府季斅率兵千餘，自大庾縣穩下入；縣丞舒富率兵千餘，自上猶縣金坑入；令其皆會左溪。知府伍文定、知縣張戩，候各兵齊集，令其亦從上猶、南康分入，以遏奔衝。臣亦親率兵千餘，自南康進屯至坪，期直搗橫水，以與諸軍會；而使兵備副使楊璋、分守參議黄宏，監督各營官兵，往來給餉，以促其後。分布既定，乃於十月初七日夜，各哨齊發。初九日，臣兵至南康。初十日，進屯至

第1248頁

坪。……十二日早，臣兵進至十八面隘……遂破長龍巢，破十八面隘巢……知府邢珣遂破磨刀坑巢，破茶坑巢，破茶潭巢；知縣王天與破樟木坑巢，破石圳巢；都指揮許清破鷄湖巢，破新溪巢，破楊梅巢；俱至橫水。知府唐淳破羊牯腦巢，破上關巢，破下關巢，破左溪大巢；守備指揮郟文破獅寨巢，破義安巢，破苦竹坑巢；指揮余恩破長流坑巢，破牛角窟巢，破鱉坑巢；縣丞舒富破箬坑巢，破赤坑巢，破竹壩巢；知府季斆破上西峰巢，破狐狸坑巢，破鉛廠巢，俱至左溪。……」

泉翁大全集卷十六平寇錄序：「都憲陽明王公蒞贛，越明年丁丑，命部轄咸造於庭曰：「惟茲橫水、桶岡並寇，稱竊名號，毒痡三省。惟予守仁，恭承天威，夾攻之命，實責在予，予敢弗虔！惟茲橫水、桶岡，實惟羽翼，勢在腹背。先剪橫水，乃可即戎。」遂會諸撫按備守，咸謂曰：「然。」乃命都指揮許清、贛州知府邢珣、寧都知縣王天與曰：「爾其各以兵千餘，分道入會於橫水。」命守備指揮郟文、汀州知府唐淳、南安知府季斆、贛州指揮余恩、南康縣丞舒富曰：「爾其各以兵千餘，分道入會於左溪。」命吉安知府伍文定、程鄉知縣張戩曰：「爾其各以兵千餘，分道入遏奔衝。十月十三日，予其親率推官危壽

第1249頁

、指揮謝超，兵如諸道之數，直搗橫水，為諸軍先。」乃緣崖而上，舉炮火，如迅雷疾至。賊愕潰，遂奪其險，入破橫水諸巢二十有三。王公曰：「爾其少息，以養厥銳。」……」

按：平寇錄乃寧都知縣王天與所撰，其隨陽明征橫水、左溪、桶岡，平寇錄乃為實錄，可惜亡佚。湛甘泉序全據平寇錄立說，猶彷彿可見平寇錄原貌也。

善山何廷仁追至南康來受學。何春、管登亦同來受學。

羅洪先集卷二十南京工部屯田清吏司主事善山何公墓志銘：「……君初名秦，字廷仁，晚以字行，字性之，號善山。當陽明先生以提督之節駐贛也，常聚四方君子論學。君聞黃君（弘綱）所聞於先生者，慨然曰：「吾恨不及白沙之門，先生，今之白沙也。刻期往謁，又可失耶？」友人以不利舉業尼之，不為聽。會先生征桶岡，裹糧追從，相見于南康。是時，丁繼母憂歸，而斬然以禮自度，不徇流俗。先生聞之，曰：「是能以身為學者。」久之，授以「萬物一體」之論，與「致良知」之說。終夜思之，達旦不寐，忽有省悟。……君以諸生事先生，在贛趨贛，在南浦趨南浦，在越趨越，一不以舉業為念。……」

康熙雩都縣志卷九何廷仁傳：「王公守仁節鎮虔臺，四方

第1250頁

學者多歸之。廷仁曰：「吾恨不及白沙之門，陽明子，今之白沙也。」遂裹糧入郡。會守仁出征桶岡，廷仁悵然曰：「我不能于于而居，徐徐而俟也。」追至南康拜之。時廷仁有繼母之喪，斬然以禮自持。守仁見之，歎曰：「是可謂不學以言，而學以躬也。」既聞萬物一體之論，「致良知」之說，遂豁然有悟。不務外馳，專求心性，刻志磨礪，務底大成。猶善於誘掖，篤切磋，海內同志來謁陽明子者，咸樂親之。守仁在南浦，則左右於南浦；在越，則左右於越。」

按：陽明十月九日進屯南康，何廷仁即在其時來見。

第1251頁

康熙雩都縣志卷九何春傳：「何春字元之，廷仁兄……王公守仁開府虔南，春謂弟廷仁曰：「此孔孟嫡派也，吾輩當北面矣。」乃偕弟師事焉。苦心研究，寢食幾忘。久之，渙然有省，曰：「心體自靜，須冥默存養，靜無不動，就隨動處省察，幾善，與即順順充養將去，若過為拘檢，反成動氣；幾惡，與即發奮克治，若因循放過，便為喪志。喪志是忘，動氣是正助。誠時時刻刻念念為善去惡，即孟子有事集義、勿正勿忘勿助長也。更有甚閑情掛牽着外事！」陽明子語及門曰：「何元之工夫，真所謂近裏着己也。」一日，問於陽明子曰：「心有動靜，道無問於動靜。故周子謂「動而無靜，靜而無動，為物」，謂「動而無動，靜而無靜，為神」也。且夫不睹不聞，靜也，起念戒懼，則不可謂之靜；隱見微顯，動也，極深研幾而心不放，則不可謂之動。故邵子曰：「一動一靜之間，天地人之至妙至妙者與？」以此觀之，人者，天地之心；性情者，天地之動靜也。渾合無間，君子可以時以地而分用其功乎？分用其功，分用其心矣。天理間斷，人欲錯雜，精一之學，恐不如此。」陽明子亟肯曰：「得之矣，得之矣！」……」

同上，管登傳：「管登，字弘升，義泉其別號也。……弱冠，讀中庸尊德性章，慓然曰：「人性本高明，一為物欲所汩，其卑闇也疇委。」於是以致知為學問關鍵，亹亹忘倦。聞陽明先生論學虔中，登語何廷仁、黃弘綱曰：「昔伊洛淵源，實肇此地。今日聖道絕續之關，其在斯乎？」乃偕何、黃諸子而受業焉。陽明子一見，即語及門曰：「弘升，盛德君子也。」語以格致之要，恍然有悟，如久歧迷途而始還故鄉也。自是省察體驗，終食不違。嘗曰：「人於此道，如捕風捉影，未嘗真知實究，往往半上落下。若知之真，則行在其中矣。」陽明子曰：「弘升可謂信道極篤，入道極勇者也。」……」

第1252頁

按：據此，何春、管登或是與何廷仁同來受學。

在橫水，有書致楊驥，以為「破山中賊易，破心中賊難」。

王陽明全集卷四與楊仕德薛尚謙：「某向在橫水，嘗寄仕德云：『破山中賊易，破心中賊難。』……」

十月二十八日，進兵攻桶岡。十一月十三日，破桶岡，平茶寮。

王陽明全集卷十橫水桶岡捷音疏：「……二十七日，守備指揮郟文又破長河洞巢……是日，各營官兵請乘勝進攻桶岡……乃使素與賊通戴罪義官李正巖、醫官劉福泰，釋其罪，并縱所獲桶岡賊鍾景，於二十八日夜懸壁而入，期以初一日早，使人於鎖匙龍受降……臣遣縣丞舒富率數百人屯鎖匙龍，促使出降；而使知府邢珣入茶坑，知府伍文定入西山界，知府唐淳入十八磊，知縣張戩入葫蘆洞；皆於三十日乘夜各至分地。遇大雨，不得進。（十一月）初一日早，冒雨疾登……次早（初二日），諸軍復合勢併擊，大戰良久，遂大敗……是日，聞湖廣士兵將至，臣使知府邢珣屯葫蘆洞，知府唐淳屯十八磊，知府伍文定屯大水，守備指揮郟文屯下新地，知縣張戩屯磔頭，縣丞舒富屯茶坑，指揮姚璽、知縣王天與屯板嶺；而副使楊璋巡行磔頭、茶坑諸營，監督進止，以繼其糧餉。又使知府季斆分屯聶都，以防賊之南奔；都指揮許清留屯橫水，指揮余恩留屯左溪，以備腹心遺漏之賊；而使參議黃宏留劉南安，給糧餉，以為聶都之繼。臣亦躬率帳下屯茶寮，使各營分兵，與湖兵相會，夾剿遁賊。……十三日，又破東桃坑巢，破龍背巢。連日各擒斬俘獲數多，其間巖谷溪壑之內，饑餓病疹顛仆死者，不可以數。於是，桶岡之賊略盡。」

泉翁大全集卷十六平寇錄序：「……又以湖廣夾攻之期且逼，督捕益嚴益力。守備副使楊君、分守參議黃君，且餉且擊，各益急攻，連破旱坑諸巢二十有三，橫水、左溪平。王公誓於眾曰：『惟爾多士，爾毋驕。惟茲桶岡天險，蓄積可守，徂茲夾攻，坐困而罷。爾慎之哉！』乃諭之降，乘其狐疑，珣、文定、淳、戩兵冒雨登鎖匙龍，賊遁，據絕壁以拒。珣兵渡水前擊，戩兵衝其右，文定兵自戩右遶出賊旁，諸兵乘之。賊奔十八磊，淳兵迎擊敗之。翌日，諸兵復合擊，大敗之，遂破桶岡十八磊諸巢十有五。王公曰：『爾其各以部兵，亟合湖兵悉追。爾毋有逸賊，國則有常刑。』於是諸兵益奮速，破新地諸巢一十有一。猶出其餘力，急趨鷄湖諸路之險，殲魚王之奔，以應湖兵之衝突，賊乃盡平。斬俘魁從謝志山、藍天鳳等凡五千。初，王公始至，令於眾曰：『軍毋譁，勿或不用予命，民其毋竊人盜人。其有竊人盜人，譁不用命，其執以來，其寘于殺。』於是得竊者杖殺之，軍之不

用命而譁者斬之，交通於賊者斬之，軍乃肅。人曰：「可
以用矣。」公曰：「未也。」乃親教習，衣食其饑寒，士皆樂
死。公曰：「可以用矣。」至是遂以成功。或曰：「陽明子於
兵也，其學而然與？」甘泉子曰：「非然也。古之學者本乎
一，今之學者出乎二。文武之道，一而已矣。故有苗之
師，本乎精一；升陑之師，本乎一德。夫陽明子之兵，
亦若是矣。否則為貪功，為黷武，為殺降，為用智，
豈仁義之兵哉！既凱還，王君天與曰：「不可不傳也。」遂
來請序。甘泉子曰：「雖然不可不傳也，而陽明子勿欲
也。陽明子，精一之學也。雖然，予將俾天下之謂夫腐

儒者，知聖學之無二，而文武一道也，烏能勿言？」
十二月十四日，在桶岡，出視形勢，據險立隘，創築土城。
有詩咏。
王陽明全集卷十橫水桶岡捷音疏：「十三日……桶岡之賊
略盡。臣以其暇，親行相視形勢，據險立隘，使卒數百
，斬木棧崖，鑿山開道。又使典史梁儀領卒數百，相視
橫水，創作土城，周圍千餘丈，亦設隘以奪其險。議以
其地請建縣治，控制三省諸瑤，斷其往來之路。……」
同上，卷二桶岡和邢太守韵二首：「處處山田盡入畬，可
憐黎庶半無家。興師正為民痍甚，陟險寧辭鳥道斜！勝

世真如瓴水建，先聲不礙嶺雲遮。窮巢容有遺驅脅，尚
恐兵鋒或濫加。　戡亂興師既有名，揮戈真已見風行
。豈云薄劣能驅策？實仗皇威自震驚。爛額尚慚為上客
，徙薪尤覺費經營。主恩未報身多病，旋凱須還隴上耕
。」
黃文鸞步王陽明都憲韵：「一代人豪夙有名，璽書珍重董
戎行。三韜七略天人授，八陣五行鬼魅驚。雨歇茅山青
送鳥，晚晴嵐影黛籠營。經綸更有安民術，立縣居民在
左耕。」（正德新城縣志卷十）
按：「邢太守」為贛州知府邢珣，黃文鸞為新城知縣。

十一月十五日，總兵郭勛攜湛甘泉書，過贛州來見。
泉翁大全集卷九寄王陽明都憲：「若水頓首啟：生乞養病
疏，十月十日已附鋪馬去矣。計十二月必達，可遂志也
。生以十月七日入西樵，築煙霞洞土樓小屋二層，外為
正義堂，又外為門樓。屋之西有石洞，奇石如芙蓉，立
其亭，曰西壁亭。稍東有小巖，一石豎如仙掌，謂之仙
掌巖也。東有大科頂，樵之最高峰也。下有雙泉，樵之
最高泉也。其側有七石榻，對二泉之間，為一亭，名麗
澤亭。又稍東為入煙霞後洞，其口有二石如門，為後洞
門。其南又有九龍巖、七星巖。煙霞之前為雲端村，其

下有石壁如削，有一巖在壁上，無路可入，流泉懸壁而下，名垂虹泉。泉側之地已得之，為峻潔亭。其間有田數十畝，頗欲置之以為躬耕。凡此皆在樵頂。近日學子亦稍來相依。諸役冬間可落成，即攜妻孥入居之矣。聞老兄經略良勤，有功於人，學之效也。但聞時事日非，彼處隱憂不可測，日夜思之，未知兄脫駕之地也。曰仁處莫愧遲，莫文已具，早晚當附梁進士轉達也。當如命為作一傳，第未詳履歷，不敢下筆耳」。

按：湛甘泉後來有寄王陽明都憲云：「十月初及郭總戎行，皆嘗有奉疏」。湛甘泉寄王陽明都憲，即「郭總戎行之

一疏，蓋由郭總戎携往贛州給陽明。按：「郭總戎」即郭勛，國榷卷五十：「正德十二年八月戊辰，鎮守兩廣武定侯郭勛還總三千營。……十一月丙戌，兩廣合兵破府江盜，斬六千餘人，俘千五百餘人。進總督陳金少保兼太子太保，太監寧誠、總兵郭勛各世錦衣百户，兵部尚書王瓊少傅兼太子太傅，餘陞賞有差。……丁亥，少師兼太子太師、吏部尚書、華蓋殿大學士楊廷和復直閣」。郭勛赴京時間，湛甘泉有送太保武定侯郭公還朝序云：「丁丑冬，太保以時望召入三千營，甘泉生扶病別於三水之涯……遂拜手而別」。此序注作於「十一月望日」，可見郭勛即在十一月十五日携湛甘泉書北上，其至贛

州見陽明已在十二月初。湛甘泉書中所言「梁進士」即梁焯，其在三月中進士後即歸南海。

十二月九日，設茶寮隘，刻平茶寮碑，班師回贛。有奏凱詩詠。

王陽明全集卷十橫水桶岡捷音疏：「十二月初三日，知府季斅擊賊於朱雀坑寨、狐狸坑巢，擒斬首從賊徒，俘獲賊屬、奪獲贓仗數多，於是奔遁之賊始盡。然以湖、廣二省之兵方合，雖近境之賊悉以掃蕩，而四遠奔突之虞，難保必無。乃留兵二千餘，分屯茶寮、橫水等隘，而以是月九日回軍近縣，以休息疲勞，候二省夾攻盡絕，然後班師。兩月之間，通計搗過巢穴八十餘處，

擒斬大賊首謝志珊、藍天鳳等八十六顆，從賊首級三千一百六十八名顆，俘獲賊屬二千三百三十六名口，奪回被虜男婦八十三名口，牛馬騾六百八隻匹，贓仗二千一百三十一件，金銀一百一十三兩八錢一分，總計首從賊徒、賊屬、牛馬、贓仗共八千五百二十五名顆口隻件」。陽明平茶寮碑：「正德丁丑，猺寇大起，江、廣、湖、郴之間騷然，且三四年無矣。於是上命三省會征，乃十月辛亥，予督江西之兵自南康入。甲寅，破橫水、左溪諸巢，賊敗奔。庚申，復連戰，賊奔桶岡。十一月癸酉，攻桶岡，大戰西山界。甲戌，又戰，賊大潰。丁亥，與

湖兵合於上章，盡殪之。凡破巢大小八十有四，擒斬二
千餘，俘三千六百有奇。釋其脅從千有餘衆，歸流亡，
使復業。度地居民，鑿山開道，以夷險阻。辛丑，師旋
。於乎！兵惟凶器，不得已而後用。刻茶寮之石，非以
美成，重舉事也。提督軍務、都御史王守仁書。紀功御
史屠僑，監軍副使楊璋，參議黃宏，領兵都指揮許清，
守備郟文，知府邢珣、伍文定、季斆、唐淳，知縣王天
與、張戩，隨征指揮明德、馮翊、馮廷瑞、謝昶、余恩
、姚璽，同知朱憲，推官徐文英、危壽，知縣黃文鸑，
縣丞舒富，千百户高濬、陳偉、郭璘、林節、孟俊、斯

第1259頁

泰、尹麟等，及照磨汪德進，經歷沈珵，典史梁儀、張
淳，並聽選等官雷濟、蕭庾、郭詡、饒寶等，共百有餘
名。」（邵啟賢贛石錄卷二）
王陽明全集卷十六設立茶寮隘所：「……本院見屯茶寮，
親督知府邢珣、唐淳等遍歷各處險要，相視得茶寮正當
桶岡之中……堪以設隘保障。嘗因湖廣官兵未至，各營
屯兵坐候，因以其暇，責委千户孟俊等督領兵夫，先行
開填基址，伐木立柵，起蓋營房，見今規模草創已具……
……」
同上，卷二十茶寮紀事：「萬壑風泉秋正哀，四山雲霧晚

初開。不因王事兼程入，安得閑行向北來。登陟未妨安
石興，縱擒徒羨孔明才。乞身已擬全師日，歸掃溪邊舊
釣臺。」
黃文鸑班師興靈觀有作：「班師歲盡踏青還，歷經汀湖大
小山。學劍未能誅餓虎，總戎曾許斬頑貆。征途車馬難
前月，野觀嵐煙島外雲。回首民痍今愈甚，道旁荊棘漫

第1260頁

紛紛。」（十二月班師）（正德新城縣志卷十）

林俊見素集卷六南征奏凱序：「荆楚閩粵文物齒上國舊矣。介其間遂谷長林，鳥道數百里，足以淵藪，逋亡遺其身，以種其子孫，襲盜恣狂，時鈔掠為邊患。朝議以憲臣分省備兵，都御史開治虔州臨制之，非有文武威風，不委付。然兵校習安，少任戰，賊巢穴險阨，猝難輕入。故必征兵四省，或借助於夷，則歲月有期，寇已預偵，獸駭而鳥逝之矣。以其征之難，略之略益肆，撫之撫益玩，方隅之患，其未有已也。今陽明公始至議征，衆以地險兵弱為疑，公曰：『且用之。』乃簡閱部署，以令以申。公身先之，諸帥亦罔敢後命，疾雷行，而風雨驟至也。遂破桶岡、橫水、左溪諸寨，俘馘醜類七千有畸，而釋其老弱弗治。捷聞天子，錄師中三錫焉。古者軍將皆卿，升陑鷹揚，其不可尚矣。晉郤縠尚稱儒將。至秦漢，而文武始分，世率謂儒文墨議論，而戡亂制勝，必屬之介胄熊虎之臣。抽公之奇，武夫悍將，其未可望也。昔張南軒侍父開府，内贊密謀，外參庶務，參佐自以為弗及。林艾軒克平茶寇，孝宗曰：『儒生亦知兵耶？』南粵平，孝宗謂楊萬里『仁者之勇』。三先生以儒學鳴當時，其作用固在。公懷奇負博，明習典故，為上宰賢子，既之專志諸儒之書，邁往超悟，蓋將辨析朱陸之學而會成之，為後進師宗。言階觸禍，議論風采不少頽。試之難，其顯效若此，儒道果有裨於世，而慨兵寄者不皆公也。余濫寄西征，竟貽鬼方之愧。三復奏凱之篇，重加歆慕。惜無江漢之筆，以自寓遥勤，序是詩刺惡焉。」

按：所謂「奏凱之篇」，即陽明與同僚班師唱酬之篇，如前引陽明桶岡和邢太守韻、茶寮紀事，黃文鸞步陽明都憲韻、班師興靈觀有作等，皆在「奏凱之篇」中。餘多亡佚。

錢德洪陽明先生年譜：「十二月，班師。師至南康，百姓沿途頂香迎拜。所經州、縣、隘、所，各立生祠。遠鄉之民，各肖像於祖堂，歲時尸祝。」

南康縣建陽明生祠，梅國劉節為作記，有詩唱和。

劉節寶制堂錄卷上都憲陽明王公生祠記：「日者御史中丞陽明王公奉天子命往撫江、湖、閩、廣四藩，連屬十餘郡之地，誅惡伐叛，師旅用命不用命，悉得以兵法便宜從事，制權嚴重，在昔撫臣未有也；有之，自今始。至下明天子法於諸藩臬閫衛郡邑，飭紀有度，庶職用肅，民用懽忭，士卒立有生氣。時群盜四擾，閩為急。提兵往馘之，掃其穴，易若振槁。吾南安壤地橫水，劇賊謝志珊聚黨與盤據之，稱名曰「峯」。山溪深阻險惡，攻不可入。往歲大舉為亂，侵上猶，攻城南康幾陷。犯大庾境，諸鄉落居室稼穡，悉為之有。公還自師，廉其實，嘆曰：「狗鼠輩亦污吾千刃耶！」迺集克聞諸部伍，饗勞之，選厥精銳，分布將領為翼攻之，公徒步率先鋒直搗其前，以奇兵從間道楚藪澤，鳴鉦樹赤幟，劫其後，賊遂潰，一鼓擒之，俘獲無算，橫水平。用是即其地計畫為邑，疏於朝，俾吏治之。召故民及來集者，宣之畝之，高城深池以衛之，以永奠茲土。南康邑耆老王貫賢、吳登崇、王貫理、吳持贊輩，相率相告曰：「曩盜賊為苦患甚劇

，邑城圍者過半，使射非中賊肩足，解去危，禍殆不言。我都憲王公來拊我有衆，親率我子弟，斬滅斯賊，俾我民安我父母，保我子孫，利我桑麻穀粟，士卒業於校，工食力，商賈貨殖於道，罔虞侮我，公萬世之功，在我民者，如山峙川注，永永無斁。我民盡為公久圖之，建祠學宮之東，肖公像於中，祀公以報公也。」祠成，謂節辱從公司馬大夫後，宜記。竊惟歐陽子永叔以通經博古為高，濟時行道為賢，犯顏敢諫為忠。君子謂宋之元氣在廬陵，謂永叔也。公稟氣完粹，志向剛勇，以至聖大賢為師，養心之學洞視千古，士自功名而下不齒也

。當在司馬時，逆瑾始用事，械繫臺諫，人莫敢言，公抗疏力救之，下詔獄，廷笞幾死。不死，謫貴陽下吏，窮理盡性之學益造精蘊。起為吏部郎，進卿太僕、鴻臚。講學之士，四方日集，每語及天下事，行能善者躩然喜，否則憂形於色，食寢殆廢，激時敢諫之風，直追往哲。而篤志於道，優入濂洛之域，與支離空虛之學，實相鑿枘。議者謂今日休明累洽，亨泰隆平，賢才濟濟，以楨王國，而元氣之屬如廬陵者，意有所在其然耶？吾郡蕞爾一隅，師旅制勝，有文者餘事也。公修仁義，習詩書禮樂，一旦用武遏強寇，風驅電掃，不遺

餘力。使進而宰天下，請戎兵，威制四方，雖古之專征亂愾，斡不廷以式，闢疆土可也。顧茲祠宇，聿崇具瞻，依於我郡邑，同若民志，不可逆抑，然功在捍患，揆諸祀典，符合無替。蘇明允不云：「公則何事於斯，於我心不釋然，使人存之於目，思之於心也。」於乎，盡之矣！公，餘姚人，字伯安，學者稱陽明先生，名業方重，視迺考冢宰公為有光。」

按：劉節字介夫，號梅國，大庾人。記稱「節辱從公司馬大夫後」，按黄佐通議大夫刑部右侍郎雪臺劉公節神道碑：「公諱節，字介夫，初號梅國，更為雪臺，老稱涵虛翁……乙丑會試，名

第六。及廷對，敷陳剴切，遂寘二甲，授兵部武選主事。」（國朝獻徵錄卷四十六）時陽明亦任兵部武選清吏司主事，劉節與之相識交好，所謂「節辱從公司馬大夫後」也。又正德十二年劉節以四川提學僉事詣京考最，歸居大庾，時大庾、上猶盜攻南康，陽明擊賊巢破之（見國榷卷五十八月條），劉節當亦從陽明破大庾、南康盜，亦即「辱從公司馬大夫後」也。據民國大庾縣志卷八：「劉寀，字彥卿……侍郎節子……究心理學，同受業王文成之門。」劉寀即在其時奉父命來受學。

劉節梅國前集卷十和陽明司馬重至有感：「建牙開鎮虎頭城，翦暴除凶殺氣橫。獻捷飛塵馳羽檄，洗兵揮雨濕旌旗。堅辭已免勤王賞，力疾番為破賊行。祠廟清嵩供伏臘，公神如在送還迎。」

按：「虎頭城」即贛州（虔州之「虔」字，乃虎字頭），「重至」指冬至，「祠廟」即陽明生祠。陽明重至有感詩今佚。

薛侃攜弟薛僑、姪薛宗鎧來贛州受學。

王陽明全集卷二十四題遥祝圖：「薛母太孺人曾方就其長子俊養於玉山，仲子侃既舉進士，告歸來省。孺人曰：『吾安而兄養，子出而仕。』侃曰：『吾斯之未能信。』曰：『然則盍往學？』於是攜其弟僑、姪宗鎧來就予于虔。」

薛僑中離公行狀：「先生居（玉山）數月，承顏順志，孝養彌純。一日，太宜人曰：『吾聞孝以養志為至，兒能盡孝致君，行道澤民，是吾志也。吾安汝兄養，亟再往虔，再侍陽明，以終汝所學。』靖軒曰：『是宜從命。』乃攜僑暨諸姪往，處於虔者年餘。」（薛侃集附録三）

王陽明全集卷二十五祭國子助教薛尚哲文：「至是聞尚謙之言，遂不知己之為兄，尚謙之為弟；己之嘗為尚謙師，而尚謙之嘗師於己也，盡使其群子弟姪來學於予，而君亦躬枉辱焉。」

薛侃集卷七薛靖軒傳：「弟侃侍陽明夫子於南畿，登第歸省，因聞其說，嘆曰：『昔聞崑齋先生之論，亦有然者。此乃見人心至同，聖學在是矣！』遂率其弟僑、子宗鎧而師之。」

按：陽明與陸原靜書二云：「尚謙至此，日有所進。自去年十二月到今已八踰月。」（王陽明全集卷四）可見薛侃乃在十二月率弟姪來贛州受學。薛僑，薛侃弟，字尚遷，號竹居。薛宗鎧，薛俊子，字子修，嘉靖二年進士。據上引資料，是次乃是薛俊、薛侃率弟姪來受學，而弟姪又非止薛僑、薛宗鎧二人。黄綰薛助教俊墓志銘：「弟五人：曰傑，曰侃，曰僎，曰備，曰僑……僑，進士。子三人：曰宗鎧，曰宗銓，曰宗鏜。宗鎧與僑同科進士。」（國朝獻徵録卷七十三）此諸弟姪或即陽明所云「盡使其群子弟姪來學於予」也。

進士梁焯謁選赴京，經贛州來受學。

王陽明全集卷七別梁日孚序：「……進士梁日孚携家謁選於京，過贛，停舟見予。始與之語，移時而別。明日又來，與之語，日昃而別。又明日又來，日入而未忍去。又明日則假館而請受業焉。同舟之人强之北者，開譬百端，日孚皆笑而不應，莫不嚣且異，其最親愛者曰：『子有萬里之行，戒僮僕，聚資斧，具舟楫，又挈其家室，經營閱歲而始就道，行未數百里而中止，此不有大苦，必有大樂者乎？子亦可以語我乎？』日孚笑曰：『吾今則有大苦，亦誠有大樂者，然未易以語子也。子見病狂喪心者乎？方其昏逸瞶亂，赴湯火，蹈荊棘，莫不恬然自信，以為是也。比遇良醫，沃之以清冷之漿，而投之以神明之劑，始甦然以醒。告之以其向之所為，又始駭然以苦；示之以其所從歸之途，又始欣然以喜，且恨遇斯人之晚也。彼病狂不復者反從而哂之，以為是變其常。今吾與子之事，亦何以異於此矣！』居無何，予以軍旅之役出，而遠日孚者且兩月，謂日孚既去矣。及旋，而日孚居然以待，既以委其資斧於逆旅，歸其家室於故鄉，泊然而樂，若將終身焉。扣其學，日有所明而月有所異矣。然後益嘆聖人之學，非夫自暴自棄，未有不可由之而至。而日孚出於流俗，殆孟子所謂『豪傑之士』者矣。

復留餘三月，其母使人來謂曰：『姑北行，以畢吾願，然後從爾所好。』知日孚者亦交以是勸。日孚請曰：『焯焉能一日而去夫子，將復赴湯火，蹈荊棘矣！』予曰：『其然哉？子以聖人之道為有方體乎？為可拘之以時，限之以地乎？世未有既醒之人而復赴湯火，蹈荊棘者。子務醒其心，毋徒湯火荊棘之為懼！』日孚良久曰：『焯近之矣。聖人之道，求之於心，故不滯於事；出之以理，故不泥於物；根之以性，故不拘以時；動之以神，故不限以地。苟知此矣，焉往而非學也，奚必恒於夫子之門乎？焯請暫辭而北，疑而復求正。』予莞爾而笑曰：『近之矣！近之矣！』」

按：陽明序所云「予以軍旅之役出，而遠日孚者且兩月」，指陽明正德十三年正月至三月出征三浰兩月，以此推算，梁焯由廣來贛當在正德十二年十二月。按前引湛甘泉寄王陽明都憲云：「曰仁處奠愧遲，奠文已具，早晚當附梁進士轉達也。」此書作於十一月十五日（前考），可見梁焯即在湛甘泉作此書以後不久，携湛甘泉祭徐曰仁文（作於十一月）赴贛來見陽明。黄綰兵部職方司主事梁公焯傳：「梁焯，字日孚，南海人。舉鄉闈登進士。嘗過贛從陽明學，辯問居敬窮理，悚然有悟。拜主客主事。」（國朝獻徵録卷四十二）

煙霞山居落成，

湛甘泉有書來，勸早決策引退。

泉翁大全集卷九寄王陽明都憲：「十月初及鄖總戎行，皆嘗有奉疏。梁進士焯行，又附徐曰仁奠文香幣，未審徹覽否？若水煙霞之築已訖工，又得九龍洞、垂虹洞諸勝，可以安居自老矣。聞老兄方事夾攻之兵，應甚勤苦。若此事一了，不論功之有無，可以此時不再回府，臥病他所，累疏極言，自劾，決策引退。此一機會也，過此即他事又相繼上手，吾莫知兄所脫駕矣。蓋兄之隱禍，前有宰相之隙，後有江右未萌之憂，昔嘗為兄兩慮之矣。若不以此事決去，恐不免終為楚人所鉗也。以兄負斯道之望

第1269頁

，有明哲保身之資，而慮不出此，吾甚為兄不取也。語云：『當斷不斷，反受其亂』。兄亟圖之。若慮得禍，寧以此得禍耳，不猶愈於為他禍所中乎？兄其亟圖之。圖之不亟不力也，難乎善其後也。」

按：前引湛甘泉寄王陽明都憲云「曰仁處奠愧遲，奠文已具，早晚當附梁進士轉達也」，此寄王陽明都憲則云「梁進士焯行，又附徐曰仁奠文香幣」，可見此寄王陽明都憲作在梁焯赴贛州以後不久，亦在十二月間也。書中所言「聞老兄方事夾攻之兵」，乃指陽明攻桶岡、茶寮之役，蓋尚不知陽明班師回贛，此亦可見湛甘泉此書作在十二月中也。書云「前有宰相之隙」，宰相指楊廷和，其時方服闋又復直閣，其先祖嘗居楚麻城，故湛甘泉謂「恐不免終為楚人所鉗也」。「江右未萌之憂」，指三浰[illegible]之寇，陽明尚未往征。

二十六日，兵部行文，命陽明今後征剿須會同江西鎮巡官，聯合調動人馬，計議行事。

晉溪本兵敷奏卷十一為公務事：「看得御馬監太監畢真奏稱：先年都御史俞諫巡撫南、贛等處，一遇有警，會同鎮守太監黎安動調人馬。今都御史王守仁不行會同鎮守太監許滿，誠非舊規……本部行文提督軍務都御史王守仁，今後遇有江西、湖廣、廣東腹裏地方盜賊嘯聚，應

第1270頁

該會合剿除；或動調腹裏府衛州縣軍兵錢糧，應與各該鎮巡官會議者。仍照原奉敕旨，計議而行。其南、贛地方一應軍機事務，遵照節次題奉，欽依事理，徑自區畫施行，不許推託，因而失誤軍機，罪有所歸。正德十二年十二月二十六具題。奉聖旨：『是。今後南、贛二府如有盜賊生發，還著調兵撫剿，仍馳報江西鎮巡官，隨宜策應施行。其江西有別府賊情，南、贛巡撫官亦要依期遣兵策應，俱毋得違誤。各寫敕與他。欽此。』」

按：陽明方假以提督之任，許以便宜之權，忽又命下今後征剿須會同江西鎮巡官（鎮守太監），計議行事，

真意實欲牽制陽明提督軍務之兵權也。

閏十二月二日，上橫水桶岡捷音疏，奏請賞功。並有札致兵部尚書王瓊。

王陽明全集卷十橫水桶岡捷音疏：「……參照大賊首藍天鳳、謝志珊等，盤據千里，荼毒數郡，僭擬王號，圖謀不軌，基禍種惡，且將數十餘年……今乃驅卒不過萬餘，用費不滿三萬，兩月之間，俘獲六千有奇，破巢八十有四，渠魁授首，噍類無遺。……及照監軍副使楊璋、參議黃宏、領兵都指揮僉事許清、都指揮使行事指揮使郟文、知府邢珣、季斆、伍文定、唐淳、知縣王天與、張戩、指揮余恩、馮翊、縣丞舒富、隨征參謀等官指揮謝昶、馮廷瑞、姚璽、明德、同知朱憲、推官危壽、徐文英、知縣陳允諧、黃文鸑、宋瑢、陸璥、千户陳偉、高睿等，以上各官，或監軍督餉，或領兵隨征，悉皆深歷危險，備嘗艱難，各效勤苦之力，共成克捷之功。俱合甄録，以勵將來。伏願皇上普彰廟堂之大賞，兼收行伍之微勞。激勸既行，功庸益集，自然賊盜寢息，百姓安生。……」

第1271頁

陽明與晉溪書十二：「守仁不肖，過蒙薦奬，終始曲成，言無不行，請無不得，既借以賞罰之權，復委以提督之任，授之方略，指其迷謬，是以南、贛數十年桀驁難攻之賊，兩月之内掃蕩無遺。是豈駑劣若守仁者之所能哉？昔人有言：追獲獸兔，功狗也；發縱指示，功人也。守仁賴明公之發縱指示，不但得免於撓敗之戮，而又且與於追獲獸兔之功，感恩懷德，未知此生何以為報也！因奏捷人去，先布下懇。俟兵事稍閑，尚當具啟修謝。伏惟為國為道自重。不宣。外奏稿揭帖奉呈。」（茲據上海圖書館藏陽明先生與晉溪書）

晉溪本兵敷奏卷十為捷音事：「……王守仁躬督戰陣，獲有軍功，所當先録。伏望聖明俯照節年平寇陞蔭有功官員事例，陞職蔭子，以酬其功。……正德十三年四月十八日具題。奉聖旨：是。各官既剿賊成功，地方有賴。王守仁陞右副都御史，并許蔭他子姪一人，做錦衣衛世襲百户。畢真、孫燧各賞銀三十兩，紵絲二表裏。屠僑陞俸一級。楊璋等待功次文册至日，奏來陞賞。先參有罪，今次有功的，也分别明白來説。爾兵部累次擬奏，方略指授得宜，功可嘉尚，王瓊通前寫勑奬勵，并陳玉、王憲各賞銀三十兩，紵絲二表裏。該司郎中銀八

第1272頁

兩，員外郎、主事五兩。欽此。」」

五日，上立崇義縣治疏，奏設崇義縣治以控洌頭，立茶寮隘上堡、鉛廠、長龍三巡檢司。並有札致兵部尚書王瓊。

王陽明全集卷十立崇義縣治疏。

陽明與晋溪書十一：「輒有私便，仰恃知愛，敢以控陳。近日三省用兵之費，廣、湖兩省皆不下十餘萬，生處所乞止於三萬，實皆分毫扣算，不敢稍存贏餘。已蒙老先生洞察其隱，極力扶持，盡賜准允。後户部復見沮抑，以故昨者進步之際，凡百皆臨期那借扃湊，殊為窘急。賴老先生指授，幸而兩月之内，偶克成功。不然，決知敗事矣。此雖已遂之事，然生必欲一鳴其情者，竊恐因此遂誤他日事耳。又南、贛盜賊巢穴雖幸破蕩，而漏殄殘黨難保必無，兼之地連四省，深山盤谷，逃流之民不時嘯聚，輒採民情，議於横水大寨，請建縣治，為久安之圖。乘閒經營，已略有次第。守仁迂闊病懶，於凡勞役之事，實有不堪。但籌度事勢，有不得不然者，是以不敢以病軀欲歸之故，閉遏其事而不可聞，苟幸目前之塞責而已也。伏惟老先生并賜裁度施行，幸甚！　奏稿一通瀆覽；又一通繫去冬中途被沮者，今仍令原舍賚上。惟老先生面賜尊裁，可進進之，不可進已之。恃深愛，敢瀆冒至此，死罪，死罪！附瀆。」（茲據上海圖書館藏陽明先生與晋溪書）

王陽明全集卷二十一上晋溪司馬書一：「郴、衡諸處群孽，漏殄尚多……今大征甫息，勢既未可輕舉；而地方新遭士兵之擾，復不堪重困。將紓目前之患，不過添立屯堡；若欲稍為經久之圖，亦不過建立縣治。然此二端，彼省鎮巡已嘗會奏舉行，生雖復往，豈能別有區畫？……惟建縣一事，頗為得策。又聞所設縣分乃瓜分兩省三縣之地，彼此各吝土地人民，豈肯安然割己所有以資異省別郡？必有紛爭異同之論，未能歸一。……大概閩中之變，亦由積漸所致。其始作於延平，繼發於邵武，又繼發於建寧，發於汀、漳，發於沿海諸衛所……今省城渠魁雖已授首，人心尚爾驚惶未定，邵武諸處尤不可測……今其勢既盈，如將潰之隄，岌乎洶洶，匪朝伊夕，雖有智者，難善其後，固非迂劣如守仁者所能辦此也。又況積弱之軀，百病侵剥，近日復聞祖母病危，日夜痛苦，方寸已亂……伏望曲加矜憫，改授能者，使生得全首領，歸延殘息於田野，非生一人之幸，實一省數百萬生靈之幸也！……」

晋溪本兵敷奏卷十為建立縣治以期久安長治事。

第1273頁

第1274頁

按：是書云「今大征甫息」，指十二月班師；「建立縣治」，指陽明建崇義縣治；「添立屯堡」，指立茶寮隘上堡、鉛廠、長龍三巡檢司。由此可確知此書作於正德十二年閏十二月。王陽明全集於此書題下注「戊寅」作，乃誤。錢德洪陽明先生年譜定為正德十四年作，尤非。

兩致書西樵方獻夫，方獻夫有答書論學。

西樵遺稿卷八柬王陽明：「自得去冬在贛兩書，久不奉教，生亦久落無言，非敢如是闊略，方在默裏尋求，無可言之耳。生近來見得此學稍益親切，比往日似覺周遍，似覺妥帖，然實不出先生當時濬我之源也。真有所謂渙

然自信者，而益以信先生也。蓋天下理，一本而已。惟其一本，所以推之四海而皆準，揆諸千古而皆同，此理弗見弗聞，無聲無臭，然實體物而不可遺，要名言之，又無可得名者。古人不得已曰天、曰神、曰中、曰極、曰易、曰仁、曰誠、曰性、曰道、曰德，只是這一物，充塞天地，貫徹古今，無一息不存，無一處不到，無一物不該，無一事不為。從古聖賢只是幹這一件事，無兩件事，真是精一，真是易簡，萬化萬變，千語萬語，都從這裏出來。從此出者為實，不從此出者為虛；從此出者為同，不從此出者為異。學者須從此學，方有來頭，

方有知識。古聖賢論學之要，曰敬，曰忠恕，曰集義，固皆不易之論，然無這個來頭，無這個知識，如何會敬，如何會忠恕，如何會集義？得若有這個來頭，便自無時無處不是此理發見，如水之有源，而流行不息；如日月之有明，而造物不窮。所謂敬恕，所謂集義，更無有內外，無有動靜，都一以貫之。這個工夫，真是所謂默而成之，不言而信者，要着一些語言名狀不得。所以大學格物致知，許大事只是在知本。中庸始終只是立天下之本。至於六經、語、孟之言，一而已矣。到這裏，真是見得前古聖賢言語句句是實。後世儒者，除了程門，都

是虛說虛見；既是虛說虛見，安得不差！明道之後，只有一個象山，是明道之學，是這個來頭，明道所謂『德性之知』，象山所謂『實見』是也。四五百年來無人知得，都是無頭學問，壞了多少學者！其弊至於末多於本，客勝其主，故卒歸於支離，卒歸於虛說虛見，至於今日，其弊尤甚，此道之所以不明也。如先生之見，真是天下一人者矣，但不知近來所以進於誠明者與汲汲明道之志何如耳。無由朝夕就正左右，徒懷悵快，奈何奈何！近日與甘泉往復書錄去，中間亦見區區所得何如，望折衷之。如有未當者，隱之而已，無徒取罪戾也。風便，仍乞不

惜教誨，進而成之，至望。」

按：書云「得去冬在贛兩書」，乃指正德十二年冬陽明有兩書寄方獻夫。以陽明十二月班師回贛，可見陽明此兩書作在十二月、閏十二月中。方獻夫此答書云「久不奉教，生亦久落無言」，則約作在正德十三年夏中。陽明此致方獻夫兩書今佚。

一五一八　正德十三年　戊寅　四十七歲

正月初，有書致石龍黃綰，黃綰有答書。

黃綰集卷十八寄陽明先生書三：「初春，鄉人歸，辱手劄，并祭徐曰仁文，令人悽然，益念斯世之孤，不知何日得從陽明之麾，以畢此生也。綰領教入山，頗知砥礪。邇來又覺向者所謂靜坐、所謂主敬、所謂靜中看喜怒哀樂未發作何氣象，皆非古人極則工夫。所謂極則工夫，但知本心元具至善，與道吻合，不假外求，只要篤志於道，反求諸己而已。夫篤志於道，即所謂『允執厥中』是也。

於凡平日習染塵情，痛抉勇去，弗使纖毫滷於胸臆。日擇日瑩，隨其事物之來，無動靜，無內外，無小大，無精粗，無清濁，一皆此理應用。故無時而非入德之地，無事而非造道之工。昔者孔子自十五志學，至七十從心不踰矩，進退無已，只此志之日篤也。故語顏子，使之欲罷不能，既竭吾才，至於卓爾，此乃聖門極則之學與極則之傳也。若徒知靜坐、主敬、觀玩光景，而不先之以立志，不免動靜交違，滅東而生西也。夫才說靜，便有不靜者在；才說敬，便有不敬者在；才說和樂，便有不和樂者在。如此用工，雖至沒世，無所稅駕。乃知篤志一語，真萬世為學之要訣也。近世如白沙諸公之學，恐皆非聖門宗旨。宋儒自濂溪、明道之外，惟象山之言明白痛快，直抉根源，世反目之為禪而不信，真可恨也！伊川曰：『罪己責躬不可無，亦不可留胸中為悔。』象山則不然，曰：『舊過不妨追責，益追責，益見不好。』又曰：『千古聖賢，何嘗增損得？只為人去得病。』今若真見得不好，真以為病，必然去之，去之則天理自在，道自流行，所謂一旦克己復禮，天下歸仁者也。往年見甘泉，頗疑先生拔病根之說，凡遇朋友責過，及聞人非議，輒恐亂志，只以靜默為事。殊不知無欲方是真靜；若欲無欲，苟非勇猛鍛煉，直前担當，何能便得私欲淨盡，天理純全？此處若不極論，恐終為病。館近寄一書，略論靜坐無益，亦不敢便盡言及此。向見先生送甘泉序云：『孔子傳之顏子，顏子歿而亡傳。惟曾子以一貫之旨，傳之今日。』恐亦未然。夫一貫之要，只在反己篤志而已。顏、曾資禀雖或不同，其為一貫之傳，則必無二。鄙見如斯，不審日來尊見如何？山亭改構，相知至者，皆有賦咏，敢錄開覽，更望一言以慰山靈，幸甚。」

第1279頁

正月三日，出征三浰，親率兵進龍南，直搗下浰，會師於三浰。

王陽明全集卷十一浰頭捷音疏：「……正月初三日，度盧珂等已至家，所遣屬縣勒兵當已大集，臣乃設犒於庭，先伏甲士，引仲容入，并其黨悉擒之。出盧珂等所告狀，訊鞫皆伏，遂置於獄。而夜使人趨發屬縣兵，期以初七日同時入巢。於是，知府陳祥兵從龍川縣和平都入，指揮姚璽兵從龍川縣烏虎鎮入，千户孟俊兵從龍川縣平地水入，指揮余恩兵從龍南縣高沙保入，推官危壽兵從龍南縣南平入，知府邢珣兵從龍南縣太平保入，守備指揮郟文兵從龍南縣冷水逕入，知府季斆兵從信豐縣黄田岡入，縣丞舒富兵從信豐縣烏逕入。臣自率帳下官兵，從龍南縣冷水逕直搗下浰大巢，而使各哨分路同時並進，會於三浰。……」

過梅嶺，有詩咏。至龍南，有書致薛侃、楊驥，以解中政事屬薛侃，督教子正憲。

陽明過梅嶺：「處處人緣山上巔，夜深風雨不能前。山林叢鬱休瞻日，雲樹彌漫不見天。猿叫一聲聳耳聽，

第1280頁

龍泉三尺在腰懸。此行漫説多辛苦，也得隨時草上眠。」

（同治贛州府志卷五，陽明文集失載）

按：此詩在同治贛州府志中，列為平寇回駐龍南憩玉石巖雙洞奇絶徘徊不忍去因寓以陽明小洞天之號兼留此作四首之第三首，乃誤。按王陽明全集卷二十有回軍龍南小憩玉石巖雙洞絶奇徘徊不忍去因寓以陽明別洞之號兼留此作三首，正缺此首詩。觀此詩意，顯是過梅嶺所作詩，非憩玉石巖游陽明別洞詩，志將其誤入憩玉石巖游陽明別洞詩中。今龍南縣玉石巖摩崖石刻中，即有嘉靖二十七年江西按察使分巡嶺北道副使方任書刻陽明此詩，

第1281頁

題作「過梅嶺」，末署「陽明王守仁於龍南」，並有方任作按龍南次陽明先生韵：「行行又跻大山巔，候馬難教并向前。風雨半空還拂地，雲霞咫尺更連天。勤身遠近逢雪落，旌節東西看日懸。懷抱樸忠獨未已，浮生意得伴鷗眠。」或是陽明此詩後書刻於玉石巖，後人遂誤以為此詩為憩玉石巖游陽明別洞之詩。

王陽明全集卷四與楊仕德薛尚謙：「即日已抵龍南，明日入巢，四路兵皆已如期並進，賊有必破之勢。某向在橫水，嘗寄書仕德云：『破山中賊易，破心中賊難。』區區剪除鼠竊，何足為異？若諸賢掃蕩心腹之寇，以收廓清平定之功，此誠大丈夫不世之偉績。數日來諒已得必勝之策，捷奏有期矣。何喜如之！日孚美質，誠可與共學，此時計已發舟。倘未行，出此同致意。廨中事以累尚謙，想不厭煩瑣。小兒正憲，猶望時賜督責。」

按：據此書，可知楊驥閏十二月又來贛（錢德洪陽明先生年譜引此書，「日孚美質，誠可與共學」作「梁日孚、楊仕德誠可與共學」）。

正月七日，破三浰。

王陽明全集卷十一浰頭捷音疏：「先是，賊徒得池仲容報，謂贛州兵已罷歸，他已弛備，散處各巢。至是，驟聞官兵四路並進，皆驚懼失措。乃分投出禦，而悉其精銳千餘，據險設伏，併勢迎敵於龍子嶺。我兵聚為三衝，犄角而前。指揮余恩所領百長王受兵首與賊遇，大戰良久，賊敗却。王受等奮追里許，賊伏兵四起，奮擊王受。推官危壽所領義官葉芳兵鼓噪而前，復奮擊賊伏兵後。千户孟俊兵從傍繞出岡背，橫衝賊伏，與王受合兵。於是賊乃大敗奔潰，呼聲震山谷。我兵乘勝逐北，遂克上、中、下三浰。各哨官兵遥聞三浰大巢已破，皆奮勇齊進，各賊皆潰敗。……」

陽明平浰記：「戊寅正月癸卯，計擒其魁，遂兵擊其懈。

第1282頁

丁未，破三浰，乘勝追北。」（邵啟賢贛石錄卷二）

正月八日，進兵九連山。三月三日，平九連山。

（王陽明全集卷十一浰頭捷音疏：……「次日早（正月八日），乃令各哨官兵探賊所往，分投急擊。初九日，知府陳祥兵破鐵石障巢、羊角山巢，獲賊首金龍霸王印信旗袍……十六日，推官危壽兵破風盤巢、茶山巢。連日各擒斬首從賊人、賊級并俘獲賊屬男婦、牛馬、器仗數多。然各巢奔散之賊，其精悍者尚八百餘徒，復哨聚九連大山，扼險自固。當臣看得九連山勢極高，橫亘數百餘里，四面斷絕……止有賊所屯據崖壁之下一道可通……

第1283頁

於是乃選精銳七百餘人，皆衣所得賊衣，佯若奔潰者，乘暮直衝賊所據崖下澗道而過……已度險，遂扼斷其後路。次日，賊始知為我兵，并勢衝敵。我兵已據險，從上下擊，賊不能支，乃退敗……二十七日，指揮姚璽兵覆賊於烏虎鎮，推官危壽兵覆賊於中村，知府邢珣兵覆賊於北山，又戰於風門奧……二月初二日，知府陳祥兵復與賊戰於平和……二十六日，守備郟文兵復與賊戰於水源，戰於長吉，戰於天堂寨。連日擒斬首從賊人、賊級數多。三月初三日……各巢積惡兇狡之賊，皆已擒斬略盡，惟餘黨張仲全等二百餘徒……今皆勢窮計迫，聚於九連谷口，呼號痛哭，誠心投招。……蓋自本年正月初七日起，至三月初八日止，前後兩月之間，通共擒過巢穴三十八處，擒斬大賊首二十九名顆，次賊首三十八名顆，從賊二千零六名顆，俘獲賊屬男婦八百九十名口，奪獲牛馬一百二十二隻匹，器械、贓仗二千八百七十件把，贓銀七十兩六錢六分。總計擒斬、俘獲、奪獲共五千九百五十五名顆口隻匹件把。……」陽明平浰記：「丁未，破三浰，乘勝追北。大小三十餘戰，滅巢三十有八，俘斬三千餘。三月丁未，回軍。」

按：錢德洪陽明先生年譜叙是次平三浰，多有舛誤顛倒。

第1284頁

如譜云：「三月，襲平大帽、浰頭諸寇。」不言平九連山。按陽明是次征三浰，乃是一平三浰，二平九連山，陽明自云「一鼓而破三浰，再鼓而下九連」（辭免陞廕乞以原職致仕疏），並無平大帽之事（平大帽乃是正德十二年平漳亂時事）。又譜云：「四月，班師。」按陽明明云三月八日班師回軍，（費宏平浰記亦云「班師而歸，蓋戊寅三月丁未也」，）譜顯誤。

李文鳳月山叢談：「正德十三年戊寅正月，王都御史守仁計擒三浰賊首池仲容，并其黨盡殲之。龍南、龍川之交有水曰浰，崇山絕壑，强梁不逞者，嘯居其間。酋池仲容，俗呼為『池大鬢』。弟仲安、仲寧，俱力格猛虎，捷競飛猱，負固窮兇，稱雄各峒。信豐、龍南、安遠、會昌以切近受毒最慘。仲容有幻術，急則遁形水草中，名為「插青」。蓋自正德以來剿之不克，撫之不從，當事者亦付之無可奈何而已。丁丑，王公至，廉知酋善遁，計欲生致之。十月，將征横水，先為告諭三浰，籍其五百人為兵。再征桶岡，則令仲安領所部把截上新地。及二巢破，仲容始懼，為備益嚴。公遣材官至浰，賜各酋長牛酒，覘賊動靜。賊度不可隱，詐言曰：「盧珂、鄭志高等，吾讎也。恐其掩襲而豫防之，非虞官兵也。」珂等皆龍川歸順民，不為賊所脇，故讎之。材官及命，公陽檄龍川，使覈珂等擅兵讎殺之實，且趣浰刊木開道，俟回兵

第1285頁

，聲罪誅之。賊聞，且喜且懼，復使來謝，請無勞官兵，自為備。公許之。十一月班師，至南康，盧珂、鄭志高等來告變，公復怒其誣搆，械繫收贛獄，而使人密諭以欲誘致仲容之意。先縱其弟歸，集兵以待。隨遣參謀雷濟等往諭仲容勿疑，因陰購其所親信說之，使自來投訴。公還鎮，大饗將士，下令城中：「今大征已畢，民久勞苦，宜暫休為樂，可大開燈會，以慶太平。」又曰：「樂户多往龜角尾，恐招盜。曷遷入城來，散兵使各歸農。」示不復用，令仲安亦領衆歸，助兄防守。于是贛城街巷俱鼓吹賞燈，宴戲旬餘矣。仲安歸，俱言其故。賊衆喜

，遂弛備。已又遣指揮余恩及雷濟等頒曆三浰，戒令毋撤備，以防盧珂，賊衆益大喜。濟等因說仲容曰：「官府待汝等良厚，何可不親往一謝？」前所購親信者又從中力贊，仲容以為然，遂率豪健者九十三人來，先營于教場，而自以數人入見。公故笑謂曰：「君輩皆吾新民，未見而營教場，疑我乎？」仲容皇恐頓顙謝。先是公聞仲容來，固已匿兵豫飭祥符宮，寬閒以居，令參隨數人館伴，皆素與賊相狎者。已而引至宮，見止宿處皆整潔，喜出望外，時閏十二月二十三日也。賊欲私入衛獄覘珂，參隨先期令禁卒桎束珂等甚苦，賊衆入見，莫不唾罵數

第1286頁

之，出而相語，益自喜。是夜即釋珂等，使馳歸發兵。踰日，仲容辭歸，公曰：「自此至三浰八九日，歲前未必至；即至，又當謁正，徒勞苦道路耳。聞贛城今歲有燈，曷以正月歸乎？」其少者固喜觀燈治遊，諸參隨復從而和之。于是賊衆欣然忘歸。公又製青長衣、油靴，教之習禮，令所屬官僚以次宴犒，館伴者又私飲仲容于倡家。既連日夜矣，則密令二三力士，乘黄昏假使酒闌入，而與仲容密爭，因而毆傷其目。館伴屬大甲縛酗酒者，當夜擁仲容擊院鼓告急，公開門問故，陽大怒，綁諸酒徒出轅門，各杖五十收獄，責數仲容及諸館伴聽別治。

已復語仲容曰：「初意欲留汝等過元宵，今若此，須聽汝等早回矣。」明日，令參隨引醫療其目，密使用藥翳其瞳子，毋令得插青道也。賀元旦畢，仲容辭，公曰：「謁正尚未犒賞，奈何？」二日開印，令有司大烹于宮，以次日宴。是夕，潛入甲士六百人，射圃計以六人制其一，餘則伏左右防變，密語參隨龍光曰：「每了十人，汝可立屏下，安我否則入。」告計已定，詰朝，集仲容等入院，盛張鼓樂，內外不得聞人聲，乃召屠人割牛剮豕，階下階上鑿銀分曆，令不得見前後，故數刻始一發。賊受賞，兩手不勝，復以花紅絆繫。已乃勞之酒，三叩頭出，令

第 1287 頁

謝。兵道既出甲士，盡殪之。門外未賞者尚有十餘人，因候之，色稍變，附耳相囁嚅，公揮尺喝曰：「後生不守禮！」伏兵起，盡反接以出，畢事而退，日已過未。公大眩暈，嘔吐，晚食薄粥乃定，蓋心神過勞故也。初七日，率兵詣浰，而諸哨已集，遂搗其巢。三月，班師。奏立和平縣。」（天啟贛州府志卷十八引）

按：錢德洪陽明先生年譜所叙，與此月山叢談所叙同，而各有詳略。又墨憨齋編皇明大儒王陽明先生出身靖亂錄所叙亦相同而更詳備。今按：月山叢談、陽明先生年譜、皇明大儒出身靖亂錄叙述相同，必是皆本之王天與之平寇錄。平寇錄叙陽明平橫水、桶岡、三浰，皆王天與親眼所見，親身所歷，蓋為實錄，真實可信。皇明大儒陽明先生出身靖亂錄叙述陽明平橫水、桶岡、三浰最為詳備，竟無差錯，則必是全抄自王天與之平寇錄，亦真實可信也。王天與平寇錄雖佚，今猶得從皇明大儒陽明先生出身靖亂錄差可覩其全貌也。

第 1288 頁

正月二十二日，在浰頭，有書致顧應祥，論讀書講學及破三浰善後事宜。

王陽明全集卷二十七與顧惟賢書五：「來諭謂：『得書之後，前疑渙然冰釋。』幸甚幸甚！學不如此，只是一場說話，非所謂盈科而後進，成章而後達也。又自謂：『終夜思之，如污泥在面而不能即去。』果如污泥在面，有不能即去者乎？幸甚幸甚！自來南贛，平生益友離群索居，切磋之間不聞。近日始有薛進士輩一二人自北來，稍稍各有砥礪。又以討賊事急，今屯兵浰頭且半月矣。浰頭賊首池大鬢等二十餘人，悉已授首。漏網若甲從一二輩，其餘固可略也。狼兵利害相半，若調猶未至，且可已之。此間所用皆機快之屬，雖不能如狼兵之犀利，且易驅策，就約束。聞乳源諸賊已平蕩，可喜。湖兵四哨，不下

數萬，所獲不滿二千，始得子月朔日會剿依期而往。彼反以先期見責，所謂文移時出侵語，誠有之。此舉本渠所倡，今所俘獲反不能多，意有未愜而憤激至此，不足為怪。浰頭巢穴雖已破蕩，然須建一縣治以控制之，庶可永絕嘯聚之患。已檄贛、惠二知府會議可否，高見且以為何如？南、贛大患，惟桶岡、橫水、浰頭三大賊，幸皆以次削平。……乳源各處克捷，有兩廣之報，區區不敢冒捷。然亦且許題知，事畢之日，須備始末知之。」

按：書云「今屯兵浰頭且半月」，陽明破三浰在正月七日，屯兵半月則在正月二十二日。書中所言「薛進士輩一二

1289頁

人」，即指薛侃及薛僑、薛宗鎧等人。

二月十五日，在浰頭，祭浰頭山神。

王陽明全集卷二十五祭浰頭山神文。

二十五日，上移置驛傳疏，乞移小溪驛於峰山城內。

同治南安府志卷四：「峰山城，在小溪北十五里峰山里。民素善弩。明正德十一年（按：當作十三年），都御史王守仁選為弩手從征傜寇。事寧，民恐報復，懇懇作城」。

（王陽明全集卷十一移置驛傳疏。）

三月四日，上疏乞休致，並有札寄兵部尚書王瓊與直閣毛紀，不允。

王陽明全集卷十一乞休致疏：「……自去歲二月往征闽寇，五月旋師；六月至於九月，俱有地方之警；十月攻橫水，十一月攻破桶岡，十二月旋師；未幾，今年正月又復出剿浰賊。前後一歲有餘，往來二三千里之內，上下溪澗，出入險阻，皆扶病從事。……伏惟陛下覆載生成，不忍一物失所，憫臣輿病討賊所備嘗之苦，哀臣忍死待罪不得已之請，念福薄之有限，准令旋師之日，放歸田里。……」

同上，卷二十七與王晉溪司馬書七：「……守仁每誦明公之所論奏，見其洞察之明，剛果之斷，妙應無方之知，燦然剖析之有條，而正大光明之學，凜然理義之莫犯，

第1290頁

未嘗不拱手起誦，歆仰嘆服。自其識事以來，見世之名公巨卿，負盛望於當代者，其所論列，在尋常亦有可觀；至於當大疑，臨大利害，得喪毀譽，眩瞀於前，力不能正，即依違兩可，拚覆文飾，以幸無事，求其卓然之見，浩然之氣，沛然之詞，如明公之片言者，無有矣！在其平時，明公雖已自有以異於人，人固猶若無以大異者，必至於是，而後見其相去之甚遠也。守仁恥為佞詞以諛人，若明公者，古之所謂社稷大臣，負王佐之才，臨大節而不可奪者，非明公其誰歟？守仁後進迂劣，何幸辱在驅策之末。奉令承教，以效其尺寸，所謂駑駘遇

伯樂而獲進於百里，其為感幸何如哉！邇者龍川之役，亦幸了事，窮本推原，厥功所自，已略具於奏末，不敢復縷縷。所恨福薄之人，難與成功，雖仰賴方略，僥倖塞責，而病患日深，已成廢棄。昨日乞休疏入，輒冒恃愛控其懇切之情，日夜瞻望允報。伏惟明公終始曲成，使得稍慰老父衰病之懷，而百歲祖母，亦獲一見為訣，死生骨肉之恩，生當如何為報耶！……」

陽明致礪齋書：侍生王守仁齋沐頓首再拜啟上大元老

第1291頁

礪齋老先生大人執事：守仁淺劣迂疏，幸遇大賢君子委曲栽成，誘掖匡持，無所不至。是以雖其不肖之甚，，而猶得以僥倖成功，苟免於覆敗之戮，則守仁之服恩感德於門下，豈徒苟稱知己者而已哉！然而惶惶焉苟冀塞責而急於求去者，非獨將以幸免夫誅戮，實懼大賢君子之厚我以德，而我承之以羞耳。人之才能，豈不自知？仰賴老先生之扶植教引，偶幸集事，既出意望之外矣。偶幸之事，安可屢得？已敗而悔，何所及乎！兼之莅任以來，病患日劇，所以强忍未敢告病之故，前啟已嘗略具。且妻孥終歲瘴疫，家屬死亡，百歲祖母日夜思一見為訣，老父亦以衰疾屢書促歸。數月以來，恍恍無復人間之念。老先生苟憐其才之不逮，憫其情之不得已，遂使泯然全迹而去，幸存餘息，猶得為門墻閒散之士，詠歌盛德於林下，則未死之年，未敗之行，皆老先生之賜之、全之矣，感報當何如耶！不然，亦且冒罪徑遁，以此獲譴，猶愈於僨績敗事，卒為鉗囚，為知己之玷矣。瀆冒威嚴，死罪，死罪！守仁惶恐激切再拜啟上。外附啟瀆覽。餘素。」（明代尺牘第二冊，陽明文集失載）

第1292頁

按：前考礪齋即毛紀。國榷卷五十二：正德十二年五月丙子，

第1293頁

禮部尚書兼翰林學士毛紀兼東閣大學士，直閣。」嚴嵩毛紀神道碑：「以學士司誥勑，仍掌府事……於是勑兼東閣大學士，入閣供事，隨加太子太保、文淵閣大學士……」（國朝獻徵錄卷十五）陽明此書稱「大元老礪齋老先生大人」，即以此也。按此書意在乞休致，則當亦作在三月四日，蓋與乞休致疏及致王瓊書同送往京師。

三月八日，班師回軍。歸途多有詩詠，作平浰記，刻玉石巖，請費宏作平浰頭記、南征奏凱錄序。

王陽明全集卷十一浰頭捷音疏：「……初七日，據知府邢珣等呈稱：我兵自去歲二月從征閩寇，迄今一年有餘，未獲少休。今幸各巢賊已掃蕩，餘黨不多，又蒙俯順招安。況今陰雨連綿，人多疾疫，兼之農功已動，人懷耕作，合無俯順下情，還師息衆。及義官葉芳等并各村鄉居民亦告前情。臣因親行相視險易，督同副使楊璋、知府陳祥等經理立縣設隘，可以久安長治之策，留兵防守而歸。」

陽明平浰記：「四省之寇，惟浰尤黠，擬官僭號，潛圖孔亟。正德丁丑冬，獞、猺既殄，益機險阱毒，以虞王師。我乃休士，歸農以緩之。戊寅正月癸卯，計擒其魁，遂進兵擊其懈。丁未，破三浰，乘勝追北。大小三

第1294頁

十餘戰，滅巢三十有八，俘斬三千餘。三月丁未，回軍。壺漿迎道，耕夫遍野，父老咸懽。農器不陳，於今五年。復我常業，還我室家，伊誰之力？赫赫皇威，匪威曷憑？爰伐山石，用紀厥成。提督軍務都御史王守仁書。時紀功御史屠僑，監軍副使楊璋，領兵守備郟文，知府邢珣，陳祥，推官危壽等，凡二十有二人，列其名於後。」（贛石錄卷二）

按：贛石錄卷二云：「王文成平浰記，在龍南縣玉石巖，凡十五行，行十三字。」王陽明全集卷二十五有平浰頭碑，即此刻文，但字有異，並缺末一段。且此記乃摩崖刻石，稱「碑」亦不當。王陽明全集於題下注「丁丑」作，亦誤。

王陽明全集卷二十回軍九連山道中短述：「百里妖氛一戰清，萬峰雷雨洗回兵。未能干羽苗頑格，深愧壺漿父老迎。莫倚謀攻為上策，還須內治是先聲。功微不願封侯賞，但乞蠲輸絕橫征。」

同上，回軍龍南小憩玉石巖雙洞絕奇徘徊不忍去因寓以陽明別洞之號兼留此作三首：「甲馬新從鳥道回，覽奇還更陟崔嵬。寇平漸喜流移復，春暖兼欣農務開。兩竇高明行日月，九關深黑閉風雷。投簪最好支茅地，戀土猶懷舊釣臺。

洞府人寰此最佳，當年空自費青鞋。麾

憧旖旋懸仙仗，臺殿高低接緯階。天巧固應非斧鑿，化工無乃太安排？欲將點瑟攜童冠，就攬春雲結小齋。

陽明山人舊有居，此地陽明景不如。但在乾坤俱逆旅，曾留信宿即吾廬。行窩已許人先號，別洞何妨我借書。他日巾車還舊隱，應懷茲土復鄉閭。」

楊璋（孝感人，副使）回軍駐龍南：「仁者無私一澗清，隨車好雨潤回兵。纔看老叟壺漿至，又見兒童竹馬迎。四野豺狼皆屏迹，萬家黎庶動懽聲。於今幸喜平成會，千載令人羡大征。」（乾隆龍南縣志卷二十六）

方任（衡野人，副使）回軍駐龍南：「征袍暫歇小山城，忽覩遺詩石上明。往事應時空過化，此來私淑切心旌。乾坤有道功難泯，張主無人石亦行。鎖鑰至今遺嶺北，菲才何幸一逢迎。」（乾隆龍南縣志卷二十六）

邢珣（字子用，當塗人，江西左參政。章貢襟藁）回軍駐龍南：「我師翼翼集河濆，敵寇倉皇若鼠奔。久據地雄為得利，一加天討出無門。功垂邊鄙推元將，捷奏彤廷

第1295頁

慰至尊。瘴霧蠻煙揮霍盡，南荒再造一乾坤。」（乾隆龍南縣志卷二十六）

（王陽明全集卷二十）

再至陽明別洞和邢太守韵二首：「春山隨處款歸程，古洞幽虛道意生。澗壑風泉時遠近，石門蘿月自分明。林僧住久炊遺火，野老忘機罷席爭。習靜未緣成久坐，却慚塵土逐虛名。　山水平生是課程，一淹塵土遂心生。耦耕亦欲隨沮溺，七縱何由得孔明？吾道羊腸須蠖屈，浮名蝸角任龍爭。好山當面馳車過，莫漫尋山說避名。」

費宏集卷八平洌頭記：「惠之龍川，北抵贛，其山谷賊巢亡慮數百，而洌頭最大。洌之賊肆惡以毒吾民者，亡慮數千，而池仲容最著。仲容之放兵四劫，亡慮數十年，而龍川、翁源、始興、龍南、信豐、安遠、會昌，以邇巢受毒最數。正德丁丑之春，信豐復告急於巡撫都御史王公伯安。伯安召諸縣苦賊者數十人，問何以攻之。皆謂非多集狼兵弗濟；又謂狼兵亦嘗再用矣，竟以招而後定。公曰：『盜以招蔓，此頃年大弊也，吾方懲之。且兵

浙江大學古籍研究所

第1296頁

無常勢，奚必狼而後濟耶？若等能為吾用，獨非兵乎？」乃與巡按御史屠君安卿、毛君鳴岡，合疏以剿請。又請重兵權，肅軍法，以一士心。詔加公提督軍務，賜之旗牌，聽以便宜區畫，惟公之有成，不限以時。時橫水、桶岡盜亦起，而視浰為暇。公議先攻二峒，乃會兵以圖浰。凡軍中籌畫，多咨之兵備副使楊君廷宣。副使君請汰諸縣機兵，而以其傭募新民之任戰者，取贖金、儲穀、鹽課以餉之，而兵與食足矣。二峒之攻，慮仲容乘虛以擾我也。謀伐其交，使辯士黃表、周祥諭其黨黃金巢等，得降者五百人，藉以為兵。仲容獨憤不容，聞橫

第1297頁

水破，始懼。使弟仲安率老弱二百人來，圖緩我兵，且覘我也。公陽許之，使據上新地，以遏桶岡之賊，而實遠其歸途。閱月，仲容聞桶岡破，益懼，為備益嚴。公使以牛酒餉之，賊度不可隱，則曰：「盧珂、鄭志高、陳興，吾仇也。恐其見襲，而備之耳。」珂等皆龍川歸順之民，有衆三千，仲容脇之不可，故深仇之。公方欲以計生致仲容，乃陽檄龍川，廉珂等構兵之實，若甚怒焉，趣浰刊木，且假道以誅珂黨。十二月望，珂等各來告：「仲容必反。」公復怒其誣構，叱收之，陰諭意嚮，使遣人先歸集衆。時兵還自桶岡，公合樂大饗，散之歸農，

亦不復用。使仲安亦領衆歸，又遣指揮余恩諭仲容毋撤備，以防珂黨。仲容益喜，前所遣辯士因說之親詣公謝，且曰：「往則我公信爾無他，而誅珂等必矣。」仲容然之，率四十人來見。公聞其就道也，密飭諸縣勒兵分哨。又使千户孟俊偽持一檄，經浰巢，宣言將拘珂黨，實督集其兵也。賊導俊出境，不復疑。閏十二月下弦，仲容既至贛。是夕，釋珂等馳歸，縻仲容，令官屬以次犒饗。明年正月癸卯朔，公度諸兵已集，引仲容入，並其黨擒之。出珂等所告，訊鞫具狀，亟使人約諸兵入巢。越四日丁未，同時並進。其軍於龍川者，惠州知府陳祥率

第1298頁

通判徐璣等，從和平都入；指揮姚璽率新民梅南春等，從烏龍鎮入；孟俊率珂等，從平地水入。軍於龍南者，贛州知府邢珣率同知夏克義、知縣王天與等，從太平堡入；推官危壽率義官孫舜洪等，從冷水逕入；余恩率百長王壽等，從高沙保入。軍於信豐者，南安知府季斅率訓導藍鐸等，從黃田岡入；縣丞舒富率義民趙志標等，從烏逕入。公自率中堅，督以搗下浰大巢，副使君督餘哨會於三浰。賊黨自仲容至贛，備已弛矣，至是聞官兵驟入，皆驚懼失措。乃分兵出禦，而悉其精銳千餘，迎敵於龍子嶺。我兵聚為三衝，犄角而前。恩以壽兵

首與賊戰，却之。奮追里許，賊伏四起，擊壽後，壽乃以芳兵鼓譟往援。俊復以阿等兵從傍衝擊，呼聲震山谷，賊大敗而潰，遂併上、中二剿克之。各哨兵乘勝奮擊，是日遂破巢十一：曰熟水，曰五花障，曰淡方，曰石門山，曰上下陵，曰芳竹湖，曰白沙，曰曲潭，曰赤塘，曰古坑，曰三坑。明日，探賊所奔，分道急擊。己酉，破巢凡六：曰鐵石障，曰羊角山，曰黃田坳，曰岑岡，曰塘含岡，曰奚尾。庚戌，破巢凡二：曰大門山，曰鎮里寨。辛亥，破巢凡九：曰中村，曰半逕，曰都坑，曰尺八嶺，曰新田逕，曰古城，曰空背，曰旗嶺，

第1299頁

曰頓岡。癸丑，破巢凡三：曰狗腳坳，曰水晶洞，曰藍州。丙辰，破巢凡二：曰風盤，曰茶山。其奔者尚八百餘徒，聚於九連山。山峻而袤，東與龍門山後諸巢接。公慮以兵進逼，其勢必合，合難制矣。乃選銳士七百餘人，衣所得賊衣，若潰而奔，取賊所據崖下澗道，乘暮而入。賊以為其黨也，從崖上招呼，我兵亦佯與和應，已度險，阨其後路。明日賊始覺，併力來敵。我兵從高臨下，擊敗之。公度其必潰也，戒設伏以待。乙丑，覆之於五花障、於白沙、於銀坑水。丁卯，覆之於烏虎鎮、於中村、於北山、於風府奧。分逃餘孽尚三百餘

徒，各哨乃會兵追之。二月辛未，復與戰於和平。甲戌，戰於上坪、下坪。丁丑，戰於黃田坳。辛巳，戰於鐵障山。癸未，戰於乾村，於梨樹。乙酉，戰於芳竹湖。壬辰，戰於北順、於和洞。乙未，戰於水源、於長吉、於天堂寨。諜報各巢之稔惡者，蓋幾盡矣。惟脅從二百餘徒，聚九連谷口，呼聲稱乞降。公遣珣往撫之，籍其名，處之白沙。公率副使君及祥歷、和平，相其險易，經理立縣設隘，庶幾永寧，遂班師而歸，蓋戊寅三月丁未也。計所擣賊巢三十八所，擒斬大酋二十九人、中酋三十八人、從賊二千六十八人，俘賊屬男婦八百九十

第1300頁

人，鹵獲馬牛器仗稱是。是役也，以力則兵僅數千，以時則旬僅六浹，遂能滅此兇狡稽誅之虜，以除三徼數十年之大患，其功偉矣。捷聞，有詔褒賞，官公之子世錦衣百户，副使君加俸一秩。於是邢侯、夏侯、危侯，偕通判文侯運、吳侯昌，謂公茲舉足以威不軌而昭文德，不可以無傳也，使人自贛來，請予書其事。嗟乎！惟兵者不祥之器，王公用儒者謀謨之業，而乃躬擐甲胄，率先將士，下上山谷，與死寇角勝爭利，出於萬有一危之塗，豈習為殺伐之事，而貪取摧陷之功以為快哉？顧盜之與民，不容並育，譬則莠驕害稼，而養之弗耨；

縱虎狼之強噬，而聽孳牧之哀耗，此必仁者所不忍為，而公亦必不以不仁之處也。公之心予知之，公之功則播之天下，傳之後世，何俟於予之書之也。然而人知渠魁之坐縛，兇孽之蕩平，以為成功如此其易；而不知公之籌慮如此其密，建請如此其忠，上之所以委任如此其專，憲副君之所以贊任如此其勤，文武將吏之所以奔走禦侮如此其勞，而功之所以成如此其不易，是則不可以不書也。予故為備書之，以昭示贛人，庶其無忘且有考焉。」

按：費宏時方家居鉛山鵝湖，其記敘述如是之詳，當本自陽明

第1301頁

浰頭捷音疏與王天輿平寇録。記云「有詔褒賞，官公之子世錦衣百户」，則作成在六月。

同上，卷十四，南征奏凱録序：「比歲嶺南北盜起，甚為民患。巡撫大中丞陽明王公伯安，奉上命，合江西、湖廣、廣東之兵以討之。而憲副孝感楊公廷宜分司南、贛，實飭兵以備盜，于時出入行間，效力尤勤。丁丑夏六月，率南安守季侯斆等蒞上猶，破禾沙等巢。秋八月，率指揮馮翔等蒞南安，解圍城之困。冬十一月，率贛州守邢侯珣等，復蒞上猶及南康、大庾，攻橫水、桶岡等寨。歷半載，境內始平。明年春正月，廣東浰頭等賊延蔓未

絶，又率邢侯蒞龍川剿之，閲月，乃班師以捷聞。時憲副公所部捕斬幾陸千人，俘獲稱是。上録其功，加俸一等，而褒擢之恩尚有待焉。凡郡邑游居之良，南北往來之彦，嘉武事之就緒也，民生之底寧也，畏途之免於相戒也，往往撰述歌詩，以為憲副公賀。於是有南征奏凱之録，寧都令王君天輿復專使請序其端。……憲副公器度才識，閎偉敏達，而又志存體國，念切愛民。事不辭難，謀必慮遠，其在閩[illegible]奏武、平之凱矣。今兹嶺北之役，帷幄籌畫之懿，而出奇制勝，功冠諸軍，故談者翕然美之。蓋其大者，若諸縣機兵之不可用，則議以所募打

第1302頁

手補充，募滿萬人，皆健鬬之兵也。日月省募銀八千兩，師行凡六閲月，所省募銀為四萬八千兩矣。兵餉則取諸儲穀，取諸贖刑，取諸鹽課，得米三萬石、銀三萬兩。自始訖於罷兵，初未嘗丐貸於公家，科擾於民間也。兹皆兵之先務，而公能處之合宜，他可知矣，凱豈幸而奏哉！王君起甲科，有志樹立。其治兵衢也，與公周旋，憂心孔疚。覩兹功之成，宜其喜甚，而欲予張之。予雅辱公知，亦深於助喜者，乃不辭而為之序。」

按：楊廷宜即楊璋，孝感人。其於平橫水、桶岡、三浰立功陞江西按察使，然史不載其人，蓋因後宸濠叛，其首從逆，以

從逆官員處置，從此消聲匿迹（詳見陽明處置從逆官員疏），併其南征奏凱錄不傳於世。

南海霍韜寄來平寇頌詩。

渭厓文集卷七王陽明中丞平盜詩：「十二年冬，欽命總制王公討江、廣諸盜悉平。十三年春，班師。是役也，王公賓蒞師斬悍將之不用命者以殉，由是軍士莫敢有不效死以戰者，以有成績云。我南韶、惠州，西南抵湖湘，北抵南安、贛州，山谷叢囿，萃為盜區，則古以然。邇自孽瑾竊柄以來，流民從盜，如懸厓注水之得坎壑也，以故賊勢益熾。公謂責是在予，乃請得命，檄三省兵

第1303頁

犄角攻踣之。先致賊首某棄市，餘黨以誅以圍，尋悉平滅。公用兵不可測，於成效勝算，衆謂如神。蓋公以道學經濟為天下重，武事特其小試者爾云。韶等躬見茂烈，謹賦之永言，不諛以誣，俾南仲召虎不尚專美於千萬代。　天佑皇明，畀以全宇。丕及中國，蠻貊順附。治極蠹生，有蠢厥頑。千夫之紀，妊厥凶奸。負山之岨，伏谷之坑。禍我邦域，戕我士民。　我士我民，居贛之壤。薄湖泊湘，韶連洛昌，龍川惠陽，巍巍皇皇。民是大棘，而水斯溺。拯用不亟，木本斯撥。蘗有大艱，碩人斯責。　碩人維儒，儒以用武。憲章濂洛，

步趨伊呂。為國股肱，為民心膂。懸民大棘，不遑寧處。棘我仁恕，誓我義旅。運我神籌，期取民仇。　碩人用武，雷霆自天。碩人用武，山川震驚。山川震驚，莫不效靈。碩人用武，四閉賊衢。碩人用武，則鋤渠兇。渠兇就擒，寧我兆民。　寧我兆民，各遂理所。以士以農，以工以賈。晝出夕處，莫或予侮。寧我兆民，食有廩庾。樂有妻子，養有父母。寔維碩人，代天作之祜。　天實惠民，碩人以生。天實為國，碩人生德。天實兆治，碩人在位。碩人在位，鞠躬勵勤。皇曰碩人，汝則大勤。褒職有虧，碩人旋歸。　天佑六章，章

第1304頁

十二句。」

在龍南，奏凱獻俘於廟，命重建龍南廟學。月華來受學。

繆銘（教諭，平陽人）重建廟學記：「……龍南廟學，建自宋元祐間，但近城南，兼以湫隘。成化辛卯，始徙於縣治之西，為左廟右學之制。歲久湮汩，棟宇不支。正德丙子，銘由宜春承乏掌教事，大懼，無以妥聖賢而風士習，亟會諸生，議請允執政。越二年戊寅正月，都憲王公守仁、憲副楊公璋、郡守邢公珣，提兵征剿至邑，三月，奏凱獻俘於廟。既而都憲王公顧瞻慨嘆曰：『廟祀弗虔，教基弗妥，群有司之咎，典教者之責也。咨汝邦

惟財用是資。」迺日，果罰干紀者金幾百鍰，貯縣治，曰：「木石工需坐是以給。」諭繆銘總其事。稽其盈縮，以告命邑士李淳、月華曰：「汝夙夜勞王事，主廩餼，務成功能，罔或不經，不經有罰。」銘等受命惟謹，而司訓彭君智續至，亦協勸止。乃崇築厥基，撤舊更新，相宜樹表，唯是為大成殿，為廡，為戟門；其後也為明倫堂，為齋；其前也為櫺星門，為儒學門。又唯是為藏庫，為饌堂，為生徒舍宇；仍其右為學職之廨三區，仍其左為觀德亭；垣墉關鍵，或考其制。經始於己卯正月，越八月而功就緒。會縣尹蔣瑋來任，首塑聖像并四配十哲，

第1305頁

餘皆以次卒工。判府文公運、主簿方君侃、蘇君珪、典史沈君璇皆相繼贊理，與有力焉。敬卜日告成。已而諸生謁曰：「廟堂之新，先生作之，諸君子成之。」……」（乾隆[redacted]龍南縣志卷二十三）

乾隆龍南縣志卷十七文儒：「月華，坊內堡人。郡廩生，性至孝。少以經學著名，後從陽明為良知之學。歸，日坐一室，超然默悟，學者宗之。陽明平浰，回軍駐邑中有遷倫堂之舉，以事屬之。華即捐百金為助云。」

三月十五日，歸至贛州。議批剿滅河源餘衆，並有書致顧應祥論征剿事。

王陽明全集卷三十批攻取河源賊巢呈，卷十六議處河源餘賊。

按：批攻取河源賊巢呈題下注「三月二十三日」，可見陽明三月二十三日已在贛州。據陽明寓贛州上海日翁手札云「三月半始得回軍（見上），則陽明歸至贛州在三月十五日。

王陽明全集卷二十七與顧惟賢書三：「承喻討有罪者，執渠魁而散脅從，此古之政也，不亦善乎！顧浰賊皆長惡怙終，其間脅從者無幾，朝撤兵而暮聚黨，若是者亦屢

第1306頁

履矣，誅之則不可勝誅，又恐以其患遺諸後人。惟賢謂：『政教之不行，風俗之不美，以至於此。』豈不信然？然此膏肓之疾，吾其旬日之間可奈何哉？故今三省連累之賊，非殺之為難，而處之為難；非處之為難，而處之者能久於其道之為難也。賤軀以多病之故，日夜冀了此塞責而去，不欲復以其罪累後來之人，故猶不免於意必之私，未忍一日舍置。嗟乎！我躬不閱，遑恤我後，盡其力之所能為。今其大勢亦幸底定，如其禮樂，以俟君子而已。數日前，已還軍贛州。風毒大作，壅腫坐臥，恐自此遂成廢人，行且告休。人還，草草復。」

黃綰書至，有答書。

王陽明全集卷四與黃宗賢書七：「得書，見相念之厚，所引一詩，尤懇惻至情，讀之既感且愧，幾欲涕下。人生動多牽滯，反不若他流外道之脫然也，奈何，奈何！近收甘泉書，頗同此憾。士風日偷，素所目為善類者，亦皆雷同附和，以學為諱。吾人尚棲棲未即逃避，真處堂之燕雀耳！原忠聞且北上，恐亦非其本心。仕途如爛泥坑，勿入其中，鮮易復出。吾人便是失腳樣子，不可不鑒也。承欲枉顧，幸甚，幸甚！好事多阻，恐亦未易如願，努力圖之。籠中病翼，或能附冥鴻之末而歸，未可知也。」

按：陽明此書乃是答黃綰寄陽明先生書三，陽明所云「所引一詩，尤懇惻至情」，即黃綰所云「相知至者，皆有賦咏，敢錄閑覽」。陽明此書所云「努力圖之」，「或能附冥鴻之末而歸，未可知也」，乃指其已上乞休之疏，故可確知陽明此書作在三月中。蓋黃綰在正月初得陽明書，其作答書（寄陽明先生書三）約在二月，至三月陽明回贛，則見其書而作答。

四月十日，有札致父海日翁，告南征之況。

陽明寓贛州上海日翁手札：「寓贛州男王守仁百拜書上父親大人膝下：久不得信，心切懸懸。間有鄉人至者，略問消息，審知祖母老大人、大人下起居萬福，稍以為慰。男自正月初四出征浰賊，三月半始得回軍。賴大人蔭庇，盜賊略已底定。雖有殘黨百餘，皆勢窮力屈，投哀告招，今亦始順其情，撫定安插之矣。所恨兩廣府江諸處苗賊，往年彼三省雖屢次征剿，然賊根未動，旋復昌熾。今聞彼有大起，若彼中兵力無制之，勢必搖動遠近，為將來之憂。況兼時事日艱，隱憂日甚，昨已遣人具本乞休，要在必得乃已。男因賊巢瘴毒，患瘡癘諸疾，今幸稍平，數日後亦將遣人歸問起居。因諸倉官便，燈下先寫此報安。四月初十日，男守仁百拜書。」

（手札真迹今藏餘姚市梨洲博物館，陽明文集失載）

十六日，跋趙孟頫遊天冠山詩卷。

陽明跋趙松雪遊天冠山詩卷：「趙松雪遊天冠山詩卷，詩法、字法真奇，二絶之妙，出入右軍，兼李北海之秀潤。書家得此，宗學之有傳也。正德十三年四月十六日，王守仁識。」（跋文真迹由收藏者公布於「華夏收藏網」，陽明文集失載）

按：天冠山在江西貴溪城南二里，有三峰并峙，故稱三峰山；因山巔方正，兩隅下垂如冕，故又稱天冠山。趙孟頫嘗來遊，咏詩二十四首，書丹立碑。此詩碑至陽明時猶在，正

第1309頁

德十二年春陽明赴贛經貴溪，當可見趙孟頫詩碑，其或即在此時得趙孟頫遊天冠山詩卷。按此趙松雪詩卷陽明跋下，又有崔桐跋云：「正德己卯九月初七日，海門後學崔桐觀。」崔桐字來鳳，號東洲，海門人，正德十二年進士，與陽明弟子聶豹、季本、陸澄、舒芬、薛侃、蔡宗兗等爲同年，實皆熟識。明史卷一百七十九有崔桐傳：「崔桐，字來鳳，海門人。鄉試第一，與（舒）芬同進士及第。授編修。既諫南巡，并跪闕下，受杖奪俸。」崔桐諫南巡受杖在正德十四年，國榷卷五十一：「正德十四年三月癸丑：……時南巡意决，廷臣憂甚……翰林修撰舒芬、編修崔桐……上言……。擧等六人付鎮撫司掠治，餘罰跪……戊子，杖郎中孫鳳等百有七人於午門……」崔桐當亦是諫南巡受杖謫外來江西，故得見趙孟頫詩卷而題跋，時陽明在南昌，兩人當能相見。

十七日，祭奠徐愛。

王陽明全集卷二十五祭徐曰仁文。又陽明祭徐曰仁文。（橫山遺集附錄）

按：陽明祭文云：「四月己巳朔，越十有七日乙酉，寓贛州王守仁既哭奠於旅次，復寫寄其詞，使弟守儉、守文就南京工部都水司郎中徐曰仁賢弟之柩而哭告之。」可見陽明先是在贛作祭文遥祭，此即前一篇祭文；然後又再寫祭文，遣弟守儉、守文回山陰祭奠，此即後一篇祭文。蓋爲周年祭也。

第1310頁

二十日，上浰頭捷音疏，奏請賞功。

王陽明全集卷十一浰頭捷音疏。

二十二日，有與諸弟及諸親友書，論家事甚悉。

陽明與諸弟書：「鄉人自紹興來，每得大人書，知祖母康健，伯叔母在餘姚皆納福，弟輩亦平安，兒曹學業有進，種種皆有可喜。且聞弟輩各添起樓屋，亦已畢工。三弟所搆尤極宏壯，規畫得宜，吾雖未及寓目，大略可想而知。此皆肯搆貽謀，勢所不免，今得蚤辦，便是了却一事，亦有可喜也。吾家祖父以來，世篤友愛，至於我等，雖亦未至若他人之互相嫌隙，然而比之老輩，

則友愛之風衰薄已多。就如吾所以待諸弟，即其平日外面大概，亦豈便有彰顯過惡？然而自反其所以推己盡道，至誠惻怛之處，則其可愧可恨，蓋有不可勝言者。究厥所以，皆由平日任性作事，率意行私，自以為是，而不察其已陷於非；自謂仗義，而不覺其已放於利。但見人不如我，而不自見其不如人者已多；但知人不循理，而不自知其不循理者亦有，所謂責人則明，恕己則昏。日來每念及此，輒自疚心汗背，痛自刻責，以為必能改此凶性，自此當不復有此等事，不知日後竟如何耳。諸弟勉之！勿謂尔兄已為不善而鄙我，勿謂尔兄終不能改

第1311頁

而棄我。兄及弟矣，式相好矣，無相猶矣，諸弟勉之！吾自到任以來，東征西討，不能旬日稍暇，雖羈鳥歸林之想，無時不切；然責任在躬，勢難苟免。今賴朝廷威德，祖宗庇蔭，提兵所向，皆幸克捷，山寇峒苗，剿除略盡，差可塞責。求退乞休之疏，去已旬餘，歸與諸弟相樂有日矣。為我掃松陰之石，開竹下之徑，俟我於舜江之滸，且告絕頂諸老衲，龍泉山主來矣。族中諸叔父及諸弟，不能盡書，皆可一一道此意。四月廿二日，寓贛州長兄守仁書寄三弟、四弟、六弟、八弟收看。外葛布二疋，菓子銀四錢，奉上伯叔母二位老孺人。骨筋四把，弟輩分用。外又鄭二舅書一封，江南諸奶奶書一封，汪克厚一封，聞邦正兄弟書一封，至即皆可分送，勿致遺失，千萬，千萬！又廿一叔書一封，謝老先生處書一封，皆留紹興，倘轉寄到家，亦可即時分送。聞姨丈、汪九老官人及諸親丈，及諸相厚如朱有良先生、朱國材先生輩，相見皆可道不及奉書之意。又一封示諸姪。（手札真迹今藏中國歷史博物館，陽明文集失載）

按：此書所言「諸弟」，指居餘姚秘圖山之堂弟，「三弟」指陽明叔父王袞長子王守禮，「四弟」指陽明伯父王榮次子王守智，「六弟」為陽明伯父王榮幼子王守溫，「八弟」為王袞幼子王守恭。

第1312頁

「聞邦正兄弟」指聞人詮、聞人誾兄弟（陽明姑表弟，詳下），「聞姨丈」指聞邦正兄弟之姨父，按王華有一妹嫁牧相，牧相卒，其或改嫁。「謝老先生」指謝遷，「汪克厚」指汪惇，「鄭二舅」指陽明生母鄭氏之兄，鄭邦瑞之祖父（見下），「廿一叔」指王德聲。他如江南諸奶奶、汪九老官人、朱有良、朱國材等，則皆為居餘姚之親朋好友、鄉里長輩。其中最可注意者，為汪惇與汪九老官人，正史不載其人。今按餘姚四明汪氏家譜記載有汪瑚其人，字廷美，人稱「萬松公」，生四子，植四桂，建四桂堂（在汪巷）存書。仲子汪惇，字克厚，號南泉，受業謝遷，以禮記中弘治戊午鄉試。正德辛未進士，授太昌守，陞南寧府同知，

朝議大夫致仕。幼子汪克章，字叔憲，號東泉。以禮記中弘治辛酉經魁。正德戊辰中二甲二十一名進士出身。初授刑部廣東清吏司主事，左遷湖北安陸守，因反對劉瑾被貶。正德五年瑾誅，復雲南清吏司主事，轉本司員外郎，陞廣東按察司僉憲，晉朝議大夫致仕，隱居四明故里汪巷。按汪克章正德三年舉進士，與徐愛為同年；汪克厚正德六年舉進士，陽明為會試同考試官，汪克厚或為陽明所親取。兩人實皆為陽明弟子，多有通信往還。陽明與王純甫書四即云：「屢得汪叔憲書，又兩得純甫書，備悉相念之厚。」（王陽明全集卷四）正德八年陽明遊雪竇，汪克章乃以弟子來侍遊，徐愛遊雪竇因得龍溪諸山記云：「晉訪汪叔憲，出遊白水宮……各賦詩識樂。叔憲嘆曰：『奇乎幽哉！』慈溪乃于世泯泯」。

第1313頁

……明日，叔憲、世瑞以誤食石撞骨結病。……先生乃坐叔憲而論曰：『今日畢，素懷已中。所歷佳勝比比，獨不彰於古昔，乃今得與二三子觀焉。夫永樂諸山，可備遊觀者也；四明，可居者也；龍溪，可以避地者也，然而近隘矣。杖錫者，可以隱德也，然而幾絕矣。乃若隱顯無恒，俯仰不拘，近而弗褻，遠而弗乖，可以致遠，可以發奇者，其惟雪竇乎！諸君耳目之所接，心志之所樂，其止於山水已乎？』叔憲曰：『唯唯。』乃下山。」今徐愛橫山遺集卷上有寺困侵誅因復次叔憲韵識感，即次陽明杖錫道中用張憲使韵（王陽明全集卷二十）。世德紀裏紀記陽明會葬，來會葬者有「參政汪惇，僉事汪克淳」，蓋皆是以弟子來參加會葬。「汪九老宮人」，即指汪瑚也。

二十八日，批贛州府賑濟呈，救濟戰後災民。

王陽明全集卷三十批贛州府賑濟呈：「據贛州府呈：『本府贛縣等七縣，將在倉稻谷糶銀賑濟。』看得兵革之餘，民困未蘇，加以雨水為災，農務多廢，雖將來之患，固宜撙節預防，而目前之急，亦須酌量賑濟。據該府所申，計處得宜，合行各縣照議施行。仍仰各掌印官，務須嚴禁富豪之規利，痛革奸吏之夤緣，庶官府不為虛文之應，而貧民果沾實惠之及。……」（月二十八日）

同上，卷十八批贛州府賑濟石城縣申：「看得所申賑濟既該府議，許中户糶買，下户給散，准如所議施行。今出糶之數止及二千，而坐濟之民不知幾許，附郭者得遂先獲之圖，遠鄉者必有不霑之惠。近日贛縣發倉，其弊可見。仰行知縣林順會同先委縣丞雷仁先，選該縣殷實忠信可託者十數輩，不拘生員耆老義民，各給斗斛，候遠鄉之民一至，即便分曹給散。仍選公直廉明之人數輩，在傍糾察，如有夤緣頂冒，即時擒拿，昭議罰治……」

第1314頁

餘姚聞人闇、聞人詮兄弟多有書來論學，有答書。

王陽明全集卷四寄聞人邦英邦正書一：「昆季敏而好學，吾家兩弟得以朝夕親資磨勵，聞之甚喜。得書，備見向往之誠，尤極浣慰。家貧親老，豈可不求祿仕？求祿仕而不工舉業，却是不盡人事而徒責天命，無是理矣。但能立志堅定，隨事盡道，不以得失動念，則雖勉習舉業，亦自無妨聖賢之學。若是原無求為聖賢之志，雖不業舉，日談道德，亦只成就得務外好高之病而已。……每念賢弟資質之美，未嘗不切拳拳。夫美質難得而易壞，至道難聞而易失，盛年難遇而易過，習俗難革而易流。昆玉勉之！」

書二：「得書，見昆季用志之不凡……君子惟求其是而已。『仕非為貧也，而有時乎為貧』，古之人皆用之，吾何為獨不然？』然謂舉業與聖人之學相戾者，非也。程子云：『心苟不忘，則雖應接俗事，莫非實學，無非道也。』而況於舉業乎？謂舉業與聖人之學不相戾者，亦非也。程子云：『心苟忘之，則雖終身由之，只是俗事。』而況於舉業乎？忘與不忘之間不能以髮，要在深思默識所指謂不忘者果何事耶？知此，則知學矣。賢弟精之熟之，不使有毫釐之差，千里之謬，可也。」

書三：「書來，意思甚懇切，足慰遠懷。持此不懈，即吾立志之說矣。『源泉混混，不舍晝夜，盈科而後進。放乎四海，有本者如是。』立志者，其本也。有有志而無成者矣，未有無志而能有成者也。賢弟勉之！色養之暇，怡怡切切，可想而知。交修罔怠，庶吾望之不孤矣。地方稍平，退休有日，預想山間講習之樂，不覺先已欣然。」

按：聞人詮字邦正，號北江；聞人闇字邦英，邑庠生。其母王太孺人為王華之妹，陽明姑母也。涇野先生文集卷十壽聞人母王太孺人七十序云：「聞人母王太孺人者，提學南畿聞人邦正之母也。邦正舉進士，令寶應，徵拜為御史，乃得封王為太孺人也。王，餘姚之名族也。海日先生又舉進士第一，官冢宰，其兄也。陽明公以部尚書討叛代逆，樹勳一時，且當干戈倥傯之日，講學不輟，倡道東南，其兄之子也。太孺人早受姆訓，深諳家教，奉其女儀，歸於聞人貞庵先生。貞庵先生少籍邑庠，綽有文譽，蓋與海日先生並名餘姚者也。然未究厥業，齎志蚤逝。當是時，太孺人年方三十也。守節訓子，至今年乙未六月十二日，於是生七十歲矣。……生二子，長闇也，邑學生，為救邦正之病，祈以身代，遂因是以卒。太孺人曰：『有是子也，又死於友于。』遂晝夜哭喪明。事督邦正曰：『盍副汝兄之志哉！』邦正用成進士。……」泉翁大全集卷四十二賀聞人母太孺人六十六華誕詩：「聞人母者，聞人侍御詮之母，冢宰海日公之女弟，新建伯陽明子之姑母也。歸貞菴公，相之儒業。貞菴告逝矣，母三十而孀居，六十如一日，志則貞矣。有子曰闓，曰詮。詮病劇，闓為焚香請身代之，遽斃。母曰：『天乎闓也，愛弟而斃乎！』哭之哀，乃喪明。……」又卷四十三壽聞人母王太夫人七十華誕詩：「祁門程生清告甘泉子曰：『六月十二，寔維我宗師北江子聞人先生母夫人七十初度之辰，維我公以道義之雅，宜有言以壽祝。』甘泉子曰：『壽其可知也，此吾素所期於北江子以致之於太夫人者也。……』」按陽明書中言「地方稍平，退休有日」，乃指四月平三浰。據前引陽明與諸弟書有云「聞邦正弟兄書一封」，即指陽明此寄聞人邦英邦正書一，可見陽明此寄聞人邦英邦正作在四月中。觀書意，陽明實勸聞人兄弟勉習舉業。後聞人詮於嘉靖五年中進士，明清進士録：「聞人詮，嘉靖五年三甲三十九名進士。浙江餘姚人，字邦正。從學外兄王守仁。知寶應縣。遷御史，巡視山海關，修城堡四萬餘丈。論救都御史王應鵬，逮入，廷杖。為南京提學御史，校刻五經、三禮、舊唐書行世，與訂陽明文録。出為湖廣副使歸。有東關圖、南畿志、飲射圖解。」

在贛州，四方學子來問學，講聚不散。

鄒守益集卷二十奠何善山先生文：「昔陽明先師以聖學倡於虔臺，一時豪傑不遠四方以集，如大寢聞鐘，群渴飲河……在廣東若薛子尚謙、子修、梁子日孚、楊子仕德、仕鳴，在南畿若周子道通，在楚若季子惟乾，在江右若夏子惟中、周子南仲、郭子昌修、王子宜學、李子子庸……」錢德洪陽明先生年譜：「先生出入賊壘，未暇寧居，門人薛侃、歐陽德、梁焯、何廷仁、黃弘綱、薛俊、楊驥、郭治、周仲、周衡、周魁、郭持平、劉道、袁夢麟、王舜鵬、王學益、余光、黃槐密、黃鎣、吳倫、陳稷劉、魯扶黻、吳鶴、薛僑、薛宗銓、歐陽昱，皆講聚不散，至是回軍休士，始得專意於朋友，日與發明大學本旨，指示入道之方。」

按：錢德洪所言來虔受學門人多不全，且多名有誤，至不知為何人。如袁夢麟乃袁慶麟之誤，周魁乃劉魁之誤（嘉靖文録作「劉魁」；褒紀中有「知州劉魁」），黃槐密乃王槐密之誤（褒紀中有「庠生王槐密」），黃鎣乃黃鏊之誤（褒紀中有「庠生黃鏊」）等。按陽明四月平三浰歸贛州，聲名遠播，四方學子皆在此後來贛受學。除薛侃、梁焯、何廷仁、黃弘綱、薛俊、楊驥、薛僑、薛宗銓等在上年已來問學外，茲將本年四月以後來贛問學士子考證如下，以見江右王學之興起。

郭持平。鄒守益集卷二十二明故南京刑部右侍郎淺齋郭公墓志銘：「公諱持平，字守衡，姓郭氏。……正德癸酉，領鄉書……上春官，不偶。……卒業南雍。……丁丑，成進士，需次歸省。陽明先生倡道虔臺，與四方豪傑進問退辨，遂聞格致之學。」按郭持平字守衡，號淺齋，萬安人。其正德九年春宮不第，入南雍卒業，其時當已與陽明相識。傳習錄卷上有郭持平問一條語錄：「守衡問：『大學工夫只是誠意，誠意工夫只是格物。修齊治平，只誠意盡矣。又有「正心之功，有所忿懥好樂，則不得其正」，何也？』先生曰：『此要自思得之，知此則知未發之中矣。』守衡再三請。

曰：『為學工夫有淺深。初時若不着實用意去好善惡惡，如何能為善去惡？這着實用意便是誠意。然不知心之本體原無一物，一向着意去好善惡惡，便又多了這分意思，便不是廓然大公。書所謂無有作好作惡，方是本體。所以說「有所忿懥好樂，則不得其正」。正心只是誠意工夫裏面體當自家心體，要當鑑空衡平，這便是未發之中。』」

歐陽德、歐陽昱、歐陽瑜。徐階歐陽公神道碑銘：「初，公領鄉薦。陽明先生倡道於虔之行臺，其說以為人心虛靈，萬理畢具，惟不蔽於欲，使常廓然以公，湛然以寂，則順應感通之妙，自出乎其中。而世儒往往索諸口耳，其力愈艱，其

於用愈窒，非大學『致知』之本指。於是舉孟子所謂『良知』者，合之大學，曰『致良知』，蓋『明明德』之別名耳。而士溺於舊聞，訛以為禪。公獨曰：『此正學也。』走受業於先生。」（世經堂集卷十九）聶豹南野歐公墓志銘：「二十一舉於鄉，聞陽明先生講學虔臺，裹糧從之。值春試者再，皆不赴，力踐精思，食貧自樂。」（雙江聶先生文集卷十）按歐陽德是役實偕歐陽昱、歐陽瑜來贛受學。歐陽昱為其胞弟，徐階歐陽公神道碑銘即云「又蔭其弟昱為國子生」。歐陽德集卷三十亦有期舍弟昱偕計不遂用韵寄慰詩。歐陽瑜為其族弟，明史卷二百八十三歐陽德傳：「族

人瑜，字汝重，亦學於守仁。守仁教之曰：『常欿然無自是而已。』瑜終身踐之。舉於鄉，不就會試。」王時槐四川布政司參議歐陽公瑜傳：「歐陽瑜字汝重，安福人。自少端慤，鮮嗜慾。從陽明先生學，雅見器異。將別，先生曰：『常見自己不是，此吾六字符也。』公奉令承教，終身力踐之。」（國朝獻徵錄卷九十八）據陽明題遥祝圖中云「其友正之、廷仁、崇一輩相與語」（該文作於五月十五日），可證歐陽德乃在四月來贛受學。

郭治。鄒守益集卷十八書郭中洲待漏像自贊後：「臣某歌鹿鳴，與臣治同舉；及學虔州，與同師；判廣德，

與孝豐同壤。」按郭治字昌修，號中洲，安福人，與鄒守益為同年。其正德十三年來贛受學，至次年鄒守益來學，其猶在贛未去，故云「及學虔州，與同師」。鄒守益集卷十七乾乾所箴：「陽明夫子講學虔州也，中洲郭子昌修偕晴川劉子煥吾、南野歐陽子崇一，往學焉。其後令孝豐，移守鬱林，宣暢師訓，甚宜其士民……益也同年同門，又同以伉直歸，敬為之箴。」是郭治乃與歐陽德、劉魁同時來贛問學。

劉魁。劉魁字煥吾，號晴川，泰和人。歐陽德集卷七送劉晴川北上序云：「陽明先生倡學虔臺之歲，某從晴川子日受業焉。當是時，默坐澄心，遊衍適性，詩、書、禮、樂益神智而移氣體者咸備，若春風被物，生植而不自知。……」卷二十八祭劉晴川云：「憶昔與兄師門共學，接席連牀，動逾數月，語焉而不厭其聒，默焉而不疑其秘。相觀相砥之益，惟予與兄自知之。」唐伯元工部員外郎劉公魁傳：「員外郎劉公魁，字煥吾，泰和人。由舉人，嘉靖間判寶慶……公自幼稟父訓，躬操古行。既學於陽明先生，堅志反觀，動有依據。」（國朝獻徵録卷五十二）羅洪先集卷十九晴川劉公墓表：「……其後受學王陽明先生，聞良知之說……蓋自良知之說興，學者皆指此心知覺以為本體，直任其發用流行，不復存察，謂之致知。公兢兢自考，每一動念，求無自欺，是非由中，然後敢發……蓋至是而後知良知之致，必始於存察之功；而存察之精，益足以擴良知之用。是公大有助於師門也。」明儒學案卷十九員外劉晴川先生魁：「先生受學於陽明……門人尤熙問為學之要，曰：『在立誠。』每舉陽明遺事以淑門人，言：『陽明轉人輕快，一友與人訟，來問是非，陽明曰：「待汝數日後，心平氣和，當為汝說。」後數日，其人曰：「弟子此時心平氣和，願賜教。」陽明曰：「既是心平氣和了，又教什麽？」朋友在書院投壺，陽明過之，呼曰：「休離了根。」問陽明言動氣象，先生曰：「只是常人。」』」

吳倫。吳倫字伯叙。歐陽德集卷九吳伯叙卷：「先師陽明夫子講學於虔，發明靜專動直之旨，然聞其教者，或各以其意為學，而未究見夫所謂真靜真動者……吳子伯叙昔在師門最稱篤志，時或凝然端坐，若澄神内顧然者，朋友疑其偏靜。比歲，會諸南雍，則吳子已改其舊轍，非復是内非外、喜靜厭動者矣。」

俞慶。歐陽德集卷二十九挽俞子有：「予與子有侍先師於虔，同寓郁孤臺下。時相與焚香告天，誓此心可對天日。荏苒歲月，頑鈍無聞，而子有已不可作。子南來館下，出知舊挽卷，悵然賦此。　猶憶春風理素琴，盤雲玄鶴去無音。郁孤臺上千年月，常照人間不死心。」所謂「春風理素琴」、「郁孤臺上千年月」，即指俞子有是年春間來贛受教。按「俞子有」即俞慶，信豐人。康熙信豐縣志卷十俞慶傳：「俞慶，字子有，一字子善。篤志問學，泛觀博取，反而約之身心。踰冠，領正德庚午鄉薦。遊太學，所交盡海內名士。詩文沖淡，自可名家。後從陽明，益有妙悟。尋卒，陽明公哭之曰：『嗚呼慶也！欲寡其過而未能，蓋駸駸焉有志，而未覩其成也。』太史舒芬為之銘曰：『學修夫情，行循夫理。汝歿汝寧，固斯丘之所成。』至今士林忻慕焉。」俞慶正德五年舉鄉試，當是次年會試不第，乃入太學。陽明正德六年為會試同考試官，兩人或即是年在京相識。「太史」舒芬，正德十二年舉進士，授翰林院修撰，至正德十四年謫為福建市舶副提舉，故可知俞慶當卒在正德十三、十四年間。歐陽德所云「知舊挽卷」或即有陽明作祭俞子有文。

劉魯、劉宰。歐陽德集卷二十五劉玄洲墓志銘：「陽明先生講學虔臺時，弟子自遠來至大庾，最穎悟者兩人，其一則劉君。劉君諱魯，字希曾，今刑部侍郎雪臺翁冢子也……既聞先生教，反本泝源，理性情之奧，其言

第1323頁

曰：『性含靈識，故神明其德，本於齋戒；情顯功能，故高厚之業，積之忠恕。洞其性則神昏，雖多聞不足以精義；鑿其情則才僻，雖利用不足以崇德。且鑒空而明，故垢淨明瑩，未聞設色以影將照之形；心虛而神，故欲淨神應，未聞執迹以擬不測之變。』於是慨然有志於道，自期古聖哲……君學於陽明，與某同舍砥礪……君初號梅泉，後號玄洲。所著有梅泉稿、玄洲日課，藏於家。」按歐陽德所云「最穎悟者兩人」之另一人，為劉宰，康熙南安府志卷十三：「劉宰，字彥弼。劉魯，字希曾。俱同受王文成之門，後聯翩登科。」民國大庾縣志卷八：「劉宰，字彥卿。劉魯，字希曾。宰，學正寬、布政寅從弟。魯，侍郎節子。俱長於文學。後聯翩登科，相與刊落詞華，究心理學，同受業王文成之門。皆著有文集，藏於家。」

吳鶴。前考吳鶴正德五年來辰州虎溪龍興寺受學。是次則自湖南吉首再來贛受學，見乾州廳志人物。

謝魁。順治贛州府志卷十六：「謝魁，字文杓，興國人。為諸生時，受學於陽明先生。居常以道義自飭，於世味泊如也。選貢入太學，大司成南野歐公命二子師焉。已授虞城令，捍堤禦水，為民利賴。以不合於時，改樂昌。朞年，堅辭乞歸。逾月而卒。」

第1324頁

浙江大学古籍研究所

余光。順治贛州府志卷十六：「余光，字緝之，贛縣人。幼孤，攻苦讀書。登嘉靖壬午鄉薦，十年不第。授四川涪州知州……起復，補廣安州……未幾，陞廣西南寧府同知，益自刻勵，土官承襲分例盡却之。會討安南，毛大司馬為師，嘗召入幕府，計事多采用。已而安南降，奪國號，貶為都統司。功狀上，以與有勞，擢南京刑部員外郎……歸田二十餘年，以壽終。」

賴元、賴貞、李經綸。道光寧都直隸州志卷二十二：「（寧都）賴元，字善長，號蒙巖，邑諸生。嘗嘆士讀聖賢書，當為聖賢事。時王陽明講學虔州，元裹糧及門，聞師

第1325頁

訓，輒解悟。與同門何善山、黃洛村書疏往復辨證。洛村與劉龍山書曰：『近得寧都朋友相次興起，甚得力者，皆善長一人倡率之功也。』邑令陳大綸設講堂，推元為首，學者翕然宗之。與同邑李蒙泉講學青原，吉人士稱為『二蒙』云。」（按：李大集字蒙泉，邑諸生，從黃洛村遊。）同治會昌縣志卷二十二：「賴貞，字洛村。兄元，字善長。俱太學生，同及王陽明門，講學虔臺。陽明沒後，貞復遊學於白鹿洞，三年不歸，寄語家人曰：『昔舒璘曰：「敝牀粗席，總是佳氣，櫛風沐雨，反為美境。」信不虛矣。』手抄傳習錄及往來辨學書，復以己所心得者，識於後。嘉靖乙酉，與兄捐千金，建湘江書院，講學其中。」聶豹集卷七雲石山人傳：「雲石山人者，寧人也。予不識山人作何狀，識山人子……於是與山人子李經綸交焉……經綸亦為邑庠生，卒亦屏謝舉業，與友人賴元同受學於先師陽明子，意承考也。」

王舜鵬。同治萬安縣志卷十三：「王舜鵬，字希元，雁塔人。以歲貢授益陽訓導，沂水教諭，乞休。甘苦茹淡，敦樸以正家，恥事干謁。嘗受學王陽明，以其說與鄉士大夫博士弟子相證悟，砥礪於雲興書院，惓惓汲引，耄年不倦。」

第1326頁

余善。薛侃集卷七有余土齋傳，記薛侃介鄉人余善及陽明之門。余善字崇一，號土齋，潮陽人。從白沙遊，操履端確。正德戊寅，應貢北上，遇薛侃於南監，因入見陽明。按傳習錄卷上有薛侃記語錄：「崇一問：『尋常意思多忙，有事固忙，無事亦忙，何也？』先生曰：『天地氣機，元無一息之停，然有個主宰，故不先不後，不急不緩，雖千變萬化，而主宰常定，人得此而生。若主宰定時，與天運一般不息，雖酬酢萬變，常是從容自在，所謂「天君泰然，百體從令」。若無主宰，便只是這氣奔放，如何不忙？』」此「崇一」應即指余善，今人多以為指歐陽德

，乃誤。

劉業。同治萬安縣志卷十三：「劉業，號丹峰，城西横街人。中正德庚午鄉試，積學工詩文。從王陽明守仁講學虔中，業列高座。居家授徒，從遊者皆知名士。謁選掄部元，授金華府同知，隨陞山東長史。時王據禮服喪，凡吉禮悉命業代之。遇恩更四品服，遂致仕。王喜曰：『長史受服致仕，洵賢大夫也。』業歸，謝干謁，披書史，自撰墓銘。」

李鎣、李絳、李涓。同治泰和縣志卷十七：「李鎣，字希子，南岡人。好學博識，王守仁聘主虔教，一時名士多出其門。子涓與兄絳，同及守仁門。常受寧藩聘見，濠有逆謀，力諫不從，拂衣歸。善詩賦，精書法，稱為『珠泉先生』。」

羅琛。光緒吉水縣志卷三十六：「羅琛，字松坪。十二歲為弟子員，聞王守仁講學章貢，往師之。一日，侍守仁招提，守仁問：『鐘聲何如叩之即應？』答曰：『鐘空則鳴，心虛則靈。一物塞其中，鐘聲必不應；一欲橫於中，則心必不明。』守仁大然之。羅洪先嘗談曰：『吾家顏子，伊周非所求也。』及歿，時屬二子惟立志云。」

周汝員、周文矩。光緒吉水縣志卷三十六：「周汝員，號冷

第1327頁

塘，南嶺人。父仲。汝員中嘉靖壬午鄉試，己丑進士，授行人，選河南道御史。丁酉典鄉試，袁煒、茅讚皆出其門。元輔張孚敬居鄉暴横，汝員首劾之。孚敬訐汝員典試有私，汝員疏辨，盡發孚敬不法事。上令回籍聽勘，未受代，仍理浙務一年。復任，陞福建巡海副使。闈中忤直指，誣劾罷歸。汝員初與弟文矩受學王守仁，性剛介，不能容人過，亦不自容其過。所著有文集行世。」

周仲。前引光緒吉水縣志卷三十六周汝員傳云「父仲」，知周仲乃是周汝員、周文矩之父，吉水人。其當是是年携周汝員、周文矩二子來贛受學。鄒守益集卷二十六有和周南仲：「鬱孤臺上濂溪學，兩度春風共坐之。儘把毀譽供一笑，從來饑飽更誰知？言如鸚鵡猶為鳥，道在盤盂舉是師。回首文江天咫尺，片帆何日話幽思？」知周仲字南仲，所謂「兩度春風共坐之」，即指在贛受學。前引鄒守益奠何善山先生文云「周子南仲」，即指周仲。世德紀喪紀稱陽明櫬抵越，來哭奠者有「門人監丞周仲」。

劉道。同治萬安縣志卷十二：「劉道，號五山，倉背人。正德辛巳進士。任雲南按察司僉事，恒以刑書律志設於簿案，事有所疑，則質之，未嘗以非罪寘人。時有謠曰：『天轂滇南，來有五山。』以老辭歸，不與外事，新祠典，創義

第1328頁

田，教子孫以義門之法。有慎刑録，載會典。」

劉賓朝。同治安福縣志卷十一：「劉賓朝，字心川，川竹園人。少為邑諸生，有聲。契良知之學，師事王守仁，復卒業於鄒守益。晚年徜徉青原、白鷺間，與馬勳相友善。」

王釗、王鑄、王鏡。同治安福縣志卷十一：「王釗，字子懋，號柳川，南鄉金田人。安貧樂道，始學於王守仁，既卒業於鄒守益。……」鄒守益集卷二十三王母甘孺人墓志銘：「吾邑王生釗及鑄，受學於陽明王先生，而卒業於東廓山房。其言吶吶如不出口，而其志侃然，其行確然，予竦然愛之。」同治安福縣志卷十一：「王鑄，字子成，南鄉金田人，邑庠生。性至孝，廬母墓三年。與兄釗、鏡師事王守仁，卒業於鄒守益，鄒守益稱為『致遠友』也。嘗題其額曰『道侔二陸』。後往來衡嶽、石鼓、鹿洞各書院，歸則與復古、復真諸君子講學不倦。著有語録及詩草。」

劉肇袞。同治安福縣志卷十一：「劉肇袞，字内重，東鄉櫟岡人。初為諸生，赴試，嘆曰：『士不自重，致所司防閑如此。』遂自陳養母去。慕吴與弼學，得其書，喜讀之。會王守仁開府虔中，往受業焉。袞氣岸雄偉，朋輩有失職，面攻之。鄒守益每嘆朋友道衰，不聞直諒，益重袞。袞於鄉閭民瘼有所聞，辛以告守益，為之轉聞當道，民感其惠。王時槐謂：『兩峰自修於己，石峰交修於人。』石峰，肇袞別號也。」按王陽明全集卷五有答劉内重。

張崧。同治安福縣志卷十一：「張崧，號秋渠，南鄉書岡人。學博文贍，嘗受學王守仁，充然有得。甲寅大饑，為保民，蠡測數千言上之，當路亟檄郡邑舉賑，全活者甚衆……手著叢録二十卷，及三傳、性理、通鑑節要諸書。」鄒守益集卷四叙安福叢録：「秋渠張子崧，稽往乘，搜傳記，博詢山氓故老，凡為卷二十有二……往予與同志劉子肇袞、王生鑄輩，議各記所聞所睹，細大必裒……秋渠子以獨立成之……」

劉孔愚。同治永新縣志卷十六：「劉孔愚，字可明，博學尚詩文。弱冠，以禮經魁鄉試，念母李矢節，侍養十餘年，不赴春官。嘗受學王陽明先生之門，嚮往，得其旨歸。後就教定海，造士有方，捐餼以資貧者。兩典文衡，皆稱□士。擢寧遠知縣，遷學屬士，殄劇寇，有功。尋卒於官。所著有蘅汀集。」按同治永新縣志卷十一舉人云：「正德八年癸酉鄉試，劉孔愚，敦從孫，經魁，知縣。」劉孔愚正德八年後居家十餘年，蓋即在其時來虔問學。

周衡。泉翁大全集卷六十明唐府紀善進長史倅靜庵周君墓碑銘：「……正德庚午，領應天鄉薦。明年，會試中乙榜，授江西萬安訓導……在萬安，聞陽明王先生講道於虔，亟往受業，聞求心致良知之説，以聖賢為必可學，以存天理去人欲為下手功夫。」鄒守益集卷十七學易齋：「宜興周君衡學易於陽明先生。先生命之曰：『易者，吾心之陰陽動靜也。動靜不失其時，易在我矣。自強不息，所以致其功也。』即其所居構『思誠書屋』數椽，而揭其棲止之室曰『學易窩』，以不忘先師之訓。」前考正德五年周衡已來見陽明受學；是次乃是其在萬安訓導任上再來問學，則在四月可知。

第1331頁

薛宗鎧。泉翁大全集卷六十明故徵仕郎右給事中東泓薛君墓志銘：「東泓子薛子宗鎧子修，從其父靖軒子、叔父中離子、竹居子，皆學王陽明公良知之學。推陽明之意，而前輩以事甘泉子。……考曰俊，靖軒子……子修生弘治戊午三月朔日，卒嘉靖丙申九月二十一日，享年三十有八。其季叔兵曹竹居子僑，携喪以歸。」

王學益。同治安福縣志卷十：「王學益，字虞卿，號大廓，東鄉蒙岡人。嘉靖乙丑進士，授都水司主事，改武庫。上疏清京衛及各省軍伍，一湔宿滯。遷職方員外，進郎中。時尚書某欲用某為將官，學益執不可，至掣其筆，竟從之。時議伐安南，寓書毛伯溫，以為東南生靈所繫，乞慎動，以惠交人。歷擢福建按察副使，應天府丞，巡撫貴州兼理軍務。適貴之銅仁與湖之鎮筸諸苗構煽，學益頗得土目心，方感德誓報，會有擠之者，誣以稽忽，遂被逮。湖貴人士相率陳冤，事乃白。起南僉都御史，改北刑部左、右侍郎，陞南工部尚書，以疾請休。年六十七卒。」按王陽明全集卷六與安福諸同志有云：「得虞卿及諸同志寄來書，所見比舊又加親切。」蓋王學益為安福惜陰會之中堅弟子也。

第1332頁

劉秉鑒。鄒守益集卷二十一彭子闇墓銘：「昔陽明夫子倡道於虔，四方豪傑咸集，益趨而受學焉。其後宅憂會稽，信從者愈衆，一時聲應氣求，私淑而興，吉郡視四方為勝，而安福視吉郡為勝。然俯仰三十年，相繼云亡。若憲副劉印山秉鑒、邑尹王天民皞甫，施於政而未展；若劉德芳醮、劉子和周，則文則武；劉原理瓊治、李畏夫儼，皆未試早沒；而王孔橋仰，復沒於旅邸……若彭子闇勉愉，其北里之可悲者乎！……」按鄒守益所言此八名安福士子皆陽明弟子，似皆先在正德中來贛受學，後又在嘉靖中來越受學，今多不能詳考，故茲祇録劉秉鑒一人。鄒守益集卷二十四表印山劉先生墓：「印山劉先生之墓，在安成三舍社陂頭，艮寅山坤申向。先生諱秉鑒，字遵教……登戊辰進士，授河間寧津令，擢刑部主事，尋署員外郎。出為河南僉事，兵備大名，以功陞副使，兼理河道。忤巨璫，下詔獄，謫判韶州。以臺諫薦，量移直隸太平，復二潮州，起知臨安事。歷官二十餘年……先生族之彥曰邦采，曰文敏，曰曉……」明儒學案卷十九御史劉三五先生陽：「劉秉鑒，字遵教，號印山，三五同邑人也。父宣，工部尚書。先生登戊辰進士第，歷刑部主事，署員外郎，出為河南僉事，遷大名兵備副使，以忤巨奄，逮繫詔獄，得不死，謫判韶州，量移貳潮州，知臨安府，未至而卒……劉三五評之曰：『先輩有言，名節一變而至道。印山早勵名節，烈烈不拙，至臨死生靡惑，宜其變而至道無難也。』」

郭昇、程度。乾隆南昌府志卷五十八儒林：「郭昇，字東旭，新建人。事親以孝聞。嘗至虔從王守仁學，遭濠變，居室罹兵燹，守仁給以逆產，固辭不受。巡按延為白鹿洞長。以明經積資，授興國訓導。量移歸化教諭，其地士樸少文，昇導以禮讓，咸慕化之。所著有大學中庸問答。同里程度，亦師事守仁。操行介潔，終身無惰容。為連州訓導。」

王貞善。乾隆泰和縣志卷二十一：「王貞善，字如性。性格嚴正，恥逐流俗。少聞王守仁良知之旨，有會於心，遂師事之。既而習湛若水隨事體認天理之說，學益進。嘉靖戊子舉人，授海陽縣，以守正忤上官，不滿歲而歸。杜門著書，如靜說、讀史法戒及內外篇，皆本王、湛之學。」

林學道。光緒莆田縣志卷十六：「林學道，字致之。少苦志力學，既入庠，從泉南祭酒蔡清遊。復之江西從王守仁，訂良知之說……守仁督撫南、贛，又請入濂溪書院。……」按陽明於正德十三年九月修濂溪書院，可見林學道當是在正德十三年來贛問學。

羅文炳。劉節宣制堂錄卷上贈羅子序：「富溪羅子文炳，永豐人也。嘗鼓篋遊陽明山人王子門。言莊貌恭，氣和行篤志銳，同舍生推焉。……茲秋選於鄉，弗升太學。劉子邦彥語節也，走幣請師於塾。羅子至，邦彥乃命其二子儲、纖、猶子之子乾、節也乃命子音、弟之子香暨湯生執弟子禮，羅子受而教焉。……或問曰：『羅子教諸弟子，猶夫陽明教羅子哉？諸弟子聞於羅子，亦猶夫羅子聞於陽明否也？』節告之曰：『譬諸堂室哉，陽明教羅子，入羅子於室也；羅子教諸弟子，升諸子於堂也。』……」

張元相。乾隆南昌府志卷五十九忠義：「張元相，字居仁，新建人。有詩名，以經明行修科，官寧藩教授，署長史事。宸濠謀逆，啖以高官，不從。元相兄元春，初官山陰知縣，元相隨任，受學於王守仁。時撫虔，元相乃竄走虔，言其狀。及歸，濠遣校尉縛元相，并其弟舉人元龍禁之，煆煉備至。濠被擒，守仁兵至，乃出兄弟於獄。元相殘廢……」

歐陽閱。乾隆泰和縣志卷二十一：「歐陽閱，字崇勳，蜀江人。德族兄，從王守仁遊。宸濠有異，進曰：『以時世論，將有七國之變，計將安出？』守仁不應，而密語之曰：『書生何易談天下事？可讀易洗心。』一句沈思有悟。兼長詩賦。後為滁州學正。」

是月，雩峰袁慶麟攜芻蕘餘論來問學。

袁慶麟朱子晚年定論跋：「……麟無似，從事於朱子之訓餘三十年，非不專且篤，而竟亦未有居安資深之地，則猶以為知之未詳，而覽之未博也。戊寅夏，持所著論若干卷來見先生。聞其言，如日中天，睹之即見，象五穀之藝地，種之即生，不假外求，而真切簡易，恍然有悟。退求其故而不合，則又不免遲疑於其間。及讀是編，始釋然，盡投其所業，假館而受學，蓋三月而若將有聞焉。……正德戊寅六月望，門人雩都袁慶麟謹識。」（朱子晚年定論後附）

康熙雩都縣志卷九：「袁慶麟，字德彰，晚號雩峰。初為諸生，矻矻攻舉子業，幾忘寢食。已而忽自悔悟，盡棄舊習，銳志聖賢之學。久之，渙然有省，曰：『吾性自足，何事外求耶？』既膺鄉貢，以親老遂不仕。督學邵寶聘主白鹿洞，郡守吳珏聘設教郡學，為各邑諸生師，俱辭不就。正德戊寅，攜所著芻蕘餘論謁陽明子。陽明見而稱服，曰：『是從靜悟中得來者也。』檄有司聘督本府社學。」

五月一日，上添設和平縣治疏，乞建和平縣。

王陽明全集卷十一添設和平縣治疏：「……切見龍川和平地方，山水環抱，土地坦平，人煙輳集，千有餘家。……可以築城立縣於此，招回投誠之人，復業居住。分割龍川縣和平都、仁義都并廣三圖共三里，及割附近河源縣惠化都，與接近江西龍南縣鄰界，亦折一里前來，共輳一縣。……地名和平，以地名縣，以為得宜。……」

有札致兵部尚書王瓊，再乞致仕。

王陽明全集卷二十七與王晉溪司馬書八：「近領部咨，見老先生之於守仁，可謂心無不盡，而凡其平日見於論奏之間者，亦已無一言之不酬。雖上公之爵，萬户侯之封，不能加於此矣。自度鄙劣，何以克堪，感激之私，中心藏之，不能以言謝。然守仁之所以隱忍扶疾，身被鋒鏑，出百死一生以赴地方之急者，亦豈苟圖旌賞，希階級之榮而已哉？誠感老先生之知愛，期無負於薦揚之言，不愧稱知己於天下而已矣。今雖不能大建奇偉之績，以仰答知遇，亦幸苟無撓敗戮辱，遺繆舉之羞於門下

，則守仁之罪責亦已少塞，而志願亦可以無大憾矣，復何求哉！復何求哉！伏惟老先生愛人以德，器使曲成，不責人以其所不備，不強人以其所不能，則凡才薄福，尫羸疾廢如某者，庶可以遂其骸骨之請矣。乞休疏待報已三月，尚杳未有聞。歸魂飛越，夕不能旦。伏望憫其迫切之情，早賜允可，是所謂生死而肉骨者也，感德當何如耶！」

按：陽明三月疏乞致仕，可見此書作在五月，當是隨添設和平縣治疏一起送往京師。

同時致札吏部侍郎何孟春，懇其促成乞休之請。何孟春八月有復書。

何文簡公文集卷十七復王伯安都憲書：「別久，方深渴慕，而嶺北捷音洊至。信乎，有文事者有武備，而儒者之為將，其功自不凡也！春輩忝在知末，承示華札，喜慰之極，莫可云喻。九重南顧，今日實恃公以無憂，功成身退之請，在廟堂其誰敢遂公之願邪？使者復命，謹此數字敘意。厚惠已拜領訖，感謝，感謝！辰下向涼，萬惟自愛，以需驛召。不備。」

按：何孟春字子元，號燕泉，郴人，時任吏部侍郎。

所謂「嶺北捷音洊至」，即指陽明平汀漳、左溪、桶岡，

直至平三浰、九連山，南贛、嶺北平定。陽明致札何孟春當與其致札王瓊同時。何孟春復書云「長下向涼」，則已在秋七、八月。

十五日，薛侃母誕辰，薛侃作遥祝圖賀之，特為圖題辭。

第1337-2頁

《王陽明全集》卷二十四〈題遥祝圖〉：「薛母太孺人曾方就其長子儁養於玉山，仲子侃既舉進士，告歸來省。孺人曰：『然，吾安而兄養，子出而仕。』侃曰：『吾斯之未能信。』曰：『然則盍往學？』於是携其弟僑、姪宗鎧來就予於虔。其室在揭陽，别且數年，未遑歸視。踰年五月望日，為孺人初誕之辰，以命不敢往，遥拜而祝。其友正之、廷仁、崇一輩相與語曰：『薛母之教其子，可謂賢矣；薛子之養其親，可謂孝矣。吾儕與薛子同學，因各勵其所以事親之孝，可謂益矣，而不獲登其堂，申其敬。』乃命工繪遥祝之圖，寓諸玉山，以致稱觴之意。請於予，予為題其事。」

因戰亂後久雨水災，府縣城垣圮敗，批嶺北道修築城垣。拓新提督都察院，建射圃、觀德亭，作觀德亭記以發其意。

《王陽明全集》卷三十〈批嶺北道修築城垣呈〉：「據副使楊璋呈：『所屬府、衛、縣城垣倒塌數多，而石城一縣尤甚，應該估計修理。合委知府季斅、邢珣，不妨府事，督修本府城垣。龍南縣署印推官危壽，興國縣知縣黃泗，瑞金縣鮑珉，各委督修本縣城垣。惟石城縣知縣林順，柔懦無為，合行同知夏克義，估計督修。』……該道即行各該承委官員查照，估算工程，措置物料，一應事宜，各自從長議處呈奪。各官務要視官事如家事，惜民財如己財，因地任力，計日驗功，役不踰時而成堅久之績，費不擾民而有節省之美。……」（五月十五日）

第1338頁

按：是次修築府縣城垣，順治贛州府志（卷四）載之甚詳，茲著録於下：

贛州府城……正德乙亥春，霖圮一千三百餘丈。戊寅夏，久雨，圮六百三十八丈。知府邢珣後先白於蔣都御史昇、王都御史守仁，修補完整。而己卯、庚辰連歲復圮三百四十餘丈，王兵使度檄知府盛茂重修。

興國縣……戊寅久雨，復圮九十餘丈。知縣黃泗白於都御史王公守仁、知府邢珣，給官帑重修。建城樓一座，修窩鋪二十四座。

瑞金縣……戊寅，復圮一百餘丈。知縣鮑珉白於都御史王公守仁、知府邢珣重修。

龍南縣……戊寅春雨，圮二十餘丈。署縣事本府推官危壽白於都御史王公守仁、知府邢珣，給官帑重修。

石城縣……戊寅雨，圮十之七八，都御史王公守仁檄通判文運督署縣事、興國縣丞雷仁，給官帑修完，重建西南二門城樓。

順治贛州府志卷四：「提督都察院，在城東南……正德戊寅，王都御史守仁開拓一新。中為堂曰『肅清』，前為露臺，東西為廊房，中為儀門，外為大門。正堂後為軒，曰『正大光明』，又為後堂，曰『抑抑』。後堂之左為思歸軒，為宜南樓，為燕居，為仕學軒，左掖為射圃，為無逸亭、君子亭；後堂之右為觀德亭。大門外左為府茶廳，右為三司茶廳，兩翼為各屬茶廳。外西邊廊房三十間，以處各省、府、衛胥徒之聽用者。門前為坊，曰『提督軍務』；左右為坊，曰『肅清六道』、『節制四藩』。轅門外，西為中軍廳，南設坐營署。尚書何喬新有記。」

王陽明全集卷七觀德亭記：「君子之於射也，內志正，外體直，持弓矢審固，而後可以言中。故古者射以觀德。德也者，得之於其心也。君子之學，求以得之於其心，故君子之於射，以存其心也。是故懆於其心者，其動妄；蕩於其心者，其視浮；歉於其心者，其氣餒；忽於其心者，其貌惰；傲於其心者，其色矜。五者，心之不存也；不存也者，不學也。君子之學於射，以存其心也。是故心端則體正，心敬則容肅，心平則氣舒，心專則視審，心通故時而理，心純故讓而恪，心宏故勝而不張，負而不弛。七者備而君子之德成。君子無所不用其學也，於射見之矣。故曰：為人君者，以為君鵠；為人臣者，以為臣鵠；為人父者，以為父鵠；為人子者，以為子鵠。射也者，射己之鵠也；鵠也者，心也。各射己之心也，各得其心而已。故曰：可以觀德矣。作觀德亭記。」

按：陽明此觀德亭記實為拓新提督都察院而作。陽明於提督都察院中建射圃，又特建觀德亭，乃以觀射圃也。蓋古者射以觀德，陽明由此發意，以為射者，射己之鵠；鵠者，即心也。射己之鵠，各得其心，故曰射可以觀德。此即陽明建射圃、作觀德亭之真意也。又陽明於提督都察院中建思歸軒，其作思歸軒賦云：「陽明子之官於虔也，廨之後喬木蔚然。退食而望，若處深麓而遊於其鄉之園也。構軒其下，而名之曰『思歸』焉。」思歸軒或是其居室耶？

錢德洪陽明先生年譜云：「四方學者輻輳，始寓射圃，至不能容。」然則射圃、觀德亭又為四方學子來寓受學之地矣。

魏時亮大儒學粹卷九陽明王先生：「先生在贛院，左旁門通射圃，暇即走其中，與諸生論學，多至夜分，次早諸生入揖為常。一夕夜坐，諸生請休朝扣門，守者曰：『昨夜公返未幾，即出兵，不知何往。』今可至數十里矣。其神速機變若此。」

第1341頁

餘姚諸弟書來，告悔悟奮發之意，有答書。

王陽明全集卷四寄諸弟：「屢得弟輩書，皆有悔悟奮發之意，喜慰無盡！但不知弟輩果出於誠心乎，亦謾為之說云爾。本心之明，皎如白日，無有過而不自知者，但患不能改耳。一念改過，當時即得本心。人孰無過？改之為貴。蘧伯玉，大賢也，惟曰『欲寡過而未能』；成湯、孔子，大聖也，亦惟曰『改過不吝』，『可以無大過』而已。人皆曰人非堯舜，安能無過？此亦相沿之說，未足以知堯舜之心。若堯舜之心而自以為無過，即非所以為聖人矣。其相授受之言曰：『人心惟危，道心惟微，惟精惟一，允執厥中。』彼其自以為人心之惟危也，則其心亦與人同耳。危即過也，惟其兢兢業業，嘗加精一之功，是以能允執厥中而免於過。古之聖賢時時自見己過而改之，是以能無過，非其心果與人異也。『戒慎不睹，恐懼不聞』者，時時自見己過之功。吾近來實見此學有用力處，但為平日習染深痼，克治欠勇，故切切預為弟輩言之。……」

按：前引陽明與諸弟書乃致餘姚諸族弟，作於四月廿二日。餘姚諸弟隨即有答書寄來，告悔悟奮發之意，即陽明此書所言「屢得弟輩書」。故可確知陽明此寄諸弟書作在

第1342頁

五月中。

二十七日，户部右侍郎張津卒，柩過贛水，作文哭祭。

王陽明全集卷二十八祭張廣溪司徒：「嗚呼！留都之别，倏焉二載，詎謂迄今，遂成永訣，嗚呼傷哉！悼朋儕之零落，悲歲月之遄逝，感時事之艱難，嘆老成之彫謝。傷心觸目，有淚如瀉。靈柩南還，維江之湄。聊奠一觴，以寄我悲。嗚呼傷哉！」

按：此祭文「張廣溪」當是張廣漢之誤。張廣漢即張津，明清進士録：「張津，成化二十三年三甲八十一名進士。廣東博羅人，字廣漢。官建陽知縣，累官至右副都御史，巡撫應天諸府，所部水旱，請停織造。尋加户部右侍郎，巡撫如故。」國朝獻徵録卷六十户部侍郎兼都察院左僉都御史張津傳：「張津，字廣漢，廣東博羅人。成化丁未進士，授建陽縣知縣……弘治乙酉以憂去……庚申，徵拜監察御史……壬申，遷山東左參政。尋超拜南京都察院右僉都御史，專理操江。乙亥，轉副都御史，巡撫蘇松。疏請建儲，并言江南水旱，宜停止織造，俱不報。以征湖州孝豐賊，遷户部右侍郎，兼憲職，巡撫如故。再疏乞休，未允。以正德十三年五月卒於官……」明史卷一百八十六有傳。按張津正德七年陞南京都察院右僉都御史來南都，陽明則正德九年陞南京鴻臚寺卿至南都，兩人相處甚洽。至正德十一年張津陞户部右侍郎（司徒）仍在南都巡撫如故，陽明則别張津赴南、贛。至正德十三年，兩人相别二載，即祭文所云「留都之别，倏焉二載」也。張津卒於五月二十七日，國榷卷五十：「正德十三年五月乙丑，户部右侍郎兼左僉都御史張津卒……贈南京户部尚書。」張津靈柩自南都歸博羅經贛約已在六月，陽明此祭文應作在六月中。

六月十五日，上三省夾勦捷音疏，奏乞賞功。

王陽明全集卷十一三省夾勦捷音疏。

刊刻朱子晚年定論於雩都，袁慶麟作跋。

王陽明全集卷七朱子晚年定論序。

袁慶麟朱子晚年定論跋：「朱子晚年定論，我陽明先生在留都時所採集者也。揭陽薛君尚謙舊録一本，同志見之，至有不及抄寫，袖之而去者。衆皆憚於翻録，乃謀而壽諸梓。謂：『子以齒，當志一言。』惟朱子一生勤苦，以惠來學，凡一言一字，皆所當守，而獨表章是、尊崇乎此者，蓋以為朱子之定見也。今學者不求諸此，而猶踵其所悔，是蹈舛也，豈善學朱子者哉？麟無似，從事於朱子之訓餘三十年，非不專且篤，而竟亦未有居安資深之地，則猶以為知之未詳，而覽之未博也。戊寅夏，持所著論若干卷來見先生。聞其言，如日中天，睹之即見

第1343頁

第1344頁

；象五穀之藝地，種之即生；不假外求，而真切簡易，恍然有悟。退求其故而不合，則又不免遲疑於其間。及讀是編，始釋然，盡投其所業，假館而受學，蓋三月而若將有聞焉。然後知嚮之所學，乃朱子中年未定之論，是故三十年而無獲。今賴天之靈，始克從事於其所謂定見者，故能三月而若將有聞也。非吾先生，幾乎已矣！敢以告夫同志，使無若麟之晚而後悔也。若夫直求本原於言語之外，真有以驗其必然而無疑者，則存乎其人之自力，是編特為之指迷耳。正德戊寅六月望，門人雩都袁慶麟謹識。」（朱子晚年定論後附）

按：今朱子晚年定論前序署「正德乙亥冬十一月朔，後學餘姚王守仁序」，乃是其序定朱子晚年定論之日，非刊刻之日。王陽明全集卷七有朱子晚年定論序，注「戊寅」作，乃誤。錢德洪陽明先生年譜謂「七月，刻朱子晚年定論」，並謂「定論首刻於南、贛」，皆誤。今據袁慶麟跋，可確知朱子晚年定論乃六月十五日刊刻於雩都。

王陽明全集卷四與安之：「……留都時偶因饒舌，遂致多口，攻之者環四面。取朱子晚年悔悟之說，集為定論，聊藉以解紛耳。門人輩近刻之雩都，初聞甚不喜；然士夫見之，乃往往遂有開發者，無意中得此一助，亦頗省頰舌之勞。近年篁墩諸公嘗有道一等編，見者先懷黨同伐異之念，故卒不能有入，反激而怒。今但取朱子所自言者表章之，不加一辭，雖有褊心，將無所施其怒矣。尊者以為何如耶？聊往數册，有志向者一出指示之。」

傳習録卷中答羅整菴少宰書：「其為朱子晚年定論，蓋亦不得已而然。中間年歲早晚誠有所未考，雖不必盡出於晚年，固多出於晚年者矣。然大意在委曲調停，以明此學為重。平生於朱子之說如神明蓍龜，一旦與之背馳，心誠有所未忍，故不得已而為此……蓋不忍牴牾朱子者，其本心也；不得已而與之牴牾者，道固如是……」

十八日，陞都察院右副都御史，蔭子錦衣衛，世襲百户，上疏辭免，並有札致兵部尚書王瓊，不允。

王陽明全集卷十一辭免陞蔭乞以原職致仕疏：「臣於六月初六日准兵部咨為捷音事，該臣題，該本部覆題，節該奉聖旨：『王守仁陞右副都御史，蔭子一人做錦衣衛，世襲百户，寫敕奬勵。欽此。』欽遵。臣聞命驚惶……伏望皇上推原功之所始，無使賞有濫及，收回成命。臣苟有微勞，不加罪戮，容令仍以原職致仕，延餘喘於田野。」

同上，卷二十七與王晉溪司馬書十一：「邇者南、贛盜賊遂獲底定，實皆老先生定議授算，以克有此。生輩不過遵守奉行之而已，何功之有，而敢冒受重賞乎？伏惟老先生橐籥元和，含洪無迹，乃欲歸功於生物。物惟不自知其生之所自焉爾；苟知其生之所自，其敢自以為功乎？是自絕其生也已。拜命之餘，不勝慚懼，輒具本辭免，非敢苟為遜避，實其中心有不自安者。陞官則已過甚，又加之廕子，若之何其能當之！負且乘，致寇至。生非無貪得之心，切懼寇之將至也。伏惟老先生鑒其不敢自安之誠，特賜允可，使得仍以原職致事而去，是乃所以曲成而保全之也，感刻當何如哉！瀆冒尊威，死罪死罪！」

嘉定縣令陳克宅陞江西道監察御史，致書來告，有答書，並遣前驅迓迎。

陽明與陳以先手札：「往承書惠，隨造拜，前驅已發矣。嘉定之政佳甚，足為鄉閭之光，尚未由一面為快耳。嶌上舍歸省，便草率布問，餘惟心亮。守仁頓首，陳明府大人以先文侍。嶌蓋家君同年，故及之。餘空。」（古今尺牘墨蹟大觀第七冊，陽明文集失載）

按：「陳以先」即陳克宅，字即卿，一字以先，號省齋，餘姚人。正德九年進士，知嘉定縣，政績頗著。陽明此札云「嘉定之政佳甚」，即指其為嘉定縣令；「足為鄉閭之光」，即指其為餘姚人。按陳克宅正德九年來南畿任嘉定縣令，陽明亦來南都任鴻臚寺卿，張津（廣漢）亦除御史來南都巡撫蘇松（一見前考），三人關係甚密。呂本省齋陳公克宅墓志銘述其嘉定佳政云：「嘉定巨邑賦重，習奸詭甚者，假荒壞之目移稅，比里民受困，而逋負益多。公不避寒暑，遍履其地，一一而籍之，宿弊頓革。公又欲輕重歸一則，即神奸無所售，而惡其害己者，挾權要尼之，竟不行。乃更議金花官布輕齎，請一歸重則者，民賴以少濟。有富僧，其徒之父利其有，一日匿其子於外，方曳他屍誣僧殺之。公疑，不亟訊人。或有謂公受賄者，公不為動，徐詗之，匿者出，眾方驚服。獷寇湯毛九盤據天目，巡撫張公津奉命征之，檄公從，一舉而巨魁授首，餘黨解散，悉如公筭。公治嘉定逾三年，威與愛並施，而意在安民……部使交章上薦，張巡撫（津）尤稱為南畿卓異之首，諸所建白，輒申布令甲，澤及他郡焉。戊寅，徵拜江西道監察御史，公益感奮，知無不言。其大者，巨閹劉允取佛烏思藏，挾邪蠱亂，疏其十罪，請誅之。……」（國朝獻徵錄卷六十二）按陽明此札云「往承書惠，隨造拜，前驅已發矣」，即指陳克宅陞江西道監察御史，有書致陽明，欲來江西，陽明乃遣前驅兵卒迓迎。陳克宅陞江西道監察御史之時間，考陳克宅疏論劉允取佛烏思藏事在七月，國榷卷五十：「正德十三年七月丙午，遣大護國保安寺番僧覺義領占剳巴等往封烏思藏前闡教主剳巴等，乞鹽船三十艘。户部執奏，上特給之。剳巴等道恣，至呂梁，毆管洪主事李瑜瀕死。」由此可見陳克宅應在六月陞江西道監察御史，陽明此札即作在六月中。

有書致費寀，并贈朱子晚年定論。費寀有謝書。

費鍾石先生文集卷二十謝王陽明都憲書：「前此辱手書并紫陽定論，尋復拜手書之賜，寵惠疊增，欣懼交劇。恭惟明公以正學風天下，而江西得之獨專，在不肖尤得之專且蚤也。雖以識闇才劣，不足以立門墻之下，而區區好德之意，則不敢衰。每思求山林之深密，而入之以涵養所聞，袪其冥懦，顧所遭不幸，弗能如意。靜言思之，措躬無所，惟厚德含弘，矜其不得已之故，以賜啟迪，俾免坑塹之墮，則生死肉骨之恩也。謹此致謝忱，并申企倚之私，伏乞台亮。不宣。」

七月九日，序定大學古本傍釋，刊刻於虔。

陽明大學古本傍釋原序：「大學之要，誠意而已矣。誠意之功，格物而已矣；誠意之極，止至善而已矣。正心，復其體也；修身，著其用也。以言乎己，謂之明德；以言乎人，謂之親民；以言乎天地之間，則備矣。是故至善也者，心之本體也，動而後有不善。意者，其動也；物者，其事也。格物以誠意，復其不善之動而已矣。不善復而體正，體正而無不善之動矣，是之謂止至善。聖人懼人之求之於外也，而反復其辭。舊本析而聖人之意亡矣，是故不本於誠意，而徒以格物者，謂之支；不事格物，而徒以誠意者，謂之虛；支與虛，其於至善者也遠矣。合之以敬而益綴，補之以傳而益離。吾懼學之日遠於至善也，去分章而復舊本，傍為之什，以引其義，庶幾復見聖人之心，而求之者有其要。噫！罪我者，亦以是矣夫！正德戊寅七月丙午，餘姚王守仁書。」（據羅欽順困知記三續第二十章所引）

陽明先生文録卷三大學古本傍釋後跋：「萬象森然時亦沖漠無朕，沖漠無朕即萬象森然。沖漠無朕者，一之父；萬象森然者，精之母。一中有精，精中有一。正德戊寅秋七月丙午，後學餘姚王守仁書。」

按：羅欽順困知記三續第二十章云：「庚辰春，王伯安以大學古本見惠，其序乃戊寅七月所作。」錢德洪陽明先生年譜云：「正德十三年七月，刻古本大學……至是回軍休士，始得專意於朋友，日與發明大學本旨，指示入道之方。先生在龍場時，疑朱子大學章句非聖門本旨，手錄古本，伏讀精思，始信聖人之學本簡易明白。其書止為一篇，原無經傳之分。格致本於誠意，原無缺傳可補。以誠意為主，而為致知格物之功，故不必增一『敬』字。以良知指示至善之本體，故不必假於見聞。至是錄刻成書，傍為釋，而引以序。」其說多誤：陽明是年七月序定並印刻之書為大學古本傍釋，稱「刻古本

第1350頁

大學」不當。又其時陽明尚未形成「致良知」思想，何來「以良知指示至善之本體」？錢德洪向以為陽明正德十六年始揭良知之教，何以於此竟作如斯語？今觀陽明此序無一字言及「致知」、「致良知」，羅欽順也明言此序「首尾數百言，並無一言及於致知」，尤可見錢德洪之說為誤。蓋此序中之有「致知」之語，乃後來所加也。一般認為此序在嘉靖二年補改，依據為王陽明全集卷二寄薛尚謙云：「『致知』二字，是千古聖學之秘，向在虔時終日論此，同志中尚多有未徹。今於古本序中改數語，頗發此意，然見者往往亦不能察。今寄一紙，幸熟味。」此書作於嘉靖二年，所謂「一紙」，應即新改定之大學古本傍釋序。今

按：陽明此書所說「今」乃泛指，並非指嘉靖二年。陽明之改定大學古本傍釋序實在正德十六年。王陽明全集卷二十七與陸清伯書云：「大學古本一冊寄去，時一覽。近因同志之士多於此處不甚理會，故序中特改數語，有得便中寫知之。」此書中有「李惟乾事善類所共冤，望為委曲周旋之」，乃指處理冀元亨死後事，可以確知此書作在正德十六年，陽明改定大學古本傍釋序必是在正德十六年無疑。此大學古本傍釋序「一改」，遂成陽明思想之一大「公案」。蓋陽明此「改」，乃暗中加進「致良知」內容，從而將其提出「致良知」之時間提到正德十三年之前。羅欽順針對正德十三年

第1351頁

之大學古本傍釋序即發疑道：「王伯安以大學古本見惠，其序乃戊寅七月所作……首尾數百言，並無一言及於致知。近見陽明文錄，有大學古本序，始改用致知立說，於格物更不提起。其結語云：『乃若致知，則存乎心悟；致知焉，盡矣。』陽明學術，以良知為大頭腦，其初序大學古本，明斥朱子傳註為支離，何故卻將大頭腦遺下？豈其擬議之未定歟？」（困知記三續）羅氏之說一語中的。實際正德十三年陽明尚未提出致良知思想，至正德十六年其改定大學古本傍釋序，特意新加進如下文句：「止至善之則，致知而已矣。」「動而後有不善，而本體之知，未嘗不知也。」「致其本體之知，而動

無不善，然非即其事而格之，則亦無以致其知者。故致知者，誠意之本也；格物者，致知之實也。物格則知致，意誠而後有以復其本體」。「乃若致知，則存乎心悟；致知焉，盡矣」。全講「致良知」，蓋是其正德十四年以後提出之說。錢德洪誤謂陽明正德十六年始揭良知之說，按陽明正德十六年改定大學古本傍釋序，乃是陽明大揭良知之教之標志。羅欽順引此原序末錄署撰寫年月，按今有大學古本傍釋序手迹石刻存廬山白鹿洞書院（見孫家驊白鹿洞書院碑刻摩崖選集、計文淵王陽明法書集），此應即陽明與黃勉之所云「短序亦嘗三易稿

第1352頁

，石刻其最後者」，當即刻在正德十六年陽明在江西南昌時。此為正德十六年改定本，但仍署「正德戊寅七月丙午，餘姚王守仁書」，此顯是正德十三年作大學古本傍釋序原署如此，同其跋文所署一致；至正德十六年改定書寫此序時，仍用舊署不變。茲將此末署句補上，以成完璧。

定中庸古本，作修道說以發其意，蓋為中庸古本所作序也。陽明中庸古本（手迹石刻今在白鹿洞書院碑廊，見孫家驊白鹿洞書院碑刻摩崖選集、計文淵王陽明法書集）

陽明修道說：「率性之謂道，誠者也；修道之謂教，誠之者也。故曰：『自誠明，謂之性；自明誠，謂之教。』中庸為誠之者而作，修道之事也。道也者，性也，不可須臾離也；而過焉，不及焉，離也。是故君子有修道之功。戒慎乎其所不睹，恐懼乎其所不聞，微之顯，誠之不可揜也。修道之功若是其無間，誠之也夫，然後喜怒哀樂之未發謂之中，發而皆中節謂之和，道修而性復矣。致中和，則大本立而達道行，知天地之化育矣。非至誠盡性，其孰能與於此哉！是修道之極功也。而世之言修道者離矣，故特著其說。後學餘姚王守仁書。」（手迹石刻今在白鹿洞書院碑廊。按：王陽明全集卷七有修道說，缺末「後學餘姚王守仁書」一句）

第1353頁

按：今白鹿洞書院碑廊猶存陽明手書石刻大學古本、修道說、中庸古本三部，筆迹全同，可知書在同時（正德十三年），刻在同時（正德十六年）。大學古本定在正德十三年七月；修道說，錢德洪注作於「戊寅」；中庸古本石刻因缺後半段，不知其末所署年月，然據修道說與中庸古本連寫在一石，筆迹全同，可以確知中庸古本亦定在正德十三年七月。由此可見陽明於正德十三年實定大學古本與中庸古本二書，其為大學古本作序以發其意，則為中庸古本作修道說以發其意（按：修道說寫在中庸古本前，可見即為中庸古本所作序）。然錢德洪陽明先生年譜於是年只說陽明定古本大學，遂使陽明定中庸

古本一事湮沒無聞。今按：陽明實早有意為大學、中庸皆作注，故其定大學古本、中庸古本，亦在為其作注所用也。王陽明全集卷四與陸原靜云：「所問大學中庸注，向嘗略具草稿，自以所養未純，未免務外欲速之病，尋已焚毀。近雖覺少進，意亦未敢便以為至，姑俟異日山中與諸賢商量共成之，故皆未有書。其意旨大略，則固平日已為清伯言之矣。」是書作於正德十一年，可見陽明欲為大學、中庸作新注，故至正德十三年乃定成大學古本、中庸古本。是年先給大學古本作注，即大學古本傍釋；中庸古本未及注，先作修道說以發其意。據王陽明全集卷五與黃勉之書一云：「所示格物說、修道注，誠荷不鄙之盛，切深慚悚，然非淺劣之所敢望於足下者也。且其為說，亦與鄙見微有未盡。何時合并，當悉其義，願且勿以示人……古本之釋，不得已也。然不敢多為辭說，正恐葛藤纏繞，則枝幹反為蒙翳耳。短序亦嘗三易稿，石刻其最後者，今各往一本，亦足以知初年之見，未可據以為定也。」是書作於嘉靖二年。所謂格物說似即黃勉之為大學古本序所作解說，修道注則為修道說所作注說。「今各往一本，顯指石刻大學古本、中庸古本二本。今考費宏移置陽

明先生石刻記云：「昔陽明王先生督兵於贛也……既以責志為教，肄其子弟；復取大學、中庸古本，序其大端，與濂溪太極圖說聯書石於鬱孤山之上……」此所云序中庸古本大端之文，必即指修道說一文，此尤可見修道說實為中庸古本之序也。大抵後來陽明終因無暇作成中庸古本注，中庸古本卒亦亡佚。按是年湛甘泉亦始整理古本大學、古本中庸，並作古大學測、古中庸測（見答太常博士陳惟浚），概可見二人共定聖學，聲氣相應也。

吉安修成文丞相祠，為作記。

王陽明全集卷七重修文山祠記：「……正德戊寅，縣令邵德容始復其議於郡守伍文定，相與白諸巡撫、巡按、守巡諸司，皆以是為風化之所繫也，爭措財鳩工，圖拓而新之。協守令之力，不再踰月而工萃。圮者完，隘者闢，遺者舉，巍然煥然，不獨廟貌之改觀。而吉之人士奔走瞻嘆，翕然益起其忠孝之心，則是舉之有益於名教也誠大矣。使來請記……某嘗令茲邑，睹公祠之圮陋而未能恢，既有愧於諸有司，慨其風聲習氣之或弊，而未能講去其偏，復有愧於諸人士。樂茲舉之有成也，推其愧心之言而為之記。」

按：吉安之重修文山祠，當始於戰後五月，與陽明批嶺北道修築城垣同時，各府縣紛紛築城垣、修圮屋。據記云「不再踰月而工萃」，則文山祠修成在七月。光緒吉安府志卷八：「文丞相忠義祠，在府城東北螺山下。明弘治十五年，御史廬陵周孟中請祀文天祥……正德三年，知府任儀闢馳道。十三年，知府伍文定又修增，建二坊於馳道左右，一曰仁至，一曰義盡。南、贛巡撫都御史餘姚王守仁記。」

叔父王德聲歸餘姚，有詩送別。

王陽明全集卷二十送德聲叔父歸姚：「守仁與德聲叔父共學於家君龍山先生。叔父屢困場屋，一旦以親老辭稟歸養。交遊強之出，輒笑曰：『古人一日養，不以三公易。吾豈以一老母博一弊儒冠乎？』嗚呼！若叔父可謂真知內外輕重之分矣。今年夏，來贛視某，留三月。飄然歸，興不可挽，因謂某曰：『秋風蓴鱸，知子之興無日不切。然時事若此，恐即未能脫，吾不能俟子之歸舟。吾先歸，為子開荒陽明之麓，如何？』嗚呼！若叔父可謂真知內外輕重之分矣。某方有詩戒，叔父曰：『吾行，子可無言？』輒為賦此。猶記垂髫共學年，于今鬢髮兩蒼然。窮通只好浮雲看，歲月真同逝水懸。歸鳥長空隨所適，秋江落木正無邊。何時却返陽明洞，蘿月松風掃石眠。」

按：王德聲夏中來贛探訪，留三月，則在秋七月歸，時秋風初起，鱸魚堪膾，頓生歸興，故云「秋風蓴鱸，知子之興無日不切」也。王德聲，應即王德盛，李家塔譜載：行春三十，諱懵，字德盛，號養性，易經補邑庠生。豪公長子。配方氏，合葬長龍。生一子：守緒。

諸偁歸，書卷贈別。

王陽明全集卷二十四書諸陽伯卷：「諸陽伯偁從予而問學，將別請言。予曰：『相與數月而未嘗有所論，別而後言也，不既晚乎？』曰：『數月而未敢有所問，知夫子之無隱

第1356頁

第1357頁

於我，而冀或有所得也。別而後請言，已自知其無所得，而慮夫子之或隱於我也。予曰：「吾何所隱哉？道若日星然，子惟不用目力焉耳，無弗覩者也。子又何求乎？道在邇而求諸遠，事在易而求諸難，天下之通患也。子歸而立子之志，竭子之目力，若是而有所弗覩，則吾為隱於子矣！」

按：諸偶來贛問學數月而歸，疑乃與王德聲同來贛，文同歸也。「諸陽伯」當作「諸揚伯」。

陸澄服喪憂居，有書致慰。

王陽明全集卷四與陸原靜書二：「尚謙至，聞原靜志堅信篤，喜慰莫踰。人在仕途，如馬行淖田中，縱復馳逸，足起足陷，其在駑下，坐見淪沒耳。乃今得還故鄉，此亦譬之小歇田塍。若自此急尋平路，可以直去康莊，馳騁萬里。不知到家工夫却如何也。自曰仁沒後，吾道益孤，致望原靜者亦不淺。子夏，聖門高弟，曾子數其失，則曰：『吾過矣！吾離群而索居，亦已久矣！』夫離群索居之在昔賢，已不能無過，況吾儕乎？以原靜之英敏，自應未及摧墮。山間切磋砥礪，還復幾人？深造自得，便間亦可寫寄否？尚謙至此，日有所進。自去年十二月到今，已八踰月，尚未肯歸視其室。非其志有所專，宜

第1358頁

不能聲音笑貌及此也。區區兩疏辭乞，尚未得報。決意兩不允則三，三不允則五、則六，必得而後已。若再一舉輒須三月，二舉則又六七月矣。計吾舟東抵吳越，原靜之旆當已北指幽冀。會晤未期，如之何則可！」

按：薛尚謙正德十二年來贛受學，八踰月則在正德十三年七月。所謂「今得還故鄉」，指陸澄丁憂歸歸安。「原靜之旆當已北指幽冀」，指至正德十四年陽明得乞休歸越時，陸澄亦服闋，復刑部員外郎北上入都。

寄朱子晚年定論與鉛山費宏，費宏有答書。

費宏集卷十五答王伯安書：「日來傾注方切，忽領手翰，無任喜幸！宏素愚戇，不善處世，自陷禍穽。猶賴諸公相念相卹，逆黨漸滅，乃有寧居。茲者復承慰藉拳拳，若以寬釋其憂思，而撫摩其疾痛者，此斯文骨肉之情誼也。自愧譾薄，何以得此？感刻感刻！備詢信使，知行臺有相，多納福慶，甚慰悲秋之感。誠如來諭，林下散人所恃以無恐者，中外諸明公必能并力一心，相與圖回翼戴，以庶幾於底定耳。如執事之才望器業，傑出一時，士論浩然歸重，何為遽有乞身之請邪？竊意在廷諸老，必不肯苟順其求而不留自助。況天生異材必有所擬，彼昂霄聳壑之木，亦必盡其所用，然後為無負其材。

第1359頁

願執事且少安之，毋汲汲以求去也。所示文公定論，啟封急讀，足見自得之學，守約之功，非流俗所及。因愧平生汩沒，漫無所得。望高明時有以警發之，猶庶幾所謂頓進，豈非晚年之大幸哉？使告歸甚[illegible]迫，草草布此，千萬照[illegible]原。不備。」

按：此書云「悲秋之感」，當在秋七月中。所謂「復承慰籍拳拳，若以寬釋其憂思，而撫摩其疾痛者，此斯文骨肉之情誼也」，乃指陽明書中慰籍其受宸濠騷擾事。李時湖東費公神道碑：「抵家，杜門謝客……濠知計不行，遂助群兇洩忿於公，室廬積聚焚掠殆盡，又侵毀其先人墓。公恐，與群從

避地縣城。濠唆群兇攻城，掠公兄若弟各一人以往，兄竟死。巡撫孫忠烈用請於朝，遣兵臨之，得其渠黨，公始有寧宇。」

八月，薛侃刊刻傳習錄三卷於虔。

錢德洪陽明先生年譜：「正德十三年八月，門人薛侃刻傳習錄。侃得徐愛所遺傳習錄一卷，序二篇，與陸澄各錄一卷，刻於虔。」

按：正德七年徐愛始編傳習錄，乃祇徐愛錄一卷，亦未刊刻。至是薛侃編刻傳習錄乃三卷：徐愛錄一卷，陸澄錄一卷，薛侃錄一卷，即今之傳習錄卷上也。佐藤一齋傳習錄欄外

書云：「南元善兄弟校傳習錄二冊，嘉靖二十三年德安府重刊本，上冊分為四卷：第一徐曰仁錄，第二陸原靜錄，第三薛尚謙錄，第四為答歐陽崇一書一首，答聶文蔚書三首。……」此所云「第一徐曰仁錄，第二陸原靜錄，第三薛尚謙錄」，即薛侃編刻之傳習錄三卷也。以今傳習錄卷上考之：自「愛問在親民」至「不覺手舞足蹈」，為徐愛錄一卷；自「陸澄問主一之功」至「亦足以見心之不存」，為陸澄錄一卷；自「尚謙問孟子之不動心與告子異」至「未免畫蛇添足」，為薛侃錄一卷。

寄新刻傳習錄、大學古本傍釋與赤城夏鍭，夏鍭有答書。

夏鍭夏赤城先生文集卷九答王陽明書：「久別，甚想望。稍聞安方幹略，為慰。頃又樹此大功，益見儒生之用。區區山草中，無補於時，相去何止千萬，仰愧，仰愧！承示傳習錄、大學古本，亟讀一過，具見執事用工夫大略，區區何足與此？執事自虛心，不遺疏拙。記曩日感德若是耳，感悚，感悚！病中先往一得之愚，別當請教。相見未期，臨紙惘然。」

梁焯謁選赴京北上，為作序贈別。

王陽明全集卷七別梁日孚序。

按：序云：「予以軍旅之役出，而遠日孚者且兩月，……復留餘三月

……」據此，梁焯之別陽明謁選赴京當在八月，蓋與薛侃、楊驥、歐陽德等別歸在同時（見下）。

是月，薛侃、楊驥、歐陽德皆別歸，冀元亨來為王正憲師。多有書致薛侃與楊驥。〔王學益〕

王陽明全集卷四寄薛尚謙書一：「沿途意思如何？得無亦有走作否？數年切磋，只得立志辯義利。若於此未有得力處，却是平日所講盡成虛語，平日所見皆非實得，不可以不猛省也！經一蹶者長一智，今日之失，未必不為後日之得，但已落第二義。須從第一義上着力，一真一切真。若這些子既是，更無討不是處矣。此間朋友

第1362頁

聚集漸眾，比舊頗覺興起。尚謙既去，仕德又往，歐陽崇一病歸，獨惟乾留此，精神亦不足。諸友中未有倚靠得者，苦於接濟乏人耳。乞休本至今未回，未免坐待。尚謙更靜養幾月，若進步欠力，更來火坑中乘涼如何？」

按：薛侃八月猶在贛編刻傳習錄，其當是在編刻傳習錄後即別陽明離贛，先歸王山，次年歸揭陽。楊驥乃與薛侃同歸。

薛侃集卷七楊毅齋傳：「先生偕中離歸自贛，發明合一之旨，銳浣舊習，直揢本根，以聖人為必可師，萬物皆吾一體，一時士友翕然興起。己卯，復往卒業。」薛侃行狀：「先生親師取友，凡六年始歸〈揭陽〉。」薛侃正德九年來受學於家，至正德十四年正為六年。歐陽德乃是因病歸泰和，冀元亨則接替薛侃為正憲師。蔣信鄉進士冀闇齋先生元亨墓表：「戊寅，再侍陽明子於贛。」（國朝獻徵錄卷一百十三）陽明移六部伸理冀元亨咨文：「近來南、贛，延之教子。」（王陽明全集卷十七）故錢德洪陽明先生年譜云：「武陵冀元亨為公子正憲師，忠信可託。」

同上，寄薛尚謙書二：「得書，知曰孚停舟鬱孤，遲遲未發，此誠出於意望之外。曰孚好學如此，豪傑之士必有

第1363頁

聞風而起者矣。何喜如之！何喜如之！昨見太和報效人，知歐、王二生者至，不識曾與一言否？歐生有一書，可謂有志。中間述子晦語頗失真，恐亦子晦一時言之未瑩爾。大抵工夫須實落做去，始能有見，料想臆度，未有不自誤誤人者矣。此間賊巢乃與廣東山後諸賊相連，餘黨往往有從遁者，若非斬絕根株，意恐日後必相聯而起，重為兩省之患。故須更遲遲旬日，與之剪除。兵難遙度，不可預料，大抵如此。小兒勞諸公勤勤開誨，多感多感！昔人謂教小兒有四益，驗之果何如耶？正之聞已到，何因復歸？區區久頓於外，徒勞諸友往返，念

之極切懸懸。今後但有至者，須諸君為我盡意吐露，縱彼不久留，亦無負其來可也。」

按：據此書，可見梁焯在鬱孤臺又滯留一段時日，方北上赴選。書中所言「歐、王二生」，「歐」指歐陽德（泰和人），「王」指王學益（安福人），二人同路北歸。

同上，寄薛尚謙書三：「日來因兵事紛擾，賤軀怯弱，以此益見得工夫有得力處。只是從前大段未曾實落用力，虛度虛說過了。自今當與諸君努力鞭策，誓死進步，庶亦收之桑榆耳。日孚停館鬱孤，恐風氣太高，數日之留則可，倘便稍久，終恐早晚寒暖欠適。區區初擬日下即

第1364頁

回，因從前征剿，撤兵太速，致遺今日之患。故且示以久屯之形，正恐後之罪今，亦猶今之罪昔耳。但從征官屬已萌歸心，更相倡和，已有不必久屯之說。天下事不能盡如人意，大抵皆坐此輩，可嘆可嘆！聞仕德失調，意思何如？大抵心病愈，則身病亦自易去。縱血氣衰弱，未便即除，亦自不能為心患也。小兒勞閑教，驁駘之質，無復望其千里，但得帖然於皂櫪之間，斯已矣。門戶勤早晚，得無亦厭瑣屑否？不一。」

同上，卷二十七寄楊仕德：「臨別數語極奮勵，區區聞之，亦悚然有警。歸途又往西樵一過，所進當益不同矣。此時已抵家。大抵忘己逐物，虛内事外，是近來學者時行症候。仕德既已看破此病，早晚自不廢藥石。康節云：『與其病後能服藥，不若病前能自防。』此切喻，愛身者自當無所不用其極也。病疏至今未得報，此間相聚日衆，最可喜。但如仕德、謙之既遠去，而惟乾復多病，又以接濟乏人為苦爾。尚謙度未能遽出，仕德明春之約果能不爽，不獨區區之望，尤諸同遊之切望也。」

按：所謂「又往西樵一過」，指楊驥往西樵見湛甘泉。「謙之」疑即王學益，其字虞卿，一字謙之。

安福王學益歸，為其蒙岡書屋作銘贈別。

第1365頁

陽明蒙岡書屋銘（為學益作）：「之子結屋，背山臨潭。山下出泉，易蒙是占。果行育德，聖功基焉。無斷爾貫，毋淆爾源。戰戰兢兢，守茲格言。」（同治安福縣志卷十八，陽明文集失載）

按：蒙岡為王學益居住讀書之地，同治安福縣志卷二：「鳳山，一名秀峰，又名蒙岡山，在治東里許。山勢聳拔，巨石巉巖。北臨瀘江，邑泮宮坊向之。西為秀峰庵，旁有王學益書屋，王守仁作書屋銘。」按陽明在虔，安福來受學士子最多，而以王學益為首，形成一安福陽明弟子群體，其後即在蒙岡建惜陰之會，講學論道，與陽明往返討論。王陽明全集

卷六有與安福諸同志，卷七有惜陰說，皆指安福惜陰會。

楊驥歸饒平，携陽明致甘泉書及傳習錄、朱子晚年定論過西樵呈甘泉。

泉翁大全集卷九答顧惟賢僉憲：「某頓首復：某自入山來，尋常於當道處書簡，皆和而不倡以為例，退者當如是也。然每每於吾兄恒不忘情，然且亦不敢破例而為也。仕德來，承專使手教、新書之惠，即如面兄矣，為慰當何如耶！某多病，學與年頽，日且省過，欲寡而未能。若陽明乃見謂造詣益精，非所敢當也。吾兄質賦渾厚……有所得，不惜時示及。陽明傳習錄頗粗閱之，未及精詳。其中蓋有不必盡同，而不害其為同者。朱子晚年定論

第1366頁

蓋深得我心之同然，乃公論也。世儒每以初年之論求之非之，良可嘆也！兄以為何如？」

按：顧應祥正德十四年陞江西副使而去（見徐中行顧公應祥行狀），故可知湛甘泉此書必作於正德十三年，書中言「仕德來」，即指楊驥八月歸饒平經西樵來見，時已在九月，即陽明寄楊仕德所云「歸途又往西樵一過」，所進當益不同矣（見前引）。由此可見傳習錄、朱子晚年定論當是楊驥所携往轉呈也。

王陽明全集卷四答甘泉書一：「旬日前，楊仕德人來，領手教及答子莘書，具悉造詣用功之詳，喜躍何可言！蓋自是而吾黨之學歸一矣。此某之幸，後學之幸也！來簡勤勤責僕以久無請益，此吾兄愛僕之厚，僕之罪也。此心同，此理同，苟知用力於此，雖百慮殊途，同歸一致。不然，雖字字而證，句句而求，其始也毫釐，其末也千里。老兄造詣之深，涵養之久，僕何敢望？至共向往直前，以求必得乎此之志，則有不約而契、不求而合者。其間所見，時或不能無小異，然吾兄既不屑屑於僕，而僕亦不以汲汲於兄者，正以志向既同，如兩人同適京都，雖所由之途間有迂直，知其異日之歸終同耳。

第1367頁

向在龍江舟次，亦嘗進其大學舊本及格物諸說，兄時未以為然，而僕亦遂置不復強聒者，知兄之不久自當釋然於此也。乃今果獲所願，喜躍何可言！崑崙之源，有時而伏流，終必達於海也。僕窶人也，雖獲夜光之璧，人將不信，必且以謂其為妄為偽。金璧入於猗頓之室，自此至寶得以昭明於天下，僅亦免於遺璧之罪矣。雖然，是喻猶二也。夜光之璧，外求而得也；此則於吾所固有，無待於外也，偶遺忘之耳；未嘗遺忘也，偶蒙翳之耳。叔賢所進超卓，海內諸友實罕其儔。同處西樵，又資麗澤，所造可量乎！僕年未半百，而衰疾已如六

第1368頁

七十翁。日夜思歸陽明，為夕死之圖，疏三上而未遂。欲棄印長往，以從大夫之後，恐形迹大駭，必俟允報，則須冬盡春初乃可遂也。一一世事，如狂風驟雨中落葉，倏忽之間，寧復可定所耶！兩承楚人之誨，此非骨肉，念不及此，感刻！祖母益耄，思一見，老父亦書來促歸，於是情思愈惡。所幸吾兄道明德立，宗盟有人，用此可以自慰。其諸所欲請，仕德能有述。有所未當，便間不惜指示。」

按：此書題下注「己卯」作，乃誤。此書云「祖母益耄，思一見」，按岑太夫人卒於正德十三年十月，陽明正德十四年正月方得知岑太夫人卒，即其寄希淵書四所云「正月初二得家信，祖母於去冬十月背棄」（見下），故可知陽明此書必作於正德十三年中。所謂「疏三上而未遂」，即指其正德十一年十月上辭新任乞以舊職致仕疏、正德十三年三月上乞休致疏、六月上辭免陞蔭乞以原職致仕疏。可見陽明此書作在六月以後，十月以前，必即是八月楊驥歸時攜此書經西樵遞呈甘泉。書云「其諸所欲請，仕德能有述」，即是謂楊驥至西樵面呈此書給甘泉，有關陽明情況楊驥還會面叙。此前甘泉有致陽明一書，遞到楊仕德處，由楊仕德送來給陽明，即此書所云「旬日前，楊仕德人來，領手教及答子莘書」。由此可以確知陽明此書作在八月，由

第1369頁

楊仕德送往西樵。甘泉收到此書已在九月。

作示憲兒詩訓子王正憲。

王陽明全集卷二十示憲兒：「幼兒曹，聽教誨：勤讀書，要孝弟；學謙恭，循禮義；節飲食，戒遊戲；毋說謊，毋貪利；毋任情，毋鬥氣；毋責人，但自治。能下人，是有志；能容人，是大器。凡做人，在心地；心地好，是良士；心地惡，是兇類。譬樹果，心是蒂；蒂若壞，果必墜。吾教汝，全在是。汝諦聽，勿輕棄！」

按：陽明因常帶兵在外，不能親教子憲，先是請薛侃為正憲師；至八月薛侃去，陽明又請冀元亨為正憲師。陽明此詩，疑即作在薛侃歸去、冀元亨來教之際，乃已作此詩親教子正憲，故云「吾教汝」、「聽教誨」也。

九月，修濂溪書院以待學者。

錢德洪陽明先生年譜：「九月，修濂溪書院。四方學者輻輳，始寓射圃，至不能容，乃修濂溪書院居之。先生大征既上捷，一日，設酒食勞諸生，且曰：『以此相報。』諸生瞿然問故。先生曰：『始吾登堂，每有賞罰，不敢肆，常恐有愧諸君。比與諸君相對久之，尚覺前此賞罰猶未也。於是思求其過以改之。直至登堂行事，與諸君相對時無少增損，方始心安。此即諸君之助，固不必事事煩

口齒為也。』諸生聞言，愈省咎愆。」

按：錢德洪忽於修濂溪書院下引此一條語錄，不知何意。按陽明上捷在六月十五日，其設酒食勞諸生即在其時，與修濂溪書院了不相涉，於此引陽明此一條語錄不當。

濂溪書院在鬱孤臺。余文龍、謝詔贛州府志卷五：「濂溪書院，在府治宣明樓右。舊在水東玉虛觀左，弘治庚申，知府何珖改建於鬱孤臺，祭酒羅璟記。舊有義泉、正蒙、鎮寧、澄清、夜光五書院，俱廢。」卷六：「鬱孤臺，即賀蘭山，右府宣明樓之右，隆阜鬱然孤起，平地數丈，因巔為臺，故名。……宋州守趙時逢即臺麓之東北建一

洞天，中有蓮池，跨以飛橋，環池萬篠陰翳，最為清曠，後改為院道。正德丙子，知府邢珣始復舊基。然崇峻之勢，業已削平。」陽明實是重修濂溪書院。

書大學古本、中庸古本及濂溪太極圖說、通書「聖可學乎章」，勒石於鬱孤山，作文跋之。

陽明書周子太極說通書跋：「按濂溪自注『主靜』云：『無欲，故靜。』而於通書云：『無欲，則虛靜動直。』是主靜之說，實兼動靜。『定之以中正仁義』，即所謂『太極』；而『主靜』者，即所謂『無極』矣。舊注或非濂溪本意，故特表而出之。後學餘姚王守仁書。」（李詡戒庵老人漫筆卷七、陽明文集失載）

按：戒庵老人漫筆卷七云：「（陽明）在贛州，親筆寫周子太極圖及通書『聖可學乎』一段……」錢德洪於陽明此文有跋云：「右太極圖說與夫中庸修道說，先師陽明夫子嘗勒石於虔矣。今兹門人聞人公詮，以監察御史督學南畿，嗣承往志，乃謀諸郡守王公鴻漸、縣尹朱君廷臣、賀君府，摹於姑蘇學宮之六經閣，俾多士瞻誦。」（日本陽明學報第一百五十三號）陽明書寫大學古本、中庸古本及濂溪太極圖說等刻石於鬱孤山當在其重修濂溪書院時，蓋即為濂溪書院之用也。陽明此跋所云，尤值得注意，所謂「舊注或非濂溪本意」

，顯指朱熹注說（太極圖說解）。蓋朱熹以「無形而有理」注「無極而太極」，以「有理」為「太極」，以「無形」為「無極」。宋以來成為權威獨家之說無人能破。陽明乃一反朱熹之注，以「定之以中正仁義」為「太極」，以「主靜」為「無極」，實為其又一驚世駭俗之心學新說，與其同刻古本大學、朱子晚年定論、傳習錄相呼應也。

無名氏移置陽明先生石刻記：「昔陽明王先生督兵於贛也，與學士大夫切劘於聖賢之學，自搢紳至於閭閻，以及四方之過賓，皆得受業問道……既以責志為教，肄其子弟；復取大學、中庸古本，序其大端，與濂溪太極圖說聯

書石於鬱孤山之上，使登覽而遊息於此者，出埃壒之表，動高明曠遠之志……先生去贛二十餘年，石為風雨之所摧剝若日就缺壞，而是山復為公廨所拘，觀者出入不便。嘉靖壬寅，憲副江陰薛君應登備兵之暇，訪先生故迹，睹斯石，悲慨焉。既移置於先生祠中，復求榻本之善者，補刻其缺壞……」（王陽明全集卷三十九世德紀附錄）

余文龍、謝詔贛州府志卷六：「太極亭，在府西濂溪祠之後。萬曆甲申，張都御史岳建，列陽明先生所書太極圖說、大學古本序及中庸說諸石，刻於其中，太史楊起元有記。」

秋中，多有懷歸之咏。

王陽明全集卷二十懷歸二首：「深慚經濟學封侯，都付浮雲自去留。往事每因心有得，身閑方喜世無求。狼煙幸息昆陽患，蠡測空懷杞國憂。一笑海天空闊處，從知吾道在滄洲。　身經多難早知非，此事年來識者稀。老大有情成舊德，細謀無計解重圍。意常不足真夷道，情到方濃是險機。悵望衡茅無事日，漫吹松火織秋衣。」

白沙弟子陳東川歸莆陽，過贛來見，有詩贈別。

王陽明全集卷二十贈陳東川：「白沙詩裏莆陽子，盡是相逢逆旅間。開口向人談古禮，拂衣從此入雲山。」

按：陳獻章集卷五有與陳聰：「秋風兩見莆陽子，皂帽青笻去復回。眼底流年三十許，脚根行路幾千來。未知世事真能忘，初得家書不肯開。若問江門何所見，兩崖春雨長青苔。」又有贈陳聰還莆：「緼袍不妨學道，絕穀可以學仙。相府胡為慢士，紙田自有豐年。　青錢不滿杖頭，雪繭徒勞兔穎。相逢浪勸歸耕，實欠蘇秦二頃。」陽明所謂「白沙詩裏莆陽子」，即指陳白沙此詩所云「秋風兩見莆陽子」，由此可見陳東川名聰，莆田人，白沙弟子。

十月十一日，再上議崇義縣治疏。

王陽明全集卷十一再議崇義縣治疏。

十五日，再上議平和縣治疏。

王陽明全集卷十一再議平和縣治疏。

二十二日，再上請疏通鹽法疏，建議開復廣鹽。

王陽明全集卷十一再請疏通鹽法疏：「……今呈前因，為照袁、吉等地方，溪流湍悍，灘石峻險，淮鹽逆水而上，動經旬月之久；廣鹽順流而下，不過信宿之程。故民苦淮鹽之難，而唯以廣鹽為便……故廣鹽行則商稅集，而用資於軍餉，賦省於貧民；廣鹽止則私販興，而弊滋於奸宄，利歸於豪右……臣切以為宜開復廣鹽，著為定例；籍其稅課，以預備軍餉不時之急；積其羨餘，以少助內府缺乏之需。實夾公私兩便，內外兼資。……」

是月，陽明祖母岑太夫人卒。

王陽明全集卷四寄希淵書四：「正月初二得家信，祖母於去冬十月背棄，痛割之極！……」

按：此書題下注「己卯」作，參以書中云「不久且入閩」，知此書作於正德十四年二月中（見下）。

劉春東川劉文簡公集卷二十一祭王母岑太夫人文：「七十古稀，況登上壽。復荷榮封，寔自天祐。繄惟夫人，系

第1374頁

出德門。嬪於茂族，婦道克敦。有夫之良，用助於內。閨門之治，恩義兼備。篤生令子，為國名臣。賢孫接武，譽重縉紳。年既踰艾，祿養無違。薦膺封秩，光賁慈闈。優游梓里，含飴繞膝。福履之綏，孰與疇匹？壽而獲貴，世固僅有。黃髮康寧，福亦豈偶？生死晝夜，乃世之常。夫人之終，名實不忘。某忽聞訃至，執紼無因。庸致薄奠，束芻之誠。嗚呼哀哉！」

十一月二十七日，發優禮謫官牌，檄王思、李中等參贊軍議。

王陽明全集卷三十優禮謫官牌：「照得本院奉命提督軍務，征剿四省盜賊，深慮才微責重，懼無以仰稱任使，合求賢能，以資謀略。訪得潮州府三河驛驛丞王思，志行高古，學問淵源，直道不能趨時，長才足以濟用；惠州府通衢馬驛驛丞李中，堅忍之操，篤實之學，身困而道

第1375頁

益亨，志屈而才未展，合就延引，以匡不及。為此牌仰該府，照牌事理，措辦羊酒禮幣，差委該縣教官齎送本官處，用見本院優禮之意，仍照例起關應付。以禮起送前赴軍門，以憑諮訪。……」

鄒守益集卷二十一改齋王君墓志銘：「……改齋，姓王氏，諱思，字宜學，系出晉太傅導。……正德辛未，第進士，以選入翰林……甲戌秋，上封事……言甚切，至謫三河驛驛丞。便道省母，以二童自隨。郡守闕景韓書院居之，一時俊傑咸從之游。陽明王公鎮虔，檄使贊軍議，曰：『志行高古，學問淵源，直道難於趨時，長才堪以濟用。』君感其知，與李君子庸偕至。尋寧藩變作，蹇裳宵赴軍門，功成亟歸，口不言勞。」

按：墓志銘稱王思「講學虔州，深求致知格物之實」，「庚辰，再入潮，自遠請業益盛，隨材曲就，語亹亹不倦」，蓋亦陽明弟子也。

羅洪先都察院右副都御史李公中行狀：「……先生姓李氏，諱中，字子庸，吉水谷平里人也……指所居里稱為『白石先生』。丁卯，舉湖廣鄉試第一人。甲戌，賜進士出身高等……武宗皇帝縱西僧出入禁內，宦官居中用事，先生憂之，上疏切諫……武宗大怒……謫通衢驛丞，繒

紳爭為詩贈之。乙亥，奉坦翁之通衢，闢小亭讀易其中。戊寅，病移長樂學官。新建伯王公守仁鎮贛州，檄先生與王公思議軍事。己卯三月至贛，而宸濠方謀不軌，時論煽搖。王公問計，先生引古為證，力贊其決。變作，王公邀以助己。」（國朝獻徵錄卷五十九）

路迎遷襄陽郡守，有書致賀。

陽明與賓陽司馬書四：「聞有守郡之擢，甚為襄陽之民喜。仕學一道，必於此有得力處，方是實學；不然，則平日所講盡成虛語矣。『有民人焉，有社稷焉，何必讀書，然後為學？』子路之言，未嘗不是。賓陽質美而志高，明明德親民之功，吾見其有成也。區區乞休已三上，尚未得報也。地方盜賊雖幸稍靖，然將來之事尚未可測，及今猶可作好散場；不然，終不免於淪胥以溺，奈何奈何！偶便，附此致閑闊，不能一一。守仁頓首，賓陽郡伯道契文侍。十一月廿七日。餘空。」（玉虹鑑真續帖卷八王守仁與賓陽司馬書四通，陽明文集失載）

按：書稱「聞有守郡之擢」，指路迎由兵部郎中遷襄陽郡守，故稱「郡伯」而不再稱「司馬」。書又云「區區乞休已三上，尚未得報也」，當是指正德十三年四月、八月、十一月三上乞休疏（見王陽明全集卷九中三疏）。以此書祇言「地方盜賊雖幸稍

請」而未言及平宸濠亂事，可以確知此書作於正德十三年十一月廿七日。

十二月，宸濠禮賢求學，書來邀請講學，乃遣弟子冀元亨往南昌論學，遂覘知宸濠奸謀反狀，歸贛以告。

王陽明全集卷十七咨六部伸理冀元亨：「……本職往年謫官貴州，本生曾從講學。近來南贛，延之教子。時因寧藩宸濠潛謀不軌，虐焰日張。本職封疆連屬，欲為曲突徙新之舉，則既無其由；將為發奸摘伏之圖，則又無其實。偶值宸濠飾詐要名，禮賢求學，本職因使本生乘機往見宸濠，冀得因事納規，開陳大義，沮其邪謀；如其不可勸喻，亦因得以審察動靜，知其叛逆遲速之機，庶可密為禦備。本生既與相見，議論大相矛盾。宸濠以本職所遣，一時雖亦含忍遣發，而毒怒不已，陰使惡黨四出訪緝，欲加陷害。本生素性愿恪，初不之知，而本職風聞其說，當遣密從間道潛回常德，以避其禍」。

同上，卷二十四書佛郎機遺事：「初，予嘗使門人冀元亨者因講學說濠以君臣大義，或格其奸。濠不懌，已而滋怒，遣人陰購害之。冀辭予曰：『濠必反，先生宜早計。』遂遁歸。……」

蔣信蔣道林文粹卷五鄉進士冀闇齋先生元亨墓表：「……戊寅，再侍陽明子於贛。時宸濠陰有異圖，承命往覘焉。既還，遂以間道歸常。越己卯，宸濠果作，旋覆於義師，因仇視陽明子而誣及先生在獄。……」

明史卷一百九十五冀元亨傳：「冀元亨，字惟乾，武陵人。篤信守仁說。舉正德十一年鄉試。從守仁於贛，守仁屬以教子。宸濠懷不軌，而外務名高，貽書守仁問學，守仁使元亨往。宸濠語挑之，佯不喻，獨與之論學，宸濠目為癡。他日講西銘，反覆君臣義甚悉。宸濠亦服，厚贈遺之，元亨反其贈於官。已，宸濠敗，張忠、許泰誣守仁與通。詰宸濠，言無有。忠等詰不已，曰：『獨嘗遣冀元亨論學。』忠等大喜，搒元亨，加以炮烙，終不承。……」

黃佐兵部職方司主事梁公焯傳：「初，舉人武陵冀元亨與焯同師陽明。陽明使元亨往寧藩，察其逆狀。比濠為陽明所擒，乃指元亨同謀，下詔獄死。……」（國朝獻徵錄卷四十二）

錢德洪陽明先生年譜：「先是宸濠攬結名士助己，凡仕江右者，多隆禮際。武陵冀元亨為公子正憲師，忠信可託，故遣往謝。佯與濠論學，濠大笑曰：『人癡乃至此耶！』立與絕。比返贛述故，先生曰：『禍在茲矣！』乃衛之間道歸（常德）。」

按：錢德洪將此事含糊敘述於正德十五年八月之下，不當。諸家之說，多閃爍其辭，語焉不詳。今綜合各家之說，其真實情況大致可知：宸濠欲攬結名士，籠絡陽明，遂故作禮賢求學之態，書來邀陽明講學，陽明不赴，乃遣弟子冀元亨往講學。冀元亨至南昌，講學之際，遂覘知宸濠叛逆奸謀，歸告陽明。陽明恐其有殺身之禍，乃密遣其間潛道歸常德。蓋陽明知宸濠有奸謀反狀實自此始也，其遣冀元亨往南昌講學之時間，當在十二月周期雍以公事抵贛之前（見下）。

福建按察僉事周期雍因公事來贛，遂與定謀以防宸濠之變。

王陽明全集卷二十四書佛郎機遺事：「正德戊寅之冬，福建按察僉事周期雍以公事抵贛。時逆濠奸謀日稔，遠近洶洶。予思預為之備，而濠黨伺覘左右，搖手動足，朝聞暮達；以期雍官異省，當非濠所計及。因屏左右，語之故，遂與定議。期雍歸，即陰募驍勇，具械束裝，部勒以俟。予檄晨到，而期雍夕發。故當濠之變，外援之兵惟期雍先至，適當見素公書至日，距濠始事亦僅月有十九日耳。」

雷禮刑部尚書周公期雍傳：「司寇周公者，諱期雍，字汝和，江西寧州人也。……丁丑，起復，道會省，例謁宸濠，公恐被禮款，隨拂衣登舟，不為所啗……以漳寇不解搆，遷福建僉事，飭兵汀漳。公知盜迫饑寒，遂於激變，迺設奇間離其黨，至則整衆厚陣……單騎詣賊營，諭以禍福，酋長以下皆感泣就撫，於是數年梗蘖就夷……宸濠

久蓄異志，陽明王公密與公計，公謂：『水戰精兵，惟海上諸衛，號稱驍勇可用。』遂巡沿海，蒐閱得精兵數千，整練候報。比己卯變作，即日董師，兼程而進。至豐城，濠已就擒。陽明留公視南昌，纂著三月。」（國朝獻徵錄卷四十五）

按：王陽明全集卷三十有批漳南道設立軍堡呈云：「據兵備僉事周期雍呈：……」此批呈作於十二月初三日，知周期雍乃在十二月初來贛送呈，蓋為漳南道設立軍堡事也。由此可見陽明與周期雍定謀防變在十二月上旬中，蓋其時冀元亨已自南昌歸，得悉宸濠奸謀反狀，故與周期雍定議也。

安福劉文敏、劉敬夫、劉陽、劉肇袞、劉邦采、劉獨秀、易寬均來贛受學。

王畿集卷二十半洲劉公墓表：「公諱敬夫，字敬道，別號半洲。始生之夕，父一洲翁夢張南軒至其家，因以命名。……公性資靜默，慎於交遊，自劉兩峰、石峰、易台山、劉獅泉、三五君、湖山諸君子外，罕所接與。時陽明先師倡學虔臺，公與諸君子往從之，聽講餘月，始而信，中而疑，終而卒業焉。語同志曰：『吾前所信者，信人也，非自信也；中所疑者，非疑人也，自疑也

，終而信者，乃自信已。信故疑，疑故信。」

按：據王畿所言，可知劉文敏諸人早已在正德十三年來贛受學。然錢德洪陽明先生年譜、明儒學案以及王時槐所作傳等均不言及是次來贛受學，而只言及嘉靖中諸人來越受學，將兩次受學混淆為一，遂使劉文敏諸人正德中來贛受學一事湮沒無聞。茲將是次安福來贛受學諸人考證如下：

劉兩峰，即劉文敏。王時槐兩峰劉先生文敏墓志銘：「先生諱文敏，字宜充，姓劉氏，吉之安福三舍人……壬午，先生年二十有三，則與其族弟師泉先生共學，思所以自立於天地者，或自夜分，不能即枕。一夕，語師泉先生曰：『學苟小成，猶不學也，盍亟省之？』已而讀陽明王公傳習錄所論格物致知之旨，與宋儒異，展轉研思，恍若有悟，遂決信不疑，躬踐默證，久之，惟覺動靜未能融貫，乃嘆曰：『非親承師授不可！』則買舟趨越中見王公，執侍門墻，往復三歷寒暑。歸而與師泉先生砥切於家，其學以致知為宗……歲己巳，先生年八十，猶陟三峰之巔……」（國朝獻徵錄卷一百十四）王時槐漏叙劉文敏早年來贛受學之事，且叙事有誤，以「己巳，先生年八十」，則劉文敏生於弘治三年；以「壬午，先生年二十有三」，則劉文敏生於弘治十三年。疑王時槐此處所叙乃是劉文敏正德中來贛受學事，而非嘉靖中來越受學事。

第1382頁

劉三五，即劉陽。王時槐御史劉先生陽傳：「三五劉先生陽，字一舒，安福縣人……弱冠，從彭石屋、劉梅源兩先生受學，兩先生深器之。陽明王公撫虔時，先生亟慕一見其人稟學焉，而梅源先生故是王公弟子，聞示之語錄，則益嚮望。遂如虔。除夕，泊舟野水，風雪霏霏，齒牙上下，指麻木不得屈信，先生顧津津然喜也。旦日，見王公，稱弟子。王公視其修幹疏眉，飄飄然世外之態，顧謂諸生曰：『此子當享清福。』已又謂先生曰：『若能甘至貧至賤者，斯可為聖人。』先生跪受教。自是日兩謁見，退則與冀元亨等互相楷切。越月，辭還。先是督學使者與王公持論不合，則發策詆之。先生明正學以為言，衆皆謂先生且殿，而先生竟首選。嘉靖四年舉鄉試……」（國朝獻徵錄卷六十五）同治安福縣志卷十一：「劉陽，字一舒，號三五，南鄉福車人。少受業於彭簪、劉梅源，見王守仁語錄，好之，遂如虔受學。守仁顧弟子曰：『此生清福人也。』……」按王時槐云「除夕，泊舟野水」，則可知劉文敏皆在十二月來贛受學矣。

劉石峰，即劉肇袞。同治安福縣志卷十一：「劉肇袞，字内重，東鄉櫟岡人……王時槐謂：『兩峰自修於己，石峰文修於人。』石峰，肇袞別號也。」王時槐二賢祠記：「石峰先生以諸生赴省試，退而語人曰：『士不自重，致所司過為防檢，因

第1383頁

首棘垣，可恥也。」即請於學使，乞歸食母。已而慕吳聘君康齋先生之風，得其書，喜讀之。會陽明王公開府虔中，則往受學焉。居恒盛氣雄談，朋輩有失，則面發赤攻之。與鄒文莊公友善，然視公所為，少不慊意，必直言無諱，以是公益重之。……」（同治安福縣志卷十七）

劉師泉，即劉邦采。王時槐師泉劉先生邦采傳：「師泉劉先生邦采，字君亮，兩峰先生從弟也。……初為邑生，即厭舉子業，銳然以希聖為志，曰：『學在求諸心，科舉非吾事也。』偕兩峰先生及弟姪九人趨越中，謁陽明王公，稱弟子。王公與語，稱之曰：『君亮會得容易。』……自陽明王公倡道東

南，學者承襲口吻，浸失其真。先生有憂之，乃極言痛斥以揣摩為妙悟、恣縱為樂地、情愛為仁體、因循為自然、混同為歸一者之非。先生以心之體曰主宰，貴知止以造於惟一；心之用曰流行，貴見過以極於惟精。是謂博約並進，敬義不孤，性命兼修之學……初，陽明公為南鴻臚，吉郡士未有及門者，惟先生從子曉最先受學，歸以語先生，至老共學不衰，先生常稱為『嘉穀之種』云。」（國朝獻徵錄卷八十五）

按：王時槐於此處亦漏敘劉邦采正德中來贛受學之事。

劉湖山，即劉獨秀。同治安福縣志卷十一：「劉獨秀，字孤松，性嗜學，淹貫群書，不求聞達。嘗受業王守仁，稱其存

過之功獨至。」

易台山，即易寬。同治安福縣志卷十：「易寬，字栗夫，南鄉圓溪人。嘉靖乙未進士。歷任儀曹，時大廟災，奉旨會議，寬斟酌古制，定為成憲。陞四川提轄副使，敦先本實，卒於官。祀鄉賢。寬雅敦行詣，屢空自如。嘗師事王守仁、鄒守益，著有釋義一編。始婚，即徒步滇南歸父櫬，痛哭幾絕，行道悲之。」鄒守益集卷八鳳說贈易子督學之蜀：「易子栗夫，才敏而志篤，事賢友仁，慨然九苞千仞之興，儀於春卿，公卿薦其行誼，奉璽書以敷教宣化於蜀，茲非契與周、召重任乎？……」

一五一九　正德十四年　己卯　四十八歲

正月立春，有詩詠嘆新春氣象。

王陽明全集卷二十立春：「荒村亂後耕牛絕，城郭春來見土牛。家業苟存鄉井戀，風塵先幸甲兵休。未能布德慚時令，聊復題詩寫我憂。為報胡雛須遠塞，暫時邊將駐南州。」

初二日，上陞蔭謝恩疏，陳謝陞蔭之恩。

王陽明全集卷十一陞蔭謝恩疏。

按：國榷卷五十：「正德十三年七月壬寅，諭兵部，進威武大

將軍晉國公。又蔭太監谷大用、蕭敬、溫祥、賴義、秦文、張欽、蔣貴、韋霦、張淮、李英、張銳及都督朱寧、兵部尚書王瓊俱世錦衣正千户……乙酉，自去冬十月進攻橫水，破巢八十餘，斬獲二千八百有奇，至是大享將士，聲言罷兵，陰誘執仲容，破巢三十八，斬獲二千有奇。詔進守仁右副都御使，鎮守江西太監許滿俱世錦衣百户，齎奏錦衣千户畢鏜進指揮僉事，畢大經廕百户。鏜即真從子，大經又鏜子也。」陽明即針對七月陞廕而上此謝恩疏。故談遷論云：「平兩劇盜，僅廕百户，視當時之峻擢厚賜者，尤不侔也。馳不教之民，翦滋蔓之寇，不及數月，遂成大功，謂其事難疵，遂以輿撥譏之，妬賢嫉能，亦何所而不至耶！」

十四日，上乞放歸田里疏，以病乞休，並有札致兵部尚書王瓊與御史朱節，不允。

王陽明全集卷十一乞放歸田里疏：「……臣比年以來，百病交攻。近因驅馳賊壘，瘴毒侵陵，嘔吐潮熱，肌骨羸削，或時昏眩，偃几仆地，竟日不惺，手足麻痺，已成廢人。又以百歲祖母臥病牀褥，切思一念為訣……伏願陛下念四省關係之大，不可委於匪人；察病廢枯朽之才，不宜付以重任……別選賢能，委以茲任。放臣暫歸田里，就醫調治……」

陽明與晉溪書十三：「畏途多沮，不敢亟上啟。感恩佩德，非言語可盡。所恨羸病日增，近復吐血潮熱，此身恐不能有圖報之地矣。伏望終始曲成，使得苟延餘喘於林下，亦仁人君子不忍一物失所之本心，當不俟其哀號控籲也。情隘勢迫，復爾冒干，伏惟憫恤。不具。」與晉溪書十四：「屢奉啟，皆中途被沮，無由上達。其間乃無一私語，可以質諸鬼神。自是遂不敢復具。然此顛頓窘局、苦切屈抑之情，非筆舌可盡者，必蒙憫照，當不俟控籲而悉也。日來嘔血，飲食頓減，潮熱夜作。自計決非久於人世者，望全始終之愛，使得早還故鄉。萬一苟延餘息，生死肉骨之恩，當何如圖報耶！餘情張御史當亦能悉，伏祈垂亮。不備。」（陽明先生與晉溪書，手迹藏上海圖書館）

按：錢德洪陽明先生年譜於正德十四年正月，疏乞致仕下，引王陽明全集卷二十一上晉溪司馬書一中語，乃大誤。按此上晉溪司馬書一乃平汀、漳寇及建縣治、設屯堡事，作在正德十二年閏十二月（前考），王陽明全集於此書題下注作於戊寅，乃誤。書中所言張御史即張鰲山，字汝立，號石盤，安福人，陽明弟子。時丁憂服闋，起復赴京師（見羅洪先集卷二十二石盤

《張君墓志銘》，則陽明此書當是由張鰲山攜往京師。

陽明與朱守忠書：「屢以乞休事相瀆，諒在知愛之深，必能為我委曲致力。然久而未效，何耶？昔人謂進難而退易，豈在今日亦有所不易耶？近日復聞祖母病已危甚，方寸益亂。將隨棄印長往，恐得罪名教，姑復再請；再請不獲，亦無如之何矣！棄官與覆敗之罪孰重？潛逃與僇戮之恥孰深？守忠且為我計之，當如何而可。齎本人去，因便告領俸資。凡百望指示，得早還為幸。故舊之在京邸者，憂疑中不能作書，相見亦希道意。京中消息，人還悉寫知之。守仁頓首。」（《壯陶閣書畫錄》卷十明王

第1388頁

陽明手札冊，《陽明文集》失載）

按：書中所言「屢以乞休事相瀆」，指正德十三年三月、六月等上疏乞休。以書中言「近日復聞祖母病已危甚」考之，可知書當作於正德十四年正月（陽明二月以後方知祖母已去世），必是隨其乞放歸田里疏與致王瓊札一同送往京師。「齎本人去」，即指張鰲山也。（按：正德十四年以後朱節亦來江西）

仁峰汪循《辯程曈閑辟錄》，作《閑辟辯》，寄呈陽明。陽明有答書，並贈《朱子晚年定論》。

《汪仁峰先生文集》卷五《復王都憲書一》：「伏聞擢總憲節鎮，轄三藩之交，寇盜嘯聚日深，連株結蔓，憑恃山谷，窮兵累歲，負固不下者，一旦殲除撲滅，巢穴為之一空，可見儒者之功，仁人之勇，而為吾道增光多矣。其於相知鄉往者，喜慰可云喻耶？廣昌令妻弟余瑩傳此山中，知為製一律，俾錄上求教，而因致所懇焉。向以仁峰精舍求記一言者，非為炫文辭，希媚取寵而要聞譽也，誠以此學自宋儒程、朱諸子發明訓釋之後，學者類能言之，但使之舍舊說而自為言，則未免為捉風捕影，而所謂卓爾者，莫知所在也。若夫工文辭，取青紫，習訓詁，

第1389頁

資口耳以為學者，舉世皆是，不可救矣。有能因程、朱諸子之言，以求孔子，即孔子之言以求堯、舜、禹、湯、文、武、周公，則舍誦法經訓、辨釋文義之外，何所致其力乎？六經，孔子所作也，不知三代以前，無經可誦，無義可釋，君臣父子之間穆穆藹藹，薰漸援引，以躋仁聖之域者，又何所學乎？昔程子講學伊洛之間，亦未聞以讀書為事也。謝顯道舉史不遺，以為玩物喪志；及送楊龜山，乃有『道南』之嘆，其學端有所在。豫章、延平蓋得於龜山者，以授吾子朱子，信不誣也；然羅、李二公無著書之富，無辭藻之工，其所學者何學，而所事者

何事乎？而吾朱子所謂潛思力行，任重詣極者，亦將何所指而言乎？說者謂讀書雖有考索之富，而擴充變化之無術，雖有辯析之精，而持守堅定之未能，則夫隱微之際，私欲之萌潛滋暗長而不自知者，卒至於波流風靡，而吾之所得於天者，由之而褻矣。然則何貴乎讀書也？某愚之所未達，而精舍卜築所以願盡心畢力以求之也。時流之學，不足以語此，求記於吾精舍者，亦難乎其人矣。曩者竊於文辭之間，有以窺見執事造詣之深，辨論之正，識見之卓，非知道者不能也。故志有所趨，遂冒未見顏色而言之，戒修辭，令族弟節夫不遠千里致敬

盡禮，求記於執事，蓋亦知所重而慎所擇矣。執事答書褒予太過，寵惠有加，則拜賜矣；而記則以深懼無益之談，不足以求正，而姑徐徐為之辭。某得此，不勝悚仄。夫學貴實行，而不事空談，真知道者之言也。但不知執事之意，真責某以力行乎？抑以為不屑教而姑託辭以却之？責某以力行，固不敢不勉；以為不屑教，乃所以深教之，尤不敢不勉也。然則執事以為無益之談而姑徐徐云者，正某所以上求有益之誨而甚所汲汲者也，惟執事其卒教之。肅是再布區區，併近與學者辨論朱陸異同一編，上求印正，政令雷厲風行之暇，不惜蹺賜誨言，以慰渴想。不具。」

陽明又答汪進之書：「遠承教札，兼示闢辟辯，見執事信道之篤，趨道之正，喜幸何可言！自周、程後學廢道晦且四百餘年，逃空寂者，聞人足音蛩然喜矣，況其親戚平生之歡乎？朱陸異同之辯，固守仁平日之所召尤速謗者，亦嘗欲為一書，以明陸學之非禪，見朱說亦有未定者；又恐世之學者先懷黨同伐異之心，將觀其言而不入，反激怒焉，乃取朱子晚年悔悟之說，集為小冊，名曰朱子晚年定論，使具眼者自擇焉。將二家之學，不待辯說而自明矣。近門人輩刻之雩都，士夫見之，往往

亦有啟發者。今復得執事之博學雄辭，闡揚剖析，烏獲既為之先登，懦夫益可魚貫而前矣，喜幸何可言！辱以精舍記見委，久未奉命，此誠守仁之罪也，悚仄，悚仄！然在向時，雖已習聞執事之高名，知所景仰，而於學術趨向之間，尚有未能盡者。今既學同道合，同心之言，其容已乎？兵革紛擾中，筆札殊未暇，乞休疏已四上，期在必得。不久歸投山林，當徐為之也。臧价立俟回書，拙筆草草，未盡扣請，伏惟為道珍愛。寓虔病生王守仁頓首啟。」（汪仁峰先生外集卷三，陽明文集失載）

按：汪循書云「一旦殲除撲滅，巢穴為之一空」，乃指陽明

平橫水、桶岡、三浰。陽明書云「乞休疏已四上，期在必得」，乃
指其正德十三年三月初四上乞休致疏，六月十八日上疏免陞
廕乞以原職致仕疏、正德十四年正月初二上辭廕謝恩疏、正
月十四日上乞放歸田里疏。由此可以確知汪循書作於正德十
四年正月初，陽明書作於正月十四日上乞放歸田里疏以後
不久。汪循書中所言「近與學者辨論朱陸異同一編」，即陽
明書中所言「兼示閑辟辯」。按汪循之作閑辟辯乃針對程
曈之閑辟録。程曈為一尊朱學者，作有閑辟録、陽明傳習
録考、朱子晚年定論考、朱子早年定論等，批判陸、王
不遺餘力。汪循實亦一尊朱學者，其於致程曈書中云：「朱

第1392頁

子著書立言，皆欲使人明其理，反求於心，未嘗教人
弄故紙糟粕，以資一己功利。後之習其學者，徒知排
比章句，而擴充變化之無功；辨析詞理，而持守涵養
之不力。專訓詁者，附會穿鑿，叠牀架屋，汩心思，
辭耳目；工文辭者，飾筌蹄，取青紫，龍斷罔利，中
立為姦」。蓋汪循辨朱陸異同與陽明不合，故陽明回贈
朱子晚年定論，旋遭其抨擊矣。

吉水周汝方來贛問學，其後多有學子來贛，聚講不散。

羅洪先集卷十五別周龍岡語：「先宜人所生幸存者，予與
女兄二人。女兄許聘龍岡周君，已而以目眚遂婚於我，
踰年而夭，故予視龍岡，猶女兄存也。予年十有四，未
屬文，龍岡時時為語東泉師舉業法。其後師事陽明王
先生於贛，又時時為語學問正傳，及冀闇齋（按：冀元
亨）篤志處。予於是慨然有志聖賢之業。父母憐愛，不
令出户庭，然每見龍岡，未嘗不自憤憤也。」
錢德洪答論年譜書四：「兄嘗別周龍岡，其序曰：『予年十
四時，聞陽明先生講學於贛，慨然有志就業。父母憐恤
，不令出户庭。然每見龍岡從贛回，未嘗不憤憤也。』是
知有志受業，已在童時……」（王陽明全集卷三十七年譜
附録二）

第1393頁

按：周汝方號龍岡，吉水人，羅洪先之姐夫。錢德洪陽明先
生年譜引羅洪先別周龍岡語，題作贈女兄夫周汝方序，
或是此文原題如是耶？羅洪先集卷二十九有送女兄夫周龍岡北
征，卷三十有送周龍岡赴嘉興經府。按羅洪先於此別周龍
岡語中云周龍岡二月離贛歸吉水，可見周龍岡當是在正
月來贛受學。

是年來贛問學士子甚多，大抵皆與周龍岡、鄒守益相先
後來贛，錢德洪陽明先生年譜均不言及。今可考者如下：

王思、李中。陽明檄王思與李中來贛參議軍事，羅洪先李中行狀
云：「王公守仁鎮贛州，檄先生與王君思議軍事。己卯二月

至贛，而宸濠方謀不軌，時論煽摇。王公問計，先生豫測必敗，引古為證，方贊其決，變作，王公遥以助己。平居不屑自叙，語莫得聞。濠既平，返通衢。」鄒守益改齋王君墓志銘亦云：「（王思）與李君子庸偕至。尋寧藩變作，蹇裳宵赴軍門。功成亟歸，口不言勞。」鄒守益集卷二改齋文集序：「吾獲友於改齋，見其學凡三改，改而日進於道；故其文亦三改，改而日幾於道……既講學於虔州，深求致知格物之要。復寓書煙霞洞，以辨所謂動静兩忘者，弗明弗措。……」

第1394頁

張鰲山。張鰲山先是服闋赴京師，後亦以御史來贛參議軍事。鄒守益勤王饗功頌云：「八月辛未，犒諸軍，大燕群僚。維時監察御史謝源、伍希儒以監督，與知府伍文定、邢珣、徐璉、戴德孺，通判談儲、胡堯元，推官王暐，知縣王冕、李楫、劉源清、張淮以克敵，與都御史王懋中，編修鄒守益，御史張鰲山，僉事劉藍，知府劉昭，進士郭持平，驛丞王思、李中，以急義贊謀……」（鄒守益集卷一）同治安福縣志卷十：「（張鰲山）督學南畿，作人稱盛。丁内艱，家居。值宸濠之變，從王守仁勤王。凡檄奏文移，多所草創。偶奏語觸權貴，遂逮獄訊治，無左驗，猶以文致罷歸……鰲山初從李宗栻，聞求放心説。復師事王守仁。平生篤孝友，尚氣節。」

劉潛。同治贛縣志卷三十四：「劉潛，字孔昭，城西坊人。少嗜學，性端方，讀經史必正衣冠。正德八年舉於鄉，令銅陵……上憲察其賢，交章薦，潛力辭。聞王文成公守仁講學於虔，乞歸就道，銅陵人士環泣遮留，不得。及歸里，會守仁誓師鹿江，潛趨謁行間，聞致良知之説，而學益精。守仁曰：『劉君所學，實措諸行事，猶程子令晉城也。惜未遇吕公，不得大展所學耳。』家居十餘年，郡學者多宗之。」

第1395頁

王皞。同治安福縣志卷十：「王皞，字天民，南鄉圳頭人。幼

通敏有聞，受學王守仁，精修益勵。嘉靖壬午鄉舉，署寧國
教。立學規會約，以端士習。授儀真令，故習華靡，嚴禁裁
浮費厲民者。又開親民館，講學其間；或集童子，習所輯
四禮，俗幾無訟。會當道有惡之者，引疾歸。尋以治行徵，
授南京工部主事，卒於京。」鄒守益集卷二十一彭子誾墓銘：
「昔陽明夫子倡道於虔，四方豪傑咸集，益趨而受學焉……
……若憲副劉印山秉監、邑尹王天民皞甫，試於政而未展……
……」
王暐。鄒守益集卷十九克齋箴：「自權吾吉……某與公從事軍
門，預聞陽明先師之訓，至於今，交三十年矣……往歲軍門，

預聞切偲，千聖過影，良知我師。……」國朝獻徵錄卷二十九
大司農克齋王公暐傳：「公諱暐，字克明，別號克齋……
授吉安府推官……時宸濠逆節大著，陽明先生倡義討之，
檄公以一旅助。有愛公者曰：『得無為太夫人憂？』公讓之曰：
『吾敢以賊遺君父耶？脫人人效此，賊將誰誅？』於是親冒矢
石，為將卒先。嘗令一吏督戰艦，及期，無一艘至，以軍典立
斬以狥，驟見者駭甚。陽明先生大嘉公曰：『如王君，可謂達
權矣。』嗣是與參密謀。兵攻南昌城破，贛兵殺僇過當，公
亟稟陽明先生止之。先生令繫之獄。數日，疫癘作，公復稟
先生釋之，一軍皆譁。先生亟曰：『此我意也。』蓋一言而公之

所活，不啻千萬人矣。先生念公運籌功，奏捷疏臚列公
名，有『首從義師，爭赴國難，協謀併力，共收全功』語……
……」
王臣。鄒守益集卷二十一廣西參議瑤湖王君墓志銘：「嘉靖癸
未，南昌瑤湖王君公弼成進士，與年友水洲魏師說、南野歐陽崇
一僦居一室，磨礱師旨，商訂新功……君諱臣，字公弼，別號
瑤湖……宸濠反，以糧長免，吳城悉為所掠，家計頓索。公私交
謫，獨泰然安之。比拜陽明公，精思力證，訾誹譁然，不恤。
時與四五同志居社稷壇，趨白鹿洞，日究所未至，遂中式
，鄉人始信講學之益。……」

方豪。明清進士錄：「方豪，正德三年三甲二百一十八名進士。浙江
開化人，字思道。以諫武宗南巡被杖。歷官湖廣副使，以平恕稱
。致仕卒。有棠陵集、斷碑集、苕溪書屋集。」方豪棠陵集
前有方元啟序云：「尤為方獻夫、楊遂庵、王陽明所器重。陽明
之剿逆濠，公實左右之。」魏憲序亦云：「左右陽明先生於戎
馬倥偬之際。」按明史卷二百八十七方豪傳云：「除昆山知縣，遷
刑部主事。諫武宗南巡，跪闕下五日，復受杖。」方豪受杖罷官在
正德十四年三月，國榷卷五十一：「正德十四年三月癸丑，兵部武選
郎中黃鞏……俱下錦衣獄。兵部郎中孫鳳等百有七人，責
跽午門五日……刑部郎中陸俸等五十五人，疏繼上……」此「刑部郎

中陸俸等五十五人」，即包括刑部主事方豪。可見方豪在四月罷歸開化，五月來贛問學，遂得與助陽明平宸濠亂。

董歐。鄒守益集卷三贈董謀之：「予往歲受學虔州，與董子希永切磋世講之誼。後二十有八年，復尋鬱孤、通天舊遊，希永之冢子謀之趨而問學焉……陽明先師致良知之規，皆箕疇正傳也，而虔州獨薰炙之，廟貌巍然，陟降對越，凜然師保之臨焉……」按董希永即董歐，號九賓主人。見鄒守益集卷十七九賓主人辯。

朱源。同治會昌縣志卷三十九：「朱源，宋孝子壽昌之裔也。飭躬篤行，教授閭里。督撫王守仁作興社學，以耆儒禮之。嘗命其所教童子入射圃，歌詩演禮。郡邑亦重其人，歲與賓席。常自書其門屏曰：儒書頗讀四五卷，鄉飲會叨三十年。卒，年九十有七。」

歐陽閱。湧幢小品卷十一兩歐陽：「歐陽閱，字崇勳，文莊公（歐陽德）之族兄也。從王文成遊。宸濠有異志，進曰：『以時事論，將有漢七國之變，計將安出？』三問，文成不應，而密召之曰：『書生何容易譚天下事？可讀易洗心。』一句沉思有悟。兼長詩賦，童庶子重之，語人曰：『歐陽生，理學之由賜，詞賦之左宋也。』久資為林邑訓，凡五歲，滁州學正。與其鄉先生胡莊肅公深相結，滁人號曰：『歐陽家又一醉翁矣。』久之，拂衣歸。子況，字曰方，博極群書……」

胡堯時。乾隆泰和縣志卷二十一：「胡堯時，字子中。嘉靖五年進士，歷官貴州按察使。嘗師事王守仁。謂：『職在刑名，宜先教化。』以躬行為士人倡，修陽明書院，凡守仁著作在貴陽者，悉刊行之。（貴州名宦志）」

二月，仁峰汪循書來，再論朱陸異同，批評朱子晚年定論之說。

汪仁峰先生文集卷五復王都憲書二：「向不揣僭以朱陸之說上質高明，伏蒙許可，自信一得之愚，有以上同於大賢君子，豈勝欣慰！且諭『亦欲嘗為一書，以明陸學之非禪，見朱說亦有未定者，又恐世之學者先懷黨同伐異之心，將觀其言而不入，反激怒焉，乃取朱子晚年悔悟之說，集為一小冊，名曰朱子晚年定論。其中略不及陸學之說，使學者不以先入之見橫於胸中而自擇焉』。又以見大賢君子用意微婉，宅心忠厚，而孜孜焉善誘人也。但其序中自言其所造詣，述其先難之故，後得之由，而其微詞奧義，有非老昧淺陋之所及知者，不能無疑焉；況蒙教札，而有同道同心之喻，又豈含糊隱忍，以負執事援引之意哉？庸是謹以其所疑者，復叩質於高明，必得其同而後已。蓋道一不容有二也，惟高明其裁之。序言：『洙泗之傳，至孟氏而息，千五百餘年，濂溪、明道始復尋其緒』。按程叔子作明道先生墓表，云『先生生千四百年之後』，蓋舉成數也。今執事云『千五百餘年』，雖或考據之精，然非義理所關鍵，不若因之之不見自異於先儒，如何？此其不能無疑一也。序云：『自後辨析日詳，然亦

日就支離決裂，旋復湮晦。吾嘗深求其故，大抵皆世儒之多言有以亂之』。札云：『自周、程後學厖道晦且四百餘年』。某愚以為辨析支離決裂之弊，則羅仲素、李延平以前，竊恐無之，多言亂道，此正學朱學者之弊也。竊探執事之意，概掩朱子著述之功，此其不能無疑二也。序曰：『乃知從事正學，而苦於衆說之紛撓疲薾，茫無可入，因求諸老釋，欣然有會於心，以為聖人之學在此矣』云云，『至恍若有悟，證諸五經四子，沛然若決江河，而放諸四海也』。某愚以為古之儒先從事性命根本之學者，多出入佛老，而後有得於心，蓋非實用其力體道於幾微之妙者，不能為此言也。然彌近理而大亂真者，毫釐之間耳，不可不慎也。執事既以陸氏之學為時流所忌而避去之，而復不悔於此，不又駭人耳目乎？此其不能無疑者三也。序曰：『雖每痛反深抑，務自搜剔斑瑕，而愈益精明的確，洞然無復可疑，獨於朱子之說有相牴牾』云云，『至世所傳集注、或問之類，乃其中年未定之論，自咎以為定本之誤，思改正而未及』。某愚以為朱子之說有相牴牾者，正在於與陸子攻訐辨論之時，與夫學者群居議論訓釋之習耳，初不在於傳注之間也。觀其自言曰：『初說只如此講，漸涵自能入德，不謂後來只成說話。

至於人倫日用最切近處，全不得毫毛氣力。」又曰：「某緣日前無深探力行之志，凡所論說，皆出入口耳之餘，以故全不得力。」此皆切指其弊者也。若謂朱子平日之所教人，與夫其所注釋，而其言有所牴牾者，竊恐無之。某嘗僭謂吾朱子之訓釋經子，與孔子刪述六經同功，然孔子雖不刪述六經，而所以上承堯、舜、禹、湯、文、武之傳者，固在也。朱子集周、程而下諸儒之說，而成一家之言，其於經書毫分縷析，昭如日星，啟我後人，明道之功，豈可少哉！然其所以接周、程諸子之傳，則亦不在於是也。若夫集注、或問之類，反覆考訂，至精至密，若誠意章，乃其絕筆，雖曰猶有不滿其意者，亦微矣。執事乃以此為中年未定之說，此其不能無疑者四也。某早有志此學，無從師授，徒以程、朱之書潛心立脚。比游江湖，得接海內文學之士，亦未見有所啟發志意而砭訂頑愚者。退休林下，一味讀書，尋理省過，反求吾心，若有所得。近幸得以印正於執事，甚幸何可言也！今觀執事之言如此，則欲不能無疑者，豈勝望洋之歎？謹疏於左，惟執事其終教之。仁峰精舍尚求有所教迪發揮，蓋以執事位日轉遷，犬馬之齒已長，早得為慰。若夫乞休之說，竊之天命人心，未可遽請。人事如此天意可知，正欲大賢君子成此濟變反正之功，使天下蒼生被儒者之澤，孟軻之所自任者，執事不可得而辭也。」

按：此為汪循收到陽明朱子晚年定論後所作答書。按王瓚仁峰汪君墓碣銘云：「己卯二月二十日，以疾作於正寢。」可見汪循此書約作於二月上旬中，蓋為其絕筆也。

宸濠「國師」劉養正自南昌來贛，借求陽明作母墓銘為名，欲暗相邀結，不合而返。

羅洪先集卷十五別周龍岡語：「憶龍岡嘗自贛病歸，附廬陵劉子吉舟。劉與陽明先生素厚善，會母死，往請墓志，實以濠事暗相邀結，不合而返。至舟，顧龍岡呻吟昏瞀，意其熟寢也，呼其門人王儲，歎曰：『初意專倚陽明，兩日數調以言，若不喻意，更不得一肯綮，不上此船明矣。此事將遂已乎？且吾安得以一身當重擔也？』儲拱手曰：『先生氣弱，今天下大事屬先生，先生安所退託？陽明何足為有無哉？』劉曰：『是固在我，多得幾人更好，陽明曾經用兵爾。』儲曰：『先生以陽明為才乎？吾見其怯也。』劉曰：『誠然。贛州峒賊，髦頭耳，乃終日練兵，若對大敵，何其張皇哉！』相與大笑而罷。龍岡反舍，語予若此，己卯二月也。其年六月，濠反，子吉與儲附之。七月，陽明先生以兵討賊。八月，俘濠。是時議者紛然，曰：『是附濠而資以為利者也』。或曰：『與劉期，而中變賣友也』。或曰：『擒濠者伍吉安，而攘為功也』。予與龍岡竊歎，莫能辨。比見詆先生者問之，曰：『吾惡其言是而行非，蓋其偽也』。龍岡舌尚在，至京師，見四方人士，猶有為前言者否乎？盍以予語者語之，以解其惑。且告之曰：『其及時自修賢聖之業乎？無若予之垂老而徒之惻惻為也』。」

按：劉養正字子吉，安福人。史不載其人其事，皇明大儒王陽明先生出身靖亂録稱「安福縣舉人劉養正，字子吉。幼舉神童，既中舉不第，不復會試。製隱士服，以詩文自高。三司撫按折節其門，以得見為幸。濠以厚幣招致，餽問不絕，遂與濠暱。」按國榷卷五十：「正德十一年五月丁酉，江西提學僉事田汝耔薦養疾御史宋景、貢士安福劉養正。詔景復職，養正詣京。」劉養正當是赴京未用，遂被宸濠以厚幣招致，當上宸濠「國師」。此前張詡已嘗薦劉養正於宸濠，國榷卷五十一正德十四年七月下談遷云：「養正，正德初貢士，棄繻講學，不苟交接，士大夫至願見不可得。嶺南張詡以伊、呂薦於宸濠。母死，求守仁志墓，微說之不應。就擒，自盡。傳首至京，妻子沒為奴。」張詡卒於正德九年，其或即是正德

第1404頁

九年應薦赴南畿經南昌時，薦劉養正於宸濠。羅洪先稱劉養正「與陽明先生素厚善」，陽明亦自稱與劉養正有「朋友之情」，後來仍為劉養正母作奠文以祭，蓋劉養正原為陽明問學弟子故也。按正德五年陽明赴廬陵任經安福，劉養正必當來謁，所謂「素厚善」即從此始也。其後陽明在廬陵（按：安福屬吉安府）任上與南都任上，劉養正亦當多來問學，所謂「朋友之情」即指此也。正德十一年劉養正薦舉赴京經南都，當亦會謁見陽明。故至正德十四年其奉宸濠之命專來贛説陽明，其請陽明作母墓銘是假，邀結籠絡陽明是真。而陽明假作「不喻」，示之以「怯」，麻痺劉養正，遂使宸濠輕敵，鑄成大錯。錢德洪云：「聞老師遣冀行，為劉養正來致濠殷勤，故冀有此行，答其禮也。」（答論年譜書八）其説為誤。蓋陽明遣冀元亨往南昌論學在前，宸濠遣劉養正來贛籠絡陽明在後，斷無劉養正來贛勸説不合歸後陽明猶遣冀元亨往南昌講學之事。黃綰陽明先生行狀云：「一日，命安福舉人劉養正往説公，云：『寧王尊師重道，有湯、武之資，欲從公講明正學。』公笑曰：『殿下能舍去王爵否？』既而令門人冀元亨先往，與濠講學，以探其誠否。元亨與語矛盾，濠怒，遣還，密使人殺於途，

第1405頁

不果。」其說更顛倒舛謬，敘事皆誇飾不實之詞。

發符牒與郭詡，命其避禍他游。

陳昌積郭清狂詡傳：「……宸濠謀倡亂，固不可勝數。己卯，反大有端矣。詡度其必反，必劫己居……王都御史者，名守仁，餘姚人也。以學為世儒宗工，時假節提軍汀、漳，乃敬往依之，懸書題詩見志。陽明悟其志，尋與之符牒，令避耳目他游。遂沿間道達武昌。至則通訊率又（義？）貴俠者，乃候虛無人，雇窮船絕迹，入德安界。六月，宸濠殺孫都御史、許副使以反，其黨言：『得郭詡，勝得一敵國然，又況能慷慨借軀乎？』乃潛使人齎幣書約，紿以好語入見，有如逗梗鏈殺之。其人跡至武昌，搜及細微家，不得，遂返。時論公適有天幸，故窘難得脫焉。陽明高其善解脫，對客亟稱之，曰：『鴻鵠橫絕，非清狂斯人耶？』庚辰，公返鄉里。」（國朝獻徵錄卷一百十五）

按：前考郭詡在正德十二年來贛入陽明幕下。是次避禍遠遁，當是因劉養正二月來贛說陽明，得知郭詡行踪，故陽明給予符牒，命其避耳目他游，蓋與冀元亨同也。

十三日，命下勘處福建叛軍。

明武宗實録卷一百七十一：「正德十四年二月丁亥，巡按福建御史程昌奏：比者延平、建寧、邵武、福州等處士卒强狠，相繼煽亂，乞簡命大臣一人巡撫其地。事下兵部集議，以福建舊無巡撫，不必時設。近已敕南、贛都御史王守仁往勘，凡一應事宜，令會鎮巡等官，從長議處，奏請定奪，事畢乃還原職。會御史周鵷亦奏：逆賊進貴等，近已就擒，其餘脅從軍士原非得已，宜撫處以安人心。得旨俱令守仁從宜處置，鎮巡以下各分別功罪以聞；其南、贛事任，暫令兵備楊璋代理。」

國榷卷五十一：「正德十四年二月丁亥，命王守仁勘處福建叛卒，其南、贛事，兵備副使楊璋暫攝之。」

按：朝廷命下勘處福建叛卒在二月十三日，陽明至六月九日方往福建勘處叛卒，其中當有隱情。錢德洪陽明先生年譜含糊其事，謂：「六月，時福州三衛軍人進貴等脅衆謀叛，奉敕往勘。」乃誤。

蔡宗兗在莆田任教職，與上司不合，致書慰勸。

王陽明全集卷四寄希淵書四：「正月初二得家信，祖母於去冬十月背棄，痛割之極！縻於職守，無由歸遁。今復懇疏，若終不可得，將遂為徑往之圖矣。近得鄭子冲書，聞與當事者頗牴牾。希淵德性謙厚和平，其於世間榮辱炎涼之故，視之何異飄風浮靄，豈得尚有芥蒂於其中耶！即而詢之，果然出於意料之外，非賢者之所自取也。雖然，『有人於此，其待我以橫逆，則君子必自反曰：「我必無禮。」自反而有禮，又自反曰：「我必不忠。」』希淵克己之功日精日切，其肯遂自以為忠乎？往年區區謫官貴州，橫逆之加，無月無有。迄今思之，最是動心忍性砥礪切磋之地。……聞教下士甚有興起者，莆故文獻之區，其士人素多根器。今得希淵為之師，真如時雨化之而已，吾道幸甚！近有責委，不得已，不久且入閩。苟求了事，或能乘便至莆一問語。不盡不盡。」

按：此書所云「今復懇疏」，指正月十四日上乞放歸田里疏；「不久且入閩」，指二月十三日命下往福建勘處叛卒。可見此書約作於二月下旬。蔡宗兗與當事者牴牾，見李本蔡公墓誌銘：「……以母老上疏乞學職，得教授興化。戊寅，抵任。以禮率人，務更舊習，歲時私饋卻絕不行，其自守有足感動人者，故不踰月而士風丕變。值巡按莅莆視學，公以師道自尊，不肯屈膝，忤

其意，乃以母病求去。方伯元山席公雅知公賢，為具疏白巡按，而公不可留矣。莆中多氣節之士，而見素林公、山齋鄭公，其巨擘也，同聲嘆賞，士大夫翕然以公為高。」（季彭山先生文集卷三）按：「山齋鄭公」即鄭岳，字汝華，莆田人，時為江西布政使，與陽明相識。（莅莆巡按即周鵷。）鄭子冲疑即鄭岳之子。蓋陽明將入閩勘處叛卒，故亟關注福建動靜，與鄭子冲、蔡宗兗多有通信聯係也。

是月，發布告諭父老子弟書，推行鄉約。

王陽明全集卷十六告諭父老子弟：「頃者頑卒倡亂，震驚遠邇，父老子弟甚憂苦騷動。彼冥頑無知，逆天叛倫，自求誅戮，究言思之，實足憫悼！然亦豈獨此冥頑之罪，有司若撫養之有缺，訓迪之無方，均有責焉。雖然，父老之所以倡率飭勵於平日，無乃亦有所未至歟？今倡亂渠魁，皆就擒滅；脅從無辜，悉已寬貸。地方雖已寧復，然創今圖後，父老所以教約其子弟者，自此不可以不預。故今特為保甲之法，以相警戒聯屬，父老其率子弟慎行之。務和爾鄰里，齊爾姻族，道義相勸，過失相規，敦禮讓之風，成淳厚之俗。本院奉命撫巡茲土，屬有哀疚，未遑匍匐來問父老疾苦，廉有司之不職，究民之利弊而興除之，故先遣諭父老子弟，使各知悉。方春，父老善相保愛，督子弟及時農作，毋情！」（正德十四年二月）

按：此告諭父老子弟即告諭舉鄉約，故云：「父老所以教約其子弟者，自此不可以不預」，「務和爾鄰里，齊爾姻族，道義相勸，過失相規，敦禮讓之風，成淳厚之俗」。按此告諭文下明標「正德十四年二月」作，以文中言「方春」，當不誤，可見陽明舉鄉約必在正德十四年二月。錢德洪陽明先生年譜引此告諭文，有意略去「方春」等句，竟作為正德十三年十月發布之文，定陽明舉鄉約在正德十三年十月，云：「正德十三年十月，舉鄉約。先生自大征後，以為民雖革面，未知格心，乃舉鄉約告諭父老子弟。」其說大誤。五百年來人未有知其誤者，何耶？

第1410頁

王陽明全集卷十七南贛鄉約：「咨爾民：昔人有言：「蓬生蔴中，不扶而直；白沙在泥，不染而黑。」民俗之善惡，豈不由於積習使然哉！往者新民蓋常棄其宗族，畔其鄉里，四出而為暴，豈獨其性之異，其人之罪哉？亦由我有司治之無道，教之無方。爾父老子弟所以訓誨戒飭於家庭者不早，薰陶漸染於里閈者無素，誘掖獎勸之不行，連屬叶和之無具，又或憤怨相激，狡偽相殘，故遂使之靡然日流於惡，則我有司與爾父老子弟皆宜分受其責。嗚呼！往者不可及，來者猶可追。故今特為鄉約，以協和爾民，自今凡爾同約之民，皆宜孝爾父母，敬爾兄長，教訓爾子孫，和順爾鄉里，死喪相助，患難相恤，善相勸勉，惡相告誡，息訟罷爭，講信修睦，務為良善之民，共成仁厚之俗。嗚呼！人雖至愚，責人則明；雖有聰明，責己則昏。爾等父老子弟毋念新民之舊惡而不與其善，彼一念而善，即善人矣；毋自恃為良民而不修其身，爾一念而惡，即惡人矣。人之善惡，由於一念之間，爾等慎思吾言，毋忽！……」

第1411頁

三月四日，朝廷允准添設江西崇義縣及長龍、鉛廠二巡檢司，遷上猶縣過步巡檢司於上保。

明武宗實錄卷一百七十一：「正德十四年三月丁酉，添設江西崇義縣及長龍、鉛廠二巡檢司，遷上猶縣過步巡檢司於上保。先是提督南、贛等都御使王守仁言：上猶、大庾、南康三縣，相去三百餘里，賊巢盤據其中，無慮八十所。大盜雖平，逋逃易集，其橫水大巢原屬上猶縣崇義里，適當三縣之衝。宜即其地立新縣，屬南安府。縣治既設，其東出長龍抵南康，其西出上保抵桂陽，其南出鉛廠抵大庾，路皆險要。宜添設長龍、鉛廠二巡檢司，而上猶過步巡檢路僻無用，宜改遷於上堡。庶幾控御得要，而地方可安事。下戶、兵二部覆議，從之。」

十六日，構思歸軒成，作思歸軒賦以抒歸思之情。

王陽明全集卷十九思歸軒賦：「陽明子之官於虔也，廨之後喬木蔚然。退食而望，若處深麓而遊於其鄉之園也。構軒其下，而名之曰「思歸」焉。門人相謂曰：「歸乎！夫子之從役役於兵革，而没没於徽纏也，而靡寒暑焉，而靡昏朝焉，而髮蕭蕭焉，而色焦焦焉。雖其心之固囂囂也，而不免於呶呶焉，嘵嘵焉，亦奚為乎？槁中竭外，而徒以勞勞焉為乎哉？且長谷之迢迢也，窮林之寥寥也，而耕焉，而樵焉，亦焉往而弗宜矣？夫退身以全節，大知也；斂德以亨道，大時也；怡神養性以遊於造物，大熙也，又夫子之夙期也。而今日之歸，又奚思為乎哉？」則又相謂曰：「夫子之思歸也，其亦在陳之懷歟？吾黨之小子，其狂且簡，倀倀然若瞽之無與偕也，非吾夫子之歸，孰從而裁之乎？」則又相謂曰：「嗟呼！夫子而得其歸也，斯土之人為失其歸矣乎！天下之大也，而皆若是焉，其誰與為理乎？雖然，夫子而得其歸也，而後得於道。惟夫天下之不得於道也，故若是其貿貿。夫道得而志全，志全而化理，化理而人安。則夫斯人之徒，亦未始為不得其歸也。而今日之歸又奚疑乎？而奚以思為乎？」陽明子聞之，憮然而嘆曰：「吾思乎！吾思乎！吾親老矣，而暇以他為乎？雖然，之言也，其始也，吾私焉；其次也，吾資焉；又其次也，吾幾焉。」乃援琴而歌之。

歌曰：「歸兮歸兮，又奚疑兮？吾行日非兮，吾親日衰兮，胡不然兮，日思予旋兮。後悔可遷兮？歸兮歸兮，二三子之言兮！」

按：此賦題下注「庚辰」作，乃誤。按今存有日本古山源恒於一八一一年雙鉤之思歸軒賦墨跡本（現藏餘姚），賦末署「正德己卯三月既望，陽明山人王守仁書」。思歸軒在提督都察院中，余文龍贛州府志卷四：「提督都察院，正德戊寅，王都御史守仁開拓一新，中為堂曰『肅清』……正堂後為軒曰『正大光明』，又為後堂曰『抑抑』，後堂之左為思歸軒，為宜南樓……」

二十日，朝臣諫武宗南巡下錦衣獄，陳九川、夏良勝、萬潮、舒芬、孫鳳等杖脊罰跪，謫外罷官。

國榷卷五十一：「正德十四年三月癸丑，兵部武選郎中莆田黃鞏、車駕員外郎蘭溪陸震、吏部員外郎□□夏良勝、禮部主事□□萬潮、太常博士□□陳九川、醫士嘉定徐鏊，俱下錦衣獄……乙酉，大理寺正周敘等十人下鎮撫司……復同黃鞏、陸震、夏良勝、萬潮、陳九川、徐鏊俱荷校闕前，罰跽至夕。仍繫俟，期五日。丙辰，行人司副余廷瓚等二十人，工部主事林大輅等三人，各疏諫，俱下錦衣獄。已，荷校罰跪如周敘等。戊午，杖郎中孫鳳等百有七人於午門，各三十。鳳及陸俸、張衍瑞、姜龍、舒芬謫外，罪其倡也。餘奪俸六月。刑部主事鄒城劉校、照磨劉玨，卒杖下。芬謫福建市舶司副提舉」。

三十日，為教讀朱源所藏先世遺墨題詞。

王陽明全集卷二十八書宋孝子朱壽昌孫教讀源卷：「教讀朱源，見其先世所遺翰墨，知其為宋孝子壽昌之裔也，既弊爛矣，使工為裝緝之。因諭之曰：『孝，人之性也。置之而塞乎天地，溥之而橫乎四海，施之後世而無朝夕。保爾先世之翰墨，則有時而弊；保爾先世之孝，無時而或弊也。人孰無是孝？豈保爾先世之孝？保爾之孝耳。保先世之翰墨，亦保其孝之一事，充是心而已矣。』源歸，其以吾言遍諭鄉鄰，苟有慕壽昌之孝者，各充其心焉，皆壽昌也已。正德己卯三月晦，書虔臺之靜觀軒」。

四月，安福鄒守益來贛受學，遂執弟子禮。陽明始發「良知」之說，妙悟「良知」之秘。

宋儀望華陽館文集卷十一鄒東廓先生行狀：「己卯，謁陽明王公於虔臺，因論及格致之學。王公乃盡語以致良知之說，反覆辨論，先生翻然悟曰：『道在是矣！』遂執弟子禮」。

鄒德涵鄒聚所先生文集卷三文莊府君傳：「……踰年，府君念易齋翁不置，亦請告歸。四方士即山房受學，府君曰：『前而黨知子思之學受於曾子乎？今宋氏解格物與慎獨異，何也？』諸生莫能解。己卯，謁陽明王先生於虔，以其疑質之。王公大喜曰：『吾求友天下有年矣，未有是疑，何子之能疑也！』因告之曰：『致知者，致吾之良知也。格物者，不離倫物，應感以致其知也，與慎獨一也』。府君翻然悟曰：『道在是矣！』遂執弟子禮。歸而與諸生言曰：『吾夢二十九年矣，而今始醒。而黨其勿復夢也夫！』」

聶豹集卷十三大司成東廓鄒公七十壽序：「已聞陽明先生講學虔南，牽舟往從之。一見相契，妙悟良知之秘，渙然自信，曰：『道在是矣！』反顧胸中所蓄數萬卷書，糟粕也。於是四拜北面，奉以終身，如著龜焉。先生贈之詩曰：『君今一日真千里，我亦當年苦舊迷』。蓋亦恨其相契之晚也」。

明儒學案卷十六文莊鄒東廓先生守益：「初見文成於虔臺，求表父墓，殊無意於學也。文成顧日夕談學，先生忽有省，曰：『往吾疑程、朱補大學，先格物窮理，而中庸首慎獨，兩不相蒙，今釋然格致之即慎獨也』。遂稱弟子」。

徐階世經堂集卷十九鄒公神道碑銘：「公不自謂足，退而讀書山中。數有疑於格致、戒懼、慎獨之說，以質陽明先生。先生曰：「致知者，致吾心之良知於事事物物也；致吾心之良知於事事物物，則事事物物皆得其理矣。致吾心之良知者，致知也；事事物物皆得其理者，格物也。獨，即所謂良知也；慎獨者，所以致其良知也；戒謹恐懼，所以慎其獨也。故大學、中庸之旨，一也。」公大悟，北面師事焉，轉以其說告語門人弟子。」

耿天臺先生文集卷十四東廓鄒先生傳：「一日，讀大學、中庸，評曰：『子思受學曾子者，大學先格致，中庸首揭慎獨，何也？』積疑不釋。己卯，先生年二十九，就質王公於虔臺，王公曰：『致知者，致吾心之良知於事事物物也；致吾心之良知於事事物物，則事事物物皆得其理矣。獨，即所謂良知也；慎獨者，所以致其良知也；戒謹恐懼，所以慎其獨也。大學、中庸之旨，一也。』先生豁然悟，遂肅贄師事焉。逾月，再如虔臺。未幾，宸濠反……」

按：耿定向謂「逾月，再如虔臺」，可見鄒守益當先是四月來虔臺，五月回安福，六月再來虔臺。諸家均明確指出鄒守益是年來見陽明，陽明乃向鄒守益始發「致良知」之說，將大學「致知」解為「致良知」，從而統一了「格物」與「慎獨」

，統一了大學與中庸，「致知」即致良知，「慎獨」即致良知——此即是陽明生成自己「良知」新說之學脉理路與心學進路，所謂「良知」之悟也。諸家之說，與鄒守益本人所述相合：

鄒守益集卷十復王東石時禎：「先師格致誠正之說，初聞於虔州，以舊習纏繞，未敢遽信。及質諸孔孟，漸覺有合處，然後敢信而繹之。」

同上，卷十六浙游聚講問答：「問：『戒慎工夫與誠意致知格物之旨同異，何以別？』曰：戒慎恐懼，便是慎；不睹不聞，莫見莫顯，便是獨。自戒懼之靈明無障，便是致知；自戒懼之流貫而無虧，便是格物。故先師云：『子思子撮一部大學作中庸首章，聖學脉絡通一無二，淨洗後世支離異同之窟。正心是未發之中；修身是發而中節之和；天地位，萬物育，是齊家治國平天下。』……」

同上，卷七龍岡書院祭田記：「往者嘗疑大學、中庸一派授受，而判知行，析動靜，幾若分門立。及接溫聽厲，反覆詰難，始信好惡之真，戒懼之嚴，不外慎獨一脉。獨也者，獨知也。獨知之良，無聲無臭，而乾坤萬有基焉。知微之顯，其神矣乎！……」

由此可以確知陽明於正德十四年在贛首揭「致良知」之教，正德十四年是陽明「良知之悟」之年。聶豹所云「妙悟良知之秘」，實亦是指陽明於是年妙悟「良知」之秘；而詩所云「我亦當年苦舊迷」，實即是陽明自謂正德十四年由「迷」入「悟」——妙悟「良知」之秘。稍後（八月）陳九川來南昌問學，陽明與其更進一步大闡「良知」之說，至有論良知心學文之作（詳下），更可確證陽明正德十四年始揭「良知」之教，正德十四年是陽明妙悟「良知」之年矣。歷來以為陽明在龍場已大悟「良知」（龍場之悟）、錢德洪以為陽明正德十六年始揭「良知」之教，其誤自不待辯。陽明何時妙悟「良知」，此一千古未解之謎今可揭開矣。

五月，楊驥再來贛受業。

第1418頁

薛侃集卷七楊毅齋傳：「己卯，復往卒業。值洪都之變，冗攘不復追侍。適先生省親懷玉，同處庠舍，砥礪日進。」

按：楊驥正德十三年八月歸潮，原與陽明約定開春再來。後實際到夏五月再來贛受學，不久因宸濠亂起，贛州冗攘，乃往懷玉依薛侃，砥礪講學。

十七日，江西巡撫孫燧、巡按御史林潮與鎮守太監畢真上宸濠孝行宜旌表。

國榷卷五十一：「正德十四年五月己酉，江西巡撫、右副都御史孫燧、巡按御史晉江林潮與鎮守太監畢真上宸濠孝行宜旌。禮科給事中邢寰駁其悖謬，禮部尚書毛澄覆真等諂附。上頗聞濠逆謀，怒曰：『宗藩善否，朝廷自知，何輒請也！』各詰其實。初，宸濠親喪善哭，聲動宮廷，徒步送葬，後變作，論者以林潮黨逆落職。」

按：談遷云：「宸濠孝行，請下史館，在正德二年十月辛巳，則虛語夙隆，越今一紀矣，而撫按猶沾沾焉因其偽而飾之，冀彼蓋匿或不遂為逆，即為逆猶為少緩其發，徐為之圖，亦撫按之曲計也。」按：謂上宸濠孝行旌表為「撫按之曲計」尤非，而謂「上頗聞濠逆謀」更是虛妄掩飾之詞。蓋直到其時，上起昏君武宗，下至地方大臣，對宸濠陰謀叛逆均懵懂無知，皆不之信，無怪有人奏告宸濠陰謀叛逆，武宗竟逮下錦衣獄，而江西地方大臣亦紛紛上奏旌表宸濠孝行，可謂昏憒荒唐之極也。

二十四日，因御史蕭淮奏宸濠不軌，乃遣太監賴義等往戒諭宸濠。賴義在道，宸濠已叛。

國榷卷五十一：「正德十四年五月丙辰，遣太監賴義、駙馬都尉崔元、左副都御史顏頤壽戒諭宸濠。先是南昌謝儀善東廠太監張銳，勸其卻濠賄。銳問故，因述其異圖。銳悟，且與朱寧方隙，欲發其交通狀。於是御史蕭淮

第1419頁

奏宸濠招納亡命，西山牧馬殆萬匹，南康私船千艘。虐徧江西，毒及他省。旗校内使，接踵京師，不知其故。且群黨如致仕右都御史李士實，儀賓顧宮祥，指揮葛江、王信，引禮丁璜，内使陳賢、壽山、熊壽、徐欽、梁偉，義官倪瓊、盧孔章、徐紀、趙七、謝培，省察官黃海、秦梁，舍人李顯忠，校尉查五，樂工秦營，皆晝夜密謀。又招建昌盜淩某、閔某等為翼。不早制之，後患何極。朱寧見疏，持還家數日，屢詆淮之妄。又約張銳同求旌濠孝行，銳託故不往，且先言濠不軌狀，故寧譖不行，曰：『虛實久自見也。果誣，淮將焉往？』遂下淮奏於内閣。楊廷和以宣宗處趙王事，宜遣大臣宣諭。上然之。廷臣議左順門，皆如廷和言。遂敕義等齎書諭之，曰：『叔祖在宗室，屬望尊重，朝廷禮待有加。但道路流傳，不無可疑。往者典寶副閻順等奏諸不法，朕未遽信。近言官所奏亦同。廷臣謂宗社大計，宜存遠慮。朕念至親，且不深究。然隱忍不言，彼此懷疑，亦無兩全之道。昔我宣宗皇帝，因趙府煩言，特遣駙馬袁容等書諭，即幡然改悔，獻還護衛，至今永享富貴。今遣書奉告，可做此意，以原革護衛并屯田獻還，所奪官民田土皆復故主，賊黨散遣，朕亦俯從寬典，並不深究。此朕

第1420頁

至情，叔祖其圖之。』初，濠賂臧賢、朱寧及張銳，陰許其世子入為東宮。至是寧懼，執濠所遣盧孔章等二人，下錦衣獄。又歸罪臧賢，擬戍邊，盜夜殺之，孔章等亦獄死，滅其口。廷臣多受賂，終不可諱，冀塞等寢其謀。不知濠惡已稔，非空言所制也。義等在道，變遂作。』

按：直到其時，朝廷竟仍不知宸濠叛逆已稔，猶祇遣太監賴義往諭，全不作防備平叛大計，但冀其幡然改悔，獻還原革護衛而已。而賴義遷延至六月方上道，遂給宸濠發動叛亂爭得時機。朝廷之妄遣太監往諭，適成激發宸濠叛亂之導火綫，朝廷措置之輕敵失當，由此可見。陽明在贛，不知朝廷內情，遂處被動，雖早悉宸濠反狀，一時亦不免措手不及矣。

六月九日，奉敕往福建處置叛軍。十三日，宸濠生日；地方大臣皆來賀。十四日，宸濠反。十五日，陽明行至豐城縣黃土腦，聞宸濠反，遂返吉安起兵。

王陽明全集卷十二飛報寧王謀反疏：「正德十四年六月初五日，節該欽奉敕：『福州三衛軍人進貴等脅眾謀反，特命爾暫去彼處地方，會同查議處置，參奏定奪。欽此。』欽遵。臣於本月初九日，自贛州啟行，至本月十五日，行至豐城縣，地名黃土腦。據該縣知縣等官顧佖等稟稱，本月十四日寧府稱亂，將孫都御史、許副使并都司等

第1421頁

官殺死，巡按及三司、府、縣大小官員不從者俱被執縛，不知存亡。各衙門印信盡數收去，庫藏搬搶一空，見監重囚俱行釋放。舟楫蔽江而下，聲言直取南京，一面分兵北上。各官皆來沮臣不宜輕進。其時臣尚未信，然逃亂之民果已四散崩潰，人情洶洶，臣亦自顧單旅危途，勢難復進。方爾回程，隨有兵卒千餘已夾江並進，前來追臣。偶遇北風大作，臣亦張疑設計，整舟安行，兵不敢逼，幸而獲免。」

國榷卷五十一：「正德十四年六月丙子，寧王宸濠反，巡撫右副都御史餘姚孫燧、按察副使固始許逵死之。宸濠

久蓄異志，信術士李自然等誑訣，於城東作陽春書院，以當天子氣。招集亡命，縱掠商富。置偵騎，伺朝廷起居，所忤官吏，輒中危法，勢張甚。及聞遣諭，大懼，謀先發。適生日，燧等入賀。例宴，至是入謝，遂閉門擐甲，大言曰：「今上非孝宗子，又失德。太后有密旨召我。」衆相顧瞪眙。燧前請旨，曰：「毋多言，若能扈我入南京乎？」燧叱曰：「天無二日，民無二王。寧知他！」濠令甲士縛燧，逵抗辨，且憤罵。謂燧曰：「我欲先發，今奈何？」并縛逵，殺惠民門外。濠欲脅逵用之，刃久未下。逵罵曰：「何不速殺我！」逵不屈，立而受刃。布政使梁

辰、胡濂，按察使楊璋，參政王綸、劉棐、程杲，副使唐錦、賀銳，參議楊學禮、許效廉，僉事師夔、潘鵬、賴鳳、王疇，都指揮馬驥、許清、白昂、王玘、郟文等，皆拜稱萬歲。各羈置之。遂縱囚收帑，分奪諸郡縣印，起兵。宜春王拱樤，瑞昌王拱栟，鎮輔將軍覲鍉、宸渢、宸瀾、宸溢、覲瀛、宸洧、拱械、宸瀰、宸汲、宸湯、宸潼、宸漄，皆聽命。是夕，左參議上元黃宏憂憤，手械蹙頸卒。户部主事莆田馬思聰絕粒三日卒。濠迎右都御史致仕官李士實，拜國師，貢士安福劉養正為軍師，參政王綸為兵部尚書。養正草偽檄，中有「祖宗不

血食者十有四年」，語尤狂悖。檄去「正德」，惟書「大明己卯」……」

陳洪謨繼世紀聞卷五：「初，京師知崔元等差往江西，不知止革護衛，以為必擒濠。適王府偵卒徐華（按：錢德洪陽明先生年譜作「林華」）等在京，即飛報於濠。至六月十三日到南昌見濠，值濠生日，宴鎮巡三司。報曰：「駙馬等官兼程來矣，後又聞宣兵部，不知何事。」濠大驚，因憶昔日擒荊王時，差太監蕭敬、駙馬蔡震、都御史戴珊，曾過南昌，今此來為擒我也。罷宴，夜召李士實議所處。士實曰：「事急矣，明早鎮巡三司官謝宴，可就擒

之，因而舉事。」乃夜集劇賊吳十三等，各飾兵器。明旦各官入謝，左右帶甲露刃數百人侍衛。拜畢，濠呼曰：「汝等知大義否？」孫燧曰：「不知。」濠曰：「太后有密旨，令我赴京。」燧曰：「請密旨看。」按察副使許逵曰：「天無二日，此是大義。」濠怒曰：「尚敢如此無禮乎？」命左右曳二人出，斬之。仍盡擊三司諸官，鎖杻繫獄。令布政梁辰等用印信咨文，差人遍行天下布政司，告諭親王、三司舉兵之意，大概誣稱祖宗不血食者十五年」等語。乃分給銀米募兵，修理戰具，以夜繼日。十七日，濠留中官萬銳等守城，自以妃眷世子登舟，北出鄱陽湖。令僉事潘鵬持檄諭降安慶諸郡。命參政王綸提督軍務，為兵部尚書，李士實為軍師，舉人劉養正副之。督率護衛軍并閩念四、吳十三等賊黨五六萬人，盡奪官民舟船萬餘艘，蔽江而下……福建軍士作亂，乃敕守仁往福建戡處。守仁啟行，由江路過吉安，將至南昌，濠差人迎之。豐城知縣顧佖密以寧賊反狀告之，且勸勿徑下南昌。守仁即變服返舟，值風順，徑至吉安。」

第1424頁

錢德洪陽明先生年譜：「濠初謀欲徑襲南京，遂犯北京，故乘勝剋期東下。先生聞變，返舟，值南風急，舟弗能前，乃焚香拜泣告天曰：『天若哀憫生靈，許我匡扶社稷，願即反風。若無意斯民，守仁無生望矣。』須臾，風漸止，北帆盡起。濠遣內官喻才領兵追急，是夜乃與幕士蕭禹、雷濟等潛入魚舟得脫。」

錢德洪上海日翁書跋：「嘗聞幕士龍光云：『時師聞變，返風回舟。濠追兵將及，師欲易舟潛遯。顧夫人諸、公子正憲在舟，夫人手提劍別師曰：「公速去，毋為妾母子憂。脫有急，吾恃此以自衛爾！」及退還吉安，將發兵，命積薪圍公署，戒守者曰：「儻前報不利，即舉火爇公署……」』」（王陽明全集卷二十六）

第1425頁

黃綰陽明先生行狀：「公以六月初九日自贛往福建勘事。十五日至豐城縣界，典史鄭人報濠反狀。繼而知縣顧佖具言之。公度單旅倉猝，兵力未集，難即勤王，亟欲遡流趨吉安。南風方盛，舟人聞宸濠發千餘人來劫公，畏不敢發，乃以逆流無風為辭。公密禱於舟中，誓死報國。無何，北風大作。舟人猶不肯行，拔劍馘其耳，遂發舟。薄暮，度勢不可前，潛覓漁舟，以微服行，留麾下一人服己冠服在舟中。濠兵果犯舟，而公不在。欲殺其代者，一人曰：『何益？』遂捨之，故追不及。是夜至臨江，知府戴德孺喜甚，留公入城調度。曰：『臨江居大江之濱，與省城相近，且當道路之衝，莫若吉安為宜。」又以三策籌之曰：「濠若出上策，直趨京師，出其不意，則宗社危矣；若出中策，則趨南都，大江南北亦被其害；若出下策，但據江西省城，則勤王之事尚易為也。」

……」

錢德洪征宸濠反間遺事：「嘗聞雷濟云：夫子昔在豐城聞變，南風正急，拜受咒告曰：『天若憫恤百萬民命，幸假我一帆風！』須臾風稍定，頃之，舟人讙譟回風。濟、禹取香煙試之舟上，果然。久之，北風大作。宸濠追兵將及時，夫人、公子在舟，夫子呼一小漁船自縛敕令，濟、禹持米二斗，鬱魚五寸，與人為別。將發，問濟曰：『行備否？』濟、禹對曰：『已備。』夫子笑曰：『還少一物。』濟、禹思之不得。夫子指船頭羅蓋曰：『到地方無此，何以示信？』於是又取羅蓋以行。明日至吉安城下，城門方戒嚴，舟不得泊岸。濟、禹揭蓋以示，城中遂讙慶曰：『王爺爺還矣！』乃開門羅拜迎入。於是濟、禹心嘆危迫之時，暇裕乃如此。」

謝蕡後鑒録下：「正德十四年五月內，宸濠惡逆彰聞，致被科道官將伊謀為不軌事情劾奏。蒙欽差賴太監、崔駙馬、顏都御史前去省諭，查革護衛。本年六月內，宸濠聞知反謀敗露，即招李士實等進府商議。宸濠說稱：『差官看我府中事情，革我護衛，若不起手，斷然不好。十三日是我壽日，鎮巡三司等官必來慶賀。候其次日謝酒，就脅令各官順從起兵。彼若不從，即行斬首警衆，大事就定。』吉與李士實等各回說：『此謀最好。』至十三日，鎮守、撫按公差并三司等官進府賀慶，筵宴各散。十四日早，宸濠密令淩十一等，暗藏凶器傍立。有鎮巡三司等官前來謝酒，行禮至三拜，宸濠即出殿前臺上，詐說：『太后娘娘有密旨，著我起兵。你各官知大義否？』有都御史孫燧回說：『既有密旨，請看。』又問副使許逵如何，本官回說：『只有一點赤心。』宸濠怒，說：『殺這不知大義官，以定民志。』就令淩十一等，將孫都御史、許副使押出，在於惠民門內殺害。鎮巡三司等官王宏等，俱被綁送儀鸞司等處監禁。又召宗室及內外官員進府，說稱：『今舉大事，你各人務要盡心贊助。事定之後，宗室加爵祿，各官重加陞賞』等語。當有李世英等，俱素通謀逆，倡率宜春王拱樤、瑞昌王拱栟，鎮輔將軍覲鋌、宸渢、宸瀾等十名，亦各不合隨同稱呼『萬歲，萬歲』。瑞昌王拱栟差未獲內使王萬興等，前去貴溪縣往日交通王親、已故義官江成家招兵。……比將各衙門印信、倉庫、錢糧盡行搜劫，獄囚盡行釋放。宸濠隨又分遣儀賓、校尉人等，前往饒州等處地方取印起兵。節被豐城縣知縣顧佖，進賢縣知縣劉源清，奉新縣知縣劉守緒，餘干縣知縣馬津，東鄉縣知縣黃堂等，各率兵遏截殺訖。宸濠又令典膳羅璜，將綸職名寫成白牌，内開為開路取兵事。令人齎往萬年縣地方，招取洞賊為應。又聞提督南贛王都御史前往福建公幹，從省城經過，要行執拿脇從。先差已故内官喻才領兵暗伏地名生米觀等候。十五日，王都御史至豐城地方，聞變，經趨吉安府，即行各該府縣地方起集義兵，會合征剿。」

陸澄辨忠讒以定國是疏：「守仁近豐城五里而聞變，即刻偽寫兩廣都御史楊旦大兵將臨火牌，於知縣顧佖接見之時，令人詐為驛夫入遞，守仁佯喜，以為大兵既至，賊必易圖，當令顧佖傳牌入城，以疑宸濠。又令顧佖守城，許與撥兵助守。時有報稱宸濠遣賊六百追虜王都者，守仁回船而南風大逆，乃慟哭告天，而頃刻返風。守仁又恐賊兵追至，急乘漁舟脱身……次日奔至蛇河，遇臨江知府戴德孺，即議起兵。因不足恃，又奔入新淦城，欲與知縣李美集兵。度不可居，復奔至吉安。見倉庫充實，遂乃駐劄。」

按：陽明六月九日啟程赴福建處置叛軍，六月十五日至豐

城，距南昌僅百餘里。其間最令人致疑者有三：一是朝廷命下陽明往福建戡處叛軍在二月，何以陽明遷延至六月九日始起程？二是陽明往福州戡處叛軍，本只要由贛州直接往東徑至福州，何以却大繞圈子，北行遠至豐城？三是陽明本是臨時受命往福建戡處叛軍（由楊璋暫代），處置畢後即回，何以陽明却携夫人諸氏、子正憲全家同行？按陳洪謨明云「守仁啟行，由江路過吉安，將至南昌，濠差人迎之。豐城知縣顧佖密以寧賊反狀告之，且勸勿徑下南昌。守仁即變服返舟」。既稱「濠差人迎之」，顧佖勸「勿徑下南昌」，可見陽明是次北行確是要去南昌，而宸濠派人來迎者，當是為接陽明入南昌賀其生日。蓋六月十三日宸濠生日本意在邀地方官員來賀，借以籠絡地方官員，初並無借慶賀生日發動叛亂之意。至六月十三日晚偵卒徐華來報，宸濠大驚，乃決定次日囚殺地方要員以反，實一時倉促生變也。錢德洪陽明先生年譜亦述之甚明：「會濠偵卒林華者，聞朝議者二三，不得實，晝夜奔告。值濠生辰，宴諸司，聞言大驚，以為詔使此來，必用昔日蔡震擒荆藩故事；且舊制凡抄解宮眷，始還駙馬親臣，固不計趙王事也。宴罷，密召士實、劉吉等謀之。養正曰：『事急矣！明旦諸司入謝，即可行事。』是夜集兵以俟

」。故地方官員被邀賀宸濠生日，皆無戒心。陽明乃是宸濠着意邀結籠絡之首選人物，自必首邀其來賀宸濠生日（疑即劉養正來贛游說時邀其參加宸濠生日賀宴），時適逢陽明奉命往福建勘處叛軍，陽明正可借此機會攜家眷往南昌，其意一則可覘宸濠動靜與南昌局勢；二則可將妻子家眷安頓在南昌，己往福建勘處叛軍事畢，即可自南昌攜家眷乞休歸。陽明後在飛報寧王謀反疏中吐露真情云：「今茲扶病赴閩，實亦意圖便道歸省……入閩了事，就彼歸看父疾。」在乞便道省葬疏中亦云：「近者奉命扶疾赴閩，意圖了事，即從此地冒罪逃歸。」（王陽明全集卷

第1430頁

十二）由此，陽明何以六月九日攜家眷北赴南昌之謎可以揭開矣。陽明六月九日出發，十三日自可到達南昌，何以十五日方抵豐城？疑陽明此行實存戒心，一路探聽南昌虛實，故在道徘徊觀望，有意錯過十三日宸濠生日，竟得逃過一劫也。後來陸澄在辨忠讒以定國是疏中辨云：「毛玉疑守仁因賀宸濠生辰，而偶爾遇變。殊不知守仁奉敕將往福建，而瑞金、會昌等縣瘴氣生發，不敢經行，故道出豐城。且宸濠生日在十三，而守仁十五方抵豐城，若賀生辰，何獨後期而至乎？」按陽明平汀、漳寇，皆從瑞金、會昌出入，周期雍之起閩兵平叛，亦皆從瑞金、會昌進出，何來瑞金、會昌有瘴氣不能行之事？陸澄之說，不足據信也。

十五日，宸濠兵攻九江、南康。十六日，陷南康。十七日，陷九江。

國榷卷五十一：「正德十四年六月丁丑，宸濠偽授閔廿四、廿八、淩十一、吴十三、萬賢一、賢二、熊十四、十七、楊清、楊鳳都指揮等官，同承奉涂欽等分攻九江、南康，掠船吴城。令校尉趙智報浙江太監畢真起兵。儀賓李蕃、李世英如瑞州華林、瑪瑙等寨，貢士王春等如豐城、奉新、東鄉，妃弟婁伯如進賢、廣信，各募兵。王綸檄召姚源等峒賊，參政季斅諭王守仁，教諭、達

第1431頁

賓等分諭廣東及吉安、南、贛等，俱質其婦孺。濠欲即大位，改元順德。李士實等以下南京行之。濠乃下令整師。戊寅，偽兵陷南康，知府陳霖、同知張禄先遁〻〻。己卯，偽兵陷九江，兵備副使曹雷、知府江穎、推官陳深、指揮許鸞皆遁，按察司僉事師夔降，尋偽授兵備副使。進賢知縣劉源清勒兵禦賊，誅濠妃弟婁伯及通謀者。又龍津驛丞孫天祐、餘干知縣馬津亦起兵，殺其募兵者數十人，餘皆潰歸。濠欲攻源清，李士實曰：「大事既定，彼將焉往！」乃止。右副都御史王守仁至豐城聞變，走吉安。」

按：據此，來豐城追捕陽明者，或即王春部隊。在陽明集兵起義之前，已有劉源清、孫天祐、馬津諸人起兵抗宸濠矣。

十八日，至吉安府，設反間計以疑沮宸濠出兵。

錢德洪《征宸濠反間遺事》：「龍光云：是年六月十五日，公於豐城聞宸濠之變。時參謀雷濟、蕭禹在侍，相與拜天誓死，起兵討賊。欲趨還吉安，南風正急，舟不能動。又痛告天，頃之，得北風。宸濠追兵將及，潛入小漁船，與濟等同載，得脱免。舟中計議，恐宸濠徑襲南京，遂犯北京，兩京倉卒無備，圖欲沮撓，使遲留半月，遠近聞知，自然有備無患。乃假寫兩廣都御史火牌云：『提督兩廣軍務都御史楊為機密軍務事：准兵部咨及都察院右副都御史顏咨，俱為前事，本院帶狼達官兵四十八萬，齊往江西公幹。的於五月初三日在廣州府起馬前進，仰沿途軍衛有司等衙門，即便照數預備糧草，伺候官兵到日支應。若臨期缺乏誤事，定行照依軍法斬首等因。』意示朝廷先差顏等勘事，已密於兩廣各處起調兵馬，潛來襲取宸濠，使之恐懼遲疑，觀望不敢輕進。使濟等密遣乖覺人役，持火牌設法打入省城。宸濠見火牌，果生疑懼。十八日，回至吉安。又令濟等假寫南雄、南安、贛州等府報帖，日逐飛報府城，打入省下，一以動搖省城人心，一以鼓勵吉安效義之士。又與濟等謀假寫迎接京軍文書云：『提督軍務都御史王為機密軍務事：准兵部咨該本部題奉聖旨：「許泰、郤永分領邊軍四萬，從鳳陽等處陸路徑撲南昌；劉暉、桂勇分領京邊官軍四萬，從徐州、淮安等處水陸並進，分襲南昌；王守仁領兵二萬，楊旦等領兵八萬，秦金等領兵六萬，各從信地分道並進，刻期夾攻南昌。務要遵照方略，并心協謀，依期速進，毋得彼先此後，致誤時機。欽此。」等因咨到，職除欽遵外，照得本職先因奉敕前往福建公幹，行至豐城地方，卒遇寧王之變，見已退住吉安府起兵。今准前因，遵奉敕旨，候兩廣兵齊，依期前進外，看得兵部咨到緣由，係奉朝廷機密敕旨，皆是掩其不備，先發制人之謀。其時必以寧王之兵尚未舉動，今寧王之兵已出，約亦有二三十萬，若北來官兵不知的實消息，未免有誤時機。以本職計之，若寧王堅守南昌，擁兵不出，京邊官軍遠來，天時、地利兩皆不便，一時恐亦難圖。須是按兵徐行，或分兵先守南都，候寧王已離江西，然後或遮其前，或擊其後，使之首尾不救，破之必矣。今寧王主謀李士實、劉養正等各有書密寄本職，其賊淩十二、閔廿四亦各密差心腹前來本職遞狀，皆要反戈立功報效。可見寧王已是衆叛親離之人，其敗必不久矣。今聞兩廣共起兵四十八萬，其先鋒八萬，係遵敕旨之數，今已到贛州地方。湖廣起兵二十萬，其先鋒六萬，係遵敕旨之數，今聞已到黃州府地方。本職起兵十萬，遵照敕旨，先領兵二萬，屯吉安府地方。各府知府等官兵各起兵快，約亦不下一萬之數，共計亦有十一二萬人馬，儘已彀用。但得寧王早離江西，其中必有內變，因而乘機夾攻，為力甚易。為此今用手本備開緣由前去，煩請查照裁處。并將一應進止機宜，計議停當，選差乖覺曉事人員，與同差去人役，星夜回報施行，須至手本者。」既已寫成手本，令濟等選差慣能走遞家人，重與盤費，

以前事機陽作實情，備細密切說與，令渠潛蹤隱迹，星夜前去南京及淮、揚等處迎接官兵。又令濟等尋訪素與宸濠交通之人，厚加結納，令渠密去報知寧府。宸濠聞知，大加賞賜，差人四路跟捉。既見手本，愈加疑懼，將差人備細拷問詳悉，當時殺死。因此宸濠又疑李士實、劉養正，不受其謀。又與龍光計議假寫回報李士實書，內云：「承手教密示，足見老先生精忠報國之本心，始知近日之事於迫於勢不得已而然，身雖陷於羅網，乃心罔不在王室也。所喻密謀，非老先生斷不能及此。今又得子吉同心協力，當萬萬無一失矣。然幾事不密則害成，務須乘時待機而發乃可。不然，恐無益於國，而徒為老先生與子吉之累，又區區心所不忍也。況今兵勢四路已合，只待此公一出，便可下手，但恐未肯輕出耳。昨淩、閔諸將遣人密傳消息，亦皆出於老先生與子吉開導激發而然。但恐此三四人者皆是粗漢，易有漏洩，須戒令慎密，又曲為之防可也。目畢即付丙丁，知名不具。」與劉養正亦同。兩書既就，遣雷濟設法差遞李士實，龍光設法差遞劉養正。各差遞人皆被宸濠殺死。宸濠由是愈疑劉、李，劉、李亦各自相疑懼，不肯出身任事。以故上下人心互生疑懼，兵勢日衰。又遣素與劉養正交

厚指揮高睿致書劉養正，及遣雷濟、蕭禹引誘內官萬銳等私寫書信與內官陳賢、劉吉、喻木等，俱皆反間之謀。又多寫告示及招降旗號，開諭逆順禍福，及寫木牌等項，動以千計，分遣雷濟、蕭禹、龍光、王佐等分役經行賊壘，潛地將告示黏貼，及旗號木牌四路標插。又先張疑兵於豐城，示以欲攻之勢。又遣雷濟、龍光將劉養正家屬在吉安厚加看養，陰遣其家人密至劉養正處傳遞消息，亦皆反間之謀。初時，宸濠謀定六月十七日出兵，自己於二十二日在江西起馬，徑趨南京，謁陵即位，遂直犯北京。因聞前項反間疑沮之謀，遂不敢輕出。故

第1436頁

十七等日，先遣兵攻南康、九江，而自留省城。賊兵等候宸濠不出，亦各疑懼退沮，久駐江湖之上，師老氣衰；又見四路所貼告示及插旗號木牌，人人解體，日漸散離，以故無心攻鬥。其後宸濠探知四路無兵，前項事機已失，兵勢已阻，人馬已散，多有潛來投降者。……

天啟贛州府志卷十六：雷濟、蕭庚，皆贛縣人。濟聽選省祭，庚義官。都御史王公守仁來鎮虔也，知二人素有識略，置之幕下參謀。公平橫水、桶岡、三浰諸賊，二人計畫居多，而誘浰酋池仲容至府城，二人玩弄之，卒令死轂中，計尤詭秘。寧王宸濠反，公過豐城聞變，時濟、庚在侍，相與痛哭，即圖趨還贛州，起兵討賊。而南風正急，舟不能動，又相與痛哭，焚香籲天，願反風。頃之風轉，濟、庚試香煙果北，喜。遙望宸濠追兵將及，夫人、公子時在舟，倉卒中，亟呼一小漁船，公自縛印敕與夫人別，令濟、庚持米二升，鹽魚五寸，同載小船。將發，問濟曰：「行備否？」對曰：「已備。」公指船頭黃蓋曰：「到地方，無此，何以示信？」於是又取羅蓋以行。至新淦城下，城門戒嚴，不得泊。濟、庚張黃蓋以示，乃開門羅拜，迎入舟中計議。宸濠徑襲南京，直犯北京

第1437頁

，兩京無備，奈何？故駐吉安，詐為兩廣總督火牌、兵部咨及各府報帖，互相傳遞，以撓其進止。作間李士實、劉養正書，以離其心腹。多寫告示并招降旗號、木牌等項，動以千萬計，以散其黨與。當是時，濟、庚等粘貼告示，標插旗號、木牌，皆乘黑夜衝風冒雨，涉險破浪，出入賊壘，萬死一生。中所差行間人役，被宸濠殺死者，皆其親信家人，蓋陰謀秘計有諸將士所不與知，而辛苦艱難亦有諸部領所未嘗歷者。事平之後，京邊官軍南來失計，百方搜羅，無所泄毒。搆陷冀元亨、龍光與濟、庚等，俱欲置之死地。元亨被執，濟、庚等四

竄逃囹圄，在冊功次俱被削去。未幾庾死，公親為文祭之。後濟謁選，得四川龍州宣撫司經歷，蓋變府云」。

第1438頁

按：陽明在由豐城退回吉安途中，即已施反間計，黃綰陽明先生行狀云：「行至中途，恐其速出，乃為間諜，假奉朝廷密旨，先知寧府將反，行令兩廣、湖、襄都御史楊旦、秦金及兩京兵部各命將出師，暗伏要害地方，以俟寧府兵至襲殺。

復取優人數輩，各與數百金以全其家，令至伏兵處所飛報竊發日期，將公文各縫置袷衣絮中。將發間，又捕捉偽太師李士實家屬至舟尾，令其覘知。公即佯怒，牽之上岸處斬，已而故縱之，令其奔報。宸濠邏獲優人，果於袷衣絮中搜得公文，遂疑不發。十八日至吉安」。

在吉安，集兵勤王，督同知府伍文定調集兵糧，號召義勇；約會右副都御史王懋中定謀設策；牌行贛州府集兵策應。王陽明全集卷十二飛報寧王謀反疏：「本月十八日，回至吉安府……遂入城撫慰軍民，督同知府等官伍文定等調集兵糧，號召義勇。又約會致仕鄉官右副都御史王懋中

第1439頁

、養病評事羅僑等，與之定謀設策，收合渙散之心，作起忠義之氣，相機乘間，務為躡後之圖，共成犄角之勢。……」

國榷卷五十一：「正德十四年六月庚辰，提督南贛汀漳右副都御史王守仁、吉安知府伍文定起兵討宸濠。文定說守仁曰：『賊烏合，勢必敗，而一時猝變無抗者。公威望素重，宜即吉安起義，集諸路兵搗其穴，必潰。身敢任麾下之役。』守仁善之。即召募故所部來集，鄉紳都御史王懋中、副使羅循、羅欽德、郎中曾直、御史張鰲山、周魯、評事羅僑、同知郭祥鵬、進士郭持平、謫官驛

丞王思、李中、編修鄒守益等皆至。」

王陽明全集卷十七牌行贛州府集兵策應：「照得本院奉敕前往福建公幹，於六月初九日自贛州啟行，由水路十五日至豐城縣地名黃土腦，節據知縣顧佖等并沿途地方總甲等稟報，江西城省突然變亂，撫巡三司等官俱遭拘執殺害，遠近軍民甚是驚惶，再三阻遏本院且勿前進。本院原未帶有官軍，勢難輕進；欲馳還贛州起兵，則地理相去益遠。已暫回吉安府就近住劄，一面調集兵糧，號召義勇；一面差人分投爪探的確另行外。為此牌仰本府官吏，照牌事理，并行附近衛所，各行所屬，起集父子鄉兵軍餘人等，晝夜加謹固守城池，以保不測。仍仰知府邢珣查將貯庫錢糧盡數開具印信手本，先行呈報，毋得隱匿。一面行取安遠等縣原操不論上下班次官兵，各備鋒利器械，通到校場，日逐操練，重加搞餉，選委謀勇官員管領，聽候本院公文一至，即刻就便發行……」（正德十四年六月十八日）

按：錢德洪陽明先生年譜於此干支紀日多誤。明通鑑考云：「年譜言文成以十五日丙子至『豐城』，聞變趨吉安，十九日馳疏上變。按丙子係十四日，而十九日係辛巳，非庚辰也。年譜干支錯誤，又以七月干支雜之六月中。」（卷四十八）按年譜下云：「壬午，再告變」，干支紀日亦誤。

十九日，上飛報寧王謀反疏。二十一日，再報謀反疏。

王陽明全集卷十二飛報寧王謀反疏，再報謀反疏。

二十一日，上乞便道省葬疏，并有札致朝中當道，不允，旨下「待賊平之日來說」。

王陽明全集卷十二乞便道省葬疏：「近者奉命扶疾赴閩，意圖了事，即從此地冒罪逃歸……不料行至中途，遭值寧府反叛。此係國家大變，臣子之義不容舍之而去。又閩省撫巡方面等官，無一人見在者。天下事機間不容髮，故復忍死暫留於此，為牽制攻討之圖……臣父衰老日甚，近因祖喪，哭泣過節，見亦病卧苫廬。臣今扶病，驅馳兵革，往來於廣信、南昌之間。廣信去家不數日，欲從其地不時乘間抵家一哭，略為經營葬事，一省父病。……」

按：陽明是次上疏只在乞便道省葬，其二乞便道省葬疏中載是次上疏所下聖旨云：「奉聖旨：『王守仁奉命巡視福建，行至豐城，聞宸濠反叛，忠憤激烈，即便倡率所在官司起集義兵，合謀剿殺，氣節可嘉。已有旨著督兵討賊，兼巡撫江西地方。所奏省親事情，待賊平之日來說。該部知道。欽此。』……」

王陽明全集卷二十七與當道書：「江省之變，大略具奏内。此人逆謀已非一日，久而未發，蓋其心懷兩圖，是以遲疑未決，抑亦慮生之躡其後也。近聞生將赴閩，必經其地，已視生為几上肉矣。賴朝廷之威靈，諸老先生之德庇，竟獲脱身虎口。所恨兵力寡弱，不能有為爾。南贛舊嘗屯兵四千，朝有警而夕可發。近為户部必欲奏革商税，糧餉無所取給，故遂放散，未三月，而有此變，復欲召集，非數月不能，亦且空然無資矣。世事之相撓阻，每每如此，亦何望乎？今亦一面號召忠義，取調各縣機快，且先遣疲弱之卒，張布聲勢於豐城諸處，牽

第1442页

躡其後。天奪其魄，彼果遲疑而未進。若再留半月，南都必已有備。彼一離窠穴，生將奮搗其虚，使之進不得前，退無所據。勤王之師，又四面漸集，必成擒矣。此生臆料若此，切望諸老先生急賜議處，速遣能將，將重兵聲罪而南，以絶其北窺之望。飛召各省，急興勤王之師。此人兇殘忌刻，世所未有，使其得志，天下無遺類矣。諒在廟堂，必有成算，區區愚誠，亦不敢不竭盡。生病疲尫，僅存餘息。近者入閩，已具本乞休，必不得已，且容歸省。不意忽遭此變，本非生之責任。但闔省無一官見在，人情涣散，洶洶震摇，使無一人牽制其

間，彼得安意順流而下，萬一南都無備，將必失守。彼又分兵四掠，十三郡之民素劫於積威，必向風而靡。如此，則湖、湘、閩、浙皆不能保。及事聞朝廷，大兵南下，彼之奸計漸成，破之難矣。以是遂忍死暫留於此，徒以空言收拾散亡，感激忠義。日望命帥之來，生得以輿疾還越，死且瞑目。伏惟諸老先生鑒其血誠，必賜保全，勿遂竭其力所不能，窮其智所不及，以為出身任事者之戒，幸甚幸甚！」

按：此書所言「大略具奏内」，即指其所上飛報寧王謀反疏。可知陽明此書當是隨其乞便道省葬疏一起送往京師。「當道」者，即指楊廷和、梁儲、蔣冕、毛紀諸人，所謂「諸老先生」也。陽明此書最可值得注意，其中云「彼一離窠穴，生將奮搗其虚，使之進不得前，退無所據」，可見陽明乘虚攻南昌之戰略一開始即已確立矣。

第1443页

行福建布政司調兵勤王，行南京各衙門勤王。咨兩廣總制

都御史楊旦共勤國難。有書致周鵷、周震二侍御，敦促福建出兵。

王陽明全集卷三十一行福建布政司調兵勤王，預行南京各衙門勤王咨，卷十七咨兩廣總制都御史楊共勤國難。陽明與二位周侍御手札：「江省之變，其略已具公文。大抵此逆蓄謀已非一日，其窮凶極惡，神怒人怨，決敗無疑。但其氣焰方熾，此中兵力寡弱，又閩省無一官肯為用。因户部奏革商税，南、贛屯聚之兵，無所仰給，已放散，復欲召集，非數月不能，此事極可痛恨。二公平日忠義自許，當茲國難，忠憤激烈，不言可知。切望急促僉事周期雍公文内示坐定名字者，未審周今安在？旦欲二公坐名促之來也。區區已先將弱卒牽制其後，使不得安意前進，但遲留半月，南都有備，四方勤王之師漸集，必成擒矣。百冗中，言不能悉。守仁頓首，二位周侍御先生道契。兩司進見，幸以此意布之。杜太監已被擄。閩中有諸公在，當無慮。此事宗社安危所係，不得不先圖之也。」（蓬累軒編姚江雜纂，陽明文集失載）

按：陽明此札當是隨同行福建布政司調兵勤王一起遞往福建。此二侍御指周鵷、周震，按閩書卷四十五文蒞志載正德年間任御史中，有巡撫監察御史周鵷，清理軍政監察御史周

震。周鵷字文儀，號適齋，華亭人。孫承恩文簡集卷四十九潮州府知府適齋周君墓表：「……周子初舉進士，授御史……巡按閩省，時省臣有失控御激軍衛作亂者，衆大譁，眙愕相顧，城門晝閉，變且叵測。周子聞，則疾出曉諭，開以禍福，戮其巨魁，衆皆帖服解散。……毅皇帝南巡，懇疏諫止，弗報。寧藩之變，檄有司待軍餉為緩急備。憲度肅如也。……生成化壬辰正月十八日，卒嘉靖丁亥八月二十九日。」周震字世亨，號半塘，崑山人。道光崑新兩縣志卷二十二：「……正德辛未進士，授鄱陽知縣……擢監察御史，疏論豫儲、廣孝、懋學、勤治、選將、練士、信賞、必罰八事。清軍福建，會黠卒煽亂，計擒首惡數人，撫定餘黨。奏裁鎮守中官歲侵鹽利數千金。庚辰還朝，會武廟南巡，詔視斬逆濠，有銀牌之賜。辛巳，巡按河南，尋遷浙江僉事，轉廣東參議。以不能逢迎，罷歸」。周期雍時任福建按察司整飭兵備僉事，前考其來贛與陽明密謀養兵練兵之計，至是遂調福建軍來助陽明平宸濠，陽明舉能撫治疏：「切照廣東右布政使王大用、湖廣按察使周期雍，皆才識過人，可以任重致遠。臣往年巡撫南、贛，二臣皆在屬司，為兵備僉事，與之周旋兵革之間，知其皆肯實心幹事。江西未叛一年之前，臣嘗與周期雍論宸濠之惡，不可不為之備，期雍歸去汀、漳，即為養

兵蓄銳以待。及臣遇變豐城，傳檄各省，獨期雍與布政席書聞變即發。當是時，四方援兵皆莫敢動，迨宸濠就擒，竟無一人致者，獨席書行至中途，復受臣檄，歸調海滄打手，又行至中途，聞事平而止。其先後引領至江西省城者，惟周期雍、王大用兩人而已。」（王陽明全集卷十五）

預備水戰牌：「牌仰福建布政司即行選海滄打手一萬名，動支官庫不拘何項銀兩，從厚給與衣裝行糧，各備鋒利器械，就仰左布政使席書、兵備僉事周期雍自行統領，星夜前赴軍門，相機前進，并力擒剿。」（王陽明全集卷十七）

二十二日，趙承芳、季斆送來偽檄榜文，遂將趙、季捉拿監禁。

第1446頁

王陽明全集卷十二奏聞宸濠偽造檄榜疏：「（宸濠）二十二日令承芳并參政季斆代齎偽檄榜文，赴豐城、吉安、贛州、南安并王都御史及廣東南雄等處，俱各不寫正德年號，止稱大明己卯歲。比承芳等不合怕死及因妻子被拘，旗校管押，只得依聽，齎至墨池地方，蒙本院防哨官兵將承芳等拿獲。隨審季斆，供係先任南安府知府，近陞廣西參政，裝帶家小由水路赴任，行至省城，適遇寧王生日，傳令慶賀。次日隨衆謝宴，變起倉卒，俱被監禁。比斆自分死國，因妻女在船，寫書令『妻要死夫，女俱死母』。後因看守愈嚴，求死不遂。至二十一日，放回本船，懵死良久方甦。二十二日，又將妻女拘執，急呼斆進府，將前偽檄榜差旗校十二人督押斆與承芳代齎。斆計欲投赴軍門，脫身報效，不期官兵執送前來……」

按：錢德洪陽明先生年譜云：「至七月三日，諜知非實，乃屬宗支栱㰘與萬銳等留兵萬餘守南昌，遣潘鵬持檄說安慶，季斆說吉安，而自與宗支栱栟、士實、養正等東下。」其說顯誤。季斆六月二十二日已囚禁於吉安，如何七月三日方持檄榜來說吉安？且宸濠起兵東下在七月一日，亦非七月三日（見下）。

第1447頁

鄒守益再來吉安，隨陽明倡義起兵。

耿天臺先生全書卷十一東廓鄒先生傳：「未幾，宸濠反，先生聞變，率昆季群從趨吉郡，從義起兵。王公喜曰：『君臣師友，義在此舉矣！』……」

鄒守益集卷二十一叔父重齋居士墓志：「逆濠之變，陽明先師召益從軍中，衆咸蹙縮，叔父（鄒賢）慨然遣泰兄（鄒守泰）同行，曰：『吾侄盡君臣之義，吾兒亦當盡兄弟之恩。』執手別諸門曰：『子何恃而無恐？』益對曰：『亂臣賊子，天必誅之；忠臣義士，天必相之。』比歸，叔父迎諸門，交手仰指曰：『子不負天，天亦不負子！』……」

第1448頁

王畿集卷十三讀先師再報海日翁吉安起兵書序：「師之回舟吉安，倡義起兵也，人皆以為愚，或疑其詐。時鄒謙之在軍中，見人情洶洶，入請於師，師正色曰：『此義無所逃於天地之間，使天下盡從寧王，我一人決亦如此做。人人有個良知，豈無一人相應而起者？若夫成敗利鈍，非所計也。』……」

錢德洪陽明先生年譜：「先生在吉安，守益趨見曰：『聞濠誘葉芳兵來攻吉安。』先生曰：『芳必不叛。諸賊舊以茅為屋，叛則焚之。我過其巢，許其伐鉅木創屋萬餘。今其黨各千餘，不肯焚矣。』益曰：『彼從濠，望封拜，可以尋常計乎？』先生默然良久曰：『天下盡反，吾輩固當如此做。』益惕然，一時胸中利害如洗。次早復見曰：『昨夜思之，濠若遣逮老父奈何？』已遣報之，急避他所。」

錢德洪征宸濠反間遺事：「又嘗聞鄒謙之曰：『昔先生與寧王交戰時，與二三同志坐中軍講學。諜者走報前軍失利，坐中皆有怖色。先生出見諜者，退而就坐，復接緒言，神色自若。頃之，諜者走報賊兵大潰，坐中皆有喜色，先生出見諜者，退而就坐，復接緒言，神色亦自若。』」

二十六日，行南安等十二府及奉新等縣募兵策應。

王陽明全集卷十七案行南安等十二府及奉新等縣募兵策應。

第1449頁

二十七日，宸濠兵圍安慶。

國榷卷五十一：「正德十四年六月己丑，宸濠兵圍安慶。先趨彭澤、湖口、望江，突至城下，舟五十餘。守備都指揮楊銳、知府張文錦、同知林有祿、通判何景暘、知縣王誥、指揮崔文等禦之。已，兵漸集，遂固守，拒之甚力。」

陳沂楊公銳墓志銘：「十四年己卯六月十四日，寧濠變作，即告變於京師，先引軍設鉤渠於江側，禁勿泄。二十有七日，寇至，船二百餘艘抵岸，為鉤渠所破。船繼至，者以千數。公坐城上，與衆誓剿逆，當得大功。告郡守張文錦，俾發府庫金，懸以示賞。有冠衣緋者稱凌十一先登，公引弓中其首。其子繼登，貫其吭而死。於是懦者皆起，城上建大旗，書「剿逆賊」，以壯士氣……」（國朝獻徵錄卷一百零八）

按：安慶保衛戰，守備楊銳固守十八日，牢不可破，打破宸濠東下南京即位、號令天下之美夢，亦為陽明舉兵攻南昌爭得時機，蓋平宸濠亂之關鍵首功也。正如林之盛曰：「宸濠變起，非楊銳以皖城兵難之，直走留都，天下分為南北；否則趨兩淮，絕天津之道，則燕京困，天下事未可知。況群小以

第1450頁

文皇視濠，素有內應之謀，自公挫其氣，群小始狼腸不振，於是陽明得伸其討賊之義。」（國榷卷五十二）

見素林俊範錫為佛郎機銃，遣僕間道冒暑遺送。

王陽明全集卷二十四書佛郎機遺事：「見素林公聞寧濠之變，即夜使人範錫為佛郎機銃，并抄火藥方，手書勉予竭忠討賊。時六月毒暑，人多道暍死。公遣兩僕裹糧，從間道冒暑晝夜行三千餘里以遺予。……」

鵝湖費宏遣從弟費寀間道送書獻策。

汪汝璧費公宏行狀：「己卯六月，濠因朝會殺孫公燧及副使許公逵，遂擅兵反。隨遣數十騎趨信圖公，過進賢

，為今中丞劉公源清所斬。而濠方一意向北，無暇東顧，遂無他。或勸公避之者，公弗為動，且謀與弟寀起義兵勤王。會陽明王公方以羽檄徵兵列郡，信守周朝佐、鉛令杜民表等率兵往。公為之籌畫方略，且遣人間道致書王公，議兵事。」

費寀上王伯安公議擒寧書：「天生我公，翊造中興之運，明天道，伸皇威，以坐消無涯之患。功覆薄海，豈直一方之蒙其庇，而定萬世之大分，又不止杜僭逆於一時而已。至誠格天，明神拱護，怪鯨張吻，而不能侵者，天留公以臨鯨也。公實生吾人，微公，不可以國。自是子

第1451頁

孫延一世之祀，則戴公一世之仁，與世相殉，以戴於終始而已。始聞變，鄉之縉紳咸為兄弟慶，以此賊舉事必敗，寒家不共戴天之讎可雪，可為寒家百口幸，理則固然，亦非知生者也。必豬宮灰骨以謝朝廷，謝孫、許，謝天下，而區區一家讎何恤！且此賊得志，則忠臣正士受慘禍者無數，而奚但不肖百口之利害哉！去年承靜學之教，奉以周旋弗墜，復啟中曾及難脫虎口之憂，茲賴我公以脫之矣。不然，樂內官輩之衝進賢，來敝郡，意將何為？其希承者，噬臍決裂之素心也；其挾帶者，讎家在官之囚，及蔽匿之囚，而又有餘孽以應之者也。」

一郡之禍固賒，而寒家固先夷戮矣。危哉！幸哉！明公屢降告諭，父老子弟聞者，莫不感慨涕泣，人人堅殉國之心，此賊已奄奄泉下人矣，復何所慮？若先定洪州，以覆其巢穴，據上游以遏其歸路，守要害以慮其窮奔，則此賊雖奸於前，就死江中，決不敢逋歸，以冀延喘息之命，而成功更速矣。賊勢雖蹙，防戒當周，決之九二是也。明公知侔造化，豈不及此？捫涓流以裨瀚海，亦區區忠憤之不能自遏者耳。幸乞宥其不知量也。請難凱旋，尚當匍匐稽首軍門以賀。愚者一得，或有可採，伏惟尊裁。」（鉛書卷六，又費鍾石先生文集卷二十）

按：此即費寀處濠大略所言「我獻三策於陽明王公，及遣書劉汝澄固守進賢，俱有復音」（鉛書卷六）。費宏、費寀所獻

策，乃謂「先定洪州以覆其巢穴，據上游以遏其歸路，守要害以慮其窮奔」。後遂有以為陽明乘虛攻南昌之策乃出自費宏所獻，至為費宏請首功。按陽明飛報寧王謀反疏中即云：「與之定謀設策……相機乘間，務為躡後之圖，共成犄角之勢，牽其舉動，而使進不得前，搗其巢穴，而使退無所據。」可見陽明於變始起即定乘間搗南昌巢穴之策略，非待費宏來獻策而後定也。故謂費宏遣人來上書獻策則可，謂陽明乘間搗南昌巢穴之策略得自費宏則非。

調發梅花峒等鄉義勇兵民，調取吉水縣各户義兵，調發龍泉等縣軍兵策應豐城，調撥福建軍馬預備水戰。

王陽明全集卷三十一差官調發梅花等峒義兵牌，卷十七調取吉水縣八九等都民兵牌，策應豐城牌，預備水戰牌。

七月一日，宸濠統兵發南昌，直趨安慶。

國榷卷五十一：「正德十四年七月壬辰朔，宸濠發南昌，留宜春王拱樤等及布政胡濂、參政劉棐、參議許效廉、副使唐錦、僉事賴鳳、都指揮王玘等守城，自引兵東下

，合群盜市少及護衛脇從之士，凡八九萬人，舟下千艘蔽江而下。太監王宏、御史王金、主事金山，按察使楊璋、副使賀鋭、僉事潘鵬、王疇、參政程杲、都指揮郟文、馬驥、許清、白昂、南昌知府鄭瓛等皆從。給城中軍民户粟一石、錢五緡。方祭天，凡折牲覆。封將軍宸潼九江王，使前驅。」

明通鑑卷四十八：「正德十四年秋七月壬辰朔，宸濠統兵發南昌。先是濠將發，聞王守仁等在上流起兵，乃遣涂欽并賊首淩十一等，領兵為前鋒，而自留據守。既聞守仁兵尚未集，乃與李士實、劉養正謀，留兵付宜春王栱

樤，内官萬鋭等及降官胡濂、劉棐、許效廉、唐錦、賴鳳、王玘等使守城，而自引兵東下，選護衛及所鳩賊兵、市井惡少及脇從之衆，合八九萬人，聯舟千艘。將行，祭天，奠牲几折，牲覆於地。又偽封宗室宸潼為九江王使前驅。舟始發，雷雨驟作，潼震死，觀者皆知其不祥也。」

按：錢德洪陽明先生年譜云七月三日宸濠兵發南昌，乃誤。又謂其時涂欽、淩十一圍攻安慶「已浹旬」，亦誤。

二日，調兵稍集，有家書告海日翁王華。

王陽明全集卷二十六上海日翁書：「寓吉安男王守仁百拜書上父親大人膝下：江省之變，昨遣來隆歸報，大略想已如此。時寧王尚留省城，未敢遠出，蓋慮男之搗其虛，躡其後也。男處所調兵亦稍稍聚集，忠義之風日以奮揚，觀天道人事，此賊不久斷成擒矣。昨彼遣人賫檄至，欲遂斬其使，奈賫檄人乃參政季斅，此人平日善士，又其勢亦出於不得已，姑免其死，械繫之。已發兵至豐城諸處分布，相機而動。所慮京師遥遠，一時題奏無由即達。命將出師，緩不及事，為可憂爾。男之欲歸已非一日，急急圖此已兩年，今竟陷身於難。人臣之義至此，豈復容苟逃幸脱！惟俟命之至，然後敢申前懇。

俟事勢稍定，然後敢決意馳歸爾。伏望大人陪萬保愛，諸弟必能勉盡孝養，旦暮切勿以不孝男為念。天苟憫男一念血誠，得全首領，歸拜膝下，當必有日矣。因閱巡檢便，草此。臨書慌憒，不知所云。七月初二日。」

錢德洪上海日翁書跋：「右吾師逢寧濠之變，上父海日翁第二書也。自豐城聞變，與幕士定興兵之策，恐翁不知，為賊所襲，即日遣家人間道趨越。至是發兵於吉安，復為是報，慰翁心也。且自稱姓者，別疑也。……及退還吉安，將發兵，命積薪圜公署，戒守者曰：『儻前報不利，即舉火爇公署。』時鄒謙之在中軍，聞之，亦取其夫人

來吉城，同誓國難。人勸海日翁移家避難，翁曰：「吾兒以孤旅急君上之難，吾為國舊臣，顧先去以為民望耶！」遂與有司定守臣之策，而自密為之防。……」（王陽明全集卷二十六）

陸深海日翁先生行狀：「先生素聞寧濠之惡，疑其亂，嘗私謂所親曰：『異時天下之禍，必自茲人始矣。』令家人卜地於上虞之龍溪，使其族人之居溪傍者買田築室，潛為棲遯之計。至是正德己卯，寧濠果發兵為變，遠近傳聞駭愕，且謂新建公亦以遇害，盡室驚惶，請從龍溪。先生曰：『吾往歲為龍溪之卜，以有老母在耳。今老母已

第1456頁

入土，使吾兒果不幸遇害，吾何所逃於天地乎？』飭家人勿輕語動。已而新建起兵之檄至，親朋皆來賀，益勸先生宜速避龍溪。或謂新建既與濠為敵，其勢必陰使奸人來不利於公。先生笑曰：『吾兒能棄家殺賊，吾乃獨先去以為民望乎？祖宗德澤在天下，必不使殘賊覆亂宗國，行見其敗也。吾為國大臣，恨已老，不能荷戈首敵。倘不幸勝負之算不可期，猶將與鄉里子弟共死此城耳。』因使趣郡縣宜急調兵糧，且禁訛言，勿令搖動。鄉人來竊視先生，方晏然如平居，亦皆稍稍復定。」

王畿集卷十三讀先師再報海日翁吉安起兵書序：「伏讀吾師吉安起兵再報海日翁手書，至情溢發，大義激昂，雖倉卒遇變，而處患周悉，料敵從容，條畫措注，始終不爽，逆數將來，歷歷若道其已然者。……師之回舟吉安，倡義起兵也，人皆以為愚，或疑其詐。時鄒謙之在軍中，見人情洶洶，入請於師，師正色曰：『此義無所逃於天地之間，使天下盡從寧王，我一人決亦如此做。人人有個良知，豈無一人相應而起者？若夫成敗利鈍，非所計也。』宸濠始事，張樂高會，詗探往來，且畏師之搗其虛，浹旬始出。人徒見其出城之遲，不知多方設疑用間，

1457頁

有以貳而撓之也。宸濠出攻安慶，師既破省城，以三策籌之：上策直趨北都，中策取南都，下策回兵返救。或問計將安出，師曰：『必出下策。駑馬戀棧豆，知不能捨也。』及宸濠回兵，議者皆謂歸師勿遏，須堅守以待援。師曰：『不然。宸濠氣焰雖盛，徒恃焚劫之慘，未逢大敵，所以鼓動煽惑，其下亦全恃封爵之賞。今出未旬日，輒返，眾心沮喪，譬之卵鳥破巢，其氣已墮。堅守待援，適以自困。若先出銳卒，乘其惰歸而擊之，一挫其鋒，眾將不戰自潰矣。』已而果然。……」

五日，上奏聞宸濠偽造檄榜疏。

王陽明全集卷十二奏聞宸濠偽造檄榜疏。

上留用官員疏，奏乞留用兩廣清軍御史謝源、刷卷御史伍希儒。

王陽明全集卷十二留用官員疏，卷三十一行吉安府知會紀功御史牌。

咨都御史顏頤壽調兵進討。

王陽明全集卷十七咨都察院都御史顏權宜進剿：「……照得南畿係朝廷根本重地，今寧王謀逆搆亂，舉兵北行，圖據南都，必得四面合攻，庶克有濟。及照貴院奉命行勘前事，即今逆跡已露，別無可勘事情，合咨前去，煩為隨處行令所屬，選取驍勇精兵，及民間忠義約二三萬名，選委謀勇官員分領，會約鄰近省郡，合勢刻期進討。仍煩貴院親督兼程前來，共勤國難。諒貴院平日忠義存心，剛直自許，況今奉命查勘寧藩，正可權宜行事，號召遠邇，主憂臣辱，主辱臣死，他復何言？……」

按：此「都御史顏」即顏頤壽，字天和，號梅田，巴陵人。其隨太監賴義來江西戒諭宸濠，人未至而宸濠叛（見前）。陽明書中云「奉命查勘寧藩」，「即今逆跡已露，別無可勘事情」，即指此事。時顏頤壽在浙中，陽明乃懇其調浙兵前來征討。朱廷立梅田顏公頤壽墓志銘：「己卯，宸濠不軌事露

第1458頁

，上命公同司禮太監溫祥、駙馬崔元往勘。適起兵反南昌，將犯金陵。公至浙，悉馳反狀以聞。內外警備，濠遂殄焉。」（國朝獻徵錄卷四十五）顏頤壽並未調浙兵來進討。大抵陽明曾廣向福建、湖廣、廣東、浙中調集兵馬，除福建周期雍調集兵力至外，其他皆未調兵前來，朝廷命師更未至，陽明主要依靠江西府兵及勤王民兵平宸濠反，其難可知矣。

八日，將發兵，行委各府縣佐貳官防守，敦請鄉士夫共守城池。

王陽明全集卷十七牌行吉安府敦請鄉士夫共守城池。

十三日，兵發吉安。十五日，大會各路兵馬於臨江樟樹鎮。

王陽明全集卷十二江西捷音疏：「臣晝夜促各郡兵期以本月十五日會臨江之樟樹，而身督知府伍文定等兵徑下。於是知府戴德孺引兵自臨江來，知府徐璉引兵自袁州來，知府邢珣引兵自贛州來，通判胡堯元、童琦引兵自瑞州來，通判譚儲、推官王暐、徐文英、新淦知縣李美、泰和知縣李楫、寧都知縣王天與、萬安知縣王冕，亦各以其兵來赴。」

國榷卷五十一：「正德十四年七月丙午，王守仁同伍文定率兵順流而下，至樟樹鎮。知府戴德孺自臨江，徐璉自袁州，邢珣自贛州，通判胡堯元、董琦自瑞州，皆引兵

(20×25=500)

第1459頁

至，通判談儲、推官王暐、徐文英、知縣李美、李楫、王冕、王天輿，兵亦至。合八萬人，號三十萬。」

按：國榷卷五十一：「正德十四年七月甲辰，宸濠反聞，議親征。敕南和伯方壽祥、右副都御史王守仁、秦金、李充嗣、右都御史叢蘭各駐江西、湖廣、鎮江、瓜洲、儀真防遏，守仁仍兼巡撫江西……命安邊伯朱泰領兵先往南京，太監張忠、左都督朱暉先往江西，王守仁暫領巡撫事，侍郎王憲督餉……」（參見王瓊晉溪本兵敷奏卷十一為緊急軍情等事）可見朝廷至七月十三日方知宸濠反（猶疑信參半），其時陽明已舉兵北向攻南昌，武宗猶姍姍下詔御駕親征，遣太監領軍往江西，無異癡人說夢，武

第1460頁

宗與朝廷之昏瞶無能由此可見。

十五日，宸濠攻安慶不克，引軍還救南昌。

國榷卷五十一：「正德十四年七月丙午，宸濠自攻安慶不克，引還。賊衆稱十萬，掠西郭。濠泊黃石磯督戰，令僉事潘鵬至城下，諭呼都指揮楊銳、知府張文錦，不應，遣吏黃洲責鵬以大義，鵬慚而退。復持偽檄來，其家人見，遥呼之，銳斬以殉，將射鵬，走免。賊力攻，銳殊死戰。雲梯瞰城中，銳亦駕飛樓射之。夜縋人焚其樓，以天梯來攻，又油葦焚之。賊多傷，不敢近。銳又募敢死士夜劫其營，賊衆大驚。比曉，稍定。濠問舟人：『地何名？』曰：『黃石磯也。』黃與王、石與失，聲相近，惡之，殺對者。圍城十八日而去。銳襲斬三十六級，俘二十餘人。」

十八日，兵至豐城，分兵布哨。

王陽明全集卷十二江西捷音疏：「十八日，遂至豐城，分布哨道：使知府伍文定為一哨，攻廣潤門入；知府邢珣為二哨，攻順化門入；知府徐璉攻惠民門入；知府戴德孺攻永和門入；通判胡堯元、董琦攻章江門入；知縣李美攻德勝門入；都指揮余恩攻進賢門入；通判譚儲、推官王暐、知縣李楫、王天與、王冕等各以其兵乘七門之

第1461頁

釁，傍夾攻擊，以佐其勢。是日，得諜報寧王伏兵千餘於新、舊墳廠，以備省城之援。臣乃遣奉新知縣劉守緒、典史徐誠領兵四百，從間道夜襲破之，以搖城中。」（按：王陽明全集卷三十一有行知縣劉守緒等襲劉墳廠牌，注「七月十三日」作，乃誤，陽明十三日尚在吉安。）

同上，卷十七牌行各哨統兵官進攻屯守：「仰一哨統兵官吉安府知府伍文定，即統部下官軍兵快四千四百二十一員名，進攻廣潤門，就留兵防守本門，直入布政司屯兵，分兵把守王府內門；仰二哨統兵官贛州府知府邢珣，即統部下官軍兵快三千一百三十餘員名，進攻順化門，

就留兵防守本門，直入鎮守府屯兵；仰三哨統兵官袁州府知府徐璉，即統部下官軍兵快三千五百三十員名，進攻惠民門，就留兵防守本門，直入按察司察院屯兵；仰四哨統兵官臨江府知府戴德孺，即統部下官軍兵快、新喻二縣三千六百七十五員名，進攻永和門，就留兵防守本門，直入都察院提學分司屯兵（按：「新喻二縣」〔句不通〕似為衍文）；仰五哨統兵官瑞州府通判胡堯元、童琦，即統部下官軍兵快四千員名，進攻章江門，就留兵防守本門，直入南昌前衛屯兵；仰六哨統兵官泰和縣知縣李楫，即統部下官軍兵快一千四百九十二員名，夾攻廣潤門

第1462頁

，直入王府西門屯兵守把；仰七哨統兵官新淦縣知縣李美，即統部下官軍兵快二千員名，進攻德勝門，就留兵防守本門，直入王府東門屯兵守把；仰中軍營統兵官贛州衛都指揮余恩，即統部下官軍兵快四千六百七十員名，進攻進賢門，直入都司屯兵；仰八哨統兵官寧都知縣王天與，即統部下官軍兵快一千餘員名，夾攻進賢門，留兵防守本門，直入鐘樓下屯兵；仰九哨統兵官吉安府通判談儲，即統部下官軍兵快一千五百七十六員名，夾攻德勝門，直入南昌左衛屯兵；仰十哨統兵官萬安縣知縣王冕，即統部下官軍兵快一千二百五十七員名，

夾攻進賢門，就守把本門，直入陽春書院屯兵；仰十一哨統兵官吉安府推官王暐，即統部下官軍兵快一千餘員名，夾攻順化門，直入南、新二縣儒學屯兵；仰十二哨統兵官撫州通判鄒琥、知縣傅南喬，即統部下官兵三千餘員名，夾攻德勝門，就留兵把守本門，隨於城外天寧寺屯兵。」（按：該文題下注「七月十七日」作，乃誤。）同上，卷十二擒獲宸濠捷音疏：「先是臣等駐兵豐城，衆議安慶被圍，宜引兵直趨安慶。臣以九江、南康皆已為賊所據，而南昌城中數萬之衆，精悍亦且萬餘，食貨充積，我兵若抵安慶，賊必回軍死鬥，安慶之兵僅僅自守

第1463頁

，必不能援我於湖中，南昌之兵絶我糧道，而九江、南康之賊合勢撓躡，四方之援又不可望，事難圖矣。今我師驟集，先聲所加，城中必已震懾，因而併力急攻，其勢必下。已破南昌，賊先破膽奪氣，失其根本，勢歸救。如此則安慶之圍自解，而寧王亦可以坐擒矣。至是得報，果如臣等所料。」

十九日，發市汊，誓師出兵。二十日，攻拔南昌。即日上江西捷音疏。

王陽明全集卷十二擒獲宸濠捷音疏：「十九日，發市汊。大誓各軍，申布朝廷之威，再暴寧王之惡，莫不切齒痛心，踴躍激憤。薄暮，出發。二十日黎明，各至信地。

先是城中為備甚嚴，滾木、灰瓶、火炮、機械無不畢具。臣所遣兵已破新、舊墳廠，敗潰之卒皆奔告城中，城中皆已驚懼。至是復聞我師四面驟集，益震駭奪氣。我師乘其動搖，呼譟並進，梯緪而登。城中之兵皆倒戈退奔，城遂破。擒其居首宜春王拱樤及偽太監萬銳等有餘人。寧王宮中眷屬聞變，縱火自焚，延及居民房屋。臣當令各官分道救火，散釋脅從，封府庫，謹關防，以撫軍民。」

國榷卷五十一：「正德十四年七月辛亥，提督南贛等軍務、右副都御史王守仁攻南昌，克之。先是守仁次豐城，議

1464 頁

所向，衆請合安慶兵蹙之江中。守仁曰：「不然。我起南昌，與相持於江，安慶之師，僅能自保，必不能援我江中。而南昌兵絕我後，南康、九江兵犄角我，非計也。不若先攻南昌，賊解圍還救，蹙之易耳。」庚戌，薄暮發市汊，凡七軍，伍文定為先鋒，徑趨廣順門。夜過半，砲擊門，守者駭散，遂入城。各兵繼至。擒宜春王拱樤及內官萬銳等千餘人，宮人多自焚縊。布政胡濂等衣冠而出，御史謝源讓之，乃囚服泥首軍門謝罪。初宸濠盡選銳以行，城守皆羸弱，居民日望義師焉。濠聞南昌破，悵然曰：「大事去矣！」還師自救。李士實請順流搗南都，即大位；否則徑出蘄、黃，趨京師，江西自服。不聽。衆議賊盛，堅壁南昌待援。王守仁曰：「賊雖强，不過事成封爵，富貴誘其下耳。今沮喪退歸，衆心已離，機可乘矣。」遂逆擊之。」

王陽明全集卷十二江西捷音疏。

按：是疏下注「七月三十日」作，乃大誤。按此「捷音」乃指七月二十日攻克南昌之捷音，而非指七月二十六日擒獲宸濠之捷音。故顯可見此疏上在七月二十日。七月三十日乃上擒獲宸濠捷音疏。

第 1465 頁

費宏集卷四楊弋陽報王中丞已尅復省城次其感嘆時事韵：「履霜先已慮純坤，欲以心攻奉至尊。潛毒每防溪蜮射，老眸遠苦戰塵昏。故人或亮能憂國，捷報初傳屢及門。四海兵威如此盛，井蛙端合嘯公孫。　居藩最樂叛何由？戰艦空勞倚淺洲。賴有諸公憂社稷，依然萬國仰宸旒。忠臣就死真無負，逆黨偷生甚可羞。屈指隣封多茂宰，義聲煇赫動儒流。」

二十一日，兵出南昌，分道並進，擊敗宸濠先遣來犯敵兵。

王陽明全集卷十二擒獲宸濠捷音疏：「臣嘗督同領兵知府會集監軍及倡義各鄉官等官，議所以禦之之策。衆多以寧王兵勢衆盛，氣焰所及有如燎毛。今四方之援尚未有一人至者，彼憑其憤怒，悉衆并力而萃於我，勢必不支。且宜歛兵入城，堅壁自守，以待四鄰之援，然後徐圖進止。臣以寧王兵力雖强，軍鋒雖銳，然其所過，徒恃焚掠屠戮之慘，以威劫遠近，未嘗逢大敵，與之奇正相角，所以鼓動扇惑其下者，全以進取封爵之利為說。今出未旬月，而輒退歸，士心既已摧沮，我若先出銳卒，乘其惰歸，要迎掩擊，一挫其鋒，衆將不戰自潰，所謂『先人有奪人之氣，攻瑕則堅者瑕』也。是日，撫州府知府陳槐兵亦至。於是遣知府伍文定、邢珣、徐璉、戴德孺合領精兵伍百，分道并進，擊其不意。又遣都指揮余恩以兵四百往來湖上，以誘致賊兵。知府陳槐、通判胡堯元、童琦、談儲、推官王暐、徐文英、知縣李美、

第1466頁

李楫、王冕、王軾、劉守緒、劉源清等，使各領兵百餘，四面張疑設伏，候伍文定等兵交，然後四起合擊。」

黃綰陽明先生行狀：「公獨謂宜先出銳卒，乘其惰歸，要迎掩擊……公遣伍文定、邢珣、徐璉、戴德孺共領精兵五百，分道並進，擊其不意。濠亦先使精悍千餘人，從間道欲出公不意攻取省城，偶遇於某處，遂交戰，我兵失利。報至，公怒甚，欲以軍法斬取伍文定、邢珣、戴德孺、徐璉等首，乃自帥兵親戰。或以敵鋒方交，若即斬其首，兵無統領而亂，俟各奮勵以圖後效。明日，各帥兵奮死以戰，大敗之。又遣余恩以兵四百往來湖上，誘致賊兵。陳槐、胡堯元、童琦、談儲、王暐、徐文英、李美、李楫、王冕、王軾、劉守緒、劉源清等各領百餘，四面張疑設伏，候伍文定等兵交，然後四起合擊」。

二十三日，宸濠先鋒至樵舍，乃督各路兵乘夜進擊。二十四日，戰於黃家渡，遣兵攻九江、南康。二十五日，戰於八字腦。

王陽明全集卷十二擒獲宸濠捷音疏：「二十三日，復得諜報，寧王先鋒已至樵舍，風帆蔽江，前後數十里，不能計其數。臣乃分督各兵乘夜趨進，使伍文定以正兵當其前，余恩繼其後，邢珣引兵繞出賊背，徐璉、戴德孺

第1467頁

張雨翼以分其勢。二十四日，賊兵鼓譟乘兵而前，逼黃家渡，其氣驕甚。伍文定、余恩之兵佯北以致之。賊爭進趨利，前後不相及。邢珣之兵前後橫擊，直貫其中，賊敗走。文定、恩督兵乘之，璉、德孺合勢夾攻，四面伏兵亦呼譟並起，賊不知所為，遂大潰。追奔十餘里，擒斬二千餘級，落水死者以萬數。賊氣大沮，引兵退保八字腦，賊衆稍稍遁散。寧王震懼，乃身自激勵將士，賞其當先者以千金，被傷者人百兩。使人盡發九江、南康守城之兵以益師。是日，建昌府知府曾璵引兵亦至。臣以九江不破，則湖兵終不敢越九江以援我；南康不復，則我兵亦不能踰南康以躡賊。乃遣知府陳槐領兵四百，令饒州知府林瑊之兵乘間以攻九江，知府曾璵領兵四百，合廣信知府周朝佐之兵乘間以取南康。二十五日，賊復并力盛氣挑戰。時風勢不便，我兵少却，死者數十人。臣急令人斬取先却者頭。知府伍文定等立於銃礮之間，火燎其鬚，不敢退，奮督各兵，殊死并進。礮及寧王舟，寧王退走，遂大敗。擒斬二千餘級，溺水死者不計其數。賊復退保樵舍，連舟為方陣，盡出其金銀以賞士。臣乃夜督伍文定等為火攻之具，邢珣擊其左，徐璉、戴德孺出其右，余恩等各官分兵四伏，期火發而合」。

第1468頁

同上，卷十七牌行撫州府知府陳槐等攻復南康九江。

按：樵舍在南昌府西北六十里贛江畔，黃家渡在南昌府東三十里，八字腦在饒州府西三十里鄱陽湖畔。讀史方輿紀要卷八十四江西二：「樵舍驛，（南昌）府西北六十里，近昌邑王城。明正德中，宸濠作亂，王守仁克南昌。宸濠攻安慶未下，聞之，遂移兵黽子口。其先鋒至樵舍，守仁遣伍文定等擊之，敗賊兵於黃家渡，賊退保八字腦。既而宸濠敗保樵舍，文定等四面合攻，遂擒之。又破餘黨於吳城，江西遂平。黽子口，在府東北鄱陽湖濱。吳城驛，在府北百二十里。黃家渡，府東三十里」。卷八十五江西三：「八字腦，在（饒州）府西三十里。明正德中，伍文定敗宸濠之兵於此。輿程志云：府十里為竹鷄林，又二十里為八字腦」。

國榷卷五十一：「正德十四年七月甲寅……其屬吏送宸濠抵樵舍，其衆雖潰，尚五六萬人。知府鄭瓛乘間逃入伍文定營言狀，文定乘夜先進，徐璉、胡堯元等隨之，諸軍繼進。乙卯，伍文定戰黃家渡。冒矢石，火燎鬚，幾墮水。賊乘亂來攻，勢銳甚。新民劉文禮素驍悍，執白旗指揮。賊緋衣而騎者欲射文禮，文禮矛刺之。賊驚潰趨舟，溺數百人。賊退保樵舍，聯舟為方陣，風甚利。文定募四十艘束油葦，遣滿總軍五百人，自下流潛渡，

第1469頁

伏賊後。滿總時與賊對江而軍，更以他軍乜其故地。」

二十六日，攻樵舍，擒宸濠。

王陽明全集卷十二擒獲宸濠捷音疏：「二十六日，寧王方朝群臣，拘集所執三司各官，責其間以不致死力，坐觀成敗者。將引出斬之，爭論未決，而我兵已奮擊，四面而集，火及寧王副舟，衆遂奔散。寧王與妃嬪泣別，妃嬪宮人皆赴水死。我兵遂執寧王，并其世子、郡王、將軍、儀賓及偽太師、國師、元帥、參贊、尚書、都督、都指揮、千百户等官李士實、劉養正、劉吉、屠欽、王綸、熊瓊、盧珩、羅璜、丁饋、王春、吴十三、凌十一、秦榮、葛江、劉勳、何鏜、王信、吴國七、火信等數百餘人。被執脅從宮太監王宏，御史王金，主事金山，按察使楊璋，僉事王疇、潘鵬，參政程果，布政梁辰，都指揮郟文、馬驥、白昂等。擒斬賊黨三千餘級，落水死者約三萬餘。棄其衣甲器仗財物，與浮尸積聚，横亘若洲焉。於是餘賊數百艘四散逃潰，臣復遣各官分路追剿，毋令逸入他境爲患。」

國榷卷五十一：「正德十四年七月丁巳，官軍擊宸濠於樵舍，大破之，擒宸濠。是日，滿總昧爽發舟，乘風舉火，伍文定等兵從之，頃刻達濠營。濠舟膠淺，舳艫聯絡

，倉卒不可發。又舟帆多竹茅易燃，煙焰漲天，焚溺亡算。賊登陸，伏兵邀擊之，大潰。濠方朝群臣，責其不悉力，俄火及副舟，妃婁氏赴水死。濠挾宮女四人易小舟遁，知縣王冕兵追及之，濠赴水，水淺見執。至冕所，問冕何官，曰：「萬安知縣。」濠曰：「賴汝活我，當厚爵汝。」尚不自知被擒也。濠世子及郡王、將軍及李士實、劉養正、劉吉、涂欽、王綸、熊瓊、盧珩等數百人，皆繼獻於守仁。婁妃上饒人，素賢，時苦諫，至涕泣。濠敗，歎曰：「紂用婦言亡，而我不用婦言亡，天哉！」見守仁，乞葬婁氏，餘無言。」

按：錢德洪征宸濠反間遺事云：「時官兵方破省城，忽傳令造免死木牌數十萬，莫知所用。及發兵迎擊宸濠於湖上，取木牌順流放下。時賊兵既聞省城已破，脅從之衆俱欲逃竄無路，見水浮木牌，一時爭取散去，不計其數。二十五日，賊勢尚銳，值風不便，我兵少挫。夫子急令斬取先却者頭。知府伍文定等立於銃炮之間，方奮督各兵，殊死抵戰。賊兵忽見一大牌書：『寧王已擒，我軍毋得縱殺！』一時驚擾，遂大潰。次日，賊兵既窮促，宸濠思欲潛遁，見一漁船隱在蘆葦之中，宸濠大聲叫渡。漁人移棹請渡，竟送中軍，諸將尚未知也。」其説宸濠被擒與國榷異。按朱睦㮮兵部主

事贈光祿寺少卿王冕云：「王冕，字服周，洛陽人也……我軍已復南昌，濠解安慶圍還救，至鄱陽湖，兩軍相拒，濠盡出金帛犒士殊死戰，自晨至午，我兵不利，王守仁憂之。俄而風順，冕密白守仁，以小艇實葦於中，擬建昌人語，就賊艦乘風舉火。濠兵大驚，遂潰敗，焚溺死者無算。濠易舟挾宮女四人而遁。冕追及，濠投水，水淺，濠不死，遂并宮女執之，檻送京師伏誅。」（國朝獻徵錄卷四十二）據此，還當以國榷所說為是。

二十七日，破樵舍，破吳城，宸濠亂平。有詩詠戰捷。

王陽明全集卷十二擒獲宸濠捷音疏：「二十七日，及之於樵舍，大破之。又破之於吳城，擒斬復千餘級，落水死者殆盡。二十八日，得知府陳槐等報，亦各與賊於沿湖諸處，擒斬各千餘級。臣等既擒寧王而入，闔城內外軍民聚觀者以萬數，歡呼之聲震動天地，莫不舉手加額，真若解倒懸之苦而出於水火之中也。除將寧王并其世子、郡王、將軍、儀賓、偽授太師、國師、元帥、都督、都指揮等官各另監羈候解，被執脅從等官并各宗室別行議奏，及將擒斬俘獲功次一萬一千有奇，發御史謝源、伍希儒暫令審驗紀錄，另行造冊繳報。」

錢德洪陽明先生年譜：「先生入城，日坐都察院，開中門，令可見前後。對士友論學不輟。報至，即登堂遣之。有言伍焚鬚狀，暫如側席，遣牌斬之，還坐，眾咸色怖驚問。先生曰：『適聞對敵小卻，此兵家常事，不足介意。』後聞濠已擒，問故行賞訖，還坐，咸色喜驚問。先生曰：『適聞寧王已擒，想不偽，但傷死者眾耳。』理前語如常，傍觀者服其學。濠就擒，乘馬入，望見遠近街衢行伍整肅，笑曰：『此我家事，何勞費心如此！』一見先生，輒說曰：『婁妃，賢妃也。自始事至今，苦諫未納，適投水死，望遣葬之。』比使往，果得屍，蓋周身皆紙繩內結，極易辨。婁為諒女，有家學，故處能自全。」

王陽明全集卷二十鄱陽戰捷：「甲馬秋驚鼓角風，旌旗曉拂陣雲紅。勤王敢在汾淮後？戀闕真隨江漢東。群醜漫勞同吠犬，九重端合是飛龍。涓埃未遂酬滄海，病懶先須伴赤松。」

按：陽明平宸濠亂事，史載多有誤。如明史紀事本末卷四十七宸濠之叛誤說尤多，後人皆信從不疑。錢德洪陽明先生年譜於陽明平宸濠亂因好顛倒敘說，時間不明，線索不清，亦多有舛誤。如萬安知縣王冕，年譜謂「黃冕」；十九日發市汊誓師，年譜謂「己酉（十八日），誓師於樟樹」；二十一日與濠兵接戰，年譜謂「甲寅（二十三日），始接戰」；二十六日攻樵舍，擒濠於湖上，年譜謂「丁巳，獲濠樵舍」；二十七日破樵舍與吳城，宸濠亂平，年譜謂「丁巳（二十六日），江西平」；陽明自十三日起兵於吉安，至二十七日破樵舍、吳城，江西亂平，共十五日，年譜謂「自起兵至破賊，曾不旬日」等等。本譜一以陽明自述為主，參以史載，確考事件發生具體時間地點，糾正誤說，其間真相皆可得明矣。

三十日，上擒獲宸濠捷音疏，乞論功行賞；上旱災疏，乞賑災傷。

王陽明全集卷十二擒獲宸濠捷音疏，旱災疏。

有書致御史朱節，再懇助其乞休歸省。

陽明與朱守忠手札一：「寧賊之起，震動海內，即其氣焰事勢，豈區區知謀才力所能辦此哉？旬月之間而遽就擒滅，此天意也，區區安敢叨天之功？但其拚九族之誅，強扶牀席，捐軀以殉，此情則誠有天憫者，不知廟堂諸公能哀念及此，使得苟存餘息，即賜歸全林下否？此在守忠亦當為區區致力者，前此已嘗屢瀆，今益不俟言矣。渴望，渴望！老父因聞變驚憂成疾，妻奴坐此病留吉安，至今生死未定。始以國難，不暇顧此；事勢稍靖，念之百憂煎集，恨不能即時逃去，奈何，奈何！餘情冗極未能悉，千萬亮察。守仁頓首。」（是札真迹今藏上海博物館，陽明文集失載）

按：宸濠被擒在七月二十六日，可知是札作於七月底，則必是七月三十日與擒宸濠捷音疏、旱災疏一起遞往京師。蓋原先旨下「賊平來說」，故宸濠亂一平，陽明即致書朱節懇其傳達乞休歸省之意，即鄱陽戰捷所云「病懶先須伴赤松」也。

八月三日，林俊遣送佛郎機銃至，為作詩頌之，鄒守益、黃綰、唐龍、費宏皆有和韻。

王陽明全集卷二十四書佛郎機遺事：「見素林公聞寧濠之變，即夜使人範錫為佛郎機銃，并抄火藥方，手書勉予竭忠討賊；……公遣兩僕裹糧，從間道冒暑晝夜行三千餘里以遺予，至則濠已就擒七日。予發書，為之感激涕下。蓋濠之擒以七月二十六日，距其始事六月十四僅月有十九日耳。……蓋公之忠誠根於天性，故老而彌篤，身退而憂愈深，節愈勵。嗚呼！是豈可以聲音笑貌為哉？嘗欲列其事於朝，顧非公之心也。為作佛郎機私詠，君子之同聲者，將不能已於言耳矣。佛郎機，誰所為？截取比干腸，裹以鴟夷皮，萇弘之血釁不足，睢陽之怒恨有遺。老臣忠憤寄所洩，震驚百里賊膽披。徒謂上方劍，空聞魯陽揮，段公笏板不在茲。佛郎機，誰所為？」

見素集附錄上編年紀略：「十四年己卯，推南禮部尚書。

六月，寧庶人叛，三書速王陽明公守仁討賊，製佛郎機銃，遣二僕間道以與，陽明公有書佛郎機遺事。借南日水軍勤王，御史葉忠、給事中孫懋、都御史劉玉薦總江南之師。」

鄒守益集卷二十六佛郎機手卷為見素林先生賦：「狂鯨掉尾豫章城，磨牙勢欲啗神京。鱗鰓雜沓江水腥，懷襄汩汩東南傾。天遣砥柱屹陽明，鐵壁萬仞障秋冥。鄱湖一戰妖氛清，坐令四海洗甲兵。見素老翁天下英，孤臣血淚滴滄溟。佛郎機銃手所試，間關遠寄憂國誠。震霆一擊鬼魅驚，猶向纍囚振天聲。忠臣孝子氣味同，發蒙振落羞漢廷。當年還記圭峰館，易簀含情猶崢嶸。」

唐漁石集卷四見素公會宸濠反持佛郎機遺陽明公以助軍威陽明公壯其忠義歌詠之為和此：「佛郎機，公所為。一聲震起壯士膽，兩聲擊碎鴟臣皮，三聲烈焰燒赤壁，四聲霹靂燿奔燕師，五聲颯颯湖水立，六聲七聲虩虩風霆披。博浪鐵椎響，尚父白旄麾，白首丹心今在茲。佛郎機，公所為！」

費宏集卷一賦得佛郎機：「佛郎機，異銃之名也。王公伯安起兵討宸濠時，林見素範錫為此銃，且手抄火藥方，遣人遺之。伯安有詩記其事，邀余同賦。 誰將佛郎機，遠寄豫章城？逆濠無君謀不軌，敵愾賴有王陽明。莆田林見素，與公合忠誠。身雖家食心在國，恨不手刃除攙槍。火攻有策來贊勇，駃足百舍能兼程。洞濠之胸燬濠穴，見素之怒應徵平。濠擒七日銃乃至，陽明發書雙淚零。二顏在昔本兄弟，二老在今猶弟兄。吁嗟乎，世衰愈降，嫉邪餘憤常填膺。武安多取漢藩賂，賀蘭不救睢陽兵。義殊蜂蟻有臣主，行類鬼蜮猶簪纓。吁嗟乎，陽明之功在社稷，見素之志如日星。臣欲死忠子死孝，詎肯蓄縮甘偷生？走於二老何敢望，樸忠自許為同盟。濠今澌盡無餘毒，得隨二老同安寧。聞茲奇事不忍默，特寫數語抒吾情。」

黃綰集卷三佛郎機次陽明韻：「佛郎機，老臣為。赤心許國白日照，蜀嶺歸來空骨皮。東越山人舊知己，尺書千里情不遺。巨蟒思吞蹴天紀，黃霾鴻洞誰敢披？山人九族奮不顧，赤手仗劍當麾揮。佛郎機，遲爾來，神交不遠應爾為。」

犒賞周期雍調集之福建官軍，有書與周鵷、周震致謝。

王陽明全集卷十七犒賞福建官軍。

第1476頁 第1477頁

陽明與周文儀手札：「寧賊不軌之謀，積之十年有餘，舉事之日，衆號一十八萬，而旬月之內，竟就俘擒，非天意何以及此！迂疏偶值其會，敢叨以為功乎？遠承教言，曲中機宜，多謝多謝！所調兵快，即蒙督發，忠義激烈，乃能若此。四鄰之援，至今尚未有一人應者，人之相去，豈不遠哉！使回，極冗中草此不盡。友生守仁頓首，文儀侍御先生道契執事。泉翁、三林若先生均乞道意，冗中不及另啟。餘。」

與世亨侍御書：「寧賊之變，遠近震懾，閱月餘旬，四方之援，無一人至者，獨閩兵聞難即赴，此豈惟諸君忠義之激烈，亦調度方略過人遠矣。區區有所倚賴，幸遂事，未及一致感謝，而反辱箋獎，感怍，感怍！使還，冗極未能細裁，草草，幸心照。守仁頓首啟，世亨侍御先生道契。餘空。」（葉元封湖海閣藏帖卷二，陽明文集失載）

按：陽明書佛郎機遺事云：「期雍歸，即陰募驍勇，具械束裝，部勒以俟。予檄晨到，而期雍夕發。故當濠之變，外援之兵，惟期雍先至，適當見素公書至之日，距濠始事亦僅月有十九日耳。」是福建兵乃與林俊佛郎機銃同在八月三日至南昌。前考六月宸濠叛，陽明作札致周鵷、周震二位侍御調福建兵；至是周期雍調福建兵至，陽明乃作此二札予周鵷、周震致謝。札中言「泉翁」指湛甘泉。「三林」指莆田林俊（莆田「三林」之一）。其時林俊以致仕御史居莆田，與二周御史及周期雍關係甚密。陽明是札，亦順向林俊致謝意。

費宏集卷四　八月初三日午後楊弋陽報前月二十六日逆藩已獲，置之請軍察院，因知中丞王公已差人止閩浙兵矣，喜次前韻以復楊君：「中丞有力正乾坤，四海方知一統尊。已痛湖波成赤水，久疑日食似黃昏。甲戌八月辛卯朔，日食晝晦，鷄鶩皆歸。其占為「諸侯謀王，其國不昌，終受其殃。」諸君幸免長從戍，百郡仍看草啟門。更祝天王愛社稷，莫教愁亂向兒孫。　折屐呼聲不自由，馬軍持捷過滄洲。稱兵誰敢侵天闕，拜表還應賀玉旒。天上飛龍須有象，穽中饑虎定含羞。也緣孝廟栽培久，報稱今多第一流。」

冀元亨。亦於是日至南昌。

王陽明全集卷二十四書佛郎機遺事：「初，予嘗使門人冀元亨者因講學說濠以君臣大義，或格其奸。濠不懌，已而滋怒，遣人陰購害之。冀辭予曰：『濠必反，先生宜早計。』遂歸。至是聞變，知予必起兵，即日潛行赴難，亦適以是日至。見素公在莆陽，周官上杭，冀在常德，去南昌各三千餘里，乃皆同日而至，事若有不偶然者。」

費宏寄來賀平宸濠詩文，乃為上獻策勤王功於朝廷。

費宏集卷一水龍吟（賀提督王公伯安克平逆賊）：「天生俊傑非凡，為時肯袖擎天手？胸藏兵甲，賊聞破膽，知名最舊。羽扇輕麾，逆巢忽破，遂擒亂首。非丹心許國，雄才蓋世，當機會，能然否？

北望每依南斗。捷

書馳，夜同清晝。力扶社稷，此功豈比，尋常奔走？造闕圖形，磨崖勒頌，臨江釃酒。賀邦家，有此忠臣孝子，加南山壽」。

同上，卷十五賀中丞王公平定逆藩啟：「茲者恭審糾集義師，削平大難，忭懽所托，慶慰尤深。竊以漢得周亞夫，遂平吳楚之亂；唐用裴中立，乃成淮蔡之勳。蓋遭變知權，斯不昧被髮纓冠之義；當機能斷，乃不失乘墉射隼之時。惟此逆藩，久蓄異志。望迷四海，但知蛙井之為尊；夢繞九天，詎意虎關之難叩。險如鬼蜮，暴甚豺狼。寓賊兵以劫齊民，或舉室盡遭其屠戮；散舶貨

以漁厚利，至傾家未厭於誅求。視人命如草菅，漸干侵乎國柄。當此承平之世，忽興反叛之謀。戕害大臣，脅從方面。傳偽榜以動搖宗室，肆醜詆以訕侮朝廷。皆臣子所不忍言，實神人所同憤怒。揚帆東下，欲首犯於留都；返旆西歸，尚思據乎舊穴。惡難悉數，罪不容誅。若非國有忠賢，力扶社稷，飛羽檄以申明逆順，揚義旗以倡率英豪，則虐焰方張，誰撲燎原之火？狂瀾既倒，誰為制水之防？惟人心有所恃，而不震不驚；斯賊計無所施，而浸微浸滅。士鼓登城之勇，首克逆巢；人懷敵愾之誠，爭擒元惡。煙銷戰艦，江湖無噴激之波；烏避轅

門，霜露積嚴凝之氣。行且陳俘執訊，奏凱班師。國法正而逆類潛消，天步安而太平永享。歡騰列郡，荷救焚拯溺之仁；喜溢四方，免居送行齎之苦。聿弭非常之變，實為不朽之功。此蓋大提督中丞陽明王公，具文武之全材，講聖賢之正學。忠孝誓捐於遠近，精誠遠格於神明。是以動惟厥時，戰則必克，掃除氛祲，難韜繼照；整頓乾坤，永奠居尊之位。芳垂汗竹，績紀太常。信奇偉而無前，豈尋常之敢望。某身居農畝，未忘廊廟之憂；家在亂邦，恒懼牀膚之剝。頃見兵戈之起，已為遷避之圖。幸遂底寧，敢忘大惠？烹魚溉釜，每懷顧助之私；

賣劍持醪，莫致趨迎之喜。敬馳尺楮，少布寸忱。伏惟高明照察。不備，謹啟。」

同上，卷十四賀大中丞陽明王公討逆成功序：「古之君子，能為國家弭非常之變，立非常之功。勒之鼎彝，著之竹帛，垂之百世而不朽者，豈特其才智大過於人而不可及哉？惟其天資高明，器局宏遠，而學術之正又超出乎流俗，以故嚮往圖回，卓有定見，雖當事變，勵勸衆志，惶惑之際，忠勇奮發，弗以成敗利鈍芥蒂於其中。而天之所佑，人之所助，固於是乎在。宜其所立之奇偉卓絶，非常人所能及，茲所謂傑出之材，而世不可多得也

。大中丞陽明王公，學究太原，體兼衆器，早以忠直負天下之望。方逆瑾之擅也，疏陳時弊，言極剴切，甘受擯斥，遐遠惡而不辭。賴天子聖明，旋復召用。惟其所在必竭誠圖報，而委任亦日益以隆。宏嘗謂其操存正大，可擬諸葛亮、范仲淹；言議通達，可擬賈誼、陸贄。蓋古之君子，可當大事而不負其所學者。至於分閫授鉞，運籌制勝，則又趙充國、裴度之流，而吾儕咸自嘆以為弗及也。頃緣閩卒弗靖，特命公往正厥罪。公自南、贛而東，六月既望至豐城，聞逆藩之變作矣。時江右撫巡方岳諸官，或戕或執，列郡無所禀承。賊衆號數十萬

，舟楫蔽江，聲言欲犯留都，且分兵北上，而萬里告急，又不可遽達於九重。公慨然嘆曰：「事有急於君父之難者乎？賊順流東下，我苟不為牽制之圖，沿江諸郡萬有一失焉，旬月之間必且動揺京輔。如此則勝負之筭未有所歸，此誠天下安危之大機，義不可捨之而去也。」遂徇太守伍君文定之請，暫住吉安，以鎮撫其軍民。且禮至鄉宦王公與時、劉公時讓、鄒公謙之、王君宜學、張君汝立、李君子庸輩，與之籌畫機宜，待釁而動。會侍御謝君士潔、伍君汝珍以使歸自兩廣，皆鋭意勤王，乃相與移檄遠近，號召義勇，期必成討賊之績。旬浹，贛守

邢君珣、袁守徐君璉、臨江守戴君德孺、瑞州通守胡君堯元，率僚屬各以其兵至矣。又旬浹，則撫州守陳君槐、信州守周君朝佐、饒州守林君城、建昌守曾君璵，率僚屬又各以其兵至矣。時賊已破南康，陷九江，方圍安慶，其東侵之焰甚熾。公議先取其巢，然後引兵追躡，使之退無所據，而進不得前，庶幾其氣自沮，而殄滅為易。七月望日，集旁郡先至之兵會於樟樹。越五日辛亥，進克省城，賊遂解安慶之圍，率兵歸援。公曰：「吾固料賊且歸，歸則成擒必矣。」衆方洶懼，公設方略，督伍守等嚴兵待之。又分遣撫、饒、信之兵往復南康

、九江，以成犄角之勢。乙卯，敗之於樵舍。丙辰，與戰，復大敗之。丁巳，用火攻之策，遂擒首惡，逆黨若干，前後俘斬無算，其紀諸功載者，實一萬一千有奇。首惡縲繫入城，軍民聚觀，感泣嘆聲動地，皆曰：「天賜公活吾一方萬姓之命，微公，吾其如何？」其君子則曰：「惟天純佑我國家，實生公以撥其變，茲惟宗社之慶，獨一方云乎哉？」蓋此賊之惡，百倍淮南。其睥睨神器已非一日，中外之人皆劫於積威，恐其陰中，而莫之敢發。其稱兵而起也，吾黨之庸懦，類佐吾朱驕如者，猶以為十事九成；四方智勇，即有功名之念，欲與一決，而竊

第1484頁

計利害，遲回觀望者，又十人而九也。公出於危途，首倡義旅，知道義之當徇，而不知功利之可圖；知亂賊之當誅，而不知身家之可慮。師以順動，豪傑響應，甫旬月而大難遂平，不啻如摧枯振落。非忠誠一念，上下孚格，其成功能如是之神速耶？傳曰：「為人臣而不通春秋之義者，遭變事而不知權。」則以今日之所處觀之，語分地則無專責，語奉使則有成命。而忘身赴義，不恤其他，雖其資稟器局向與人殊，然非學有定力，達於權變，亦未必能如此其勇也。宏昔忝詞林，嘗從公之尊翁、太宰龍山先生後，因辱公知最深。自愧局量未弘，動與

時忤，逆賊再請護衛，嘗却其賂遺而力沮之。或以為賤兄弟之歸，及歸而屢受群凶之侮，皆出於其陰中也。勤王之舉，未及荷戈前驅，有遺恨焉。故公之英聲茂實，震耀鏗轟，雖無俟於區區之贊頌，然不世之仇賴公一旦除之，則其欣幸宜百倍於他人，烏能已於言耶？故具論公之樹立，可方駕古之君子者，以為天下賀，而亦因以致吾私焉。」

江如璧費公宏行狀：「濠平，王公欲以公功聞，公力辭焉。侍御謝君源、伍君希儒方隨陽明公紀功，乃竟奏曰：大學士費宏、編修寀，當護衛之再請也，昌言明沮，已懷

第1485-1頁

先事之憂。及逆謀之既成也，間道獻策，又急勤王之義。」既而巡按漁石唐公、給事中祝君續、齊君之鸞、湯君瓚、御史章君綸、寧君欽，皆連薦公。事下吏部題覆，時武廟南巡，未及處分。逾年而上入繼大統，甫旬日，即降敕起公，而寀亦召用。」（國朝獻徵錄卷十五）

費寀寄來賀啟賀書。

費鍾石先生文集卷二十賀王陽明平西啟：「伏審儒者知兵，相臣出將，殲渠魁以昭王度，除群醜以奏膚功。九域同歡，一家尤幸。微君子，則何能？國在文人，乃克帥師。方叔顯允，而制荊蠻；仲尼文武，而盟夾谷。恭惟

費寀寄來賀啟賀書。

費寀王陽明平西啟：伏審儒者知兵，相臣出將，殲渠魁以昭王度，除群醜以奏膚功。九域同歡，一家尤幸。微君子，則何能？國在文人，乃克帥師。方叔顯允，而制荊蠻；仲尼文武，而盟夾谷。恭惟大中丞陽明老先生執事，天畀弘猷，世基碩德。行高而心獨古，才大而用不窮。爰直道以事人，肆忤奸而去位。孤忠自許，百折不回。繼承前席之求，亟拜賜環之命。歷揚中外，所至皆赫赫有聲；槩視險夷，無入不怡怡自得。盛名允副，重荷攸歸。來控三陲，獨當一面。下車平賊，境內晏然。

退食受徒，吾道南矣。快若鸞鳳瑞世，隱然虎豹在山。乃值寧藩，忍干天紀。其所賢者五，而智伯不仁；不足畏者三，而楚武心蕩。構言可醜，蓋穢德之彰聞；國事日非，惟奸回之崇信。無罪而殺民殺士，非辟而作福作威。何患無詞，能入端人之罪；惟知有利，輒傾厚殖之家。神人共憤者數年，道路以目者千里。魄由天奪，怒激主知，懼隱惡之彌彰，恣逆謀之大露。驅囚徒而出戰，磔命吏以張聲。罪浮於淮南之謀刺將軍，律可同吳王之招納亡叛。矯誣惑衆，僭擬稱尊。計竊鼎於南都，大揚帆而東下。雖亂臣賊子，人知不共戴天；而後顧前瞻，疇肯率先報國？況長安之日遠，兼蜀道之時難。守臣盡入網羅，疆圉誰其犄角？人心騷動，事勢幾危。幸天下廢其所興，而公可托之大事，身名兩得，智勇萬全。一馳河北之文，盡下山東之淚。群僚響應，壯士先登。況志久奮於祖鞭，而力莫勞於侃甓。悅安社稷，誠動鬼神。宜茲先發後聞，倏爾一月三捷。長江天塹，既回魏虜之文；赤壁火攻，悉燼曹瞞之艦。室家胥慶，海宇一新。事可方之古人，功寔蓋於天下。西人膽破，魏公之勳望預隆；下蔡功成，晉國之經營先定。似茲雋舉，亦豈幸成？雖公匡國，以興六月之師；寔天賜公，以活一

方之命。某依憑幸類，舊忝登龍，居處亂邦，素傷談虎。托二天而幸免，瀕九死以更生。喜隕自天，恩酬無地。慚請纓之已後，忍聲壞之莫前。恐門高而言則難，幸惟俯納；然室遠而心則邇，可遂遐遺？伏惟君子龍光，茂德音於不爽；大人虎變，守謙吉以有終。未遂參承，益深企荷！（文何喬遠皇明文徵卷五十六）

按：所謂「恐門高而言則難，幸惟俯納」，即指陽明采納其先攻南昌之獻策。

同上，賀陽明公平西書：「露布到山城，老幼皆懽呼動地，樂於更生，而賤兄弟尤得釋數載極譬之憂，以幸保族

屬，至德無恩，不知所以名之，而敢言謝乎？竊謂逆濠布設陰謀，招納叛亡，已非一朝一夕之故，誠必潰之癰，然須早決，則元氣可無耗。今茲擁衆數萬，蔽江而下，不兩旬而焚其巢，盡其黨，以械其魁，神功偉略，自古未有如是之速者，非忠誠貫日，動天感人，何以有是？雷雨作而川澤洗，一清鄱江之穢，以快天下之心。蓋自生公之初，天意已定，而大帽之賞不盡，借公兩載，為吾人造命謀者，尤不偶也。未死之年，與斯人共享我公太平之福，子孫世仰覆幬之恩而已。軍門嚴肅，不敢趨謁，謹西向稽首再拜，獻書申賀，蓋上為朝廷慶，下為天下慶也。臨筆不勝云云。」

東洲夏良勝寄來賀平江右序詩，并有書來論靖難用權及建儲事。

東洲初稿卷十三平江右序（詩附）：「皇帝秉剛德，肅將主威，既外靖北庭，爰議舉狩，禮欲內振，汎南服，敝治幾先炳，若有童牛待梏，制而未發。良勝輩並懵機要，輒有論奏。帝曰：『吁！是咎浮蹇氏，薄第于誠。』雖然，朝罔使后有拒臣言，尋罷議。既而有中令搜逐諸藩使，朝議洶甚。咸測聖威，有遏亂略，告變踵至，曰：是在寧藩濠，故有潛圖，朋仇罔悛，用底于天罰。帝曰：『嗚呼！惟我祖宗，本支周厚，弗替有隆。』穆命大吏，諭以維新。未達，變已大作。撫治孫公、憲副許公義烈，處命不渝。陽明先生專閫用鉞，方取道治閩獄案，幾及難，變服詭行，左次吉，臆決倡聲。御史謝君、伍君按廣還信，附和一詞。吉守伍君相義方力，奏檄上下，徵誓屬邦君曰：『通於天地，君臣允義。勖哉！君子用懋，集於大勳。』濠逆著狀，天討必誅。咸有弗力厥均罪，亦弗于背顧謭弱，不足視師。惟左右君子，事事若治爾私。維是曰贛、曰臨、曰袁，咸守擇屬從會兵，先期赴幕，義聲克振。中誓曰：惟辟洒威，何敢義制。寘幾有會，閒在絲髮，先不復得。茲賴迪果毅，俾登於辟，其登於辟，惟天惟地是憲，惟宗社是重，曷其有于家于身？鼓勇夜薄南昌城，城潰，步伐止齊咸律，克奔罔迓。曰建曰信□兵至，曰專為犄，其戍是□；曰撫曰饒□兵至，曰茲參而角，其戍是麾。用先登追賊江湖，間諜者至，曰賊濠越謀，越交越偽，官屬敗潰，安慶且遁至。出數十里迎擊，一合擒縛之，以專為未盡銳也；克乂南康郡，俾復而守，以參為未均勞也。往撫九江郡，俾正而部，江右大平。尋聞帝命六軍交至，祇用俘獻藉勞，惟備惟慎，若聚財論工，選士政教，服習遍知□機數之節，遝嘬

第1485-4頁

第1485-5頁

浙江大學古籍研究所

浙江大學古籍研究所

鋒蔡⊠踣剜之利，鏺掀撤撥之狀，筵跐披撥之機，斬標踏揞之漸，摶力勾卒贏越之法，獨比參伍烈火隊官曲部校稗之制，誅畀曹五抽推十一之數，裒益畢陳。群能著職，明堂御治。封錫侍及，先生方覿文匿武，志戢色溫，若不居焉。嗚呼！司馬氏以不與登封制作，為有遺恨，深罷膚詞，明庭萬里，草野致頌，亦云幸矣！詩曰：

帝右區夏，奕奕本支。武穆文昭，其永有祉。
驕孽弗良，敢犯于將。天憲祖訓，其刑無上。
主愛克威，臣威克愛。不返兵刃，殺爾敵愾。
檄以義形，命以權制。數奏駿功，克讓允濟。

第1485-6頁

凡師無善，於古則然。師善之善，于今有焉。
行時聲律，為本為宮。味色云雜，還質攸同。
西山峨峨，西江有沱。深鑱大書，隱功則多。
于夷于襄，井蓋弗張。是屏是翰，載戢用光。
明堂賚賜，玄袞侍次。願以致之，天子之史。

東洲初稿卷十三奉陽明先生書一：「良勝少且賤，又不肖，特辱知遇，汲引進之於學，使知向往，感恩知己誠亦兼之。以坐叔向之嫌，僅能一削牘致問左右。而於汝信教紙，更見齒及。然時已在罪，修敬無階。嚴、衢聞變，取道入閩，併日及廬，期赴大舉，尋得駿功報矣。計軍門休暇，請益有地，而狂愚樗散，知無庸效尺寸，命僕旋止者數四，不承顏色，真懷古人，敢布深衷，以期曲宥，而牽連時務，幸俯聽焉。方其逆賊肆凶，偵臣塞道，非義檄交馳，則觀望進止，⊠未可知也；君門奔奏未達，非以義制命，則坐失幾會，未可知也。故曰：凡此駿功，惟權迺成。夫道至於能權，斯用大矣。非閣下，其孰當之！然而治亂興壞，誠非偶然。朱子謂：「於亂也，必生能弭亂之人。」以擬其後，天生之君用之，故人望之。向閣下有南贛功。道次侍楓山翁教，謂：「天其有意於斯乎！」他鎮或當一面，斯則居高御下，而連三省；他則或權瑺制馭，或副屬參焉，斯則進退在握，懋功方結，□主知己，若逆謀待發，豫處在殿以殲之者。近歸復謁，又謂：「是在閣下當無過憂。」因及夏忠靖公在文皇時，仁宗在儲，同漢府諸公知有不測機，矯制召還，蓋一僅見，用權之難可知也。今去君日遠，親寵如請公未可知，則在閣下之用權，尤所難也。今則若易為之矣。所謂弭亂之人，天亦啟之。閣下其能以守謙而先避之與？抑唯君用是承人望是副與？蓋亂之克，治之機也，治之本是在儲貳，知閣下面有敷陳，斯載首簡，但

第1486頁

閒先時士大夫於此段事，極欲標致題目，固大議論，然竟付虛談而已。如宋時賢君既獨先機，并育宮中，簡慧亦定，如范如司馬，相得為深，主張國是，又何如人、立論正名，其難若是，以今視昔，數者相去何如也？況夫立草禪詔，泫然下涕，遽屬太子，猶或改容，父子之間且然，固通情也。嘗與二三同志漫議及此，謂須默奪潛定，意可幸中，敢盡布之。蓋自逆瑾首亂祖制，使司香日侍親王，并遣就國，强藩謀逆，或基於此。瑾誅，此制竟未議復，識者有遺憾焉。幾既失已，知閣下當必使後日無今日再失憾也。然此亦非欲詭遇為獲，且冀長

賢與選，使彼利於昏，幼者之為隱然自喪，無啟亂階，長治久安，庶其在此。又聞往者遂翁、東川既已成謀，而今當柄，一二委之於卜，謂得『烏楚其巢』，竟以中沮。故又曰：凡此隱功，惟斷迺成。嗚呼！草野罷人，何敢僭妄，輒及大議。實始以楓山深望，而慶閣下以必副天下之功也；繼以遂翁、東川之未為，而期閣下以必成萬世之功也。閣下其亦諒良勝所以圖報知己，復何事哉！不然，則真棄物之先，草木甘腐，閣下其初知而教者并負之矣！雖死何贖，大戾干冒昌盛，無任悚息。」

按：前考夏良勝字于中，號東洲，南城人，亦陽明弟子。（時為吏部員外郎。）

其在四月因諫武宗南巡削籍歸，道嚴、衢聞宸濠變，欲來吉安赴難勤王，陽明再三勸止其來。書中所云「汝信」即萬潮，時為禮部主事，亦因諫武宗南巡削籍，與夏良勝同歸。「楓山翁」即章懋，「遂翁」即楊一清，「東川」即劉春。夏是書着重勸陽明上建儲議，謂「治之本是在儲貳，知閣下面有敷陳，斯載首簡」。按陽明奏聞宸濠偽造檄榜疏云：「伏望皇上……定立國本，勵精求治」。又擒獲宸濠捷音疏云：「尤願皇上罷息巡幸，建立國本，端拱勵精，以承宗社之洪休」。此所云「建立國本」即指建儲，所謂「斯載首簡」也。祗後因江彬、張忠力阻陽明赴京見武宗，陽明終無緣得以面奏建儲之議。然則其後陽明對大禮議之立場態度亦由此發端矣。

明水陳九川來南昌問學，陽明再大闡「良知」之學，作論良知心學文以明之。

傳習錄卷下：「己卯，歸自京師，再見先生於洪都。先生兵務倥傯，乘隙講授，首問：『近年用功何如？』九川曰：『近年體驗得「明明德」功夫只是「誠意」。自「明明德於天下」，步步推入根源，到「誠意」上，再去不得，如何以前又有格致工夫？後又體驗，覺得意之誠偽，必先知覺乃可，以顏子有「不善未嘗知之，知之未嘗復行」為證，豁然若無疑，卻又多了「格物」工夫。又思來吾心之靈，何有不知意之善惡，只是物欲蔽了，須格去物欲，始能如顏子未嘗不知

耳。又自疑功夫顛倒，與誠意不成片段。後問希顏，
希顏曰：「先生謂格物致知是誠意功夫，極好。」九川曰：
「如何是誠意功夫？」希顏令再思體看，九川終不悟。請問
。先生曰：「惜哉！此可一言而悟。惟濬所舉顏子事便
是了，只要知身、心、意、知、物是一件。」九川疑曰：「物在外，
如何與身心意知是一件？」先生曰：「耳目口鼻四肢，身也
，非心安能視聽言動？心欲視聽言動，無耳目口鼻四肢
亦不能，故無心則無身，無身則無心。但指其充塞處言
之謂之身，指其主宰處言之謂之心，指心發動處謂之意
，指意之靈明處謂之知，指意之涉着處謂之物，只是一

第1489頁

件。意未有懸空的，必着事物，故欲誠意則隨意所在某
事而格之，去其人欲而歸於天理，則良知之在此事者無
蔽而得致矣。此便是誠意的工夫。」九川乃釋然，破數年
之疑。又問：「甘泉近亦信用大學古本，謂格物猶言造道
。又謂窮理如窮其巢穴之窮，以身至之也。故格物亦只
是隨處體認天理，似與先生之說漸同。」先生曰：「甘泉用
功，所以轉得來。當時與說親民字不須改，他亦不信，
今論格物亦近，但不須換物字作理字，只還他一物字便
是。」後有人問九川曰：「今何不疑『物』字？」曰：「中庸曰『不誠
無物』，程子曰『物來順應』，又如『物各付物』、『胸中無物』之類

，皆古人常用字也。」他日先生亦云然。九川問：「近年因
厭泛濫之學，每要靜坐，求屏息念慮，非惟不能，愈覺
擾擾，如何？」先生曰：「念如何可息？只是要正。」曰：「當
自有無念時否？」先生曰：「實無無念時。」曰：「如此却如何
言靜？」曰：「靜未嘗不動，動未嘗不靜。戒謹恐懼即是念
，何分動靜？」曰：「周子何以言『定之以中正仁義而主靜』？」
曰：「無欲故靜，是『靜亦定，動亦定』的『定』字，主其本體也
。戒懼之念是活潑潑地，此是天機不息處，所謂『維天之
命，於穆不已』，一息便是死。非本體之念，即是私念。」
又問：「用功收心時，有聲有色在前，如常聞見，恐不

第1490頁

是專一。」曰：「如何却不聞見？除是槁木死灰、耳聾目盲
則可。只是雖聞見而不流去，便是。」曰：「昔有人靜坐，
其子隔壁讀書，不知其勤惰，程子稱其甚敬。何如？」曰
：「伊川恐亦是譏他。」又問：「靜坐用功，頗覺此心收斂，
遇事又斷了。旋起個念頭，去事上省察；事過又尋舊功
，還覺有內外，打不作一片。」先生曰：「此格物之說未透
。心何嘗有內外？即如惟濬，今在此講論，又豈有一心
在內照管？這聽講說時專敬，即是那靜坐時心，功夫一
貫，何須更起念頭？人須在事上磨鍊做功夫，乃有益。
若只好靜，遇事便亂，終無長進。那靜時功夫，亦差

似收斂，而實放弱也。』」

費緯祹聖宗集要卷六王守仁：「（陽明）誅宸濠後，居南昌，始揭『致良知』之學，曰：『聖人之學，心學也。宋儒以知識為知，故須博聞強記以為之；既知矣，乃行亦遂終身不行，亦遂終身不知。聖賢教人，即本心之明，即知；不欺本心之明，即行也。』於是舉孟子所謂『良知』者，合之大學『致知』，曰『致良知』，以真知即是行，以心悟為格物，以天理為良知。」

按：陳九川亦在四月因諫武宗南巡削籍歸臨川。其來南昌問學之時間，按陽明九月十一日即獻俘離南昌而去，而陳九川亦在九月上旬離南昌往南城夏良勝處（見下），故可確知陳九川當是八月來南昌問學。是次陽明與陳九川講論學問意義重大：前考陽明與鄒守益在贛講論學問已首發「致良知」之教；至是陽明與陳九川在南昌講論學問乃進一層大闡「良知」之學，蓋先是陳九川告知做「明明德」功夫，步步推到「誠意」，再往上推不得；陽明則以為「致知」即是「致良知」，明乎「良知」，則自然可由「誠意」再上推至「格物」、「致知」，直達「良知」本原。陽明明確將大學之「致知」解釋為「致良知」；以身、心、意、知、物為一件，格物致知即誠意功夫；以心無內外，否定靜坐功夫，強調事上

磨鍊功夫。傳習錄卷下開首詳細記錄陳九川三次來見陽明論學，展現了陽明生平「致良知」思想之形成發展歷程：正德十年論「格物」，以「意之所在」為物；正德十四年提出「良知」，以致知為「致良知」；正德十五年論「良知訣竅」，大闡「致良知」心學矣（見下）。此三次論學，為認識陽明生平「致良知」心學體系形成發展之一大關捩。費緯祹所說「居南昌」，即是指陳九川來南昌問學之時，故陽明此論良知心學文或即是寫給鄒守益、陳九川等在南昌之門人者，不啻是一篇陽明正德十四年「良知之悟」（妙悟良知之秘）之「宣言書」，宣告其「致良知」心學之誕生。稍後至十月，陽明在杭城西湖，與諸生更大倡「良知」之學矣（見下）。

進賢舒芬、萬潮、南城夏良勝皆來南昌問學。

傳習錄卷下：「（陳九川）後在洪都，復與于中、國裳論內外之說。渠皆云：『物自有內外，但要內外並着功夫，不可有間耳。』以質先生，曰：『功夫不離本體，本體原無內

外。只為後來做功夫的分了內外，失其本體了。如今正要講明功夫要有內外，乃是本體功夫。」是日俱有省。又問：「陸子之學何如？」先生曰：「濂溪、明道之後，還是象山，只是粗些。」九川曰：「看他論學，篇篇說出骨髓，句句似鍼膏肓，卻不見他粗。」先生曰：「然他心上用過功夫，與揣摹依仿，求之文義，自不同。但細看有粗處，用功久當見之。」」

按：此處「國裳」指舒芬，「于中」指夏良勝（陳榮捷傳習錄詳注集評、鄧艾民傳習錄注疏于「于中」均注「情況不明」），可見舒芬、夏良勝同在八月來南昌問學。錢德洪陽明先生年譜謂

夏良勝、舒芬正德十五年來南昌問學，乃誤。按夏良勝、舒芬、陳九川、萬潮四人以諫武宗南巡而被奉為「江西四君子」，同在四月削籍被貶後皆來南昌問學。孫琛翰林院修撰舒公行實：「……公乃邀考功夏公良勝、儀制萬公潮、太常陳公九川至寓舍……是夕遂連疏入，時號『江西四君子』……（芬）遂謫福建市舶副提舉……六月丙子，江西宸濠果反，敗。季秋九日，偕年友……遊烏石（在福州）……」（國朝獻徵錄卷二十一）舒芬七月已在福州，則其來南昌問學當在八月。東洲初稿卷十二再奉陽明先生書云：「日者不自分量，謬有所陳……既而汝信儀部使至，惟濬太常使至，教亦云然。……」此「汝信」指萬潮，「惟濬」指陳九川。

既云「教亦云然」，可見萬潮、陳九川乃是在南昌受教後來南城夏良勝處，則萬潮當也在八月來南昌問學。今按夏良勝東洲初稿前有舒芬序云：「吾同年夏君于中因言事，與余同還，舟中日久，示以東洲初稿，凡若干卷……因初稿謹書此，以俟其終。正德十四年六月下弦日，賜進士及第、承務郎、福建司舶提舉司副提舉、前翰林院國史修撰、進賢梓溪舒芬書於舟次。」又東洲初稿卷十二鑑亭詩序云：「正德己卯夏六月四日，東洲夏子偕梓溪舒子、五溪萬子，長渡淮瀆，若安流也……適陳水部、頓倉曹比節見訪舟中……」可見舒芬、萬潮、夏良勝、陳九川在六月同舟被貶出京，後又同在八月來南昌問學。又卷十三明故舒野江

先生墓志銘云：「正德十四年己卯冬十月，良勝執友舒殿撰芬使從虔整迎尊翁野江先生就養於今官福建市舶，蓋謫居也。道次盱江，良勝謁於舟，强致館穀……」盱江在南昌，可見舒芬在八月來南昌問學，乃於十月偕父野江翁赴福建司舶任。

錢德洪陽明先生年譜：「進賢舒芬以翰林謫官市舶，自恃博學，見先生問律呂。先生不答，且問元聲，對曰：『元聲制度頗詳，特未置密室經試耳。』先生曰：『元聲豈得之管灰黍石間哉？心得養，則氣自和，元氣所由出也。書云『詩言志』，志即是樂之本；『歌永言』，歌即是制律之本。永言和聲，俱本於歌，歌本於心。故心也者，中和之

極也。」芬遂躍然拜弟子。」

按：此錄應即是記正德十四年八月舒芬來問學之況，然錢氏卻將之置於正德十五年之下，以為是記舒芬正德十五年九月來南昌問學之事，乃大誤。按正德十五年舒芬丁憂家居，斷無是年來南昌問學之事（詳下），而謂「芬遂躍然拜弟子」亦非。

十六日，奉敕兼江西巡撫。

王陽明全集卷十二請止親征疏：「正德十四年八月十六日准兵部咨：……再請敕一道，齎付都御史王守仁，不妨提督軍務原任，兼巡撫江西地方。……」

按：朝廷始議陽明兼江西巡撫在八月五日，降敕在八月十日。王瓊晉溪本兵敷奏卷十一為地方緊急軍情事：「……正德十四年八月初五日，具題奉聖旨，是王守仁已有旨著照舊提督軍務、兼巡撫江西地方……」又為緊急軍情事：「查得本部會官議奏，已蒙降敕都御史王守仁巡撫江西訖。本官素曉兵法，又見在江西近便，最為相應……正德十四年八月初十日，具題奉聖旨……」錢德洪陽明先生年譜謂「十月，奉敕兼巡撫江西」，乃誤。（其他史載亦皆含混失誤）

馬明衡、馬明奇來南昌，扶父馬思聰柩歸莆田。陽明作文祭奠。

林俊明贈奉議大夫光祿寺卿水南馬君翠峰墓志銘：「正德己卯六月十有三日，宸濠反，江西都御史孫公燧、按察副使許公逵死之。吾鄉南京戶部主事馬君思聰以督餉至，被執，不食六日死，參議黃君宏亦死。江西士民殯之僧寺。八月十有六日，濠平六日，二子明奇自莆至，明衡自南太常至，啟殯易衣冠以殮，又得所奉敕於行部承塵秘處。事聞，有贈有祭，馬君贈奉議大夫、光祿少卿，並祀忠節祠。巡按監察御史唐龍疏於朝，又立四忠碑以紀……君字懋聞，翠峰其號，馬迤北衢州人……」（馬忠節父子合集附錄）

詹仰庇明文林郎山東道監察御史師山馬公墓志銘：「……侍御公時為南京太常博士，聞寧庶人反檄至，哭謂鄭安人曰：『嗟乎！吾父死矣！』遂棄官從間道走收忠節公屍，而會寧庶人兵出南昌，人已先舁都御史孫公、副使許公、參議黃公及公四屍，就本祠哭之，以故侍御公得知忠節公屍處，因殮櫬以歸。當是時，侍御公哀毀深切，不復戀仕進矣。……」（馬忠節父子合集附錄）

按：鄭泰樞馬忠節公師山二公遺詩序云：「公殁後，仲君師山（馬明衡）官太常博士，聞訃，走江右收公屍，殮櫬以歸……公嘗從陽明王公遊，得理學正宗。當忠節公殉烈時，陽明公撰文祭奠，情辭悲切，公亦賦詩寄哀。」（馬忠節父子合集前）是陽明嘗作文祭奠馬思聰，此祭文今佚。

第1497頁

十七日，上請止親征疏，乞親押宸濠人犯解赴京都；上奏留朝覲官疏，乞將朝覲官留防；上奏聞淮王助軍餉疏，乞獎賞淮王饋助軍餉。

王陽明全集卷十二請止親征疏，奏留朝覲官疏，奏聞淮王助軍餉疏。

按：請止親征疏云：「臣謹於九月十一日親自量帶官軍，將宸濠并逆賊情重人犯督將赴闕。」是陽明此疏意在奏請押解宸濠人犯進京，其後未蒙允准，陽明即自行其事矣。故此疏題作「請止親征疏」未當。此疏明注「八月十七日上」，黃綰陽明先生行狀竟謂此疏是陽明九月二十六日在廣信所上，「上疏力止」，其說誤甚，蓋即從疏題上生發誤說也。

二十二日，武宗南征發京師。

國榷卷五十一：「正德十四年八月癸未，上發京師，命平虜伯朱彬提督贊畫機密軍務，仍軍門提督官校，左都督朱周協贊，錦衣衛都督朱寧隨征。」

黃綰陽明先生行狀：「公既擒濠……欲親解赴闕，因在吉安上疏乞命將出師。朝廷差安邊伯許泰為總督軍務，充總兵官，平虜伯江彬為提督等官，左都督劉暉為總兵官，太監張忠為提督軍務，張永為提督，贊畫機密軍務，並體勘濠反逆事情，及查理庫藏宮眷等事，太監魏彬為提督等官，兵部侍郎王憲為督理糧餉，往江西征討。至中途，聞捷報，計欲奪功，乃密請上親征。上遂自稱為總督軍務威武大將軍、總兵官後軍都督府太師鎮國公，往江西征討。」

第1498頁

二十五日，上疏乞便道省葬，並有札致王瓊、朱節，不允。

王陽明全集卷十二乞便道省葬疏。

同上，卷二十一上晉溪司馬書二：「齎奏人回，每辱頒教，接引開慰，勤惓懇惻，不一而足。仁人君子愛物之誠，與人之厚，雖在木石，亦當感動激發，而況於人乎！無能報謝，銘諸心腑而已。生始懇疏乞歸，誠以祖母鞠育之恩，思一面為訣。後竟牽滯兵戈，不及一見，卒抱終天之痛。今老父衰疾，又復日亟；而地方上已幸無事，且蒙朝廷曾有「賊平來說」之旨，若再拘縛，使不獲一申其情，後雖萬死，無以贖其痛恨矣，老先生亦何惜一舉手投足之勞而不以曲全之乎？今生已移疾舟次，若復候命不至，斷亦逃歸，死無所憾，老先生亦何惜一舉手投足之勞而必欲置之有罪之地乎？情隘辭迫，瀆冒威嚴，臨紙涕泣，不知所云，死罪死罪！」

陽明與朱守忠手札二：「近因祖母之痛，哀苦狼籍，兼乞休疏久未得報，惟日閉門病卧而已。人自京來，聞車駕已還朝，甚幸，甚幸！但聞不久且將南巡，不知所指何

地，亦復果然否？區區所處，剝牀以膚，莫知為措，尚
憶孫氏園中之言乎？京師人情事勢何似？便間望寫示曲
折。閩事尚多隱憂，既乞休勑又久不至，進退維谷。希
淵守古道，不合於時，始文惡於郡守，繼得怨於巡按，
浩然遂有歸興，復為所禁阻不得行，且將誣以法。世路
險惡如此，可嘆可恨！因喻宗之便，燈下草草。宗之意
向方新，惜不能久與之談。然其資性篤實，後必能有所
進也。荒迷中不一。守仁稽顙，守忠侍御賢弟道契。」（
手札真迹藏上海博物館，陽明文集失載）
是日，又上恤重刑以實軍伍疏，處置官員署印疏，處置從

第1499-1頁

逆[illegible]官員疏，處置府縣從逆官員疏。
九月七日，武宗南征至臨清，不行，忽然北返。
國榷卷五十一：「正德十四年戊戌，上至臨清，守臣進宴
……上自臨清單舸疾趨而北，從官不知也。」
夏良勝別陽明歸南城，有書來論獻俘事。
夏良勝東洲初稿卷十三奉和陽明別詠一首：「孔孟已不作
，障柱迴波翻。遺簡秘魯殿，搦筆窺文園。老虛天竺寂
，訓詁紛多門。韓歐伎倆資，佔畢濂洛尊。下學莫有擇
，濁俗何由敦。大哉孰嫡傳，小子無前聞。愚頑亦禀性
，天地匪喪文。緣葩攀華巔，斷港窮河源。汩沒二十載

，刈葵傷迺根。潰忘怳有覺，易簡思避繁。陽明闡道教
，心慕足已奔。馬黃歷塊影，舟葉兼朝昏。展拜皋比溫
，直是洙泗原。與人無棄瑕，衛道若守藩。格物開衆妙
，良知翁獨存。大同異自息，魚躍鳶斯騫。度內亦廖廓
，眼底忘輊軒。來遲莫自咎，去亟莫自云。得師更得友
，立德斯立言。矢心循周行，踏騎無債轅。登舟順逆風
，居行如共論。」
按：陽明贈詩今佚。夏良勝詩云「格物開衆妙，良知翁獨
存」，可見陽明乃是向其發「致良知」之教。

第1499-2頁

東洲初稿卷十三再奉陽明先生書：「日者不自分量，謬有
所陳，荷休休與善，不以為大不可，自吾邦君得面命也
。既而汝信儀部使至，惟濬太常使至，教亦云然。顧蹇
劣莫似，何修至此？山谷云：『心親而千里晤語』。大幸，
大幸！廣昌令介拙稿一首，信群飲於河，各止於量，欲

名言而莫罄也。塊守山齋，偶聞諸帥抵省，作威駭聽，雖未必盡然，而鴟張矯虔，機械畢露，挾主威以爭能，期必得而後已。隱度閣下功高天下，守之以謙，而濬渾艾之隙，必有隱然消阻，儒家作用，所謂潛孚者若此。但俘獲在道，進止維谷，必遂初志，是本敵愾獻功常典也。既云龍馭度江而西，莫有所得，尼而旋歸，迹涉拘忌。左右惟其適意，先幾定見，必有處之裕如，而竄憂過計，竊亦思以自效而未敢。蓋天下之寶，當為天下惜之，況嘗側足先後乘而被其餘照者哉！故與邦君商略盡瘁，直達記室，不識以為可否？初舉義時，宗

第1500頁

社大計，專制閫外意也。今既有命帥，而閣下得撫治，固守臣也，始可矯治以興師，茲必得請而離任。大抵權之一字，固人臣之盛美，亦人臣之大忌。當變，則可不得已也；亂既靖，斯守經時矣。戒嚴屬從待於境上，以避河陽坐致之迹，理道宜然。六師左途，還而歸之。若既越境，自開化，自嚴，取道自徽州，皆可至省，形迹俱泯。獻俘紀績，俱屬軍門事體，憲節暫守信州，且以撫循為常職，俟巡轍且至迎覲，如古方嶽之禮，使天下復見唐虞盛典，別有一段開物成務意象，古今冠絕事也。彤弓宴錫，其何之哉！是謂不矜，莫與爭能，閣下雅量

然也。公論昭灼，萬世炳然。但彼席威以厭谿壑之欲，荼毒之慘，或未可知。嘗聞閣下有云：『甘九族之誅，救一方之命。』不肖耿耿之懷，誠亦在此。若稽覈功次，諸統兵官獲送審單俱在，勿與成籍維實，適是窺測不破，更復何事！東望拜椷，無任懇惻，悚懼悚懼！」

按：書所言「日者不自分量，謬有所陳，荷休休與善，不以為大不可」，即指夏良勝八月來南昌問學。其約在九月初歸南城，繼而萬潮、陳九川亦來南城，即書所云「既而汝信儀部使至，惟濬太常使至，教亦云然」。于是夏良勝遂作此書以陳己見，蓋在九月十一日陽明獻俘發南昌前夕也。

第1501頁

楊驥偕薛侃歸潮，攜陽明致方獻夫書與致湛甘泉書送至西樵。湛甘泉、方獻夫皆有答書。

王陽明全集卷四答方叔賢：「近得手教及與甘泉往復兩書，快讀一過，灑然如熱者之濯清風，何子之見超卓而速也！真可謂一日千里矣。大學舊本之復，功尤不小，幸甚幸甚！其論象山處，舉孟子『放心』數條，而甘泉以為未足，復舉『東西南北海有聖人出，此心此理同』，及『宇宙內事皆己分內事』數語。甘泉所舉，誠得其大，然吾獨愛西樵子之近而切也。見其大者，則其功不得不近而切，然非實加切近之功，則所謂大者，亦虛見而已耳。自孟子

道性善，心性之原，世儒往往能言，然其學卒入於支離外索而不自覺者，正以其功之未切耳。此吾所以獨有喜於西樵之言，固今時對證之藥也。古人之學，切實為己，不徒事於講說。書札往來，終不若面語之能盡，且易使人溺情於文辭，崇浮氣而長勝心。求其說之無病，而不知其心病之已多矣。此近世之通患，賢知者不免焉，不可以不察也。楊仕德去，草草復此，諸所欲言，仕德能悉。」

按：此書言「楊仕德去，草草復此，諸所欲言，仕德能悉」，可見此書乃由楊驥攜往西樵。薛侃楊驥傳、鄉約序及薛侃行狀均謂薛侃偕楊驥在宸濠變後自贛歸，但不得具體月日。今按方獻夫西樵集卷八柬王陽明書三云：「去歲初冬，曾修書奉，不審曾達左右否？」可見方獻夫在初冬十月收書十月遞到西樵。到陽明此書，乃修書奉答，則楊驥必是在九月自贛歸陽明，即陽明此書作在九月也。蓋陽明九月十一日離南昌獻俘，至十二月陽明方歸南昌，可見九月以後其亦已無暇作書致方獻夫與湛甘泉，無從再請楊驥遞書往西樵，陽明此書必作在九月十一日之前也。

西樵集卷八柬王陽明書二：「士夫自贛來，每辱教劄，於千里之隔，雖無因對面，然心領神會，先生之益多矣。江西之變，人心搖搖，先生一舉而定，人皆稱先生撥亂反

第1502頁

正之才，而不知先生之有本也。非誠有古人成敗利鈍非所計者之心，其安能此？足以見儒者之用，而先生之實學也亦可以息平時世俗之嘵嘵矣。甚賀，甚賀！朝廷賞功大典，不日當下。然德勝者不居其功，明哲者不保其盈，先生進退之間，可以自處矣。先生正謂留侯，有儒者氣象，非觀其進退之際歟？如何，如何？西樵山中近來士類漸集，亦頗知向方，但未見有實得力者。大抵此學真是數百年絕學，非卓有實見者難以言矣。甘泉大有倡率講明之意，近構學舍數十於山，以延學者，將來必有成就，此亦一盛事也。其所立言大旨，雖少與先生未翕然者，然未敢懸論。生明年春莫將期會於陽明洞中，不知此時主人歸否？嘗獲觀朱子晚年定論、傳習錄二書，多所啟發。朱子晚年定論固是先生納約自牖之意，非其至者，然得此書，與士子省却多少言語。其傳習錄中問論中庸戒懼慎獨為一處，真是破學者萬世之疑。及諄諄「天理」二字，又是於學者日用甚切，此等處誠不可無。惟格物博文之說，生尚有未釋然者，但難以紙筆指陳，當俟面見請益。先生之說，或是一時救偏補弊之論，但恐學者不知，而反有疑於中正歸一之極也。此等處更乞精思示教。甘泉於此處亦疑，望不惜平心博論，以致於

第1503頁

大同也，幸甚！」

按：此書即方獻夫《柬王陽明書三》所云「去歲初冬，曾修書奉」之一書也。

《泉翁大全集》卷八《答方西樵》：「觀《陽明書》，似未深悉愚意。吾所舉象山宇宙性分之語，所謂性分者，即吾弟所舉本心之說耳，得本心，則自有以見此矣。本心宇宙恐未可二之也。承教『明道存久自明，何待窮索』，最簡切，但須知所存者何事，乃有實地。首言『識得此意，以誠敬存之』，知而存也；又言『存久自明』，存而知也。知行交進，所知所存，皆是一物。其終又云：『體之而樂，亦不患不能守』。大段要見得這頭腦親切，存之自不費力耳。近亦覺多言，正於默識處用功，偶又不能不言也。陽明書並寄，一閱便還。」

按：書所云「陽明書」，即陽明九月託楊驥所傳遞致甘泉書，因其中有批評甘泉之學有「支離」之病，今佚，或是錢德洪編陽明文集時刪之耶？

同上，《答陽明都憲》：「楊仕德到，並領諸教，忽然若拱璧之入手，其為慰沃可量耶！諸所論說，皆是斬新自得之語。至朱子晚年定論，似為新見。第前一截則溺於言語，後一截又脫離於言語，似於孔子所謂『執事敬，內外一致』者，兩失之耳。承獎進之意極厚，至讀《與叔賢書》，又不能無疑。所謂宇宙性分，與張子《西銘》、程子《識仁》同一段，皆吾本心之體，見大者謂之大，見近者謂之近，恐未可以大小遠近分也。凡兄所立言，為人取法，不可不精也。聞英才雲集，深喜此道之復明。此間自甘、楊之外，有陳生謨，謨之父宗享，年將六十而好學，霍渭先弟任，任弟傑，溟滓巖居，鄧、馮諸生皆有向進之心，但未見得力，然皆老兄振作，使聞風而起也。」

按：此書所云「楊仕德到」，即指楊驥送來陽明書，湛甘泉收到陽明書當亦在十月。據陽明《答甘泉書二》云：「得正月書，知大事已畢。」（《王陽明全集》卷四）陽明正德十五年正月收到甘泉答書，則甘泉此答書作在十二月中。

十日，上《收復九江南康參失事官員疏》。

《王陽明全集》卷十二《收復九江南康參失事官員疏》。

孫燧靈柩發南昌還鄉，偕巡按御史謝源、伍希儒設奠泣祭。

《王陽明全集》卷三十一《行南昌府禮送孫公歸櫬牌》（八月二十九日）：「照得江西巡撫都御史孫燧被寧賊殺害，續該本院統兵攻復省城，賞給銀兩買棺裝殮。聞遂據伊男孫慶，帶領家人前來扶柩還鄉，所據護送人員，擬合行委。為此牌仰府官吏，即於見在府衛官內，定委一員，送至原籍浙江省紹興府餘姚縣河下交割，并行沿途經過軍衛

、有司、驛遞、巡司等衙門，各撥人夫，程程護送。仍
仰照例從厚僉撥長行水手，起關應付，人夫脚力，驗
口給與行糧，毋得稽遲未便。」
同上，卷二十五祭孫中丞文：「……嗚呼！逆藩之謀，積
之十有餘年，而敗之旬日，豈守仁之智謀才力能及此乎
？是國祖宗之德澤，朝廷之神武，而公之精忠憤烈，陰
助默相於冥冥之中，是亦未可知也。公之子挾刃赴仇，
奔走千里，至則逆賊已擒，遂得改殯正殮，扶公櫬而還
。父子之間，忠孝兩無所愴矣，亦何憾哉！守仁於公，
既親且友，同舉於鄉，同官於部，今又同遭是難，豈偶
然哉！靈輀將發，薄奠寫哀，言有盡而意無窮。嗚呼！」
餘姚孫境宗譜卷四忠烈公年譜：「喪發南昌。初，省城始
復，王都御史守仁偕巡按御史謝源、伍希儒即設祭泣
奠，遠近士民憑棺而哭者接踵，一日凡十餘祭……解維
而東。時天百日不雨。十一日舟發，聞信溪涸甚，堪欲
江行，陽明王公力勸之，謂：『尊公忠誠格天，秋水時至
可必也。第由信溪往，無慮艱滯。』挽至信州，備人夫。
明將登陸，夜大雨……」
十一日，偕撫州知府陳槐獻俘發南昌。
王陽明全集卷十七案行浙江按察司交割逆犯暫留養病
：「因宸濠連日不食，慮恐物故，無以獻俘奏凱，彰朝廷
討賊之義，兼之合省內外人情洶洶，或生他變，當具
本題知，於九月十一日啟行，將宸濠及逆黨宮眷解赴軍
門。」

第1506頁

陳槐聞見漫錄卷上：「我武宗聞宸濠之變，親統六軍，命
許泰、劉暉、張永、張忠分掌軍令，駕至濟寧，而濠賊
就擒於陽明矣。遂獻俘偕予行。」
按：陽明獻俘發南昌在九月十一日，昭昭載於陽明文集。明武宗實錄
却云「丁未」（十六日）獻俘發南昌，明通鑑盲目從之，皆誤。明史紀事
本末亦多有如此失誤，蓋皆不讀陽明文集之過也。
經安仁，與桂萼、桂華兄弟論格物致知之說不合。
康熙饒州府志卷二十二桂華傳：「桂華，字子樸，安仁人
。正德癸酉科鄉薦。少穎敏，偕弟萼師事胡敬齋門人
張正，銳志堅學，敦行古道。慨宋儒蔡西山有衛道功，
崇祀弗及，擬疏以請於督學邵公寶，寶以天下士奇之。
督學李公錄其試文。會姚源盜起，華謀以賑清衆，募民
築城，為捍禦計。當道為討賊，寄居安仁者，每從華咨
事宜，華亦時時為畫攻守策。會寧藩蓄逆謀，陰使其腹
心兵備王綸羅致華，使助己。華時居母喪，綸旬日三奠
其母靈，華揣知其情，議論必以忠孝，綸卒不敢出一語
而去。遂說邑人楊君騰檄諸藩，直達京師。都御史王守
仁討逆濠過安仁，與少保萼論格致說不合，王請見華，
華曰：『華雖論道先生意，然終有不可同者。』遂剖析其大
意，王不能難。……」（又見同治安仁縣志卷二十六之二）

第1507頁

按：向來以為桂萼與陽明未嘗識面。桂華其人正史不載，唯胡松桂公萼墓表有云「公少與其兄古山先生師事康齋吳聘君門人張先生」，古山先生者，即桂華也（號古山，桂萼號見山）。今按桂萼正德六年舉進士，而陽明是年在京為會試同考試官，故陽明與桂萼在正德六年已相識。桂萼中進士後多居家不赴官，桂公萼傳云：「正德六年進士，授丹徒知縣，被論。調青田，不赴。後以言者薦補武康。嘉靖癸未，稍遷南京刑部主事」（國朝獻徵錄卷十六）。同治安仁縣志卷三十六引直隸通志云：「安仁桂萼，嘉靖初令成安……期年，擢南京刑部主事」。可見正德十四年前後桂萼一直家居安仁，陽明赴贛，朝野注目，亦自必引起萼、華注意，或在陽明赴贛初經安仁時已有一見，至是陽明獻俘再經安仁，乃得

第1508頁

再見講論學問也。稍後萼、華更有書來論政事矣（見下）。

陽明是次獻俘經安仁，曾發生一有趣「插曲」，可與陽明同桂萼、桂華相見論學相印證。堅瓠集卷三嫁女題石牛：「正德中，江西士夫郭某有女善詩詞。一日嫁女過湖，阻風於安仁鋪。時都憲王守仁亦阻風於此，閑中以石牛為題，作一絕云：『安仁鋪內倚闌干，遙望孤牛俯在山。』下句搜求，終不快意。問其處有文人才子能續者賞之。郭女聞之，即續云：『任是牧童鞭不起，田園荒盡至今閑。』時宸濠肆虐，百姓逃亡，田園多至荒蕪者，故詩及之。守仁見詩大喜，仍命作石牛律詩，云：『怪石崔嵬號石牛，江邊獨立幾年秋？風吹遍體無毛動，雨洗渾身有汗流。嫩草平抽難下嘴，長鞭任打不

回頭。至今鼻上無繩索，天地為欄夜不收。』守仁稱賞，命備綵幣，送過湖完親」。按此「石牛」乃指牛頭山，同治安仁縣志卷四：「牛頭山，在縣北二十五里，突然聳秀，高數百仞」。

二十五日，至廣信，張忠差人來取宸濠囚犯，不與；費宏來勸說予囚，不允。二十六日，乘夜過玉山、草萍驛，上獻俘揭帖說明原委。

王陽明全集卷十七案行浙江按察司交割逆犯暫留養病：「當職力疾，沿途醫藥，親自押解。行至廣信地方，又奉欽差總督軍務鈞帖：『備仰照依制諭內事理，即便轉行所屬司、府、衛、所、州、縣、驛遞等衙門欽遵施行

第1509頁

等因，遵依通行間，續准欽差提督軍務御馬太監張（張忠）照會，及准欽差總督軍務充總兵官安邊伯朱（許泰）手本，各遣官邀回本職，並將所解宸濠等逆犯回省聽候會審。本職看得既奉總督軍門鈞帖，自合解赴面受節制；若復退還省城，坐待駕臨，恐涉遲誤，且誤奏過程期。又復扶病日夜前進，行至浙江杭州府地方。」

聞見漫錄卷上：「遂獻俘偕予行。上遣許泰、張忠輩率師直擣江西，而陽明由浙江以達，迎駕獻俘。時上已差張永由鎮江入浙，以要衆囚。至廣信，張忠差人奉命取囚。予與陽明論：『請付囚與諸將，與之同見行朝，則功成

於我者，皆朝廷威命所致，不可抗也。」不聽。時鶴湖費公家居，余往謁鶴湖相告，是余言，而往說陽明，不允。竟趨浙，而張永已到杭州相邀矣。」

費宏處濠大略：「……己卯，服闋。六月，衆皆往賀生日，我復遣使去，以疾辭。比至，而叛已作。我里居時，以處逆藩者也。寧藩既叛，兵勢方張，我獻三策於陽明王公，及遣書劉汝澄固守進賢，俱有復音。代廣信所奏千兵作禡牙文，錐牛携酒，犒本邑杜太尹發兵西討。此我所以處逆藩既叛之後者也。是冬（按：當作是秋），逆濠轞過吾信，我始於公北門寓所燃燈祠室，開濠前書

，乃知壬申所送禮物之數。公甚喜予同心，能峻却之。未幾，臺諫文章論薦我兄弟。」（鉛書卷六）

費鍾石文集卷二十奉所知書：「寧賊解經敝府，愚兄弟往賀。陽明乃出癸酉所藏之書，閱之，知其物之數若干，封識兩重如故，家兄亦用大悅……」

王陽明全集卷三十一獻俘揭帖：「准欽差提督贊畫機密軍務御用監太監張揭帖開稱：『今照聖駕親率六師，奉天征討，已臨山東、南直隸境界，所據前項人犯，宜合比常加謹防守調攝，待候駕臨江西省下之日，查勘起謀根由明白，應否起解斬首梟掛等項，就彼處分定奪。若不再行移文知會，誠恐地方官員不知事理，不行奏請明旨，挪移他處，或擅自起解，致使臨難對證，有誤時機，難以惟罪』等因……本職已將寧王并逆黨，親自量帶官兵，經從水路，照依原擬日期（按：指陽明先自擬定九月十一日）啟行，解赴京師，已至廣信地方外，今又准前因，及該差官留本職并寧王及各黨類回省（按：指回江西南昌）。為照前項人犯，先監按察司責委官員人等，晝夜嚴

加關防，有病隨即撥醫調治，數内謀黨李士實、王春、劉養正等，已多醫治不痊，俱各身故，隨差官吏仵作人等前去相驗，責付淺殯，撥人看守。其寧王及謀黨劉吉等，俱係惡焰久張之人，設若淹禁不行解報，縱有官兵加謹防守，恐或扇誘別生他奸。今若留省城，中途疏虞，尤為可慮。兼且人犯多生瘧痢，沿途亦即撥醫調治。又有數内鎮國將軍拱樤并世子二哥，各行身故，又經差官相明，買棺裝殮，責仰貴溪縣撥人看守。其餘尚未痊可，若更往返跋涉，未免各犯性命愈加狼狽，相繼死亡，終無解京人犯，抑恐驚搖遠近，變起不測。本職親解

寧王，先已奏聞朝廷，定有起程日期，豈敢久滯因循，不即解獻，違慢疏虞，罪將焉逭?……除將寧王宸濠等，各另差官分押，宮眷婦女，行各將軍府取有內使管伴，俱照舊親自解京外，所有庫藏等項，奉有明旨，自應查盤起解，就請公同三司并各府等官，眼同經自區處。……」

按：是帖作於九月二十六日，則陽明至廣信當在二十五日。

駐草萍驛，有詩感懷。

王陽明全集卷二十書草萍驛二首：「九月獻俘北上，駐草萍，時已暮。忽傳王師已及徐淮，遂乘夜速發。次壁間韵紀之二首。　一戰功成未足奇，親征消息尚堪危。邊烽西北方傳警，民力東南已盡疲。萬里秋風嘶甲馬，千山斜日度旌旗。小臣何爾驅馳急?欲請回鑾罷六師。　千里風塵一劍當，萬山秋色送歸航。堂垂雙白虛頻疏，門已三過有底忙?羽檄西來秋黯黯，關河北望夜蒼蒼。自嗟力盡螳螂臂，此日回天在廟堂。」　寄江西諸士夫：「甲馬驅馳已四年，秋風歸路更茫然。慚無國手醫民病，空有官銜縻俸錢。湖海風塵雖暫息，江湘水旱尚相沿。題詩忽憶并州句，回首江西亦故園。」

過開化，徐公遷來問學，作書贈之。

王陽明全集卷四與安之：「聞安之肯向學，不勝欣願!得奮勵如此，庶不負彼此相愛之情也。留都時偶因饒舌，遂致多口，攻之者環四面。取朱子晚年悔悟之說，集為定論，聊借以解紛耳。門人輩近刻之雩都，初聞甚不喜，然士大夫見之，乃往往遂有開發者，無意中得此一助，亦頗省頰舌之勞。近年篁墩諸公嘗有道一等編，見者先懷黨同伐異之念，故卒不能有入，反激而怒。今但取朱子所自言者表章之，不加一辭，雖有褊心，將無所施其怒矣。尊意以為何如耶?聊往數冊，有志向者一出指示之。所須文字，非不欲承命，荒疏既久，無下筆處耳。……」

按：「安之」即徐公遷，字安之，號可居，開化人。乾隆開化縣志卷八有傳。

十月初，抵錢塘，張永來取囚。九日，將宸濠囚犯付張永，上奏乞留杭州養病。

王陽明全集卷十七案行浙江按察司交割逆犯暫留養病：「……又復扶病日夜前進，行至浙江杭州府地方，前病愈加沉重，不能支持，請醫調治，適遇欽差提督贊畫機密軍務御用太監張（張永）奉命前來江西體勘宸濠等反逆事情，及查理庫藏、宮眷等事，當准鈞帖開稱：『宸濠等親臨地方，覆審明白，具奏軍門定奪」等因……今照前事，本職自度病勢日重，猝未易愈，前進既有不能，退回愈有不可，若再遲延，必成兩誤。除本職暫留當地，請醫調治，俟少稍痊可，一面仍回省城，或仍前進，沿途迎駕，一面具本乞恩養病另行外；所據原解逆犯，合就查明交割，帶回省城，聽候駕臨審處通行。為此仰抄案回司，着落官吏備呈欽差提督軍務贊畫機密軍務御用監太監張，煩請會同監軍御史，公同當省都、布、按三司等官，將見解逆首宸濠及逆黨劉吉等各犯，并宮眷馬匹等項，逐一交查明白，仍請徑自另委相應官員兵快人等管押，帶回省城，從宜審處施行。……」（十月九日）

陳槐聞見漫錄卷上：「（陽明）不允，竟趨浙，而張永已到杭州相邀矣。陽明乃以四委余為去就，偕張永行，而己留於杭。從此張忠、許泰之飛語誣陽明，上達武宗。賴張永數陳誠款，以一家保陽明，且曰：『往年寘鐇反，今年宸濠反，天下王府、將軍、中尉七千餘家，安保無今日事？王守仁一人受誣得罪，他日誰肯向前平亂？』幸上信其言，自後讒謗無從而入也。」

何喬遠名山藏列傳宦者記張永傳：「永至浙江，宣書曰：『上令仗鉞撫臣不得抗禮。』閽中門者累日。守仁一日直入

館中，坐永卧榻上。永驚異之，已聆守仁言議忠慨，且稍持其陰事，壹靡然，顧尚持氣岸曰：『公何為國苦辛如是？盍早投我懷中？』守仁曰：『豈有投人王節使耶？公投我懷中，則可共成國事耳。』永曰：『我固非負國者，公不見我安化事乎？』守仁曰：『公不負國，何為令主上南征？』永曰：『南征何害？』守仁曰：『寧藩圖釁，江左久虛。頃繼以軍興，郊郭數千里間，亡不折骸而炊，易子而食。餘孽竄伏江湖，尚覬時候，王師果南，非值此輩乘間，即百姓不支，且揭竿起矣。』永大悟，則曰：『公所檻與俱來者，不可不歸我。』守仁曰：『我安用此？』則以俘歸永。永至南京，見上俱言守仁忠。」

江盈科集皇明十六種小傳卷三王守仁計破群奸：「先是太監張忠、安邊伯朱泰、左都督朱暉觀上親征，既聞守仁已擒濠，甚不喜，蓋不以其擒叛為功，而以不待上親征輒擒濠為擅。守仁發自南昌，將往金陵，至廣信遇忠等，乃欲使守仁縱宸濠鄱陽中，待上至親擒示武。守仁曰：『一日縱敵，數世之患。誰敢以叛藩戲？』忠等怒。守仁夜渡玉山，遇太監張永於杭州，守仁浮慕永，永喜，仁因語永曰：『仗祖宗之靈，逆藩就縛，忠等猶領軍至彼，恐江西民不堪重毒。足下胡不早赴，稍約束之，其

猶有蘇乎？」永曰：「吾出此，正欲監制群小，使不得肆，如足下言耳。」守仁曰：「足下此時與其赴江西，何不聽守仁以濠相付，借足下詣闕獻俘？忠等聞俘已獻，久駐師無名，將遂班師，則江西之民陰受足下賜多矣。」永深喜，遂從守仁受濠。」

楊一清《司禮太監張公永墓誌銘》：「寧王反江西，都御史王守仁舉義師，生得之，已獻捷矣。江彬、張忠、許泰勸上以六師親征寧王。彬遣忠、泰等自南京遡大江入江西，分命永自浙江入，欲以邀守仁獻俘，令守仁復縱寧王於江西，彬等得更親搏戰而俘之，以為功。且百計毀守仁於上前，謂：『守仁鎮江西，與王有私。』上疑之。守仁俘至浙省，會永遮要之，不得前，且謂：『已禁使御仗鉞，撫臣不得與抗禮。』闔中扉者數日。守仁一旦詣永館，直坐其臥榻，永為奪氣。已而聆守仁言議忠慨，且稍持其陰事，永益靡，然尚持氣岸曰：『公何為國苦辛如是？盍早投向我懷中？』守仁曰：『豈有投人臣節使耶？公投我懷中，則可與共成國事耳。』永因言：『己非負國者，且公不見安化王事耶？』守仁曰：『公非負國，何為令主上南征？』永曰：『南征亦何害？』守仁曰：『自寧藩圖釁，江右為墟。頃又繼以軍興郊郭，數千里間，無不析骸而炊，易子而食者，而餘孽竄伏江湖，尚覬時候。設王師果南，非特此輩得以乘間，即百姓不支，必揭竿而起矣。』永大悟，始許以調劑，則指江上公所檻與俱來者，不可不歸我。守仁曰：『我安用此？』於是以俘歸永。」

何良俊《四友齋叢說》卷二：「王陽明既擒宸濠，因於浙省。時武宗南巡，住驛留都。中官誘其令陽明釋放還江西，以待聖駕親征。差二中貴至浙省諭旨。陽明責中官具狀，中官懼，其事乃寢。陽明自言：『與寧藩戰於鄱陽湖，部署已定。初亦不甚譸張，但罪人既得，而聖駕忽復巡遊。上意叵測，為之目不交睫者數夕。』二中貴至浙省，陽明張讌於鎮海樓。酒半，撤去梯，出書二篋示之，皆此輩交通之跡也，盡數與之。二中貴感謝不已。返南都，力保陽明無他，遂免於禍。若陽明持此挾之，則禍將不測。」

錢德洪《陽明先生年譜》：「……張永候於杭，先生見永謂曰：『江西之民，久遭濠毒，今經大亂，繼以旱災，又供京邊軍餉，困苦既極，必逃聚山谷為亂。昔助濠尚為脅從，今為窮迫所激，奸黨群起，天下遂成土崩之勢。至是興兵定亂，不亦難乎？』永深然之，乃徐曰：『吾之此出，為群小在君側，欲調護左右，以默輔聖躬，非為掩功來也。但皇上順其意而行，猶可挽回，萬一若逆其意，徒激群小之怒，無救於天下大計矣。」於是先生信其無他，以濠付之，稱病西湖淨慈寺。武宗嘗以威武大將軍牌遣錦衣千户追取宸濠，先生不肯出迎。三司苦勸，先生曰：「人子於父母亂命，若可告語，當涕泣以從，忍從諛乎？」不得已，令參隨負敕同迎以入。有司問勞錦衣禮，先生曰：「止可五金。」錦衣怒不納。次日來辭，先生執其手曰：「我在正德間下錦衣獄甚久，未見輕財重義有如公者。昨薄物出區區意，只求備禮。聞公不納，令我惶愧。我無他長，止善作文字。他日當為表章，令錦衣知

第1518頁

有公也。」於是復再拜以謝。其人竟不能出他語而別。」

按：諸家之說各異，惟陳槐、張永最得其實（皆當事人）。錢德洪所敘尤混亂顛倒，疑點多多。如陽明十月在杭事，錢氏卻放在九月中敘述。陽明對張永謂「又供京邊軍餉，困苦既極」，按其時武宗尚遠在山東臨清，京邊軍亦未到江西，何來「又供京邊軍餉，困苦既極」之事？陽明又謂「奸黨群起，天下遂成土崩之勢」云云，陽明面對張永豈敢作如是之語？凡此顯皆錢德洪所虛造誇飾之辭。更甚者，錢氏所言錦衣千户追取宸濠事，即指九月張忠遣人來廣信追取宸濠事，錢氏竟放在十月陽明在杭州時敘述，尤誤。錢氏謂「先生不肯出迎。三司苦勸」，

按陽明在廣信，惟陳槐在側，如何能有「三司苦勸」？此尤不可思議者。如此戲侮武宗所遣錦衣千户事，以陽明之性格與當時之處境，亦斷不可能發生，恐係錢氏得自誤聞也。

養病西湖淨慈寺，有詩咏懷，閉門待命。與諸生再發「良知」之教。

王陽明全集卷二十宿淨寺四首：「老屋深松覆古藤，羈棲猶記昔年曾。棋聲竹裏消閑晝，藥裏窗前對病僧。煙艇避人長曉出，高峰望遠亦時登。而今更是多牽繫，欲似當年又不能。

常苦人間不盡愁，每拚須是入山休。若為此夜山中宿，猶自中宵煎百憂。百戰西江方底定，六飛南向尚淹留。何人真有回天力，諸老能無取日謀

第1519頁

？

百戰歸來一病身，可看時事更愁人。道人莫問行藏計，已買桃花洞裏春。

山僧對我笑，長見說歸山。如何十年別，依舊不曾閑？」

歸興：「一絲無補聖明朝，兩鬢徒看長二毛。自識淮陰非國士，由來康節是人豪。時方多難容安枕？事已無能欲善刀。越水東頭尋舊隱，白雲茅屋數峰高。」

王畿集卷十三讀先師再報海日翁吉安起兵書序：「師既獻俘，閉門待命。一日，召諸生入講曰：『我自用兵以來，致知格物之功愈覺精透。』眾謂兵革浩穰，日給不暇，或以為迂。師曰：『致知在於格物，正是對境應感實用力處

。平時執持怠緩，無甚查考；及其軍旅酬酢，呼吸存亡，宗社安危所係，全體精神只從一念入微處自照自察，一些著不得防檢，一毫容不得放縱。勿助勿忘，觸機神應，是乃良知妙用，以順萬物之自然，而我無與焉。夫人心本神，本自變動周流，本能開物成務，所以蔽累之者，只是利害毀譽兩端。世人利害不過一家得喪爾已，毀譽不過一身榮辱爾已。今之利害毀譽兩端，乃是滅三族，助逆謀反，係天下安危。只如人疑我與寧王同謀，機少不密，若有一毫激作之心，此身已成虀粉，何待今日？動少不慎，若有一毫假借之心，萬事已成瓦裂，何

第1520-1頁

有今日？此等苦心，只好自知。譬之真金之遇烈焰，愈鍛煉愈發光輝。此處致得，方是真知；此處格得，方是真物。非見解意識所能及也。自經此大利害、大毀譽過來，一切得喪榮辱，真如飄風之過耳，奚足以動吾一念？今日雖成此事功，亦不過一時良知之應跡，過眼便為浮雲，已忘之矣！」夫死天下事易，成天下事難；成天下事易，能不有其功難；不有其功易，能忘其功難。此千古聖學真血脈路，吾師一生任道之苦心也。」

按：此王畿所記，亦是陽明是年悟良知學之明證也。

長洲皇甫涍有書來，勸陽明飄然遠逝，優游陽明山下。

皇甫涍皇甫少玄外集卷十寄陽明先生書：「往歲伏拜階墀，與聞訓示，援之於迷昧之域，而納之於高明之塗，磨礪奮發，不忘淵水之念。沖涍雖以凉譾獲謗，今之縉紳先生多矣，嘉善者尚鮮其人。況於不能而矜之，豈非望一二於千萬耶？若公之於沖涍，真可謂矜而惜之者。夫以不能之人，猶望以君子之道，此公之大心宏度，出於尋常萬萬也。屬者豫章之變，我國有疵，沖涍方以公在，必將任天下之大難，而天下賴以無事。秋間勉遊白下，果識訏謨，威稜忠節，赫然遍著天下，曉然知明體適用之學，於吾道光顯矣。沖涍瞻想之餘，復睹勳名之盛，踴躍當如何耶！北來旄鉞勢必趨功，此在成算，必有

第1520-2頁

所處。然沖涍嘗靜而籌天下之事，公今日所宜為，惟兩端而已：挾權斂重，潛折姦萌，公果能之否乎？誠不如飄然長逝，優游陽明山之下，可以出，可以處，蓄德而服萬民，愛己以為天下。粵稽先哲，此甚彰明者也。不然，亦宜大僚屬之功名，安近倖之反側，亦不得已之意，積不可欺之誠，公之方略，亦豈掩於天下後世也哉！若夫推祖宗之威靈，彰朝廷之榮華，瑣瑣於言辭禮貌之間，此固虛文常事，豈足道耶？前日彭太保忠毅太過，自蹈危幾，天下至今痛之，公之所知也。非仁無以立業，非智無以居功。沖涍知公之，又嘗讀公之疏，固無待

於喋喋者，陳問之際，不覺及此。狂冒悚仄，惟憐而宥之，不勝幸願。」

按：皇甫涍字子安，長洲人。嘉靖壬辰進士，除工部主事。官至浙江按察司僉事。明史文苑傳有傳。萬曆長洲縣志卷十四人物：「皇甫涍，字子安。韶秀異常，少遂有名世之志，摛詞發藻，迥出流輩。作續高士傳以著志，為文必古人為師，詩尤沉蔚偉麗。弟濂，字子約，玩弄爵服，厭棄簿書，戒閽者勿妄通賓，惟高僧大士，時獲瞻晤，郡庭邑室絕迹罕臻。其為詩興到斯成，曾無造次應酬之語。又琴德最優，多自

第1520-3页

為之操。」觀皇甫涍此書，可見皇甫涍實亦為陽明弟子，所謂「往歲伏拜階墀，與聞訓示」，當是指正德十一年十月陽明歸省回越經長洲時，皇甫涍來見受教。皇甫涍作此書時，年方二十三歲，而來見陽明受教時年僅二十，故書中自稱「沖涍」。蓋皇甫涍平時常往來於南京、長洲之間，正德十四年秋間其又入南京，遂得知陽明將來行在與行在權奸迫害陽明之謀，故寫此書以告。可知此書約作在冬十月間。「彭太保」即彭澤，其在正德十二年因平亂得罪權奸錢寧，吐魯番始和復叛，幾遭殺身之禍，後罷歸廢居，與陽明遭際相類，故皇

甫涍引以為誡也。

十月中旬，發杭州，迎駕赴行在（南都）。

按：陽明自十月赴行在至十二月回南昌，此一段重要曲折經歷向來不明，錢德洪陽明先生年譜祇云：「十一月，返江西。先生稱病，欲堅卧不出。聞武宗南巡已至維揚，群姦在側，人情洶洶。不得已，從京口將徑趨行在。大學士楊一清固止之。會奉旨兼巡撫江西，遂從湖口還。」其叙述混亂，舛誤尤甚。如陽明十月中旬赴行在，錢氏以為在十一月。武宗乃十二月初一方至維揚，陽明如何能十月「聞武宗南巡已至維揚」？陽明

第1521-1页

八月十六日奉敕兼江西巡撫（見前），何來十一月「會奉旨兼巡撫江西」？今按：陽明案行浙江按察司交割逆犯暫留養病明云：「俟稍痊可，一面仍回省城，或仍前進，沿途迎駕」。可見陽明留杭州本只是暫時養病，故其很快決定「仍前進，沿途迎駕」，北赴行在面見武宗。此「行在」指金陵（南都），錢德洪謂維揚亦誤。蓋金陵（南都）為武宗南征之最終一站，因武宗尚未到南都，故張永取宸濠囚犯後

第1521-2頁

實械送回南昌，以待武宗親自來「御擒」。陽明之急於赴行在，蓋因其時群奸在帝側，誣謗其與宸濠私通，有擁兵造反之心，一時處境凶險，唯有赴行在見武宗面陳實情，才能消弭誣謗，脫卻陷害。實際武宗其時尚在臨清，但南京必至，陽明祇恐錯過相見時機，故先赴行在以待帝駕，此即陽明「迎駕」之真意也。陽明離杭赴行在之時間，按王陽明全集卷二十「泊金山寺二首」下注云：「十月，將趨行在。」可見陽明乃在十月赴行在，以其十月下旬已至無錫、鎮江（見下）考之，陽明當是在十月中旬赴行在。

至蘇州，訪南濠都穆。

九朝談纂：「熊元祿者，南昌之罷吏也。出入寧府，為庶人宸濠腹心。宸濠敗，竄其第三子逃匿之山中。已而陽明王公追之急，乃捉身出。公拷問幼子所在，答曰：『王先生不必多言，程嬰、公孫杵臼事，在古已有。王子誠吾匿，然有死而已，不能吾告也。』唱乞就死。公揮手斬之，曰：『以成壯士之明。』陽明過吳，親為外舅都公言之。（冶城客論）」

至無錫，訪補庵華雲山莊，為華雲所藏唐寅畫題字，為唐寅山靜日長圖書玉露文，為門人華夏祖母錢碩人作壽序。

陽明題唐子畏畫：「唐子畏為畫中神品，其雲林、木石、峽谷、人物，無一筆非古人，而純以胸中一派天趣寫之，故寸幅片楮，皆為當代什襲。斯卷為子畏得意之筆，具眼者自然鑒諸。陽明山人。」（此畫題在「二〇一三年嘉德四季第三十六期拍賣會」（中國嘉德拍賣有限公司）上出現，並在「雅昌藝術拍賣網」上公布）

按：此畫題紙本，草書，有「三槐堂圖書記」、「楊氏倩若珍藏」、「錫山華氏補庵家藏」諸藏印。今以「錫山華氏補庵家藏」考之：「華氏補庵」即華雲，陽明弟子。明清進士錄：「華雲，嘉靖二十年三甲一百八十名進士。江蘇無錫人，字從龍，號補庵。少師事邵寶，又出王守仁之門。性豪

第1522頁

變，喜接引人才。官至刑部郎中。嚴嵩用事，遂乞休。工文辭，築真休園，藏法書名畫甚富。有錫山先哲錄。」可見陽明此畫題當是從華雲真休園流出。華雲來從陽明問學，約在正德九年至十一年陽明在南都任職時。陽明正德十四年十月過無錫，為唐寅山靜日長圖題玉露文，圖亦押「錫山華氏補庵家藏」，可見陽明此畫題當作在同時。詳下考。

陽明題唐子畏山靜日長圖玉露文：「唐子西云：『山靜似太古，日長如小年。』余家深山之中，每春夏之交，蒼蘚盈階，落花滿徑，門無剝啄。松影參差，禽聲上下。午睡初足，旋汲山泉，拾松枝，煮苦茗啜之。隨意讀周易、國風、左氏傳、離騷、太史公及陶、杜、韓、蘇文數篇。從容步山徑，撫松竹，與麛犢共偃息於長林平草間，坐弄流泉，漱齒濯足。既歸，竹窗下，則山妻稚子作筍蕨，續供麥飯，欣然一飽。弄筆窗間，隨大小作數十字，展所藏法帖墨迹畫卷，縱觀之。興到，則吟小詩，或草玉露一兩段，再烹苦茗一杯。出步溪上，邂逅園翁溪友，問桑麻，說秔稻，量晴較雨，探節數時，相與劇談一晌。歸而倚杖柴門之下，則夕陽在山，紫綠萬狀，變幻頃刻，恍可入目。牛背笛聲，兩兩來歸，而月印前溪矣。味子西此句，可謂妙絕。人能真知此妙，則東坡所謂『無事此靜坐，一日如兩日。若活七十年，便是百四十』，所得不已多乎？正德己卯冬日，陽明山人王守仁書。」（美國芝加哥大學出版唐寅畫冊）

按：此唐寅畫後有補庵華雲跋云：「中秋涼霽，偶邀唐子畏先生過劍光閣玩月，詩酒盤桓將浹旬。案上適有玉露「山靜日長」一則，因請子畏約略其景，為十二幅，寄興點染，三閱月始畢。而王伯安先生來訪山莊，一見嘆賞，乃復慫恿伯安為書其文，竟蒙慨許，即歸舟中書寄，作竟日書。急裝潢成帙，時出把玩。夫子畏得輞川之奧妙，而伯安行書磊砢有奇氣，況二公人品才地，皆天下士也，一旦得成合璧，豈非子孫世世什襲之寶耶？是歲嘉平月十日，補庵居士識。」（墨緣彙觀錄卷三）前考補庵居士即華雲，字從龍，無錫人，陽明弟子。王慎中南京刑部郎中補庵華君雲壙志：「……既長，師事二泉公，又及陽明先生之門，與海內賢士大夫遊，如台一所塗公貴亨、容庵應公大猷、吾閩鍾陽馬公森特為至交。」（國朝獻徵錄卷四十九）按古人所謂「三閱月」，是指連頭帶尾三月，不是指過三個月。唐寅八月中秋來劍光閣作畫，經九月至十月成，是所謂「三閱月」。可見陽明來訪劍光閣在十月中下旬間。

豐坊真賞齋賦卷上：「錢碩人備德以相其夫，則王特、吳文端、文衡山之筆有徵。特進光祿大夫、新建伯陽明王

第1523页

第1524页

公序曰：『懿恭之行，柔嘉之德，母儀父執，無所不具。
雖紀傳所載，亦無以加。』少保尚書、白樓吳公碣銘曰：
『錢出吳越忠獻王之後，累傳至章靖府君，卓犖多奇節，
鄉人稱為希翁先生。』碩人歸南坡翁，時有題畫小詩貽之
，後二泉邵公題云：『吾契友希翁先生，文辭追古人，而
行誼過今人遠甚。此其季女，歸華君汝平而貽之者也。
於是錢年七十有一矣。而翁所寄詩片紙猶在匳几間，
內德之存於是乎在。』文待詔志云：『碩人仁明娟好，慧而
不煩。值華中衰，汝平方刻意振植，日出應門戶之內事，
咸碩人持之，卒起其家。孝事姑舅尤嚴，賓祭不喜侫佛
，而樂恤匱窮，老而勤儉不怠，陽明之稱信矣。』」
按：「希翁先生」即錢文，字章靖，號希翁、希齋、鶴叟，無錫
人。見錫山歷朝名賢著述書目考略。錢碩人乃其季女，歸
南坡華汝平。豐坊於「東沙之子先妣呂，亦有衡翁之華志
矣」下又云：「東沙子夏，字曰中甫。中甫乃南坡之孫，而小山翁
欽之長子，幼鞠於祖母錢碩人。錢卒，終身慕之。李文正為
篆題。東沙遊王陽明、喬白巖之門，而海內名公若邵二泉、
呂涇野、都南濠、王南原、陳石亭、蔡林屋、文衡山、鄭東廓
、高公沈、林志道、黃勉之尤相善。」東沙子即華夏，字中甫，
號真賞齋、東沙居士，華汝平之孫。見無錫金匱縣志。豐

第1525页

坊真賞齋賦即為其作。華夏為陽明弟子，與華雲同。
疑兩人為無錫華氏宗親，故陽明來無錫訪華雲，華夏
亦得來請陽明作壽序也。
至鎮江，泊金山寺，有詩咏懷。
王陽明全集卷二十泊金山寺二首：「但過金山便一登，鳴
鐘出迓每勞僧。雲濤石壁深龍出，風雨樓臺迥佛燈。難
後詩懷全欲減，酒邊孤興尚堪憑。巖梯未用妨苔滑，曾
踏天峰雪棧冰。
醉入江風酒易醒，片帆西去雨冥冥
。天迴江漢留孤柱，地缺東南著此亭。沙渚亂更新世態
，峰巒不改舊時青。舟人指點龍王廟，欲話前朝不忍聽
」。
舟夜：「隨處看山一葉舟，夜深霜月亦兼愁。翠華
此際遊何地？畫角中宵起戍樓。甲馬尚屯淮海北，旌旗
初散楚江頭。洪濤滾滾乘風勢，容易開帆不易收。」
游金山寺，見佛印三酸圖，作書三酸，諷東坡之好佛道。
王陽明全集卷二十八書三酸：「人言鼻吸五斗醋，方可作
宰相。東坡平生自謂放達，然一滴入口，便爾閉目攢眉
，宜其不見容於時也。偶披此圖，書此發一笑。」
按：金山寺有三酸圖，為金山寺住持佛印所作。傳北
宋時佛印邀蘇東坡、黃山谷品嘗桃花醋，三人品嘗後
表情各異，時人稱為「三酸」。佛印作三酸圖，三酸圖中

第1526页

三位大家品醋引申為儒、佛、道三家之人生觀：儒家認為醋是酸味，佛家認為醋是苦味，道家認為醋是甜味。陽明云「宜其不見容於時也」，蓋亦有自況意矣。

訪楊一清待隱園，有詩唱酬。

王陽明全集卷二十楊邃庵待隱園次韻五首：「嘉園名待隱，專待主人歸。此日真歸隱，名園竟不違。巖花如共語，山石故相依。朝市都忘卻，無勞更掩扉。　大隱真廛市，名園陋給孤。留侯先謝病，范老竟歸湖。種竹非醫俗，移山不是愚。（是日公方修山石）對時存變理，經濟自成謨。　綠野春深地，山陰夜靜時。冰霜緣徑滑，雲石向人危。平難心仍在，扶顛力未衰。江湖兵甲滿，吟罷有餘思。　茲園聞已久，今變始來窺。市裏煙霞靜，壺中結構奇。勝遊須繼日，虛席亦多時。莫道東山僻，蒼生或未知。　芳園待公隱，屯世待公亨。花竹深臺樹，風塵暗甲兵。一身良得計，四海未忘情。語及艱難際，停杯淚欲傾。」

第1527頁

楊一清石淙詩稿卷十四得王陽明詩依韻寄答：「聞變皤然作，親提一旅孤。欃槍浮太白，氛祲暗重湖。慷慨平原義，周旋寧武愚。成功何易易，帷幄妙訏謨。　冰霜為別日，轉眼又春歸。許國身方健，除凶願不違。寒暄今契闊，道誼昔因依。抱膝渾無語，陰雲暝夜扉。　戎馬艱關際，風塵澒洞時。心懸社稷，身心繫安危。功大翻招忌，愁多恐易衰。馮唐年未老，終動漢皇思。　多士從河飲，俗儒徒管窺。平生抱經濟，應變蓋權奇。風雨孤燈夜，鶯花漫興時。彩雲何處扎，聊得慰相知。　歷盡風波險，履此陽道亨。通儒自適用，大勇不須兵。急雨驚春夢，停雲繫遠情。中泠有玄酒，相見為公傾。」

按：陽明詩稱「次韻」，楊一清原作待隱園詩今佚。此五首詩稱「寄答」，據詩中云「冰霜為別日，轉眼又春歸」，則作於正德十四年十二月末寄答，「冰雪為別日」即指正德十四年十一月兩人相別也。按楊一清乃在正德十四年八月致仕，歸居待隱園，國榷卷五十：「正德十四年八月甲子，少傅兼太子太傅、吏部尚書、武英殿大學士楊一清致仕。一清始善朱寧，或摘一清疏『讒言可以惑聖聽，匹夫可以搖國是』，為寧也，寧銜之，遂引去。」待隱園在鎮江丁卯橋楊一清別墅石淙精舍內。

第1528頁

十一月上旬，江彬遣中貴至鎮江，阻止入行在見武宗，遂由鎮江經湖口返南昌。

歐陽德集卷二寄王龍溪書二：「江西之變，獻俘北上……為社稷計，逆知上意必怒，諸姦黨必讒，而不暇顧也。親行以當之，又先題知以杜諸姦之口，中間遣回旗牌，不奉大將軍鈞帖，皆有曲折。得宸濠賂饋要津簿籍，立命焚之。江彬欲假此有所羅織，以大將軍牌遣中貴數十輩來詰，遇諸鎮江，氣勢洶洶。諭以禍福，曉之義理，其人羅拜而去。竟以此為諸姦所沮，不得見上。初欲乘機遘會，撥亂反正，竟亦不得行矣。」

按：歐陽德之說，全面揭開陽明何以要赴行在見帝及何以未能入行在見帝之秘密，蓋其未能入行在而歸南昌，亦出於江彬諸奸之阻撓也。因其時武宗已至徐州，張永亦已因宸濠送至南昌，諸奸最忌此時陽明入行在也。錢德洪陽明先生年譜謂：「從京口將趨行在，大學士楊一清固止之。會奉旨兼巡撫江西，遂從湖口還。」謂楊一清勸阻進行在，或有其事，謂其奉旨巡撫江西而回南昌則非，蓋皆未指明陽明未能入行在而回南昌之真正原因也。

經彭澤，登小孤山，有詩題壁。郭弘化來問學。

王陽明全集卷二十登小孤書壁：「人言小孤殊阻絕，從來

第1529頁

可望不可攀。上有顛崖勢欲墮，下有劍石交巉頑。峽風閃壁船難進，洪濤怒撞蛟龍關。帆檣摧縮不敢越，往往退次依前山。崖傍沙岸日東徙，忽成巨浸通西灣。帝心似憫舟楫苦，神斧夜闢無痕斑。風雷倏翕見萬怪，人謀不得容其間。我來銳意欲一往，小舟微服沿回瀾。側身脇息仰天竇，懸空絕棧蛛絲慳。滑丹梯足力孱。青靄吹雨出仍沒，白鳥避客來復還。峰頭四顧盡落日，宛然風景如瀛寰。煙霞未覺三山遠，塵土聊乘半日間。奇觀江海詎為險？世情平地猶多艱。嗚呼！世情平地猶多艱，回瞻北極雙淚潸！」

鄒守益集卷二十二明故文林郎監察御史松厓郭公墓志銘：「君諱弘化，字子弼，松厓其別號。……正德庚午，領鄉薦……比三上禮闈不售，愈沉酣經史，著易直解示同游，陶鑄不懈。若進士王良卿、僉憲歐陽瑜、縣尹歐陽燭、掌教楊宗甫，皆有立。彭澤方氏迎以迪其家，作學規勗來者。邑令聞之，率庠士聽講，自是甲科相繼……君館彭澤時，獲謁陽明先師，聞養心之學。比歸田，與四方豪傑切砥。……」

按：郭弘化館於彭澤方氏之家任子弟師在正德十三年至十六年間。羅洪先集卷十九前文林郎貴州道監察御史松厓郭公墓表亦

第1530頁

云：「安福松厓郭公子弼……」舊從王陽明先生遊，聞良知之說，既以自淑淑人，且試之政。比移居邑城，數數與祭酒東廓鄒公輩往來青原、復古，相資切劘。……」郭弘化遂在嘉靖二年中進士，明清進士錄：「郭弘化，嘉靖二年三甲二百一十名進士。江西安福人，字子弼，號松厓。知江陵縣。征授御史，因見彗星，請停罷廣東採珠，忤旨，黜為民。卒於家。」

經湖口，登石鐘山，次邵寶石鐘山詩韻。

陽明獻俘南都回還登石鐘山次深字韻：「我來扣石鐘，洞野鈞天深。荷簣山前過，識予尚有心。」（李成謀石鐘山志卷十三，陽明文集失載）

第1531頁

按：同治湖口縣志卷一：「王守仁……登石鐘山，次邵文莊深字賦，詩鐫於白雲洞。」「石鐘山，上鐘即湖山西盡處，在治前南；下鐘即縣基山盡處，在治前北。兩巖相對，壁立數百仞，邑八景之一。」石鐘山志與湖口縣志於陽明詩下均錄有邵寶上鐘石几：「有石平堪隱，南溟一望深。萬峰青不了，一一點湖心。」又錄有林潤石鐘山次深字韻：「扣石松林靜，淵然江漢深。閑情聊自適，千載有知心。」按邵寶弘治十四年六月嘗視學往南康白鹿書院，至九江謁周濂溪墓，其上鐘石几即作在此時。石鐘山志卷五：「邵寶：……弘治七年（按：當作十四年）提學江西，釋菜周元公祠，

修白鹿書院學舍。宸濠索詩文，峻却之。過湖口，登上鐘山，愛其石五種，各以其形名之石几、石屏，有詩。」

經南康，過鞋山，望廬山，有詩詠。

王陽明全集卷二十過鞋山戲題：「曾駕雙虬渡海東，青鞋失腳墮天風。經過已是千年後，踪跡依然一夢中。屈子漫勞傷世隘，楊朱空自泣途窮。正須坐我匡廬頂，濯足寒濤步曉空。」

按：鞋山在南康。郭子章豫章詩話卷六：「鞋山，在南康府北六十里。獨立湖中，其形如鞋……陽明先生過鞋山，戲題詩。」

同上，望廬山：「盡說廬山若個奇，當時圖畫亦堪疑。九江風浪非前日，五老煙雲豈定期？眼慣不妨層壁險，足跗須著短笻隨。香爐瀑布微如綫，欲決天河瀉上池。」

第1532頁

十一月中旬，還至南昌。張忠、許泰已領京邊軍先至，縱軍騷擾。陽明發布告諭軍民文，撫軍備至。

國榷卷五十一：「……張忠、朱泰、朱暉先由大江趨南昌，蒐餘黨，民間騷然。聞守仁趨杭州，大沮，屢譖於上，幸永力為解。忠等銜守仁不我待，縱所部凌守仁，或指詈之。守仁日撫慰，不能有所加，留數旬而還。」

按：張忠、許泰在冬至（十一月二十二日）後班師，以「數旬而返」算之，則張忠、許泰領京邊軍至南昌約在十月中。鄧廷采明儒王子陽明先生傳謂「京邊軍萬餘駐省城五閱月」，乃誤。

明史卷三百〇七許泰傳：「宸濠反，帝以泰為威武副將軍，偕中官張忠率禁軍先往。宸濠已為王守仁所擒，泰欲攘其功，疾馳至南昌，窮搜逆黨，士民被誣陷者不可勝

計。誅求刑戮，甚於宸濠之亂。嫉守仁功，排擠之百方。執伍文定，窘辱備至。居久之，始旋師。」

明史卷二百伍文定傳：「擢江西按察使。張忠、許泰至南昌，欲冒其功，而守仁已俘獲宸濠赴浙江。忠等失望，大恨。文定出謁，遂縛之。文定罵曰：『吾不恤九族，為國家平大賊，何罪？汝天子腹心，屈辱忠義，為逆賊報仇，法當斬！』忠益怒，椎文定仆地。文定求解任，不報。……世宗嗣位，上忠等罪狀，且曰：『曩忠、泰與劉暉至江西，忠自稱「天子弟」，暉稱「天子兒」，泰稱「威武副將軍」，與天子同僚。折辱命史，誣害良民，需求萬端，漁獵盈百萬。致餓殍遍野，盜賊縱橫。雖寸斬三人，不足謝江西百姓……請發宸濠資產，還之江西，以資經費；矜釋忠、泰所陷無辜及寧府宗人不預謀者，以清冤獄。……』」

明史卷一百九十五王守仁傳：「聞巡撫江西命，乃還南昌。忠、泰已先至，恨失宸濠。故縱京軍犯守仁，或呼名嫚罵。守仁不為動，撫之愈厚。病予藥，死予棺，遭喪於道，必停車慰問良久始去。京軍謂王都堂愛我，無復犯者。忠、泰言：『寧府富厚甲天下，今所蓄安在？』守仁曰：『宸濠異時盡以輸京師要人，約內應，籍可按也。』忠、泰故嘗納宸濠賄者，氣懾不敢復言。」

錢德洪陽明先生年譜：「忠等方挾宸濠搜羅百出，軍馬屯聚，糜費不堪。續（給事中祝續）、綸（御史章綸）等望風附會，肆為飛語，時論不平。先生既還南昌，北軍肆坐慢罵，或故衝導起釁。先生一不為動，務待以禮。豫令巡捕官諭市人移家於鄉，而以老羸應門。始欲犒賞北軍，泰等預禁之，令勿受。乃傳示內外，諭北軍離家苦楚，居民當敦主客禮。每出，遇北軍喪，必停車問故，厚與之櫬，嗟嘆乃去。久之，北軍咸服。」

王陽明全集卷十七告諭軍民：「……今京邊官軍，驅馳道路，萬里遠來，皆無非為朝廷之事，拋父母，棄妻子，被風霜，冒寒暑，顛頓道路，經年不得一顧其家，其為疾苦，殆有不忍言者，豈其心之樂居於此哉？況南方卑濕之地，尤非北人所宜，今春氣漸動，瘴疫將興，久客思歸，情懷益有不堪。爾等居民，念自己不得安寧之苦，即須念諸官軍久離鄉土，拋棄家室之苦，務敦主客之情，勿懷怨恨之意，亮事寧之後凡遭兵困之民，朝廷必有優恤。今軍馬塞城，有司供應，日不暇給，一應爭鬥等項詞訟，俱宜含忍止息，勿輒告擾，各安爾命，寧奈爾心。……」

按：此文即錢德洪所云「傳示內外」之諭告文。此文題下注「十二月十五日」作，乃誤。按張忠、許泰於十一月二十二日冬至後即率京邊軍班師而去，故此「十二月十五日」當是十一月十五日之誤。

谷平李中赴廣東按察司僉事任，有書來告。

谷平先生文集卷三奉陽明王先生：「九月初旬前聞先生遠行，中發書約王宜學同來拜送。宜學復書云：『昨郭守衡過家，云先生行期難擬。』是月十有二日，知不可及，徒切悵望。自後，比來消息莫得其的。十一月十一日，中携子入廣，至吉安城下，會南安洪太守，適其府劉秀才自浙來，口傳時事，頗信其一二。噫！世道如此，尚忍言哉！喜聞先生養病西湖寺中，可謂善通其變。先儒云：『不哭底孩兒誰抱？』不得善，抱哭底孩兒善之善也。偶里婣某來，便匆遽中敬附此，以申問安之忱。惟為道珍重，不宣。」

十一月二十二冬至，發布濟幽榜文，令全城舉奠祀亡。與張忠、許泰較射於教場中，三箭三中，張忠、許泰大懼，遂罷兵班師。

大儒學粹卷九陽明王先生：「先生既還南昌，北軍肆坐曉夜，呼名慢罵，或故衝道起釁，先生一不為動，務待以禮，豫令巡捕官諭示人移家於鄉，而以老羸應門。冬至將近，務奠如禮。始欲犒賞北軍，泰等預禁之，令勿受

。乃傳示內外，述北軍離家苦楚，居民當敦主客禮。每出，遇北軍喪，必停車問故，厚與之櫬，嗟嘆乃去。久之，北軍咸曰：『王都堂待我有禮，我安得犯之？』會冬至，又新經濠亂，家家上坟，哭亡酹酒，聲聞不絕，北軍無不思家，泣下求歸。先生度其無可為，然後出見。忠軍、彬、泰、彬軍輩設席於傍，欲令先生坐其側，先生乃佯為不知。先生上席，令轉傍席於下，請彼自坐。彼乃出語誚先生，先生以常行交際事體諭之，左右皆為先生解，遂無言。蓋先生非爭一坐，恐一受其節制，則大事已去，皆將聽彼。先生與忠等語，不稍狥，漸已知畏。忠、泰自居所長，較射校場中，對的，莫上一矢，戲以相強，意必大屈。先生不得已，勉應之，忠、泰含笑相隨，連三發三中，每一中，北軍在傍同聲喝彩，遠近嘖嘖。忠、泰大不樂而罷，且曰：『我軍皆附於彼，奈何？』遂班師。乃訪先生所原宥如婁氏家屬之類，悉擒殺以為功。又逮捕冀元亨，誣以同反，遂引兵至南京。」

按：關於陽明教場三射三中事，只載錢德洪陽明先生年譜，大儒學粹承其說。然當時親在南昌之鄒守益作王陽明先生圖譜，不載其事。又徐開任作明臣言行錄，詳叙陽明在南昌行事，也不載其事。以當時冬至全

城舉哀，哭奠亡靈之時，忽於教場比試射箭，亦不合情理。故湛甘泉陽明先生墓志銘、黃綰陽明先生行狀均不載其事，蓋非無因也。又張、許班師亦非因陽明三發三中大懼而去，而實是率軍赴南都，乞武宗遣錦衣衛去捉拿陽明，詳見楊一清張公永墓志銘。

徐開任明臣言行録卷五十王守仁：「適冬至，城中民罹干戈，骸骨有葬者，有存者。公令部陰諭居民曰：『此節氣各宜致齋祀亡者，與盡哀，否者以不孝論。』於是一日夜城中招魂，哭慟酸楚。北軍聞之，盡起故鄉之思。忠等見軍士不肯辱公，又思歸，遂班師。」

明史卷一百九十五王守仁傳：「已，輕守仁文士，强之射。徐起，三發三中。京軍皆歡呼，忠、泰益沮。會冬至，守仁命居民巷祭，已，上塚哭。時新喪亂，悲號震野。京軍離家久，聞之無不泣下思歸者。忠、泰不得已班師。」

錢德洪陽明先生年譜：「會冬至節近，預令城市舉奠。時新經濠亂，哭亡酹酒者聲聞不絕。北軍無不思家，泣下求歸。先生與忠等語，不稍徇，漸已知畏。忠、泰自居所長，與先生較射於教場中，意先生必大屈。先生勉應之，三發三中，每一中，北軍在傍哄然，舉手嘖嘖。忠、泰大懼曰：『我軍皆附王都耶！』遂班師。」

第1538頁

陽明罷兵濟幽榜文：「伏以乾坤世界，滄海桑田，一日十二百刻時，自古有生有死；百年三萬六千日，幾多胡作胡為。論眼前誰不利己損人，於世上孰肯立綱陳紀？臣弑君，子弑父，轉眼無情者多；富欺貧，强欺弱，經官動府者衆。以身亡桎梏，而以命墮黃泉，故知君子小人，歷年有幾；蓋為亂臣賊子，何代無之？往者難追，近者當籤。若寧王做場說話，幸示我輩磊個根源。只圖帝王高榮，不顧王基敗壞。陷若干良善紅樓富家女，何曾得見畫眉白面少年兒？未必肯為短命鬼，往往叫冤叫屈，縈縈無依無倚。三歲孩童哭斷肝腸，難尋父母；千金財主創成家業，化為灰塵。侯門宰相也悽惶，柳巷花街渾冷落。浮生若大夢，看來何用苦奔忙；世事如浮雲，得過何須儘計較？難免無鑒察，何容罪孽可逃？木有根，水有源，誰念門中之宗主；陽為神，陰為鬼，孰憐境上之孤魂？三年兩不收，傾溝壑豈無餓殍；十去九不回，溺江湖亦有英雄。並山川草木之精靈，及貧窮鰥寡之孤獨，愴惶悽慘，寂寞蕭條。幾個黃昏幾個夜，吊祭有誰；一番風雨一番沙，超生無路。幸齋官建壇而修水陸，為汝等施惠而修齋，因重上君子堂，即請朝於我佛，便是神仙境，何須更問妙嚴宮。一段因緣，無邊光

第1539頁

景。」（今存王守仁罷兵濟幽榜文等抄稿本，由「孔夫子舊書網」上網公布，陽明文集失載）

按：此文即陽明於冬至節城市舉奠祀亡發布之告諭榜文，其意非唯在「濟幽」，更在促成「罷兵」（班師）。陽明尤喜作此類「為政」世俗告諭文（集中告諭文甚多），如其告諭浰頭巢賊（王陽明全集卷十六），其風格文筆即與此罷兵濟幽榜文全同。

王陽明全集卷二十舟中至日：「歲寒猶嘆滯江濱，漸喜陽回大地春。未有一絲添袞繡，謾提三尺淨風塵。丹心倍覺年來苦，白髮從教鏡裏新。若待完名始歸隱，桃花笑殺武陵人。」

是月，孫堪信至，論朱子晚年定論，蓋針對朱陸異同論戰而發也。

孫孝子文集卷十答王陽明先生書：「承惠朱子晚年定論。先生拔本塞源，蓋欲人及知朱子之所以為朱子，則凡俗儒狃於習聞之舊，反之茫無所據，而亦附倡異議，曰吾朱子之言謂何謂何云者，將倀然不知自失所以爭，而初學得此，亦或有所能疑而思問者矣。嘉惠天下，甚盛心也！堪嘗竊聞先生答柴墟諸公朱陸同異之辯，既幸□而窺測□□，今益足徵，所聞□不我誣也。然此自是朱子目擊末流之弊，而痛事防救之言。先生於衆所共覩之中，條摘而表章之，後學之所矜式，聖道之所明晦焉者，其義不亦精，而蘊不亦深乎？一旦指方寸之匙鑰，而啟數百年聾瞽，勢不亦難而幾不亦重乎？堪熟讀詳味，亦恐秖可為資質近美、學力將至與夫及門諸友道此耳。若夫氣昏物蔽、鹵莽淺妄之流，或未宜以相示也。夫以昏蔽之餘，其本體虛靈，雖有不能盡熄者，而鹵莽淺妄，用心之粗，騰說之易，實無與為比也。槩而味之，精深重難之旨，彼將率其暗昧粗易而承之，不過信，必過疑。過信者仇經傳，謝師資，而徒塊然守其空空之舍；過疑者操舊律新，□枘鑿之不能入也，則未免相詆，以為求勝之私矣。此何也？矜故知而疾異己，喜新得，則又不暇於深求常人之情耳。彼愚不明，非可望其領悟於言意之外，但開卷觸目，而偶有所得，無所得，斯其疑信隨之，故疑信不同，同歸□過而已矣。有孺子於此，誤掇野葛啖之，仁人驚惻不能忍，扼而手奪於其咽，孺子急號且怒，索所啖不已，而無以啖之□□而弗甘美，莫能止其號怒，雖至甘美矣，而非孺子所嘗啖也者，將以為誑己也，號轉厲怒有加，索其故物蓋切，而弗得，則怨詈以歸，訴於父母，亦且憾之矣。夫免人之子於毒害，德惠莫大焉，而甘美孺子所至願也，行之顧以樹怨，患在於美惡利害之情不能相通爾。先生憫俗儒之支離役役，徒敝精神，而考其實用歸宿，未有不病焉者也。故闡明心學，指而示之，欲其因源以通於派，培根以達其枝，庶操之易為力，擴之易為功，不煩馳騖外求，一舉足而入切要之門，由□□□而不已，擴充之無窮，以馴至乎反身而誠，□□不難矣。此孔門極本窮源之論，思、孟救焚拯溺之心，固非先生今日之私訓，而何深晦頗忒可疑哉！且先生序定論之篇，則既念美惡利害之情，不可不備舉而詔之也。故始□斯文續絕之大端，繼述一身經歷之次第，終之以朱子始終所見之是非，其所以析彼此得失異同之旨，至矣盡矣，咀之嚼之，甘矣美矣。持此以啖世俗而免之於毒害，其為德惠可勝言哉！堪之謬見，若猶以為有所未盡焉者，吾恐此中之甘美正非俗儒之所嘗啖也；非其所嘗啖，徒有甘美，不及知也。強而詔之，不能信也。欲其跬頃中之故物，而欣然趨以相就，不亦難乎？而況於驟信以相就，匪面命之，猶將味其所以，取而啖之乎哉？彼存心致知，君子所以修德凝道之兩事，世俗所及聞知者，而先生所為教固未嘗外此而別立新條，亦未嘗使人專由於存心而致知之一義也。特因性分固有，而推類以盡其餘，視區區索之於外者，不能無少異矣。而有致二者，下手先後輕重之間，所爭纔毫釐，毫釐決而千里定矣。先生曷不俯就其所及知，而惟毫釐之異者挈□言并示之，不徒攻其燕越迥絕之謬而已也。則道改闢，器不改制，發軔之地，迴南轅而北之人，皆可以想見其幾之近且易矣。幾近且易，道平且直，而又世俗所可想見，夫然後南方有志之士聞言而不駭，勇從而不憚，坦然由之，而果見其荊棘坑塹之艱，自將欲罷不能，以求造乎其極，而中人以下亦不待及門而洞見先生之心，如青天白日，從事於定論之書，俯誦仰思，交互相發，而必不至於有所謂疑信之過者矣。狂妄輕議，僭無所逃，伏乞原其心，恕其罪，而詳賜指教焉。仰感造就之恩，何以能既積抱萬千，屈指以需侍側，未敢多及。」

按：前考孫堪八月來江西，陽明當在其時贈以朱子晚年定論。孫堪九月扶柩歸葬，其讀朱子晚年定論而寄來此信，約已在十一月中。

順渠王道有信來，稱頌陽明平叛功績，欲再論學，不答。

王道文錄卷六奉陽明先生：「三數年鞠在哀制，不敢以凶素姓名通於記室，徒有向往之勤，與日俱積而已。歲內起復，比來習聞執事建義之高，成功之大，深為吾道喜久之。又習聞煩言嘖嘖，始於群小之爭功，而成於士夫之妬名。爭者不足道矣，妬者獨不為人國家計，何耶？又未嘗不深為世道憂也。雖然，執事必有以處此矣。魯仲連、張子房竊斯道之粃糠，猶足以善其身而名後世，況見其大者哉！角井東歸，口不言平吳之事，他日邪說熄，人心正，公議明，則今之相憎相嫉者，適所以相為發明也，可賀，可賀！道違遠師門，學殖荒落，此中朋友同志者絕少，獨賴守中相與切磨，今又別去，愈覺孤立。便中惟冀不吝誨言，時賜提警，則為惠大矣。餘惟若時為道自重。不備。」

按：「所謂歲內起復」，指王道服闋復官。王道丁母憂時間，據嚴嵩吏部右侍郎王公道道碑：「居應天學二載，陞南京儀部主事。召改吏部驗封，歷考功文選。中更憂制。前後在吏部十年。」（國朝徵獻錄卷二十六）前考陽明與王道最後一次通信在正德十年，時王道已陞吏部任職，未言及丁母憂，可見王道母當卒在正德十一年。由正德十一年至十四年，即王道所云「三數年鞠在哀制」。故「所謂建義之高，成功之大」，顯指陽明平定宸濠叛亂。「所謂角井東歸，口不言平吳之事」，角為二十八宿東方七宿首星，井為南方七宿首星，王道用以

第1541-2頁

借指陽明入行在見武宗受阻，乃由東南歸南昌。蓋王道其時在吏部，可隨時知道陽明平宸濠亂情況也。

十二月十一日，命江西都司指揮馬驥防制省城奸惡；行文江西按察司查禁因公科索民財。

王陽明全集卷三十一防制省城奸惡牌，行江西按察司查禁因公索民財。

十七日，發布禁省詞訟告諭。

王陽明全集卷三十一禁省詞訟告諭，再禁詞訟告諭。

二十六日，武宗至南京，江彬、張忠、許泰讒誣守仁必反，乃下詔面見，聞命即赴。

明史卷三百零七卷江彬傳：「會寧王宸濠反，彬復贊帝親征……至南京，又欲導帝幸蘇州，下浙江，抵湖湘，諸

第1541-3頁

臣極諫，會其黨亦勸沮，乃止。當是時，彬率邊兵數萬，跋扈甚。成國公朱輔為長跪，魏國公徐鵬舉及公卿大臣皆側足事之。」

楊一清司禮太監張公永墓誌銘：「永至南京，見上，具言守仁忠，且有大功勞不可掩。時彬等方日夜短守仁於上前，會與上弈戲，永曰：『是賴守仁。不然，江西變不可支，主人安得樂此？』又見遣校之江西，永曰：『校何往？』上曰：『逮守仁耳。』永曰：『何故逮之？』上曰：『聞守仁嘗與寧王有私，故逮之耳。』永曰：『甚善。』上曰：『何謂也？』永曰：『逮謀反者，豈不甚善？第恐不真耳。守仁嘗以

第1541-4頁

論謹遭酷訊，而無改辭者，試問侍上左右，有能與之質對耶？』於是遍訊侍者，皆謝不敢，避去。彬等計不行，則復詭上曰：『今即不逮守仁，試使召守仁，守仁不即來，則反真矣。』上然之。永乃賞徒走者百金告守仁，以故使至召守仁，守仁不退食而與使俱行。」（國朝獻徵錄卷一百十七）

錢德洪陽明先生年譜：「忠、泰在南都讒先生必反，惟張永持正保全之。武宗問忠等曰：『何以驗反？』對曰：『召必不至。』有詔面見，先生即行……始忠等屢矯偽命，先生不赴，至是永有幕士順天檢校錢秉直急遣報，故得實。」

按：是次主謀者為江彬，錢氏不言江彬，未當。又武宗下召當在十二月二十七日，錢氏將此事繫於正德十五年正月，亦未當。又武宗召下在十二月二十七日，使至南昌在正月初一，中間只有五日，亦斷不可能有「忠等屢矯偽命，先生不赴」之事。大致楊一清墓志銘所叙為是，錢氏年譜所述多誤。

除夕，歲暮感懷，與御史伍希儒有詩唱酬，楊一清亦寄來答詩。

王陽明全集卷二十除夕伍汝真用待隱園韵即席次答五首：「一年今又去，獨客尚無歸。人世傷多難，親庭嘆久違。壯心都欲盡，衰病特相依。旅館聊隨俗，桃符宜早扉。

第1542頁

向憶青年日，追歡興不孤。風塵淹歲月，漂泊向江湖。濟世渾無術，違時竟笑愚。未須悲蹇難，列聖有遺謨。

正逢兵亂地，況是歲窮時。天運終無息，人心本自危。憂疑紛并集，筋力頓成衰。千載商山隱，悠然獲我思。

世道從屯漏，人情只管窺。年華多涉歷，繼故益新奇。莫憚顛危地，曾逢全盛時。海翁機已息，應是白鷗知。

星窮回歷紀，貞極起元亨。日望天迴駕，先沾雨洗兵。雪猶殘歲戀，風已舊春情。莫更辭藍尾，人生未幾傾。」

用韵答伍汝真：「莫怪鄉思日夜深，干戈衰病兩相侵。孤腸自信終如鐵，衆口從教盡鑠

金。碧水丹山曾舊約，青天白日是知心。茅茨歲晚饒風
景，雲滿清溪雪滿岑。」
石琮詩稿卷十四用王陽明韵寄伍時泰廉憲：「刺史勤王義
，中丞是指歸。功成人共仰，名出事多違。赤手煙霄接
，丹心日月依。八鑾勤邊父，何處扣彤扉？洪都
忽兵變，舉目是瘵孤。抱恨聲吞野，流星血洗湖。平生
慕汲黯，避難豈柴愚？偃武從今日，數文仰聖謨。
江湖血戰日，豺虎遘兇時。祖逖先讐賊，玉尊豈避危？
冰霜節操苦，風雨鬢毛衰。獨立蒼茫外，長吟有所思。
相從記童稚，數載不園窺。一得湖南傳，遂為天

下奇。朧雲吟望處，江雨夢醒時。未得談衷曲，幽懷
祇自知。 荏苒歲云暮，馳驅路向亨。片言能折獄，
鷗冠已知兵。江海十年夢，乾坤千古情。相望不相見，
肝膽為誰傾？」
按：楊一清此用王陽明韵寄伍時泰廉憲，乃與其得王陽明詩依韵寄答同時寄至。其時伍文定陞江西按察使，受張忠窘辱。伍希儒亦遭
誣毀，霍韜地方疏云：「宸濠謀反江西，兩司俯首從賊，惟王
守仁同御史伍希儒、謝源誓心效忠。不幸奸臣張忠、許泰等
欲掩王守仁之功為己有，乃揚諸人曰：『王守仁初同賊謀』。及公
論難掩，乃又曰：『宸濠金帛俱王守仁、伍希儒、謝源滿載以
去』。當時大學士楊廷和、尚書喬宇，亦忌王守仁之功，遂

不與辨白，而黜伍希儒、謝源，俾落仕籍。」（王陽明全集卷三
十九）故陽明詩中有「孤腸自信終如鐵，衆口從教盡鑠金」之句。

一五二〇 正德十五年 庚辰 四十九歲

正月初一，使至，遂與使「獻俘」發南昌，再赴南都。
王陽明全集卷二十元日霧：「元日昏昏霧塞空，出門咫尺
誤西東。人多失足投坑塹，我亦停車泣路窮。欲斬蚩尤
開白日，還排閶闔拜重瞳。小臣謾有澄清志，安得扶摇

萬里風」！ 二日雨：「昨朝陰霧埋元日，向曉寒雲迸雨
聲。莫道人為無感召，從來天意亦分明。安危他日須周
防，痛苦當年笑賈生。坐對殘燈愁徹夜，靜聽晨鼓報新
晴」。 三日風：「一霧二雨三日風，田家卜歲疑凶豐。
我心惟願兵甲解，天意豈必斯民窮！虎旅歸思懷舊土，
鑾輿消息望還宮。春盤濁酒聊自慰，無使戚戚干吾衷」。
按：楊一清張公永墓誌銘云「使至召守仁，守仁不退食而與使
俱行」，錢德洪陽明先生年譜云「有召面見，先生即行」，是使
一至陽明即與俱行。其啟行時間，以其後來入九華山半月與
二十六日抵南京上新河（見下）算之，則當在正月初一可知。按此

元日霧中云「出門咫尺誤西東」、「我亦停車泣路窮」，即指其起程出發；「欲斬蚩尤開白日，還排閶闔拜重瞳」，即指其赴南都面見武宗，則陽明即在正月初一啟行可知矣。陽明是次北赴南都，錢德洪《陽明先生年譜》謂是武宗召面見，乃誤。按陽明是次實是奉命解逆黨囚犯至南都，所謂「獻俘」也。陽明又與克彰太叔明云：「正月廿六日得旨，令守仁與總兵各官解囚至留都。」又陽明舟過銅陵野雲縣東小山有鐵船因往觀之，果見其彷彿因題石上詩，稱是次赴南都是「獻俘還自南都」（見下）。鄒守益在九華山陽明書院記中亦明確說：「正德庚辰，以獻俘江上。」（鄒守益集卷八）陽明游寄隱巖題刻更分明云：「正德庚辰清明日，陽明山人王守仁獻俘自南都還，登此。」只可見陽明是次赴南都絕非是武宗召面見，而是命其解押逆黨囚犯至南都而已。蓋自正德十四年八月以後，武宗便不斷遣張永、江彬、張忠、章綸、祝續、許孟和、齊之鸞等赴江西南昌查勘宸濠叛逆實情，追查陽明與宸濠關係，檢飭宸濠貲財，逮捕大批逆黨從犯，其時武宗哪會有召陽明面見之心？至十二月武宗抵南都後，其首重之事即是命江西將一應逆黨囚俘解押南都，付南京法司問理。如齊之鸞清理刑獄疏云：「先該宸濠反叛臣等，各奉勅隨軍紀功，照得都御史王守

第1545頁

仁擒獲逆賊劉吉等，提督軍務御用監太監張永抄笋方倬等，御馬監太監張忠、平虜伯朱彬、安邊伯朱泰、左都督朱暉各緝獲熊慷、申宗遠、楊清、李汝淇等，各起囚犯，雖於江西等處送到臣等審問，比因隨軍回，促日促事，冗不暇詳議，止據江西按察司及各提督送來審訖，亦有未經送審，徑自起解者……」（蓉川集歷官疏草）可見陽明是次即是起解劉吉等逆犯往南都，陽明雖有望面見武宗之心，而武宗卻絕無召見陽明之意。陽明卒未得見武宗固不足怪矣。

第1546頁

七日立春，在道有詩感懷。

王陽明全集卷二十立春二首：「才見春歸春又來，春風如舊鬢毛衰。梅花未放天機泄，萱草先將地脉回。漸老光陰逢世難，經年懷抱欲誰開？孤雲渺渺親庭遠，長日斑衣羡老萊。天涯霜雪嘆春遲，春到天涯思轉悲。破屋多時空杼軸，東風無力起瘡痍。周王車駕窮南服，漢將旌旗受北陲。莫訝春盤斷生菜，人間春色正離批。」

八日，次蕪湖。江彬、張忠拒之蕪湖，不得進，乃遁入九華山半月。

錢德洪陽明先生年譜：「正月，赴召，次蕪湖……忠等恐語相違，復拒之蕪湖半月。不得已，入九華山，每日宴坐草庵中。」

鄒守益集卷六九華山陽明書院記：「正德庚辰，以獻俘江上，復携邑之諸生江學曾、施宗道、柯喬以遊，盡蒐山川之秘，凡越月而去。嘗宴坐東巖，作詩曰：『涼氣日凋薄，鄒魯亡真承。各勉希聖志，毋為塵所縈。』慨然欲建書屋於化城寺之西，以資諸生藏修，而未果也。」

按：陽明七日立春猶在道中，則其至蕪湖當在八日。江彬、張忠已遣人來蕪湖阻其再進，陽明不得已退入九華山。今王陽明全集卷二十中有遊居九華山詩三十餘首，可見陽明在九華山遁居半月，錢德洪謂陽明在蕪湖半月乃誤，鄒守益謂陽明

第1547頁

在九華「越月而去」亦非（越月已至二月）。

陽明何以要遁入九華山？蓋陽明至蕪湖，已處進退失據之困境：往前，有江彬、張忠阻其不得再進；往後，返回江西南昌，則坐實「召必不至」、「先生必反」之罪。更況其時南昌城中方大肆查勘宸濠叛黨，追查陽明與宸濠暗相邀結之罪，肆為飛語，造謗誣陷。齊之鸞在薦舉將材疏中描述陽明在南昌之處境云：「方宸濠之反報一聞也，莫不畏行而失措；及王守仁之捷書一至也，莫不趨利而兼程。許泰、張忠既嫉地方獨成其功，復憤宸濠歸之張永，日夜媒孽王守仁之過而將甘心焉者，無所不至，或搆成交通之形，或造為指斥之語，流聞先皇（武宗），大致疑忌……許泰銜紿張忠、劉暉，教以安靜，乃自分遣爪牙，四緝餘黨。劉暉覺其賣己，從而效之……」（蓉川集歷官疏草）陽明其時無故回南昌，無異自投陷阱。故陽明權衡情勢，采取對策，乃不進不退，遁入九華山，一則表明自己「無反」之心，二則亦冀待武宗再召也。

第1548頁

在九華山，居草庵中，日日遊覽九華勝境。
王陽明全集卷二十江施二生與醫官陶野冒雨登山人多笑
之戲作歌：「江生施生頗好奇，偶逢陶野奇更癡。共言山
外有佳寺，勸予往遊爭願隨。是時雷雨雲霧塞，多傳
險滑難車騎。兩生力陳道非遠，野請登高覘路岐。三人
冒雨陟岡背，既仆復起相牽携。同儕咻笑招之返，奮袂
徑往凌嶔崎。歸來未暇顧沾濕，且説地近山徑夷。青
林宿靄漸開霽，碧巘絳氣浮微曦。津津指譬在必往，興
劇不到傍人嗤。予亦對之成大笑，不覺老興如童時。
平生山水已成癖，歷深探隱忘饑疲。年來事務頗羈縛，
逢場遇境心未衰。野本求仙志方外，兩生學士亦爾為。
世人驅逐但聲利，赴湯蹈火甘傾危。解脫塵囂事行樂，
爾輩狂簡翻見譏。歸與歸與吾與爾，陽明之麓終爾期。」
按：「江生」即江學曾，「施生」即施宗道（均青陽縣學諸生）。鄒守益九華山陽明書院
記：「復携邑之諸生江學曾、施宗道、柯喬以遊。」呂柟甘泉

第1549頁

祠記：「嘉靖乙酉，青陽生江學曾、施宗道來南都，受學於吾
甘泉先生。」（民國九華山志卷七）
同上，遊九華道中，芙蓉閣，重遊無相寺次韻四首，登
蓮花峰，重遊無相寺次舊韻，登雲峰望始盡九華之勝因
復作歌，雙峰遺柯生喬，歸途有僧自望華亭來迎且請詩
，無相寺金沙泉次韻，重遊化城寺二首，遊九華，弘治
壬戌嘗遊九華值時陰霧竟無所睹至是正德庚辰復往遊之
風日清朗盡得其勝喜而作歌。
往休寧吊仁峰汪循，有詩題。
王陽明全集卷二十書汪進之太極巖二首：「一竅誰將混沌
開？千年樣子道州來。須知太極元無極，始信心非明鏡
臺。　始信心非明鏡臺，須知明鏡亦塵埃。人人有個
圓圈在，莫向蒲團坐死灰。」
陽明題仁峰精舍：「仁峰山下有仁人，怪得山中物物春。
莫道山居渾獨善，問花移竹亦經綸。　山居亦自有
經綸，才戀山居却世塵。肯信道人無意必，人間隨地著
閑身。」（汪仁峰先生外集卷三，陽明文集失載）
按：陽明此四詩均作「書」、「題」而不作「寄題」、「寄書」，必是陽明
在九華時親往休寧憑吊題詩。前考汪循正德十四年二月上旬有一書
致陽明，旋在二月二十日卒。陽明未及作答書，故在九華時便

第1550頁

道來仁峰精舍與太極巖憑吊，此四詩蓋可謂是汪循請其作仁峰精舍記遺願之完成，詩謂「須知太極元無極，始信心非明鏡臺」，「人人有個圓圈在，莫向蒲團坐死灰」云云，亦是對汪循最後一書之最好回答也。太極巖在休寧大丘山麓，汪循《仁峰先生行實》：「晚復築石巖小隱於大丘山麓，浚流得二石，類瓶鞍，舁置於門，曰『平安石』。伐崖，見紋理圓甚，剖其裏，空洞可容十餘人，命曰『太極巖』。」汪循《太極巖說》：「仁峰子方築小隱於大丘也，浚流得二石，肖瓶鞍。伐石得巖，類太極。室成，舁石於門，而巖適屋之東隅，乃聯句於庭曰：『門前地擁平安石，屋後天開太極巖。』因號『石巖小隱』。」

二十三日，武宗遣錦衣衛來九華山偵伺陽明，見無反狀，乃再召赴南都。

錢德洪《陽明先生年譜》：「入九華山，每日宴坐草庵中。適武宗遣人覘之，曰：『王守仁學道人也，召之即至，安得反乎？』乃有返江西之命……先生赴召至上新河……」

按：錢德洪於此敘述混亂舛誤，意義不明，至不堪卒讀。按其時陽明受命並非自九華山返回江西，而是自九華山再北赴南都，故此處「乃有返江西之命」應改為「乃有返南都之命」，方與下面「先生赴召至上新河（南都）」意思銜接。以陽明八日退入九華山半月計之，則陽明受命再返南都在二十三日。又陽明

《又與克彰太叔》稱己正月二十六日至南都，則其自九華山起程當亦在二十三日。

楊一清《司禮太監張公永墓誌銘》：「守仁不退食而與使俱行至南京。上欲見守仁，彬等復為他辭沮不使見，然上疑則釋已。」

民國《九華山志》卷二蔣維喬《九華山遊記》：「東巖，原名東峰，其上有巖，深如屋。相傳金地藏始卓錫於此。明王守仁更名曰『東巖』。巖前懸崖峻絕，俗呼『捨身巖』。正德十四年（按：當作十五年），守仁再入九華，武宗遣錦衣使偵之，見守仁在此宴坐，故又名『宴坐巖』。」又：「錦衣石，在宴坐巖右。明武宗所使錦衣衛偵王陽明所坐石也。若非此公忠直，則先生危矣。周鳳岡詩：『九華一路看山行，引路偏勞念佛聲。宴坐堂前錦衣石，心香一瓣為先生。』」

二十六日，至南京上新河，江彬、張忠再阻不得見武宗，遂返江西。

《王陽明全集》卷二十六《又與克彰太叔》：「正月二十六日，得旨令守仁與總兵各官解囚至留都。行及蕪湖，復得旨回江西撫定軍民。……」

錢德洪《陽明先生年譜》：「先生赴召至上新河，為諸幸讒阻

不得見。中夜默坐，見水波拍岸，汩汩有聲。思曰：「以一身蒙謗，死即死耳，如老親何？」謂門人曰：「此時若有一孔可以竊父而逃，吾亦終身長往不悔矣。」江彬欲不利於先生，先生私計彬有他，即計執彬武宗前，數其圖危宗社罪，以死相抵，亦稍償天下之忿。徐得泳解。其後刑部判彬有曰：「虎旅夜靜，已幸寢謀於牛首；宮中宴駕，那堪遺恨於豹房。」若代先生言之者。」

按：據陽明自言，是次再北赴南都，行至蕪湖時武宗又有旨命其返江西，然陽明未奉命，仍北上直入南京上新河。

按上新河地處南京西南江心洲夾江東，明時官船停泊處，宸

第1553頁

濠即囚檻於上新河江上，一應逆黨囚俘亦械繫於此。故陽明至上新河，其「解囚至留都」之「獻俘」任務便告完成，所謂武宗召見本是騙人虛語，自然不允陽明進見，而命其即歸江西矣。可見陽明是次又未得見武宗，非唯江彬、張忠讒阻，實亦是武宗本意也。

歸經繁昌，遇風，游靈山寺，有詩咏。

王陽明全集卷二十繁昌道中阻風二首，江邊阻風散步至靈山寺。

經銅陵，往觀鐵船，有詩題石。

王陽明全集卷二舟過銅陵野雲縣東小山有鐵船因往觀之果見其彷彿因題石上：「青山滾滾如奔濤，鐵船何處來停橈？人間刳木寧有此？疑是仙人之所操。仙人一去已千載，山頭日日長風號。船頭出土尚彷彿，後岡有石云船梢。我行過此費忖度，昔人用心無乃忉？由來風波平地惡，縱有鐵船還未牢。秦鞭驅之未能動，奡力何所施其篙？我欲乘之訪蓬島，雷師鼓舵虹為繅。弱流萬里不勝芥，復恐駕此成徒勞。世路難行每如此，獨立斜陽首重搔。」

按：陽明此詩，今有真跡藏故宮博物院，題作銅陵觀鐵船，前有序云：「銅陵觀鐵船，錄寄士潔侍御道契，見行路之難也。」後有跋云：「陽明書於銅陵舟次，時正德庚辰春分，獻俘還自南都。」是陽明明確將是次赴南都之行稱為「獻俘」之行。春分

第1554頁

為二月二十二日，乃是陽明抄錄此詩寄謝源之日。鐵船在銅陵五松山下，銅陵縣志卷十三：「鐵船，在五松山前湖田之下。舊傳晉潯陽太守張寬歿，為神，一夕乘鐵船至，為人所見，船遂溺，而首尾露焉。後人立神廟，取鐵入冶鎔，乃信以為鐵船云。王陽明有詩，屬和甚多，裝帙貯潘宅。」

經安慶，駐練潭館，有詩咏。安慶知府胡纘宗來皖口問學。

陽明練潭館：「風塵暗惜劍光沉，拂拭星文坐擁衾。靜夜空林聞鬼泣，小堂春雨作龍吟。不須盤錯三年試，自信鑪錘百煉深。夢斷五雲懷朔雁，月明高枕聽山禽。　春山出孤月，寒潭淨於練。夜靜倚闌干，窗明毫髮見。

魚龍亘出沒，風雨忽騰變。陰陽失調停，季冬乃雷電。依依林棲禽，驚飛復遲戀。遠客正懷歸，感之涕欲濺。風塵暗北陬，財力侵南甸。倏忽無停機，茫然誰能辨？吾生固逆旅，天地亦郵傳。行止復何心，寂寞時彈琴。」（胡纘宗正德安慶府志卷十六，陽明文集失載）

按：胡纘宗時方為安慶知府，並正在撰安慶府志，親來皖口問學，故當面得到陽明此詩，著錄進安慶府志，可信不偽也。練潭為湖，在桐城之南，安慶之北，練潭館為驛館，乃由九江往安慶、蕪湖、南京之必經通道，道光桐城續修縣志卷一：「練潭，有驛。北通縣城，南通安慶府，西通青草塥，東通

第1555頁

樅陽，四達之衢。」

胡纘宗願學編卷下：「陽明先生昔平逆濠，恭侯乘輿，艤舟皖口者七日，予嘗請益焉。公謂：『格物為正物。』予謂：『如正心何？』公又謂：『格物而如朱子所訓，如初學何？』予謂：『如公所論，欲求之心也，正唯初學所未能也。』公亦以為然。予又謂：『格之致之雖在物在知，然所以格所以致却在心。』公亦以為然。至論天理人欲之判，鑿鑿分明。予領其義，而知公聰明才辨，不獨文章事業高出於人也。却未言及良知……公謂：『四十、五十而無聞，為問道。』予亦以為然。公謂：『陸氏非專尊德性。』予謂：『朱子非專道問學。然顏子不曰「博我以文，約我以禮」邪？』公亦以為然。而涇野呂子、渭厓霍子則曰：『象山正是禪。』」

按：胡纘宗鳥鼠山人小集卷二與灌溪間侍御書亦云：「陽明先生昔候天兵，泊舟皖江者旬日。生得問難學、庸諸說。」皖口為皖水流入長江之口，即練潭館所在之地。胡纘宗在皖口侯七日而得見陽明至，非是謂與陽明論學七日。胡纘宗亦是在平宸濠亂中立功，與陽明相識。胡公纘宗墓志銘：「公諱纘宗，初字孝思，後更世甫，秦人也。號可泉，亦號鳥鼠山人……陞安慶知府，時值逆濠兵後，民皆竄去，又武皇駐驛留都，供御繁劇，朝議以公秦人，有經略雋才，特簡公以守，刻期履任。時夏旱秋澇，公修火政，舉荒政，上下乂安。」（國朝獻徵錄卷六十一）

第1556頁

三十日，至南康，遊廬山，過開先寺，摩崖題識於廬山讀書臺。

廬山讀書臺摩崖題識：「正德己卯六月乙亥，寧藩宸濠以南昌叛，稱兵向闕，破南康、九江，攻安慶，遠近震動。七月辛亥，臣守仁以列郡之兵復南昌。宸濠還救，大戰鄱陽湖。丁巳，宸濠擒，餘黨悉定。當是時，天子聞變赫怒，親統六師臨討，遂俘宸濠以歸。於赫皇威，神武不殺。如霆之震，靡擊而折。神器有歸，孰敢窺竊。天鑒於宸濠，式昭皇靈，嘉靖我邦國。正德庚辰正月晦

，提督軍務都御史王守仁書。從征官屬列於左方。」（桑喬廬山紀事卷四）

王陽明全集卷二十遊廬山開先寺：「俗性尋常慣受猜，看山又是百忙來。北風留客非無意，南寺逢僧即未回。白日高峰開雨雪，青天飛瀑瀉雲雷。緣溪踏得支筇地，修竹長松覆石臺。」又次壁間杜牧韻：「春山路僻問歸樵，為指前峰石徑遙。僧與白雲還暝壑，月隨滄海上寒潮。世情老去渾無懶，遊興年來獨未消。回首孤航又陳迹，疏鐘隔渚夜迢迢。」

唐漁石集卷四開先寺次陽明公韻：「山靈愛客勿相猜，前歲曾遊今復來。青竹橋邊雙吏立，白雲徑裏一僧回。猿啼暝暝松巖月，龍醒殷殷玉峽雷。王子風流盡壓士，惟存石上讀書臺。」

第1557頁

按：時唐龍來按江西，徐階唐公龍墓誌銘：「己卯，寧庶人誅，江西新免於兵，而歲薦饑。公以選往按，賑災卹貧，疏連十餘上，西人以安。」據陽明繳收秋糧稽遲待罪疏云：「正德十五年正月初二日，蒙巡按江西監察御史唐龍案驗為乞救兵燹窮民，以固邦本事……」（王陽明全集卷十三）可見唐龍乃在正月初來江西。然因陽明正月初一即赴南都，兩人未能見面。至是陽明歸過廬山，唐龍時或適往九江、南康處理賑災卹貧事，得遇陽明，遂有唱酬也。

二月一日，遊白鹿洞，遂歸南昌。

錢德洪陽明先生年譜：「以晦日重過開先寺……明日，遊白鹿洞，徘徊久之，多所題識。」

按：錢氏謂「多所題識」，今查陽明集中一無是次遊白鹿洞詩與題識，錢氏之說或誤。

六日，宸濠械繫至南都，泊於江上。

國榷卷五十一：「正德十五年二月乙丑，宸濠械至，泊於江上。」

明武宗實錄卷一百八十二：「正德十五年正月丙申，大學士梁儲、蔣冕言：『今早太監魏彬傳諭聖意，謂逆藩宸濠等械繫將至，何以處之？……』不納。……丙午，大學士梁儲、蔣冕言：『……俟太監張永等押解宸濠等至日，即班師。……』不報。……」

第1558頁

光緒鄞縣志卷三十五陳槐傳：「遷江西按察副使。守仁（按：當作張永）使押發宸濠詣行在，面奏目前急務，宜表死節，錄遺功，寬脅從，恤民困。上嘉納之。時槐泊舟江上，太監張永夜招槐過其舟，密語曰：『上欲得內外官交通宸濠姓名，吾已得其籍，猶未上，事當若何？』槐力陳其不可，謂：『史載光武燒吏人交關王郎書，使反側子自安。近日李賢奏請內外官與曹欽通者不問。此俱聖王賢相事。上宜遠法光武，公宜近學李賢，為萬世所頌。若此事竟行，非但禍延天下，即公身亦為怨藪，將悔無及矣。」次日，泳再招槐，執手曰：「夜來思先生言，誠大愛我。」即取篋中交通書籍焚之。槐復言：「群小導上，欲航海觀普陀。且聞聖體違和，嘔血者三，此誠可寒心。太皇太后命公扈駕，正在今日。公宜力勸上回蹕，此萬世勳也。」泳乃危言脅江彬輩，上遂班師。」

按：張永何時由南昌械送宸濠至南都，獻俘武宗，以及其事與陽明獻俘南都有何關係，向來不明，今得陳槐傳所述，真相大白於天下矣（按：陳槐為當事人，陳槐傳乃據陳槐行狀、墓銘所編，真實可信）。原來武宗及江彬、張忠之流早在正月已暗命張永押解宸濠至南都，只是礙着陽明未行，于是先在正月初一將陽明支開，命其獻俘北上；陽明一去，張永即遣陳槐押解宸濠赴行在。陽明獻俘至蕪湖時，張永、陳槐尚在從途未至，為使陽明不察其事，張忠自必遣人來阻其入行在，而武宗亦斷不會見陽明矣。陽明是次獻俘之行何以至蕪湖受阻，何以被迫遁入九華山，以及武宗何以終不見陽明，其真因由此概可見矣。

有書致王克彰太叔，告獻俘南都之行，並懇其照管家事。

王陽明全集卷二十六又與克彰太叔：「日來德業想益進修，但當茲末俗，其於規切警勵，恐亦未免有群雌孤雄之嘆，如何？印弟凡劣，極知有勞心力，聞其近來稍有轉移，亦有足喜。所貴乎師者，涵育薰陶，不言而喻，蓋不誠未有能動者也。於此亦可以驗己德。因便布此，言

第1559页

不盡意。正月廿六日，得旨令守仁與總兵各官解囚至留都。行及蕪湖，復得旨回江西撫定軍民。皆聖意有在，無他足慮也。家中凡百安心，不宜為人搖惑，但當嚴緝家眾，掃除門庭，清淨儉樸以自守，謙虛卑下以待人，盡其在我而已，此外無庸慮也。正憲輩狂稚，望以此意曉諭之。近得書，聞老父稍失調，心極憂苦。老年之人，只宜以宴樂戲遊為事，一切家務皆當屏置，亦望時時以此開勸，家門之幸也。至祝至祝！事稍定，即當先報歸期。家中凡百，全仗訓飭照管，不一。老父瘡疾，不能歸侍，日夜苦切，真所謂欲濟無梁，欲飛無翼。近來誠到，知漸平復，始得稍慰。早晚更望太叔寬解怡悅其心。聞此時尚居喪次，令人驚駭憂惶。衰年之人，妻孥子孫日夜侍奉承直，尚恐居處或有未寧，豈有復堪孤疾勞苦如此之理？就使悉遵先王禮制，則七十者亦惟衰麻在身，飲酒食肉處於內，宴飲從於遊可也。況今七十五歲之人，乃尚爾煢煢獨苦若此，妻孥子孫何以自安乎？若使祖母在冥冥之中知得如此哀毀，如此孤苦，將何如為心？老年之人，獨不為子孫愛念乎？況於禮制亦自過甚，使人不可以繼……惟望太叔為我委曲開譬，要在必從而後已，千萬千萬！至懇至懇！正憲讀書，一

第1560页

切舉業功名等事皆非所望，但惟教之以孝弟而已。來諭
還，草草不盡。」

西樵方獻夫有書來，勸其功成身退，並寄來大學原討論。有答書批評其說。

西樵遺稿卷八柬王陽明書三：「去歲初冬，曾修書奉，不
審曾達左右否？自此來未領一言，殊在懷念。自江西來
者，每詢先生經事變之後，形容癯瘦，鬚髮多白，此尤
所切念，宜加以調養，赤松之託，此正其時。古人云：
『功成身退，天之道』。幸諦視之。時情固有大不可人者，
不必論也。凡所欲言者，已具前書，恐彼時道路相左，
今更錄去。又大學原一冊，併呈請教。此書雖未敢以為

定論，然生數年學力所得如此，實於心思而身體之，非
苟說也。切以為大學一書只如此看，多少平易明白，而
學亦不難矣。何如何如？有未當處，仍乞不惜指示。尚
有中庸原一冊，錄未及，續當奉去。陽明會期，不知何
日，臨楮不勝悵然。」

答方叔賢書一：

王陽明全集卷五承示大學原，知用心於此深密矣。道一
而已，論其大本大原，則六經、四書無不可推之而同者
，又不特洪範之於大學而已。此意亦僕平日於朋友中所
常言者。譬之草木，其同者，生意也；其花實之疏密，
枝葉之高下，亦欲盡比而同之，吾恐化工不如是之雕刻

也。今吾兄方自喜以為獨見新得，銳意主張是說，雖素
蒙信愛如鄙人者，一時論說當亦未能遽入。且願吾兄以
所見者實體諸身，必將有疑；果無疑，必將有得；果無
得，又必有見，然後鄙說可得而進也。學之不明幾百年
矣，近幸同志如甘泉、如吾兄者，相與切磋講求，頗有
端緒，而吾兄忽復牽滯文義若此，吾又將誰望乎？君
子論學，固惟是之從，非以必同為貴。至於入門下手處
，則有不容於不辯者，所謂毫釐之差千里之謬矣。
致知格物，甘泉之說與僕尚微有異，然不害其為大同。
若吾兄之說，似又與甘泉異矣。相去遠，恐辭不足以達

意，故言語直冒，不復有所遜讓。近與甘泉書，亦道此
，當不以為罪也。」

按：陽明此書題下注「辛巳」作，乃誤。按方獻夫書所云「去歲初
冬，曾修書奉」，乃指其正德十四年十月收到楊驥轉遞書後，有
書答陽明（考見前），可見方獻夫此書作在正德十五年二月間。
陽明此書所云「近與甘泉書」，乃指陽明正德十五年正月收
到湛甘泉書後，於四月有答書（詳下），可見陽明此與方叔
賢書與其答甘泉書（王陽明全集卷四）作在同時，皆在正德十
五年四月也。

唐龍書來，有「撤講慎擇」之勸，陽明有答書。以後兩人多面

論，唐龍守舊學，說多不合。

王陽明全集卷四復唐虞佐：「承示詩二韻五章，語益工，興寄益無盡，深嘆多才，但不欲以是為有道者稱頌耳。『撤講慎擇』之喻，愛我良多，深知感怍。但區區之心，亦自有不容已者。聖賢之道，坦若大路，夫婦之愚，可以與知。而後之論者，忽近求遠，舍易圖難，遂使老師宿儒皆不敢輕議。故在今時，非獨其庸下者自分以為不可為，雖高者特達，皆以此學為長物，視之為虛談贅說，亦許時矣。當此之時，苟有一念相尋於此，真所謂空谷足音，見似人者喜矣。況其章縫而來者，寧不忻忻然以接之乎？然要其間，亦豈無濫竽假道之弊？但在我不可以此意逆之，亦將於此以求其真者耳。正如淘金於沙，非不知沙之汰而去者且十九，然亦未能即舍沙而別以淘金為也。孔子云：『與其進也，不與其退也，唯何甚。』孟子云：『君子之設科也，來者不拒，往者不追。』苟以是心至，斯受之而已矣。蓋『不憤不啟』者，君子施教之方；『有教無類』，則其本心焉耳。多病之軀，重為知己憂，惓惓惠喻及此，感愛何有窮已。然區區之心，亦不敢不為知己一傾倒也。行且會面，悉所未盡。」

按：書所云「行且會面」，乃指陽明二月回南昌後，唐龍首次來

第1563頁

訪論學，故可知陽明此書作在二月。唐龍所云「撤講慎擇」，「撤講」乃勸其毋聚徒講學，「慎擇」乃勸其謹慎交友，皆在避謗避禍也。蓋其時陽明一則以平宸濠亂遭誣陷，一則以聚徒講學遭謗毀，非議紛至，故唐龍力勸其撤講慎交，以避謗禍。按唐龍崇朱學，即所謂「舊學」，與陽明心學不合，「撤講」之意亦在此也。

錢德洪陽明先生年譜：「巡按御史唐龍、督學僉事邵銳，皆守舊學相疑，唐復以『撤講擇交』相勸。先生答曰：『吾真見得良知人人所同，特學者未得啟悟，故甘隨俗習非。今苟以是心至，吾又為一身疑謗，拒不與言，於心忍乎？求真才者，譬之淘沙而得金，非不知沙之汰者十去八九，然未能舍沙以求金為也。』當唐、邵之疑，人多畏避，見同門方巾中衣而來者，俱指為異物。」

按：錢氏所引陽明答唐龍書，顯即是次陽明與唐龍見面講論以後所作，故書中仍論「撤講擇交」之事。尤值得注意者，陽明於此書中論及「良知」之說，亦足以破除錢德洪認為陽明正德十六年始揭「良知之教」之說。錢德洪竟未將此書編入陽明集中，何耶？

批寧都縣建王天與祠，作文祭奠。

王陽明全集卷十七批寧都縣祠祀知縣王天與申：「據寧都縣申，看得知縣王天與，舊隨本院征剿橫水、桶岡諸賊

第1564頁

，屢立戰功；後隨本院平寧藩，竟死勤事；況其平日居官，政務修舉，威愛兼行。仰該縣即從士民之請，建祠報祀，用申士夫之公論，以慰小民之遺思。」

陽明祭寧都知縣王君文：「嗚呼痛哉！公何逝之速耶？公令寧都，宸濠之役，公與我謀，謂賊必擒，事必成。到如今，果如公籌。我之視公如手足，我之實大聲宏，皆公之貺。胡天不慭，疾罹沉疴。□旅漂漂，我心如剜。嗚呼痛哉！雖然，我今嗚汝大功於朝，汝將為不朽矣，復何憾哉，復何憾哉！」（高布王氏族譜）

按：陽明批寧都縣祠祀知縣王天與申一文，在集中置於正德十五年

第1565頁

所作公移中，并在正德十五年二月所作曉諭安仁餘干頑民牌前，可見陽明此文作在二月中。王天與實為陽明弟子，泉翁大全集卷十答王寧都云：「又喜寧都在陽明都憲轄下，宦業、學業實得師承，何幸如之！……平寇偉績，非老於文學者莫能序之。顧以屬筆於僕，僕知陽明之深，不敢以讓他人，故不得而辭也。」

明清進士錄：「王天與，正德九年三甲二百零六名進士。廣東興寧人，字性之。知寧都縣，為政廉平，民甚愛之。從王守仁征橫水諸寨，屢有功。後征宸濠，歿於南昌。」按高布王氏族譜載有李國紀寧都知縣王公傳略云：「公從都御史王陽明征剿橫水、桶岡、浰頭諸賊，屢有俘獲功，擢陞浙江道御史（？）。十四年，明王室宸濠在江西反，陽明奉旨討伐，命天與為前驅。天與身先士卒，與宸濠逆戰於湖，出奇兵而大破之，元惡就擒。後亂軍於南昌城放火燒民廬，天與冒暑入火救民，竟得疾歿於南昌。陽明哭之哀慟，如失左右手，解衣為殮，為文以祭之。」

牌仰東鄉縣、安仁縣、餘干縣行十家牌法，調整縣都。桂萼、桂華上書抗論，都啚畫歸，卒有所糾正。

王陽明全集卷十七曉諭安仁餘干頑民牌（正德十五年二月）：「照得安仁、餘干各有梗化頑民數千餘家，近住東鄉，逃避山澤……查本院新行十家牌諭，各官因各民頑梗，尚未編查，若遽行擒剿，似亦不教而殺。為此牌仰撫州府同知陸俸，督同東鄉縣知縣黃堂，及安仁縣知縣汪濟民、餘干縣知縣馬津親詣各民村都，沿門挨編，推選父老弟子知禮法者曉諭教飭，令各革心向化，自求生路。……」

第1566頁

同上，告諭頑民（十二月十五日）：「……安仁、餘干里分，本少於東鄉，而地勢又限以山谷；顧乃割小益大，以啟爾民規避之端，其失一矣。既而兩邑之民徭賦不平，爭訟競起，其時若盡改復舊，亦有何說？顧又使其近東鄉者歸安仁，近安仁者附東鄉，以益爾民紛爭之謗，其失二矣。……顧乃憚於身任其勞，一切惟事姑息，欲逃租賦，遂從而免其租賦；欲逃逋債，遂從而貸其逋債……長奸縱惡，日增月熾，以成爾民背叛之罪，而陷之必死之地，其失三矣。……」

康熙饒州府志卷二十二桂華傳：「……正德壬辰（按：當

作庚辰），撫州盜息，立東鄉縣。當道議析安仁十五都等三都屬之（按：指十三、十五、十九三都），華與弟萼協謀知縣汪濟民，以縣小請復其地，後止析十五都一都并十三都、十九都各一啚，皆其方也。……同治安仁縣志卷三沿革：「正德七年（按：當作正德十五年），是年撫州盜息，立東鄉縣。當事議析安仁鄰壤十三、十五、十九等都屬之。知縣汪濟民以縣小地狹，與邑舉人桂華同弟進士桂萼議詳，請止析十三都割去第一啚，十九都割去第三啚，屬東鄉；而十五都則通屬東鄉縣，去一十八里，止存八十一里。」

第1567頁

桂華與王陽明論地方事書：「昔者先王之制禮樂，設刑罰，豈以愚弄天下後世之民哉？誠知民欲之不可極也，故為之禮樂，以防其君子；為之刑罰，以防其小人。今之為政者，猥曰人情而已。先王必不強人以所不欲，於是或師其心，而廢先王之法焉。夫太平之世，民陶於禮樂，而刑罰或是之不用也。不幸而天下多事，禮樂既廢，所恃者惟政與刑，則曰：先王之世雖設而不用，譬之以葛御冬，以裘御夏，非葛與裘之罪也，施之者失宜也。好逸而惡勞，貪取而各予，人之情也。布粟力役之征，先王之達民情，不亦甚乎！天子於諸侯也，朝貢不以時，則有讓；諸侯之於民也，貢賦不以時，則有刑。蓋四海之廣，兆民之衆，不有君長以主之，則有欲必爭，而民之從亂也如水，孰得而防？惟夫土宇必歸於一統，而衆萬必主於一人，然後法立而可守，令行而可信，雖有高世之見，絕倫之才，不得議其政；而體國經野，各有封域，萬有不便，亦不得而自為趨避也。今之郡縣，無論置守令之始，更數十代，即入國朝，亦幾二百年，有無故取邑之疆境而更張之，啟民以必爭，導民以趨亂，得非天下本無事，庸人自擾之乎？至事久論定，既不可以說於民；道易禁難，又不能以解其紛。則多方曲護而為之請，將以快其計之必行，而於其所私者之譽之也，此其人為何如哉！民之效尤，將以起彼兆亂者，亦獨為之防否？某生為安仁十八都人，今四十八年矣，自幼習見長者衣冠雍容之盛，可以稱為禮義之鄉，輸租服役未嘗後於他鄙。一旦化為絕域之魑魅不甚遠者，此某所痛心切齒，羞與之共戴同履也。誰為厲階，至今為梗，天理苟存，而人心不死，雖行路無情，且共唾而詬之。安仁地土形勢，其長如帶，鉅其兩端，而纖其要。故自其兩端之大處計之，則東南去金谿境上八十里，而南去東鄉境上五十里，北去萬年境上七十里；自其要之

第1568頁

狹處計之，則西去餘干境上五里，東去貴溪境上八里，絕長補短，不能五十里，而溝其中，信州之水實出焉，以達於鄱湖。溝之東為一都，至七都，其鄉曰崇義；溝之西為八都，至二十四都，其鄉曰榮祿。崇義之民猛憨強悍，易治而易為亂，然一力於事田；榮祿之民脆柔狡猾，富室多，而貧者大半為商焉，故其習多詐而少實。鄉民之適市，長衫而廣袖，言文而貌恭，即識與不實，曰：「此榮祿鄉也。」樸冠而□履，貌質而言直，即識與不識，曰：「此崇義鄉也。」今云裁遠就近，則鄰東鄉者，不便於鄰萬年、金谿，而效於為亂，則崇義之難制，不翅十倍於榮祿。某於二縣，則安仁為親；於安仁，則十八都為親。都內皆便往東鄉，某獨何人而不之便？譬之防水之堤，方穴一孔，已橫流如此；今舉其全堤而壞焉，吾恐沒溺者多矣，忍自齊於不靈之徒，以取沒溺之患哉！前日之建議者，以為示之以必殺，乃所以必全，蓋舉必信之典，以折狙詐之姦，則我處有餘，而彼頑其復何恃為之計哉？不血一刃，而事可定，機實存乎知者，人之多言，謀用中沮。彼為之說者曰：「寧仁勝於義也。」此為之說者曰：「義行而仁存焉。」知言者將誰之韙？先王之綱紀以維持天下人心，若可廢焉？竊懼民欲不可極，而從亂如水也，從古以土崩瓦解為戒者，以其兆矣。聞諸當道頗以效尤者為不情，豈其或誤夫！中衢駭獸，一或執之，一或遺之。執者無所怨，而遺者無所德。若同樊而處，共固而居，縻其一，逸其一焉，其縻者幾何不悲鳴叫號、顛頓自絕者乎？今日觀望效尤者何以異？是人情事勢之必然，責之果有辭與？執事近於此處見之明而行之果，實當人心；然猶不自用，而取諸人，試其言而不行，然後從而斷之，足見不自賢之心矣。然願卒無所讓，使民早有定志，而禍消於未著，受賜者多矣！至若神武不殺，刑期無刑，執事必有淵然獨觀，不見聲色，固非後生所能測識也。身懼禍及，不敢不盡其意。」（同治安仁縣志卷三十之三）

按：安仁縣志謂此書為桂華「代」作。按桂華傳云「華與弟萼協謀知縣汪濟民，以縣小請復其地」，可見此書實桂華與桂萼商議共作。今存桂華集中無此書。

王陽明全集卷三十一批東鄉叛民投順狀詞（四月初九日）：「據東鄉縣民陳和等連名訴，看得朝廷添設縣治，本圖以便地方而順民情，但割小益大，安仁之民既稱偏損，亦宜為之處分；……小懲大戒，期在安緝撫定，非必殺為快也。……仰按察司會同都、布二司，將各情詞備加詳審，及查立縣始末緣由，其各都圖，應否歸附某縣……通行議處呈奪。」

按：所云「各情詞」，似即包含桂華此與王陽明論地方事書。

是月，如九江觀兵，因遊廬山東林、天池、講經臺、太平宮、文殊臺諸處，有詩咏。

錢德洪陽明先生年譜：「二月，如九江。先生以車駕未還京，心懷憂惶。是月，出觀兵九江，因遊東林、天池、講經臺諸處。」

王陽明全集卷二十書九江行臺壁，廬山東林寺次韵，遠公講經臺，太平宮白雲，夜宿天池月下聞雷次早知山下大雨三首，文殊臺夜觀佛燈。

同上，卷三十一行江西三司搜剿鄱陽餘賊牌，追剿入湖賊黨牌。

按：是次陽明觀兵九江，錢德洪所述含混不明。今考陽明行江西三司搜剿鄱陽湖餘賊牌云：「照得江西鄱陽湖等處盜賊……近因本院住劄省城月餘……各選驍勇機快人等，各備鋒利刀、鎗、弓箭、火銃等項，雇慣經風浪船隻，及能諳水勢水手撑駕……就便刻期剿殺，務限一月之內盡獲。」追剿入湖賊黨牌云：「為此牌仰守巡南昌道，即行點選驍勇軍快六七百名，各執備鋒利器械，給與口糧一月，就行督捕都指揮僉事馮勳統領，星夜躡賊向往，用心緝捕。」可見所謂「觀兵九江」實指往九江觀出兵征剿鄱陽湖餘衆。以牌云「本院住劄省城月餘」算之，時正在二月。此牌題下注「五月十一日」作顯誤，疑當作「二月十一日」，即陽明觀兵九江之日也。

時武宗命張永、張忠、許泰、朱暉審問宸濠，宸濠反誣陽明。監察御史章綸、給事中祝續亦誣奏陽明與宸濠私通，陽明處境岌岌可危。十八日，紀功兵科給事中齊之鸞上疏救之。

齊之鸞蓉川集歷官疏草救王文成公疏：「為十分緊急軍情事：正德十五年正月十五日，節該欽奉軍門鈞帖：『爾等公同太監張永、張忠、安邊伯朱泰、左都督朱暉，從公備細查勘宸濠反叛事情，要見始末、來歷、根由。及據安慶府知府張文錦本內奏稱「賊首吳十三、凌十一、徐承奉等口稱『倒被兩京一二人誤賺了我事』」等語。又據都御史王守仁等差來齎本奏事人役供稱：「有宸濠在陣前說稱：『我是正宗枝，有娘娘密旨來取我。』又說『被人哄了我了』等情。」爾等務要親問宸濠，追究往還結交何人，真情下落等因。』欽遵。於正月十八日，會同欽差提督贊畫機密軍務、御用監太監張永，欽差提督軍務、御馬監太監張忠，欽差提督軍務、掛威武副將軍印、充總兵官、安邊伯朱泰，欽差提督軍務、掛平賊將軍印、充總兵官、左都督朱暉等，親擬監所公同結問。彼時宸濠驕傲之態尚存，兇狠之性猶在，指斥乘輿，出語無狀，且曰：『有恩報恩，有讐報讐。』臣等細問前項情節，俱稱無有，止說南京初逢，講起是王守仁。臣等竊惟修怨者必懷反噬之心，誣人者多為溢惡之語，仇家之口，大抵難憑。宸濠潛蓄異謀，積有歲月，天奪其魄，遽爾舉兵，將謂大事可以倖成，天位可以力取，固已悍然無所顧忌矣。而都御史王守仁仰仗神算，戮力擒之，遂使姦雄一旦失望，則宸濠之深仇，孰有過於守仁者？所以必加誣構，始遂其心，是猶己則為盜而指擒獲之人為同盜也。臣等愚昧，伏計聖明固已洞燭其奸，必不聽信。但所慮者，王守仁忘身狥國，功在社稷，而一旦為仇人所誣如此，將使英雄豪傑作戒前車，長

第1573頁

養寇持祿之風，沮圖功立事之志，國家緩急，何以使人？此臣等所以日夜思惟，深惜國體，而冒死為陛下言之。若必任罪以宸濠之言為實，臣等請以數口之家，為天下第一流贖也。再照鈞帖內別項事情俱行，參政嚴鉉、僉事謝彖查勘未報，臣等在彼多方詢訪，官軍入城之時，如貪功妄殺、圖利焚掠等事，難保必無，然皆各哨領軍官員故違節制之罪，且承委官員亦稱前事已經太監張永等先已勘明，難再別議。若復再加鍛鍊，恐於國體有傷。伏望聖明裁察，幸甚！今將會同問過宸濠情節，先以上聞，其各項功次，臣等另行造册奏繳。」（正德十五年二月十八日題）

汪天啟送蓉川齊公之崇德序：「……先帝親征，駕已離京師，召瑞卿（齊之鸞）及禮科左給事中祝續、御史章綸、許孟和等還候於彭城。面請回鑾，不從，且諭令同諸將至江西翦遺孽。瑞卿戒諸將不可妄殺，巨閹勢焰太盛，輘轢守臣，瑞卿獨持詞執禮以當之，不為屈。會鞫宸濠於府第中，宸濠誣守仁，瑞卿責以大義，卒噤不語。帝駐驆南都，瑞卿屢上疏請還宮，帝以其不便，已舍之江干，令無入城，乃作迴鑾賦以自遣。諸將奪江西守臣功，王侍郎憲拉瑞卿造册，且言：『勿違上意速禍。』瑞卿

第1574頁

正色曰：『臣子不當陷君於不義。』由是議遂不合。憲獨迎上意造册以進，遲回一年，江彬、張忠等每有問，輒對曰：『不紀江西守臣功，而濫及諸貴，何以示天下後世？之鸞等願褫職得重罪，此册不忍造也！』……」正德十六年七月既望，賜進士出身、文林郎、兵科都給事中新安汪宮錫天啟拜書。（蓉川集歷宮疏草贈言）

齊祖名蓉川公年譜：「庚辰，公三十八歲。在兵部紀功江西，奏免江西十四年一切錢糧。時濠已為都御史王文成公守仁所擒，會鞫於府第，濠反誣文成，公責以大義，卒噤不語。諸將忌文成功，欲中傷之。公前後論救，疏

凡七上。其為誅連者數十萬人，公止勾其同謀扇惑者數十人，其無辜被逮者，焚其籍，悉縱遣之。」（《蓉川集》）

按：武宗命章綸、祝續、許孟和、齊之鸞（四紀功）會同張永、張忠、江彬、朱暉往江西查勘宸濠反叛事狀與陽明私結宸濠狀，諸將忌功中傷陽明，章綸、祝續誣奏陽明私通宸濠，以及齊之鸞七上疏救陽明等，後來武宗與朝廷皆諱言之，隱瞞真相，如《明武宗實錄》不載其事，史家（如《明通鑑》、《明史紀事本末》等）均不得其詳，博采如《國榷》者，對此竟也不能道一詞。今賴齊之鸞之救王文成公疏，真相大白於天下矣，陽明何以兩次遁入九華山之背景與秘密亦由此揭開。

致書整庵羅欽順，並贈《古本大學傍釋》、《朱子晚年定論》。

羅欽順《困知記三續》：「庚辰春，王伯安以《古本大學》見惠，其序乃戊寅七月所作。序云：『大學之要，誠意而已矣；誠意之功，格物而已矣；誠意之極，止至善而已矣。正心，復其體也；修身，著其用也。以言乎己，謂之明德；以言乎人，謂之親民；以言乎天地之間，則備矣。是故至善也者，心之本體也，動而後有不善。意者，其動也；物者，其事也。格物以誠意，復其不善之動而已矣。不善復而體正，體正而無不善之動矣，是之謂止至善。聖人懼人之求之於外也，而反覆其辭。舊本析，而聖人之意亡矣。是故不本於誠意，而徒以格物者，謂之支；不事於格物，而徒以誠意者，謂之虛。支與虛，其於至善也遠矣。合之以敬而益綴，補之以傳而益離。吾懼學之日遠於至善也，去分章而復舊本，傍為之什以引其義，庶幾復見聖人之心，而求之者有其要。噫！罪我者，其亦以是矣。』夫此其全文也，首尾數百言，並無一言及於致知。近見《陽明文錄》，有《大學古本序》，始改用致知立說，於格物更不提起。其結語云：『乃若致知，則存乎心悟。致知焉，盡矣。』陽明學術，以良知為大頭腦，其初序《大學古本》，明斥朱子傳注為支離，何故卻將大頭腦遺下？豈其擬議之未定歟？……」

按：羅欽順與王陽明書云：「昨拜書，後一日始獲奉領所惠《大學古本》、《朱子晚年定論》二編。」即指是年春陽明致書羅欽順並贈《大學古本傍釋》、《朱子晚年定論》。陽明致羅欽順書今佚，羅欽順答書已在六月。

二十二日，白悦、白誼來請為其父白圻作墓銘。

陽明敬齋白公墓志銘：「正德丁丑十二月二十二日，右副都御史白公卒。戊寅秋，其子説、誼卜葬於邑武龍岡之原，得庚辰二月之甲申，奉其母何淑人之命，具疏狀走數千里來陵，請銘於守仁。昔公先公康敏君，京師與家君為比鄰，及余官留都，又與公居密邇，説、誼皆嘗及門，通家之好三世矣，銘而可辭？乃為之銘。按監察御史張鰲山狀，公諱圻，字輔之，別號敬齋。係出秦大夫乙丙，宋末繼昇者，始自洛陽來，居晉陵之三渦里，再徙城東采菱港。……公生十八年，領成化癸卯應天鄉薦，甲辰舉進士。丙午授南京户部主事，司牧馬草場，留守諸倉，奏起尅税，歲五千餘緡。癸丑陞刑部員外郎，丙辰轉郎中，以疾告。癸亥改户部，奉敕督漕運。時康敏致政家居矣，比疾卒，適便道省侍，得嘗藥視殮焉。丙寅服闋，補都水郎中。丁卯陞浙江參議，分守浙東諸郡，值旱，請免常税十之四。時逆瑾用事，議開温、處礦，公極言其患無已，請以贖金充輸，得報罷。所部豪民僞牒補吏，持官府弄法，公罷革三百餘人，還政以人。日本使掠鄞少年，歸後甥其國主。隨使入貢，鄞人嫉其賄，奏留之，日本大噪。公以待夷宜恕以情，今棄一惡少，無損於編户，留之足以召釁，請薄責其使，弗治，朝議以為得體。金、衢、温、杭歲連歉疫，公前後極力賑恤，民獲全活，又奏折其税。長興有湖，没田萬畝，重税殃民，悉為請免。庚午陞福建左參政，汀、漳寇起，遠近震摇，公檄兵進剿，賊散去。辛未陞右布政使，癸酉轉左山東。時流賊甫興，歲蝗，公定税為九則，寬恤被盗州縣，檢奏婦女不受賊污者，表厥宅里，民用不病。冬遷應天府尹。康敏舊嘗為府丞，公至，興學校，舉廢墜，招流移，奏釐時政七事，復修康敏之績，紹述有光焉。乙亥擢右副都御史，總督南京糧儲。公以根本重地，而蓄積日耗，即有水旱兵亂，何以備？乃奏裁冗食，薄浮費，停不急之役。又疏條其非便若數事，剔蠹祛奸，翼善推暴，與權横大拂然，自是輿論益歸。丁丑正月，太夫人將没，哀毁成疾，其冬病甚，遂卒，年五十二。……」（朱大韶皇明名臣墓銘，陽明文集失載）

三月，獻俘赴南都，遂再往遊九華山、齊山，多有詩咏題刻。

王陽明全集卷二十江上望九華不見：「五句三過九華山，一度陰寒一度雨。此來天色稍清明，忽復昏霾起亭午。平生山水最多緣，獨此相逢容有數。人言此山天所秘，

第1577頁

第1578頁

浙江大学古籍研究所

山下居人不常睹。蓬萊涉海或可求，瑶水崑崙俱舊遊。洞庭何止吞八九，五嶽曾向囊中收。不信閒雲掃六合，手扶赤日照九州。駕風騎氣覽八極，視此瑣屑真浮漚。」

按：詩云「五旬三過九華山」，「此來天色稍清明」，五十日中三過九華山，即指正月中旬入九華一次，正月下旬自南都回經九華一次及三月上旬再往九華一次，「清明」云云，或即暗示在三月清明節前後也。

陽明贈周經和尚偈：「不向少林面壁，卻來九華看山。錫杖打翻龍虎，隻履踢破巉巖。這個潑皮和尚，如何容在世間？呵呵，會得時，與你一棒；會不得，且放在黑漆桶裏偷閑。正德庚辰三月八日，陽明山人王守仁到此。」（民國九華山志卷四，陽明文集失載）

按：周經，一作周金，民國九華山志卷四：「明周金，正德間太平山僧也。游少林寺，還居九華東巖。值王陽明復游九華，金訪之，相與談心，甚契……至嘉靖戊子，金乃還太平山。一日，召寺僧說偈曰：『千聖本不善，彌陀是釋迦。問我還鄉路，日午坐牛車。』語訖，跏趺而逝。」又卷二：「東巖禪寺……故王文成公定其名曰『東巖』，俗又名『宴坐巖』，亦名『舍身巖』……明正德時，周金亦嘗居此，文成與之談心，復贈詩偈。」卷四：「陽明書偈……偈刻於宴坐巖懸石倒覆處。」

第1579頁

陽明送周經和尚：「巖頭有石人，為我下嶙峋。足曳破履五千兩，身披舊衲三十斤。任重致遠香象力，餐霜坐雪金剛身。夜寒猛虎常温足，雨後毒龍來伴宿。手握頑磚鏡未成，舌底流泉梅漸熟。夜來拾得過寒山，翠竹黃花好共看。同來問我安心法，還解將心與汝安。」　巖僧周經，自少林來，坐石窗中且三年。聞予至，與醫官陶埜來謁。經蓋有道行者，埜素精醫，有方外之緣，故詩及之。（顧元鏡九華山志卷五）

按：王陽明全集卷二十有無題詩，即此送周經和尚詩，然卻無題，亦無後題，致向不知此詩為誰作。此恐是錢德洪有意隱去詩題，刪去後題也。

王陽明全集卷二十有僧坐巖中已三年詩以勵吾黨：「莫怪巖僧木石居，吾儕真切幾人知？經營日夜身心外，剽竊粃糠齒頰餘。俗學未堪欺老衲，昔賢取善及陶漁。年來奔走成何事？此日斯人亦起予。」

按：此詩稱巖僧「坐巖中已三年」，與送周經和尚稱「坐石窗中且三年」相同，稱「巖僧木石居」，亦與送周經和尚稱「巖頭有石人」相同。可見此巖僧必即周經和尚也。

陽明齊山寄隱巖石刻：「正德庚辰清明日，陽明山人王守仁獻俘自南都還，登此。時參政徐璉、知府何紹正同行，主事林㙔、周昺、評事孫甫適至，因共題名。陶埜

第1580頁

刻。（陳蔚齊山洞巖志卷十五，陽明文集失載）

按：此刻在齊山寄隱巖，齊山洞巖志卷十五：「寄隱巖，在小九華之東北百步許，窈而深，可以寄隱，故名。轉而出，有寄隱巖亭，巖壁上有『齊山』二字，八分書。」志引齊山磨崖辨云：「九華東巖有正德庚辰三月八日，陽明山人王守仁」到十六字。馬公郡志謂：「先生年譜，庚辰正月入九華，二月已有觀兵九江之作，則三月不應尚留九華也。」茲據寄隱巖磨崖：清明在齊山，是歲清明乃三月九日，則三月八日在東巖有足徵也。年譜所云二月觀兵九江，殆二月有二月觀兵之命，至三月初旬方自九華過齊山而去耳。」今按：此寄隱巖摩崖題刻與贈周經和尚偈所題「三月八日」相合，亦與江上望九華不見所言「五旬三過九華山」、「此來天色稍清明」相合，可信為摩崖真迹。題刻所言何紹正，時正任池州知府。明清進士錄：「何紹正，弘治十五年三甲一百一十名進士。浙江淳安人，字繼宗。授行人。正德間，擢吏科給事中。忤劉瑾，謫海州判官。遷池州知府，築銅陵五十餘圩，以備旱潦。宸濠叛，攻安慶，池人震恐，紹正登陴固守。遷江西參政致仕。」齊山洞巖志卷三著錄有何紹正齊山次杜韵：「閑雲縹緲撲眉飛，到此

令人俗慮微。煙樹亂猿啼且嘯，松巢雙鶴去還歸。詩脾心徹寒泉溜，醉眼摩挲返照輝。野趣宜人牽吏隱，頻頻抖擻看山衣。」（引自萬曆池州府志）即是次何紹正陪陽明遊齊山所作（見下）。參政徐璉，按吳宗慈廬山志藝文金石目著錄陽明題青玉峽龍潭題名：「大明正德庚辰，陽明王守仁，同行御史伍希儒、謝源，參政徐璉，知府陳霖。」可證陽明確偕徐璉同行往遊九華、齊山，蓋徐璉原為袁州知府，平宸濠立功，陞為江西參政。「陶埜即陽明詩中所言醫官陶野，乃自九華陪侍陽明來遊齊山。

陽明遊寄隱巖題：「每逢山水地，便有卜居心。終歲風塵裏，何年滄海潯？洞幽泉滴細，花暝石房深。青壁留名姓，他時好共尋。」（齊山洞巖志卷十五）

按：陽明此詩刻在上清巖（壽字巖）上，乃與齊山寄隱巖石刻在同時，詩云「青壁留名姓」，即指寄隱巖石刻也。「花暝石房深」，亦在暮春三月。齊山洞巖志卷六著錄吳道南望齊山次陽明先生韵：「江山標勝概，俱可淨塵心。不分齊山景，偏連洋子潯。蒹葭凝露白，巖洞鎖雲深。何日登觀暇，能無姓字尋？」（引自吳道南巴山館草）吳道南乃是來遊齊山，見陽明此摩崖詩刻，

遂作和韵，此尤可見陽明此詩原刻在齊山上清巖。今王陽明全集卷二十著錄有陽明此遊寄隱巖題詩，卻題作寄隱巖（向不知何意），竟定為陽明正德五年在南京作，乃大誤。

王陽明全集卷二十春日遊齊山寺用杜牧之韵二首：「即看花發又花飛，空向花前嘆式微。自笑半生行腳過，何人未老乞身歸？江頭鼓角翻春浪，雲外旌旗閃落暉。羨殺山中麋鹿伴，千金難買芰荷衣。

倦鳥投枝已亂飛，林間暝色漸霏微。春山日暮成孤坐，遊子天涯正憶歸。古洞瀑雲含宿雨，碧溪明月弄清暉。桃花不管人間事，只笑山人未拂衣。」

按：詩云「即看花發又花飛，空向花前嘆式微」，可見作在暮春三月。陽明此詩原刻在齊山上清巖（見齊山洞巖志卷十），前引何紹正齊山次杜韵，即與陽明此詩作在同時。

據上所考，陽明在正德十五年三月又往遊九華、齊山，可成定案。大抵陽明在三月初（或二月下旬）往遊九華、齊山，至三月中旬歸南昌。以此查勘王陽明全集卷二中全部遊九華山詩，猶可發現還有數詩可定為是三月往遊九華山所作：

將遊九華移舟宿寺山二首，按詩云「藤筐採藥帶花歸，諸生晚佩聯芳杜」，「風詠不須沂水上」，可見作在春三月。

登雲峰二三子詠歌以從欣然成謠二首，按詩云「飄飄二三子，春服來從行」可見作在暮春三月。

山僧，按詩云「石牀花雨落寒燈」，可見作在春三月。詩云「巖下蕭然老病僧，曾求佛法禮南能」，此山僧似即周經和尚。

重遊開先寺戲題壁，按詩云「三月開花兩度來」，三月中兩度來開先寺，一次即陽明三月中旬自九華、齊山歸

經開先寺，一次即三月下旬與邵寶遊東林經開先寺（見下）。

陽明三月又往遊九華、齊山，錢德洪陽明先生年譜未言，向不為人所知，遂成一大迷案。今按：陽明齊山寄隱巖石刻明云：「陽明山人王守仁獻俘自南都還，登此。」可見陽明三月赴南都乃是獻俘之行，即押解新一批逆黨從犯送往南都，其中即包括被誣陽明弟子冀元亨。明史卷一百九十五冀元亨傳：「宸濠敗，張忠、許泰誣守仁與通。詰宸濠，言無有。忠等詰不已，曰：「獨嘗遣冀元亨論學。」忠等大喜，搒元亨，加以炮烙，

終不承，械繫京師詔獄。」按齊之鸞清理刑獄疏云：……「……亦有未經送審，徑自起解者。除將情法顯然可矜可疑李元亨等九十三名題奉大行皇帝（武宗）

第1584-2頁

聖旨，法司看了來說……」（蓉川集歷官疏草）可見冀元亨乃在三月起解押往南都受刑，至閏八月班師再械繫送京師詔獄（見齊之鸞杜革冒濫疏）。陽明三月親解囚俘赴南都，實亦意在入南都面見武宗陳情，為冀元亨辯誣雪冤。其後來所上咨六部伸理冀元亨云：「本職義當與之同死，幾欲為之具奏伸理。」顯即指其三月入南都欲申奏冀元亨之冤，而其卒未能具奏伸理，必即是受到張忠阻抑，未能入南都。估計是次陽明解囚亦是至蕪湖，張忠遣人來阻，取囚俘而去。陽明返江西，途中遂往遊九華山、齊山也。（按：蕪湖屬南直隸，與南京相值，至蕪湖也可謂至南都，故稱「獻俘自南都還」）大抵陽明有三次「獻俘之行：一

次為正德十四年九月解宸濠等獻俘錢塘，一次為正德十五年正月解劉吉等獻俘南都，一次為正德十五年三月解冀元亨等獻俘南都。錢德洪陽明先生年譜對此或不言之及，或敘述含混，留下三大謎團。

上疏乞寬免稅糧，急救民困。並有札致監察御史朱節陳懇。王陽明全集卷十三乞寬免稅糧急救民困以弭災變疏：「……本年（正德十四年）自三月至於秋七月不雨，禾苗未及發生，盡行枯死，夏稅秋糧，無從辦納，人民愁嘆，將及流離……伏望皇上軫念地方塗炭之餘，小民困苦已極，思邦本之當固，慮禍變之可憂，乞敕該部速行將正

第1585頁

德十四年、十五年該省錢糧悉行寬免；其南昌、南康、九江等府殘破尤甚者，重加寬貸，使得漸回喘息，修復生理。非但解江西一省之倒懸，臣等無地方變亂之禍，得免於誅戮，實天下之大幸，宗社之福也。……」陽明與朱守忠手札三：「欲投劾徑去，慮恐禍出不測，益重老父之憂；不去，即心事已亂，不復可強留。神志恍恍，終日如夢寐中。省葬之乞，去秋嘗已得旨，『賊平來說』。及冬底復請，而吏部至今不為一覆。豈必欲置人於死地然後已耶？僕之困苦危疑，當道計亦聞之，略不為一動心，何也？望守忠與諸公相見，為我備言此情，

，得早一日歸，即如早出一日火炕，即受諸公更生之賜矣，至禱，至禱！宸濠叛時，嘗以偽檄免江西各郡租稅，以要人心。僕時亦從權宜蠲免，隨為奏請，至今不得旨。今江西之民重罹兵革誅求之苦，無復生意，急賑救之，尚恐不逮，又加徵科以速之，不得已復為申請。正如夢中人被錐，不能不知疼痛，聊復一呻吟耳，可如何如何！守仁頓首，守忠侍御大人道契。諸相知不能奉書，均為致千萬意。奏稿目入。」（陽明與朱守忠手札（三札）真迹，藏上海博物館，陽明文集失載）

按：陽明是札所云「僕時亦從權宜蠲免，隨為奏請」，指正德十四年七月三十日陽明上奏乞蠲免江西稅糧。所云「不得已復為申請」，指正德十五年三月陽明上此乞寬免稅糧急救民困以弭災變疏。所云「去秋嘗已得旨，『賊平來說』」，指正德十四年八月疏乞便道省葬，時奉旨云：「著督兵討賊，所奏省親事，待賊平之日來說」。所云「冬底復請」，指正德十四年十二月底又上疏乞省葬。可見陽明此札作於正德十五年三月，蓋與其乞寬免稅糧急救民困以弭災變疏同齎往京師。「奏稿目入」，即指此乞寬免稅糧急救民困以弭災變疏也。按王陽明全集於此疏題下注「十五年三月二十五日」，乃誤。朱節於三月二十三日已來江西，唐龍三月二十三日作開先寺次陽明韻即云「白蒲（朱節）新從湖上來」（見下），可見朱節三月

第1586頁

二十三日已至南昌，陽明豈會在三月二十五日作此疏此札送往京師？且陽明在三月二十五日三上省葬疏，陽明此致朱節札如亦作在三月二十五日，何以札中竟不言及此三上省葬疏事？此尤可見陽明此札此疏非上在三月二十五日。疑此「三月二十五日」為三月十五日之誤。

二十三日，與巡按江西御史唐龍、朱節往遊東林寺、開先寺，有詩唱酬。

王陽明全集卷二十重遊開先寺戲題壁：「中丞不解了公事，到處看山復尋寺。尚為妻孥守俸錢，至今未得休官去。三月開花兩度來，寺僧倦客門未開。山靈似嫌俗士駕，溪風攔路吹人回。君不見，富貴中人如中酒，折腰解酲須五斗。未妨適意山水間，浮名於我亦何有！」

按：詩云「三月開花兩度來」，謂三月中兩度來遊開先寺，則是三月中旬陽明獻俘歸經開先寺一遊，至下旬又偕唐龍往遊開先侍。

唐漁石集卷四開先寺次陽明韻二首：「雞鳴起了官中事，清閑騎馬看山寺。纔過石橋僧出迎，屢穿松徑鶴不去。白蒲新從湖上來，巖前對生木犀開。肺渴吸盡龍池波，共乘明月清歌回。君不見，淵明歸來日灑酒，彼豪空負印如斗。太虛之上一點雲，朝聚暮散倏無有。老僧苦修方外事，焚香誦經不出寺。巖上白雲招即至，

第1587頁

巖下蒼鹿逐不去。青驄偶為尋幽來，松花寂寂山門開。直上香爐瞰彭蠡，大風滿面翻吹回。彭蠡之水白於酒，落星之臺大於斗。借問老僧何所歸？直指天地無何有。」

按：詩云「白蒲」即朱節，字守忠，號白浦（山陰白浦人）。其時朱節已以巡按江西御史來南昌，故唐龍詩中言及之。據唐龍此詩，可見陽明乃是偕唐龍、朱節往遊東林寺、開先寺。

陽明遊東林次邵二泉韻：「昨遊開先殊草草，今日東林遊始好。手持青竹撥層雲，直上青天招五老。萬壑笙竽松籟哀，千峰掩映芙蕖開。坐俯西崖窺落日，風吹孤月江東來。莫向人間空白首，富貴何如一杯酒。種蓮採菊兩荒涼，慧遠陶潛骨同朽。乘風我欲還金庭，三洲弱水連沙汀。他年海上望廬嶽，煙際浮萍一點青。

遊東林，次邵二泉韻。正德庚辰三月廿三日，陽（明）山人識。」（遊東林寺詩碑，吴宗慈廬山志藝文志金石目）

按：陽明此詩真迹在廬山志中稱「遊東林寺詩碑」，云：「明王守仁作七古一章，并書。其真迹初在三笑堂壁間，後移於影堂。」今有此詩碑刻石存江西廬山東林寺。按王陽明全集卷二十有又次邵二泉韻，即此詩，但無後題，向不知此詩作具體時間。

陽明所次韻詩，爲邵寶弘治中來任江西按察副使時所作詩，吴宗慈廬山志藝文歷代詩存著錄有邵寶東林寺：「我行春山拾瑶草，興到磨崖何處好？東林雙澗接水雲，倚塔蒼松鐵柯老。遺迹可賞還可哀，午風徐步巖花開。遠公有道吾未識，千載曾見淵明來。匡廬佳氣迎馬首，萬風明月今宵酒。階前嘉樹多閱人，莫向尋常論不朽。清晨海日光照庭，潯陽北望橫煙汀。僧到幸為謝山色，覽盡江湖終眼青。」陽明即次此韻。又吴宗慈廬山志藝文金石目著錄青玉峽龍潭題刻：「大明正德庚辰，陽明王守仁，同行御史伍希儒、謝源，參政徐璉，知府陳霖。」又著錄天池寺題刻：「正德庚辰三月，（都察院副都御）史陽明（王守仁），同行參（政）徐璉，副使高雷令……知府（陳霖）相從。」此二刻即是次往遊東林、開先所題。

第1588页

第1589页

二十五日，三疏省葬，並有札致毛紀，不允。毛紀有答書。

王陽明全集卷十三四乞省葬疏：「……臣旦暮惶惶，延頸以待，內積悲病之鬱，外遭窘局之苦，新患交乘，舊病彌篤，方寸既亂，神氣益昏，目眩耳聵，一切世事皆如夢寐。今雖抑情彊處，不過閉門伏枕，呻吟喘息而已。豈能供職盡分，為陛下巡撫一方乎？夫人臣竭忠，委令以赴國事；及事之定，乃故使之不得一省其親之疾，是沮義士之志，而傷孝子之心也。且陛下既以許之，又復拘之，亦何以信於後？臣素貪戀官爵，志在進取，亦非高潔獨行，甘心寂寞者。徒以疾患纏體，哀苦切心，不得已而為此。今亦未敢便求休退，惟乞暫回田里，一省父疾，經營母葬，臣亦因得就醫調理，少延喘息。苟情事稍伸，病不至甚，即當奔走赴闕，終效犬馬，昔人所謂報劉之日短，盡忠於陛下之日長也。臣不勝哀痛號呼懇切控籲之至。具本又於正德十五年三月二十五日差舍人王鼎齎奏去後……」

按：陽明四上乞省葬疏，唯三乞省葬疏不載今王陽明全集中，疑三乞省葬疏中多有憤激之言，故卒未收入集中。

鰲峰文集卷十八答王陽明書：「人來，時辱手書，足慰遠懷。地方大變，旋就底平，可謂一代之殊勳矣。朝廷方將丕視功載，以尋帶礪之盟，聖謨弘遠，天心久定，固有不待言者。執事稚德撝謙，乃置而不居，顧以私為請，恐非所宜也，亦非天下之所望於執事者也。承諭寬恤民患事宜，執事之苦心蓋在於此，披閱至再，良切恫瘝，所司必有處矣。然亦不獨一方為然也，奈何！人回，聊此奉復，餘不既。」

按：毛紀此書中所云「承諭寬恤民患事宜」，乃指陽明同時所上乞寬免稅糧急救民困以弭災變疏，故毛紀書中所云「顧以私為請」，即指陽明三上乞省葬疏也。

四月，聞湛甘泉避地髮履塚下，有書致慰。湛甘泉有答書，再論為學「支離」之病。

王陽明全集卷四答甘泉書二：「得正月書，知大事已畢，當亦稍慰純孝之思矣。近承避地髮履塚下，進德修業，善類幸甚。傳聞貴邑盜勢方張，果爾，則遠去家室，獨留曠寂之野，恐亦未可長也。某告病未遂，今且蹔告歸省，去住亦未可必。悠悠塵世，畢竟作何税駕？當亦時時念及，幸以教之。叔賢志節遠出流俗。渭先雖未久處，一見知為忠信之士。乃聞不時一相見，何耶？英賢之生，何幸同時共地，又可虛度光陰，容易失却此大機會，是使後人而復惜後人也？二君曾各寄一書，托宋以道轉致，相見幸問之。」

按：書所云「大事已畢」，指一應喪葬事畢。「正月書」，即指湛甘泉得楊驥轉來陽明書後於正月所作答書（見前引答陽明都憲」。「今且蹔告歸省」，即指陽明三月二十五日三上乞省葬疏。故可確知陽明此書作於四月初。錢德洪陽明先生年譜云：「庚辰春，甘泉湛先生避地髮履塚下，與霍兀厓韜、方叔賢同時家居為會，先生聞之，曰……」即據陽明此書。陽明致方獻夫書，即前引答方叔賢（王陽明全集卷五），致霍韜書今佚。

泉翁大全集卷八答陽明：「西樵兩承遠慮，非骨肉之義，何以及此？然此山復出江海之間，絕與後山不相涉，且遠二三百里。山賊不利舟楫，廣閒士夫多好事者為之耳，不勞遠念。所示前此『支離之憾』，恐兄前此未相悉之深也。夫所謂『支離』者，二之之謂也，非徒逐外而忘內，謂之『支離』；是內而非外者，亦謂之『支離』。過猶不及耳，必體用一原，顯微無間，一以貫之，乃可免此。僕在辛、壬之前，未免有後一失；若夫前之失，自謂無之；而體用顯微，則自癸、甲以後，自謂頗見歸一。不知兄之所憾者安在也？」

按：湛甘泉因山賊作亂避地髮履塚下，故陽明為之遠慮，以為「遠去家室，獨留曠寂之野，恐亦未可長也」。湛甘泉此書即答陽明此「遠慮」者。湛甘泉此答書約是秋九月霍韜來南昌時攜至。

南京戶部郎中東漢來南昌清查江西錢糧，問學於陽明。

陽明友生贈行東漢詩卷：

「華山靈秀環西北，天產豪英半渭川。伯仲翩翩翺上國，雲仍藹藹號多賢。回看星節江湖遠，仰睇龍章日月懸。臨水張筵南浦外，落霞斜日酒杯前。——錫山陳策

「江右京儲逋負多，渭川銜命拙催科。九重新主來恩詔，四海遺黎動笑歌。曉日西山行色麗，清風南浦頌聲和。攀留無計聊杯酒，目送離舟絕逝波。——松滋伍文定

「地入西江非沃壤，可堪兵火兩三過。催科漫訝陽城拙，輸轉寧爭劉宴多。碧水明沙煙外棹，和風甘雨路傍歌。天顏向喜歸朝日，稽首封章委佩珂。——湘源蔣曙次

「聖主頒新詔，疲民罷宿逋。使旌瞻魏闕，官棹發鄱湖。
取道頻看月，澄心獨味書。炎熇善自保，千里慰興居。
——仁和邵銳
「漭漭龍沙送去艎，交盟何敢付疏狂？偶看符彩傾江右，
便覺名流盛漫郎。擊楫許同淩鼓角◎（曩同領兵討賊，
故云），倚樓寧獨問行藏。重逢話舊惟天在，不盡臨歧一
笑償。——江東嚴紘
「洪都寄會渭川子，冠蓋繽紛祖帳過。楚水帆開時弊少，
燕山路轉月明多。督儲不用關中計，覽景惟餘郢上歌。
別館遥思恩寵地，長安昆玉並鳴珂。——古恒徐璉

第1594頁

「輕帆挾浪西江道，此幸逢君一再過。坐到好山憐獨對，
看來白髮為誰多。閑情半落尊前月，別思高翻水面歌。
明日趨朝幾章疏，蚤收民隱向鑾珂。——南江鄒輗
「猗猗淇上姿，秀色良不删。明月從東來，離縱翔雙鸞。
中有好奇士，掃雪開柴關。一旦出彈冠，英風振臺端。
經濟伯仲易，催科今古難。白下花多妍，洪都江幾灣。
舊遊懷渭水，新賞窮廬山。一枝到天池，佛手六月寒。
爐峰煙漠漠，柱觀雲漫漫。回首九疑望，竹枝含淚斑。
虞舜叫不應，顦顇傷心顏。——一吟田龍
「十年郎署誼通家，萍梗重逢意轉賒。道脉知君真有的（

君近學于陽明先生之門，故云），蓬心愧我未曾麻。皇華
奕奕君恩重，彩鷁翩翩雁影斜。樽酒不堪分袂處，楚天
遥望暮雲遮。——閩人陳墀
「高柳陰中簫鼓沸，樓船六月下晴川。心齋頓許超先覺，
政拙寧忘繼昔賢。要路一門鸞鳳立，孤標千仞日星懸。
西江只尺睽違地，深負交遊八載前。渭川子在池也
，與余相識於八載之前。比按部江右，余時在浙；余至
江右，圖一言懷，而渭川子還省矣。因用蓉湖韵賦此，
不覺愴然。——錢塘陸溥」（楊儒賓、馬淵昌也中日陽
明學者墨迹，詩卷真迹由何創時書法藝術基金會收藏）

第1595頁

按：東漢字希節，號渭川，華州人。王維楨長蘆都轉運鹽
使渭川東公漢狀：「公諱漢，字希節，別號渭川……正德
辛未，渭川公始就選吏部，授直隸池州府同知……甲戌，
改鎮江府同知……丙子，陞南京戶部雲南司員外郎。庚
辰，陞本部河南司郎中……寧藩之變，部議齎金募兵
，諸當行者輒辭不往，獨員外請行。已又返其羨金，大司
馬喬公聞之，嘆曰：『毅哉！東員外不可能也。』乃疏薦之。
武廟南狩，天兵百萬，員外以輸餉不乏，欽賞白金二十
兩，綵幣二表裏，一時稱焉。既為郎中，奉檄清查江西
錢糧，得五百萬石，宿弊一洗。勞費心神，遂以疾乞歸

……」（國朝獻徵録卷一百零四）詩卷諸家皆謂東漢是次來南昌是「按部江右」、「江右京儲逋負多，渭川御命拙催科」、「催科今古難」、「催科漫許陽城拙」，則必是指正德十五年東漢奉命來江西清查錢糧事。蓋先是陽明在三月上疏乞寬免江西稅糧，急救民困。武宗乃有詔下寬免江西錢糧，即詩卷中所云「聖主頒新詔，疲民罷宿逋」、「九重新主來恩詔，四海遺黎動笑歌」。時武宗方駐驛南都，故特遣南京户部郎中東漢往南昌清理江西錢糧。其當在四月來南昌，至六月事成歸朝，陽明友生紛紛賦詩送歸，即成斯詩卷也。陽明未賦詩送東漢，蓋六月陽明已往贛州

故（見下）。尤值得注意者，陳塤稱東漢「道脉知君真有的，君近學于陽明先生之門」，按東漢正德十一年陞南京户部員外郎，陽明時亦在南都任職，東漢必當常來陽明處問學受教，故陳塤稱「君近學于陽明先生之門」。以後東漢又屢次赴江西處理事務，亦皆可向陽明問學。故東漢實為一陽明在南都之入門弟子也。

饒瑄來南昌問學，携楊廉書至。

楊文恪公文集卷四十六與王伯安書二：「恭聞明詔特徵，帝心簡在，此天下之福也。但江西瘡痍之赤子慈仁父母，舍之而去，不知居廟堂亦念之否乎？一省之人眷戀於深恩大惠，何時而已也！寬恤稅糧之條，望與巡撫先生暨諸司熟講而行，其已徵在官者，如何作下年之數，及十分如何作五分之免，諸如此類，講説既定，畫一揭示，則小民得以沾朝廷之實惠矣。講學一事，承執事開諭甚至，領教領教！然某嘗怪陸青田謂伊川蔽固已深；近年陳白沙門人尊其師，謂伊洛以下之儒蓋不足道，皆言之太過。審如是，則此學自孔孟而絶，雖程朱不得而與；程朱不得而與，青田、白沙得與乎？青田天資固高，其流弊在於簡略，學孟子而失之。若白沙，則所謂下士晚聞道，聊以拙自修者，其學在儒禪之間。不知執事以為何如？因饒生，力疾布此。」

按：楊廉書中所云「舍之而去」，指陽明三上乞歸省疏，欲歸休而去。「寬恤稅糧之條」，指陽明上乞寬免稅糧疏。蓋楊廉時方任南京工部右侍郎，陽明致書告之（書今佚），楊廉乃作此答書。「饒生」即撫州饒瑄文璧，蓋攜楊廉此書來南昌問學。

按：鄒守益王陽明先生圖譜：「先生開講於南昌，門人舒芬、魏良弼、王臣、饒得温（按：即饒瑄）、魏良政、良器等同舊游畢集。」可見饒瑄確又來南昌問學。

二十五日，與巡按御史唐龍、朱節上疏計處寧藩變産官銀，代民上納。

王陽明全集卷十三巡撫地方疏：「……緣由呈詳到臣，查得先為計處地方事，該臣會同巡按御史唐龍議奏，乞將抄没寧府及各賊黨田地房屋，令布、按二司掌印及守

巡并府縣官員從實覆查，委係占奪百姓，遵照詔書內事理，各給還本主管業。及將於內官房酌量移改城樓窩鋪衙門，餘外田地山塘房屋，仍令各官公同照依時估變賣，價銀入官。先儘撥補南、新二縣充軍淮安京庫折銀米，及王府祿米外，有餘羨收貯布政司官庫，用備緩急。……」

五月五日端陽節，觀龍舟競渡，有詩寫懷。

陽明端陽日次陳時雨寫懷寄程克光金吾：「艾老蒲衰春事闌，天涯佳節得承歡。穿楊有技饒燕客，賜扇無緣愧漢官。自笑獨醒還強飲，貪看競渡遂忘餐。蒼生日夜思霖雨，一枕江湖夢未安。」（光緒淳安縣志卷十五，陽明文集失載）

按：陳時雨即陳霖，同治長興縣志卷二十三上：「陳霖，字時雨，號四山。弘治六年進士，初任行人。陞監察御史，獻替不忌諱，勳戚避之。及巡按東粵，貪墨望風解組。連州十三村洞蠻，積亂為祟，霖奏請舉兵，盡平之。詔賜緋綺二、銀卮二。因劾逆瑾，左遷南康知府，治無城郭，與江省接壤。時寧藩謀逆，屢招之，堅拒不從，間道赴巡撫王守仁軍中告警，因留帳前贊畫。隨征剿賊，斬首千餘。賊平，守仁言其功，復任南康，創議築城，民尸祝之。老病乞休，林下二十餘年。賦詩弈棋，不及公事，家無餘貲。壽九十四。」陳霖與陽明乃在正德十四年平宸濠亂中始識。陳霖時為南康知府，戴罪立功。陽明開報征藩功次贓仗咨云：「戴罪殺賊官一十七員：……南康知府陳霖……」今以此詩考之：「穿楊」，似指陽明教場射箭，三發皆中事；「燕客」，指燕來之北軍，張忠、許泰所率之京邊官軍。「賜扇」，應是「賜羽」之誤，「羽」即羽葆，古王公大臣立功者，帝加賜羽葆以示寵信。此句言己平宸濠亂有功，卻不得獻俘見帝，賞功無望，愧為朝廷命官。「一枕江湖夢未安」，言己欲歸居江湖而不可得。可見此詩必作於正德十五年五月端陽日。程克光，按陽明此詩所以收入淳安縣志中，乃是因程克光為淳安人之故。考陽明程守夫墓碑（王陽明全集卷二十五）中言其友程文楷守夫為淳安人，其父程愈節之與王華為同年進士，程文楷與陽明同舉於鄉，同卒業於北雍。光緒淳安縣志卷三有林翰作程愈墓表，程愈有三孫程煒、程爚、程炷，應即程文楷三子。其中程煒字克明，以麟經名專門。程炷，任崇明、慈利等縣知縣，其嘉靖三年方為國子生，與正德十五年已任金吾之程克光顯非一人。程爚，任南京北城兵馬指揮，則此程爚應即程克光金吾。蓋程煒字克明，則程爚字克光也。

聞人誾、聞人詮書來論立志於學，有答書。

王陽明全集卷四寄聞人邦英邦正書三：「書來，意思甚懇切，足慰遠懷。持此不懈，即吾立志之說矣。『源泉混混，不舍晝夜，盈科而後進。放乎四海，有本者如是。』立志者，其本也。有有志而無成者矣，未有無志而能有成者也。賢弟勉之！色養之暇，怡怡切切，可想而知。交修罔怠，庶吾望之不孤矣。地方稍平，退休有日，預想山間講習之樂，不覺先已欣然。」

致書莆田山中陳傑問好，論修德講學。

王陽明全集卷四與陳國英：「別久矣。雖彼此音問闊疏，而消息動靜時時及聞。國英天資獨厚，加以靜養日久，其所造當必大異於疇昔，惜無因一面叩之耳。凡人之學，不日進者必日退。譬諸草木，生意日滋，則日益暢茂；苟生意日息，則亦日就衰落矣。國英之於此學，且十餘年矣，其日益暢茂者乎？其日就衰落者乎？君子之學，非有同志之友日相規切，則亦易以悠悠度日，而無有乎激勵警發之益。山中友朋，亦有以此學日相講求者乎？孔子云：『德之不修，學之不講，是吾憂也。』而况於吾儕乎哉？」

柯維騏南京湖廣道御史陳傑傳：「既滿考，念父耄齡，遂疏病歸養。踰年，父卒，送終盡禮。既葬，猶廬於墓，經時乃返。事庶母，撫二庶弟，咸盡誠。服食粗淡，行里中不假輿，無書抵公府，姻族亦不敢以貨干。履規道矩，蓋持之終身。家居凡九年，卒，年僅五十有六。陽明嘗稱其『篤信好學，高潔自守』，其不誣矣。」（國朝獻徵錄卷六十六）

興國守胡東皐刊刻吳幼清禮記纂言，為作序。

王陽明全集卷七禮記纂言序：「……宋儒朱仲晦氏慨禮經之蕪亂，嘗欲考正而刪定之，以儀禮為之經，禮記為之傳，而其志竟亦弗就。其後吳幼清氏因而為纂言，亦不數數於朱說，而於先後輕重之間，固已多所發明。二子之見，其規條指畫則既出於漢儒矣，其所謂『觀其會通，以行其典禮之原』，則尚恨吾生之晚，而未及與聞之也。雖然，後聖而有作，則無所容言矣；後聖而未有作也，則如纂言者，固學禮者之箕裘筌蹄，而可以少之乎？姻友胡汝登忠信而好禮，其為寧國也，將以是而施之，刻纂言以敷其說，而屬序於予。予將汝登之道而推之於其本也，故為序之若此云。」

顏鯨都察院右僉都御史胡公東皐傳：「無何，濠反。陽明王公慮濠之逕取南都也，移書倚公為南都之援，公曰：『濠據江右，王公自能救之。若趣兵留都，吾當一面，以撓其勢，俟官兵四集，賊可擒也。』已而濠攻安慶，公將率兵扼其喉，復聞濠反兵就擒，乃止。……與士子講解經義，稽飭行檢，表彰先賢，旌奬節義。刻禮記纂言、六書本義、韵補諸書，以惠學者，寧國人士於是乎有興焉。」（國朝獻徵録卷五十六）

按：前考胡東皋與陽明為姻家，王正憲娶胡東皋女。陽明此文稱「姻友」，則可知王正憲在正德十五年已與胡東皋女訂婚（時十三歲），至嘉靖三年正式結婚（見下）。顏鯨胡東皋傳云：「宅無樓臺，房無媵妾，田不滿頃，九子共之。姚之仕宦而清貧如寒士者，獨公與副都御史陳公雍、府尹胡公鐸，時號為『姚江三廉』云。」

江西大水，與僉事李素、鄒守益往近郊省災，有詩感懷。

王陽明全集卷二十又次李僉事素韵：「省災行近郊，採幽指層麓。回飈振玄岡，頹陽薄西陸。萬田收積雨，禾稼泛平菉。取徑歷村墟，停車問耕牧。清溪厲月行，暝洞披雲宿。淅米石澗溜，斧薪澗底木。田翁來聚觀，中宵尚馳逐。將迎愧深情，瘡痍慚撫掬。幽枕靜無寐，風泉朗鳴玉。雖繆真訣傳，頗苦塵緣熟。終當登名山，鍊藥洗凡骨。緘辭謝親交，流光易超忽。」

鄒守益集卷二十六和李僉憲元白大水感懷：「攙槍往貽西江害，嗷嗷赤子咸無賴。天遣德星秉威弧，一正泰階讙耆艾。餘芬猶令百草枯，稾秸不堪輸官租。淫雨何事忍

相厄？滿目麥苗隨水逋。良疇蜿蜿蛇龍登，魚鱉鼓勇勢相承。東望朝暾竟何在？欲補漏天將誰憑？可憐漂骼掛山阜，更有乘船來催賦。巢木茹草冤喧陘，萬里帝車無處訴。我欲騎鯨叩旻天，江流幾時復桑田？撫扶羲和攬威采，約束屏翳勿狂顛。以聞九斿征駕息，貫東七星有喜色。行令恁辱飽倉庾，更飭官吏祛蟊賊。昔在周宣憂薦饑，末年百蠻獻貔皮。後王不省食肉糜，五胡遂令晉鼎移。稽首直臣翊仁后，藩宣上與甫申偶。高歌祈招立皇極，雨暘合得時若否？」

按：據鄒詩，知李素字元白。鄒守益王陽明先生圖譜：「正德十四年六月，復攜僉事李素……游青原山。」知陽明與李素關係甚密。又王陽明全集卷十七批江西按察司故官水手呈：「看得僉事李素，處心和易，居官清謹，生既無以為家，死復無以為殮，寡妻弱妾，旅櫬萬里，死喪之哀，實倍恒情。」批江西布政司禮送致仕官呈：「據江西布政司呈：『查勘新建知縣李時，告送僉事李素喪歸雲南，任內無礙緣由。』……」知李素為雲南人，其於正德十五年冬病卒。

十五日，以江西水災，上疏自劾。

王陽明全集卷十三水災自劾疏：「……自春入夏，雨水連

綿，江湖張溢，經月不退。自贛、吉、臨、瑞、廣、撫、南昌、九江、南康沿江諸郡，無不被害，黍苗淪沒，室廬漂蕩，魚鱉之民聚棲於木杪，商旅之舟經行於閭巷，潰城決限，千里為壑，煙火斷絕，惟聞哭聲。詢諸父老，皆謂數十年來所未有也……伏惟皇上軫災恤變，別選賢能，代臣巡撫。即以臣為顯戮，彰大罰於天下，臣雖隕首，亦云幸也。即不以之為顯戮，削其祿秩，黜還田里，以為人臣不職之戒。……」

同上，卷十七賑恤水災牌。

明武宗實錄卷一百八十二：「正德十五年八月癸未，以水災免江西十三府稅糧有差。」

同日再上計處地方疏，乞處置宸濠黨下田地山塘房產諸事。

王陽明全集卷十三計處地方疏。

六月上旬，赴贛州，巡撫地方，處置宸濠叛亂善後事宜。

按：錢德洪陽明先生年譜云：「六月，如贛。十四日，從章口入玉笥大秀宮。」是陽明在六月上旬啟行如贛。是次赴贛之行，錢德洪未明其行意。按陽明時任江西巡撫，其赴贛之行實即巡撫地方，至贛處置有關宸濠叛亂善後事宜，故特偕巡按江西御史唐龍同行。

經新淦，欒惠來訪，作書欒惠卷贈別。有游石屋山、石溪寺詩。

王陽明全集卷二十四書欒惠卷：「欒子仁訪予於虔，再遇於新淦。嗟呼！子仁久別之懷，茲亦不足為慰乎！顧茲簿領紛沓之地，雖固道無不在，然非所以從容下上其議時也，子仁歸矣。乞骸之疏已數上，行且得報，子仁其候我於梧江之滸，將與子盤桓於雲門、若耶間有日也。聞子仁之居鄉，嘗以鄉約善其族黨，固亦仁者及物之心，然非子仁所汲汲。孔子云：『言忠信，行篤敬，雖蠻貊之邦行矣。然惟立則見其參於前，在輿則見其倚於衡也，而後行。』子仁其務立參前倚衡之誠乎？至誠而不動者，未之有也；不誠，未有能動者也。聊以是為子仁別去之贈」。

陽明石溪寺：「杖錫飛身到赤霞，石橋閑坐演三車。一聲野鶴波濤起，仙風吹送寶靈花」。（同治新淦縣志卷二，陽明文集失載）

陽明石屋山詩：「雲散天寬石徑通，清飈吹上最高峰。游仙船古蒼苔合，伏虎巖深綠草封。丈室尋幽無釋子，半崖呼酒喚奚童。憑虛極目千山外，萬井江樓一望中」。（同治臨江府志卷二，陽明文集失載）

按：石屋山、石溪寺均在新淦縣。同治臨江府志卷二：「石屋山，（新淦）縣東北七十餘里，有石巖如屋，廣三丈許，中有石山。」同

治新淦縣志卷二：「石溪寺，在五都，王守仁有詩。」

十四日，從章口入玉笥山，游大秀宮、雲騰飈馭祠，有詩詠。十五日，宿雲儲。

王陽明全集卷二十大秀宮次一峰韵三首：「兹山堪遁迹，上應少微星。洞裏乾坤別，壺中日月明。道心空自警，塵夢苦難醒。方嶠由來此，虛無隔九溟。　清溪曲曲轉層林，始信桃源路未深。晚樹煙霏山閣靜，古松雷雨石壇陰。丹爐遺火飛殘藥，仙樂浮空寄絕音。莫道山人才一到，千年陳迹此重尋。　落日下清江，悵望閣道晚。人言玉笥更奇絕，漳口停舟路非遠。肩輿取徑沿村落，心目先馳嫌足緩。山昏欲就雲儲眠，疏林月色與風泉。夢魂忽忽到真境，侵曉遁迹來洞天。洞天非人世，予亦非世人。當年曾此寄一迹，屈指忽復三千春。巖頭坐石剝落盡，手種松柏枯龍鱗。三十六峰僅如舊，澗谷漸改溪流新。空中仙樂風吹斷，化為鼓角驚風塵。風塵慘淡半天地，何當一掃還吾真？從行諸生駭吾說，問我恐是兹山神。君不見廣成子，高卧崆峒長不死，到今一萬八千年，陽明真人亦如此」。

唐漁石集卷四次陽明先生游玉笥山：「萬石結巖林，縈迴道院深。遠天雲漠漠，古洞雪陰陰。壁上龍蛇迹，水邊鐘

磬音。山人應好道，杖履故追尋」。

陽明雲騰飈馭祠詩：「玉笥之山仙所居，下有元窟名雲儲。人言此中感異夢，我亦因之夢華胥。碧山明月夜如晝，清溪涓涓流階除。地靈自與精神冥，忽入清虛觀真境。貝闕珠宮炫凡目，鸞輿鶴輅分馳騁。金童兩兩吹紫霄，玉笥真人坐相並。笑我塵寰久污濁，胡不來遊凌倒景？覺來枕席尚煙霞，乾坤何處真吾家？醒眼相看世能幾，夢中說夢空咨嗟」。（同治峽江縣志卷二，陽明文集失載）

按：玉笥山為道教勝地，同治峽江縣志卷一：「玉笥山，縣東三十里。山

之峰巒連絡不絕，舊名群玉峰，根蟠百里，道書第十七洞天，第八福地。世傳漢武帝時，降玉笥於山，故名。漢梅福，晉郭桂倫、彭真一、袁景立、梁杜、曇永、蕭子雲皆嘗學道於此，而九仙尤著。世傳避秦十人：孔丘明、駱法通、吳天印、張法樞、謝志空、周仙用、鄭武君、謝幽巖、楊元中、何紫霄，修煉於此，惟紫霄終隱何君洞，九人者皆仙去，故名九仙。」雲騰颷馭祠在玉笥山元陽峰下，同治峽江縣志卷二：「雲騰颷馭祠，在玉笥山元陽峰下，俗稱南祠。唐吳世雲為吉州刺史，棄官修道於此。道成，舉家飛昇。後鄉民旱且病，禱無弗應，事聞於朝。玄宗遣閹使崔朗敕建廟，祀於峰之南。既復修，改於其下。宋真宗增名『雲騰颷馭祠』，今址額如故。後有夢樓，祀陳希夷，祈夢者多靈應。祠前有百花亭，相傳羅文恭祈夢此山，士民輻輳，無下榻處，乃遊於百花亭上，達旦不寐，諸祈夢者皆夢得『百花亭上狀元遊』之句，後果驗。羅文恭嘗題七言絕句於壁。」

第1608頁

十八日，至吉安，鄒守益來見，遊青原山，和黃山谷詩，遂書碑。唐龍、鄒守益均有次韻。

鄒守益王陽明先生圖譜：「六月，按吉安。吉安鄉士夫趨而會，乃宴於文山祠。復偕僉事李素及伍希儒、鄒守益游青原山，推官王暐具碑以請和黃山谷韻。親登於石。論抗許泰等及馭邊兵顛末，曰：『這一段勞苦，更勝起義師時。』」

王陽明全集卷二十青原山次黃山谷韻：「洛觀歷州郡，驅馳倦風埃。名山特乘暇，林壑盤縈迴。雲石緣欹徑，夏木深層隈。仰窮嵐霏際，始睹臺殿開。衣傳西竺舊，構遺唐宋材。風松溪溜急，滿響空山哀。妙香隱玄洞，僧屋懸穹崖。扳依儼龍象，陟降臨緯階。飛泉瀉靈竇，曲檻連雲槐。我來慨遺迹，勝事多湮埋。邈矣西方教，流傳遍中垓。如何皇極化，反使吾人猜？剝陽幸未絕，生意存枯荄。傷心眼底事，莫負生前杯。煙霞有本性，山水乞歸骸。崎嶇羊腸坂，車輪幾傾摧。蕭散麋鹿伴，澗谷終追陪。恬愉返真澹，閴寂辭喧豗。至樂發天籟，絲竹謝淫哇。千古自同調，豈必時代偕？珍重二三子，茲遊非偶來。且從山叟宿，勿受役夫催。東峰上煙月，夜景方徘徊。」

唐漁石集卷四次陽明先生遊青原山韻（山在吉州）：「大塊閴靈□，□智淪浮埃。馳驅踵相躡，衰白頭誰回？我家曲江頭，□□南山隈。漁石波瀨淺，樵逕雲霏開。吁嗟蒲柳質，□□梁棟材。塵容草堂遠，倦迹窮途哀。情實縈澗壑，心境盤丘崖。洪都構厄運，驕王生厲階。周行靡荊棘，廈屋多危槐。修攀追遠攬，朱輪願深埋。回盼匪逸足，詎堪歷廣垓？迂愚能忌諱，摘抉招嫌猜。偶聞勝遊地，草木皆雲荄。珠林繞蘭椽，蓮河浮水杯。玄寂皎華夢，虛曠蛻遺骸。忽令神意飛，寧辭筋力摧？白雲山上待，麋鹿山下陪。茲遊幸得遂，聊避塵世豗。彷彿山神言：兩飯忙頻哇，何如息故墟，溪山維其偕。

第1609頁

子陵謝諫議，淵明賦歸來。紫蕨春雨香，白黍秋風催。顧之神不見，松月空徘徊。

中峰挹層漢，上界澄纖埃。幽秘巖扉寂，縈紆松徑迴。佛臺置石角，僧舍盤山隈。日麗金色掩，雲聯緯象開。朱草四時藥，靈幹千年材。麋鹿不避人，玄猿清嘯哀。曲曲溪抱村，滴滴花然崖。青青竹蔭户，白白茅覆階。煙霞宿飛棟，風雨翳雕榱。法流泯形役，晦影深光埋。衆有化芻狗，天地歸梯垓。山僧任真率，與物無忌猜。香鉢覆雪黍，茶鼎烹雷荄。室中忽飛錫，地上轟擲杯。好爵匪纓情，積毀焉銷骸？山水癖已成，登眺力弗摧。簿書偶閑暇，杖履歡追陪。惟有琴鶴隨，勿容車馬逐。翛然定內境，聊以辭多哇。豈將聖人道，而與佛氏皆？白日不肯住，明月還自來。漸憐壯顏槁，錯受浮名摧。驅車出山谷，緬焉中遲徊。」

鄒守益集卷二十五侍陽明先生遊青原山次韻：「道人愛邱壑，仙標絕氛埃。平原與文山，大字猶昭回。烱然忠義氣，相照煙霞隈。我行躡飛鳥，雲關恍洞開。深林却炎威，中有開元材。板橋噴玉虹，峽束湍聲哀。掃石玩急流，捫蘿瞰崇崖。冠敬穿篁篠，步滑緣松階。散目憩層樓，劫火失雕榱。金剛有壞滅，矧復嘆沉埋。稍喜年

初熟，禾役擁田垓。翻思在軍中，梟狼正相猜。祝融似幸禍，淫毒枯陳荄。今日胡不樂？勝景歎清杯。冲情齊寵辱，達觀忘形骸。由來青虬駕，羊腸豈易摧？逝將精瓊靡，杖几終參陪。朝攬廬峰秀，夕泛海濤淼。賀矣東山墩，不離歌舞哇。懷哉醒心亭，幸以文詞偕。皇極平如砥，車馬誰往來？迷復亦已遠，況乃歲月催。步趨追逸響，征車敢遲徊！」

按：青原山在吉安，青原志略卷一：「青原安隱山。青原盤亘數十里，以七祖道場而名。……開元間，七祖行思禪師得法六祖，揚化青原。」陽明所次韻，即黃庭堅次周元公同曹遊青原山寺長韻，有詩碑，青原志略卷十二：「山谷碑跋。青原巖壁黃山谷碑，舊跋略云：『元豐六年，魯直爲泰和令。謁郡，遊青原山，爲其友周壽作詩。後九年，海昏王君得其字刻之，曰當送之祖山。未行，而魯直以太史得罪，詩遂留王氏。及太史謫還，或以王君石上墨本飾僧壁，郡守程禩章、監郡章侯清好焉，於是詩再勒石，視作詩蓋十有八年。壽字元翁，九江人。募刻石者，僧居月。……』」由鄒守益詩，可見陽明至吉安，鄒守益自安福來見，其遊青原山而歸。至陽明抵贛後，鄒守益於秋八月再來贛問學。錢德洪陽明先生年譜皆言之不明。

命有司葬劉養正母，作文祭之。

陽明祭劉養正母文：「嗟嗟！劉生子吉，母死不葬，爰及于文；一念之差，遂至於此，嗚呼哀哉！今吾葬子之母，聊以慰子之魂。蓋君臣之義，雖不得私於子之身；而朋友之情，猶得以盡於子之母也。嗚呼哀哉！」（錢德洪陽明先生年譜）

錢德洪陽明先生年譜：「……劉（養正）與陽明先生素厚善，會母死，往請墓誌。實懷事暗相邀結，不合而返。……其後養正既死，先生過吉安，令有司葬其母，復為文以奠……其事在是年六月。」

西園聞見錄卷六師弟：「南昌舉人劉養正，舊從王陽明遊。黨宸濠，偽授太師，事敗，被擒伏誅。其母死，未葬，公為之葬，又為文祭之曰：『吾不敢宥汝之生，以葬汝之母。』可謂故舊不遺，情法兩盡矣。」

二十日，至泰和，羅欽順書來論學，有答書詳辨。

困知記附錄論學書信與王陽明書（庚辰夏）：「昨拜書，後一日始獲奉領所惠大學古本、朱子晚年定論二編。珍感，珍感！某無似，往在南都，嘗蒙誨益。第苦多病，怯於話言，未克傾吐所懷，以求歸於一是，恒用為歉。去年夏，士友有以傳習錄見示者。亟讀一過，則凡向日所聞，往往具在，而他所未聞者尚多。乃今又獲并讀二書，何其幸也！顧惟不敏，再三尋繹，終未能得其旨歸，而向日有疑，嘗以面請而未決者，復叢集而不可解。深惟執事所以惠教之意，將不徒然。輒敢一二條陳，仰煩開示。率爾之罪，度弘度之能容也。切詳大學古本之復，蓋以人之為學，但當求之於內，而程朱格物之說，不免求之於外，聖人之意，殆不其然。於是遂去朱子之分章，而削其所補之傳，直以支離目之，曾無所用。夫當仁不讓，可謂勇矣。竊惟聖門設教，文行兼資，『博學於文』，厥有明訓。顏淵稱夫子之善誘，亦曰『博我以文』。文果內耶，外耶？是固無難辨者。凡程朱之所為說，有戾於此者乎？如必以學不資於外求，但當反觀內省以為務，則正心誠意四字，亦何不盡之有？何必於入門之際，便困以格物一段工夫也？顧經既有此文，理當尊信，又不容不有以處之，則從而為之訓曰：物者，意之用也。格者，正也，正其不正，以歸於正也。其為訓如此，要使之內而不外，以會歸一處。亦嘗就以此訓推之，如曰：意用於事親，即事親之事而格之，正其事親之事之不正者，以歸於正，而必盡夫天理。蓋猶未及知字，已見其繳繞迂曲而難明矣。審如所訓，茲惟大學之始苟能即事即物，正其不正以歸於正，而皆盡夫天理，則心亦既正矣，意亦既誠矣。繼此，誠意、正心之目，無乃重複堆疊而無用乎？大哉乾元，萬物資始，至哉坤元，萬物資生。凡吾之有此身，與夫萬物之為萬物，

孰非出於乾坤？其理固皆乾坤之理也。自我而觀，物固物也；以理觀之，我亦物也。渾然一致而已，夫何分於內外乎！所貴乎格物者，正欲即其分之殊，而有見乎理之一，無彼無此，無欠無餘，而實有所統會。夫然後謂之知至，亦即所謂知止，而大本於是乎可立，達道於是乎可行，自誠、正以至於治、平，庶乎可以一以貫之而無遺矣。然學者之資稟不齊，工夫不等，其能格與否，或淺或深，或遲或速，詎容以一言盡哉？惟是聖門大學之教，其道則無以易，此學者所當由之以入，不可誣也。外此或誇多而鬥靡，則溺於外而遺其內，或厭繁而喜

徑，則局於內而遺其外。溺於外而遺其內，俗學是已；局於內而遺其外，禪學是已。凡為禪學之至者，必自以為明心見性，然於天人物我，未有不二之者，是可謂之有真見乎？使其見之果真，則極天下之至賾而不可惡，一毛一髮皆吾體也，又安肯叛君父，捐妻子，以自陷於禽獸之域哉！今欲援俗學之溺，而未有以深杜禪學之萌，使夫有志於學聖賢者，將或昧於所從，恐不可不過為之慮也。又詳朱子定論之編，蓋以其中歲以前所見未真，爰及晚年，始克有悟，乃於其論學書尺三數十卷之內，摘此三十餘條，其意皆主於向裏者，以為得於既悟之餘

，而斷其為定論。斯其所擇宜亦精矣，第不知所謂晚年者，斷以何年為定？羸軀病暑，未暇詳考，偶考得何叔京氏卒於淳熙乙未，時朱子年方四十有六，爾後二年丁酉，而論孟集注、或問始成。今有取於答何書者四通，以為晚年定論；至於集注、或問，則以為中年未定之說。竊恐考之欠詳，而立論之太果也。又所取答黃直卿一書，監本止云此是向來差誤，別無定本二字。今所編刻，增此二字，當別有據。而序中又變定字為舊字，却未詳本字同所指否？朱子有答呂東萊一書，嘗及定本之說，然非指集注、或問也。凡此，愚皆不能無疑，顧猶未

作深論。竊以執事天資絶出，而日新不已，向來恍若有悟之後，自以為證諸五經、四子，沛然若決江河而放諸海；又以為精明的確，洞然無復可疑，某固信其非虚語也。然又以為獨於朱子之説有相牴牾，揆之於理，容有是耶？他説固未敢請，嘗讀朱子文集，其第三十二卷皆與張南軒答問書。内第四書，亦自以為其於實體似益精明，因復取凡聖賢之書，以及近世諸老先生之遺語，讀而驗之，則又無一不合。蓋平日所疑而未白者，今皆不待安排，往往自見灑落處。與執事之所以自序者，無一語不相似也。書中發其所見，不為不明，而卷末一書

，提綱振領，尤為詳盡。竊以為千聖相傳之心學，殆無以出此矣，不知何故，獨不為執事所取，無亦偶然也耶？若以此二書為然，則論孟集注、學庸章句、或問不容別有一般道理，雖或其間小有出入，自不妨隨處明辨也。如其以為未合，則是執事精明之見，決與朱子異矣。凡此三十餘條者，不過姑取之以證成高論，而所謂先得我心之所同然者，安知不有毫釐之不同者，為崇於其間，以成牴牾之大隙哉？恐不可不詳推其所以然也。又執事於朱子之後，特推草廬吴氏，以為見之尤真，而取其一説，以附於三十餘條之後。竊以草廬晚年所見端的與

否，良未易知。蓋吾儒昭昭之云，釋氏亦每言之，毫釐之差，正在於此。即草廬所見果有合於吾之所謂昭昭者，安知非其四十年間，鑽研文義之效，殆所謂真積力久而豁然貫通者也？蓋雖以明道先生之高明純粹，又早獲親炙於濂溪，以發其風月之趣，亦必反求諸六經而後得之。但其所稟，隣於生知，聞一以知十，與他人極力於鑽研者不同耳，又安得以前日之鑽研文義為非，而以墮此科臼為悔？夫得魚忘筌，得兔忘蹄可也，矜魚兔之獲，而反追咎筌蹄以為多事，其可乎哉？然世之徒事鑽研，而不知反説約者，則不可不深有儆於斯言也。抑草廬有

見夫所謂昭昭者，又以不使有須臾之間斷，為庶幾乎尊之之道，其亦然矣。而下文乃云：於此有未能，則問於人，學於己，而必欲其至。夫其須臾之間斷與否，豈他人之所能與？且既知所以尊之之道在此，一有間斷，則繼續之而已，又安得以為未能，而別有所謂學哉？是則見道固難，而體道尤難。道誠未易明，而學誠不可不講，恐未可安於所見，而遂以為極則也。某非知道者，然黽勉以求之，亦有年矣。駸尋衰晚，茫無所得，乃欲與一代之英論學，多見其不自量也。雖然，執事平日相與之意，良不薄矣，雖則駑鈍，心誠感慕而樂求教焉

。一得之愚，用悉陳之而不敢隱。其他節目，所欲言者頗多，筆硯久疏，收拾不上。然其大要亦略可覩矣。伏惟經略之暇，試一觀焉，還賜一言，以決其可否，幸甚。」

《傳習錄》卷中《答羅整庵少宰書》。

按：今《一九九五—二〇〇二書畫拍賣集成·明清書法》中有陽明此答羅欽順書真迹（另見《中國古代書法價值彙考》），題作《復羅整庵太宰書》，書開首作「侍生王守仁頓首復太宰整庵羅老先生大人執事」，末署作：「泰和舟次，王守仁頓首。六月廿日。餘。」《傳習錄》中《答羅整庵少宰書》，缺開首與結尾多句，致不知此書具體所作

按：此《復羅整庵太宰書》今由吳桂昌先生收藏，他皆非真迹。

時間，題作「少宰」亦誤。今貴州省博物館藏有陽明此書石刻拓本，字迹與此真迹同，為今人多所引用，但此拓本署作「三月四日六和舟次，侍生王守仁頓首，太宰整庵羅老先生大人執事」，今人遂皆以為此書作於三月四日，實誤甚。錢德洪《陽明先生年譜》云：「正德十五年六月，如贛。十四日，從章口入玉笥大秀宮。十五日，宿雲儲。十八日，至吉安，遊青原山，和黄山谷詩，遂書碑。行至泰和，少宰羅欽順以書問學。先生答曰……」是陽明六月初由南昌赴贛，十八日至吉安，則二十日前後至泰和，與此書真迹所題「六月廿日」相合。陽明《青原山次黄山谷韻》中云「夏木深層陰」，顯也作在夏間，斷非春三月作。羅欽順《與王陽明書》亦明注作「庚辰夏」。三月陽明尚在南昌請寬租，決無往泰和之事。且六和在杭州，其時何來陽明三月往杭州舟次六和之事？討文淵論及此書石刻拓本云：「此書原蹟舊為桂林陳氏收藏，後歸賀縣林氏。道光間，雲貴總督賀長齡請人刻石，原蹟交山僧珍藏。繼刻石毀，原蹟亦不復可見。光緒五年十二月，由貴州書畫家袁思韠按原拓請文忠彥重鐫，立於貴州陽明祠。重鐫碑刻後又毀，今僅存拓本而已。」可見陽明此書乃多經刻石，必是原刻石（或原拓本）後漫漶毀損，結尾署句殘泐不復可識，後人遂臆將「六月」之六與「泰和」之和拚湊為「六和」；又將開首「侍生王守仁頓首復太宰整庵羅老先生大人執事」截

取放到書末，湊成此不倫不類之署句。今幸陽明此書真迹復出，得以澄清此誤案也。（此書真迹今由吳桂昌先生收藏）

泰和楊茂來見，書《諭泰和楊茂》贈之。

《王陽明全集》卷二十四《諭泰和楊茂》（其人聾啞，自候門求見。先生以字問，茂以字答）：「你口不能言是非，你耳不能聽是非，你心還能知是非否？（答曰：「知是非。」）如此，你口雖不如人，你耳雖不如人，你心還與人一般。（茂時首肯拱謝。）大凡人只是此心。此心若能存天理，是個聖賢的心；口雖不能言，耳雖不能聽，也是個不能言不能聽的聖賢。心若是不存天理，是個禽獸的心；口

雖能言，耳雖能聽，也只是個能言能聽的禽獸。」（茂時扣胸指天。）你如今於父母，但盡你心的孝；於兄長，但盡你心的敬；於鄉黨鄰里、宗族親戚，但盡你心的謙和恭順。見人怠慢，不要嗔怪；見人財利，不要貪圖，但在裏面行你那是的心，莫行你那非的心。縱使外面人說你是，也不須聽；說你不是，也不須聽。（茂時首肯拜謝。）你口不能言是非，省了多少閑是非；你耳不能聽是非，省了多少閑是非。凡說是非，便生是非，生煩惱；聽是非，便添是非，添煩惱。你口不能說，你耳不能聽，省了多少閑是非，省了多少閑煩惱，你比別人到快活自

在了許多。（茂時扣胸指天躃地。）我如今教你但終日行你的心，不消口裏說；但終日聽你的心，不消耳裏聽。（茂時頓首再拜而已。）」

六月下旬至贛，操閱士卒，教練戰法。

王陽明全集卷三十一行嶺北道申明教場軍令：「照得本院調到寧都等縣官兵機快人等，見在贛州教場住劄操閱，中間恐有不守軍令，罪及無辜，應合禁約。隨據副使王度呈開合行事宜，參酌相同。為此仰抄案回道，即行出給告示，張掛教場，曉諭官兵機快，各加遵守。如有違犯，事情重大者，拿送軍門，依軍令斬首；其事情稍

輕者，該道徑自究治發落。仍呈本院查考。……」

按：此行嶺北道申明教場軍令，注作於「九月十七日」，然其中所述，實反映陽明六月一至贛即操閱士卒、教練戰法之況。

錢德洪陽明先生年譜：「是月至贛。先生之贛，大閱士卒，教戰法。」

陳九川再來虔問學，與論「致良知」之學。有詩自咏「致良知」之悟。

傳習録下：「庚辰往虔州，再見先生。問：『近來功夫雖若稍知頭腦，然難尋個穩當快樂處。』先生曰：『爾却去心上尋個天理，此正所謂理障。此間有個訣竅。』曰：『請問如何？』曰：『只是致知。』曰：『如何致？』曰：『爾那一點良知，是爾自家底準則。爾意念着處，他是便知是，非便知非，更瞞他一些不得。爾只不要欺他，實實落落依着他做去，善便存，惡便去。他這裏何等穩當快樂。此便是格物的真訣，致知的實功。若不靠着這些真機，如何去格物？我亦近年體貼出來如此分明，初猶疑只依他恐有不足，精細看無些小欠闕。』在虔，與于中、謙之同侍。先生曰：『人胸中各有個聖人，只自信不及，都自埋倒了。』因顧于中曰：『爾胸中原是聖人。』于中起不敢當。先生曰：『此是爾自家有的，如何要推？』于中又曰：『不敢。』先生曰：『衆人皆有之，況在于中，却何故謙起來？謙亦不

得。」于中乃笑受。又論：「良知在人，隨你如何不能泯滅，雖盜賊亦自知不當為盜，喚他做賊，他還忸怩。」于中曰：「只是物欲遮蔽，良心在內，自不會失，如雲自蔽日，日何嘗失了！」先生曰：「于中如此聰明，他人見不及此。」先生曰：「這些子看得透徹，隨他千言萬語，是非誠偽，到前便明。合得的便是，合不得的便非。如佛家說心印相似，真是個試金石、指南針。」先生曰：「人若知這良知訣竅，隨他多少邪思枉念，這裏一覺，都自消融。真個是靈丹一粒，點鐵成金。」崇一曰：「先生致知之旨，發盡精蘊，看來這裏再去不得。」先生曰：「何言之易也？再用功半年，看如何；又用功一年，看如何。功夫愈久，愈覺不同，此難口說。」先生問九川：「於『致知』之說體驗如何？」九川曰：「自覺不同往時，操持常不得個恰好處，此乃是恰好處。」先生曰：「可知是體來與聽講不同。我初與講時，知爾只是忽易，未有滋味。只這個要妙，再體到深處，日見不同，是無窮盡的。」又曰：「此『致知』二字，真是個千古聖傳之秘，見到這裏，百世以俟聖人而不惑！」九川問曰：「伊川說到『體用一源，顯微無間』處，門人已說是泄天機。先生致知之說，莫亦泄天機太盛否？」先生曰：「聖人已指以示人，只為後人

掩匿，我發明耳，何故說泄？此是人人自有的，覺來甚不打緊一般。然與不用實功人說，亦甚輕忽可惜，彼此無益無實，用功而不得其要者，提撕之甚沛然得力。」又曰：「知來本無知，覺來本無覺，然不知則遂淪埋。」

按：此傳習錄中陳九川所記語錄，意義重大，陽明生平於此進一步發「致良知」之說，以「良知」為「訣竅」，如「靈丹一粒，點鐵成金」，將大學「致知」解說為「致良知」，以「致良知」（致知）為「千古聖傳之秘」。陽明自謂此「致良知」之說為「我亦近年體貼出來如此分明」，「這裏一覺，都自消融」。故可謂若正德十四年為陽明體貼「良知」覺悟之年，則正德十五年為陽明體貼「致良知」覺悟之年。至此陽明已形成完整之「致良知」思想體系（所謂「體貼出來如此分明」），錢德洪謂陽明正德十六年始揭「良知」之教，其誤自不待辨矣。

聶豹集卷六陳明水先生墓碑：「復與東廓鄒君，事陽明先師於虔臺，學益精邃。先師嘗贈以詩曰：『況已妙齡先卓立，直從心底究宗元。』」

王陽明全集卷二十睡起偶成：「四十餘年睡夢中，而今醒眼始朦朧。不知日已過亭午，起向高樓撞曉鐘。起向小樓撞曉鐘，尚多昏睡正懵懵。縱令日暮醒猶得，不信人間耳盡聾。」

按：陽明此詩即自詠其「致良知」之悟，所謂昏睡覺醒，即指「致良知」之覺醒，與陳九川所記語錄「這裏一覺，都自消融」、「知來本無知，覺來本無覺，然不知遂淪埋」相合，所謂「直從心底究宗元」也。

在贛州，大興社學，作訓蒙大意、教約，頒行社學。

王陽明全集卷十七興舉社學牌：「看得贛州社學鄉館，教讀賢否，尚多淆雜。是以詩禮之教，久已施行，而淳厚之俗，未見興起。為此牌仰嶺北道督同府縣官吏，即將各館教讀，通行訪擇，務學術明正，行止端方者，乃與茲選。官府仍籍記姓名，量行支給薪米，以資勤苦；優其禮待，以示崇勸。以各童生之家，亦各通行戒飭，務在隆師重道，教訓子弟，毋得因仍舊染，習為偷薄，自取愆咎。」　頒行社學教條：「先該本院據嶺北道選送教讀劉伯頌等，頗已得人，但多係客寓，日給為難。今欲望以開導訓誨，亦須量資勤苦，已經案仰該道通加禮貌優待，給薪米紙筆之資。各官仍要不時勸勵敦勉，令各教讀務遵本院原定教條，盡心訓導，視童如己子，以啟迪為家事，不但訓飭其子弟，亦復化喻其父兄；不但勤勞於詩禮章句之間，尤在致力於德行心術之本。務使禮讓日新，風俗日美，庶不負有司作興之意，與士民趨向之心，而凡教授於茲土者，亦永有光矣。仍行該縣備寫案驗事理，揭置各學，永遠遵照其後。今照前項教條，因本院出巡忙迫，先於頒給，合就查發，為此牌仰本道府即將發去教條，每學教讀給與二張，揭置座右，每日務要遵照訓誨諸生。該道該府官員亦要不時親臨激勵稽考，毋得苟應文具，遂令日就廢弛。」　卷三十一行雩都縣建立社學牌：「照得本院近於贛州府城設立社學鄉館，教育民間子弟，風俗頗漸移易。牌仰雩都縣掌印官，即於該縣起立社學，選取民間俊秀子弟，備用禮幣，敦請學行之士，延為師長。查照本院原定學規，盡心教導。務使人知禮讓，戶習詩書，丕變偷薄之風，以成淳厚之俗。毋得違延忽視，及虛文搪塞取咎。」

第1624頁

第1625頁

傳習錄卷中訓蒙大意示教讀劉伯頌等：「古之教者，教以人倫。後世記誦詞章之習起，而先王之教亡。今教童子，惟當以孝弟忠信禮義廉恥為專務。其栽培涵養之方，則宜誘之歌詩，以發其志意；導之習禮，以肅其威儀；諷之讀書，以開其知覺。今人往往以歌詩習禮為不切時務，此皆末俗庸鄙之見，烏足以知古人立教之意哉！大抵童子之情，樂嬉遊而憚拘檢，如草木之始萌芽，舒暢之則條達，摧撓之則衰痿。今教童子，必使其趨向鼓舞，中心喜悅，則其進自不能已。譬之時雨春風，霑被卉木，莫不萌動發越，自然日長月化；若冰霜剝落，則生意蕭索，日就枯槁矣。故凡誘之歌詩者，非但發其志意而已，亦以洩其跳號呼嘯於詠歌，宣其幽抑結滯於音節也；導之習禮者，非但肅其威儀而已，亦所以周旋揖讓而動盪其血脈，拜起屈伸而固束其筋骸也；諷之讀書者，非但開其知覺而已，亦所以沈潛反復而存其心，抑揚諷誦以宣其志也。凡此，皆所以順導其志意，調理其性情，潛消其鄙吝，默化其粗頑，日使之漸於禮義而不苦其難，入於中和而不知其故。是蓋先王立教之微意也。若近世之訓蒙穉者，日惟督以句讀課仿，責其檢束

，而不知導之以禮；求其聰明，而不知養之以善；鞭撻繩縛，若待拘囚。彼視學舍如囹獄而不肯入，視師長如寇仇而不欲見，窺避掩覆以遂其嬉遊，設詐飾詭以肆其頑鄙，偷薄庸劣，日趨下流。是蓋驅之於惡而求之於善也，何可得乎？凡吾所以教，其意實在於此。恐時俗不察，視以為迂，且吾亦將去，故特叮嚀以告。爾諸教讀，其務體吾意，永以為訓，毋輒因時俗之言，改廢其繩墨，庶成蒙以養正之功矣。念之念之！」同上，教約：「每日清晨，諸生參揖畢，教讀以次遍詢諸生：在家所以愛親敬長之心，得無懈忽，未能真切否？溫清定省之儀，得無虧缺，未能實踐否？往來街衢，步趨禮節，得無放蕩，未能謹飭否？一應言行心術，得無欺妄非僻，未能忠信篤敬否？諸童子務要各以實對，有則改之，無則加勉。教讀復隨時就事曲加誨諭開發，然各退就席肄業。凡歌詩，須要整容定氣，清朗其聲音，均審其節調，毋躁而急，毋蕩而囂，毋餒而懾。久則精神宣暢，心氣和平矣。每學，量童生多寡，分為四班，每日輪一班歌詩，其餘皆就席，斂容肅聽。每五日則總四班遞歌於本學。每朔望，集各學會歌於書院。凡習禮，須要澄肅思慮，審其儀節，度其容止，毋忽而惰，

毋沮而怍，毋徑而野，從容而不失之迂緩，修謹而不失之拘局。久則體貌習熟，德性堅定矣。童生班次，皆如歌詩，每間一日，則輪一班習禮，其餘皆就席，斂容肅觀。習禮之日，免其課仿。每十日則總四班遞習於本學。每朔望，則集各學會習於書院。凡授書，不在徒多，但貴精熟。量其資稟，能二百字者，止可授以一百字。常使精神力量有餘，則無厭苦之患，而有自得之美。諷誦之際，務令專心一志，口誦心惟，字字句句紬繹反覆，抑揚其音節，寬虛其心意。久則義理浹洽，聰明日開矣。每日工夫，先考德，次背書誦書，次習禮，或作課仿，次復誦書講書，次歌詩。凡習禮歌詩之數，皆所以常存童子之心，使其樂習不倦，而無暇及於邪僻。教者知此，則知所施矣。雖然，此其大略也，神而明之，則存乎其人。」

按：陽明之立社學，錢德洪以為在正德十三年四月，云：「正德十三年四月，班師，立社學。」「師自征三浰，山寇盡平。即日班師，立法定制。令贛屬縣俱立社學，以宣風教。城中立五社學：東曰義泉書院，南曰正蒙書院，西曰富安書院，又西曰鎮寧書院，北曰龍池書院。選生儒行義表俗者，立為教讀。選子弟秀穎者，分入書院，教之歌詩習禮，申以孝悌，導之禮讓。未期月

第1628頁

而民心丕變。」（年譜附錄一）今按：謂陽明正德十三年四月班師回贛即大立社學，其說誤甚。考陽明為興社學頒布之興舉社學牌、行雩都縣建立社學牌、頒行社學教條，在陽明集中均置於正德十五年中，而行雩都縣建立社學牌更明注作於正德十五年「十二月二十七日」，已可見陽明興社學在正德十五年而斷非在正德十三年。頒行社學教條中云：「因本院出巡忙迫，先於頒給。」所謂「出巡」，即指正德十五年陽明以江西巡撫自南昌出巡來贛州；正德十三年陽明尚未任江西巡撫，且人即駐在贛州，無所謂「出巡」。陽明頒行社學教條所云「教條」，即指陽明所作教約、訓蒙大意，按訓蒙大意中有云：「且吾亦將去，故特叮嚀以告。」所謂「吾亦將去」，即指陽明一時出巡來贛州，終將回南昌而去；正德十三年四月陽明方班師回贛州，豈能作如是語？又行雩都縣建立社學牌更明云：「本院近於贛州府城設立社學鄉館。」則陽明於正德十五年七月興社學斷無疑問矣。按陽明有衆多江西弟子皆自謂正德十五年來贛州問學，親覩陽明大興社學。如鄒守益，其秋七月來贛，鄒守益集卷十八題遠齋告蒙云：「往歲從陽明先生於虔，獲睹社學之訓，群童子數百人，歌詩習禮，中規中矩，雝雝威儀之盛……」卷二論俗禮要序云：「予嘗受學於陽明先生，獲見虔州之教，聚童子數百，而習以詩禮，洋洋乎雅頌威儀之隆也。」又如李呈祥，其亦在正德十五年七月來贛問學，古源山人日錄卷六上云：「予嘗至贛，見陽明行社學之法，甚善。」卷四云：「陽明先生在贛，立社學法，教童子晨昏行定省之禮節，約冠禮，并祀先文廟禮，令童子朔望演習之。其定祀先位次，則高祖

第1629頁

居中面南，曾與祖位於東西兩旁稍前，一面西，一面東。考位於曾東之下，稍却而後，面西。祖較曾稍下，考較祖又稍下。此與古者合祭昭穆之禮頗相似，比之家禮，高曾祖考同為一列，且從右而至左者，尊卑先次，於心終不安矣」。又如袁慶麟，陽明即於其時聘其督本府社學，後其旋在七月卒，終未能來督本府社學，康熙雩都縣志卷九袁慶麟：「徵有司聘督本府社學，年六十五卒。陽明為文誄之」。再如陳九川，其六月來贛問學，亦親覩陽明大興社學，錢德洪陽明先生年譜云：「正德十五年六月，如贛，……先生至贛，大閱士卒，教戰法。江彬遣人來覘動靜，相知者俱請回省，無蹈危疑。先生不從……且曰：『吾在此與童子歌詩習禮，有何可疑？』門人陳九川等亦以為言」。所謂「吾在此與童子歌詩習禮」，即指大興社學也。由此可以確考陽明大興社學在正德十五年六月無疑矣。鄒守益王陽明先生圖譜即將陽明興社學置於正德十五年中，云：「先生乘霽入，盡歷忘歸、忘言各巖……立南贛鄉約，修舉社學，中諭十家牌法於列郡」。此蓋是鄒守益所親見也。陽明是次出巡來贛，其巡撫地方乃文武雙管齊下：武則大閱士卒，訓練戰法；文則大興社學，立鄉約。陽明後特將教約、訓蒙大意收入傳習録，可見其重興社學如此。蓋社學之教，即

「良知」之教也，故後來陽明遂有「九聲四氣歌法」推廣於社學與書院矣。

批興國縣移易風俗、以正教化事，復書院，立社學。

陽明批興國縣移易風俗申文：「欽差提督軍務都察院右副都御史王批：據申，足見知縣黃泗修舉職業，留心教化，所申事理，悉照準擬施行。但政在宜俗，事貴近民，故良吏為治，如醫用藥，必有斟酌調停之方，庶得潛移善變之道。申繳」。（乾隆興國縣志卷十六明文移）

按：乾隆興國縣志於陽明此批文前載有興國縣令黃泗移易風俗申文，知黃泗上此申文乃欲請為毀淫祠，復書院，立社學，實與陽明正德十五年六月來贛州大興社學有關，同治興國縣志卷三十六有黃泗興國舉廢事記述之甚詳。黃泗其人，乾隆福州府志卷五十七列傳有黃泗傳：「黃泗，字尚孔，福清人。弘治乙卯進士。知興國縣，始至，值焚蕩之餘，民日夜相驚，恐寇且至。乃募壯丁守城，沿城置警鋪二十四以處之。建樓城上，重構文廟齋廡，而按追田塘之侵蝕者以贍學。毀諸淫祠，改建三程祠，移安湖書院於學宮。時王守仁方撫虔，唐龍視學江西，俱嘉獎之」。茲將黃泗移易風俗申文著録於下，以見陽明在贛大興社學之真況與真意。

黄泗移易風俗申文：「贛州府興國縣為毀淫祠，復書院，立社學，以正風教事：奉欽差提督南、贛、汀、漳等處軍務都察院右副都御史王鈞牌，為移易風俗事，蒙照『有司之政，風化為首，習俗侈靡，亂是用生』，及奉告諭內開『違棄禮法，豈獨爾民之罪；有司者教導之不明，與有責焉』等因，奉此，除依奉於四隅六鄉內各選鄉長一名，將告諭家給一張，粘貼在門，朝夕巡諭，互相戒勉外，切緣頑民習俗既久，從違靡定，實由有司政拙德薄，無能倡率。但因兵歉連年，徵科不輟，為之民者，亦惟救死不贍，禮義未洽，無怪其然。今幸蒙軍門

第1632頁

掃平蠻寇，爰妥窮民。年來幸值有秋，兼無疾疫，教民興行，機實在茲。緣本縣正德五年流賊殘毀之後，縣治陵夷，學宮頹壞。近該卑職申鳴上司，准令修造，凡所弛廢，漸行整飭外，奈何窮山僻地，人少務學，富家大室，競為淫侈，所謂教子之方，為學之法，全無足取。間有子弟稍具敏質者，亦皆因循章句，而於理學漫不究心，科第久之，人文不興。職此故也，即今作養生儒不滿額數，無名僧道每至，群然加之，庸人俗子信從在彼，輕忽在此，欲望禮義之興，人才之盛，風俗之淳，不可得矣。卑職目擊斯弊，除將本縣淫祠齊天聖母、七姑娘

、天符等廟折毀，起造原廢社學二所。及考舊志，備載宋慶曆甲申大中大夫程公珦來知興邑事，二子明道、伊川少侍父學，遣師濂溪周元公，實自興國始。惟時政教大洽，人文特盛。咸淳八年，宣教郎臨川何時來試邑，稽閱往牒，知為大賢過化之地，且因本縣衣錦一鄉，遠僻山林，比之他鄉，其地與民尤為險梗。乃據彼地安湖山水之勝，議建安湖書院，為堂者一，為齋者六，又為祠於講堂東，中祀大中，配以元公，而二程侍焉。用以風彼士民，使知向學，以敦頑習。宋文天祥、方逢辰親製碑文二通。洪武三十年，知縣唐子儀重為修葺。迨今彼地人民

第1633頁

盡湮，書院基址盡廢，二碑尚屹荒丘，頑民罔知瞻向。又前任知縣章廷圭因見祠祀久廢，乃於本縣學東修建二程小祠一所，歲時奉祭，卑職弗稱。及查唐宋及國朝相繼名臣，如鍾紹京、謝肇、蕭行可、李朴、王質、呂復華，實興國偉。今其子姓式微，祠祀無立，與三程祠、書院久隳，並為缺典。卑職見得縣治後有大乘寺遺址，向被流賊殘毀，今與及本寺僧衆猶欲動勸緣，重建寺宇。卑職恐滋非倡邪，已經遏阻。欲得此地，截取其半，改建安湖書院。中為講堂，後為退省堂，為尊經閣，以據書院之勝；東為先賢祠，祀三程，如前例，配以元公，

侍之二子；西為鄉賢祠，祀鍾紹京等六人；東西祠之兩旁，各建齋舍若干間，並移文天祥、方逢辰殘碑於此為證。及於城隅中拆去淫祠基址，各立社學一所，考選能通經學、素行端謹社師各一名，并報選民間俊秀子弟，凡可進取者，悉充社學童生，冀以成學，進補邑庠；弟子員缺，仍於生儒中擇其有志向上者，令入書院，拔其望者為之長，日事講磨，求古聖賢成法，以淑其身。卑職且將以所聞當道傳習之録，條教之方，日相勸於其間，使凡若俊秀者，舉知瞻向周程四先生之學行，鍾紹京、李朴等之德業，有所感發而興起焉。緣卑職力少才庸，深懼弗克，第思移風易俗之典，幸賴當道作則於上，而有司奉行於下。卑職近又訪得下鄉妙門寺僧房一所，巧製螺絲覆海粧，畫五采花紋，事屬違禁，況本房僧人謝弭禮近為違法事，該本縣提問，各僧懼罪在逃。欲將此屋行令地方及查，各鄉但有淫祠，量行拆毀，木料磚瓦各運回縣，添造書屋，庶使建創有資，民財不費，成功可必。緣係毀淫祠，復書院，立社學，以正風教事理，卑職未敢擅便，合行具申。伏乞鈞照示下，以憑遵奉施行，須至申者。」

按：陽明在贛大興社學，今得黃泗此移易風俗申文，真況得以大明矣。黃泗文中所云「當道傳習之録」，即指陽明傳習録；所云「條教之方」，即指陽明教約。可見陽明修興社學，乃是以己之「心學」之教推行於社學、書院之教育中。尤值得注意者，黃泗謂程珦於慶曆四年來知興國縣，遣二子程顥、程頤師事濂溪周惇頤（時周惇頤通判虔州），有興國縣「往牒」與三程祠為證。其說尤有重要意義。按二程與周惇頤關係向來不明，一般多以為是周惇頤任南安軍司理時，程珦攝通守事，遣程顥、程頤往受學，其說無據，後人疑而不信。今得黃泗新説，真實有據，疑惑可解矣。陽明所以特重興國縣與社學，立書院，建三程祠，蓋在茲乎？

推行教約，親自下縣，督查社學，教習禮樂歌詩。

范嵩陽明王先生命來教禮鄉社事竣過余小詩贈别：「督府匡時切，煩君此日行。絃歌教小邑，綿蕝肆諸生。俗化行看變，人才倘可成。新詩代瓊贈，鄉國為關情。」（石倉歷代詩選卷四百六十二）

按：所謂「來教禮鄉社」、「絃歌教小邑」，指陽明親下到縣學社學，按教約教習諸生禮樂歌詩。范嵩，無考，疑為一縣學教諭。

江彬遣人來覘動靜，作啾啾吟以明志。

錢德洪陽明先生年譜：「江彬遣人來觀動靜。相知者俱請回省，無蹈危疑。先生不從，作《啾啾吟》解之：……門人陳九川等亦以為言。先生曰：『公等何不講學？吾昔在省城，處權豎，禍在目前，吾亦帖然，縱有大變，亦避不得。吾所以不輕動者，亦有深慮焉耳。』」鄒守益《王陽明先生圖譜》：「時許泰譖於江彬曰：『王陽明起兵，清君側之惡。』彬驚問故，曰：『朱泰是第一名，提督亦不免。』彬遣人以覘。覘者至省泝贛，知厚威慴怖，先生以詩代答：『東家老翁防虎患，虎入卧内銜其頭；西家小兒不識虎，持竿驅虎如驅羊。』張太監永以先生社稷功，每解之，竟不能害。」

錢德洪《刻文錄敘說》：「……陳惟濬曰：『昔武宗南巡，先生在虔，姦賊在君側，聞有疑謗危先生者，聲息日至，諸司文帖，絡繹不絶，請先生即下洪，勿處用兵之地，以堅姦人之疑。先生聞之，泰然不動。門人乘間言之，先生姑應之曰：「吾將往矣。」一日，惟濬亦以問。先生曰：「吾在省時，權豎如許勢焰疑謗，禍在目前，吾亦帖然處之。此何足憂？吾已解兵謝事乞去，只與朋友講學論道，教童生習禮歌詩，烏足為疑！縱有禍患，亦畏避不得。雷要打，便隨他打來，何故憂懼？吾所以不輕動，亦有深慮焉爾！」又一人使一友亦告急。先生曰：「此人惜哉不知學，公輩何不與之講學乎？」是友亦釋然，謂人曰：「明翁真有赤舄几几氣象。」愚謂《別錄》所載，不過先生政事之迹耳。其遭時危謗，禍患莫測，先生處之泰然，不動聲色，而又能出危去險，坐收成功。其致知格物之學至是，豈見擬議所能及！』……」（《王陽明全集》卷四十一）

按：所謂「吾已解兵謝事乞去」，指三月三疏省葬。「教童生習禮歌詩」，指陽明在贛大興社學。陳九川所言，清楚道出陽明謗危處境及其作啾啾吟之背景。

《王陽明全集》卷二十《啾啾吟》：「知者不惑仁不憂，君胡戚戚眉雙愁？信步行來皆坦道，憑天判下非人謀。用之則行舍即休，此身浩蕩浮虛舟。丈夫落落掀天地，豈顧束縛如窮囚？千金之珠彈鳥雀，掘土何煩用鐲鏤？君不見，東家老翁防虎患，虎夜入室銜其頭；西家兒童不識虎，執竿驅虎如驅牛。癡人懲噎遂廢食，愚者畏溺先自投。人生達命自灑落，憂讒避毀徒啾啾！」

七月，鄒守益、夏良勝、李呈祥、王仰均、王釗、王時柯、董歐、黄直來贛問學。《鄒守益集》卷二《贈王孔橋》：「庚辰之秋，再見先師於虔州，與二三友坐虛堂以觀月，而悟吾性焉。喟然嘆曰：『吾性之精明也，其猶諸日月乎！月之行於天也，樓臺亭榭照以樓臺亭榭，而未嘗有羨也；糞壤污渠照以糞壤污渠，而未嘗有厭也。是謂無將無迎，大公而順應。吾儕顧以作好作惡之私，憧憧起伏，相尋於無窮，是噓雲播霧以自翳其明也。』二三友讙然有省。……王生孔橋見先師之歲，亦以庚辰，而卒業於山房。」

同上，卷二十三王孔橋墓志銘：「仰字孔橋，安成汶源里人……以春秋起家邑庠，鄉之世家爭延為弟子師。仰不自足也，復與王生劍提一囊，從陽明先師以學，日誦說孔、孟、周、程以自規勉，復鄉約。卒業東廓山房。」

同上，中臺秋崖朱公自虔之浙贈言：「陽明先師之蒞虔也，益再趨受學焉，與四方同志切磋鬱孤、通天之間。」

同上，卷十八山房紀會引：「『東廓山房』，荷易齋先大夫文烏之夢，而陽明先師大書之。始於庚辰，移於乙卯，時與四方同志暨姻隣子侄肄業其中。」

按：鄒守益自謂「庚辰之秋」來虔問學，今據鄒守益東巖題刻：「閑坐通天巖……凡浹旬而歸。……正德庚辰八月八日。」（贛石錄卷二，詳下）由「浹旬」上推，可見鄒守益當在七月來贛。又陽明遊通天巖示鄒陳二子亦云：「鄒陳二子皆好遊，一往通天十日留。」（王陽明全集卷二十）據此，可見鄒守益來贛約在七月中旬。

夏良勝東洲初稿卷十三至虔見陽明先生：「道教推先覺，朋簪半舊知。經營心在帝，俎豆化行兒。懸鏡分秦土，醇醪醉習池。根蟠只方寸，生意萬千枝。」

按：傳習錄卷下陳九川記語錄云：「在虔，與于中、謙之同侍。」「後在洪都，復與于中、國裳論內外之說。」此「于中」即夏良勝，可見夏良勝與陳九川、鄒守益同時在七月來贛問學。又鄒守益東巖題刻云：「同遊者盱江夏良勝……正德庚辰八月八日。」由此可以確知夏良勝來贛在七月。

李呈祥古源山人日錄卷六下：「予曾至贛，見陽明行社學之法，甚善。」卷八：「予在贛，與陽明講論頗不合，然亦未嘗盡言相辨也。」卷四：「陽明先生在贛，立社學法。」

同上，柯相敘古源山人日錄：「聞陽明、甘泉二公以道自任，即望門或走書辨難往復，不嫌異同。既而學益進，弟子從者日益衆。……」

按：李呈祥字時龍，號古源，貴池源頭村人。生於成化二十年。嘉靖二年膺歲貢，赴廷試。歸築一軒，樂道不仕。嘉靖三十三年卒。儒林宗派卷十五王氏學派收貴池籍弟子二人，即李呈祥與柯喬。李呈祥當是七月來贛，故得親觀陽明行社學之法也。

明水陳先生文集卷七壽王母太孺人七十序：「……同年王子數英質美而志大，務為殘形之學。庚辰之秋，同事陽明於虔州。值母之誕辰，別歸為壽，陽明遺之詩。又三年，王母則當七十，王子以行人便使歸，而使予序之。……」

按：王數英即王時柯，明清進士錄：「王時柯，正德十二年三甲二名進士。江西萬安人，字數英。授行人。嘉靖初，歷御史，上疏言大禮事，忤旨切責。未幾，伏闕爭大禮，再予杖，除名戍邊。穆宗繼位，復官。」明史卷一百九十三有王時柯傳。按程煇喪紀中有云：「櫬抵吉安府螺川驛……門人御史王時柯……各就位哭奠。」是王時柯確為陽明門人。陽明遺王時柯詩今佚。傳習錄卷下有記云：「敷英在座曰：誠然。嘗讀先生大學古本序，不知所說何事。及來聽講許時，乃稍知大意。」即記在正德十五年閏八月中。

鄒守益集卷十七九賓主人辯：「璜溪董先生之主冢子也，名之曰歐；既冠，字之曰希永。希永祗奉嚴訓，弗敢忘也。陽明先師倡道於虔，予與希永同聞萬物一體之學。別來十四、五年矣，希永執訊以告曰：「歐性好逸，堂畔構小齋，置琴與書；齋前築小□，中植松、竹、梅，左以蘭、桂，右以蓮、菊……是九物也，酬酢若賓主焉，遂沉酣而醉，醉中自號九賓主人……」

吳悌推官黃公直行狀：「先生諱直，字以方，號卓峰。幼負奇資，善屬文。十四補邑庠生。正德丙子，中鄉試。庚辰，卒業北太學。適武廟駕幸留都，先生遂奮然具疏，請留視勢弗及，迺作書徧謁當國諸老，如楊公廷和、毛公澄、陸公完等，見其書詞激烈，莫不嘆賞稱許。既

第1640頁

歸，聞陽明先生倡良知之學於虔州，先生徒步往從受學焉。癸未會試，場中策問極詆講學之非，先生與南野歐公獨闡聖學，力排衆議之失。編修馬公得卷，以為奇士。廷對，賜同進士出身……」（國朝獻徵錄卷九十一）

按：歐陽德集卷二十六水雲聶公墓表云：「既葬，致黃君某所狀冊事行，屬某表墓。某與黃君皆太守，同年，同學於陽明先生。」此黃君即指黃直。明清進士錄：「黃直，嘉靖二年三甲一百六十三名進士。江西金溪人，字以方。除漳州推官，疏請早定儲貳，貶沔陽判官。又以抗疏救楊名，謫戍雷州衛，赦還卒。」按傳習錄卷下中有黃直以方所記語錄甚多，蓋皆記在正德十五年中（是年十二月黃直回金溪）。

按：鄒守益東巖題刻云：「同遊者盱江夏良勝，遊而信宿者劉寅、周仲、劉魁、黃弘綱、王可旦、王學益、歐陽德、劉璦治、王一峰也。」（贛石錄卷二）可見陽明是次返贛，來問學士子甚衆。又康熙信豐縣志卷十文學：「張純，字懋一。天性穎敏，篤志力學。從母舅俞德洪之京師，就翰林編修景公暘學。繼受陽明王公良知之教，超然頓悟。為文根極要領，名動郡邑。嘉靖壬午鄉薦，尋歿，人稱惜之。」又：「俞慶，字子有，

第1641-1頁

一字子善。篤志問學，泛觀博取，反而約之身心。踰冠，領正德庚午鄉薦，遊太學，所交盡海內名士。詩文沖淡，自可名家。後從陽明，益有妙悟。尋卒，陽明公哭之曰：「嗚呼慶也！欲募其過而未能，蓋駸駸焉有志，而未覩其成也。」太史舒芬為之銘曰：「學修夫情，行循夫經。汝發汝華，固是丘之所成。」至今士林忻慕焉。」張純、俞慶亦皆在其時來學。

十七日，重上江西捷音疏與功次冊。並有札致御史謝源，批評按察司所造功次冊。

王陽明全集卷十三重上江西捷音疏（十五年七月十七日遵奉大將軍鈞帖）。

錢德洪陽明先生年譜：「七月，重上江西捷音。武宗留南都既久，群黨欲自獻俘襲功。張永曰：『不可。昔未出京，宸濠已擒，獻俘北上，過玉山，渡錢塘，經人耳目，不可襲也。』於是以大將軍鈞帖，令重上捷音。先生乃節略前奏，入諸人名於疏內，再上之。始議北旋。」

憲章類編卷六：「秋七月，上駐驊南京既久，復有游蘇杭、泛江浙、泝湖湘、登武當之意。畿內郡縣供給繁難，梁儲、蔣冕自執章奏，懇請迴鑾，泣跪於行宮門外，自未至酉。上遣中官取奏入，且諭之起，對曰：『臣未奉旨，不敢起。』中官復出傳旨云：『已知道，日下便要迴鑾。』儲等乃起。……群黨欲自獻俘襲功，張永曰：『昔未出京，宸濠已擒，奈何襲之？』於是以大將軍鈞帖，令王守仁重上捷音。守仁乃節略前奏，入諸人名於疏內，上之。始議北旋。」

國榷卷五十一：「正德十五年閏八月壬辰，上辭孝陵。初，上欲幸江浙湖湘，群臣伏闕請還蹕。朱彬欲重譴，其黨阻之曰：『一之為甚，毋再也。』大學士梁儲、蔣冕伏宮門泣請，傳旨起退，以未得請，不敢起。乃傳旨許還。癸巳，受江西俘，令王守仁重奏捷，敘及親征所遣張忠、朱暉等功。」

按：國榷謂陽明閏八月癸巳重上捷音疏，乃誤；然謂重奏捷音疏補敘張忠、朱暉及朱泰、江彬等人之功，道出武宗命陽明何以重上捷音疏之真正秘密。

陽明與謝士潔書一：「承以功次見詢，此正區區所欲一論者。近見兵部王公文移，其意重在分別奇功、頭功、次功。今按察司所繳冊內，既不依此開造，却又創立總理調度及倡義起兵事前事後等項名色，甚有未安。近日朝廷將各處總督官銜悉改為提督，則此總理之名正與總督字樣相犯，不可不避。且我輩一時同事，孰非忠義勤王之人，今乃獨以倡義起兵歸之士潔與伍廉吏（按：伍希儒），二君正係造報功次之人，而乃自相標揭如此，掩衆美而獨有之，非惟二君心有不忍，兼且衆議不平，亦恐適來識者之誚，此亦不可不深自省艾也。凡言事前事後者，皆謂一事之外，前後別有兩事。今宸濠叛逆正是一事，作亂之始是事之始，平亂之後是事之終，不可以事前後言。今若以諸公來文之故不得已，止於功次項下開寫，庶尚可通，況獲功日月前後自見，何俟別開；今乃特於冊前復創此項名目，却是畫蛇添足。其於一萬一千有奇之數，減去前後，即自相矛盾，而捷奏之言為虛妄矣。此在高明，必有的見，既承問及，不敢不盡。又諸鄉宦協謀討賊，其義甚高，今乃一概削而不錄，何以勸善？我輩心亦何安？且與捷奏亦有不合，尤不可不處。封去冊式，乃在省城時與諸公面議如此，今亦未敢便以為是，更望斟酌去取之。叨叨不罪。守仁拜手言。」（手書真迹藏温州博物館，陽明文集失載）

按：謝源字士潔，一字潔甫，閩縣人，已見前考。此書主要在批評按察司所繳功次冊以倡義起兵之功歸之謝源、伍希儒，按陽明重上江西捷音疏云：「將擒斬俘獲功次一萬一千有奇發御史謝源、伍希儒暫令審驗紀録，另行造冊繳報……」可見按察司所繳功次冊實為謝源、伍希儒所造，陽明欲其改正也。書中所言「封去冊式，乃在省城時與諸公面議如此」，乃指陽明三月四日（時在省城南昌）所上開報征藩功次贓仗咨（王陽明全集卷三十一）。

是月，楊鸞過贛來見，知楊驥病卒，有文祭之。

陽明奠楊士德文：「嗚呼！士德之資，精一之志，篤信往勇，真足以任重致遠，亦既有聞矣。忽中道而奪之，天也，吾誰歸咎乎！士德素多病，得去冬懷玉書云：『扶病還潮。』謂亦常耳。秋初，士鳴過贛，凶變適傳，且疑且愕，謂為不信。既而尚謙報至，而果然矣。嗚呼痛哉，其之不幸！往歲曰仁之慟，吾已不忍其烈；今復慟吾士德，其何以堪之？昔尚謙為吾言：潮有二鳳，蓋指士德昆季也。後皆相繼為吾得，自以為斯文之瑞，而今失其一矣，嗚呼傷哉！士鳴歸，聊附一奠，痛哉士德，今日

已矣，復何言，復何言！」（饒平縣志卷二十，陽明文集失載）

泉翁大全集卷五十七奠楊仕德文：「維正德十六年，歲次辛巳，正月甲寅朔，越十一日甲子，翰林院編修湛以牲帛之奠，告於故國子君楊生仕德之靈曰：嗚呼！道喪千載，學失其心。失之者，豈惟逐物而遷？蓋有心心相持，束縛天君，如髡如鉗，則忘則助，二者支離而愈分，而不知本體之自然者，即事而在，不存而存，內外合一，而不咨二三以人也。昔爾伯氏，遣來歸云，一見之間，遂喜得君。君年孔富，其氣孔神，許以共學，以志於仁。爾時匆遽，未罄其餘；繼以季弟，再謁墓廬。我方銜血，略示要樞，誓心卒業，無論薦書。君師陽明，謂予同道。仕鳴來樵，合一是討。逾年君來，昆季其究，君時是內，惡物之疚。君病憔悴，予曰心病。予愛予言，予言砭討。君亦予然，匪則來正。孰病孰知，生也則華。嗚呼！豈謂而終以是滅其性耶！夫學以復其性，而反以致病焉，其天耶？其人耶？夫後世風靡，知學者希；知學矣，而慮不得師；得師矣，慮傳習之猶非；真傳矣，慮用力之弗宜；宜力矣，慮其之弗彌，無以畢志願之所期。若吾仕德者，可謂知學而得師矣。而

第1645頁

年止於斯，齎志而歿，其傳耶？力耶？非耶？嗚呼悲呼！尚饗！」

陳洸歸潮陽，題書卷贈別，勉勸其謙恭戒傲。

王陽明全集卷二十四書陳世傑卷：「堯允恭克讓；舜溫恭允塞；禹不自滿假；文王徽柔懿恭，小心翼翼，望道而未之見；孔子溫良恭儉讓。蓋自古聖賢，未有不篤於謙恭者。向見世傑以是恭為可恥，故遂入於簡抗自是。簡抗自是則傲矣；傲，凶德也，不可長。足恭也長，有所為而為之者也。無所為而為之者，謂之謙；謙，德之柄，溫溫恭人，惟德之基。堂堂乎張也，難與並為仁矣。仲尼贊易之謙曰：『謙，尊而光，卑而不可踰，君子之終。』故地不謙，不足以載萬物；天不謙，不足以覆萬物；人不謙，不足以受天下之益。昔者顏子以能問於不能，有而若無，蓋得夫謙道也。慎獨、致知之說，既嘗反覆於世傑，則凡百私意之萌，自當退聽矣。復嘵嘵於是，蓋就世傑氣質之所急者言之。躬自厚而薄責於人，則遠怨；見賢思齊，見不賢而內自省，則德修。毋謂己為已知而輒以誨人，毋謂人為不知而輒以怨人。終日但見己過，默而識之，學而不厭，則於道也其庶矣乎！」

按：陳世傑即陳洸，掖垣人鑑卷十二：「陳洸，字世傑，號□□，

第1646頁

廣東潮陽縣人。正德十六年進士。本年八月，除户科給事中。嘉靖二年，陞吏科右。三年，陞湖廣僉事。尋復原職，陞户科左。四年，為事解任聽勘。」前考陳洸為潮中士子最早來問學陽明者。正德七年鄭一初即因陳洸而來見陽明受學，陽明祭鄭朝朔文云：「君因世傑，謬予是資……君與世傑，訪予陽明。」可見陳洸與陽明初識約在正德六年（或經甘泉介紹）。湛甘泉寄陽明云：「向送陳世傑求放心之説，正欲與高論互相發。邇聞渠報兄有辯説。」（泉翁大全集卷九）可見是次別後兩人仍多有通信往還論學（書均佚）。王陽明全集於此文題下注「庚辰作」，疑陳洸即是聞楊驥卒而歸潮陽。按陳洸性格張狂乖傲，簡抗自是，故陽明以謙恭砭之。然陳洸歸潮陽後即熱衷於科舉功名，狂躁求進，遂在次年舉進士，除户科給事中，投入大禮議紛爭，成為大禮議中頭號凶人，卒至身敗名裂，蓋不思陽明勉勸之過也。

第1647页

黃綰有書來，勸陽明功成全身而退。

黃綰集卷十八寄陽明先生書四：「鄙陋山居，八易寒暑，不覺髭鬢種種，豈勝愧慨！聞隆勳絕世，位寵不卜可知。乾之上九曰：『亢龍有悔。』此不獨人君之象，凡為臣子，處功名位望之極，理亦如此。況危疑之際，事勢可憂，不但亢龍而已。昔孔明為劉琦曰：『申生在内而危，重耳在外而安。』今奸欺盈朝，欲為宗社深慮，而事權在人，惟在外可以終濟明哲。煌煌君子，其留意焉。」

按：書云「八易寒暑」，則在正德十五年，陽明正處在危疑謗毀、賞功不下之際。黃綰此書約作在是年秋中。

八月八日，鄒守益、陳九川遁居通天巖，遂攜弟子往遊通天巖，多有唱酬。

第1648页

鄒守益東巖題刻：「安成鄒守益、臨汝陳九川受學陽明先生，閑坐通天巖，陰晴變態，林霏異觀，相與歷覽往古之踪，盡窮巖之勝，發秘扃名，升高望遠，逸興不窮。客至，坐石詠觴，刻之洞口，陶然自適，不知天地之為大，而巖谷之非家也。凡浹旬而歸。先是遊訪者憲副王度、郡守丞盛茂、夏克義、邑令宋瑢，同遊者盱江夏良勝，遊而信宿者劉寅、周仲、劉魁、黃弘綱、王可旦、王學益、歐陽德、劉瓊治、王一峰也。正德庚辰八月八日。」（贛石録卷二）

按：贛石録云：「右正德庚辰鄒守益等題記，在贛縣東巖。凡十五行，字徑寸餘，正書。」通天巖又名玉巖，中有忘歸巖，又有忘言巖。天啟贛州府志卷二：「通天巖，在城西二十里，空洞如屋，有穴透其巔，怪石環列如屏障。宋秘書陽行先隱於此，太守林顏號為『玉巖翁』。留元剛建玉巖亭，行先祠在焉。……忘歸巖，在通天巖半壁。王陽明偕講學門人，窮巖之幽勝，始得此幽雅峻絕，坐而忘歸，較之通天更奇，因名。」

鄒守益集卷二十五同陳惟濬諸友遊通天巖小飲圓明洞：「探秘闢幽賓，躋險履崇脊。歡言衆君子，共此山水癖。傳杯忘爾汝，浩歌激金石。酣歸問山英，何年見此客？」

第1649頁

復宿玉虛宮：「待月升山椒，月明山更好。如泛大海中，乘風列絕島。勞生亦已愚，行樂苦不早。短榻藉秋雲，月色何須掃。」

忘言巖遇雨：「披草坐巖石，巖石互離立。客至始知歸，忽見巖草濕。」

潮頭巖：「巨靈翻滄溟，湧此潮頭雪。醉卧蓮葉舟，長風棹明月。」

同上，卷二十六同劉彥亮陳惟濬宿玉虛宮懷夏東洲于中：「高架琳宮引石梯，酒餘客散自攀躋。坐來漸恐星河冷，話久不知煙霧迷。白澗灘橫帆隱見，翠微巖湧案高低。浩歌初飽清秋興，何處東洲野店雞？」

同上，與陳惟濬歷覽通天巖將歸賦別：「香爐硉矹奔蒼龍，昂首勢欲飛長空。群巒如浪蹙溟濛，大者鯤鰐小魴鱅，旁搘鱗甲敞幽洞，相傳一竅與天通。濂溪翠微杳無踪，畸人初見玉巖翁。中有忘歸石巃嵸，騷工文匠恣牢籠。我行與君探奇踪，登高望遠興未窮。忘言觀心創西東，仰撥解慍來薰風。潮頭雪湧無春冬，圓明小巖相朣朧。平生清曠邱壑胸，俯躡泰華吞雲夢。願將短翮附冥鴻，陽明霞佩鏘瑽瑢，功成共證明光宮。」

同上，通天巖謝陽明先生：「小試深巖玩化機，秋風瓜芋自堪肥。仙翁猶訝飛升晚，更騁青精入翠微。

習靜已空交戰機，自將陶冶定癯肥。濂溪留得光風在，直待

第1650頁

三生勒翠微。」

明水陳先生文集卷七壽大司成東廓鄒公七十序：「正德庚辰，余與東廓鄒子再見陽明先生於虔，進授良知之訓，遁居通天巖中，久之，咸若有得。」

同上，卷十四同鄒東廓遊通天巖題紫霄宮壁：「昂藏嘯虎出風聲，閑伴飛鴻踏月明。擊磬幾人憂世溺？掃雲一榻卧秋清。」（陽明先生有次韻）

夏良勝東洲初稿卷十三登通天巖：「誰持天斧使，破此杳冥間。安得六丁士，移當萬里關。霞飡頻到足，雲卧懶知還。借我蒲團地，心齋見孔顏。」　坐忘歸巖：「人寰

亦可闢，適意每忘歸。許大開胸次，艱關入翠微。林扉風雨暝，石磧馬牛稀。為問桃源弈，何人是解圍？」

陽明忘歸巖題壁：「青山隨地佳，豈必故園好。但得此身閑，塵寰亦蓬島。西林日初暮，明月來何早。醉卧石牀凉，洞雲秋未掃。　正德庚辰八月八日，訪鄒、陳諸子於玉巖，題壁。陽明山人王守仁書。」（贛石録卷二王陽明先生遺墨。按：王陽明全集卷二十有通天巖，即此詩，但無後題，向不知作年，王陽明全集將此詩置於正德十三年中，乃誤。）

王陽明全集卷二十遊通天巖示鄒陳二子：「鄒陳二子皆好遊，一往通天十日留。候之來歸久不至，我亦乘興聊尋幽。巖扉日出雲氣浮，二子晞髮登巖頭。谷轉始聞人語響，蒼壁杳杳長林秋。嗒然坐我亦忘去，人生得休且復休。採芝共約陽明麓，白首無慚黃綺儔。」

同上，遊通天巖次鄒謙之韵，又次陳惟濬韵，忘言巖次謙之韵，圓明洞次謙之韵，潮頭巖次謙之韵，坐忘言巖問二三子。

畫史蔡世新來贛問學，同遊通天巖，為陽明寫真。

鄒守益王陽明先生圖譜：「通天巖，濂溪公所游。至是夏良勝、鄒守益、陳九川宿巖中，肆所聞。劉寅亦至。先生乘霽入，盡歷忘歸、忘言各巖，和詩立就，題玉虛宮壁。命蔡世新繪為圖。」

明畫録卷一：「蔡世新，號少壑，贛縣人。工寫照。時王文成公鎮虔，召衆史，多不當意，蓋兩顴稜峭，正面難

肖。世新幼隨師進，獨從旁作一側相，得其神似，名大起。亦善勾勒竹，大幅者佳。兼畫美人。」

林大春井丹林先生文集卷十七題陽明像：「右圖載陽明先生遺事與其遺像若干紙，蓋出先生門人蔡世新親筆也。始先生倡道東南，一時從游之士多所辨析。世新獨從容靜處，每侍坐於虔臺、庾嶺之間，竟日凝睇而不能去，其精專如此。及先生殁，乃退而心惟其貌而札記之，以故其中多寫出有道者之象。至於或臞或腴，或坐或僂，舉無一不酷似先生者，蓋惡而至此？可謂能得其神，而非徒形之似者矣。」

吳燮垣蕉廊脞錄卷七：「王文成燕居授書小像，幕客蔡少壑畫，文成弟子張子藎（元忭）藏，王龍溪為之贊，亦文成弟子也。」

陳焯湘管齋寓賞編卷二答時政書跋：「右白鹿紙行書札，二十四行，名右用紅文『伯安』二字長方印。余蒞姚江，首謁先生龍山祠堂，逢人即求觀先生遺墨，不可遽得。張太學羅山，嗜古士也，家多收藏之，乃出是卷。引首有先生捉麈尾小像，方巾褒衣，形貌清古，羅山自識云：『畫史載王文成公鎮虔日，以寫貌進者閱數十人，咸不稱意。公骨法稜峭，畫者皆正面寫之，顴鼻之間最難

肖似。蔡世新少壑隨其師進，從旁作一側相，立得其真。公大喜，延之幕府。頃得見公謫龍場時詩卷，前附像一幅，有蔡世新小印，雖未得其所以合併之由，當即所作也。此卷既不可得，而絹損亦多不全，遂倩工摹之，裝於與胡時政先生小札之首，亦足傳其彷彿已。』」

鄒守益集卷二十六重宿通天巖寫侍游先師像謝少壑山人：「通天巖頭披雲游，亹亹英俊同冥搜。陽明仙翁提心印，揮霍八極與神謀。笑呼蔡子寫生綃，元精淋漓煙霧浮。二十八年建瓴水，鶴馭高駝不可留。尚餘丹方懸真境，金鼎石室風颼颼。恍然置我仙翁側，老筆不減顧虎頭。古來千聖皆過影，聚散生死溟海漚。靈光一脉亘宇宙，陟降上帝君信否？寫真何如識真真，脫屣緇塵娛丹邱。」

按：鄒守益此詩，乃是其二十八年後再來通天巖，回憶當年（正德十五年）侍游陽明、蔡世新生絹寫真之況。

薛侃集卷五祝壽圖序：「天下傳吾夫子之神者，有傳其有形者，南康蔡世新是也；傳其無形者，凡在門墻皆是也。……而世新乃能無俟觀審而直出諸其手，何哉？豈有形者易而無形者難耶？曰：非然也。……故其立生祠也……世新傳神以塑像，聚乾糧於章貢之衢，望而繪者

旬日，得其容而弗真。侃時寓射圃亭，從借一室，窺而繪者旬日，得其真而弗妙。侃為白其誠，命見之。自是從於豫章、於越城、於蒼梧，則懇切精專亦可謂至矣。是故傳夫子之神，無俟審視而出諸其手矣，不用丹青獨妙矣。」

按：陽明建射圃，射圃亭在正德十三年九月（見前考），所謂「立生祠」乃指建報功祠。薛侃正德十三年來贛受學，十四年歸潮。故其在贛觀蔡世新繪畫當在正德十三年九、十月間。若然，則蔡世新在正德十三年已來贛見陽明。其後蔡世新從陽明於南昌、紹興、梧州，問學不斷，蓋蔡世新非惟陽明幕下士，而實為陽明門人也。按今上海博物館藏有蔡世新畫陽明先生小像，畫陽明作科頭燕服，右手持卷，盤膝端坐於席，側面描繪，顴骨高聳，應即是蔡世新在贛所作側相畫。又陽明先生年譜附錄一：「嘉靖十六年丁酉，門人周汝員建新建伯祠於越，取南康蔡世新肖師像。」董燧王心齋先生年譜載嘉靖三年陽明「命蔡世新繪呂仙圖」。可見蔡世新為陽明作畫甚多也。

咨六部伸理冀元亨冤案。

王陽明全集卷十七咨六部伸理冀元亨：「照得湖廣常德府武陵縣舉人冀元亨，忠信之行，孚於遠邇；孝友之德，化於鄉閭。本職往年謫官貴州，本生曾從講學。近來南、贛，延之教子，時因寧藩宸濠潛謀不軌，虐焰日張，本職封疆連屬，欲為曲突徙新之舉，則既無其由；將為發奸摘伏之圖，則又無其實。偶值宸濠飾詐要名，禮賢求學，本職因使本生乘機往見宸濠，冀得因事納規，開陳大義，沮其邪謀；如其不可勸喻，亦因得以審察動靜，知其叛逆遲速之機，庶可密為禦備。本生既與相見，議論大相矛盾，宸濠以本職所遣，一時雖含怒遣發，而毒怒不已，陰使惡黨，四出訪緝，欲加陷害。本生素性愿恪，初不之知，而本職風聞其說，當遣密從間道潛回常德，以避其禍。後宸濠既敗，痛恨本職起兵攻剿，雖反噬之心無所不至，而天理公道所在，無因得遂其奸，乃以本生係本職素所愛厚之人，輒肆詆誣，謂與同謀，將以泄其讎憤。且本生既與同謀，則宸濠舉叛之日，本生何故不與共事，卻乃反回常德，聚衆講學？宸濠素所同謀之人如李士實、劉養正、王春之流，宸濠曾不一及，而獨口稱本生與之造始，此其挾讎妄指，蓋有不待辯說，行道之人皆能知者。但當事之人，不加詳察，輒爾聽信，遂陷本生一至於此。本生篤事師之義，懷報國之忠，蹈不測之虎口，將以轉化凶惡，潛消奸宄，論心原迹，尤當顯蒙賞録。乃今身陷俘囚，妻子奴虜，家業蕩盡，宗族遭殃。信奸人之口，為叛賊泄憤報讎，此本職之所為痛心刻骨，日夜冤憤不能自已者也。本職義當與之同死，幾欲為之具奏伸理，而本生雖在拘囚，傳聞不一，或以為旣釋，或以為候旨；兼慮當事之人，或不見諒，反致激成其罪，故復隱忍到今。又恐多事紛紜之日，萬一玉石不分，竟使忠邪倒置，徒以沮義士之志，而快叛賊之心，則本職後雖繼之以死，將亦無以贖其痛恨。為此合行具咨貴部，煩請咨詢鑒察，特賜扶持分辨施行。」

蔣信《鄉進士冀闇齋先生元亨墓表》：「己卯，宸濠果變作，旋覆於義師。因仇視陽明子而誣及先生，在獄，南北二十年俯仰契覯，直以平居視其患難，從容歌嘯，不怵不憂，守者率為驚嘆。間與被罪衣冠輩談樂天知命之學，聽者亦為忘其患難，以罪白得釋者，及今爭傳焉。初權奸江彬輩欲重禍於陽明子，鞫問之朝，箠楚備至。先生曰：『元亨方弱冠時，已願為忠臣孝子。今不能為義徒乎！』久之，洗滌開釋之命下，而先生疾弗起矣……陽明子初得被逮之報，語報者曰：『惟乾平日獨憂世太切耳！』吁，殆諒然也耶？……」

第1657頁

十五日中秋節，顧應祥來見，書游九華山詩贈之。

陽明書游九華山詩贈陳惟賢：「元日霧（庚辰）：元日昏昏霧塞空，出門只尺誤西東。人多失足投坑塹，我亦停車泣路窮。欲斬蚩尤開白日，還排閶闔拜重瞳。小臣漫有澄清志，安得扶摇萬里風？

二日雨：昨朝陰霧埋元日，向曉寒雲迸雨聲。莫道人為無感召，從來天意亦分明。安危他日須周勃，痛哭當年笑賈生。坐對殘燈愁徹夜，靜聽晨鼓報新晴。

再游九華：昔年十日九華住，雲霧終旬竟不開。有如昏夜入寶藏，兩目無睹成空回。每逢好事談奇勝，即思策蹇還一來。頻年驅逐事兵革，出入賊壘衝風埃。恐恐晝夜不遑息，豈復山水能徘徊。鄱湖一戰偶天幸，遠隨歸凱停江隈。是時軍務頗多暇，況復我馬方隤頹。舊遊諸生亦群集，遂將童冠登崔嵬。先晨霏靄尚暝晦，却疑山意猶嫌猜。肩輿一入青陽境，忽然白日開西嶺。長風擁篲掃浮陰，九十九峰如夢醒。群巒踴躍爭獻奇，兒孫俯伏摩其頂。今來始識九華面，恨無詩筆為傳影。層樓疊閣寫未工，千朵芙蓉抽玉井。怪哉造化亦安排，天下奇山此兼并。攬衣登高望八荒，雙闕下見日月光。長江如帶繞山麓，五湖七澤皆陂塘。蓬瀛海上浮拳石，舉足可到虹可梁。仙人為我啟閶闔，鸞輧鶴駕紛翱翔。從茲脫屣謝塵世，飄然拂袂凌蒼蒼。

惟賢憲副以此卷書近作，漫錄數首，一笑。

正德庚辰八月望，陽明山人書於虔臺之思歸軒中。」（中

第1658頁

日陽明學者墨迹，陽明此文真迹由何創時書法藝術文教基金會收藏）

二十八日，夢見郭璞訴呈悲憤詩，作紀夢詩以發其事，蓋寄深意焉。

王陽明全集卷二十紀夢：「正德庚辰八月廿八夕，臥小閣，忽夢晉忠臣郭景純氏以詩示予，且極言王導之奸，謂

第1659頁

世之人徒知王敦之逆，而不知王導陰主之。其言甚長，不能盡錄。覺而書其所示詩於壁，復為詩以紀其略。嗟乎！今距景純若千年矣，非有實惡深冤鬱結而未暴，寧有數千載之下尚懷憤不平若是者耶！　秋夜臥小閣，夢遊滄海濱。海上神仙不可到，金銀宮闕高嶙峋。中有仙人芙蓉巾，顧我宛若平生親。欣然就語下煙霧，自言姓名郭景純。攜手歷歷訴衷曲，義憤感激難具陳。切齒尤深怨王導，深奸老滑長欺人。當年王敦覬神器，導實陰主相緣寅。不然三問三不答，故忍使敦殺伯仁？寄書欲拔太真舌，不相為謀敢爾云？敦病已篤事已去，臨

第1660頁

哭嫁禍復賣敦。事成同享帝王貴，事敗乃為顧命臣。幾微隱約亦可見，世史掩覆多失真。袖出長篇再三讀，覺來字字能書紳。開窗試抽晉史閱，中間事迹頗有因。因思景純有道者，世移事往千餘春，若非精誠果有激，豈得到今猶憤嗔！不成之語以筮戒，敦實氣沮竟殞身。人生生死亦不易，誰能視死如輕塵？燭微先幾炳湯道，多能餘事非所論。取義成仁忠晉室，龍逢龔勝心可倫。是非顛倒古多有，吁嗟景純終見伸。御風騎氣遊八垠，彼敦之徒草木糞土臭腐同沈淪！　我昔明易道，故知未來事。時人不我識，遂傳耽一技。一思王導徒，神

器良久覩。諸謝豈不力？伯仁見其底。所以敗者備，罔
顧天經與地義。不然百口未負託，何忍置之死？我於斯
時知有分，日中斬柴市。我死何足悲，我生良有以！
九天一人撫膺哭，晉室諸公亦可恥。舉目山河徒嘆
非，攜手登亭空灑淚。王導真奸雄，千載人未議，偶感
君子談中及，重與寫真記。固知倉卒不成文，自今當與
頻謔戲。倘其為我一表揚，萬世萬世萬萬世。 右晉
忠臣郭景純自述詩，蓋予夢中所得者，因表而出之。」

按：此所謂夢中郭景純所示詩，實非郭景純作，而為陽明自作
詩，其詭托為夢中郭景純作，乃是其一貫之手法，一如當年偽

造遊海詩、絕命詞也。宸濠反，張忠、許泰為奸，陽明被誣謗
，冀元亨忠而被冤死，與當年王敦起兵反，王導陰主為奸，
周青（伯仁）義而被殺，郭景純忠而被戮，何其相似乃爾。陽明
於此詩中隱以王敦比宸濠，以王導比張忠、江彬、許泰之流，
以郭景純比冀元亨，其詩所寓真意昭然若揭矣。按「景純」與
「惟乾」義近，陽明作此詩，正與其上咨六部伸理冀元亨同時
，此詩所云與咨六部伸理冀元亨所述如出一轍，對讀可明也。

巴山王弘自廣歸六合，經贛來見，有詩送別。

陽明送王巴山學憲歸六合：「衡文豈不重，竹帛總成塵。
且脫奔馳苦，歸尋故里春。人生亦何極，所重全其貞。
去去勿復道，青山不誤人。」（光緒六合縣志卷七，陽明
文集失載）

鄒守益集卷二十五贈巴山王憲副：「世路苦多歧，萬里汩
勞塵。不知肺肝內，自有天下春。相彼負販者，競偽棄
其真。卓矣珍故吾，是非姑隨人。」

同上，卷十簡歐陽南野崇一：「往歲侍先師於虔臺，王巴
山自廣歸見，忍咳與談，談劇復咳，咳止復談。客退，
請其故，曰：『是定山壻，有文學，後輩所歸。若轉得巴
山，則六合之士皆可轉矣。』乃知仁人以萬物為一體，惟
恐一人不獲盡其性，便是自家盡性工夫。」

按：鄒守益詩乃是次陽明韻。「王巴山」即王弘，字叔毅，家於六合
巴山，故號巴山。光緒六合縣志卷一：「巴山，在縣西北四十五里
，高四十丈，周二里，有寺。明副使王弘家於此，因號『巴山先生』
。」志卷五之上有王弘傳：「王弘，字叔毅，廣洋衛人。弱冠舉禮
記第一，弘治癸丑進士，授行人。以名自砥礪，莊文節昶愛而妻
之。正德改元，擢南京福建道監察御史，論列逆閹劉瑾罪狀，
忤旨，被杖為民。瑾乃榜奸黨於朝堂，弘與焉。庚午瑾誅，起
廣東僉事，進副使，督學政。時霍宗伯韜、倫司成以訓在諸生
中，弘首加獎進，衆服其明。在廣數年，適僮傜作亂，倚竹
箐自固，竹堅，用刀截之，利如刃，官軍不能進，傜喜且躍曰：

「非巴山王，豈能克我耶？」弘舉止、姓號皆合，比至其地，用火攻，大破之。計功當獲延賞，以執法論時相之子，賞不行，謝歸。嘉靖初，有欲援弘出議大禮者，堅卻之。隱居巴山，卒。論者以為無愧定山云。」按國榷卷四十六：「正德二年閏正月庚戌，[crossed out]御史黃昭道、王弘、蕭乾元逮未至，命即南京闕下杖之……三月辛未，敕文武群臣曰：『……主事王守仁……御史王弘……遞相交通，曲意阿附……』」王弘與陽明同貶，故兩人當早識。陽明此詩送王弘歸六合，乃是王弘在廣東副使任上因劾時相之子罷歸，途經贛來見論學，陽明作詩贈之。王弘任廣東副使在正德十一年至十五年間，德慶州志卷十四金石錄有二題刻：「大明正德丙子春三月，清溪居士虞大詔，浙江義烏人，時從巴山王老先生遊，因題以識歲月云。」「戊寅四月四日，予因往八桂，過肇慶，同行者，巴山王憲副，虛齋鄭少參，約登三洲巖，二詩紀興……安成伍希儒書。」鄒守益在正德十五年七月來贛，按國榷卷五十一：「正德十五年八月丙辰朔，廣東蘇峒、十八山、青龍崗等盜平，斬萬一千二百五級，俘四千一百四十八人。」此即王弘鎮壓侗傜亂者，由此可知王弘約在八月來贛見陽明。

第1663頁

袁慶麟病卒，有文祭之。

陽明祭袁德彰文：「嗚呼德彰！士而不知其學，其生也如醉夢，死則蜉蝣蠛蠓矣。德彰始鑽研於辭章訓詁，而疲勞於考索著述，矻矻然將終老矣。已而幡然有覺，盡棄舊習，如脫敝屣，銳志於聖賢之學。雖其精力衰，而心志迥然不群矣。中道而歿，蓋斯文之不吊，古所謂『朝聞道，夕死可矣』者，德　其庶幾哉！嗚呼！此心此理，萬古一日，無分於人我，無間於幽明，無變於生死。故生而順焉，沒而寧焉，昭昭於其生，乃所以昭昭於其死也。嗚呼，德彰亦何憾乎！」（天啟贛州府志卷十六，陽明文集失載）

鄒守益集卷二袁雲峰徵士輓卷：「雲峰袁德彰，贛之隱君子也。異時負其才氣，謂科第可俯取。獵經擷史，以應世之求，崛然有聞矣，而竟未有所合。乃隱居教授，蘄以著述表於後，旁搜遠勘，歷寒暑不易。比耆矣，始聞大道之要，悵然自失，取其巨帙累牘而焚之，瞿瞿從事，不知年之不足也。予之學於贛也，見童子數百，詠歌周旋，洋洋先王威儀風雅之盛，而德彰翕然師之。因探其緒論，惓惓以平日之病為告，曰：『始吾之悔也，以為舍己田而芸人之田也，而辛苦所拾，不過殘穗遺秉，積之囷廩，自為富厚，曾未知所以植吾苗也。今而知植吾苗[crossed out]矣，吾其不以餒死乎？』予惕然伏君之勇。世之知植苗者寡矣，使人人易其百畝之荒，則菽粟如水火，奈

第1664頁

之何以强力富年，甘腹之枵而不恤也？若德彰，可以起懦矣！君之卒也，陽明先生誄之曰：「古所謂朝聞道，夕死可矣者，德彰其庶幾焉！中道而沒，蓋斯文之不幸也。同門之士，咸有輓歌，以泄不幸之情，而以首簡來命。嗚呼！是情也，將有曠百世而相感者，况吾黨哉！」

按：據鄒守益此序，可知陽明祭袁德彰文當原收在袁雲峰觀士輓卷中。鄒守益謂袁慶麟在聘為社學教讀後不久即病卒，余文龍贛州府志卷十六袁慶麟傳亦謂：「先生檄有司禮聘督本府社學，年六十五卒，王公為文誄之。」（康熙雩都縣志同）按陽明大興社學在正德十五年六月，據此袁慶麟約在八月前後病卒。

閏八月，月夜望武宗聖駕北還，有詩感懷。

王陽明全集卷二十月下吟三首：「露冷天清月更輝，可看遊子倍沾衣。催人歲月心空在，滿眼兵戈事漸非。方朔本無金馬意，班超惟願玉門歸。白頭應倚庭前樹，怪我還期秋又違。　江天月色自清秋，不管人間底許愁。謾擬翠華旋北極，正憐白髮倚南樓。狼烽絕塞寒初入，鶴唳空山夜未休。莫重三公輕一日，虛名真覺是浮漚。　依依窗月夜還來，渺渺鄉愁坐未回。素位也知非自得，白頭無奈是親衰。當年竹下曾裘仲，何日花前更老萊？懇疏乞骸今幾上，中宵翹首望三台。」

同上，月夜二首。

十日，聞武宗聖駕北還，致書費宏，懇其作序送張永還朝。

國榷卷五十一：「正德十五年閏八月壬辰，上辭孝陵……丁酉，上旋蹕，發龍江。」

王陽明全集卷二十七與顧惟賢書七：「近得省城及南都諸公書報云，即日初十日聖駕北還，且云船頭已發，不勝喜躍，賤恙亦遂頓減。此宗社之福，天下之幸，人臣之至願，何喜何慰如之！……」

費宏集卷十四奉賀提督贊畫機密軍務大內相守庵張公還朝序：「皇上臨宇既久，益明習國家事。爰舉虞、周之典，巡侯甸，四征不廷。於是聖武昭布諸藩，臣庶莫不欣欣然遠望旄頭之墜，而以利見為幸也。會江西宗室宸濠，宸凶肆虐，謀為不軌，兵號四十萬。焚掠沿江郡縣，攻圍畿輔，直指留都，駸駸北犯。上聞震怒，告諭廷臣，將親統六師以討平之。御用監太監守庵張公，奉璽書，參密謀，督軍務。偕□御馬監太監張公、安邊伯朱公、左都督朱公，率前鋒來搗逆巢。惟守庵公實仰贊廟謨，封寘鐇，誅逆瑾，平燕□、齊、楚、蜀諸大盜，天下想望其威名久矣。而況天子自將師以順動，勢如破竹，先聲所震，人心翕然。一時封疆之臣幸脫於虎吻者，罔不爭先敵愾，思欲執訊獲醜，以待□俘獻。元惡無所逃罪，遂爾成擒。守庵公仰窺淵衷，以伐罪吊民為急。謂逆賊雖平，而一方之民與吏，呻吟者猶不能無來蘇之望，汙染者猶不能無濫及之憂也。乃兼程來涖拱都，敷布德意，以慰安衆志，庶幾遺毒餘烈一旦悉除。其同事諸公與公協心，罔有猜間，遠邇孚感，人用大寧。上自是脫然無南顧之憂，遂議回鑾北歸，益修內治，公亦且獻凱而還朝矣。左參政徐君璉□偕其僚邢君珣、周君文□光，按察使伍君文定偕其僚陳君槐、謝君豸，皆德公甚，而謀所以報之。知公志於不朽，雅好文辭，餘不足以為贈也。乃專使責宏一言，欲以頌公之德之盛。已而

巡撫王君伯安，又特貽書來致其拳拳之意焉。宏惟公之功在社稷，澤在生民。夫人能知之，能行之，又何俟於宏之縷縷耶？然其一念體國之忠，艱險糾紛之際，而嘗有從容贊畫之妙；委曲將順之內，而常有匡維旋□斡之力，天下實有陰受公賜而未能盡知者。茲行也，戡定禍亂，而功不必出於己；翊戴聖躬，而不使過歸於上；節省財力，而不欲擾及於民；扶持善類，而不忍罪坐於無辜。其誠足以結主知，其公足以萃群涣，其勇足以□作士氣，其嚴足以正師律，其仁足以廣上恩，其廉足以勵貪求之俗，其謙足以得士大夫之心。萃茲衆美，有古賢臣名將之風，巡撫君及藩臬諸君之所謂感激，蓋由衷而不容已，豈以聲音笑貌强相諛說者耶？矧逆賊之謀，實萌於護衛之復，公之疏瑾也首及焉。使公久掌樞務，則其再請之奸必不能遂，而今日之變可逆折而潛消矣。於是乎益見公之早辨預防，慎大易履霜之戒，軫前賢曲突之慮，非忠於國體，能然乎？公茲歸，人謂聖天子必復以樞務付公，延頸企踵，顒然有太平之望，而公亦豈容遜避耶？宏自明農以來，文辭荒落，何足以為公賀？然諸君之意，實欲致閩省士民德之之私；而宏之感幸，視士民殆有深焉，不可以無言也，於是乎書。

按：錢德洪陽明先生年譜於此敘事尤顛倒舛誤，如將武宗回鑾（北歸）定在七月，將費宏送張永還朝序放在七月（引文多誤），將羅洪先所云周龍岡事放在八月等，幾使人不知所云。以此費宏奉賀提督贊畫機密軍務大內相守菴張公獻凱還朝序而言，費宏於序中有意、虛情誇美張永到無以復加，竟將平宸濠功全歸之張永，甚至謂「其同事諸公與公協心，罔有猜間」，而特云「逆賊之謀，實萌於護衛之復」，又隱然以「首功」自居矣。其說實與陽明全相左不合。後來武宗果以「樞務」付張永，費宏亦得以再出任輔相，溯其原始，概出於此一序之推挽與褒揚也。而陽明與費宏之矛盾不和，亦自此序始矣。

十五日中秋，有詩懷故人。

王陽明全集卷二十後中秋望月歌：「一年兩度中秋節，兩度中秋一樣月。兩度當筵望月人，幾人猶在幾人別？此後望月幾中秋？此會中人知在否？當筵莫惜殷勤望，我已衰年半白頭。」

按：正德十五年有閏八月，故有兩度中秋節。王陽明全集將此詩置於嘉靖中居越時作，乃誤。

二十日，四疏省葬，不允。有書致顧應祥告圖歸計。

王陽明全集卷十三四乞省葬疏。

錢德洪陽明先生年譜：「嘗聞海日翁病危，欲棄職逃歸，

後報平復，乃止。一日，問諸友曰：『我欲逃回，何無一人贊行？』門人周仲曰：『先生思歸一念，亦似著相。』先生良久曰：『此相安能不著？』」

王陽明全集卷二十七與顧惟賢書六：「近得甘泉、叔賢書，知二君議論既合，自此吾黨之學廓然同途，無復疑異矣，喜幸不可言！承喻日來進修不懈，尤足以慰傾望。此間朋友亦集，亦頗有奮起者。但惟鄙人冗疾相仍，精氣日耗，兼之淹滯風塵中，未遂脫屣林下，相與專心講習，正如俳優場中奏雅，縱復音調盡協，終不免於劇戲耳。乞休疏已四上，鑾輿近聞且南幸，以瘡疾暫止。每一奏事，輒往復三四月，此番倘得遂請，亦須冬盡春初矣。後山應援之說，審度事勢，亦不必然，但奉有詔旨，不得不一行。此亦公文體面如此。聞彼中議論頗不齊，惟賢何以備見示，區區庶可善處也。」書七：「近得省城及南都諸公書報云，即日初十日聖駕北還，且云船頭已發，不勝喜躍……恙亦遂頓減。此宗社之福，天下之幸，人臣之至願，何喜何慰如之！但區區之心猶懷隱憂，或恐須及霜降以後，冬至以前，方有的實消息。其時賤恙當亦平復，即可放舟東下，與諸君一議地方事，遂圖歸計耳。聞永豐、新淦、白沙一帶皆被流劫。該道守巡官皆宜急出督捕，非但安靖地方，亦可乘此機會整頓兵馬，以預備他變。今恐事勢昭彰，驚動遠近，且不

行文，書至，即可與各守巡備道區區之意，即時一出，勿更遲疑，輕忽坐視。思抑歸興，近却如何？若必不可已，俟回鑾信的，徐圖之未晚也。」

有書致謝源，釋「芥蒂」之心。

陽明與謝士潔書二：「近見士潔與時泰書，似疑區區有芥蒂之意，不覺失笑，何士潔視予之淺也。士潔試看區區平日，與人雖仇極恨者，亦未嘗藏怒蓄憾，每每務存忠厚，況與士潔平日道誼骨肉之愛？加以日來艱苦同分，憂患同心，縱今士潔一旦真有大怨大恚於我，我所以處之亦當與彼泛泛者有間。士潔有何憾於我，而我芥蒂於

中耶？若士潔心直口快，言語之爭，時或有之。此則雖在父子兄弟，旦夕久處，亦有不免。凡今朋友群居日久者，亦孰不然？若遽以此芥蒂，則盡父子兄弟，盡天下朋友，皆可怨可仇者矣！此人面獸心者之事，而士潔忍以待我耶？區區之心，士潔日後自見，本不俟言，因見士潔與時泰書，却恐士潔或有芥蒂，故輒云云。士潔見之，想亦付之大笑也。呵呵！守仁頓首。外繳呈稿奉覽。」（手書真迹，今藏溫州博物館，陽明文集失載）

按：「時泰」即伍文定。所謂「疑區區有芥蒂之意」者，即是因前札中批評按察司以倡議起兵之功歸之謝源、伍希儒，而已在重上江西捷音疏中則未將倡議起兵之功歸之謝、伍，致使謝源見之生疑不滿。故此札當作在第一札其後不久，約八月前後。所云「外繳呈稿奉覽」，即指重上功次冊。

廣右按察使宗璽考滿進京，經贛來訪，為作宗澤像贊。

陽明宗忠簡公象贊：「此宗忠簡公遺象也。公在宋謚曰忠」，可以為忠矣。守仁讀史至公傳，未嘗不為之扼腕而流涕也。嗚呼！自古國家之喪亡，未有不由於奸臣之嫉能而忌功也。使古無嫉能而忌功者，則國家豈有亂與亡哉！廣右廉訪使朝用先生，乃忠簡公苗裔，余同年友也，屬余贊其象。余悲其見抑於權奸，而積憤以死也，為之

贊曰：天之義氣，偉人受形。乃大雷電，以赫厥靈。宋帝蒙塵，惟公純臣。百萬義旅，一呼響臻。回鑾之疏，二十四上。積憤而逝，風雨震蕩。忠肝義膽，泰山莫撼。堂堂遺象，淚襟在覽。丹青載見，目光如電。英姿颯爽，怒髮思戰。三呼渡河，一語無他。千載憤激，轉谷盤渦。姚江王守仁謹贊。」（康熙丙戌刻本宋宗簡公全集卷十一，陽明文集失載）

按：宗嘉謨宗忠簡公年譜卷首亦載有此像贊，並有宗澤遺像。「朝用先生」即宗璽，字朝用，號竹谿，與陽明、伍文定為同年。明清進士錄：「宗璽，弘治十二年三甲一百九十五名進士。南直

隸建平人，字朝用。授大理寺正，時劉瑾肆毒，多害良善，璽平反不撓。出為江西副使，遷福建兵巡，平大帽山亂。終雲南布政。」陽明與宗璽為同年，故兩人當早識。弘治中宗璽任大理寺正，陽明亦在朝中刑部任職，兩人當有往來。宗璽任廣西按察使在正德十一年至十五年中，嘉靖建平縣志卷六有宗璽傳云：「宗璽，字朝用，號竹谿。幼有至性，穎異過人。年十六，游鄉邑庠，工舉子業，操筆立就，恒試異等，督學者咸奇之。……登弘治己未進士，選南大理評事，歷左右寺正。時逆瑾擅權，司法比者莫能為天下平，璽獨正色平反，一無所撓。正德己巳，擢遷僉山西按察，臺官疏其才優治劇。尋改閩縣臬。……平大帽山劇寇，增秩一級，遷江西副使。……初，宸濠甚驕恣，凡校尉之屬，乘其熾焰毒民，不可勝數。璽曰：『此身乃天朝之白骨也，斯民乃天王之赤子也，吾何敢阿私？』藩王當罪者，一無末減。副使胡世寧疏濠不軌十事聞於上，濠輒以受金縱寇誣劾之。……璽獨奮筆力白世寧之誣。……丙子，遷拜廣右按察使。……戊寅，猺反，璽督兵征討，蠻寇殄平，驅召岑猛等如呼小兒。……己卯，璽監試事，獨以得士稱，試錄皆其手筆也。庚辰，考課為藩最，拜滇南左布政使，痛滌賄穴，始終清操如一，諸宦懾斂手帖服。……嘉靖改元，卒於官。……」按宗璽正德十五年廣右按察使任滿，其當是考滿進京（或歸建平），北上途經贛見陽明，請陽明作像贊。

第1673頁

時方議武宗回鑾北歸，故陽明於贊中特言宗澤上二十四疏勸高宗回鑾，蓋有深意焉。其在江西平宸濠亂，反遭讒誣，命運與宗澤相類，其贊實以宗澤自況也。其憤慨言「自古國家之喪亡，未有不由於奸臣之嫉能而忌功也」，實亦針對現實中張忠、江彬、許泰之流而言也。

有書致陳傑，問莆中講學之況。

王陽明全集卷四與陳國英：「別久矣。雖彼此音問闊疏，而消息動靜時時及聞。國英天資篤厚，加以靜養日久，其所造當必大異於疇昔，惜無因一面叩之耳。凡人之學，不日進者必日退。譬諸草木，生意日滋，則日益暢茂；苟生意日息，則亦日就衰落矣。國英之於此學，且十餘年矣，其日益暢茂者乎？其日就衰落者乎？君子之學，非有同志之友日相規切，則亦易以悠悠度日，而無有乎激勵警發之益。山中友朋，亦有以此學日相講者乎？孔子云：『德之不修，學之不講，是吾憂也。』而況於吾儕哉？」

按：陳傑自正德九年來南都問學歸，至是已七年，故陽明曰「別久矣」。光緒莆田縣志卷二十陳傑傳：「拜南京湖廣道監察御史。……既滿考，念父年高，遂乞歸養。迨父卒，哀毀廬墓，撫養二庶弟，咸有恩。服食粗淡，步行里中，辭受取予，無不揆諸道義，人

第1674頁

亦不敢以非意干之。守仁嘗稱其篤信好學，高潔自守，不誣矣。年五十六卒。」陽明于此時致書陳傑，似與林學道再來江西問學有關。按林學道嘗兩次來贛問學：一在正德十三年來贛，乃入濂溪書院（見前考）；一在正德十五年七八月來贛，受「良知」之教。此即光緒莆田縣志卷十六林學道傳所云「復之江西從王守仁，訂良知之說……守仁督撫南、贛，又請入濂溪書院」。陽明在九月初回南昌，則林學道當在閏八月底告別陽明回莆田，陽明乃作此書請其轉遞也。

陳九川歸臨川，再發「良知」之教，作「良知」詩贈別。

傳習錄卷下：「九川臥病虔州，先生云：『病物亦難格，覺得如何？』對曰：『功夫甚難。』先生曰：『常快活便是功夫。』九川問：『自省念慮或涉邪妄，或預料理天下事，思到極處，井井有味，便繾綣難屏。覺得早則易，覺遲則難。用力克治，愈覺扞格。惟稍遷念他事，則隨兩忘。如此廓清，亦似無害。』先生曰：『何須如此！只要在良知上着功夫。』九川曰：『正謂那一時不知。』先生曰：『我這裏自有功夫，何緣得他來？只為爾功夫斷了，便蔽其知。既斷了則繼續舊功便是，何必如此。』九川曰：『直是難鏖，雖知丟他不去。』先生曰：『須是勇。用功久，自有勇。故曰「是集義所生者」，勝得容易，便是大賢。』九川問：『此功夫卻於心上體驗明白，只解書不通。』先生曰：『只要解心。心明白，書自然融會。若心上不通，只要書上文義通，卻自生意見。』有一屬官，因久聽講先生之學，曰：『此學甚好。只是簿書訟獄繁難，不得為學。』先生聞之曰：『我何嘗教爾離了簿書訟獄，懸空去講學？爾既有官司之事，便從官司的事上為學，纔是真格物。……須精細省察克治，惟恐此心有一毫偏倚，杜人是非，這便是格物致知。簿書訟獄之間，無非實學；若離了事物為學，卻是著空。』虔州將歸，有詩別先生云：『良知何事繫多聞，妙合當時已種根。好惡從之為聖學，將迎無處是乾元。』先生曰：『若未來講此學，不知說好惡從之從個甚麼？』敷英在座曰：『誠然。嘗讀先生大學古本序，不知所說何事。及來聽講許時，乃稍知大意。』」

聶豹集卷六禮部郎中陳明水先生墓碑：「復與東廓鄒君事陽明先師於虔臺，學益精邃。先師嘗贈以詩曰：『況已妙齡先卓立，直從心地究宗元。』先生歸撫，倡學益力，撫士始知有聖學。」

明水陳先生文集卷十四虔州奉別陽明先生二首（先生有次韻）：「獨傳絕學鬼神聞，一點良知萬聖根。河水祇應充口腹，烏頭今復壯真元。春風久坐歡親炙，清廟忘言肅駿奔。但使靈心無障隔，此身終生立師門。良知何事易多聞，妙合當時已種根。好惡從之為聖學，將迎無處是乾元。（後闕）」

贛回舟中簡王蒙岡年兄：「虔州再見陽明後，真覺吟風弄月回。月白九天梧葉飛，風清一夜桂花開。象山何處尋書院？明水安居問酒杯。道喪經亡今轉甚，吾徒休自嘆秦灰。」

按：陽明九月初回南昌，故可知陳九川別歸當在閏八月中，詩云「月白九天梧葉飛，風清一夜桂花開」，亦正是秋八月景色。陽明次韻詩今佚。

九月初，自贛還南昌。

王陽明全集卷二十豐城阻風（前歲遇難於此，得北風幸免）：「北風休嘆北船窮，此地曾經拜北風。句踐敢忘嘗膽地？齊威長憶射鉤功。橋邊黃石機先授，海上陶朱意頗同。況是倚門衰白甚，歲寒茅屋萬山中。」

按：陽明初四已在南昌上開豁軍前用過錢糧疏，則其自贛還南昌當在九月初。此詩即是陽明自贛回經豐城作，時已是暮秋天寒，故云「歲寒茅屋萬山中」。

監察御史陳察出按滇南，陽明作詩託邑博董遵送陳察索和。

陽明送陳虞山出按滇南索和：「烈烈轟轟做一場，乾坤千古獨留芳。九齡預識胡兒叛，王莽先遭漢劍亡。自愧心

神迷玉石，誰餘旅力念穹蒼。未援水火綏黎庶，先寫新詩入廟堂。」（見御史陳虞山先生集卷十一同聲錄中用「王伯安韻」下所錄，陽明文集失載）

按：陳察於陽明此詩題下注云：「予觀黔道江浙，王託邑博董道卿送此詩索和。」陽明此詩原無題，只題「王原韻」。題今加。

陳察都御史陳虞山先生集卷八王伯安詩託董道卿索和：「金錫臺池鹿豕場，忠賢祠宇桂椒芳。漢文几杖容更始？吳濞錢山自速亡。僕射臨刑詞色壯（指孫德威），中郎歸國鬢毛蒼（指胡永清）。王君勳業希淮蔡，董筆權衡在草堂。」

按：陳察云「予觀黔道江浙」，乃指陳察正德十五年以御史出按滇南。王世貞左僉都御史陳長公察傳：「公乃起守故官。俄當出按滇，上疏言：『天下大計五，曰備荒，曰治兵，曰屏盜，曰水利，曰民牧。』俱下所司條著令。寧王宸濠反，義子彬說上，以南方饒樂可游。上欣然嚴中外，且發。公抗言：『弄兵者陸梁、彭蠡間，寧能舉大名哉！發三千騎渡江，可徑縛取，奈何屈萬乘尊，奪吏士任？且上出而京師空然，無六尺寄撫監，即北不憂虜，不憂蕭墻內耶？』上不懌，切責公，奪

一歲俸，公遂行按滇。」（國朝獻徵録卷六十三）瞿景淳陳公行實云：「會有寧藩之變，議將親征。公慮動非萬全，復具疏諫。詔奪俸。期年，既至滇南。」（都御史陳虞山先生集後傳誌行實像贊附）按武宗親征始於正德十四年八月，奪俸一年而後行，則在正德十五年九月，時陽明方自贛回南昌，故作詩託南昌府學訓導董遵送給陳察索和。董遵字道卿，號東湖，蘭溪人，蓋亦一陽明弟子。陳察赴滇南過江浙，經南昌、贛，當可與陽明一見。

四日，上疏乞豁免軍前用過錢糧。

王陽明全集卷十三開豁軍前用過錢糧疏：「……看得所呈前項供應糧料，買辦草料，及自臣起兵以來費用過錢糧，中間多係京庫折銀及兑准糧米等項，俱係支給賞勞兵快人等，及供應北來官軍并犒賑軍民緊急支用，計出無聊，事非得已……伏望皇上憫念地方師旅饑饉之餘，民窮財盡，困苦已極，近又加以水災為患，流離益甚，乞敕該部查照，轉行江西布、按二司，將自用兵以來支取用費過各該府縣京庫折銀及兑准糧米等項，通行查明，各計若干，照數開豁，免行追補。……」

兀厓霍韜過南昌，論大學，辨「良知」，講論不合，有答書。

石頭録：「時王陽明先生守仁巡撫江西，公舟經江西，與辨論良知之學二日，竟不合。公後歸山，遂作象山學辨、程朱訓釋。然公素重陽明，嘗贈之詩曰：『憲章濂洛，步趨伊呂，守宮詹時。』……」

按：石頭録由霍韜所手編，霍與瑕補編，沈應乾、霍尚守注，其說皆可信有據。

錢德洪陽明先生年譜：「庚辰春，甘泉湛先生避地髮履塚下，與霍兀厓韜、方叔賢同時家居為會。先生聞之曰：『英賢之生，何幸同時共地，又可虛度光陰，失此機會耶？』是秋，兀厓過洪都，論大學，輒持舊見。先生曰：『若傳習書史，考正古今，以廣吾見聞則可；若欲以是求得入聖門路，譬之採摘枝葉，以綴本根，而欲通其血脈，蓋亦難矣。』」

江西士子來南昌問學者日衆，論辨學問，聚講不散。

錢德洪陽明先生年譜：「是時陳九川、夏良勝、萬潮、歐陽德、魏良弼、李遂、舒芬及裘衍日侍講席，而巡按御史唐龍、督學僉事邵銳，皆守舊學相疑，唐復以『徹講擇交』相勸。先生答曰：『吾真見得良知人人所同，特學者未得啟悟，故甘隨俗習非。今苟以是心至，吾又為一身疑謗，拒不與言，於心忍乎？求真才者，譬之淘沙而得金，非不知沙之汰者十去八九，然未能舍沙以求金為也。』」

當唐、邵之疑，人多畏避，見同門方巾中衣而來者，俱指為異物。獨王臣、魏良政、良器、鍾文奎、吳子金等挺然不變，相依而起者日衆」。

按：自陽明回南昌後，來問學者日衆，陽明設席授業，講論「良知」之學，遂招致謗議，即陽明所言「吾又為一身疑謗」也。其時來問學者，除陳九川、夏良勝、萬潮、歐陽德外，今可考者如下：

王臣。鄒守益集卷二十一廣西參議瑶湖王君墓志銘：「君諱臣，字公弼，別號瑶湖。其先居蘇之高橋，始祖元感教授洪州儒學，因家南昌。……君幼穎異，而沉篤嗜學。比入庠生，刻期定程，不肯毫髮爽。遇以事格，漏下必補之。冬夜，取綿塞納器中暖足以讀。宸濠反，以糧長免，吳城悉為所掠，家計頓索。公私交謫，獨泰然安之。比拜陽明公，精思力證，訾議嘩然，不恤。時與四五同志居社稷壇，趨白鹿洞，日究所未至，遂中式，鄉人始信講學之益」。

裘衍。裘衍字汝中，號魯江，新建人。同治新建縣志卷四十：「裘衍，字汝中。正德鄉舉。從王守仁受學，鞭辟近裏，深造自得。授岳州司理。時漂皇木於河，巴民拾之坐罪者數十，衍覈其冤，咸出焉，民刻木以祀。擢南京工部主政，轉郎中，遂乞休，家居講學，與魏良弼、聶豹、鄒守益切劘，垂老不倦。尤留心民瘼，有簡何巡撫派糧規則一書，鑿鑿可見諸施行。著有語錄、寢歌亭集」。

第1680頁

魏良弼、魏良政、魏良器、魏良貴。同治新建縣志卷四十七：「魏良政，字師伊。守仁撫江西，與兄良弼、弟良器、良貴咸學焉。提學副使邵銳、巡按御史唐龍持論與守仁異，戒諸生勿往謁。良政兄弟獨不顧，深為守仁所許。良政功尤專，孝友敦樸，燕居無惰容。嘗曰：『不尤人，何人不可處？不累事，何事不可為？』鄉舉試第一而卒。良弼嘗言：『吾夢見師伊，輒汗浹背。』其為兄憚如此」。（按南昌郡乘卷三十七魏良政傳稱其「手抄姚江傳習錄，讀之有得，遂北面事焉」。）「魏良弼，字師說。少有異質，偕弟良政、良器從王守仁學。由進士授松陽知縣，振興學校。……擢刑科給事中，首論江彬、錢寧之黨，乞斬吳良以謝天下，舉朝憚之。……張璁、桂萼初罷相，詔察其黨，給事中劉世楊等議及良弼，以吏部言得留。尋命巡視京營，劾罷提督五軍營保定侯梁永福。……三遷至禮科都給事中。（嘉靖）十一年八月，彗星見東井，芒長丈餘，良弼引古書言彗星辰見東方，君臣爭明，彗孛出井，奸臣在側，大學士張孚敬竟罷去。……當是時，世廟威福莫測，良弼諫輒杖，杖已，輒還職，或遷一官，輒復驟諫，京師目為『鐵黃門』。時孚敬復起柄政，與鋐修前隙以考察後，命科道官互糾，又奏上十一人，又不及良弼。孚敬益怒，擬旨切責，令吏部再考。鋐乃別糾二十六人，而良弼竟坐不謹，削籍歸。……隆慶初，詔起廢籍，以年老，即家拜太常少卿，致仕，卒」。「魏良器，字師顏，號藥湖。

第1681頁

第1682頁

洪都從學之後，隨陽明至越，……陽明有內喪，先生、龍溪司庫，不厭煩縟。陽明曰：『二子可謂執事敬矣。』歸主白鹿洞，生徒數百人，皆知宗王門之學。疽發背，醫欲割去腐肉，不可，卒，年四十二。先生云：『理無定在，心之所安即是理；孝無定法，親之所安即是孝。』」卷四十：「魏良貴，字師孟，際幼子。嘉靖進士，由大理寺正出知寧波府，叩火反風，祈霖雨，立蘇枯槁，有古循良風。備兵太倉，值倭寇猖獗，良貴畫策搗巢，寇遁。安撫流離，敘功，累官副都御史，擢操江，威愛並著，克全令名焉。」

按：王陽明全集卷八有書魏師孟卷云：「南昌魏氏兄弟舊學於予，既皆有得於良知之說矣。」即指正德十五年魏氏兄弟來受學。

吳子金。同治南昌府志卷四十三：「吳子金，字維良，南昌諸生。從王守仁學。及歸越，子金與魏良政徒步往，從之三年，充然有得而歸。嘉靖乙酉，同良政登鄉舉。時嚴嵩方掌北雍，延之訓子。未幾，輒謝去，竟不仕，以講學終。著壁箴、屏銘、夜氣說諸篇。邑人陳源，受學於子金，後師安福劉邦采，而友南城羅汝芳，造詣益精。」

李遂。明清進士錄：「李遂，嘉靖五年三甲一百四十三名進士。江西豐城人，字邦良，號克齋，又號羅山。歷右僉都御史，提督操江。倭寇海門，前後二十餘戰，討平之。累擢南京參贊尚書。博學多智，長於用兵，然亦善逢迎。卒謚『襄敏』。有督撫經略經。」國朝獻徵錄卷四十二有南京兵部尚書李遂傳。南昌郡乘卷三十七有李遂傳，敘事更詳。按李遂子即見羅李材。

鍾文奎。同治新建縣志卷四十四：「鍾文奎，字應明。其父夢新昌尹抱古黃香授母，誥旦生文奎。為邑諸生，事父嚴，得其歡心。逆濠嘗威劫之，無懼色。母病，露禱，願減齡以益母壽。一夕，夢神饋藥，果得愈。及母喪，廬墓。游王守仁門，學有所得。文成年譜載其力行師訓，挺然不變。而延同志問學，至忘寢食，無愧孝廉之稱云。」

舒柏。同治南昌府志卷四十三：「舒柏，字國用，靖安人。少有志聖賢之學，師事王文成。領正德丙子鄉薦，授歙縣右訓導，以四禮五倫為教。知府鄭玉命主管紫陽書院，訓六邑生。修規約束，以身率先，所造門下士稱盛行。取赴都，陞梧州府同知，主梧山書院。都御史陶公謂柏『抱温故知新之學，有成己成物之心』。復劄主嶺表書院，兩廣人士多從之游。從王文成平田州，有贊畫功，遷南京刑部員外郎，以弟梅、子炯俱選藩府儀賓，例不當授京職，改兩浙鹽運司運同。尋知南寧府。」

唐堯臣。南昌郡乘卷三十七：「唐堯臣，字士良，少事王文成，講學有才名。登嘉靖鄉舉，授湖州府通判。自負豪氣，以敢擊行選桂林府首，設方略，擒夷酋蕭公，反赦而賚之，令稽首受約於麾下，夷衆莫敢犯。陞杭州府同知，擢浙江按察僉事。備兵台

第1683頁

、嚴，料理軍饟不絕。倭至，堯臣以戚將軍繼光兵連大破之。增
俸級一等，尋歸。著雨餘閣筆二卷。」
萬思謙。南昌郡乘卷三十七：「萬思謙，字益父，南昌人。性簡靜
恬暢，內直外和。聞王伯安先生之學，怳然有悟，密探默契。歐
陽文莊一見賞嘆，以為聖門心印，必屬斯人。嘉靖進士，知嘉定
縣，政持大體，豁坍江坍海沉糧三千石有奇，荒田七百區有奇……
……陞刑部主事，改光祿寺丞……出為四川參議，累遷福建左布
政使……轉南京太常卿，致書江陵相，稱『維世以禮，容人以量。
願開言路，自引处』，語為劉、傅二侍御事發也。江陵相故同年
生，意不能無望，故陽遜謝，而言者伺其頤指，露章引懸車

第1684頁

例，遂得致仕歸，年甫六十一耳。思謙學以知本為宗，簡
直真切，惟止諸身。著大學述古、中庸述微。比易簀，
猶自力起，題曰：『堯、舜，性之也；性之，是堯、舜之學。
學主知，而孟氏末篇自堯、舜至孔子，皆只說得一個「知
」字。知之學豈易言哉？欲指破一語難矣！』投筆而逝
。」
王庭贊。王正億王庭贊耕餘錄序：「耕餘錄者，王子耕
餘之詩也……予辱通家，諦知之矣。王子幼負穎質，長
從乃翁宦遊，受業先君於白鹿。論及伊洛源流，輒躍然
有獨得志。及歸嬰疾，自分不任馳驅，遂謝舉子業，隱

居梅溪山中，因號中山。嘗自嘆曰：『有田一頃，可備饘
粥；有書百卷，可充玩索。出而耕，入而讀，逍遙乎陌
上煙霞，嘲弄乎溪邊風月，身閑心適，於吾足矣，他何
慕哉！』……」（光緒遂昌縣志卷十耕餘錄下引）
謝道行。乾隆南昌府志卷六十一：「謝道行，南昌人。工詩
，從王守仁遊，偕之登廬山，訪天池，皆有詩。晚客維揚
，有盛太僕者，家開並蒂蓮花，邀客記之，道行即席成
數千言，名益起。所著濮東漫稿若干卷。」
劉瀾。道光贛州府志卷五十四儒林：「劉瀾，字汝觀，號
一齋，會昌人。同雩都何廷仁、黃弘綱從王守仁講學，

第1685頁

得天人性命之指。著有太極圖說、小學補義、蓮塘雜詠
。」
方洋。同治廣信府志卷三儒林：「方洋，號湘源，上饒人，
崙子也。為王陽明高弟。以貢監授鎮東衛經歷，辭。有
講學語錄及湘源詩集。」
十月，提學僉事邵銳堅守朱學，與陽明論學不合，乞休而
去。
王陽明全集卷十七批提學僉事邵銳乞休疏：「據江西按察
司呈，看得提學僉事邵銳求歸誠切，堅守考槃之操；而
按察使伍文定挽留懇至，曲盡緇衣之情。是亦人各有志

補：汪貴。崇禎清江縣志卷七人物：「汪貴，字道充，嘉靖壬午舉人。師事王陽明、湛甘泉。授潮州府同知，祛蠹訟，擒劇賊。陞南刑部主事。以善讞稱。轉鹽運司同知，條鹽政時宜，商竈賴之。尋致仕。辛酉，流寇至永市，衆議焚外民居，公不可，曰：『脫賊未渡江，不先為民災乎？』賊果退。居嘗善酌論今古，訂定典禮，性剛直不阿。有口方辨祠堂議、序卦傳測、疢疾稿、金陵稿、山東鹽法志。」

，可謂兩盡其美。然求歸者雖亦明哲保身，使皆潔身而去，則君臣之義或幾乎息；挽留者雖以為國惜賢，使皆靦顏在位，則高尚之風亦日以微。況本院自欲求退而未能，安可沮人之求退？仰該司備行本官，再加酌量於去就之間，務求盡合於天理之至。必欲全身遠害，則掛冠東門，亦遂聽行所志；若猶眷顧宗國，未忍割情獨往，且可見危受命，同舟共艱，稍須弘濟，卻遂初心。則臨難之義，既無苟免於搶攘之日；而恬退之節，自可求伸於事定之餘。興言及此，中心愴切。」

按：陽明此文在文集中置於正德十五年中，所謂「本院自欲求退而

第1686頁

未能」，即指其閏八月四疏省葬。可知邵鋭乞休約在九、十月間。錢德洪陽明先生年譜云其時「巡按御史唐龍、督學僉事邵鋭，皆守舊學相疑」，「當唐、邵之疑，人多畏避」；明史卷二百八十三魏良政傳亦云：「守仁撫江西，與兄良弼、弟良器、良貴咸學焉。提學副使邵鋭、巡按御史唐龍持論與守仁異，戒諸生勿往謁，良政兄弟獨不顧，深為守仁所許。」可見邵鋭乞休之真正原因乃在其持守舊學，論與陽明異也。蓋邵鋭崇朱學者，明清進士錄：「邵鋭，正德三年二甲二名進士。仁和人，字士抑，一作思抑，號端峰。改庶吉士，授編修。恥與焦芳子黃中為列，擬具疏辭，伯兄欽以危言阻之，乃止。尋以父喪歸。服闋，改寧國推官。累遷福建提學副使，抑

又前引陽明與顧惟賢書七中云：「思抑歸興，近卻如何？若必不可已，俟回鑾信的，徐圖之未晚也。」此書作於正德十五年閏八月。由此

浮宗實，士習大變。官至太僕卿，引疾歸。」國朝獻徵錄卷七十二太僕寺卿邵鋭傳：「太僕寺卿邵鋭，嘉靖十六年六月卒，賜葬祭，贈都察院右副都御史，謚康僖。浙江仁和人，由正德三年進士改庶吉士，授翰林院編修，調寧國府推官，陞南京吏部主事，禮部員外郎，江西提學僉事，福建提學副使，湖廣右參政，河南按察使，廣東、山東左右布政使……」按邵鋭是次並未乞休，而是轉福建提學副使。

楊廉有書來，論學不合。

楊文恪公文集卷四十六與王伯安書三：「近世無講此學者，只有役志舉業、詞章而已。至執事始立吾道之赤幟，

第1687頁

甚盛，甚盛！但精微之際，最難著語，程子所謂『如扶醉人』者是也。至於所講，尤宜平心易氣；若矯枉過正，恐又墮於一偏，將來只成一家之學；須百世以俟聖人與聖人後起不易吾言，乃是。某抱迷守愚，平生惟程朱是信。所愧工夫作輟，若存若亡，年與時馳，意與歲去，可勝嘆哉！然亦尚冀面盡，不宣備。」

禮聘福建市舶副提舉鄔芬來江西任軍門參謀，鄔芬未赴召。

王陽明全集卷十七禮取副提舉鄔芬牌：「照得當職奉命提督軍務，兼理巡撫，深慮才微責重，無以仰稱任使，合求賢能，以資贊翼。訪得福建市舶提舉司副提舉鄔芬，

志行高古，學問深醇，直道不能趨時，長才足以濟用，合就延引，以匡不及。為此牌仰福建布政司官吏，即行泉州府措辦羊酒禮幣，賫送本官，用見本院優禮之意。仍照例起關應付，前赴軍門，以憑諮訪。本官職任，就委別官暫替。」

按：孫璟《翰林院修撰舒公行實》云：「庚辰閏八月，野江翁棄養於家，公聞訃慟絕，兼程而歸。歸則哀毀骨立，壹循朱子家禮。時鄉多寇，有請避居者，曰：『寒士何憂。』堅立不動。」是陽明發牌禮取舒芬時，適逢舒芬丁憂歸居，舒芬未應召來南昌。正德十五年斷無舒芬來南昌日侍講席之事。然錢德洪《陽明先生年譜》竟謂：「正德十五年九月，進賢舒芬以翰林謫官市舶，自恃博學，見先生問律呂……芬遂躍然拜弟子。是時陳九川、夏良勝、萬潮、歐陽德、魏良弼、李遂、舒芬及裘衍日侍講席……」其說誤甚。今考《羅洪先集》卷六有《與錢緒山論年譜》云：「國裳，非不知其曾稱門生與谷平師同。是時先生為提督，二公皆屬下，屬下稱門生固宜。其後國裳不稱門生，自其後來實情，與谷平師同。反覆《集》中有市舶時《辭謝陽明公不赴召》一書，代府縣學送公帳詞三首，皆未稱師。其詩中有《送王陽明都憲之京次鄒會元韵》，題不稱師甚明。彼不欲師，而吾强之師，何也？」善山友人有曰：『以先生之學，何患無門生，何必國裳？』……」按《辭謝陽明

第1688頁

公不赴召書》與《送王陽明都憲之京次鄒會元韵》詩皆不見今《梓溪集》，當已亡佚。所謂「辭謝陽明公不赴召」，即指正德十五年因丁憂未應陽明召來南昌，足見所謂正德十五年舒芬來南昌日侍講席之誤矣。錢德洪於《答論年譜書》中辨云：「舒國裳在師門，文錄無所見，惟行福建市舶司取至軍門一牌。《傳習續錄》則與陳惟濬、夏于中同時在坐間答語頗多。且有一段，持紙乞寫『拱把桐梓』一章，欲時讀以省。師寫至『至於身而不知所以養』之句，因與座中諸友笑曰：『國裳中過狀元來，豈尚不知所以養，時讀以自警耶？』在座者聞之，皆竦然汗背。此東廓語也。……昨南昌聞之諸友，相傳因問律呂元聲，乃心服而拜，蓋其子姪輩敘其及門之端也。昨見兄疑，又檢《中離續同志考》，舒芬名在列，則其諸所相傳者不誣也。」（《王陽明全集》卷三十七）按舒芬與陳九川、夏良勝同時在坐間答語、持紙乞寫「拱把桐梓」一章、問律呂元聲等，皆是舒芬正德十四年八月來南昌問學時事，非在正德十五年也。而舒芬不得列為陽明弟子者，蓋舒芬崇周、程、朱學，與陽明心學不合。孫璟《翰林院修撰舒公行實》即云：「最喜濂溪，嘗稱為中興之聖」。所著有《太極繹義》、《通書繹義》，又作《易箋問》七十餘條、《書論》二十篇、《詩稗說》三十餘篇，一時號稱天下士者，咸推讓為遠。」「壹循朱子家禮。」「謂太極圖亦則河圖，與伏羲同功。而不滿先儒本於

第1689頁

陽之說。謂濂溪得斯道之正脈，而直責程正叔之外師。至於周禮一書，嘗責漢儒多附會之罪，宋儒乏表章之功。謂周禮與儀禮、戴記，猶蜀之於吳、魏也。賈氏以儀禮為本，周禮為末，謬妄已甚。朱子不一是正之，何也？五經箋疏論數萬言，闡其幽趣，大抵皆有功於聖門，而周禮尤為有賴，非確然見道之真者，能然邪？」「六經大明於世，惟周禮未獲表章。予生平精力用在此書，近年重加校定，幸成全經。」其學問旨趣，與陽明大異其趨矣。

致書鄒守益，慨嘆洪都講學不如虔中。

陽明與鄒謙之：「自到省城，政務紛錯，不復有相講習如虔中者。雖自己舵柄不敢放手，而灘流悍急，須仗有力如吾謙之者持篙而來，庶能相助更上一灘耳。」（錢德洪陽明先生年譜引）

泰州王銀以二詩為贄來見，與論「良知」之教，遂執弟子禮。陽明易其名為「王艮」，字曰「汝止」。

董燧王心齋先生年譜：「正德十四年（己卯），製冠服。一日，喟然嘆曰：『孟軻有言：「言堯之言，行堯之行，而不服堯之服，可乎？」』於是按禮經製五常冠、深衣、縧絰、笏板，行則規圓矩方，坐則焚香默識，書其門曰：『此道貫伏羲、神農、黃帝、堯、舜、禹、湯、文、武、周公、孔子，不以老幼貴賤賢愚，有志願學者傳之。』……正德十五年庚辰，時陽明王公講良知之學於豫章，四方學者如云集。先是塾師黃文剛，吉安人也，聽先生說論語首章，曰：『我節鎮陽明公所論類若是。』先生訝曰：『有是哉？方今大夫士汩沒於舉業，沉酣於聲利，皆然也。信有斯人論學如我乎？不可不往見之。吾儕就其可否，而無以學術誤天下。』即買舟以俟，入告守菴公。公難之，長跪榻前至夜分。繼母唐孺人亦力言於公，乃許之行。得令，即起拜，登舟。舟中方就枕，遂夢于陽明公拜亭下。覺曰：『此神交也。』舟次大江，會江寇掠舟中，

先生揖寇，聽取其所有。寇見先生言動，乃捨去。抵鄱陽，阻風，舟移日不得行，先生禱之，輒風起。既入豫章城，服所製冠服，觀者環繞市道。執『海濱生』刺以通門者，門者不對，因賦詩為請。詩曰：『孤陋愚蒙住海濱，依書踐履自家新。誰知日日加新力，不覺腔中渾是春。　聞得坤方布此春，告違艮地乞斯真。歸仁不憚三千里，立志惟希一等人。去取專心循上帝，從違有命任諸君。磋磨第愧無胚樸，請教空空一鄙民。』陽明公聞之，延入。拜亭下，見公與左右人，宛如夢中狀。先生曰：『昨來時，夢拜先生於此亭。』公曰：『真人無夢。』先生曰

：孔子何由夢見周公？公曰：此是他真處。先生覺心動
，相與究竟疑義，應答如響，聲徹門外，遂縱言及天下
事。公曰：君子思不出其位。先生曰：某草莽匹夫，而
堯舜君民之心未嘗一日忘。公曰：舜居深山，與鹿豕木
石游居，終身忻然，樂而忘天下。先生曰：當時有堯在
上。公然其言，先生亦心服公。稍稍隅坐，講及致良知
，先生嘆曰：簡易直截，予所不及。乃下拜而師事之。
辭出，就館舍，繹思所聞，間有不合，遂自悔曰：吾輕
易矣。明日，復入見公，亦曰：某昨輕易拜矣，請與再
論。先生復上坐，公喜曰：善！有疑便疑，可信便信，

不為苟從，予所甚樂也。乃又反覆論難，曲盡端委。先
生心大服，竟下拜執弟子禮。公謂門人曰：吾擒宸濠，
一無所動，今卻為斯人動。居七日，告歸省。公曰：孟
軻寄寡母居鄒，游學於魯，七年而學成。今歸何亟也？
先生曰：父命在，不敢後期。先生既行，公語門人曰：
此真學聖人者，疑即疑，信即信，一毫不苟，諸君莫及
也。門人曰：異服者與？曰：彼法服也，舍斯人，吾將
誰友？先生初名銀，公乃易之名艮，字汝止。
王元翰心齋先生傳：先生孝出天性，而行持益力，久之
，心地豁然開朗。獨契大學格物宗旨，謂：格物者，格

第1692頁

物有本末之物也。物有本末，而身為之本，則當以天地
萬物依乎己，而不以己依乎天地萬物，所謂知之至也。
此真足訂千古之訛……是時王先生巡撫江西，極論良知
自性，本體內足，併知行合一之旨。先生方奉親家居，
皆不及聞。有黃塾師者，聞先生論，詫曰：此極類陽明
先生之談學也。先生喜曰：有是哉！雖然，王公論良知
，某論格物。如其同也，是天以王公與天下後世也，如
其異也，是天以某與王公也。即日買舟，兼程趨造江西
。至則服古冠服止於門，欲王先生親迓，乃肯前左足。
王先生睹其衣冠，訝之，對曰：此服堯之服也。遂以所

得辨難屢日，卒稱王公先覺者。退就弟子列，盡得其致
良知之說。間出格物論質之，王先生曰：待君他日自明
之耳。……（王心齋先生遺集卷三）
徐樾心齋先生別傳：告翁以啟行期，翁曰：江河險長，
將安之？固請，繼以泣告曰：學術之誤天下，豈細故哉
？兒為學十年，求友不可得，無與言者。今幸遇其人，
可無一會乎？翁許之，夜即趨舟，懼翁意尚難焉。臥舟
中，夢夫子相見於亭中，覺喜曰：精神先交矣。溯江越
湖，七日而至。服深衣，五常冠，垂紳執笏，以求見。
守門者難之，賦二詩以為請，方坐高堂。夫子曰：道人

第1693頁

也來之。」師入，即守立於中門，舉笏向之，不即入。夫子趨，延之於禮賓亭，如夢焉，乃以告之，夫子曰：「真人無夢。」師曰：「孔子何以夢見周公也？」夫子曰：「此正是他真處。我十年前亦知子來。」相與究明，無不響答，聲徹於大門之外，伺者駭聽焉。遂言及天下事，夫子曰：「君子思不出其位。」師曰：「某草莽匹夫，而堯舜其君民之心未能一日而忘。」夫子曰：「舜耕歷山，忻然樂而忘天下。」師曰：「當時有堯在上。」夫子曰：「足見所學。」出，夫子謂弟子曰：「吾擒取寧濠，一無所動，今深為斯人動。」明日入見，論格致，執論特久，乃喜曰：「先生之論，一貫

者也。」即起，拜以弟子禮。師之三日而告歸，夫子曰：「何為爾亟也？」曰：「事親從兄，無非實學，何必遠遊乎？」曰：「孟軻氏寡母居鄒，遊學於魯，七年而學成。我力量不如子，學問路頭我見先知之。」師曰：「然有聞命也，弗敢爽，逾月且至矣。」夫子嘗語門人曰：「吾今得見真學聖人者，諸賢其知之乎？」門人曰：「服異服者與？」曰：「彼法服也，吾將安友？」（王心齋先生遺集卷四）

李春芳崇儒祠記：「聞文成王公講學洪都，不遠數千里攝笈往謁之。衣斑直入，坐上坐，縱談移晷，不屈。及出，公語門弟子曰：『此載道器也。』明日又見，復縱論，始屈。出，更野衣拜公，執弟子禮。始授以『致良知』之學。時公門下多四方知名之士，如文莊歐陽公德、大司成鄒公守益輩，咸集與之講究切劘者，歲餘始歸。」（王心齋先生遺集卷四）

錢德洪陽明先生年譜：「泰州王銀服古冠服，執木簡，以二詩為贄，請見。先生異其人，降階迎之。既上坐，問：『何冠？』曰：『有虞氏冠。』問：『何服？』曰：『老萊子服。』曰：『學老萊子乎？』曰：『然。』曰：『將止學服其服，未學上堂詐跌掩面啼哭也？』銀色動，坐漸側。及論致知格物，悟曰：『吾人之學，飾情抗節，矯諸外；先生之學，精深極微，得之心者也。』遂反服執弟子禮。先生易其名為艮，字以汝止。」

按：王艮是次來見，陽明主要與論「致良知」之說，灼然可見矣。錢德洪或欲證成其陽明正德十六年始揭「良知」之教之說，竟不言陽明與王艮論「良知」之學，而祇云「及論致知格物」，含糊帶過，尤不當。

十一月六日，門人張鰲山以通宸濠受賄下錦衣獄，奪官致仕。陽明與鄒守益、王思咸辭爵賞論救，不報。

國榷卷五十一：「正德十五年十一月庚申，太監商忠、杜裕，少監盧明、秦用、趙秀，錦衣衛都指揮薛璽，指揮陳善，御史張鰲山，河南右布政使林正茂，俱下錦衣獄，以通宸濠受賄也。裕守宣武門，縱濠使出入。鰲山微時，濠悅之，因拜餽。正茂以江西按察使善濠。裕尋死。」

羅洪先集卷二十二明故文林郎監察御史致仕石磐張君墓

志銘：「君名鰲山，字汝立，號石磬。……己卯，服除，將如京師，遇宸濠反，都御史王公守仁共謀起義，凡軍中計畫檄移，秘語隱機，靡不盡力，濠平而後行。庚辰，補河南道刷卷南畿，法簡而嚴，下以不擾。旋坐譖，下詔獄。始公所諫八黨者，瑾為首，張永、張忠次之。二人既皆銜公，欲報之君。君在邊，又嘗發其私人謫戍，益畏且怨。會同官有不檢者被論，疑出於君，則譖之二人。二人駕誣君與濠善，中以奇禍。方濠之未反也，嘗謀遣子入侍，而江西諸盜四起，將隱援結為變。君初為御史，前後凡再上疏，請擇親序近而賢者納之宮中，

以消奸雄覬覦。又請選將專職任平賊，冀以制濠。至是誣莫指口，比廷訊，又不識君誰何，為有司所察。而二人中撓不置，竟奪官。後敘平濠功，僅於致仕。於是中丞及同事鄒君守益、王君思咸辭爵賞論救，不報。中外莫不冤之。」

鄒守益集卷十八題會稽師訓卷：「……方張子遇誣時，某上書先師申救；及侍側，懇懇言之。公莞然曰：『寄語汝立，不做好官，且做好人。』某瞿然自失於升沉毀譽之表。（陽明）書中亦曰：『謙之必得數相見，於此學必有切磋之益。幸及時相與，大進此道，以繼往開來。』讀之毛髮竦然。」

是月，王艮復來豫章問學。

董燧王心齋先生年譜：「歸七日，先生復欲往豫章，守庵公以阻風遇盜途中已兩見之，難其行。先生曰：『為善必吉，誠可動天。某此行自有神護。』族長亦設故以難其行，曰：『汝言誠可動天，今天日方晴，汝能禱雨以證，汝父必許，豫章可往也。』先生即齋心焚香，以情告天，出過鹽倉，見鹽使曰：『急收藏無緩，午後當大雨。』停午果雲起，雨下如注。族長老異焉。守庵公亦忻然許之，遂如豫章。過金陵，至太學前，聚諸友講論。時六館

之士俱在，先生曰：『吾為諸君發六經大旨。夫六經者，吾心之註腳也。心即道，道明，則經不必用；經明，則傳復何益？經傳印證吾心而已矣。』六館之士皆悅服。大司成汪咸齋聞先生言，延入質問，見所服古冠，疑其為異，乃問先生曰：『古言無所乖戾。其義何如？』先生曰：『公何以不問我無所偏倚，卻問無所乖戾？有無所偏倚，方做得無所乖戾。』出，汪公心敬而憚之。」

按：王艮是次再來豫章問學之況，董燧年譜無載，其它年譜、傳亦皆如此，惟趙貞吉心齋王艮墓志銘云：「蓋越兩月（？），而先生再詣豫章城，卒稱王公先覺者，退就弟子。間出格物

論，王先生曰：「待君他日自明之。」是出格物論就教乃王艮再來豫章問學時事，兩人仍旨在討論「良知」、「格物」之說也。他如歐陽德奠文云：「憶昔豫章客館，接榻連帷。都門執別，携手挈衣。相期謂何，兄心我知。」黃直奠文云：「時皆不肖，周旋講堂。南野立齋，辯難不忘。有過面折，友誼克彰。三月而旋，兄亦南翔。」皆指王艮再來豫章問學時事。而「三月」者，王艮似至正德十六年正月方歸（李春芳亦云「歲餘始歸」）。

二十五日，朝廷始下江西捷奏，議宸濠罪。兵部侍郎王憲疏乞陞賞平宸濠立功人，不報。

國榷卷五十一：「正德十五年十一月己卯，始下江西捷奏，議宸濠罪狀。」

明武宗實録卷一百九十三：「正德十五年十一月癸未，整理兵糧、兵部侍郎兼左僉都御史王憲等奏：江西之捷音，隨駕太監魏彬等，内閣大學士梁儲等，朱彬、張永、張忠、朱泰、朱暉，及都督朱周、朱琮、白玉、宋贇，太監于經、劉祥、朱政、王鎬等，錦衣指揮張璽、張倫，都御史王守仁，知府陞按察使伍文定、邢珣等，都指揮余恩、李楫等，守備陞參將楊銳，知府陞少卿張文錦，南京守備、太監等官黄偉、喬宇等，操江南和伯等官方壽祥、劉玉等，紀功科道等官祝續等，御史謝源等，巡撫蘇松侍郎李充嗣，漕運鎮遠侯顧仕隆，都御史臧鳳，巡撫都御史叢蘭、劉建、伍符、王翊，管河都御史龔弘，都御史秦金、許廷光，太僕寺卿等官汪舉、毛珵等，巡按御史孫漳等，功各有差，俱宜陞賞。……」

按：平宸濠功之陞賞所以遲遲不下者，蓋在王憲及張忠、江彬、許泰之流嫉地方獨成其功，日夜媒蘗王守仁之過，攘奪平宸濠首功為己有。此輩早已先行陞賞。齊之鸞急黜文武姦邪大臣疏云：「朱泰及抵江西，術使

第1698頁

第1699頁

張忠筆繫伍文定，强要三司之跪。意授江彬讒害王守仁，痛抑地方之首功……前兵部侍郎、今陞尚書王憲，始則納賄於張銳，繼則附勢於江彬。前叨扈蹕之行，惟事逢君之惡，撒網藏鬮，甚瀆尊卑之體，爺爺奴婢，是何禮法之稱！挾勢凌人，而撫臣被其氣使，黨惡忌功，而正議因之不伸。」（歷官疏草）另見齊之鸞賞功抑幸疏、杜革冒濫疏。

十二月五日，武宗駕返至通州，賜宸濠死。

國榷卷五十一：「正德十五年十二月己丑，賜宸濠死……上之北還也，每令濠舟次御舟後，意甚防之。群臣請如高煦、寘鐇例，祭告郊廟。仍敕諸藩議其罪。上不能待，即正法。或以朱彬將復邀上北幸也。」

十日，武宗還京，王華上賀詩，陽明上徵收秋糧稽遲待罪疏。

國榷卷五十一：「正德十五年十二月甲午，上還京，整旅陳俘……丁酉，上南郊。初獻，上嘔血仆地。」

增定國朝館課經世宏辭卷十二王華大駕巡狩還京士庶咸朝喜而有作：「四海歡迎御輦歸，布衣咸得覲龍姿。天香飄緲開金殿，庭燎熒煌映玉墀。星漢影微雞唱曉，簫韶聲協鳳來儀。于今幸際文明治，欲上東封玉檢詞。」

王陽明全集卷十三徵收秋糧稽遲待罪疏。

十五日，曉諭安仁、餘干、東鄉、崇義諸縣，查行十家牌法。

王陽明全集卷十七告諭頑民，牌行崇義縣查行十家牌法。

二十二日，妻母諸太夫人張氏生辰，請郭詡畫王母蟠桃圖，題歌祝壽。

王陽明全集卷二十四題壽外母蟠桃圖：「某之妻之母諸太夫人張，今年壽八十。十二月二十有二日，其設帨辰也。某縻於官守，不能歸捧一觴於堂下。幕下之士有郭詡者，因為作王母蟠桃之圖以獻。夫王母蟠桃之說，雖出於他經異典，未必其事之有無，然今世之人多以之祝願其所親愛，固亦古人岡陵松柏之意也。吾從衆可乎？遂用之以寄遥祝之私，而詩以歌之曰：維彼蟠桃，千歲一華；夫人之壽，兹維始葩。維彼蟠桃，千歲一實；夫人之壽，益堅孔碩。維華維實，厥根彌植。維夫人孫子，亦昌衍靡極。」

按：郭詡當是在平宸濠亂後，又來南昌為幕下士。

寒冬大雪，有詩感懷。

王陽明全集卷二十雪望四首：「風雪樓臺夜更寒，曉來齊色滿山川。當歌莫放陽春調，幾處人家未起煙。初日湖上雪未融，野人村落閉重重。安居信是豐年兆，為語田夫莫惰農。　齊景朝來更好看，河山千里思漫漫。茅簷日色猶堪曝，應是邊關地更寒。　法象冥濛失巨纖，連朝風雪費妝嚴。誰將塵世化珠玉？好與貧家聚米鹽。」

是歲，陽明大揭「良知」之教，門人黃直多有記錄。以「良知」為心之本體，立「致良知」為「心學」訣竅，通過致良知工夫以復心本體。傳習錄卷下：「先生曰：『聖人亦是學知，衆人亦是生知。』問曰：『何知？』曰：『這良知人人皆有，聖人只是保全，無此障蔽，兢兢業業，亹亹翼翼，自然不息，便也是學；只是生的分數多，所以謂之生知安行。衆人自孩提之童，莫不完具此知，只是障蔽多，然本體之知自難泯息，雖問學克治，也只憑也；只是學的分數多，所以謂之學知利行。』」黃以方問：「先生格致之說，隨時格物以致其知，則知是一節之知，非全體之知也。何以到得溥博如天、淵泉如淵地位？」先生曰：「人心是天淵。心之本體無所不該，原是一個天，只為私欲障礙，則天之本體失了；心之理無窮盡，原是一個淵，只為私欲窒塞，則淵之本體失了。如今念念致良知，將此障礙窒塞一齊去盡，則本體已復，便是天淵了。」乃指天以示之曰：「比如面前見天，是昭昭之天；四外見天，也只是昭昭之天。只為許多房子牆壁遮蔽，便不見天之全體；若撤去房子牆壁，總是一個天矣。不可道眼前天是昭昭之天，外面又不是昭昭之天也。於此便見一節之知，即全體之知；全體之知，即一節之知，總是一個本體。」……先生曰：「我輩致知，只是各隨分限所及。今日良知見在如此，只隨今日所知擴充到底；明日良知又有開悟，便從明日所知擴充到底。如此方是精一功夫。」……」

按：傳習錄卷下中，自「黃以方問」至「何曾著父子、君臣、夫婦的相」，皆為黃直（以方）所記語錄。前考黃直正德十五年卒業北雍後來虔問學，又據其祭王心齋奠文，其於是年年底回金溪（見前引），故可確知此十六條黃直記語錄皆為其正德十五年中所記，意義重大。大抵傳習錄卷下中陳九川與黃直一前一後所記錄，是陽明正德十五年向門人弟子大闡「良知」之教之鐵證，足以破除錢德洪所謂陽明正德十六年始揭「良知」之教之誤說矣。

一五二一　正德十六年　辛巳　五十歲

正月新春，五十感懷，有思歸之咏。

王陽明全集卷二十歸懷：「行年忽五十，頓覺毛髮改。四十九年非，童心獨猶在。世故漸改涉，遇坎稍無餒。每當快意事，退然思辱殆。傾否作聖功，物睹豈不快？奈何桑梓懷，衰白倚門待！」

致書在京御史謝源，懇其助成歸省，雪冀元亨冤。

陽明與謝士潔書三：「別久，益想念。京師凡百，得士潔在，今汝真又往，區區心事當能一白矣。老父衰病日深，賞功後得遂歸省，即所謂騎鶴揚州矣！諸老處，望為一一致懇。冀生事，聞極蒙留意，甚感，甚感！今汝在，復遭此，不諸君何以解之？此間凡百，王金略能道。適牙痛，臨楮不能一一。守仁拜手，士潔侍御道契文侍。餘空。」（與謝士潔書真迹，今藏溫州博物館）

按：此書云「京師得士潔在，今汝真又往，區區心事當能一白矣」，指監察御史謝源、伍希儒已回京治宸濠獄與奏功事。據明通鑑卷四十九：「正德十五年十二月己丑，宸濠伏誅。先是有旨，召皇親、公侯駙馬伯、內閣府部大臣、科道官俱至通州，治宸濠獄，至是列其罪狀上之……」武宗十月至通州，故可知謝源先在十一月回京，在治宸濠獄後，伍希儒又入京奏功，故此書云「賞功後得遂歸省，即所謂騎鶴揚州矣」。可見此札作於正德十五年十二月至十六年一月間（二月以後武宗已疾卒）。按倪小野先生全集卷四有詩題云：「伍上虞汝珍奏功北上，上虞諸縉紳會新祠，贈以詩……」此所云「奏功北上」，即陽明此書所云「今汝真又往」。倪小野此詩云：「瓊梅日下輝九英，春風喜挹仙郎請。」可見伍希儒奏功北上在正德十六年春正月，陽明書即作在其時。此札云「冀生事」，指冀元亨繫獄事，陽明託謝源在京雪其冤。

十二日，唐龍偕朱節、汪必東來聚飲觀燈。

唐漁石集卷四正德辛巳正月十二日偕白浦南隽飲於陽明

公處即暮張燈因作十二夜燈詩：「令節新晴際，方城缺月中。亂離一戰息，燈火萬家同。試聽閭閻下，爭歌使相動。雲來遲數日，井絡盡為烽。」

按：「白浦」即朱節。「南雋」即汪必東，字希會，號南雋。千頃堂書目卷二十二著錄汪必東南雋集二十卷，云：「字希會，崇陽人。河南參政。」又卷一著錄汪必東易問大旨，云：「字希雝，崇陽人。正德辛未進士。官雲南參政。」按正德六年辛未陽明任會試同考試官，汪必東或為陽明所錄取耶？

有書致鄒守益，論「致良知」之學。

陽明再與鄒謙之云：「近來信得『致良知』三字，真聖門正法眼藏。往年尚疑未盡，今自多事以來，只此良知無不具足

第1706頁

。譬之操舟得舵，平瀾淺瀨，無不如意，雖遇顛風逆浪，舵柄在手，可免沒溺之患矣。」（錢德洪陽明先生年譜，陽明文集失載）

按：錢德洪陽明先生年譜云：「先生聞前月十日武宗駕入宮，始舒憂念。自經宸濠、忠、泰之變，益信良知真足以忘患難，出生死，所謂考三王，建天地，質鬼神，俟後聖，無弗同者。乃遺書守益曰……」可見陽明此與鄒守益書作在正德十六年正月。然錢氏以此書證陽明正德十六年始揭「致良知」之教則非。

牌行撫州府金溪縣褒崇陸象山子孫，檄崇仁縣祀吳康齋鄉祠。

王陽明全集卷十七褒崇陸氏子孫：「據撫州府金溪縣三十六都儒籍陸時慶告，看得宋儒陸象山先生兄弟，得孔孟之正傳，為吾道之宗派，學術久晦，致使湮而未顯，廟堂尚缺配享之典，子孫未沾褒崇之澤。仰該縣官吏將陸氏嫡派子孫差役，查照各處聖賢子孫事例，俱與優免。其間有聰明俊秀堪以入學者，具名送提督官處選送學肄業，務加崇重之義，以扶正學之衰。俱依准繳。」

按：王陽明全集於此文題下注「正德十五年正月」作，乃誤。錢德洪陽明先生年譜云：「正德十六年正月，錄陸象山子孫。」知「正德十五年正月」乃正德十六年正月之誤。

第1707頁

陽明檄祀康齋鄉祠：「吳公方其貴近之薦，固可見好德之同；及夫官爵之辭，尤足驗先幾之哲。蓋宣和之疏，於龜山無嫌；而明堂之留，在漢儒為媿。出處不至於失己，學術何待夫立言？……」（沈佳明儒言行錄卷三吳與弼，陽明文集失載）

按：康齋祠在崇仁縣，同治崇仁縣志卷一之七：「康齋書院，在縣西北二十五里小陂，正統中康齋講學處。時陳獻章、胡居仁、胡九韶俱從游。後闢以為祠。」是檄約與褒崇陸氏子孫作在同時，蓋出於同一「以扶正學之衰」之意也。

兵部差官來示歸省批札，有書致王瓊、陳謝。

陽明與晉溪書十五：「比兵部差官來，賚示批札，開諭勤惓，佐亦隨至，備傳垂念之厚。昔人有云：公之知我，勝於我之自知。若公今日之愛生，實乃勝於生之自愛也，感報當何如哉！明公一生繫宗社安危，持衡甫旬月，略示舉動，已足以大慰天下之望矣。凡百起居，尤望倍常慎密珍攝，非獨守仁之私幸也。佐回復北，當有別啟。差官回，便輒先附謝，伏望臺鑒。不具。歸省疏已蒙曲成，得蚤下一日，舉家之感也。懇切，懇切！」（陽明先生與晉溪書十五通，今藏上海圖書館）

按：此書所言「歸省疏已蒙曲成」，當非指八月允歸省，蓋王瓊因附江彬於四月已下獄。今按是書言「持衡甫旬月」，乃指王瓊陞吏部尚書，國榷卷五十一：「正德十五年十二壬子，少師兼太子太師兵部尚書王瓊改吏部尚書，以朱彬力也。」可見陽明此書作在正德十六年正月中，蓋其時王瓊已允（准）陽明歸省，然因其後武宗疾卒，王瓊旋亦下獄，故陽明歸省事又遷延不行也。

第1708頁

二月，席書寄來鳴冤錄與道山書院記，為陸象山之學鳴冤辯白，張大朱子晚年定論之說。陽明有答書稱贊之。

席書元山文選卷五與王陽明書四：「書不揣愚昧，妄為陸氏鳴者，為今日諸君鳴也。執事昔在龍場，書懷此疑，嘗以質之門下，曰：『然。』乃益信之。」

王陽明全集卷五與席元山：「向承教札及鳴冤錄，讀之見別後學力所到，卓然斯道之任，庶幾乎天下非之而不顧，非獨與世之附和雷同、從人非笑者相去萬萬而已。喜幸何極！……大致此學之不明，皆由吾人入耳出口，未嘗誠諸其身。譬之談飲說食，何由得見醉飽之實乎？僕自近年來始實見得此學，真有百世以俟聖人而不惑者。朋友之中，亦漸有三數輩篤信不回。其疑信相半，顧瞻不定者，多以舊說沈痼，且有得失毀譽之虞，未能專心致志以聽，亦坐相處不久，或交臂而別，無從與之細說耳。象山之學簡易直截，孟子之後一人。其學問思辯、致知格物之說，雖亦未免沿襲之累，然其大本大原斷非餘子所及也。執事能深信其學，此亦不可不察。正如求金者必務煆煉足色，勿使有纖毫之雜，然後可無虧損變動。蓋是非之懸絕，所爭毫釐耳。……」

同上，卷二十一寄席元山：「向見鳴冤錄及承所寄道山書院記，蓋信道之篤，任道之勁，海內同志莫敢有望下風者矣，何幸何幸！……」

席書鳴冤錄序：「鳴冤錄者，錄陸氏之冤而鳴之也。宋室南遷，朱、陸二子，一唱道於建陽，一唱道於江右，一

第1709頁

時名士爭走門墻。於時朱氏方注六經，訓百世，謂物必有理，理必有盡窮，然後可以入道。陸氏謂其牽繞文義，倒植標末，徒使窮年卒歲，無所底麗。天與我者萬物皆備，何假外求？朱氏因目之曰：此禪學也。一時游考亭者，方與象山門人較爭勝負，一聞斯言，喜談樂誦，月記日録，迄於今日。朱氏之書盛行於世，舉業經學，非朱傳不取，繇是經生學子童而習之，長而誦之，皆曰：陸，禪學也。山林宿士，館閣名儒，亦曰：陸，禪學也。凡聞陸氏者，如斥楊、墨，如排佛、老，甚而將若浼焉。間無覺者，終身迷悟，莫知返也。及予宦四方，得

第1710頁

陸氏語録、文集，三讀其言，撫膺嘆曰：嗚呼，冤乎！孰謂陸公為禪乎！再取讀之，不徒非禪也，且若啟蔽提聾。而中又戚戚焉，又從而嘆曰：予晚出迷徒，幸矣，將持陸書遍訟諸士。顧文言煩繁，見者慵覽，覽者未終，卒難脱悟。余乃撮其書問語録之要，各類二篇，名曰嗚冤録。使人讀未終日，見其無三乘空寂之語，無六道輪迴之説，必將曰：冤乎！人言可盡信乎？兹始賤耳而貴目也。嗚呼，吾此道之冤也！刑獄之冤，陷一人；道術之冤，使天下人心欲飲醇酒而莫知罪，雖欲無嗚，將能已乎？自孟氏道遠，伊洛言湮，而心學先傳，一有覺

者，同室起鬨，如孫、龐同師鬼谷，而自操矛盾，以角兩國之雄，亦可怪矣！及朱氏晚年悔悟，自恨盲廢之不早，惜乎易簀已至，其書已行，不可追挽。後之君子，不究晚年至論，師尊中年之書，過於六經、語、孟，仗朱氏之心，不得表白於後世，負冤者不徒陸氏，而吾考亭夫子含冤九地，亦不淺矣。所幸斯文未喪，此心不死，近時二三豪傑，嘗伸此義，以究末流，信者寡而傳疑者大半，是録所繇鳴也。君子感其鳴，一洗其冤，將知登岱山，望東海，道在此而不在彼矣。録曰「嗚冤」者，蓋有激也，亦以起問者，見是非也。」（何喬遠皇明文徵

第1711頁

卷四十六，元山文選卷一）

楊廉楊文恪公文集卷四十七與席文同：「嗚冤録足見主張陸學處。大抵朱陸之學就其偏處為之，猶勝於俗學，而況於大中至正者乎？然在學者，皆當去短集長，豈可安於一偏而已哉？廉亦嘗謂後人未考陸學，望風而駡。今見高明此書，則象山不負屈於地下矣。但朱子晚年自悔之語，將以自警，且以警人。自古聖賢不自聖賢，孔子之言曰：「出則事公卿，入則事父兄，喪事不敢不勉，不為酒困，何有於我哉？」如此之類，皆謙己悔人之意。廉於朱子亦云，不知是否？廉又謂，學陸學就覺得力，但

恐後來漸漸冷淡；學朱學初若茫然，久之却愈有味。善學者當自得之。不識高明以為何如？」

按：楊一清席公書墓志銘云：「遷福建左布政。宸濠之變，公募軍二萬赴援，道聞賊平，乃歸。又建道山書院，以祀閩中諸賢。擢右副都御史，巡撫湖廣。」是席書鳴冤録、道山書院記作在其任福建左布政時。陽明此答書作在正德十六年七月（見下），錢德洪陽明先生年譜云：「正德十六年正月，録陸象山子孫……席元山嘗聞先生論學於龍場，深病陸學不顯，作鳴冤録以寄先生，稱其『身任斯道，庶幾天下非之而不顧』。」可見席書當是見陽明發布褒崇陸氏子孫，推崇陸學，乃寄來鳴冤録，時間約在二、三月中。然錢氏只云席書「聞先生論學於龍場」，却有意隱去席書因讀朱子晚年定論而作鳴冤録之事實。蓋席書之作鳴冤録乃是讀其朱子晚年定論有感而發，大旨在辨陸學非禪學而為「心學」，進一步助成與推廣陽明朱子晚年定論之說也。序中所言「不究晚年至論」，即暗指陽明所云「朱子晚年定論」；所言「近世二三豪傑」，即暗指程敏政、陽明諸人。尤值得注意者，席書於此首以「心學」指稱陸學，正與陽明用「心學」指稱己之「聖學」（王學）同時，顯可見亦是受陽明影響也。陽明後於祭元山席尚書文中云：「世方沒溺於功利辭章，不復知有身心之學，而公獨超然遠覽，知求絕學於千載之上；世方黨同伐異，狥俗苟容，以鈞聲避毀，而公獨卓然定見，惟是之從，蓋有舉世非之而不顧……」即指席書不顧天下非之而作鳴冤録也。

楊鸞書來求墓銘，有答書論致良知之學。

王陽明全集卷五與楊仕鳴：「差人來，知令兄已於去冬安厝，墓有宿草矣。無由一哭，傷哉！所委誌銘，既病且冗，須朋友中相知深者一為之，始能有發耳。喻及『日用講求功夫，只是各依自家良知所及，自去其障，擴充以盡其本體，不可遷就氣息以趨時好』。幸甚幸甚！果如是，方是致知格物，方是明善誠身。果如是，德安得而不日新！業安得而不富有！『謂每日自檢，未有終日渾成片段』者，亦只是致知工夫間斷。夫仁，亦在乎熟之而已。又云：「以此磨勘先輩文字同異，工夫不合，常生疑慮」。又何為其然哉？區區所論致「知」二字，乃是孔門正法眼藏，於此見得真的，直是建諸天地而不悖，質諸鬼神而無疑，考諸三王而不謬，百世以俟聖人而不惑！知此者方謂之知道；得此者，方謂之有德。異此而學，即謂之異端；離此而說，即謂之邪說；迷此而行，即謂之冥行。……所謂「此學如立在空中，四面皆無倚靠，萬事不容染着，色色信他本來，不容一毫增減。若涉些安排，着些意思，便不是合一功夫」，雖言句時有未瑩，亦是仕鳴見得處，足可喜矣。但須切實用力，始不落空。若只如

第1714頁

此說，未免亦是議擬仿象，已後只做得一個弄精魄的漢，雖與近世格物者症候稍有不同，其為病痛，一而已矣。詩文之習，儒者雖亦不廢，孔子所謂「有德者必有言」也。若着意安排組織，未有不起於勝心者，先輩號為有志斯道，而亦復如是，亦只是習心未除耳。仕鳴既知致知之說，此等處自當一勘而破，瞞他些子不得也」。

按：前考楊鑾於正德十五月七月歸潮，冬間安葬其兄楊驥後，即書來求墓銘，陽明此書約作於二、三月間。

以巡按御史唐龍薦，蔡宗兖來任南康府教授，兼白鹿洞主。檄南康府修葺學宮，遺白金以創公署。

白鹿書院劄付石碑：「皇明白鹿洞劄付江西等處承宣布政使：為慎擇儒官，兼管書院事，吏部準勘，合科付承，準吏部己字二千八十四號勘合驗對，清吏司案呈，準文□清吏司付奉本部，送該本部題本司案呈，奉本部送吏科抄出。巡按江西監察御史唐（龍）題：切照宋儒朱熹於淳熙中知江西南康軍，乃即唐白鹿洞遺址建葺書院，以為講學論道之所，規制大備，教化蔚然，又括聚書籍，置給田畝，相傳至於今焉。臣近日巡歷本府，首謁書院，展拜先聖先賢。見得祠殿荒涼，門廡冷落，往來皆牛羊之迹，前後俱蔬稼之圃。及訪書籍，已多散亡

第1715頁

，田畝亦浸遺失。詢厥所由，蓋因無官綜理，每年□是本府星子縣編僉門子二名，輪流看管，以至狼狽至此。夫必欲設官，尤恐費事。緣本府儒學，距書院僅五十里，但得一學行教授兼管即足矣，然誠難其人焉。近該本府呈報所屬官員姓名腳色，開註本學見缺教授。臣訪得福建興化教授蔡宗兖，由進士出身，學問深該，志行清古，為貧而仕，曲全孝友之心，以禮自防，弗為世俗之態，誠斯文之正，後學之楷範也。如蒙乞敕吏部查議，將蔡宗兖改調南康府教授，不妨原務，兼總理書院，用修遺教，仍行星子縣歲另給二力一馬，往來跟騎於書院

內，月另口口三石食用，以為常規，一應上司俱要禮待
，勿令仆仆拜跪，以示優重之意。以後員缺，常口進士
內慎選銓補。若能敦復風教，有光儒業，口口擢授科道
及不次升提學僉事等官。苟廢學傷教，聽巡按御史奏調
問黜，不廢勸懲。庶百年之舊典復舉，而一方之學者有
依矣。緣係口口儒官兼管書院事理，未敢擅便。為此舉
本順差承差口口齎捧，謹題請旨。奉聖旨：「吏部知道。
欽此。」欽遵，抄出送司。查得蔡宗兗，年四十七歲，浙
江紹興府山陰縣人，中正德十二年三甲進士。本年十一月奏補
，家貧親口，口就教職。該本部查照先年題準事例，進

士願就教者，亦照原中甲第品級，已經題奉欽依，將本
官除受福建興化府儒學教授，仍支正八品俸級。正德十
五年八月，該巡按福建監察御史沈閱奏缺官緣由，內稱
興化府口口口授蔡宗兗準告致仕去訖。又查得江西南康
府儒學見缺教授，今該前因通查案呈到部，看得巡按江
西監察御史唐龍題稱：宋儒朱熹建葺白鹿洞書院，以為
講論之所，至今荒涼零落，蓋因無官綜理。訪得教授蔡
宗兗，學問口口，口行清古，乞要將本官改調南康府儒
學教授，兼經理書院一節為照。教授蔡宗兗，平素學行
委有可稱，近因告疾，遽令休致，似乎口口口口。今該

巡按江西監察御史唐論奏前因，相應起用，合無將蔡宗
兗除授江西南康府儒學教授，，仍支正八品俸級，給憑
令。其到任不口口口口理白鹿洞書院一應事務，行令有
司，以禮優待，庶幾後學得師，前規不墜。緣係慎擇儒
官兼管書院，及奉欽依，吏部知道事理，未敢擅便。正
德十五年九月十三日，少保兼太子太保、本部尚書陸等
具題。本月十五日，奉聖旨：「是。欽此。」欽遵。當將本官照缺
填註，令其赴任管事，合連送該司，仰行驗封清吏司類
行。江西布政司轉取本官到任日期，同憑繳報。如違原
限，照例施行等因，賫付準此擬合就行，為此劄，仰本

府當該官吏，照劄備去勘合內事理，轉取本官到任日期
，同憑繳報。如違原限，照例施行，毋得違錯，不便須
至劄付者。正德十六年二月十六日立石。南康府知府眉
山張愈嚴立石。」（白鹿洞書院碑刻摩崖選集）
王陽明全集卷十七仰南康府勸留教授蔡宗兗：「據南康府
儒學申，看得教授蔡宗兗，德任師儒，心存孝義，今方
奉慈母而行，正可樂英才之化。況職主白鹿，當宋儒倡
道之區；勝據匡廬，又昔賢棲隱之地。偶有親疾，
自可將調，輒興掛冠之請，似違奉檄之心。仰布政司備
行南康府掌印官，以禮勸留，仍與修葺學宮，供給薪水

，稍厚養賢之禮，以見崇儒之意。欽此。」

李彭山先生文集卷三奉議大夫四川按察司提學僉事蔡公墓志銘：「既歸之明年辛巳，用巡按江西監察御史唐君虞佐薦，起為白鹿洞主。首膺簡命，當道者處以賓禮，蓋異數也。公至，則敦復洞規，檃括田籍，一時人心莫不稱快。適先師巡撫江西，遺白金若干，為創公署。公謝歸府藏，因白其守增置學田，而先師不知也。過者聞之，咸稱為『真君子』，而公自稱則曰『白鹿山人』。」

按：毛德琦廬山志卷八蔡宗兗：「御史唐龍上疏起為白鹿洞主，招授南康府教授，主白鹿洞。都御史王守仁遺五十金，創公署。」

三月十四日，武宗崩於豹房。十八日，執江彬下獄。

國榷卷五十一：「正德十六年三月丙寅，上崩於豹房。……庚午，皇太后懿旨，執江彬、神周、李琮下獄。」

是月，上疏乞併南昌前、右二衛為南昌衛。

明武宗實錄卷一百九十七：「正德十六年三月乙丑，併江西南昌前、右二衛為南昌衛。宸濠之變，軍士從逆者死亡殆盡，而左衛公署又毀於火。巡按都御史王守仁請以左衛所存軍餘併歸前衛，總為南昌衛。掌印佐貳官俱聽撫按官，隨宜為用。從之。」

四月二十二日，世宗即位，大赦天下。二十四日，齊之鸞遂上清理刑獄疏，冀元亨冤白得釋。

國榷卷五十二：「正德十六年四月癸卯……御奉天殿，即皇帝位，頒詔大赦。詔曰：……惟我皇兄大行皇帝，運撫盈成，業承熙洽。勵精雖切，化理未孚。中遭權奸，曲為蒙蔽，潛弄政柄，大播凶威。朕昔在藩邸之時，已知非皇兄之意。茲欲興道致治，必當革故鼎新……其以明年為嘉靖元年，大赦天下，與民更始。所有合行事宜，條列於後。……」

歷官疏草清理刑獄疏：「照得都御史王守仁擒獲逆賊劉吉等，提督軍務御用太監張永抄拏方倬等，御馬監太監張忠、平虜伯朱彬、安邊伯朱泰、左都督朱暉各緝獲熊僚、申宗遠、楊清、李汝淇等各起因犯，雖於江西等處送到臣等審問，比因隨軍回，促日促事，冗不暇詳議……除將情法顯然可矜可疑冀元亨等九十三名題奉大行皇帝聖旨：法司，看了來說……再照大行皇帝駐驛通州之時，傳旨抄拏人犯陸完等，中間情罪輕重不同，法難槩施，亦合詳審。節該正德十六年四月二十二日詔書內，一款：法司錦衣衛見監罪囚，中間或鍛鍊成獄，或拘泥文案，多有枉抑……又一款：江西併各處地方，先因宸濠反逆事敗，及因人告報謀反妖言等項事情，一時追捕餘黨，急於撲滅，不暇審辨……又一款：見監與宸濠謀反事情，有於正德十四年就陣擒獲真正共謀逆賊，并臨時脇從，及先年交通不曾與合者，各依律議擬應得罪名……陛下嗣大歷服之始，雖昆蟲草木亦望至仁涵育，而況人命之重乎？如蒙乞敕法司，毋拘成案，勿事觀望，亟將

劉吉、方倬、熊繡、申宗遠、楊清、李汝淇等逐一研審
，如有冤抑，罪不至死者，即與清雪明白。奏請必其情
真罪當，然後從重議擬。……」
蔣信鄉進士冀闇齋先生元亨墓表：「初權奸江彬輩欲重禍
於陽明子，鞫問之朝，箠笞備至。先生曰：『元亨方弱冠
時，已願為忠臣孝子，今不能為義徒乎？』久之，洗滌開
釋之命下，而先生疾弗起矣，是為辛巳五月四日。」
按：錢德洪陽明先生年譜云：「張、許等索釁不得，遂逮元亨，
備受拷掠，無片語阿順。於是科道交疏論辯，先生備咨部院
白其冤。世宗登極，詔將釋，前已得疾，後五日卒於獄。」是

冀元亨冤白得釋在四月三十日。
二十五日，錄王守仁贛州功，廕子王正憲錦衣副千户。
國榷卷五十二：「正德十六年四月丙午，錄王守仁贛州功
，廕子正憲錦衣副千户。」
蔡文廕子咨呈：「正德十六年七月十八日，奉到兵部鳳字
二千八百八十號勘合内開一件捷音事，准武選司付奉本
部連送該本部題送，准浙江布政司咨呈，據紹興府申據
餘姚縣申蒙本府紙牌仰縣速將都御史王承廕子姪應該之
人取具無礙親供，並官吏里鄰人等不扶結狀繳報等因，
依蒙行據該隅里老呂時進等勘得右副都御史王，任江西

南、贛等處剿賊成功，欽承廕子一人，世襲錦衣衛百户
，行縣取具里老並本族親供。今據前因，合將繳到王晃
等供狀一紙，係本縣東北隅五里民籍，有姪，王守仁任
江西南、贛等處右副都御史為剿賊成功欽承廕子王正憲
，世襲錦衣衛百户，行縣取具里老並本族親供呈繳到部
。查得先該提督南、贛都御史王奏稱征剿江西南、贛等
處賊寇，驅卒不過萬餘，用費不滿三萬，兩月之間，俘
斬六千有奇，破巢八十有四，渠魁授首，噍類無遺。該
本部查議得都御史王躬親督戰，獲有軍功，所當先錄，
伏望聖明俯照節年平寇陞廕有功官員事例，將王照例陞

職廕子以酬其功等因具題。正德十三年四月十八日，節
該奉聖旨：『是。各官既剿賊成功，地方有賴，陞右副都
御史，廕子姪一人做錦衣衛，世襲百户。欽此。』查無本
官應襲子姪姓名，已經備行原籍官司查取去後。又該提
督南、贛軍務右副都御史王奏報廣東韶州府樂昌等縣平
賊捷音，内開擒斬首從賊人首級共二千八百九名顆，俘
獲賊屬並奪回被擄男婦五百名口等因。該本部查議得本
官分兵設策，一旦剿平，厥功非細。本部議將王量加陞
級，於先廕子百户上再加陞廕，以酬其功。伏蒙欽依
，王守仁已因功陞職，還賞銀四十兩，紵絲二表裏。臣

等以為王守仁累建奇功，各不相掩，今止給賞，似不足酬其功。合無王守仁量陞俸給，於先蔭子百户上量加陞蔭等因。本年十二月初三日具題，本月二十六日奉聖旨：「王守仁累有成功，他男先蔭職事上還加陞一級。欽此。」又經備行欽遵訖。今據前因，夂查陞級事例，實授百户上加一級，該副千户，通查案呈到部。欲將都御史王應蔭子王正憲查照先奉欽依，加蔭子姪一人做錦衣衛，世襲百户，再加，續奉欽依，加陞一級，與做副千户，填註錦衣衛左所支俸。緣係查録恩蔭，節奉欽依，王守仁蔭子姪一人做錦衣衛，世襲百户，及他男先蔭職上還加陞一級事理等因。正德十五年三月初四日，少師兼太子太師本部尚書王等具題。次年四月二十五日，奉聖旨：「是。欽此。」欽遵，擬合通行。為此合行浙江布政司轉行紹興府餘姚縣，著落當該官吏照依本部題奉欽依内事理，即便查取王正憲作速起程，前來赴任。仍將本官起程日期，繳報施行。」（王陽明全集卷三十九）

二十六日，齊之鸞上賞功抑倖疏；二十八日，再上杜革冒濫疏，乞朝廷議處平宸濠功次陞賞事。

歷官疏草賞功抑幸疏：「……顧其部下功次，見今造冊報者，如江西冊内，有隆慶左衛報效冠帶軍人吕鎧等四十三員名，雖經駁行，該司查勘，止照前冊回報，摋之輿論，終係冒濫。舍人等三十二名、隨征義兵王愚等七

伍壽

名，俱係領兵官員及隨征協謀鄉官家人……安慶等處冊内，報效冒功者有孝陵衛舍人劉奎等三十四員名，領兵官員舍人林平等二十名，又有射箭打磚之人，查無事例……如蒙乞敕兵部查照，將王守仁部下功次亟議陞賞，以酬大勳，應給銀牌花紅，先行差官賞訖……」

杜革冒濫疏：「……楊清一起，止有十二名顆。其餘盡是江西緝獲之數。再查總督下閻岳等功次，係湖廣解來人犯。及平虜伯朱彬正是隨駕駐劄南京，未曾親到江西，所報功次，訪得俱是揚州府等處拏解人犯，事屬奪冒領賞……惟皇上嗣大歷服之初，一新政化之日，正宜杜革冒濫……乞敕兵部議處改正……」

五月二日，召王守仁入朝，舒芬、夏良勝、萬潮、陳九川、林大輅、張岳等並復官。

明世宗實録卷二：「正德十六年五月癸丑，先是提督南、贛、汀、漳兼巡撫江西右副都御史王守仁以父老祖喪，上疏乞暫歸省葬，未報。至是得旨：王守仁擒斬亂賊，平定地方，朕莅政之初，方將論功行賞，所請不允。其勑守仁亟來京。」

國榷卷五十二：「正德十六年五月癸丑，召王守仁入朝。故翰林修撰舒芬，郎中黄鞏、孫鳳、陸俸、張衍瑞、姜龍，員外郎夏良勝，主事萬潮、林大輅、蔣山卿，大理寺副周叙，寺正金櫐，評事鄔孟常、孟廷柯、鄒鳳昇、張士鎬、傅尚文、蔡時、姚汝皋，太常博士陳九川，行人陶滋、巴思明、李錫、顧可久、鄧顯麒、王國用、熊榮、楊泰、王懋、李儼、潘鋭、劉黼、張岳等，並復官。」

按：陽明乞便道歸省疏云：「臣於正德十六年六月十六日欽奉
敕旨：『以爾昔能剿平亂賊，安靖地方，朝廷新政之初，特茲召用。敕至，爾可馳驛來京，毋忽稽遲。欽此。』」知世宗敕旨下在五月二日。陽明奉敕已在六月十六日。

四日，冀元亨卒，牌仰湖廣布按二司優恤冀元亨家屬，並致書王邦相、陸澄、謝源，託料理冀元亨喪事。

明史卷一百九十五冀元亨傳：「世宗嗣位，言者交白其冤，出獄五日卒。元亨在獄，善待諸囚若兄弟，囚皆感泣。其被逮也，所司繫其妻李，李無怖色，曰：『吾夫尊師樂善，豈他慮哉！』獄中與二女治麻枲不輟。事且白，守者欲出之。曰：『未見吾夫，出安往？』按察諸僚婦聞其賢，召之，辭不赴。已就見，則囚服見，手不釋麻枲。問其夫學，曰：『吾夫之學，不出閨門衽席間。』聞者悚然。」

蔣信鄉進士冀闇齋先生元亨墓表：「……命下，而先生疾弗起矣，是為辛巳五月四日。同志梁日孚、陸元靜、張文邦輩爭為會金治棺……論者曰：陽明子之學，貴心悟也；心悟者，默識也。然而先生之學，則似專於踐履。陽明子致良知之說，固嘗自謂獨得之祕，告諸先生必盡矣，而諄諄誨人之際，獨於此未嘗一發明焉，又何耶？信嘗與論格知，而及於明道程先生『學者先識仁體』之說，先生亟是之，且曰：『贛諸子頗能從事靜坐，苟無見於仁體，槁坐何益也？然則學將自有見與？』論者又曰：先生執義不屈，卒免陽明子於禍，殆古豪士之儔也。然而死生之幾微於一髮者，雖天下之明哲，果誠難哉！且將誰歸耶？某獨以其平日而究觀之，先生蓋負道甚勇，而憂世甚切；憂世切，則胡暇一身之計？陽明子初得被逮之報，語報者曰：『惟乾平日獨憂世太切耳。』吁，殆諒然也耶？雖然，特立獨行而不懼，卒然覆之以大難而不變，可以觀勇矣；將終依陽明子於紹興也，則輕數千里而欲移其家，以朱守忠、蔡希顏、徐曰仁可與共濟斯道也，則思以愛女遠結姻黨而不以為難，聞蔡督學霞山論太陰之說，則亟從之，聞一友嘗及李大厓之門，則拜之，聞司馬劉東山之風望，則徒步而候之，可以觀志矣；鄉人服其義，學士服其教，族黨服其仁，配顧氏奉其遺訓，艱辛白首，而貞淑彌厲，孱僕一二輩守其道，則力田贍孤，而愈於所出，可以觀誠矣。……」

按：陽明於正德十五年大闡「良知」之教，此前冀元亨於正德十四年春即離陽明而去，旋被逮入獄，直至正德十六年卒於獄中，故未得聞陽明「良知」之說也。冀元亨之學專於「踐履」，而未嘗一發明「良知」之說，蓋以此也。

第1726頁

王陽明全集卷十七卹湖廣布按二司優恤冀元亨家屬：「照得湖廣常德府武陵縣舉人冀元亨，忠信之行，孚於遠邇云云，已經備咨六部院寺等衙門詳辨去後。今照冀元亨該科道等官交章申暴，各該官司辨無干礙，已先釋放，不期復染瘧痢身故。該部司屬官員及京師賢士大夫，莫不痛悼，相與資給衣棺。本院亦已具舟差人扶柩歸葬。但恐本生原籍官司，一時未知詳悉，仍將家屬羈監，未免枉受淹禁。除將本生節義，另行具本奏請褒錄外，擬合通行，為此牌仰抄案回司，即行常德府速將舉人冀元亨家屬，通行釋放；財產等項，亦就查明，給還收管。仍將本生妻子，特加優恤，使奸人知事久論定之公，而善類無作德降殃之惑。其於民風士習，不為無補矣。」

按：國榷卷五十二：「正德十六年五月壬戌（十一日），監察御史胡松言故貢士冀元亨黨逆之冤，命恤其家。」陽明即在其後移文湖廣布按二司優恤冀元亨家屬。

陽明與邦相書：「此等事如浮雲糞土，豈至今日反動其心？凡百付之公論，聽命於天而已，不必更有所希望也。至於人有德於我，而我報之者，此自是忠厚之道，但在今日便涉干求，斷不可行耳。季生事卻望極力與之扶持，非獨區區師友之義有不容已，亦天理人心所在，行路之人皆知為之不平，況在邦相亦嘗與之相識者乎！一應衣食盤纏之費，區區當一一補償，勿令缺失，承囑，承囑！餘情宗海想亦自有書。冗次不一一。陽明山人拜手邦相宗弟契家。省親本若有旨，須遣人作急回報，恐前賫奏人或在路延遲耳。餘。」（馬錦明人尺牘上冊王守仁與邦相書，今有真迹藏山東省青島市博物館，陽明文集

第1727頁

失載）

按：「邦相」即王邦相，「季生」即冀元亨（冀元亨又作季元亨）。

「省親本有旨」指陽明六月上疏乞歸省葬。可知此書作於六月底、七月初間。

王陽明全集卷二十一與陸清伯：「惟乾之事將申而遂沒，痛哉冤乎！不如是無以明區區罪惡之重至於貽累朋友，不如是無以彰諸君之篤於友道。痛哉冤乎！不有諸君在，則其身沒之後，將莫知所在矣。況有為之衣衾棺殮者乎！是則猶可以見惟乾平日為善之報，於大不幸之中而尚有可幸者存也。嗚呼痛哉！即欲為之一洗，自度事勢

未能遽脫，或必須進京，俟到京日，再與諸君商議而行之。苟遂歸休，終須一舉，庶可少泄此痛耳。其歸喪一事，託王邦相為之經理。倘有不便，須僕到京，圖之未晚也。行李倥偬中，未暇悉欲所言，千萬心照！」

按：陽明六月二十日啟程赴京，此書云「行李倥偬中」，則作在六月中旬。王陽明全集於此書題下注「甲申」作，乃大誤。

陽明與謝士潔書四：「冀惟乾事，承為之表暴扶持，乃不意其命之薄，一至於此！又承為之衣衾棺殮，皆仁者用心忠厚之道也。感刻感刻！其未審冤抑尚欲為之一洗。以區區出處未定之故，猶在遲疑間，必不得已而進京，俟

到京日，更與諸君商議而行之。若遂歸休之願，終須一舉，庶能少泄此心之痛耳。奈何，奈何！其喪事托王邦相與之區處，望始終為之周還。有不便者，須僕到京日圖之亦可也。行李匆匆間，所欲言者不能一一，千萬心照。守仁頓首，士潔侍御大人道契文侍。餘素。」（與謝士潔書真迹，今藏溫州博物館）

十五日，剿平安義縣楊正賢叛黨，上疏乞旌錄褒賚。

王陽明全集卷十三剿平安義縣叛黨疏：「……依奉會同都指揮僉事高厚、左布政使陳策等，議得賊犯楊正賢等累世窮兇，鄱湖劇患，近復從逆，幸而漏網，嘯聚劫因

，敵殺官兵……臣等議照叛黨楊正賢等肆其兇獷之習，恃其族類之繁，稔惡一方，流劫遠近。既積有世代，比復興兵助逆，脱漏誅殄，略無悔創，乃敢攻縣劫獄，聚衆稱亂。惡貫滿盈，天怒人怨，遂爾一旦掃滅。在朝廷固猶疥癬之搔爬，在江西實疽癰之潰決。巡按御史唐龍、宋節運謀監督，而按察使伍文定、布政使陳策等相與協議贊畫，都指揮馮勳及通判林寬、知縣熊价等又各趨事效命，并力於下。論各勞績，皆宜旌録。……」

陳世傑携湛甘泉古大學測、中庸測至，陽明有答書論辨格物之説。

第1730頁

王陽明全集卷五答甘泉：「世傑來，承示學、庸測，喜幸喜幸！中間極有發明處，但於鄙見尚大同小異耳。『隨處體認天理』是真實不誑語，鄙説初亦如是；及根究老兄命意發端處，却似有毫釐未協，然亦終當殊途同歸也。修齊治平，總是格物，但欲如此節節分疏，亦覺説話太多。且語義務為簡古，比之本文反更深晦，讀者愈難尋求，此中不無亦有心病？莫若明白淺易其詞，略指路徑，使人自思得之，更覺意味深長也。高明以為何如？致知之説，鄙見恐不可易，亦望老兄更一致意，便間示知之。此是聖學傳心之要，於此既明，其餘皆洞然矣。意到懇切處，不得不直，幸不罪其僭妄也。叔賢大學、洪範之説，其用力已深，一時恐難轉移，此須面論，始有可辯正耳。會間先一及之。去冬有方叟者過此，傳示高文，其人習於神仙之説，謂之志於聖賢之學，恐非其本心。人便，草草不盡。」

按：錢德洪陽明先生年譜將陽明此書定於是年五月作。書中云「叔賢大學、洪範之説」，乃指方獻夫正德十五年所寄大學原（見前考），蓋陽明四月答書甚簡要，故書中云「此須面論」。陳世傑為潮人，乃從湛甘泉處携書來南昌。按掖垣人鑑謂陳世傑（陳洸）正德十六年中進士，八月除户科給事（見前引）。由此可見必是陳世傑正月赴京會試，携湛甘泉二書過南昌呈陽明，陽明至五月乃作此答書也。

第1731頁

巡按御史唐龍檄南昌知府吴嘉聰修南昌府志，開館於白鹿洞中。陽明乃招夏良勝、舒芬、萬潮、陳九川、鄒守益來共成之，集門人於白鹿洞講學，多有詩咏唱酬。

王陽明全集卷五與鄒謙之書一：「別後德聞日至，雖不相面，喜慰殊深。近來此意見得益親切，國裳亦已篤信，得謙之更一來，愈當沛然矣。適吴守欲以府志奉瀆，同事者于中、國裳、汝信、惟濬，遂令開館於白鹿。醉翁之意蓋有在，不專以此煩勞也。區區歸遯有日，聖天子新政英明，如謙之亦宜束裝北上，此會宜急圖之，不當徐徐而來也。蔡希淵近已主白鹿，諸同志須僕已到山，却來相講，尤妙。此時却匆匆不能盡意也，幸以語之。」

錢德洪陽明先生年譜：「五月，集門人於白鹿洞。是月，先生有歸志，欲同門久聚，共明此學。適南昌知府吳嘉聰欲成府志，時蔡宗兗為南康府教授，主白鹿洞事，遂使開局於洞中，集夏良勝、舒芬、萬潮、陳九川同事焉。先生遺書促鄒守益……」

按：吳嘉聰正德六年進士，或在其時已與陽明相識。明清進士錄：「吳嘉聰，正德六年三甲二十四名進士。湖南湘陰人，著籍山西振武衛，字惟德，號雁山。授豐城知縣，平華林氏亂有功，陞曹州知州。調臨清，遷南昌知府。官至山東按察副使。」

吳嘉聰乃在平宸濠亂後來任南昌知府，孫陞吳公嘉聰墓志銘：「江西逆變初靖，朝議擇守南昌，以屬公。地瘠民殘，紀綱凌縱，庶官尚未備，公兼攝之。時數宸濠逆狀，遲久未上，即援筆屬草，不終日而定。」（國朝獻徵錄卷九十五）可見吳嘉聰與陽明關係甚密。

王陽明全集卷二十白鹿洞獨對亭：「五老隔青冥，尋常不易見。我來騎白鹿，凌空陟飛巘。長風捲浮雲，褰帷始窺面。一笑仍舊顏，愧我鬢先變。我來爾為主，乾坤亦郵傳。海燈照孤月，靜對有餘眷。彭蠡浮一觴，賓主聊酬勸。悠悠萬古心，默契可無辨。」

唐漁石集卷四再至白鹿洞次陽明公望五老峰韻：「五老隱雲間，經年再相見。乘月歷清溪，攀蘿度岑巘。頃諧丘壑心，淨洗風塵面。山神靈不死，物理溘中變。風雨剝樽彝，蟲鼠逸經傳。往迹空冥冥，永懷中眷眷。鹿去主不歸，酒熟客自勸。焉得抱鹿遊，居吁息妄辨。」

又次韻：「昔人飼白鹿，形幻忽不見。五老故蒼蒼，青冥拔飛巘。彭蠡流其下，諸峰羅四面。翕合出雲雨，朝暮陰晴變。杖屨偶乘暇，僅如經旅傳。雲壑繫遐思，石泉動清眷。遺緒尚可尋，流風尤足勸。何如隱峰前，圖書肆討辨。」（吳宗慈廬山志藝文歷代詩存）

朱節謁白鹿書院次陽明先生韻：「萬古匡廬峰，崔嵬夢中見。茲晨天風涼，吹我上層巘。輕雲散晴崗，露出芙蓉面。茫茫大塊間，陵谷幾遷變？慨茲蜉蝣生，百年如旅傳。卓矣諸名賢，仰止何眷眷。酌此洗心泉，青山共酬勸。妙境有真悟，可以忘餘辨。」

過三峽橋玉淵：「飛虹橫亙兩山通，幾道轟雷起蟄龍。一洗塵心天地間，倚雲閑坐對危峰。」正德辛巳秋七月，白浦朱節識。」（白鹿洞書院碑刻摩崖選集）

舒芬過白鹿洞次陽明韻：「孤蓬出吳城，五老仿佛見。兜輿上南康，乃獲陟青巘。有閑云古初，今始識顏面。屹然東南鎮，不逐滄桑變。匡生端何在？白鹿却流傳。藏修便巨儒，煙霞入情眷。黌宇既振作，誨言重箴勸。咫尺濂溪水，源流許誰辨？」（吳宗慈廬山志藝文歷代詩存）

鄒守益過白鹿洞次陽明獨對亭望五老峰韻：「名山屐履躡，匡廬久未見。褰衣泛層湖，振策凌絕巘。一笑六合亭，始識五老面。煙雲異晨昏，仙標儼不變。顧憐塵寰中，白駒走郵傳。叩首無極翁，絕學天所眷。皇皇白鹿規，逸駕競相勸。矢言二三子，無負義利辨。」（吳宗慈廬山志藝文歷代詩存）

錢德洪陽明先生年譜：「一日，先生喟然發嘆。九川問曰：「先生何嘆也？」曰：「此理簡易明白若此，乃一經沉埋數百年。」九川曰：「亦為宋儒從知解上入，認識神為性體，聞見日益，障道日深耳。今先生拈出『良知』二字，此古今人人真面目，更復奚疑？」先生曰：「然。譬之人有冒別姓墳墓為祖墓者，何以為辨？只得開壙將子孫滴血，真偽無可逃矣。我此『良知』二字，實千古聖聖相傳一點滴骨血也。」又曰：「某於此良知之說，從百死千難中得來，不得已與人一口說盡。只恐學者得之容易，把作一種光景玩弄，不實落用功，負此知耳。」先生自南都以來，凡示學者，皆令存天理、去人欲以為本，有問所謂，皆令自求之，未嘗指天理為何如也。間語友人曰：「近欲發揮此，只覺有一言發不出，津津然如含諸口，莫能相度。」久乃曰：「近覺得此學更無有他，只是這些子，了此更無餘矣。」旁有健羨不已者，則又曰：「連這些子亦無放處。」

按：此一則陽明與陳九川論「良知」之語錄，尤具重要意義，然錢氏置於正德十六年正月下，則誤。按陳九川是年五月方來南昌，六月即歸（陽明亦於六月離南昌赴京），故此則語錄必記在是年五月中，或即是在白鹿洞書院講學所記也。

廣東右布政使邵蕡致仕，歸過南昌見訪，有詩送之。

王陽明全集卷二十送邵文實方伯致仕：「君不見埘下雞，引類呼群啄且啼，稻粱已足脂漸肥，毛羽脫落充庖廚；又不見籠中鶴，斂翼垂頭困牢落，籠開一旦入層雲，萬里翱翔從廖廓。人生山水須認真，胡為利祿纏其身？高車駟馬盡桎梏，雲臺麟閣皆埃塵。鴟夷抱恨浮江水，何似乘舟逃海濱？舜水龍山予舊宅，讓公且作煙霞伯。拂衣便擬逐公回，為予先掃峰頭石。」

光緒餘姚縣志卷二十三：「邵蕡，字文實，號東皋。宏譽孫。治湯有聲，弘治三年進士。初知通州，州為要津，軍民錯處，號難治。蕡摘奸發慝，人呼為小神君。以最聞，擢南刑部員外。尋巡按江西，劾鎮守董讓不法，讓削職。正德三年，知四川成都府。時逆瑾索賄，司府州縣悉橫斂，黃獨不應，蠲逋蘇困，民尸祝之。陞四川布政司參政，以平鄢寇功陞陝西按察使。時巡按恣弄威權，黃以抗持被劾，上素知黃賢，不問。陞廣東右布政。嘗蒞事堂上，吏報印失所在，左右驚愕，黃神氣自若。亡何，印復前處，人服其鎮定。進階正奉大夫，加正治卿，致仕。王守仁在廣（按：當作在江西），作『籠鶴』詩餞之。歸，與從兄蕃倣唐履道坊香山社，為一宗九老會。卒，年七十九。」

按：邵蕡餘姚人，弘治三年進士，與王華、陽明當早識。邵蕡致仕之時間，按明世宗實錄卷八：「正德十六年十一月丙子，廣東布政司左參政左唐、前右布政使邵蕡盜侵公藏覺，命逮問如律。」稱「前右布政使」，則邵蕡當在十一月以前已致仕歸（餘姚）。時陽明亦將歸居，故詩云「拂衣便擬逐公回，為予先掃峰頭石」。由此可知陽明此詩約作於五月中（六月以後陽明已離南昌赴京）。

莊渠魏校起任廣東提學副使，過南昌來問學，不合而去。王畿集卷七南遊會紀：「洞山尹子舉陽明夫子語莊渠『心常動』之說，有諸？先生曰：『然。莊渠為嶺南學憲時，過贛，先師問子才：「如何是本心？」莊渠云：「心是常靜的。」先師曰：「我道心是常動的。」莊渠遂拂衣而行。末年，予

與荊川請教於莊渠，莊渠首舉前語，悔當時不及再問，因究其說。予曰：「是雖有矯而然，其實心體亦原是如此。天常運而不息，心常活而不死。動即活動之義，非以時言也。」因請問『心常靜』之說，莊渠曰：『聖學全在主靜。前念已往，後念未生，見念空寂，既不執持，亦不茫昧，靜中光景也。』又曰：『學有天根，有天機。天根所以立本，天機所以研慮。』……」

按：魏校乃崇信程朱學者，明史卷二百八十二魏校傳云：「校私淑胡居仁主敬之學，而貫通諸儒之說，擇執尤精。」魏校起任廣東提學副使之時間，明史、明清進士錄均謂「嘉靖初」，乃誤。按國朝獻徵錄卷七十太常寺卿魏公校傳云：「正德十六年辛巳，今上初服，起公首膺廣東提學副使之命，力以師道為己任。」世宗即位，首起廢籍在五月二日，再復廢籍在五月五日，魏校起用為廣東提學副使即在其時。其由蘇州莊渠啟程經南昌見陽明約在五月下旬中。

大竹陳鼎起任陝西布政司右參議，經南昌來問學。王陽明全集卷二十五祭文相文：「……與文相別數年矣，去歲始復一會於江滸，握手半日之談，豁然遂破百年之惑，一何快也！……」

按：陳鼎字文相，號大竹，宣城人。其與夏良勝、舒芬、陳九川諸人

同時起復，國榷卷五十二：「正德十六年五月丙辰，再録廢籍：右副都御史李昆……給事中陳鼎……丙寅，南京太僕寺丞潘塤、禮科給事中陳鼎為陝西布政司右參議……五人正德間忤權貴得罪，擢用頗厭衆望。」陳鼎約在五月下旬赴陝西布政司右參議任，經南昌見訪，即陽明所云「一會於江滸」也。

是月，修定大學古本序，刻石於白鹿洞書院；修定大學古本傍釋重刻。

王陽明全集卷二十七與陸清伯書：「屢得書，見清伯所以省愆罪己之意，可謂真切懇到矣。即此便是清伯本然之良知。凡人之為不善者，雖至於逆理亂常之極，其心之良知，亦未有不自知者。但不能致其本然之良知，是以物有不格，意有不誠，而卒入於小人之歸。故凡致知者，致其本然之良知而已。大學謂之『致知格物』，在書謂之『精一』，在中庸謂之『慎獨』，在孟子謂之『集義』，其工夫一也。向在南都，嘗謂清伯喫緊於此。清伯亦自以為既知之矣。近睹來書，往往似尚未悟，輒復贅此，清伯更精思之。大學古本一册寄去，時一覽。近因同志之士，多於此處不甚理會，故序中特改數語。有得，便中寫知之。季惟乾事，善類所共冤，望為委曲周旋之。」

按：陽明初作大學古本傍釋并序在正德十三年七月（見前考），正德十三年所刻本可謂初本大學古本傍釋，其時陽明尚未揭「良知」之教，故初本大學古本傍釋中尚無致良知之説，羅欽順當時得到正德十三年刻本大學古本傍釋，即謂：「王伯安以大學古本見惠，其序乃戊寅七月所作……首尾數百言，並無一言及於致知。近見陽明文録，有大學古本序，始改用致知立説，於格物更不提起。其結語云：『乃若致知，則存乎心悟；致知焉，盡矣。』陽明學術，以良知為大頭腦，其初序大學古本，明斥朱子傳註為支離，何故却將大頭腦遺下？豈其擬議之未定歟？」（困知記三續）蓋陽明正德十四年以後始有「良知」之悟，故正德十三年初本大學古本旁釋自然不及「良知」之「大頭腦」。其後來改定大學古本旁釋，方始加入「致良知」之説。陽明改定古本大學旁釋并重刻之時間，據此與陸清伯書云：「大學古本一册寄去，時一覽。近因同志之士多於此處不甚理會，故序中特改數語。有得，便中寫知之。」按此書中云「冀惟乾事善類所共冤，望為委曲周旋之」，乃指託陸澄處理冀元亨死後事，可以確知此書作於正德十六年六月（見前考），陽明改定古本大學旁釋并予刊刻則在是年五月中。今猶有改定大學古本序手迹石刻，存廬山白鹿洞書院，此應即陽明與黃勉之所云「短序亦嘗三易稿，石刻其最後者」（王陽明全集卷五），顯即刻在正德十六年五月，或即在陽明集門人於白鹿洞講學時。定本大學古本旁釋之於初本大學古本旁釋，修改在三方面：一是序中加進「致良知」

第1738頁　第1739頁

之說，二是將原大學古本旁釋後跋刪去，三是旁釋中加進論「致良知」一段文字：「如意用於事親，即事親之事格之，必盡夫天理，則吾事親之良知無私欲之間而得以致其極。知致，則意無所欺而可誠矣；意誠，則心無所放而可正矣。」（按：此據羅欽順所云初本「並無一言及於致知」，「將（良知）大頭腦遺下」，定本「始改用致知立說」，可以推定此一段文字必是後來所加。）據此與陸清伯書云「大學古本一冊寄去」，同時所作答時政書中亦云「古本、定論各一冊」（見下），可見陽明在五月修定大學古本旁釋後，即與印刻。後來如其在與黃勉之中云「古本之釋，不得已也……石刻其最後者，今各往一本」，即指正德十六年刻本大學古本旁釋也。

林俊起用工部尚書，有書致賀。林俊有答書，勸其赴召。見素集卷二十三寄陽明：「適聞召命北上。天子仁聖，群賢和會，諸老之弼亮不孤，泰平召致今日矣。惟白巖未至舊都，猶居洛也。綱紀之地，治體風化所關，略細瑕，崇大體，第一義也。言路開矣，高取難，煩取厭，則開者恐塞；幸門塞矣，短取媒，隙取伺，則塞者且開。今日可幸也，亦可慮也。然此時士風亦須一還，服用之侈，威服之過，送迎之盛，巡守不時歷，諸司不治事，官習於邪，吏肆其奸，學校廉恥道喪，雜流朋黨風興

第1740頁

，不副人意，其不盡指也。夫有德義以正其身，禮義以正其俗，我者皆正，則群小自帖，是謂不畏之威也。世道之責，非執事諸老，誰耶？不具。」復陽明：「辱書惠，兼承趨召之教。聖明在位，可謂千載一時矣。綴皋夔以贊唐虞之治，少知用世者身先之，某敢後乎哉！桑榆景暮，班行無更七十之老，石老一二外，無更相識之人，精力久衰，經濟素乏，何以副上知，塞人責哉！鄉康懿公六十九翁，司徒公六十八，某經速其歸，在惠安公六十四時也。盡人固盡己哉！近傳執事以左轄召，虛殊爵以須，後封高寄之績，乃今顯白，載詔書，播華夷，而傳之來世，掀揭柄人何在哉？公固天所與也。幸顓其行，副側席治道之意。某大義當決辭，三疏錄似。前數日有書，想未由杭致也。不具。」

按：國榷卷五十二：「正德十六年五月甲子，南京兵部尚書喬宇（即白巖）進太子太保，滿九年考。起彭澤兵部尚書，林俊工部尚書。」林俊未赴召。其書所云左轄，即左布政使，是謂陽明以左布政使敕詔來京。林俊所聞，或出誤傳，亦或初有是議。

六月，倫以諒中進士，歸省經南昌來見，並呈其兄倫以訓書。陽明有答書論學。

王陽明全集卷五答倫彥式：「往歲仙舟過贛，承不自滿足

第1741-1頁

，執禮謙而下問懇，古所謂敏而好學，於吾彥式見之。
別後違冗，不及以時奉問，極為馳想。近令弟過省，復
承惠教，志道之篤，趨向之正，勤倦有加，淺薄何以當
此？……諭及『學無靜根，感物易動，處事多悔』，即是三
言，尤是近時用工之實……大抵三言者，病亦相因。
惟學而別求靜根，故感物而懼其易動；感物而懼其易動
，是故處事而多悔也。心，無動靜者也。其靜也者，以
言其體也；其動也者，以言其用也。故君子之學，無間
於動靜。其靜也，常覺而未嘗無也，故常應；其動也，
常定而未嘗有也，故常寂；常應常寂，動靜皆有事焉，

是之謂集義。集義故能無祇悔，所謂動亦定，靜亦定者
也。心一而已，靜，其體也；而復求靜根焉，是撓其體
也；動，其用也，而懼其易動焉，是廢其用也。故求靜
之心即動也，惡動之心非靜也，是之謂動亦動，靜亦
動，將迎起伏，相尋於無窮矣。故循理之謂靜，從欲之
謂動。欲也者，非必聲色貨利外誘也，有心之私皆欲也
。故循理焉，雖酬酢萬變，皆靜也。濂溪所謂『主靜』，無
欲之謂也，是謂集義者也。從欲焉，雖心齋坐忘，亦動
也。告子之強制正助之謂也，是外義者也。……」
按：倫以諒是年中進士，明清進士錄：「倫以諒，正德十六年二甲九

十七名進士。廣東南海人，字房周。官御史。歸養數年，仍起
御史，疏舉尚書林俊諸耆英，輿論多之。累官通政司參議，謝
病歸。有石溪集。」倫以諒乃在中進士後歸南海，攜倫以訓書過南
昌來見，國榷卷五十二：「正德十六年五月丁丑，選庶吉士廖道南……
倫以諒……」可知倫以諒六月至南昌見陽明。
十六日，奉世宗馳驛來京敕諭。
王陽明全集卷十三乞便道歸省疏：「臣於正德十六年六月
十六日欽奉敕旨：『以爾昔能剿平亂賊，安靖地方，朝廷
新政之初，特茲召用。敕至，爾可馳驛來京，毋或稽遲
。欽此。』……」

席書有書來，勉勸陽明趨召赴京。
元山文選卷五與王陽明書四：「遠承使者走惠朕儀，再承
來教，無任驚惕。書不揣愚昧，妄為陸氏鳴者，為今日
諸君鳴也。執事昔在龍場，書懷此疑，嘗以質之門下，
曰：『然。』乃益信之。然夢聞也，迄今十餘年，漫漫長夜
，酣寐如昨，安得日侍君子一覺我耶？況書當衰朽之年
，如老幹枯枝，雖煦以陽和，滋以雨露，已無回春之期
。獨其賞善罰惡，薦賢遠奸，為朝廷恤窮困，為國家存
命脈，一日不死，一念不敢忘也。執事能無教書哉！天

子隆興，書初擬之漢文帝，近又思之，蓋三代以還所未有者。天啟不世出之君，必有不世出之臣，今上應期而出，執事應期而起，明良千載，不在今日乎！書願執事此行，以伊、傅事業為己任，以堯、舜君民為可期，無負一代昌期可也。曩歲江州事寧，書幸謁於信州，執事曰：「行將獻捷行在，歸陽明山，遂乃志。」書亦謂盛名難居，功高不賞，履謙持盈，時道然也。今則不同矣。孔、孟終身弗遇，非得已也。使得如今日，六經何暇刪，七篇豈容作哉！秦老固辭，三本⊗一時同去。初不允，投再；再不允，投三。此老平生門面如此，然終有氣力，不至顛倒。但三本同去，似有不通。用熙近來舉動狼狽，學無本原故也。執事寄言勉從心性，正中膏肓。太老先生處不敢具書。趨庭月餘，尚當早赴天陛，以慰天子思賢之望。東望會稽，不勝仰止之至！」

燕泉何孟春寄易疑初筮書來求教。

何文簡公文集卷十七寄江西王巡撫書：「去歲過家，遠承垂問。道理拘限，未由馳會，以叙謝私。伏自壬申一別，今九載矣。而執事之節行、勳業與文章，爭光於霄漢之上，古人三不朽，今具見之。春忝承世契，仰首萬人中，豈勝傾副之至。易疑初筮妄意成書，並定過賈誼集

，遂刻於此，因便附上求教。坤隅盡處，聞問不時，餘冀為道自愛。不多及。」

按：陽明是年八月陞南京兵部尚書，允准歸省。何孟春此書題作「江西王巡撫」，則當作在八月以前。又是年六月世宗敕詔陽明馳驛來京，陽明即在六月起程北上赴京。故何孟春此書約作在陽明起程北上赴京之前。所謂「坤隅盡處」，蓋其時何孟春歸家郴嶺，故作是語。

有書致福建提學副使胡鐸，並贈新刻大學古本傍釋與朱子晚年定論。胡鐸有答書。

陽明答時政書：「闊別久，近想所造日益深純，無因一面扣為快耳。教下士亦有能興起者乎？道之不明，世之教與學者，但知有科舉利祿，至於窮理盡心，自己本領，乃反視為身外長物，有道者必嘗慨嘆於斯矣，何以救之？何以救之？區區病疏既五上，近嘗得報，歸遯有期，庶幾盡力於此也。海內同志漸多，而著實能負荷得者尚少，如吾時政美質清才，篤志而不怠，亦何所不到哉！偶張解元去便，略致企念之懷。冗次草草，不盡，不盡

。寓洪都守仁頓首啟，時政大提學道契兄文侍。古本、定論各一册。餘空。」（陳焯湘管齋寓賞編卷二，陽明文集失載）

胡鐸答陽明書：「足下薄宋儒，以聞見之知汩德性之知。知一而已，德性之知不離聞見，聞見之知還歸德性。怵惕惻隱之心，良心也，必乍見孺子而後動，誰謂德性之離聞見乎？人非形，性無所泊，舍耳目聞見之知，德性亦無所自發也。大學論修身，而及於致知，則固合德性、聞見而言之矣。……」（光緒餘姚縣志卷二十三胡鐸傳）

第1744頁

按：「時政」即胡鐸，字時政，號支湖，餘姚人。陽明此書稱其為「大提學」，乃指其任福建提學副使，龔用卿南京太僕寺卿胡公鐸神道碑云：「擢福建僉事……三載考績，擢本省提學副使。定科條，正風俗，不輕於校士，亦不濫於選士，於諸士子均有恩義。或有蒙無妄之難者，必為直其冤，亦不顯言之，士心翕然不變，人皆稱之為『胡道學』云。嘉靖壬午，陞湖廣左參政……」（國朝獻徵錄卷七十二）據此，知胡鐸在正德十四年至十六年間任福建提學副使。陽明此書云「病疏既五上，近嘗得報」，則作在正德十六年六月陽明赴京前夕。按胡鐸為餘姚人，與陽明早識。胡鐸神道碑云：「乙丑，舉進士，改翰林院庶吉士，日與汝南、甘泉、小野三公相切磋，讀中秘書，日益宏肆。大學士西涯李公、木齋謝公深器重之。」弘治十八年陽明亦在京師任兵部武選清吏司主事，與翰林庶吉士湛甘泉定交，自亦必與庶吉士胡鐸切磋唱酬。至正德二年胡鐸忤劉瑾去，陽明亦謫龍場驛。故陽明此書所云「闊別久」，必指正德二年兩人相別。胡鐸神道碑稱胡鐸「有支湖集二十卷，及與學說約、異學辨、天文、地理、律呂、醫卜諸書各有辨正」，按胡鐸學宗程朱，其異學辨實針對陽明而發。黃宗羲姚江逸詩卷八云：「支湖與文成同邑，而議論不相合，其異學辨為文成而發。」胡鐸異學辨顯即是針對陽明所寄古本大學旁釋與朱子晚年定論而發，光緒餘姚縣志卷二十三胡鐸傳云：

第1745頁

「正德二年授刑科給事中，出勘寧夏失事狀，持正無私。時王守仁以良知教學者，鐸與書曰：……。守仁不答。嘉靖初，遷湖廣參議……」傳將胡鐸答陽明書敘在「嘉靖初」之前，則必是正德十六年所作答書，即是年胡鐸收到陽明大學古本旁釋與朱子晚年定論後之答書，其後更有異學辨之作矣。

陸澄書來論長生之說，有答書。

王陽明全集卷五與陸原靜：「齎奏人回，得佳稿及手札，殊慰。聞以多病之故，將從事於養生，區區往年蓋嘗弊力於此矣。後乃知其不必如是，始復一意於聖賢之學。大抵養德養身，只是一事，原靜所云『真我』者，果能戒謹不睹，恐懼不聞，而專志於是，則神住精住氣住，而仙家所謂長生久視之說，亦在其中矣。神仙之學與聖人異，然其造端托始，亦惟欲引人於道，悟真篇後序中所謂『黄老悲其貪著，乃以神仙之術漸次導之』者。原靜試取而觀之，其微旨亦自可識。自堯、舜、禹、湯、文、武，至於周公、孔子，其仁民愛物之心，蓋無所不至，苟有可以長生不死者，亦何惜以示人？如老子、彭籛之徒，乃其稟賦有若此者，非可以學而至。後世如白玉蟾、丘長春之屬，皆是彼學中所稱述以為祖師者，其得壽皆不過五六十，則所謂長生之說，當必有所指矣。原靜

第1746頁

氣弱多病，但遺棄聲名，清心寡欲，一意聖賢，如前所謂『真我』之說，不宜輕信異道，徒自惑亂聰明，弊精勞神，廢靡歲月。久而不返，將為病狂喪心之人不難矣。……區區省親本，聞部中已准覆，但得旨即當長遯山澤。不久朝廷將大賚，則原靜推封亦有日。果能訪我於陽明之麓，當能為原靜決此大疑也。」

有書致夏尚樸，論心學之要。

王陽明全集卷五與夏敦夫：「不見者幾時，每念吾兄忠信篤厚之資，學得其要，斷能一日千里。惜無因亟會，親睹其所謂『歷塊過都』者以為快耳。昔夫子謂子貢曰：『賜也，汝以予為多學而識之者與？』對曰：『然。非與？』子曰：『非也。予一以貫之。』然則聖人之學，乃不有要乎？彼釋氏之外人倫，遺物理，而墮於空寂者，固不得謂之明其心矣。若世儒之外務講求考索，而不知本諸其心者，其亦可以謂窮理乎？此區區之心，深欲就正於有道者。因便輒及之，幸有以教我也。區區兩年來血氣亦漸衰，無復用世之志。近始奉敕北上，將遂便道歸省老親，為終養之圖矣。冗次，不盡所懷。」

第1747頁

按：夏尚樸主朱學，陽明在南都與之講論不合，正德十二年赴江西任，與夏尚樸相別，即此書所云「不相見者幾時」。明儒學案卷四太僕夏東巖先生尚樸云：「先生傳主敬之學，謂『纔提起便是天理，纔放下便是人欲』，魏莊渠嘆為至言。然而訾象山之學以收斂精神為主，『吾儒收斂精神，要照管許多道理，不是徒收斂也』，信如茲言，則總然提起，亦未必便是天理，無乃自背其說乎？蓋先生認心與理為二，謂心所以窮理，不足以盡理。陽明點出『心即理也』一言，何怪不視為河漢乎！」夏尚樸與陽明思想之歧異即在於此。陽明在江西時，夏尚樸居家永豐，亦有書來論學。夏東巖先生詩集卷五有寄王陽明三首：「同甫有才疑雜伯，象山論學近於禪。平生景仰朱夫子，心事真如白日懸。 陸學也能分義利，一言深契晦翁心。紛紛同異今休問，請向源頭着意尋。」

六籍精微豈易窺？發明親切賴程朱。兵知險阻由鄉導，後學如何可廢茲？（時贛上用兵，故云）」此詩作於正德十三年，似即夏尚樸在得讀大學古本旁釋與朱子晚年定論後所作。陽明一直未作答，直至正德十六年六月北上入京前作此書，一則在與夏尚樸告別，二則即在答其詩說也。

顧應祥來求「警戒之辭」，書卷贈別。

王陽明全集卷八書顧維賢卷：「維賢以予將遠去，持此卷求書警戒之辭。只此『警戒』二字，便是予所最丁寧者。今時朋友大患不能立志，是以因循懈弛，散漫度日。若立志，則警戒之意當自有不容已。故警戒者，立志之輔。

第1748頁

能警戒，則學問思辯之功，切磋琢磨之益，將日新又日新，沛然莫之能禦矣。程先生云：『學者為氣所勝，習所奪，只好責志。』又云：『凡為詩文亦喪志。』又言：『且省外事，但明乎善，惟盡誠心，其文章雖不中，不遠矣。所守不約，泛濫無功。學問之道，四書中備矣。』後儒之論，未免互有得失。其得者不能出於四書之外，失者遂有毫釐千里之謬，故莫如專求之四書。……為己之志未能堅定，亦便志氣激昂奮發，但知明己之善，立己之誠，以求快足乎己，豈暇顧人非笑指摘？故學者只須責自家為己之志未能堅定，志苟堅定，則非笑詆毀不足動搖，

反皆為砥礪切磋之地矣。……」

與江西諸門人告別，有詩韵。

王陽明全集卷二十次謙之韵：「珍重江船冒暑行，一宵心話更分明。須從根本求生死，莫向支流辯濁清。久奈世儒橫臆說，競搜物理外人情。良知底用安排得？此物由來自渾成。」

按：此為陽明別鄒守益詩，王陽明全集將此詩歸為「歸越後作」，乃誤。

鄒守益集卷二十六贈陽明先生：「短棹三年衝盛暑，迷途萬里睹重明。讖符沙井西山定，派接濂溪贛水清。傅野

第1749頁

初闢霖雨夢，東人誰慰衮裳情？瞻依多少丹邱興，慚愧經時煉未成。」贈舒國裳館長：「南浦扁舟共往還，百年心事細盤桓。笑看富貴真春夢，且許雕鏤是鼠肝。直道已將霜劍試，斯文欲綴匣琴彈。一峰頂上天猶遠，注目層雲千尺竿。」

東洲初稿卷十三奉和陽明別韵一首：「孔孟已不作，障柱迴波翻。遺簡秘魯殿，搦筆窺文園。老虛天竺寂，訓詁紛多門。韓歐伎倆資，佔畢濂洛尊。下學莫有擇，瀉俗何由敦？大哉孰嫡傳，小子無前聞。愚頑亦稟性，天地匪喪文。絕絕攀華巔，斷港窮河源。汨沒二十載，刈芟

~~傷迺根。潰忞恍有覺，易簡思避繁。陽明闡道教，心慕足以奔。馬黃歷塊影，舟葉兼朝昏。展拜皋比溫，直是洙泗原。與人無棄瑕，衛道若守藩。格物開衆妙，良知翁獨存。大同異自息，魚躍鳶斯騫。度內亦寥廓，眼底忘輕軒。來遲莫自咎，去亟莫自云。得師更得友，立德斯立言。矢心循周行，踏駒無僨轅。登舟順逆風，居行如共論。」~~

展謁外舅諸養和墓，有奠文祭別。

王陽明全集卷二十五祭外舅介庵先生文：「嗚呼！自公之葬茲土，逮今二十有六年，乃始復一拜墓下。中間盛衰之感，死生之戚，險夷之變，聚散之情，可悲可愕，可扼腕而流涕者，何可勝道！嗚呼傷哉！死者日以遠，生者日以謝，而少者日以老矣……惟是公之子姓群然集於墓下，皆鸞停鶴峙，振羽翮而翺乎雲霄未已也。所以報純德而慰公於地下者，庶亦在茲已乎！某奉召北行，便道歸省，甫申展謁，輒已告辭，言有盡而意無窮。顧瞻丘壠，豈勝淒斷！尚饗！」

二十日，應內召起程北上赴京。唐龍、嚴嵩皆有詩文送之。

王陽明全集卷十三乞便道歸省疏：「臣於正德十六年六月十六日欽奉敕旨……已於本月二十日馳驛起程……」

唐漁石集卷二送陽明先生還朝序：「……正德丙子，中丞陽明先生領節鉞，鎮虔州路。虔居江之上流，兵尤善斗。先生乃蒐乘閱卒，部勒佚焉。己卯之六月十四日，濠戕殺守臣，浮江濟師，攻諸郡邑，以襲留都。會先生舟趣閩，濠遣巨筏邀之。距百里，先生聞變，亟馳吉州，告於衆曰：『人臣出境，有以安社稷者，專之可也。予茲往討賊。』遂檄布濠之罪於四境，下令督諸郡縣，征兵以從。既吉州、虔州、袁州、臨江諸路兵咸集，先生誓之曰：『日濠所荼毒，非爾父兄，即爾子弟，亟執爾讎，而後朝食。』衆曰：『惟命。』七月十九日，克豫章城，搗濠巢穴。民稽首再拜曰：『非公，濠逞不已，民胥亂矣。』越六日，執濠於江，悉俘其黨。民稽首拜曰：『非公，濠復來，民胥死矣。』夫濠輕用磔人之軀，沉人之族，積威深矣。況擁衆數萬，憑恃江湖，故反之日，遠邇震慴恐。先生聲義致討，首嬰其鋒，止暴戢亂，保大定功，而克鎮撫其社稷，曰社稷之臣，先生其庶幾乎！天子即位，嘉乃丕績，璽書召還，將大畀以政。龍乃次其功，俾史氏采焉。」

嚴嵩鈐山堂集卷六夜登明遠樓同王陽明中丞唐朱二察院：「遥夜肅已靜，朗月照重湖。風窗倚天漢，星嶠臨蓬壺。的的徐亭樹，寥寥霜署烏。微言歡欲奉，清賞未云徂。」送王中丞赴召前在豫章有平難之績：「鏽斧清霜避，樓船緑水開。風雲千曆會，麟鳳衆賢來。投老仍嚴召，當途賴上才。向來籌策地，投檄淨烽埃。」

按：崔銑鈐山堂集序謂嚴嵩任翰修後歸鈐山，讀書十餘年不出（王世貞嚴嵩傳、明史本傳亦皆敘事含混），不確。按鈐山堂集卷十七北上志云：「予卧病鈐山八稔。正德丙子春三月，疾愈，治裝將如京師……」又西使志云：「正德十三年秋，册封諸宗藩正副使各十三員，予充副使……」是正德十三年嚴嵩嘗一出復職，旋在正德十四年又以疾歸養。鈐山堂集卷六有詩題云：「移疾慧力方丈，呈郡中諸子，時有寧藩之變。」可見嚴嵩正德十四年再歸，乃移疾居南昌，故得與陽明相識，至陽明離南昌赴京，乃有詩送之也。

七月一日，經撫州，為重刊象山文集作序，大闡「心學」之秘。

陽明重刊象山文集序：「聖人之學，心學也。堯、舜、禹之相授受曰：『人心惟危，道心惟微，惟精惟一，允執厥中。』此心學之源也。中也者，道心之謂也；道心精一之謂仁，所謂中也。孔孟之學，惟務求仁，蓋精一之傳也。而當時之弊，固已有外求之者，故子貢致疑於多學而識，而以博施濟衆為仁。夫子告之以一貫，而教以能近取譬，蓋使之求諸其心也。迨於孟氏之時，墨氏之言仁至於摩頂放踵，而告子之徒又有『仁内義外』之説，心學大壞。孟子闢義外之説，而曰：『仁，人心也。』『學問之道無他，求其放心而已矣。』又曰：『仁義禮智，非由外鑠我也，我固有之，弗思耳矣。』蓋王道息而伯術行，功利之徒外借天理之近似以濟其私，而以欺於人，曰：天理固如是。不知既無其心矣，而尚何有所謂天理者乎？自是而後，析心與理而為二，而精一之學亡。世儒之支離，外索於刑名器數之末，以求明其所謂物理者，而不知吾心即物理，初無假於外也；佛老之空虛，遺棄其人倫事物之常，以求明其所謂吾心者，而不知物理即吾心，不可得而遺也。至宋周、程二子，始復追尋孔、顔之宗，而有『無極而太極』，『定之以仁義中正而主靜』之説，『動亦定，靜亦定，無内外，無將迎』之論，庶幾精一之旨矣。自是而後，有象山陸氏，雖其純粹和平若不逮於二子，而簡易直截，真有以接孟子之傳。其議論開闔，時而有異者，乃其氣質意見之殊，而要其學之必求諸心，則一而已。故吾嘗斷之，以為陸氏之學，孟氏之學也。而世

之議者，以其嘗與晦翁之有同異，而遂詆以為禪。夫禪
之說，棄人倫，遺物理，而要其歸極，不可以為天下
國家。苟陸氏之學而果若是也，乃所以為禪也。今禪之
說與陸氏之說，其書俱存，學者苟取而觀之，其是非同
異，當有不待於辯說者。而顧一倡群和，剿說雷同，如
矮人之觀場，莫知悲笑之所自，豈非貴耳賤目，不得於
言而勿求諸心者之過歟！夫是非同異，每起於人持勝心
，便舊習而是己見，故勝心舊習之為患，賢者不免焉。
撫守李茂元氏將重刻象山之文集，而請一言為之序，予
何所容言哉？惟讀先生之文者，務求諸心而無以舊習己

見先焉，則糠粃精鑿之美惡，入口而知之矣。正德辛巳
七月朔，陽明山人王守仁書。（正德十六年李茂元刻本
象山先生文集卷首）

按：此序為陽明生平闡述其「心學」之最為簡約詳明之文
，尤有重要意義。王陽明全集卷七有此序，題作象山文集序，但無
最後兩句，致向不知此序所作具體年月日。王陽明全集於此序題下
注「庚辰」作，乃誤。錢德洪陽明先生年譜將此序定在正德十六年
正月，亦誤。

五日，至廣信，有書致唐龍。
陽明與唐虞佐侍御：「相與兩年，情日益厚，意日益真，

此皆彼此所心喻，不以言謝者。別後又承雄文追送，稱
許過情，末又重以傅說之事，所擬益非其倫，感怍何既
！雖然，故人之賜也，敢不拜受！果如是，非獨進以有
為，將退而隱於巖穴之下，要亦不失其為賢也已，敢不
拜賜！昔人有言：『投我以木桃，報之以瓊瑤。』今投我以
瓊瑤矣，我又何以報之？報之以其所賜，可乎？說之言
曰：『學於古訓乃有獲。』夫謂學於古訓者，非謂其通於文
辭，講說於口耳之間，義襲而取諸其外也。獲也者，
得之於心之謂，非外鑠也。必如古訓，而學其所學焉，
誠諸其身，所謂『默而成之』，『不言而信』，乃為有得也。夫

謂遜志務時敏者，非謂其飾情卑禮於其外，汲汲於事
功聲譽之間也。其遜志也，如地之下而無所不承也，如
海之虛而無所不納也；其時敏也，一於天德，戒懼於不
睹不聞，如太和之運而不息也。夫然，百世以俟聖人而
不惑，溥博淵泉而時出之，言而民莫不信，行而民莫不
悅，施及蠻貊，而道德流於無窮，斯固說之所以為說也
。以是為報，虞佐其能以却我乎？孟氏云：『責難之謂恭
。』吾其敢以後世文章之士期虞佐乎？顏氏云：『舜，何人
也？予，何人也？』虞佐其能不以說自期乎？人還，燈下
草草為謝。相去益遠，臨楮怏悒！守仁再拜侍御虞佐鄉

兄大人道契執事。七月五日寓廣信具。餘。」（上海圖書館藏明清名家手稿，陽明文集失載）

按：王陽明全集卷五有與唐虞佐侍御，即是書，但卻删去最末一段，至不知此書所作年月時地及有關情實。陽明此書作在七月赴京經廣信時。所謂「雄文」，即指前引唐龍送陽明先生還朝序，蓋唐龍於文中將陽明比之為「傅說」，故陽明致書作答。

在廣信，聞席書有右副都御史之擢，有書致席書欲與面論象山之學，未果。

王陽明全集卷五與席元山：「向承教札及鳴冤録，讀之，見別後學力所到，卓然斯道之任，庶幾乎天下非之而不

第1756頁

顧，非獨與世之附和雷同、從人非笑者相去萬萬而已，喜幸何極！中間乃有須面論者，但恨無因一會。近聞内臺之擢，决知必從鉛山取道，而僕亦有歸省之便，庶得停舟途次，為信宿之談，使人候於分水，乃未有前驅之報。駐信城者五日，悵怏而去。天之不假緣也，可如何哉！大抵此學不明，皆由吾人入耳出口，未嘗誠諸其身。譬之談飲説食，何由得見醉飽之實乎？僕自近年來始實見得此學，真有百世以俟聖人而不惑者。朋友之中，亦漸有三數輩篤信不回。其疑信相半，顧瞻不定者，多以舊説沈痼，且有得失毀譽之虞，未能專心致志以聽，

亦坐相處不久，或交臂而別，無從與之細説耳。象山之學簡易直截，孟子之後一人。其學問思辨、致知格物之説，雖亦未免沿襲之累，然其大本大原斷非餘子所及也。執事素能深信其學，此亦不可不察。正如求精金者，必務煅煉足色，勿使有纖毫之雜，然後可無虧損變動。蓋是非之懸絶，所爭毫釐耳。用熙近聞已赴京，知公故舊之情極厚，倘猶未出，亦勸之學問而已。存心養性之外，無別學也。相見時，亦望遂以此言致之。」

按：此書所言「内臺之擢」，乃指席書陞右副都御史，國榷卷五十二：「正德十六年五月戊午，福建四川左布政席書、鄭岳為右副

第1757頁

都御史，巡撫湖廣、江西。」席書自福建經江西北上，故陽明遣人候於分水關。而席書實以巡撫徑赴湖廣，故未能與陽明相會於廣信。書中所言「用熙」即楊續，字用熙，號蘆泉，江夏人。明清進士録：「劉績，弘治三年二甲九十名進士。祖籍江西吉水，遷江夏，字用熙，號蘆泉。官至鎮江知府。有三禮圖、六樂説、管子補註。」按楊續與席書為同年，時亦起用赴京，故陽明書中云「用熙近聞已赴京，知公故舊之情極厚」。

至玉山，有書致朱節。

王陽明全集卷五與朱守忠：「作別忽旬餘。沿途人事擾擾，每得稍暇，或遇景感觸，輒復興懷。齊詔官來，承手札，知警省不懈，幸甚幸甚！此意不忘，即是時時相見，雖別非別矣。道之不明，皆由吾輩明之於口而不明之於身，是以徒騰頰舌，未能不言而信。要在立誠而已。向日謙虛之說，其病端亦起於不誠。使能如好好色，如惡惡臭，亦安有不謙不虛時耶？虞佐相愛之情甚厚，別後益見其真切，所恨愛莫為助。但願渠實落做個聖賢，以此為報而已。相見時，以此意規之。謙之當已不可留，國裳亦時時相見否？學問之益，莫大於朋友切磋，聚會不厭頻數也。明日當發玉山，到家漸可計日，但與守忠相去益遠，臨紙之益，莫大於朋友切磋悵然！」

按：據此書云「作別忽旬餘」，則作在七月七、八日間。「謙之」指鄒守益，「國裳」指舒芬。蓋其時鄒守益、舒芬、夏良勝、萬潮、陳九川皆復起用赴京，惟鄒守益歸安福，舒芬歸進賢（守喪）。

經蘭溪，訪楓山章懋。

四友齋叢說卷十：「王陽明廣東用兵回，經蘭溪城下過。時章文懿尚在，陽明往見，在城外即換四人轎，屏去隊伍而行。蓋陽明在軍中用八人轎，隨行必有隊伍也。至文懿家，陽明正南坐。茶後，有一人跪在庭下，乃文懿門生，曾為廣中通判，以贓去官。欲帶一功以贖前罪，文懿力為之言，陽明曰：『無奈報告本已去矣。』然本實未行，人以為文懿似多此一節。」

按：章懋乞休久家居，正德十六年五月陞南京禮部尚書，不赴，至十二月即卒。故陽明之訪章懋必在是年七月經蘭溪時。「廣東」當為江西之誤。

七月下旬，抵錢塘。輔臣楊廷和阻其入朝。二十八日，陞南京兵部尚書。

國榷卷五十二：「正德十六年七月丁丑，提督南、贛、汀、漳軍務、右副都御史王守仁為南京兵部尚書。」

錢德洪陽明先生年譜：「先生即於是月二十日起程，道由錢塘。輔臣阻之，潛諷科道建言，以為朝廷新政，武宗國喪，資費浩繁，不宜行宴賞之事。」

按：錢德洪陽明先生年譜云：「正德十六年六月，赴內召，尋止之，陞南京兵部尚書，參贊機務。遂疏乞便道省葬。」錢氏將陽明赴內召、輔臣阻之、陞南京兵部尚書、疏乞便道省葬均定在六月，誤甚。大抵錢氏於此敘述多含混不明，顛倒舛誤。

按：是次阻抑陽明入朝之「輔臣」，乃楊廷和。楊一清集密諭錄卷五論王守仁為人如何奏對云：「是時，朝命未下，獨先勤王，武宗親征至保定，而捷報已至矣。論功行賞，封拜實宜。楊廷和忌其功高名高，不令入朝，乃陞南京兵部尚書。」明史本傳云：「世宗深知之，甫即位，趣召入朝受封。而大學士楊廷和與王瓊不相能。守仁前後平

第1760頁

賊，率歸功瓊，廷和不喜。大臣亦多忌其功。會有言國哀未畢，不宜舉宴行賞者，因拜守仁南京兵部尚書。守仁不赴。」明通鑑卷四十九亦云：「初，上在興邸，深知守仁平逆功，甫即位，趣召入朝受封。而楊廷和以王瓊故銜之，廷臣亦多忌其功者，乃託言國喪未畢，不宜賜宴行賞。因拜守仁南京兵部尚書。」按所謂「大臣亦多忌其功」、「廷臣亦多忌其功」，乃指費宏、喬宇之輩。王世貞弇州山人續稿碑傳卷八十六王守仁傳云：「江西輔臣故銜守仁，不能特薦，猶持前論，而其鄉人之忌者，至誣之史。」此「江西輔臣」即費宏（費宏為鉛山人）。蓋世宗即位，費宏為入閣首選，故陽明入朝，為其大忌，必欲阻之也。又霍韜地方疏亦云：「當時大學士

按：國榷卷五十二：「（正德十六年七月）辛未（二十二日），召南京兵部尚書喬宇為吏部尚書，仍太子太保。」朝廷在六月十六日已命陽明馳驛來京，而楊廷和之流竟匆匆在七月二十二日陞喬宇為吏部尚書，空出南京兵部尚書給陽明，致使於七月二十日出發之陽明在錢塘進退失據，足以表明此是楊廷和之流精心策劃之一場「預謀」，是對陽明之一次「突然襲擊」。

楊廷和、尚書喬宇，亦忌王守仁之功，遂不與辨白，而黜伍希儒、謝源，俾落仕籍。（王陽明全集卷三十九）按其時喬宇亦以平濠功入朝，並駸駸有入閣之冀，故亦忌陽明之功而隱沮抑之也。

是月，湛甘泉有書來，詳辨格物之說。

泉翁大全集卷九答陽明王都憲論格物：「兩承手教格物之論，足仞至愛。然僕終有疑者，疑而不辨之則不可，欲辨之亦不可。不辨之，則此學終不一，而朋友見責。王宜學則曰：『講求至當之歸，先生責也。』方叔賢則亦曰：『非先生辨之，其誰也？』辨之，則稍以兄喜同而惡異，是己而怨人；是己而怨人，則己自聖而人言遠矣，而陽明

第1761頁

豈其然乎？乃不自外而僭辨之。蓋兄之格物之說，有不敢信者四：自古聖賢之學，皆以天理為頭腦，以知行為工夫。兄之訓格為正，訓物為念頭之發，則下文誠意之意，即念頭之發也；正心之正，即格也，於文義不亦重復矣乎？其不可一也。又於上文知止能得為無承，於古本下節以修身說格致為無取，其不可二也。兄之格物訓云：『正念頭也。』則念頭之正否，亦未可據。如釋老之虛無，則曰：『應無所住而生其心。』『無諸相，無根塵。』亦自以為正矣。楊墨之時，皆以為聖矣，豈自以為不正而安之？以其無學問之功，而不知其所謂正者乃邪，而不自

知也。其所自謂聖，乃流於禽獸也。夷、惠、伊尹、孟子亦以為聖矣，而流於隘與不恭而異於孔子者，以其無講學之功，無始終條理之實、無智巧之妙也。則吾兄之訓，徒正念頭，其不可三也。論學之最始者，則說命曰「學於古訓，乃有獲」，周書則曰「學古入官」，舜命禹則曰「惟精惟一」，顏子述孔子之教則曰「博文約禮」，孔子告哀公則曰「學、問、思、辨、篤行」，其歸於知行並進，同條共貫者也。若如兄之說，徒正念頭，則孔子止曰「德之不修」可矣，而又曰「學之不講」，何耶？止曰「默而識之」可矣，而又曰「學而不厭」，何耶？又曰「信而好古敏求者」，何耶？子思止曰「尊德性」可以，而又曰「道問學」者，何耶？所講、所學、所好、所求者，何耶？其不可四也。考之本章既如此，稽之往聖又如彼，吾兄確然自信而欲人以必從，且謂聖人復起不能易者，豈兄之明有不及此？蓋必有蔽之者耳。若僕之鄙說，似有可采者五：訓格物者為「至其理」，始雖自得，然稽之程子之書，為先得同然，一也。考之章首「止至善」，即此也，上文「知止」、「能得」，為知行並進至理工夫，二也。考之古本下文，以修身申格致，為於學者極有力，三也。大學曰「致知在格物」，程子則曰「致知在所養，養知在寡欲」，以涵養寡欲訓格物，正合古本以修身申

第1762頁

格物之旨為無疑，四也。以格物兼知行，其於自古聖訓學、問、思、辨、篤行也，精一也，博約也，學古、好古、信古也，修德、講學也，默識、學不厭也，尊德性、道問學也，始終條理也，知言養氣也，千聖千賢之教為不謬，五也。五者可信，而吾兄一不省焉，豈兄之明有不及此？蓋必有蔽之者耳。僕之所以訓格者，至其理也；至其理云者，體認天理也；體認天理云者，兼知行、合內外言之也，天理無內外也。陳世傑書報，吾兄疑僕隨處體認天理之說為求於外，若然，不幾於義外之說乎？求即無內外也。吾之所謂隨處云者，隨心、隨意、隨身、隨家、隨國、隨天下，蓋隨其所寂所感時耳，一耳。寂則廓然大公，感則物來順應，所寂所感不同，而皆不離於吾心中正之本體。本體，即實體也，天理也，至善也，物也，而謂求之外，可乎？致知云者，蓋知此實體也，天理也，至善也，物也，乃吾之良知良能也，不假外求也。但人為習氣所蔽，故生而蒙，長而不學則愚。故學、問、思、辨、篤行諸訓，所以破其愚、去其蔽、警發其良知良能者耳，非有加也，故無所用其絲毫人力也。如人之夢寐，人能喚之惺耳，非有外與之惺也。故格物則無事矣，大學之事畢矣。若徒守其心，而無

第1763頁

學、問、思、辨、篤行之功，則恐無所警發，雖似正實邪，下則為老、佛、楊、墨，上則為夷、惠、伊尹是也。何者？昔曾參芸瓜，誤斷其根，父建大杖擊之，死而復蘇。曾子以為無所逃於父為正矣，孔子乃曰：『小杖受，大杖逃。』乃天理矣。一事出入之間，天人判焉，其可不講學乎？詰之者則曰：『孔子又何所學？心焉耳矣。』殊不知孔子至聖也，天理之極致也，仁熟義精也，然必七十乃從心所欲不逾矩。人不學，則老死於愚耳矣。若兄之聰明，非人所及，固不敢測。然孔子亦嘗以學自力，以不學自憂矣，今吾兄望高位崇，其天下之士所望風

第1764頁

而從者也，故術不可不慎，教不可不中正，兄其圖之！兄其圖之，則斯道可興，此學可明矣。若兄今日之教，僕非不知也，僕乃嘗迷方之人也。且僕獲交於兄十有七年矣，受愛於兄亦可謂深矣。嘗愧有懷而不盡吐，將為老兄之罪人，天下後世之歸咎，乃不自揣其分，傾倒言之。若稍有可采，乞一俯察；若其謬妄，宜擯斥之，吾今可默矣。謹啟。」

按：前考陳世傑在五月攜湛甘泉大學測、中庸測來見陽明，其攜陽明致甘泉別書歸約在六月初（其後陽明亦離南昌），其歸至南海並向甘泉呈遞陽明書已在七月，故可知湛甘泉答此書即作在七月中。時陽明尚未陞南京兵部尚書，故湛甘泉仍稱其為「都憲」。

八月上旬，陞南京兵部尚書敕至錢塘，遂疏乞便道省葬。十七日，朝廷允准歸省。

明世宗實錄（卷五）：「正德十六年八月癸巳，巡撫江西右副都御史、陞南京兵部尚書王守仁疏乞致仕，優詔不允，促赴新任。八月丙申，先任巡撫江西右副都御史王守仁疏乞便道歸省，許之。先是朝廷以守仁勦平亂賊功，時旨召用來京。既而陞南京兵部尚書。守仁言：『臣兩年以來，四疏乞歸，皆以親老。時復權姦當事，讒嫉交興，冀得因事而退，父子苟全首領於牖下。雖以斬歸為請，

第1765頁

實有終焉之念。今天啟神聖，親賢任舊，向之為讒嫉者皆已誅斥略盡，陽德方亨，公道大顯。臣欣際斯時，固已改易遠遯之心，豈宜復申前請？顧臣父既老且病，頃遭讒搆之厄，洶洶朝夕，常恐父子不及相見。今幸脫洗殃咎，接睹天日，父子之情，固思一見顏面，故敢冒罪以請。』上嘉其誠，特令便道省親，事畢之任。且命有司以羊酒存問其父。」

國榷卷五十二：「正德十六年八月丙申，許王守仁歸省。」

按：陽明陞南京兵部尚書敕旨下在七月二十八日，陽明奉敕旨則當在八月上旬，其乃隨即上乞便道歸省疏。朝廷當是先在八月十四日

（癸巳）命下不允，促其赴任；提在八月十七日（丙申）命下允准其便道歸省。錢德洪陽明先生年譜將陽明疏乞便道歸省定在六月，乃誤。

王陽明全集卷十三乞便道歸省疏：「臣於正德十六年六月十六日欽奉敕旨……已於本月二十日馳驛起程……臣取道錢塘，迂程鄉土止有一日。此在親交之厚，將不能已於情，而況父子天性之愛，重以連年苦切之思乎？……故臣敢冒罪以請。伏望皇上以孝為治，範圍曲成……」

八月下旬，歸至紹興，有歸歟之嘆。

王陽明全集卷二十歸興二首：「百戰歸來白髮新，青山從此作閑人。峰攢尚憶衝蠻陣，雲起猶疑見虜塵。島嶼微茫滄海暮，桃花爛漫武陵春。而今始信還丹訣，却笑當年識未真。

歸去休來歸去休，千貂不換一羊裘。青山待我長為主，白髮從他自滿頭。種果移花新事業，茂林修竹舊風流。多情最愛滄洲伴，日日相呼理釣舟。」

居紹興，陸澄書來問良知之說，有答書詳論，大闡良知之學。

傳習錄卷中答陸原靜書一：「……良知者，心之本體，即前所謂恒照者也。心之本體，無起無不起，雖妄念之發，而良知未嘗不在，但人不知存，則有時而或放耳；雖昏塞之極，而良知未嘗不明，但人不知察，則有時而或蔽耳。雖有時而或放，其體實未嘗不在也，存之而已耳；雖有時而或蔽，其體實未嘗不明也，察之而已耳。若謂良知亦有起處，則是有時而不在也，非其本體之謂矣。……夫良知一也，以其妙用而言謂之神，以其流行而言謂之氣，以其凝聚而言謂之精，安可以形象方所求哉？真陰之精，即真陽之氣之母；真陽之氣，即真陰之精之父；陰根陽，陽根陰，亦非有二也。苟吾良知之說明，則凡若此類皆可以不言而喻。……」

同上，答陸原靜書二：「……性無不善，故知無不良。良知即是未發之中，即是廓然大公，寂然不動之本體，人人之所同具者也。但不能不昏蔽於物欲，故須學以去其昏蔽，然於良知之本體，初不能有加損於毫髮也。知無不良，而中、寂、大公未能全者，是昏蔽之未盡去，而存之未純耳。體即良知之體，用即良知之用，寧復有超然於體用之外者乎？……未發之中即良知也，無前後內外而渾然一體者也。有事無事，可以言動靜，而良知無分於有事無事也；寂然感通，可以言動靜，而良知無分於寂然感通也。動靜者所遇之時，心之本體固無分於動靜也。理無動者也，動即為欲。循理，則雖酬酢萬變而未嘗動也；從欲，則雖槁心一念而未嘗靜也。動中有靜，

第1766頁

第1767頁

靜中有動，又何疑乎？有事而感通，固可以言動，然而寂然者未嘗有增也；無事而寂然，固可以言靜，然而感通者未嘗有減也。動而無動，靜而無靜，又何疑乎？無前後內外而渾然一體，則至誠有息之疑，不待解矣。未發在已發之中，而已發之中未嘗別有未發者在；已發在未發之中，而未發之中未嘗別有已發者存。是未嘗無動靜，而不可以動靜分者也。……蓋良知雖不滯於喜怒憂懼，而喜怒憂懼亦不外於良知也。能戒慎恐懼者，是良知也。照心非動者，以其發於本體明覺之自然，而未嘗有所動也，有所動，即妄也；妄心亦照者，以其本體明覺

之自然者，未嘗不在於其中，但有所動耳，無所動，即照矣。無妄無照，非以妄為照，以照為妄也。照心為照，妄心為妄，是猶有妄有照也。有妄有照則猶貳也，貳則息矣；無妄無照則不貳，不貳則不息矣。……「不思善、不思惡時，認本來面目」，此佛氏為未識本來面目者設此方便。「本來面目」即吾聖門所謂「良知」。今既認得良知明白，即已不消如此說矣。「隨物而格」，是「致知」之功，即佛氏之「常惺惺」，亦是常存他本來面目耳。體段工夫，大略相似。但佛氏有個自私自利之心，所以便有不同耳。今欲善惡不思，而心之良知清淨自在，此便有自私自利、將

迎意必之心，所以有「不思善、不思惡時，用致知之功，則已涉於思善」之患。……良知只是一個良知，而善惡自辨，更有何善何惡可思？良知之體本自寧靜，今卻又添一個求寧靜；本自生生，今卻又添一個欲無生。非獨聖門致知之功不如此，雖佛氏之學亦未如此將迎意必也。只是一念良知，徹頭徹尾，無始無終，即是前念不滅，後念不生。是佛氏所謂斷滅種性，入於槁木死灰之謂矣。……良知本來自明，氣質不美者，渣滓多，障蔽厚，不易開明。質美者渣滓原少，無多障蔽，略加致知之功，此良知便自瑩徹，些少渣滓如湯中浮雪，如何能作障

蔽？……性一而已，仁義禮智，性之性也；聰明睿知，性之質也；喜怒哀樂，性之情也；私欲客氣，性之蔽也。質有清濁，故情有過不及，而蔽有淺深也。私欲客氣，一病兩痛，非二物也。……夫良知即是道，良知之在人心，不但聖賢，雖常人亦無不如此。若無有物欲牽蔽，但循著良知發用流行將去，即無不是道。但在常人多為物欲牽蔽，不能循得良知。如數公者天姿既自清明，自少物欲為之牽蔽，則其良知之發用流行處，自然是多，自然違道不遠。學者學循此良知而已，謂之知學，只是知得專在學循良知。數公雖未知專在良知上用功，而或

浙江大学古籍研究所

泛濫於多岐，疑迷於影響，是以或離或合而未純。若知得時，便是聖人矣。……所謂『生知安行』，『知行』二字亦是就用功上說；若是知行本體，即是良知良能，雖在困勉之人，亦皆可謂之『生知安行』矣。……聖人致知之功至誠無息，其良知之體皦如明鏡，略無纖翳。妍媸之來，隨物見形，而明鏡曾無留染，所謂情順萬事而無情也。無所住而生其心，佛氏曾有是言，未為非也。明鏡之應物，妍者妍，媸者媸，一照而皆真，即是生其心處；妍者妍，媸者媸，一過而不留，即是無所住處。……致知之功無間於有事無事，而豈論於病之已發未發邪？大抵原靜所疑，前後雖若不一，然皆起於自私自利，將迎意必之為祟。此根一去，則前後所疑自將冰消霧釋，有不待於問辨者矣。」

同上，跋答原靜書：「答原靜書出，讀者皆喜。澄善問，師善答，得聞所未聞。師曰：『原靜所問，只是知解上轉，不得已與之逐節分疏。若信得良知，只在良知上用工，雖千經萬典，無不脗合，異端曲學，一勘盡破矣，何必如此節節分解？佛家有撲人逐塊之喻，見塊撲人，則得人矣；見塊逐塊，於塊奚得哉？』在座諸友聞之，惕然皆有惺悟。此學貴反求，非知解可入也。」

按：陽明此答陸澄二書，皆從答陸澄養生之問入手。書一云：「後世儒者之說與養生之說各滯於一偏，是以不相為用。前日『精一』之論，雖為原靜愛養精神而發，然而作聖之功實亦不外是矣。」所謂「前日『精一』之論」，即指王陽明全集卷五與陸原靜書一之札，作於正德十六年六月（見前考）。陸澄再致書來問則在七月，而陽明再作此二書作答當已在八月歸紹興時矣。陽明此二書大闡「良知」之說，不僅是其傳習錄中最重要之一篇文字，而且亦是陽明生平論述其「良知」之學之第一篇重要文字，此二書標志至是陽明「致良知」思想體係已完全形成，錢德洪跋謂此二書所言皆「聞所未聞」，蓋非虛言也。

西亭施儒書來告訪，有答書。

陽明簡施聘之：「陽明病夫守仁頓首：別久，雖音問闊疏，然每思海內任道者之難得，千百之中而未能一二見，則如聘之者，能無時時往來於懷？忽辱書問，惠然有枉顧之興，喜幸如何可言！稽山之下，鑑水之濱，敬當掃榻以俟也。承論情欲之際，未能脫然無累，向往之志，甚為所牽制。人苦不自知；亦或知之，而甘於自欺自棄耳，是以懵然終其身。吾兄吐露心事，明白洞達若此，真可謂任道之器，千百之中而未能一二見者也。敬呈。

吳門山水窟，是處足清遊。深醉寧辭晚，微涼欲近秋。千年憐謝屐，百尺仰陳樓。斜日懸高樹，因君更少留。」（第一相寶翰齋國朝書法卷八王守仁與聘之憲長書三通，陽明文集失載）

按：「聘之」即施儒，字聘之，號西亭，湖州歸安人。明清進士錄：「施儒，正德六年二甲七十三名進士。浙江歸安人，字聘之，號西亭。初官御史，出按南畿。以直諫為中官所誣，逮繫獄，落職。嘉靖初，起廣東兵備副使，疏立惠來、大浦二縣，屢平亂。有學庸臆說。」施儒出仕在正德六年中進士以後，張元廣東按察司副使施公儒墓志銘云：「以尚書舉浙江丁卯鄉試。明年舉會試，時逆瑾方竊權柄，播弄人事，號正直者多遭斥逐竄戍之禍，乃托疾歸，

第1772頁

教授吳門……瑾誅之明年，為正德辛未，入奉廷對，得賜進士出身，七月，授山西道監察御史。」（國朝獻徵錄卷九十九）陽明適為正德六年會試同考試官，故兩人當在正德六年相識。觀陽明此札，知其時施儒被劾歸居吳門，陽明其時亦歸居紹興，

按施儒被劾歸居吳門在正德十年，施公儒墓志銘云：「甲戌（正德九年）改巡應天……會有都城門卒故出入權貴，法當遣戍，權貴請之，不聽，反論奏公，有旨逮治，下詔獄，羅織備至，竟無他左驗，以微罪奪職，還侍太夫人……」據國榷卷四十九：「正德十年十月己卯，巡按南直隸監察御史施儒，治門卒戍外衛過當，下獄，削籍。」施儒巡按應天來南都，時陽明亦在南都任鴻

臚寺卿，兩人關係當甚密。施儒在十月別陽明歸吳門，即陽明此札所云「別久」、「音問疏闊」。此後陽明亦陞都察院左僉都御史赴江西平寇亂，直至正德十六年八月方得歸越，由此可以確知陽明此札當作在正德十六年秋八月中，蓋其時施儒猶罷居歸安家中（至次年則赴廣東按察司僉事任），聞陽明歸越，即致書欲來訪；而陽明亦由江西得歸越居，故云「稽山之下，鑑水之濱，敬當掃榻以俟也」。施儒來越見訪已在九月（見下）。

九月上旬，王畿由魏良器薦引來受學。

明儒學案卷十九江右王門學案四處士魏藥湖先生良器：「良器，字師顏，號藥湖。洪都從學之後，隨陽明至越。

第1773頁

時龍溪為諸生，落魄不羈，每見方巾中衣往來講學者，竊罵之。居與陽明鄰，不見也。先生多方誘之，一日，先生與同門友投壺雅歌，龍溪過而見之，曰：『腐儒亦為是耶？』先生答曰：『吾等為學，未嘗擔板，汝自不知耳。』龍溪於是稍稍嚮就，已而有味乎其言，遂北面陽明。緒山臨事多滯，則戒之曰：『心何不灑脫？』龍溪工夫懶散，則戒之曰：『心何不嚴慄？』其不為姑息如此。嘗與龍溪同行遇雨，先生手蓋，龍溪不得已亦手蓋，而有怍容，顧先生自如，乃始惕然。陽明有內喪，先生、龍溪司庫，不厭煩縟。陽明曰：『二子可謂執事敬矣。』歸主白鹿

洞，生徒數百人，皆知宗王門之學。」

王畿集卷二十刑部陝西司員外郎特詔進階朝列大夫致仕緒山錢君行狀：「追惟夫子還越，惟予與君二人最先及門。戴玉臺巾，服小中衣，睢睢相依，咸指以為異言異服，共誹訕之。予二人毅然弗顧也。」

徐階龍溪王先生傳：「公諱畿，字汝中，別號龍溪，與文成王先生同郡宗人也。正德、嘉靖間，文成倡明理學，其說以致良知為宗，郡之士駭而不信，至相與盟曰：『敢或黨新說，共黜之。』公若不聞也者，首往受業焉。」（王畿集附錄四）

趙錦龍溪王先生墓志銘：「陽明之學以良知為宗，而一洗世儒支離之見，學者乍聞其說，疑不能信。而其時元老宿儒又多視為異物，而攻之惟恐不力。當是時，求士之可與語者，蓋千百不能一二，不啻空谷之足音也。先生英邁天啟，穎悟絕倫，陽明以為法器。故其欲得先生也，甚於先生之欲事陽明。道合志同，日夕依侍，獨先生與錢緒山德洪輩數君子而已。」（王畿集附錄四）

按：王畿與陽明為同郡宗人，居又與陽明鄰，故陽明一歸紹興，自然引起雙方傾心注目。據歐陽德集卷二十八祭魏師顏云：「昔夫子倡道於豫章，群士濟濟而來前。於時昆季俱抱卓越之器，而師顏獨

第1774頁

少獨銳，其志獨堅。已而事夫子於會稽，益淬益礪，……」可見魏良器確是隨陽明歸越，其薦引王畿入陽明之門當屬可信也。按陽明歸至紹興，在八月二十五日前後；其歸餘姚省祖塋約在九月中旬，故可知王畿來受學當在八月末、九月初之間。蓋王畿即居會稽與陽明為鄰，舉步即可來受學，斷不可能至九月中旬陽明歸餘姚時，其趕至餘姚去受學。所謂「惟予與君最先及門」，乃是謂陽明歸紹興，王畿第一個來受學；陽明歸餘姚，錢德洪第一個來受學。如謂是陽明九月下旬自餘姚歸紹興後，王畿至正德十六年末或嘉靖元年初方來受學，則不得謂「惟予與君最先及門」矣。據明儒學案所言，至次年（嘉靖元年）王華卒時，王畿乃與魏良器同任司庫，可見王畿已是陽明及門弟子。故徐階謂王畿嘉靖二年請終身受業於陽明，亦非。

按：袁宗道白蘇齋類集卷二十二雜說云：「於時王龍溪妙年任俠，日日在酒肆博場中，陽明亟欲一會，不來也。陽明卻日令門人弟子六博投壺，歌呼飲酒。久之，密遣一弟子瞰龍溪所至酒家，與共賭。龍溪笑曰：『腐儒亦能博乎？』曰：『吾師門下日日如此。』龍溪乃驚，求見陽明，一睹眉宇，便稱弟子矣。」按此乃小說家夸飾虛妄之說，誇大失實，不足據信也。

雲村許相卿授兵科給事中，有書致賀，鼓動其格君心之非。王陽明全集卷二十七與許台仲書一：「榮擢諫垣，聞之喜而不寐。非為台仲喜得此官，為朝廷諫垣喜得台仲也。孟子云：『人不足與適也，政不足與間也。惟大人能格

第1775頁

君心之非。」「一正君而國定矣。」碌碌之士，未論其言之若何，苟言焉，亦足尚矣。若夫君子之志於學者必時，然後言而後可，又不專以敢言為貴也。去惡先其甚者，顛倒是非，固已得罪於名教；若搜羅瑣屑，亦君子之所耻矣。尊意以為何如？向時格致之說，近來用工有得力處否？若於此見得真切，即所謂一以貫之。如前所云亦為瑣瑣矣。」

許聞造禮科給事中許公相卿行述：「十二年成進士，告歸。十六年給事兵科。明年嘉靖元年壬午，諫議抗疏，論政令不當者數事。其一曰：『臣竊照閹竪張銳、張忠等罪惡，載於刑書，百死莫贖。陛下登極，首逮兇邪。而數月以來，天誅尚逋，明旨中革，元奸巨慝，許之減死贖金。是以前日人心庶幾孝皇太平之望，比來識者慮有正德紛紜之漸矣。』繼曰：『臣聞故兵部尚書于謙再造社稷，官其子冕為錦衣千户。今兵部尚書王守仁克平汀、漳，官其子憲為錦衣百户。頃者欽准蔭授太監張欽義子李賢為錦衣世襲指揮。一時騰物議，乖舊章，累新政，有必不可者。』……章亡慮數十上，語抗直多類此。」（國朝獻徵錄卷八十）

按：許相卿字台仲，號雲村、九杞，海寧人。明清進士錄：「許相卿，正德十二年二甲一百一十二名進士。浙江海寧人，字伯台，一字台仲，號雲村。世宗時，授兵科給事中。」據掖垣人鑑卷十二：「許相卿，字台仲，號九杞，浙江海寧縣人。正德十二年進士。十六年八月除兵科給事中。嘉靖二年，以假請歸，遂以疾請。十八年，起除禮科。仕終副使。」許相卿八月除兵科給事中，可知陽明此書應作在九月。書云「向時格致之說」者，按許相卿正德二年秋舉鄉試，時陽明亦居杭州勝果寺，許相卿或即在其時來訪陽明，有「格致之論」。又陽明正德十一年冬歸省回越，許相卿或亦嘗來訪問學。

九月中旬，歸餘姚省祖塋，訪瑞雲樓，日與宗族親友宴遊。

錢德洪陽明先生年譜：「九月，歸餘姚省祖塋。先生歸省祖塋，訪瑞雲樓，指藏胎衣地，收淚久之，蓋痛母生不及養，祖母死不及殮也。日與宗族親友宴遊，隨地指示良知。」

按：陽明是次歸餘姚，一在省祖母岑太夫人、母鄭氏墓，二在訪瑞雲樓出生地，三在訪餘姚宗親姻黨、親朋好友。按竹軒王倫葬於穴湖山，故岑太夫人亦當祔葬穴湖山。又陽明母鄭氏亦葬穴湖山。故陽明是次省祖塋乃主要往穴湖山也。陽明是次歸餘姚，當居秘圖山王氏故居，所訪宗族，即指居秘圖山之王氏族人。所訪親友乃指謝遷、胡東臯、諸用明、聞人詮及馮蘭、倪宗正、嚴時泰、邵蕡等人。瑞雲樓時已為心漁錢希明（錢德洪父）僦居，故陽明訪瑞雲樓亦當訪錢希明、錢德洪父子也。陽明歸餘姚多有詩咏，惜皆亡佚。

訪小野倪宗正清暉樓，有清暉樓詩咏。集選倪小野詩為突兀稿，為作評點。

陽明題倪小野清暉樓：「經鋤世澤著南州，地接蓬萊近斗牛。意氣元龍高百尺，文章司馬壯千秋。先機入奏功名盛，未老投簪物望優。三十年來同出處，清暉樓對瑞雲樓。」（倪小野先生全集後清暉樓詩附，陽明文集失載）

按：倪小野清暉佳氣樓與陽明出生地瑞雲樓相對，見倪小野清暉佳氣樓記（倪小野先生全集卷二）。兩人自小已相好熟識。所謂「三十年來同出處」，即指弘治五年陽明舉浙江鄉試（弘治八年倪小野舉浙江鄉試）以來，兩人經歷相同之命運浮沉。所謂「經鋤世澤著南州」，指倪小野家學

淵源，其先祖倪謙即號經鋤，經鋤後人。光緒餘姚縣志卷十七著錄倪小野易說，引翁大立語云：「孫忠烈（燧）未第時，以易學擁皋比，先生年十七，執經門牆。忠烈云：『繼吾傳者，子也。』後與蔡虛齋、胡支湖有三先生易說傳世。」所謂「先機入奏功名盛」，指倪小野奏劾劉瑾被目為謝黨，出知太倉，蓋先於陽明疏救戴銑而謫貴州龍場驛。光緒餘姚縣志卷二十三倪宗正傳：「越十年，登弘治十八年進士，選庶吉士。以逆瑾目為謝黨，出知太倉州。時水災，條上封事，報可，所可全活者甚多。入為武選員外郎。」

謝遷清暉樓詩：「陰翳氣塞風狂舞，屋煤吹落皆塵土。逆豎含沙射縉紳，一時正士胥解組。吁嗟天王本聖明，六章八奏心獨苦。批鱗受杖幾身危，血染糯毨毛蔽股。悽慨歸來義自高，築室清暉屏華膴。花光月色映樓臺，玉碗冰壺耀今古。琉璃屏外走明珠，老木當場何足數。多君妙手更天成，一篇新詩動九五。海內喧傳解慍功，不特忠貞堪神武。琥珀杯清墨汁濃，爛醉揮毫驚李杜。光芒萬丈斗牛寒，清暉佳氣接天府。」（倪小野先生全集後清暉樓詩附）

馮蘭清暉樓詩：「百尺高樓尺五天，昂頭直撞斗牛邊。帶經鋤落三更月，仗劍沖開萬里煙。千頃陂涵黃叔度，一團骨勝柳公權。南薰賜扇蒙恩渥，酷吏清風句獨傳。」（倪小野先生全集後清暉樓詩附）

倪小野先生全集卷七過松陵用陽明韻：「寶帶橋邊李郭舟，湖山詩景自天留。鱸魚上水未過午，鴻雁橫空又是秋。蘭桂酒樽驚落帽，風塵關塞一登樓。故人情話難為別，斜日輝輝野色浮。」卷五送王伯安：「相別十五載，相逢一把衣。形容何落落，意氣復依依。遠道琴為伴，清時劍有輝。吾姚好山水，憶爾老同歸。」

同上，僉憲施聘之過西清有題奉和二首：「喜看庭樹引烏棲，驄馬留連日正西。山郡宦流從此重，草堂詩柄自公提。迂疏長帶林泉癖，撫字應慚道路啼。但得高軒時一過，飽聞清話可忘饑。　魚沼游兮烏樹棲，菜畦新

翠路東西。山形環繞當盤礴，天象平分見攝提。花影簾櫳蝴蝶夢，竹枝庭院鳳凰啼。眼前未論仙茅種，柴菊丹芝可療饑」。

按：詩所云「僉憲」，指施儒任廣東按察司僉事。按國榷卷五十三：「正德十六年五月丙辰，再錄廢籍……御史施儒……」施儒在五月起復，至九月命下，任廣東按察司僉事。可見施儒九月先往紹興訪陽明，然後隨陽明往餘姚，亦得與倪小野有詩唱和也。

錢德洪究兀稿舊跋：「洪不敏，竊嘗受業於小野倪先生之門。迨後陽明王先生聚徒講學於龍泉山之中天閣，遂從而卒業焉。兩先生之文章、理學，洪皆嘗心契其微，而不能強分優劣，猶之乎日月二曜之經天，人縱欲高下其議論，而不可得也。至王先生謂：『先生詩文逼進陶杜，近日何、李諸公，遠不能逮』。因是知先生平日為王先生所推服久矣。究兀稿四卷，王先生所選錄也。洪即以王先生之言附識於後。世之讀先生之詩者，其亦可以知所寶矣。受業門人錢德洪謹跋」。（倪小野先生全集前）

倪繼宗倪小野先生全集序：「……先君子曰：『先太史為有明名臣，其忠言讜論已足彪炳史冊，爭光日月矣。至平居著有詩文，已刻未刻不下數萬餘首。比遭兵燹，散失頗多。汝伯父創之公，懼其久而不可收拾也，彙為小野集十六卷，以家貧不及授梓。後因有姚江逸詩之選，為梨洲黃先生持去。汝小子誠有志於先世之文章乎，亟扣而取之可也』。繼宗時年十六，承先君子命，始知先太史之文章風節，其足為世重若是，遂決志詣見梨洲黃先生，載拜稽首，備告所以。黃先生曰：『噫！小野集十六卷，昔年為東海徐健庵太史携入中秘。今東海物化，其原本不可考究，無已，則有謝太傅（遷）所刻之豐富集、王新建所評之究兀稿各四卷在』。檢授繼宗。繼宗持歸，進之先君子，合從前諸刻，共得詩文若干首。越明年，又於桐江張氏得小野集四卷，蓋是集係孟河馬先生選錄、高叔祖海川公舊刻也。……」（倪小野先生全集前）

按：究兀稿為陽明所選編，並為作評點，黃宗羲蓋嘗親見其本焉。今邵國賢倪文忠公傳、孫鑛倪宗正傳、錢德洪究兀集跋等猶有數則引陽明究兀稿評點文字。蓋倪小野作詩巨富，常好取數卷成集，請名家評點。如太倉稿即請方豪評點，方豪太倉稿舊序云：「餘姚倪宗正由翰林院庶吉士出守太倉，既而開化方豪亦來牧崑。崑與太倉近，二人志趣又似，故相與甚驩也。一日同自海歸，宗正以其稿示豪。豪素狂妄，在宗正益弗顧忌，間有意合處，輒用評點。一日又同至蘇州，亦復然。然凡各有作，罔弗互正也。近宗正因臺諫有言，召入兵部。將行，豪乃取其為於太倉者，編為一卷，所未評者補之，命之曰太倉稿，刻之拙牧廬。……衢人方豪思道甫志，時正德六年四月四日也。」（倪小野先生全集前）此突兀稿當是陽明在餘姚所選取，歸紹興後作評點。

邵國賢倪文忠公傳：「……居私第，教授後學，時則聖人之徒，有若錢緒山寬；時則禮樂名家，有若諸理齋燮；時則博士業名士，有若張小越元；時則宰相才，有若呂文安本。一經文忠公品題，無不悉驗。嘉靖初，王文成公以良知覺後知，嘗折衷文忠公，謂人曰：『世傳東坡為

第1782頁

倪小野前身，詞其文章節槩處世，後先相當。』又曰：『東坡雖曰奇才，未免吐納內典諸書。若吾友倪小野，唯根柢六經，謂非純粹以精者乎？』又曰：『小野詩集不肯居陶杜後。近若信陽何大復、慶陽李崆峒，視為大兒、小兒矣。』……」（倪小野先生全集別集附）

按：傳所引陽明評倪小野語，當即出自突兀稿評點。

倪小野先生全集別集附：「王陽明曰：『世傳倪小野為東坡後身。及觀其文章氣節，生平出處去就，亦略與東坡相似。』又曰：『東坡洵才美，然未免出入於內典諸書。若吾友小野，生平學問悉原本六經，詎非所謂粹然無瑕疵者耶？』

翁宗伯大立嘗言：「先生學問，得統於孫忠烈公。其後則有錢緒山、呂南渠、諸理齋、張小越、鄒原素諸及門，克廣其傳，師弟淵源，洵不可誣也。先生嘗謂：『陽明詩文，起初亦出自何李之門。不數年，乃能跳出何李窠臼，自成一家。嗚呼！當世若陽明者，真可謂豪傑之士矣。』黃梨洲曰：『吾姚詩集之篇，無過倪小野先生，正非特吾姚罕其匹，即有明三百年來，蓋亦難其人也。求之古人，庶幾宋之蘇、陸二公乎？』邵得愚曰：『有明以來，吾姚能詩者不下數十家，而長於樂府者，唯倪小野、王陽明二先生而已。至就兩先生而論

第1783頁

，其中之精微廣大，倪實較優於王，世儒正不得以耳食掩其公評也。』」

在餘姚，與朱同芳、朱同蓁兄弟講論經學，題其館曰「授經堂」。

光緒餘姚縣志卷十四古蹟：「授經堂，在龍泉山北。正德間，朱古巖同芳治禮，守齋同蓁治書，伯仲並魁鄉榜，學有淵源。時王文成講學授徒，剖二經之旨奧，必以兩先生為專門，朝夕每相訂正，故題其館曰『授經堂』。（翁大立朱氏譜序）」

按：萬曆紹興府志卷三十二選舉志「舉人」條下著錄：「正德

八年，餘姚，朱同芳（同蓁兄）。……正德十一年，餘姚，朱同蓁（同芳弟）。」所謂「正德間」，必指正德十六年陽明歸餘姚與朱同芳、朱同蓁講論經旨。以後（嘉靖中）陽明歸餘姚，亦嘗會與朱同芳、朱同蓁講論學問，或朱同芳、朱同蓁亦常會來紹興問學，所謂「朝夕每相訂正」也。前引陽明與諸弟書中有云「諸相厚如朱有良先生、朱國材先生輩」，似即指朱同芳、朱同蓁二人。

錢德洪率二侄錢大經、錢應揚及餘姚士子鄭寅、俞大本來受學。

錢德洪陽明先生年譜：「德洪昔聞先生講學江右，久思及門，鄉中故老猶執先生往跡為疑，洪獨潛伺動支，深信之，乃排衆議，請親命，率二侄大經、應揚及鄭寅、俞大本，因王正心通贄請見。」

王畿集卷二十緒山錢君行狀：「君諱德洪，字洪甫。初名寬，避世諱，以字行。……正德己卯，補邑庠弟子，舉業日有聲，屈其儕輩。時友人鄭思敬領批主司，屬意以為必中，及下第，嘆曰：『命之不可必也如是。』遂輕進取，專心以學問為事，讀傳習録，與所學未契，疑之。及陽明夫子平宸濠歸越，始決意師事焉。夫子還姚，君相率諸友范引年、管州、鄭寅、徐珊、吴仁、柴鳳等數十人，闢龍泉中天閣，請夫子升座開講，君首以所學請正……」

光緒餘姚縣志卷二十三錢德洪傳：「王守仁平濠歸越，德洪與同邑范引年、管州、鄭寅、柴鳳、徐珊、吴仁數十人會於中天閣，禀學焉。姚江書院志略：『德洪率從子大經、應揚及俞大本，因王正心通贄。』分省人物考：『錢應揚，字俊民，以進士授長沙府推官。選河南道御史，巡視長蘆鹽課御史。出按廣東，建言，降全州判官。陞樂安知縣。』」

按：錢德洪自謂祇率二侄大經、應揚及鄭寅、俞大本因王正心通贄請見，王畿所述不確。王正心，陽明從侄，光緒餘姚縣志卷十六金石下著録武安王廟題名碑，王正心名列其中，蓋為修復武安廟捐資者。錢應揚，萬曆紹興府志卷三十二選舉志：「嘉靖十四年韓應龍榜：錢應揚，御史。」鄭寅，即王畿所云「友人鄭思敬」。俞大本，無考，萬曆紹興府志卷三十二舉人著錄：「嘉靖四年，俞大本，吳仁。」

次日，餘姚士子七十四人來受學，遂講學於龍泉山之中天閣，親書三八會期於壁。

錢德洪陽明先生年譜：「明日，夏淳、范引年、吳仁、柴鳳、孫應奎、諸陽、徐珊、管州、谷鍾秀、黃文煥、周于德、楊珂等凡七十四人。」

王陽明全集卷三十六年譜附錄一：「辛巳年，師歸省祖塋，門人夏淳、孫陞、吳仁、管州、孫應奎、范引年、柴鳳、楊珂、周于德、錢大經、應揚、谷鍾秀、王正心、正思、俞大本、錢德周、仲實等，侍師講學於龍泉寺之中天閣。師親書三八會期於壁。吳仁聚徒於閣中，合同志講學不輟。」

王畿集卷二十緒山錢君行狀：「夫子還姚，君相率諸友范引年、管州、鄭寅、徐珊、吳仁、柴鳳等數十人，闢龍泉中天閣，請夫子升座開講，君首以所學請正。夫子曰：『知乃德性之知，是為良知，而非知識也。良知至微而顯，故知微可以入德。唐虞受授，只是指點得一微字。中庸「不睹不聞」以至「無聲無臭」，只是中間發明得一微字。』眾聞之，躍然有悟，如大夢之得醒，蓋君實倡之也。君篤信夫子之學，心漁翁恚曰：『爾固得所師矣，恐妨試

第1786頁

事，奈何？』對曰：『男教以來，心漸開朗。科第逼予則有之，入試胡慮哉？』……」

明儒學案卷十一浙中王門學案：「姚江之教，自近而遠……郡邑之以學鳴者，亦僅僅緒山、龍溪，此外則椎輪積水耳……餘姚管州，字子行，號石屏。官兵部司務，每當入直，諷詠抑揚，司馬怪之。邊警至，司馬章皇，石屏曰：『古人度德量力，公自料才力有限，何不引退，以空賢路？』司馬謾為好語，謝之。以京察歸。大洲有宿四祖山詩：『四子堂堂特地來。』謂蔡白石、沈古林、龍溪、石屏也。范引年，號半野，講學於青田，從遊者頗眾。夏淳，字惟初，號復吾，以鄉舉，卒官思明府同知。魏莊渠主天根天機之說，復吾曰：『指其靜為天根，動為天機，則可；若以靜養天根，動察天機，是歧動靜而二之，非所以語性也。』柴鳳，字後愚，主教天真書院，衢、嚴之士多從之。孫應奎，字文卿，號蒙泉，歷官右副都御史，以傳習錄為規範，董天真之役。聞人銓，字邦正，號北江，與緒山定文錄，刻之行世。即以寒宗而論，黃驥，字德良，尤西川紀其言陽明事。黃文煥，號吳南，開州學正，陽明使其子受業，有東閣私抄記其所聞。黃嘉愛，字懋仁，號鶴溪，正德戊辰進士，官至

第1787頁

欽州守。黃元釜，號丁山；黃夔，字子韶，號後川，皆篤實光明，墨守師說。以此推之，當時好修一世湮沒者，可勝道哉！」

按：錢德洪所云七十四人來受學者，全為餘姚士子，中多系餘姚縣學諸生，故多不得知也。今可考者如下：

徐珊。光緒餘姚縣志卷二十三列傳：「徐珊，字汝珮。三祠傳輯：『珊號三溪，本姓史。先世史涓，六子彌賢，宋元革命，避跡遷姚。子得齋，生三子：長承史祧；仲出繼張疇；季出繼楊原。至六世楊請，子曰祐，弘治壬子舉人，是為楊珂父；曰雲鳳，弘治戊午舉人，官江夏令。復出後舅氏徐銑，是為珊父，故榜姓徐。』正德十六年九月

第1788頁

，同夏淳等師王守仁。中嘉靖元年舉人。明年會試，策士以心學問，陰闢守仁，珊嘆曰：『烏能昧我之所得，以幸時好乎？』不對而出，聞者高之，曰：『尹彥明後一人。』後官辰州同知。先是守仁還自龍場，與冀元亨等講學於州之隆興寺。是年，珊請於當道，於寺之北作祠宇，為虎溪精舍，置贍田，大集多士，以昌明其學焉。」

孫應奎。光緒餘姚縣志卷二十三列傳：「孫應奎，字文卿，號蒙泉。生十歲而父病羸，家貧，母童課之讀。王守仁自江西歸，率同縣七十餘人往師之，由是鄉閭教澤洽行……。」

黃中心。餘姚竹橋黃氏族譜卷首著錄錢德洪一篇黃中心像贊云：「觀濤先生，諱中心，字以靜。曲水之嗣，少尹之繼，陽明之徒，方伯之婿。志向登庸，屢科不第。存養恬真，樂道忘世。涵育三子，薰陶成器。兩望以詩名，兩懷以易名，兩涵以書名，要皆賢父所致。」據「陽明之徒」一句，可知黃中心亦是陽明弟子，當亦是「七十四人」來受學者之一。

夏淳。光緒餘姚縣志卷二十三列傳：「夏淳，字惟初，號復吾。父釜，曲州知州。淳四歲失母，事後母極孝。正德十六年，師事王守

第1789頁

仁。嘉靖七年，舉於鄉，卒業北雍。時魏莊渠主天根天機之說，淳曰：『天根天機，一物二名。指其靜為天根，動為天機，則可；若以靜養天根，動察天機，是歧動靜而二之，非所以語性也。』後判肇慶府，遷思明同知，立社學，以禮教為急。卒於官。」

范引年。光緒餘姚縣志卷二十三列傳：「范引年，字兆期，號半野。王守仁弟子。守仁卒於南安，喪過玉山，引年與柴鳳至。嘉靖九年，與孫應奎董天真事。二十一年，為有司延主青田教事，從遊甚眾。」

柴鳳。光緒餘姚縣志卷二十三列傳：「柴鳳，字後愚，廣敬孫。師王守仁，主教天真書院，衢、嚴之士多從之。」傳習錄卷下有弟子「柴鳴治」，疑即柴鳳（「鳳」與「鳴」相應）。

浙江大学古籍研究所

胡瀚。光緒餘姚縣志卷二十三列傳：「胡瀚，字川甫，號今山，標曾孫。七歲端重如成人，問塾師學孔孟以何入門，師異之。年十八，從王守仁遊，論及致良知之學，躍然曰：『先生之教，劈破愚蒙矣。』守仁授以傳習錄、博約說，歸而思之，益有省。從父鐸語以『學在心，心以不欺為主』，瀚乃作心箴圖自課，就質守仁。守仁沒，諸弟子紛紛互講良知之學，王畿、王艮、劉邦采、聶豹各有疏說。瀚曰：『先師標「致良知」三字，於支離汨沒之後，指點聖真，主宰即流行之主宰，流行即主宰之流行。君亮之分別太支，心若無善，知安得良？汝中言無善，不若言至善。汝止以自然為宗，季明德又矯之以龍惕。龍惕不恰於自然，則為拘束；自然不本於龍惕，則為放曠。良知本無寂感，即感即寂，即寂即感，而文蔚曰：「良知本寂，感於物而後有知。」必其自寂者求之，使寂而常定，則感無不通，似又偏向無處立腳。』論者稱其善守師傳云。以恩貢就華亭訓導，陞崇明教諭。歸家三十年，築室今山。有今山集一百卷。」

鄒大績。光緒餘姚縣志卷二十三列傳：「鄒大績，字有成，從學王守仁。侍父篤疾盡瘁。父卒，廬墓側，風雨不蔽，虎為遁去。紫芝生墓石，一本三秀。每號泣，烏鵲群鳴，若助其哀者。鄉里以為孝感，奉旨旌表。後子木為母割股，人稱世孝。從子塏譽，亦先後割股療母，府縣勒碑，名其里曰『孝子』。」

管州。光緒餘姚縣志卷二十三列傳：「管州，字子行，號石屏。嘉靖十年舉人，官兵部司務，每入直，諷詠抑揚，司馬怪之。邊警狎至，司馬張皇，州曰：『古人度德量力，公自料才力有限，何不引退，以空賢路？』司馬譏為好語，謝之。以京察歸。晚歲家貧，有黔婁之風。主教天真、水西二書院。趙貞吉宿四祖山詩：『四子堂堂特地來。』州其一也。」

黃驥。光緒餘姚縣志卷二十三列傳：「黃驥，字德良，副使肅子。七歲喪母，畫像以事。事繼母以孝聞。父沒，營冢躬負土石，不資人力，有雙鵲巢其內舍，野犬為之巡警。嘉靖十七年，表為孝子。學於王守仁，有往復書。尤時熙從驥考究守仁之學云。」

葉鳴。光緒餘姚縣志卷二十三列傳：「葉鳴，字允叙，受業王守仁。自綱目、性理及五經箋註，首尾成誦。嘗著大學古本、中庸註、五經一貫臆說諸書。子遵貴，封工科給事中。」

楊珂。光緒餘姚縣志卷二十三列傳：「楊珂，字汝鳴，號秘圖。本姓史。少從王守仁學，會學使者案越，檢察舉子，無異錄囚，珂曰：『是豈待士者哉！』遂隱，自放於天台、四明之間，天台、四明題詠殆徧。為詩瀟灑不群，書法宗王右軍，而雅自負。舊邑志：『有石橋，時為暴漲所壞，珂書「醉卧石」三字於上，遂帖然。』監司郡縣吏數式其廬，珂未嘗懷刺一詣。孫鑛書畫題跋：『胡少保宗憲，舊令餘姚，稔知珂。後為制府，欲珂入幕，謂：「倘來謁，即隨以厚幣。」珂竟不往。胡有碑，欲得珂書之，而難於言。後禦倭海上，過邑城駐龍山，使幕客故與珂交者，誘之來山間遊，已胡燕居服猝至，不得避，因留共飲，讌談既洽，幕客諷以寫碑事，珂乃為寫。胡贈之，卒不受。』遠近咸敬愛之。」

黃嘉愛。光緒餘姚縣志卷二十三列傳：「黃嘉愛，字懋仁。正德三年進士，官至欽州守。從王守仁講學，嘗有詩云：『文章自荷逢明主，道學還期覺後人。』其自負如此。」

徐允恭。光緒餘姚縣志卷二十三列傳：「徐允恭，字子安，守誠子。十歲父没，遺篋得父手書，言志欲立祖祠、置義田事，允恭感泣，後卒成父志。母没廬墓，郡守湯旌其堂曰『繼孝』。以從學王守仁，名益著。湯延至郡城，參究理學，商榷經世之務。知其貧，欲助之，允恭辭，湯益賢之。當道議加賦海地，允恭爭之，乃止。子執策，嘉靖四十四年進士，知莆田縣，有賢聲。後至臨江同知。」

第1792頁

胡希周。光緒餘姚縣志卷二十三列傳：「胡希周，字文卿，號二川。少受業王守仁。嘉靖七年舉人，初授山東長山縣知縣。縣有二河，水溢旁邑，咸被災。希周築隄，以時蓄洩，民得藉以灌田，世享其利。尚書李士翱為記，立石河口，祀名宦。丁内艱，服闋，補福建南靖縣知縣。濱海多盜，希周興學[illegible]綏征，扶植善良，以循良著。」

盧義之。光緒餘姚縣志卷二十三列傳：「盧義之，嘉靖間貢士，為廣昌丞。從學於王守仁。嘗自嘆曰：『吾三十年窺書史，户外一無所問；十年服下僚，俸外一無所入。亦不負聖賢，不負朝廷矣。』聞者以為實録。」

孫堪、孫墀、孫陞。三人均孫燧子。國朝獻徵録卷一百零八有孫陞伯兄都督僉事堪行狀，卷二十二有程文德仲泉孫先生墀傳，卷三十六有李本資善大夫南京禮部尚書季泉孫公陞行狀。明清進士録：「孫陞，嘉靖十四年一甲二名進士。浙江餘姚人，字子高，號季泉。授編修，累官吏部侍郎。嚴嵩柄國，陞為其門生，獨不附。會南京禮部尚書缺，衆不就，陞往。卒謚『文恪』。居官不言人過，時稱『篤行君子』。」季泉孫公陞行狀：「南大宗伯季泉孫公者，忠烈公之季子也……忠烈公配楊夫人，生三子：伯堪，都督同知，以孝旌；仲墀，尚寶司卿；季則公也……己卯，忠烈公撫江右，死逆濠之變，兄弟聞訃，誓死赴讎……」陽明祭孫中丞文：「公之子挾刃赴仇，奔走千里，至則逆賊已擒，遂得改殯正殮，扶公櫬而還。」按陽明與王邦相書二有云：「孫氏父子素所親厚，三子又嘗從學……」（詳下）可見孫堪、孫墀、孫陞三人皆從學於陽

第1793頁

明。蓋三人在正德十四年已來南昌見陽明受教，故正德十六年陽明歸餘姚，三人必當來問學也。

錢應揚。過庭訓明分省人物考卷五十：「錢應揚，字俊民，餘姚縣人，進士。由長沙府推官選河南道御史，巡按廣東，建言，降全州判官。陞樂安知縣。」

黃文煥。餘姚竹橋黃氏族譜卷十二：「吴南先生，諱文煥，以貢任開州學正，陽明先生高弟也。陽明先生使其子受業，有東閣私抄記其所聞。其序曰：『東閣私抄者何？私錄所聞於陽明夫子者也……四方諸友游夫子之門者，北燕南越，動隔數千里，經年獲甫至，乞晨一謁，林立充庭，邏輯進退，一日間傳教僅一二刻，來門數月，又將別去，雖有所得，皆隨問隨答，如飲河者，適充其量而止，其所未及聞者多多也。豈得如某朝夕坐春風中，而得盡於謦欬，更復晨昏獨見，有諸友未及聞而某獨聞之者乎？某勿錄，則夫子之微詞妙旨，將有散而勿存，湮而勿彰者矣。……』」按萬曆紹興府志卷三十一歲貢著錄：「嘉靖年，餘姚：黃釜，黃驥，黃文煥。」

谷鍾秀。按明進士錄中著錄谷鍾秀，字毓卿，餘姚縣人，行二。鄉試第十五名，會試第三十五名。治詩。萬曆紹興府志卷三十二舉人著錄：「嘉靖十年，餘姚：谷鍾秀，管州。」卷三十三進士著錄：「嘉靖二十年沈坤榜，餘姚：谷鍾秀，參議。」

錢德周。按錢德周乃錢德洪弟，錢德洪陽明先生年譜：「嘉靖三年，德洪携二弟德周、仲實讀書城南。」羅洪先錢心漁翁墓記：「翁有子三人……長子德洪……仲子德周者，與薦名。」呂本緒山錢公墓志銘：「家事悉屬於弟周甫，惟率季弟充甫專意績學。」據此，知心漁錢希明生三子：長錢德洪，字洪甫；仲錢德周，字周甫；季錢德充，字充甫。（按：王陽明全集中標點誤）蓋三人皆同時來受學也。

諸陽。前考諸陽為諸用明子，諸讓孫，光緒餘姚縣志卷二十三列傳：「諸用明，王守仁妻弟也……二子階、陽，日與鄉之俊彥讀書講論於其中……陽字伯復，守仁弟子，嘉靖元年舉人。」其說本自陽明為善最樂文，然以為諸陽字伯復則誤，蓋是從誤讀陽明書諸陽伯卷中

「妻任諸陽伯復請學」一句而來。此處乃是謂諸陽伯（諸偁）復來問學，非是謂諸陽字伯復也。

黃齊賢。聶豹集卷四贈黃明山赴召序：「維茲嘉靖庚子，邑侯黃君以治行為江南第一，例得報於廷也。天子適以第一人召之……侯嘗受學於先師陽明子，良知之教，其習聞矣乎？……侯名齊賢，字汝思，別號明山，浙之餘姚人也。中嘉靖十四年進士，於兄子為同年云。」萬曆紹興府志卷三十二舉人著錄：「嘉靖七年，餘姚：錢應揚，夏淳，黃齊賢。」卷三十三進士著錄：「嘉靖十四年韓應龍榜，餘姚：黃齊賢，主事。」

吳仁。萬曆紹興府志卷三十二舉人著錄：「嘉靖四年，餘姚：吳仁、孫陞、孫應奎。」陽明先生年譜附錄一著錄：「辛巳年，師歸省祖塋，門人吳仁……等，侍講於龍泉寺之中天閣……吳仁聚徒於閣中，合同志講會不輟。」

王正思。按呂柟涇野先生文集卷九恩榮雙壽序云：「恩榮雙壽者，刑部副郎王君仲行之志也。仲行過予曰：『正思父石谷君，今年生五十有八歲；母華氏，今年生六十歲，強健不老，此其雙壽皆得於天者也。石谷君今年封南刑部員外郎，母華氏封宜人，鄉黨歸美焉，此其恩榮皆得於君者也。石谷君受性懇直，履端迪嚴，每當祭先，如親見之。事其伯父龍山冢宰，如事父母，篤念訓教，白首不忘，奉身廉養。通古文詩，然不屬草，以為德不如古，他美弗傳。遇事慷慨，有古人風，又面斥人過，人多畏避。宜人克慈克順，其相石谷君勤苦無間，又以柔濟剛，家務滋振。此其道德皆得於其身者也。獨念正思為之子，年且長矣，雖舉進士，至有今官，然無毫髮俾益於其父母，乃誕期且至，又身在千里之外，其何以為獻邪？……』今仲行叔父陽明子之壽其父龍山冢宰也，於學以良知為本，政以戡亂為能，江浙之士從而遊者千餘人。於是龍山先生雖以冢宰顯，實以陽明子永其壽也。然而陽明子進退於廷，陟降厥家者，仲行固已耳濡目染，心醉親炙，非單臨邑之邯鄲女矣。況石谷君又嘗指之以為教者乎？仲行如思陽明子之言以為言，即言可中理矣；思陽明子之行以為行，即行可式臧矣；思陽明子之或有不及者而及之，或過者而節之，率由周程上遡顏孟，即道可庶幾矣夫！然則石谷君得於其身與其得於天、於君者，皆有限，可百年計；其得於仲行者，可千萬年計，壽無窮也。且仲行嘗言：『先世王逸少，為會稽內史矣。然逸止善行草字，自晉至今，壽數百載不沒，而況仲行克修家學，敦明先聖賢之道者乎？』足知其使石谷君之壽如海屋，添壽無筭也。」又掖垣人鑑卷十三：「王準，字子推，號石谷，陝西儀衛司籍，浙江青田縣人。嘉靖二年進士。七年正月，由山西高平知縣選禮科給事中。尋以言事廷杖，降典史。十二年罷歸。」據此，知王準字子推，號石谷（嘉靖二年進士）；王正思字仲行，號龍川（見胡宗憲陽明先生批武經序），嘉靖八年進士（見萬曆紹興府志卷三十三）。王正思乃王準子。諸王氏族譜中皆謂王正思為王守禮子（王袞—王守禮

第1796頁

浙江大學古籍研究所

第1797頁

王正思」，似誤。陽明自餘姚歸紹興後有寄餘姚諸弟手札，提及王正心、王正思、王正恕、王正愈、王正惠諸姪及王守禮、王守智、王守溫、王守泰諸弟（見下），可知此十數人蓋亦皆來受學之「七十四人」中人也。

鄭寅。錢德洪於年譜中未言鄭寅為何人，按王畿緒山錢君行狀云：「……二女：長適同知史鶴孫舉人銓，次適御史鄭寅子庠生安元。……」可知鄭寅與錢德洪為姻家，嘗任御史。萬曆紹興府志卷三十三選舉志：「嘉靖十四年韓應龍榜：鄭寅，御史。」

九月下旬，自餘姚歸紹興。二十九日，祝父王華壽。

陸深海日先生行狀：「適先生誕辰，親朋咸集。新建捧觴為壽，先生蹙然曰：『吾父子不相見者幾年矣。始汝平寇南贛，日夜勞瘁，吾雖憂汝之疾，然臣職宜爾，不敢為汝憂也。寧濠之變，皆以汝為死矣，而不死；皆以事為難平矣，而卒平。吾雖幸汝之成，然此實天意，非人力可及，吾不敢為汝幸也。讒構朋興，禍機四發，前後二年，岌乎知不免矣。人皆為汝危，吾能無危乎？然於此時惟有致命遂志，動心忍性，不為無益，雖為汝危，又復為汝喜也。天開日月，顯忠遂良，穹官高爵，濫冒封賞。父子復相見於一堂，人皆以為榮，吾謂非國榮乎？然盛者衰之始，福者禍之基，雖以為榮，復以為懼也。夫知足不辱，知止不殆，吾老矣，得父子相保於牖下，孰與犯盈滿之戒，覆成功而毀令名者耶？』新建跣而跪曰：『大人之教，兒所日夜切心者也。』聞者皆嘆息感動。於是會其鄉親友，置酒燕樂者月餘。」

按：王華生日為九月二十九日。錢德洪陽明先生年譜將陽明祝王華壽叙在十二月十九日之下，乃誤。

楊文恪公文集卷二十五太宰龍山王先生慶壽序：「科名而取大魁，仕宦而至大拜，與夫請老而歸，駸駸乎耄耋之境，而康强矍鑠焉，此皆希闊不恒有之事；以至子焉而復登臺省，有位於朝，而於壽筵初度，猶得以拜家慶，而遂稱觴膝下之願，不皆希闊不恒有之事乎？茲於龍山先生見之矣。先生辛丑狀元，官至太宰，自其懸車以至於今，年幾八十矣，耳目聰明，視强壯人無少異。歲之九月某甲子，寔維誕辰，嗣子陽明都憲公方被召命，乃具疏懇陳，以展赴闕之期，以躬綵衣之戲。由今觀之，所謂希闊不恒有之事非歟？然以先生為之父，都憲公為之子，殆不止至是焉。先生甘盤舊學，啟沃於廣廈細旃，固有人不及知，而史氏必書之者。至於狀元之名著於天下，而傳於後世，一時同年之士，皆謂中某人榜焉。若兼是數者，則名之壽於兩間，奚止於年之壽而已哉！若都憲公承過庭之訓，為曾氏專用心於內之學，而蚤歲亦嘗留意於橫渠尉繚子注，以故年時出其緒餘，見之武世，功蓋天下。異日史氏有不勝其書，在先生既足以自壽其名，而又有子以相與為壽焉，則固超乎年壽之外矣。江右三司若方伯陳公、憲長伍公、都閫余公華，咸以此意授簡於廉，屬綴文以為慶。廉於先生何能為役，特以喜為天下道也，於是乎言。」

第1800頁

十月九日，顧應祥寄來賀儀，有書答謝。

陽明寄顧惟賢手札：「洪都相與幾兩年，中間疏缺多矣。而諸公相愛之情不一而足，別後益隆無替，感怍豈有盡也。荏苒歲月，忽復半百，四十九年之非，不可追復。方切悔嘆，思有以自新，而使者遠辱，重之以文辭，教之儀物，是慶之者，適所以愧之也。又且惠及老父，悚汗愈不可言。使還，值冗結，未暇細裁，尚須後便，更悉鄙懷耳。十月九日，守仁頓首，惟賢憲長道契大人文侍。」（手札真迹藏中國歷史博物館，陽明文集失載）

按：陽明與顧應祥相別在是年六月，即此札所云「別後」。（顧應祥、陽明與王華誕辰俱在九月，其時寄來賀儀，即是賀陽明五十壽辰與王華誕辰，故陽明此云「又且惠及老父，悚汗愈不可言」。疑札中所云「重之以文辭」，即指楊廉太宰龍山王先生慶壽序。

有書致餘姚諸弟，請來紹興處理家事。

陽明寄餘姚諸弟手札：「此間家事，尚未停當，專俟弟輩來此分處，何乃一去許時，不見上來？先人遺教在耳，其忍恝然若是耶！田莊農務雖在正忙時節，亦須暫拋旬日，切不可再遲遲矣。正恕、正愈、正惠先可攜之同來。正心、正思候提學一過，即宜上來。近日正思輩在此，始覺稍有分毫之益，決不可縱，今在家放蕩過了也。

第1801頁

此間良友比在家稍多，古人所謂『蓬生麻中，不扶而直』，是真實不誑語。長兄伯安字白。三弟、四弟、六弟、八弟同看。伯叔母二位老孺人同稟此意。」（手札真迹藏中國歷史博物館，陽明文集失載）

按：書中所言三弟、四弟、六弟、八弟為王守禮、王守智、王守溫、王守恭，均係陽明從弟；所言王正心、王正思、王正恕、王正愈、王正惠，均為陽明諸從弟之子。或以為書中所云「先人遺教」指陽明父王華，乃非。若此「先人」指王華，王華卒乃陽明家事，不存在分家事，豈須將所有從弟、從姪請來商議分家事？故此「先人」應指其祖母岑太夫人，蓋唯祖母岑太夫人卒，方有分家之事，須請諸從弟、從姪來商議。按岑太夫人卒於正德十三年，然時陽明在江西，疏乞省葬不允。唯至正德十六年八月陽明歸越，方可處理岑太夫人家事。故陽明九月歸餘姚，一則為省岑太夫人墓，二則亦為與在姚諸伯叔母及諸從弟、諸從姪商議岑太夫人分家事。陽明在九月下旬離餘姚回紹興，即此書所云「何乃一去許時」。可見此書當作在十月中。

淨峰張岳復為行人，赴任途經紹興來訪，講論三日不合。

張岳小山類稿卷六與郭淺齋憲副：「明德親民之說，往歲謁陽明先生於紹興，如「知行」、「博約」、「精一」等語，俱蒙開示，反之愚心，尚未釋然。最後先生忽語曰：「古人只是一個學問，至如「明明德」之功，只在「親民」。後人分為兩事，亦失之。」某憮然，請問。先生曰：「「民」字通乎上下而言，欲明「孝」之德，必親吾之父；欲明「忠」之德，必親吾之君；欲明「弟」之德，必親吾之長。親民工夫做得透徹，則己之德自明，非「親民」之外，別有一段「明德」工夫也。」某又起請曰：「如此，則學者固有身不與物接時節，如「戒慎乎其所不睹，恐懼乎其所不聞」，「相在爾室，尚不愧於屋漏」。又如禮記「九容」之類，皆在吾身不可須臾離者，不待親民，而此功已先用矣。先生謂「明德工夫只在親民」，不能無疑。」先生曰：「是數節，雖不待親民時已有此，然其實所

第1802頁

以為親民之本者在是。」某又請曰：「不知學者當其不睹不聞之必戒慎恐懼，屋漏之必不愧於天，手容之必恭，足容之必重，頭容之必直等事，是著實見得自己分上道理合是如此，工夫合當如此，則所以反求諸身者，極於幽顯微細，而不敢有毫髮之曠闕焉。是皆自明己德之事，非為欲親民而先此以為之本也。如其欲親民而先此以為之本，則是一心兩用，所以反身者必不誠切矣。故事父而孝，事君而忠，事長而弟，此皆自明己德之事也。必至己孝矣、忠矣、弟矣，而推之以教家國天下之為人子、為人臣、為人弟者，莫不然矣，然後為親民之事。己德有一毫未明，固不可推以親民，苟親民工夫有毫髮未盡，是亦自己分上自有欠闕，故必皆止於至善，而後謂之「大學之道」，非謂明德工夫只在親民。必如老先生之言，則遺却未與民親時節一段工夫，又須言所以為親民之本以補之，但見崎嶇費力，聖賢平易教人之意，恐不如是也。」先生再三鐫誨曰：「此處切要尋思。公只為舊說纏繞耳，非全放下，終難湊泊。」……」

張襄憲公輯略：「學宗程朱，而尊信傳注，出入以度……行人時，謁陽明，論學三日，不合，退輯聖學正傳及載道集。」（小山類稿附錄）

第1803頁

都察院右都御史張公岳傳：「以程朱為宗，嘗謁陽明，與論持敬、知行、明德、新民之旨，往還三日，陽明終不能絀，第曰：『子亦閩中一豪傑也。』……」（國朝獻徵錄卷五十八）

按：張岳字維喬，號淨峰，惠安人。其復任行人之時間，徐階淨峰張公墓志銘：「今皇帝即位，盡還武廟時諫者官，復以公為行人。」（世經堂集卷十七）小山類稿卷一再任行人司稿下注云：「正德十六年辛巳，自謫所召還原職，陞俸一級。」按國榷卷五十二：「正德十六年五月癸丑……張岳等，並復官。」張岳北上赴行人任經紹興，約在十月中。是次講論三日，亦嘗論及良知之說，故黃宗羲云：「先生曾

第1804頁

謁陽明於紹興，與語多不契。陽明謂公只為舊說纏繞，非全放下，終難湊泊。先生終執先入之言，往往攻擊良知。其言：『學者只是一味篤實向裏用功，此心之外更無他事是矣。』而又曰：『若只守個虛靈之識，而理不明，義不精，必有誤氣質做天性，人欲做天理矣。』」（明儒學案卷五十二襄惠張淨峰先生岳）

薛侃赴銓，經紹興來問學，數月而去。

薛侃行狀：「冬，過越，聚同門於會稽書院，講學數月。」

按：黃佐行人司司正薛侃傳云：「師事陽明於贛，四年而歸……辛巳赴銓，授行人。」明清進士錄：「師王守仁於贛州。世宗立，授行人。」薛侃當是冬十月赴銓選經紹興來問學，講論數月，約在十二月赴京，授行人司行人，已在次年二三月。

第1805頁

薛侃赴京過錢塘，有書至，薦乾山陳應麟來問學。

薛侃集卷九奉尊師陽明先生書一：「侃愚，承教久，妄意有聞，至降伏不得去處，尋一義倚靠，自謂能守。比聞良知之說，百完皆碎，即因離索，倍加憤發，夜牖忽開，星月皎潔，眼前景物，莫非此意。日前每見得是，即為見縛，縱說得當，亦落言詮。以此顧見三生全無影響，孤負洪恩，罪積奚贖？抵今只依點明，足隨炬進，世間得失，置却弗問，而用力得力去處，亦不敢執以為定。平時大病，只消意見不得，故有意便執，有執便礙。學不進長，皆坐此故。昨會陳校文，家兄舊徒也。集群議來相質。侃云：『此不須辨，知者可一言而解。』渠問言，侃謂：『今人小小自豎，皆知所避，以完其名，豈謂負天下之望，欲明斯學，而不能避斯世之疑乎？必有謂矣。』渠唯唯。與處虎跑一夕，大相傾向。年來相接，況篤向裏，言易就緒，未有若斯人者。不日渡江來見。」

按：所謂「與處虎跑一夕」，即指薛侃北上赴京經杭，居虎跑寺。「陳校文」即陳應麟。薛侃集卷七陳乾山傳：「乾山姓陳，諱應麟，字經成，海陽人也。莊有乾山，因以為號。溫雅美豐儀，望之知為君子。居家，內外肅然。

嘗罹內難，處之雅有德意，蓋聞白沙之風而興者。攻詩墨，體清淳近古。蚤遊庠校，相禮文廟，矩度雍容可觀。初聞陽明先生之說，未省。晚歲風疾，坐斗室垂二十年。靜中以西川所傳之意體之，始信及，甚悔其晚也。嗣是少作詩，時或寫意，自有真味。乃知其道有本，欲學焉必有其本，而或徒字敲句鍊，依倣摹擬，以求追古人，寧可得哉？」

浙中士子來紹興受學漸衆。

按：陽明雖於八月下旬歸紹興，然其隨即往餘姚，至十月自餘姚歸紹興後，士子方始多來紹興問學，至次年二月，四方來學士子日衆，以至陽明作壁帖婉拒之。自正德十六年十月至嘉靖元年二月，錢德洪謂「遠方同志日至」，今可考者如下：

金克厚。金克厚字弘載，仙居人。明清進士錄：「嘉靖二年三甲一百六十四名進士。浙江仙居人。知六合縣。溫雅忠厚，有長者風。歷工部郎中。」應大猷送金弘載令六合序：「余友金弘載氏尚志砥行，維裕以學，而困於科舉之學有年矣。既聞陽明先生之為聖賢之學也，

而往事之，篤信力行，若賈之攢貨，水之趨壑也。越明年而舉於鄉，又明年而舉進士。」（光緒仙居縣志卷九）金克厚嘉靖元年中鄉試，嘉靖二年中進士，可見其來紹興受學在正德十六年。按嘉靖元年二月金克厚已以陽明弟子任司廚，故其來紹興受學必在正德十六年十月也。泉翁大全集卷二十三封都水郎中抑庵金君配宜人汪氏同壽序：「昔者內翰南州應子（良）道其友人金子弘載克厚之賢於甘泉子，繼而金子從遊陽明，遂為陽明之學以見。子曰：『是子賢乎哉！柔而不見其柔，剛而不見其剛，是故柔而有剛，剛藏於柔，是謂牝馬之貞，應子之言猶信夫！』甘泉子曰：『嗟乎弘載，吾以詢子，子之賢也，必有外教矣乎？』曰：

『吾父封君抑庵公，事吾祖洪賢府君以孝，府君安之。……抑庵公育諸弟友愛，歿則周其諸遺孤。嚴教乎厚也，使遊學，館穀其賓友，而周旋其食飲，遣之從陽明而學焉。曰：「毋務爾名，爾習爾誠。可以無家，不可以無學。」斯之謂外教矣乎……』

第1808頁

張元沖。明儒學案卷十四浙中王門學案四：「張元沖，字叔謙，號浮峰，越之山陰人。嘉靖戊戌進士，授中書舍人，改吏科給事中。……先生登文成之門，以戒懼為入門，而一意求諸踐履。文成嘗曰：『吾門不之慧辯之士，至於真切純篤，無如叔謙。』……前後官江西，闢正學書院，與東廓、念庵、洛村、楓潭聯講會，以定文成之學。又建懷玉書院於廣信，迎龍溪、緒山主講席，遂留緒山為文成年譜。」按張元沖即居家紹興，錢德洪陽明先生年譜記嘉靖二年張元沖已是陽明弟子，在舟中問學，可見張元沖當亦在正德十六年來問學。鄒守益明故張母唐太恭人墓志銘云：「暨沖舉於鄉，勉以親正人，就遠業，比與王子汝中受學陽明夫子。」（鄒守益集卷二十三）由此可見張元沖與王畿約在同時來受學。

石簡。明清進士錄：「石簡，嘉靖二年三甲五十六名進士。浙江寧海人，字廉伯，號玉溪。知高州府，居官廉靜嚴毅，人莫敢干以私。調安慶，累官巡撫湖雲南，卒官。」涇野先生文集卷八贈石高州序：「玉溪子嘗師事陽明王公，陽明以致良知為教，學者類能言之，然或當行而知向背，臨言而不知從違者亦有之，玉溪子真可謂不倍師說者矣……故玉溪子之致良知者，真有見於今日也。玉溪子，台之臨海人，起家嘉靖癸未進士，歷官兵、刑二部，皆以清白端謹名。」卷六贈玉溪石氏序：「……居一年，得見其徒玉溪石氏廉伯，則喜曰：其善為陽明子之學者乎？……今石氏為陽明子之學而取予，予未能陽明子之道，而心敬石氏，至形諸寢食，則石氏非吾為陽明子之學者乎？……是時吳楚之學者蔣實卿輩數十人，皆信石氏之學，而樂與之遊，因其考武選三年績也，請予書別語。……」國朝獻徵錄卷六十二有章詔都察院右副都御史石公簡行狀。

第1809頁

胡純。兩浙名賢錄卷二：「胡純，字惟一，會稽人。少從陽明先生學。天性孝友，家貧無書，每假抄以誦，晝夜不輟，遂以明經稱。執贄稱弟子者，常數十人……師弟之間，庶見復見古道，以故出其門者，多知名士。所著有雙溪稿、詩禮抄、泗州志、崇安志。」

孫景時。兩浙名賢錄卷二：「孫景時，字成叔，杭之右衛人也。性耿介，於世寡諧，與越人汪應軫、仁和邵銳、江暉、錢塘吴鼎為友。慕章文懿、胡端敏之為人，師事陽明、甘泉二先生。學成，正德丙子舉於鄉，並仕長洲教諭，遷攸縣令……無何，解官歸，乃蒐輯故典，證以長老舊聞，質諸鄉評，作武林文獻錄、杭州府志，欲勒成郡乘，副在名山，惜有志未就而卒。」

何倫。同治江山縣志卷九儒林：「何倫，（分省人物考）字宗道，江山人。天性至孝，居父憂，哀毀逾禮。事母尤曲意承顏，家雖貧，甘旨不缺，衣服必備。或營辦不足，輒貸於人，曰：『不若是，何以慰吾母心？』及母亡，殯殮遵古禮，蔬食三年如一日。喪畢，猶不釋服，不內入，鄉飲亦不赴，曰：『吾親在淺土，吾其忍乎？』郡守李公、縣尹劉、黃二公咸貽之葬賻，對使者拜受於家，終不造謝，曰：『吾罪人，不敢至公庭也。』貧失學，二十七始發憤讀書。初從陽明先生講學於越，既而從王龍溪、王心齋、薛中離諸公遊。晚年復拜甘泉先生於南都，及歸，充然有得也。日與西山、東溪諸公切劘，以終其身。」兩浙名賢錄卷六：「……幼失學，年二十七，始發憤讀書。聞陽明先生講學於越，徒步千里，受業其門。及有得，則偏游江湖，求友於四方，以證所學。抱璞掩瑜，日臻於道。臨歿之日，不二不亂。……」

沈鍊。王世貞錦衣衛經歷贈光祿寺少卿沈公鍊墓志銘：「……沈公少而讀書，有異質。從故王伯安先生游。先生一再與語，即奇之曰：『生千里才也。』辛卯，舉鄉試。又七年，成進士。……公於詩文，援筆立就，奇麗甚，而不能盡削其牢騷憤激之氣，往往多楚聲，竟以是獲禍……沈公諱鍊，字純甫，別號青霞山人。其死以丁巳之十月十七日，距其生丁卯得年五十有一。……」（國朝獻徵錄卷八十二）按沈鍊字純甫，一字子剛，會稽人。明分省人物考卷五十一有沈煉傳。

十一月九日，敘平宸濠功，封王守仁新建伯、奉天翊衛推誠宣力守正文臣、特進光祿大夫、柱國、兼南京兵部尚書。

國榷卷五十二：「正德十六年十一月丁巳，敘平宸濠功，封王守仁新建伯，歲祿千石，誥券世襲。」

明世宗實錄卷八：「正德十六年十一月丁巳，詔追論江西平宸濠功，兵部集廷臣會議，備列諸臣功次及死事先後，請甄別等第，封拜陞賞，贈蔭䘏錄及以功贖罪有差。上是其議。命封王守仁新建伯、奉天翊衛推誠宣力守正大臣、特進光祿大夫、柱國、兼南京兵部尚書，參贊機務。歲支祿一千石，給三代誥券，子孫世襲。遣行人齎敕慰諭，仍賞銀一百兩，紵絲四表裏。賜宴南京光祿寺。

第1812頁

太監黃偉蔭弟姪一人，世襲錦衣衛百户。進尚書喬宇少保，李充嗣太子少保。陞僉都御史劉玉左副都御史，參將楊銳都督僉事，江西按察使、原吉安府知府伍文定左副都御史，太僕少卿、原安慶府知府張文錦本寺卿。銳、文定各蔭子一人，世襲正千户。安慶衛指揮使崔文陞三級，仍蔭一子，世襲百户。大理寺丞張縉本寺右少卿，御史劉源清大理寺丞，蕭淮、胡潔光祿寺少卿，知府戴德孺陞三級。邢珣、徐璉通判，胡堯元都指揮，僉事余恩各二級。御史伍希儒同知，林有祿通判，章琦、談儲、何景陽推官，王偉、徐文英知縣，李楫、王誥各一級。都御史叢蘭、秦金、何天衢，御史葉忠、成英、毛伯温、楊材、李美，主事劉守緒，各俸一級。致仕閑住，及知府陳槐等，指揮麻璽等，制敕房官劉棨等，與南京內外守備，各府部院寺堂上官，分布防守內外官，各賞銀幣有差。御史張鰲山復原職，致仕。謝源及祝續等考察調外者，吏部量加擢用。知縣顧佖、馬津、王冕及郎中丁貴等，俾查官資以聞。陣亡指揮劉輔贈都指揮，僉事張璽贈指揮同知，子孫各世襲，仍命有司致祭死事。參議黃宏贈太常寺少卿

第1813頁

浙江大学古籍研究所

，主事馬思聰贈光祿少卿，俱配食。孫燧、許逵精忠祠。已故郎中宋魯、應恩，知縣王天與，各賜銀三十兩，䘏其家。天與尋贈光祿寺少卿，賜諭祭。既而守仁屢疏懇辭，上俱温旨褒諭，使勉永恩。守、金、玉、縉、源、清、伯温、淮各辭陞賞，不允。」

皇明功臣封爵考卷五新建伯：「王守仁，浙江餘姚縣人。原任提督南、贛、汀、漳等處軍務右副都御史，因宸濠圖危宗社，興兵作亂，首先召諸郡之兵，相與戮力同心，倡義勤王，克平大難。正德十六年十月二十四日，該兵部等衙門、太子太保尚書等官彭澤等具題奉聖旨：是。」

江西反賊剿平，地方安定，各該官員功績顯著。你部裏既會官集議，分别等第明白。王守仁封伯爵，給與誥券，子孫世世承襲，照舊參贊機務。欽此。」欽遵。本年十一月二十八日，又該本部查議，覆題奉聖旨：「是。王守仁封新建伯、奉天翊衛推誠宣力守正文臣、特進光禄大夫、柱國，還兼南京兵部尚書，照舊參贊機務。若犯雜犯死罪，本身免二次，子免一次。歲支禄米一千石，本色六百石，折色四百石。并妻一體追封。欽此。」……」

世	名	事略
一世	王守仁	弘治己未科，賜進士出身。歷任南京兵部尚書，功封奉天翊衛推誠宣力守正文臣、特進光禄大夫、柱國、新建伯、兼南京兵部尚書、都察院左都御史。贈新建侯，謚文成。一子。
二世	正億	守仁嫡男，襲新建伯。三子。
三世	承勳	正億長男，襲新建伯。
三世	承學	正億次男，官生一子。
三世	承恩	正億三男，借職錦衣衛。見任副千户。
四世	先達	承學長男，應襲錦衣衛，副千户。
五世		
六世		
七世		

按：錢德洪陽明先生年譜云：「十月二日，封新建伯。」誤甚。按錢氏於此叙事舛誤顛倒，幾不堪卒讀。如錢氏於「十月二日封新建伯」

下竟引十二月十九日制，不知所云。按錢氏所引敕旨乃陽明於十二月十九日奉所，非謂敕旨作在十二月十九日，陽明辭封爵普恩賞以彰國典疏述之甚明（見下），可見「正德十六年十二月十九日」一句乃錢氏臆加。又錢氏於十二月十九日封新建伯下忽云：「至日，適海日翁誕辰，親朋咸集，先生捧觴為壽」。其說大誤。王華誕辰在九月二十九日，陽明奉聖旨在十二月十九日，二者無關，何來「適海日翁誕辰」？其誤自不待辨。

十四日冬至，往瑞白堂賀宜庵韓邦問。

國朝獻徵録卷九新建伯王文成公傳：「嘉靖初，紹興有三尚書：韓公邦問、王公鑑之及先生也。韓公與先生父海日翁同輩，先生事之甚謹。一日冬至節，皆赴公所稱賀。先生自謂勳臣，貂蟬朝服，乘馬而趨。俄從人報韓尚書在後，先生亟下馬，執笏立道左。韓公至，不下輿，第拱手曰：『伯安行矣，予先往。』遂行。先生俟其過，乃上馬。當是時，韓公偃然以前輩自居，先生欲然不以伯爵自重，古道兩足徵云。張廷撰陽和言，見紹興志。（以上見耿恭簡集）」

按：其時韓邦問致仕家居，已八十歲。謝丕韓公邦問墓誌銘：「初，衡軒公將家於襄。公既貴，丘隴恒在念，而衡軒公歸志亦決，遂别築為迎養地。至是復取先世雪應佳話，建瑞白堂，日與耆舊觴詠取娛……致仕二十餘年，非公事未嘗一入官府；鄰居數十萬戶，雖燕見未嘗不着衣冠。出言俱有成章，舉步不失尺寸。杜門課耕，深山守靜，誠鄉邦之典刑，明時之元老也」。（國朝獻徵錄卷四十四）

謝源除泰州通判，書來懇陽明致書當道斡旋辨白，陽明有答書勸慰。

陽明與謝士潔書五：「吾子守道，屈志未伸，表揚宣白，此自公論所不容已。僕於凡今之人皆然，況在吾子素愛且厚乎！若致書當道，則恐不能有益於吾子，而適足以自點矣。如何如何？凡居官行己，若皆隨順從志，則亦何難？惟當困心衡慮，而能獨立不變，然後見君子之所守。孟子謂：『動心忍性，增益其所不能。』君子素有志於學，當此之時，顧非吾子用力之地耶？幸勉圖之，以卒永業。世俗之榮辱，決非君子之所為欣戚也。伍太守書一紙至，望一送縣，巡撫便間當道及，今亦未敢特致。亮之亮之！守仁再拜，士潔謝明府大人道契。」（手札真迹，今藏溫州博物館）

按：此札稱「士潔謝明府大人」，萬姓統譜與明清進士錄均言謝源從都御史王守仁討平寧藩亂，正德十六年以直言得罪，「謫判秦州」。按「秦州」當是「泰州」之誤，道光泰州志卷二十：「謝源，字士潔，閩縣人。進士。任御史，以直聞。正德十六年，謫為泰州判官。毀淫祠，立賢祠，復學田，修志乘，建貞潔坊，諸事皆與知州全廷瑞行之。未幾，轉官去。」故此「明府」當指其通判泰州。此事黃綰明軍功以勵忠勤疏中叙及：「彼時領兵知府，惟伍文定得陞副都御史，得蔭一子千戶。邢珣、徐璉但陞布政，即令閑住……副使陳槐因勸宰臣進賢，致怒雠人，希意誣之，獨黜為民。御史伍希儒、謝源輒以考察去官。……伏惟陛下……將陳槐、邢珣、徐璉等起用，伍希儒、謝源等查酌軍功事例議錄，戴德孺量與蔭襲。」霍韜地方疏亦云：「先是正德十四年，宸濠謀反江西，兩司俯首從賊，惟王守仁同御史伍希儒、謝源誓心效忠。不幸姦臣張忠、許泰等欲掩王守仁之功以為己有，乃揚諸人曰：『王守仁初同賊謀。』及公論難掩，乃又曰：『宸濠金帛俱王守仁、伍希儒、謝源滿載以去。』當時大學士楊廷和、尚書喬宇，亦忌王守仁之功，遂不與辨白，而黜伍希儒、謝源，俾落仕籍。」今據前引明世宗實錄卷八追論江西平宸濠功有云：「……知府戴德孺陞三級……御史伍希儒同知……御史張鰲山復原職，致仕。謝源及祝續等考察調外官，吏部量加擢用。」由此可知，伍希儒、謝源在正德十六年六月以後先被黜落仕籍，至十一月追論平宸濠功，伍希儒除同知，故陽明此書稱「伍太守」；謝源由吏部量加擢用，遂除泰州通判，故陽明此書稱「謝明府」。謝源當是對是除任心猶不滿，託陽明致書當道斡旋辨白，陽明乃作此札覆告，勉其赴任。

二、

十二月十一日，岳母張氏卒，與介庵諸讓合葬，有文祭奠。

王陽明全集卷三十二祭張淑人文：「維正德十六年，歲次辛巳，十二月己卯朔，越十日己丑，女婿南京兵部尚書王守仁，僅以剛鬣柔毛之奠，敢告於岳母諸太夫人張氏曰：嗚呼！生死常道，有生之所不免也。況如夫人壽考康寧，而子孫之衆多且賢耶？亦又何憾矣！而兒女之悲，尚猶有甚割者，非情也哉！死者以入土為安，彌月而葬，禮也；而群子姓之議，殊有所未忍。守仁竊以為宜，勉從禮制；且岳父介庵公之藏，亦以是月壬寅卜遷於兆左，因而合焉。生死之禮無違，幽明之情兩得，不亦可乎！群子姓以為然。遂以是月庚寅舉大事。日月不居，靈輀於邁，一奠告訣，痛割心膂。言有盡而意無窮。嗚呼，尚饗！」（原文載姚江諸氏宗譜卷六）

第1818頁

按：文云「彌月而葬」，則張氏當卒在十一月。張氏嫁諸讓，生子縱、縊、緝、經，長女適陽明，幼女許吏部侍郎謝丕，即此文所云「群子姓」也。又陽明題壽外母蟠桃圖云：「某之妻之母諸太夫人張，今年壽八十」。此文作於正德十五年，可知張氏卒為八十一歲。

十九日，奉封新建伯聖旨，行人齎白金文綺來慰勞，賜以羊酒。

王陽明全集卷十三辭封爵普恩賞以彰國典疏：「臣於正德十六年十二月十九等日，節准兵部、吏部咨，俱為捷音事，節該題奉聖旨：「江西反賊剿平，地方安定，各該官員功績顯著。你部裏既會官集議，分別等第明白。王守仁封伯爵，給與誥券，子孫世世承襲，照舊參贊機務。欽此。」「王守仁封新建伯，奉天翊衛推誠宣力守正文臣、特進光祿大夫、柱國、還兼南京兵部尚書，照舊參贊機務，歲支祿米一千石，三代并妻一體追封。欽此。」前後備咨到臣，俱欽遵……」

按：陽明所引二道聖旨，一下在十月二十四日，一下在十一月二十八日，見前引皇明功臣封爵考。錢德洪將此二聖旨混合為一，定下在

第1819頁

十二月十九日，其誤更可見矣。

黃綰陽明先生行狀：「本年十二月內，該部題為捷音事，議封公伯爵，給予誥券，子孫世世承襲，賜敕遣官獎勞慰諭，錫以銀幣，犒以羊酒。」陸深海日先生行狀：「尋進南京兵部尚書，封新建伯。遣行人齎白金文綺慰勞新建，遂下溫旨存問先生（王華）於家，兼有羊酒之賜。」

莆田方良永書來致賀。

方簡肅文集卷九寄都憲王陽明公書二：「生生六十一年矣；出而仕，仕而休，且三十二年矣。即諸史册所稽，耳目所見聞者，未有聖明中興如今日之盛者也。入正大統甫旬日耳，登庸耆舊，屏斥群邪，取數十年弊政人所不敢言言之，而不能行者而釐革之，以盡復祖宗之舊，纖悉不遺。大詔一頒，滌瘡痍，雪冤抑，苗藥乎枯槁，臣民鼓舞，濤翻雷動，漢文不足誇也。然而皇天悔禍，大憝克平，祖宗百五十年之土宇，全歸於今上皇帝，無破裂分爭之患，則執事之功謙而不自居者也。詔旨丁寧，重念功宗，大司馬之命，未足以盡償，然執事亦豈少此哉！展布腹心，弼成聖治，以不負所學，以大慰斯世斯民之望，固報稱初心而不變焉者也。生於執事有舊寅之雅，故不為諛詞以獻，伏惟監在。」

按：王良永生於天順五年，下推六十一年，則為正德十六年。國榷卷五十二：「正德十六年七月甲寅，浙江右布政方良永為右副都御史，提督撫治鄖陽。」「嘉靖元年二月庚辰，起方良永右副都御史，撫治鄖陽，以母老乞養，不起。」是方良永是次卒未出任，故書云「出而仕，仕而休」。「大司馬之命」，指陽明任南京兵部尚書。「有舊寅之雅」，按弘治十二年、十三年方良永任刑部廣東司員外郎，陽明任刑部雲南清吏司主事，是所謂「舊寅之雅」也。

湛甘泉書來致賀，並論求放心之說。

泉翁大全集卷九寄陽明：「恭諗執事以大功顯受休賚，儒者之效，斯文共慶，甚幸，甚幸！謹拜粗幣，用申賀忱，幸惟鑒念而存焉。僕遁跡荒野，索居離群，日夜以魂夢相尋於千里之外。如欲會晤灃溪之間，以究所未聞，而不知其勢不可或得也。前附湖人數通，必徹左右，未蒙示下，以為怏怏。向送陳世傑求放心之說，正欲與高論互相發。邇聞渠報兄有辯說，恨不得一見以講去我偏也。且兄又何嫌而不即示我耶？夫學救偏者也，如其不偏，何俟講學？故學者，大公之道也。每見程氏兄弟說又不同，而張、朱討論不容少貸。昔者夫子憂學之不講，夫講必有同不同，不必同，所以求其同也，然後義理生焉。如彼二磨，其齒不齊，然後粟米出焉，故天地之所以能化生萬物者，以陰陽變合之不齊也。兄無嫌於小不齊之間，不直以教我，而或論說於人，無益，惟兄其擇焉。不宣。」

按：書云「大功顯受休賚」、「謹拜粗幣」，即指賀陽明封新建伯，陞南京兵部尚書。「前附潮人數通」，即指請陳洸、楊鸞等遞書。「向送陳世傑求放心之說」，乃指湛甘泉十二月作放心說送陳洸赴京。陳洸經紹興時亦將此放心說呈陽明，故陽明對此文作有辯說，即此書所云「兄有辯說」。惜陽明此辯說文亡佚。

鍾石江潮寄贈曆日，並有書來致賀。

江潮柬司馬王陽明：「曩惟江西禍變，全省軍民俱獲更生之賜，家饒、信者則又晏然，無少驚怖。此先生萬世之功者，吾鄉民萬世之感也。國家褒典雖重錫疊組，猶不足以酬之，而顧止此耶？顛蹊顛蹊！某以菲才，偃蹇外僚，不過紛擾度日而已。然猶迷戀，不知解去，慚負慚負！玆專人賚奉曆日，敢併此用塵清覽，乞垂照察，不勝幸甚！」（江八耳輯湖陵江集卷四）

按：江潮字天信，號鍾石，弋陽人（一作貴溪人），弘治十二年進士。明清進士錄：「江潮，弘治十二年二甲十九名進士。江西貴溪人，字天信，號鍾石。提督廣東，有知人鑑。官

第1822頁

至副都御史，巡撫山西，坐事革職歸。」陽明與江潮為同年，故二人早識，今湖陵江集卷四中即同著錄江潮答給舍牧時庸一書，牧時庸即牧相，陽明姑父。江潮書中所言「國家褒典雖重錫疊組」，即指封陽明新建伯、南京兵部尚書，可見江潮年終寄來曆日，遂併寄此書來賀。吳國倫江公潮墓志銘：「庚辰，遷山東按察使……嘉靖壬午，遷廣東布政使。」（國朝獻徵錄卷六十）可見江潮時任山東按察使，故稱「偃蹇外僚」。

一五二二　嘉靖元年　壬午　五十一歲

正月初十，疏辭封爵，乞普恩賞，並有札致宰輔，不報。

王陽明全集卷十三辭封爵普恩賞以彰國典疏：「……寧藩不軌之謀，積之十數年矣，持滿應機而發，不旬月而敗，此非人力所及也。上天之意，厭亂思治，將啟陛下之神聖，以中興太平之業，故蹶其謀而奪之魄。斯固上天

第1823頁

之為之也，而臣欲冒之，是叨天之功矣，其不敢受者一也。先寧藩之未變，朝廷固已陰覺其謀，故改臣以提督之任，假臣以便宜之權，使據上游以制其勢……當時帷幄謀議之臣，則有若大學士楊廷和等，該部調度之臣，則有若尚書王瓊等，是皆有先事禦備之謀，所謂發縱指示之功也。今諸臣未蒙顯褒，而臣獨冒膺重賞，是掩人之善矣，其不敢受者二也。……當時首從義師，自伍文定、邢珣、徐璉、戴德孺諸人之外，又有知府陳槐、曾璵、胡堯元等，知縣劉源清、馬津、傅南喬、李美、李楫及楊材、王冕、顧佖、劉守緒、王軾等，鄉官都御史王

第1824頁

懋中，編修鄒守益，御史張鰲山、伍希儒、謝源等，諸人臣今不能悉數……今賞當其功者固已有之，然施不酬勞之人尚多也。其帳下之士，若聽選官雷濟，已故義官蕭禹，致仕縣丞龍光，指揮高睿，千户王佐等……今閱紀功文冊，復為改造者多所刪削。其餘或力戰而死於鋒鏑，或犯難而委於溝渠，陳力效能者尤不可以枚舉。……復有舉人冀元亨者，為臣勸說寧濠，反為奸黨構陷，竟死獄中。……今乃諸將士之賞尚多未稱，而臣獨蒙冒重爵，是襲下之能矣，其不敢受者三也。……且臣近年以來，憂病相仍，神昏志散，目眩耳聾，無復

可用於世。兼之親族顛危，命在朝夕。又不度德量力，自知止足，乃冒昧貪進，據非其有，是忘己之恥矣，其不敢受者四也。……」

陽明與宰輔書：「……冊中所載，可見之功耳。若夫帳下之士，或詐為兵檄，以撓其進止；或偽書反間，以離其腹心；或犯難走役，而填於溝壑；或以忠抱冤，而構死獄中；有將士所不與知，部領所未嘗歷，幽魂所未及泄者，非冊中所能盡載。今與其可見之功，而又裁削之，何以勵效忠赴義之士耶！……」（錢德洪陽明先生年譜嘉靖元年下）

第1825頁

按：陽明所以疏辭封爵者，蓋亦因朝中宰輔忌其功，將紀功冊改造，刪削立功人員，故又憤而致書宰輔抗辯。其辭封爵普恩賞以彰國典疏即云：「今閱紀功文冊，復為改造者，多所刪削。其餘或力戰而死於鋒鏑，或犯難而委於溝渠，陳力效能者尤不可以枚舉。……戮力成功，必賴於眾，則非臣一人之所能獨濟也。乃今諸將士之賞尚多未稱，而臣獨冒重爵，是襲下之能矣。」意與此上宰輔書同。按陽明嘗兩次上紀功冊，一上在正德十五年三月，見開報征藩功次贓仗咨；二重上紀功冊在正德十五年七月，見重上江西捷音疏。宰輔就此紀功冊改造刪削，陽明一直受欺蒙不知，直至正德十六年十一月朝廷下詔獎賞立功人員

無多，陽明方知實情。大致陽明此與宰輔書與辭封爵疏上在
同時，一則投書宰輔抗辯，一則辭爵以示抗議。此「宰輔」，據
霍韜地方疏，乃楊廷和之流也。

錢德洪陽明先生年譜：「先是先生平賊擒濠，俱瓊先事為
謀，假以便宜行事，每疏捷，必先歸功本兵，宰輔憾焉
。至是欲阻先生之進，乃抑同事諸人，將紀功冊改造，
務為刪削。……乃上疏乞辭封爵……疏上，不報。」
鄭曉吾學編餘編奸佞：「嘉靖改元，逐去王瓊、陸完諸奸佞
，收召故老公卿，號稱得人。內閣楊廷和、蔣冕、毛紀
、費宏、吏部喬宇、戶孫交、禮毛澄、兵彭澤、刑林俊

、工趙璜、都察院金獻民，數公中唯宏最下，雖有才，
心行險側。趙亦有才，而志欠端。金好利，然能守法。
林先幾首乞去。毛薨於位。彭、孫皆乞去。楊、喬以
大禮議起相繼去。蔣、毛亦去。於是宏為首相矣。喬去
，用羅欽順太宰，又用楊旦太宰，皆為陳洸所阻，乃用
廖、紀。紀用，盡逐楊、喬薦拔之人，引張、桂之黨。
廖去，用李成勳。成勳自南都來，道改法司，遂用桂為
太宰。張入內閣，於是公卿大臣旬月三更，有志節者
相率引去。在位者皆齪齪嗜利之徒。中間唯有胡世寧、
李成勳、伍文定皆在朝不久。王守仁竟不容其入朝，至

死猶誣以劇罪。」
按：所謂阻陽明入朝之「宰輔」，主要指楊廷和、費宏之流。國榷
卷五十二：「正德十六年九月甲子，召前太子太保、戶部尚書、武英
殿大學士費宏。……十月丙午，費宏入朝，仍直閣，進少保。」可見外
放陽明為南京兵部尚書、阻其入朝乃出楊廷和、費宏之謀。
二月十二日，父海日翁王華卒。金克厚為監廚，魏良器、王畿為司
庫，接待吊唁者。進封王華及竹軒公、槐里公為新建伯，趙氏封夫人。
錢德洪陽明先生年譜：「二月十二日己丑，海日翁年七十
，疾且革，時朝廷推論征藩之功，進封翁及竹軒、槐里
公，俱為新建伯。是日，部咨適至，翁聞使者已在門，

促先生及諸弟出迎，曰：『雖倉遽，烏可以廢禮？』問已成
禮，然後瞑目而逝。先生戒家人勿哭，加新冕服拖紳，
飭內外含襚諸具，始舉哀，一哭頓絕，病不能勝。
門人子弟紀喪，因才任使。以仙居金克厚謹恪，使監廚
。克厚出納品物惟謹，有不慎者追還之，內外井井。室
中齋食，百日後，令弟姪輩稍進乾肉，曰：『諸子豢養
習久，強其不能，是恣其作偽也。稍寬之，使之各求自
盡可也。』越俗宴吊，客必列餅糖，設文綺，烹鮮割肥，
以競豐侈，先生盡革之。惟遇高年遠客，素食中間肉二
器，曰：『齋素行於幕內，若使吊客同孝子食，非所以安

高年而酬賓旅也。」後甘泉先生來吊，見肉食不喜，遺書致責，先生引罪不辯。是年克厚與洪同貢於鄉，連舉進士，謂洪曰：「吾學得司廚而大益，且私之以科第。先生常謂學必操事而後實，誠至教也。」

陸深海日先生行狀：「壬午正月，勢轉劇。二月十二日己丑，終於正寢。享年七十有七。臨絶，神識精明，略無昏憒。時朝廷推論新建之功，進奉先生及竹軒、槐里，皆為新建伯。是日部咨適至，屬疾且革。先生聞使者已在門，促新建及諸弟曰：『雖倉遽，烏可以廢禮？』爾華必皆出迎。聞已成禮，然後偃然瞑目而逝。」

明儒學案卷十九江右王門學案四處士魏藥湖先生良器：「陽明有内喪，先生（魏良器）、龍溪（王畿）司庫，不厭煩縟。陽明曰：『二子可謂執事敬矣。』」

見素林俊遣使來祭，並有書來致歉。

見素續集卷十一祭上宰王海日公：「嘉靖紀元春仲，見素林某道杭，方修問於我上宰新建伯海日公，或告曰：『厭世矣。』於邑不自勝者累日，病不能赴也。走介以奠曰：嗚呼！物理忌完，世界恒閼。王自晉與謝相後先，福履之盛，古今一時矣。孰不有母公、母太夫人，彌百其壽。公瑟然舉首，歷上宰，長謝十餘年，時望八矣。

令子都憲公陽明擒王功，世其伯爵，玉帶麟袍，丹書鐵券，書生之極也。當時右軍殆未識此委，蓋以留餘造化；身有餘榮，朝有餘眷，而有餘思，所謂無憾者，非公誰耶？某忝通家，道義薰炙，悵舊德以永違，拜遺容其無日。嗚呼哀哉，尚饗！」

見素集卷二十三寄陽明：「執事道足濟美，學足開來，文足追古人，忠足以落奸賊，擒叛王。又得聖明新天子為之伸雪，以大取封拜，試思之古今有是耶？下風謹低拜矣。區區老以病，道建溪痰嗽二十餘日，形體為之瘦盡，過江尚有辭疏，道此不一會不拜尊翁老先生牀下何心

？幸諒，幸諒！蔡我齋又過家，故性猶在也，一笑！」

按：林俊乃正月赴召，二月過杭，因病未能赴紹興訪王華、陽明。見素集附録編年紀略：「嘉靖元年壬午，公年七十一。正月四日，公始赴召。舟次鎮江。」卷五請親大臣疏：「累辭未遂，強力登途……不謂至建寧而痰嗽大作，至臨清而風寒又作……」林俊此書約在舟次鎮江時所發。

木齋謝遷遣子來祭王華。

歸田稿卷三祭王龍山文：「惟公篤志力學，省魁殿元。列職詞苑，執經講筵。旋司邦禮，峻陟天官。勇退急流，優游故園。乃有賢子，繼志非凡。奇勳驟建，懋賞世延。貂蟬赫奕，寵賜駢蕃。天胡不憖，公逝溘先。某鄉曲宦途，與公周旋。迄於歸老，復締姻聯。悼傷之懷，其

何可言！執紼莫從，心旌徒懸。遣男致奠，涕淚潸然。尚饗！」

嶠亭方鵬來祭王華。

嶠亭存稿卷九祭座主太宰王公：「公以簡命，校士南畿。懸鑑持衡，鬼神臨之。不斐之文，誤蒙甄拔。公曰爾來，傳我衣鉢。及歸於朝，延譽縉紳。藉手見上，自謂得人。叨忝釋褐，公聞而喜。緘書教誡，有進毋止。茲蒞越城，公已上仙。未報恩私，我心缺然。何以報告？礲持晚節。仰高門墻，無敢自絕。公形歸土，公神在天。聿來顧歆，慰我勤惓。尚饗！」

按：據方鵬自撰方公鵬生壙志，方鵬嘉靖元年來任浙江布政司左參議，即祭文所云「茲蒞越城」也。

第1830頁

席書遣使來吊祭，有謝書。

王陽明全集卷二十一寄席元山：「某不孝，延禍先子，罪逆之深，自分無復比數於人。仁人君子尚未之知，憫念其舊，遠使存録，重以多儀，號慟拜辱，豈勝哀戚！伏惟執事長才偉志，上追古人，進德勇義，罕與儔匹。向見鳴寃録及承所寄道山書院記，蓋信道之篤，任道之勤，海內同志莫敢有望下風者矣，何幸何幸！不肖方在苦毒中，意所欲請者千萬，荒迷割裂，莫得其端緒。使還遽，臨疏昏塞，不盡所云。」

按：王陽明全集於此書題下注「癸未」作，乃誤。

席書有答書至，再論朱陸之學異同。

元山文選卷五與王陽明書五：「前在湖中奉書之時，不知太老先生值此大故。書時以便歸葬舍弟，緣是久稽奉慰。夫孝子之志，莫大乎尊親；尊親之志，莫大乎拜相封侯。執事於太老先生尊養之至，已無加矣。尚惟俯從禮制，無重哀毀，為天下蒼生之計，為吾道方來之計，是所祈也。江西之事，如日月皎然，而全軀保妻子之臣從而媒蘖其短，此不足怪。大抵功高不賞，從古為然，宜乎言者之紛紛也！然邪不勝正，歸正論者恒七八。執事處此，豈俟多言，宜再具疏，大略曰：言官論列，臣不

第1831-1頁

敢辯。茲惟大事仰仗天威，臣實無功，乞免爵封，以息群議。大意如此，字句不過十行，力疏三四而後已。則執事之道德，不可名言矣。近日讀孔孟者，為時大禁，聖明之世有此，可為嘆息！大學補傳，正以窮理字義不能為格物之訓，致起紛紛。今欲立為議論，以破他人之說，必先考詳字義，清切義理，穩當後可服人。正字訓，『格』出於尚書，孟子既不足訓，而文言學聚問辯字語無關，乃可為格訓乎？終篇率皆隨口附人之言。中庸繼志述事，槩論孝道如此。下文以祭祀之禮見武王、周公繼述之孝。今率意亂言，自謂破千古之疑。觀此議論，敢

望格致之門壁乎？可付一笑。據今佛老之書，尊其教，誦其言者，不聞刑律，而談孔孟者卻為時禁，為執事計者，守先王之道，以待後之學者而已。曩者聞報得侍同堂之末，自謂三生之幸；今雖不能旦夕親炙門下，尚獲使問往來。幸惟莫吝教言下懷，不勝幸甚！」

許相卿有書至，並遣使來祭。

許相卿雲村集卷四上王陽明先生書三：「某承乏諫省，深懼弗任。伏蒙不遺，賜之嘉貺，督以誨言，欣哉祗服，圖惟策厲，以無忝門人。不意先太宰奄爾薨逝，伏惟純孝至哀，何以堪處？竊冀強饘從制，以任斯道，以幸末學，以慰天下，切禱！某使事方羈，弗得奔慰，曷任憂戀！謹具香帛馳上，伏惟鑒納。不宣。」

按：書所云「賜之嘉貺，督以誨言」，即指陽明正德十六年九月所寄一書。（見前）

丁憂中，遠方同志日至，來問學者日眾，乃揭帖於壁。

王陽明全集卷八壁帖：「守仁鄙劣，無所知識，且在憂病奄奄中，故凡四方同志之辱臨者，皆不敢相見。或不得已而相見，亦不敢有所論說，各請歸而求諸孔孟之訓可矣。夫孔孟之訓，昭如日月。凡支離決裂，似是而非者，皆異說也。有志於聖人之學者，外孔孟之訓而他求，是舍日月之明而希光於螢爝之微也，不亦繆乎！有負遠來之情，聊此以謝。荒迷不次。」

時大禮議起，霍韜上大禮議，席書上大禮疏，皆以大禮議疏來呈請示。陽明是其大禮議說。

王陽明全集卷二十一與霍兀崖宮端：「往歲曾辱大禮議見

示，時方在哀疚，心善其說，而不較奉覆。既而元山亦有示，使者必求覆書，草草作答，意以所論良是。而典禮已成，當事者未必能改，言之徒益紛爭，不若姑相與講明於下，俟信從者衆，然後圖之。」

按：關於大禮議，陽明立場一開始便與張璁、桂萼、霍韜、席書、方獻夫同，今由此書灼然可見矣。錢德洪陽明先生年譜乃謂：「嘉靖三年八月，是時大禮議起……霍兀厓、席元山、黃宗賢、黃宗明先後皆以大禮問，竟不答。」乃非。（如陽明此書云「草作答，意以所論良是」，是分明作答也）茲以此書考之：按書云「時方在哀疚」，乃指嘉靖元年二月丁父憂。霍韜上大禮議在正

德十六年十月，明通鑑卷四十九：「正德十六年冬十月，毛澄等之考孝宗也，時兵部主事霍韜私為大禮議駁之。澄貽書相質難，韜上書力辨其非。已知澄意不可回，是月，韜上疏，其略言：廷議謂陛下以孝宗為父，興獻王為叔。考之古禮，則不合；質之聖賢之道，則不通；揆之今日之事體，則不順。儀禮喪服章云：『斬衰為所後者。』又云：『為人後者，為其父母報。』是于所後者無稱為父母文，而于本生父母又無改稱伯叔父母之云也。漢儒言：『為人後者，為之子。』果如其言，則漢宣帝當為昭帝後矣。然昭為從祖，宣為從孫，孫將謂祖為父，可乎？唐宣宗當為武宗後矣，然武宗姪而宣宗叔，叔反謂姪為父，可乎？是考之古禮則不合也。天下者，天下之

天下，非一人所得私也。孟子言舜為天子，瞽瞍殺人，皋陶執之，舜則竊負而逃。是父母重而天下輕也。若宋儒之說，則天下重而父母輕矣。是求之聖賢之道則不通也。武宗嗣位，十有六年，孝宗非無嗣也，今欲強陛下重為孝宗之嗣，是孝宗有兩嗣子，而武宗無嗣子，可乎？若曰武宗以兄固得享弟之祀，則孝宗獨不可以伯享姪之祀乎？既可越武宗而繼孝宗，獨不可并越孝宗直繼憲宗乎？武宗無嗣，無可如何矣。孝宗有嗣，復強繼其嗣，而絕興獻之嗣，是於孝宗無所益，而於興獻不大有損乎？是揆之今日之事體則不順也。……」（詳見明史卷一百九十七霍韜傳）席書上大禮疏則在嘉靖元年二月，明通鑑卷五十：「嘉靖元年二月壬寅，以巡撫湖廣副都御史席書為兵部

右侍郎……方書在湖廣，見中朝議大禮未定，揣上向張璁、霍韜，因獻議言：昔宋英宗以濮王第十三子出為人後，今上以興獻王長子入承大統。英宗入嗣，在袞衣臨御之時；今上入繼，在宮車晏駕之後。議者以陛下繼統武宗，仍為興獻帝之子，別立廟祀，張璁、霍韜之議，未為非也。今日議宜定號曰『皇考興獻帝』，別立廟大內，歲時祀太廟畢，仍祭以天子之禮，似或一道也。蓋別以廟祀，則大統正而昭穆不紊；隆以殊稱，則至愛篤而本支不淪。尊尊親親，並行不悖。至慈聖宜稱皇母某后，不可以『興獻』加之。獻，謚也，豈宜加於今日？議既具，會中朝競詆張璁為邪說，書懼不敢上，而密以示桂萼，萼然其議。」由此可見霍韜、

席書之將其大禮議、大禮疏遣使來呈陽明請示當在嘉靖元年二月。按前考席書正在二月遣使來吊祭，故席書大禮疏必即由此吊祭使帶來，陽明書中所云「使者必求覆書，草草作答，意以所論良是」，即指此吊祭使也。蓋陽明乃作兩書付吊祭使帶去，一即寄席元山（見前引），一即就大禮疏草草作答之書，今寄席元山一書猶存，而就大禮疏草草作答之書則亡佚矣。然寄席元山中分明云：「臨疏昏塞，不盡所云。」此「疏」即席書大禮疏也。

三月，湛甘泉偕西樵方獻夫、改齋王思過江來吊王華喪。

泉翁大全集卷七十二新泉問辯續錄：「吾元年同方西樵、王改齋過江吊喪，陽明曾親說：『我此學，途中小兒亦得行，不須讀書。』想是一時之言乎？未可知也。亦是吾後來見其學者說此，吾云：『吾與爾說好了，只加學問思辨篤行，如此致知便是了。』」同上，卷五十七奠王陽明先生文：「壬午暮春，予吊兄戚。云致良知，奚必古籍？如我之言，可行厮役。……」錢德洪陽明先生年譜：「二月，龍山公卒……後甘泉先生來吊，見肉食不喜，遺書致責。先生引罪不辯。」

按：改齋王思與甘泉湛若水皆在其時起復（翰林編修），同赴京經紹興來吊喪。國榷卷五十二：「正德十六年五月丙辰，再錄廢籍，翰林編修謝丕、王思……」「嘉靖元年五月己未，（潮州）合水驛丞王思還翰林編修。」鄒守益集卷二十一改齋王君墓志銘：「新天子改元，召諸以直諫謫罷者，咸復其位，乃改齋自三河入翰林。」湛甘泉、方西樵、王改齋至紹興之時間，據泉翁大全集卷四十一與韶守：「嘉靖元年春王正月十日，予以部檄北上過韶。」卷十八奠故大宗伯楓山章先生文：「維嘉靖改元年，歲次壬午，三月戊申朔，越初四日辛亥……」湛甘泉三月四日到蘭溪，則其到紹興約在三月中旬。

黃綰、應良起用赴京師，途經紹興來吊喪。黃綰正式執贄為門人。

錢德洪陽明先生年譜：「宗賢至嘉靖壬午春復執贄稱門人」。

錢德洪答論年譜書四：「黃久庵宗賢見師於京師，友也；再聞師學於越，師也，非友也，遂退執弟子禮。」

泉翁大全集卷十七贈石龍黃宗賢赴南臺序：「石龍黃子蚤志聖賢之學，前為後軍都事，與陽明子、甘泉子友。三人者解官遷轉，各別十年矣。嘉靖繼統，與甘泉子並起廢至京師。石龍子遷南臺經歷，後軍俞君請曰：『宗賢與子有同志之雅，宜為我有贈言；否則，無以酬置亭待二子之意也。』甘泉子辭曰：『吾與宗賢期默成於道矣，惡乎言？』再至而再辭焉。既而應君元忠、黃君才伯請曰：『黃子與子有同志之雅，宜為吾同志有贈言。』甘泉子辭之，如辭俞君。既而王君公弼、歐君崇一、蕭君子鳴、錢君如沖、鄭君室甫，聯王君、虞君、金君（克厚）、太常李君、廷評陸君、職方梁君（焯）、秋官陸君（澄）、太史鄒君（守益）、春官陳君、韋君、黃君、魏君（良弼）、陳君、二薛君（薛侃、薛宗鎧）、傅君、應君（典）、吳君之名，申應、黃之請。辭不可，乃言之曰：『夫學，覺而已矣。伊尹，天民之先覺也。』」

黃綰集卷二十八祭實翁先生文：「於乎！我公以宏才厚德，自布衣魁天下，為時元老，享有壽考。而又篤生令子，以聖人之學繼往躅，開來裔，以濟時艱，功存社稷，福及生民。頌仰天地，能幾如之？綰從游令子，感淑恩私。於公之逝，傷痛如何！一卮薄酬，物菲情悲。於乎，尚饗！」

按：錢德洪云黃綰嘉靖元年春來越見陽明，並執贄為門人，本自分明，蓋為錢德洪所親見也。今有人無端否定錢德洪之說，而推定黃綰乃正德十六年九月至越訪陽明，其說誤甚。湛甘泉序分明云嘉靖元年，黃綰「與甘泉子並起廢至京師」，湛甘泉嘉靖元年三月至越來吊喪，則黃綰亦於嘉靖元年三月至越來吊喪明矣。觀黃綰祭文云「一卮薄酬，物菲情悲」，可見其乃是親來越吊祭，云「綰從游令子，感淑恩私」，亦自確認為是陽明門人矣。蓋黃綰、應良亦皆在嘉靖元年初起用（與湛甘泉同時），兩人同時赴京師，先途經紹興來吊喪，然後再北上入京。李一清黃公綰行狀云：「家居幾十年。恭遇先帝龍飛，詔徵遺逸。時朱公節特疏薦公志專正道，素行慊於輿情；心存王佐，學術明於澤物。起陞南京都察院經歷。」（國朝獻徵錄卷三十四）光緒仙居縣志卷十三應良傳：「世宗嗣統，御史朱節、吳華、陳察交薦之，起很田間，授編修。」均是謂黃綰、應良於嘉靖元年起用。湛甘泉此序作於嘉靖二年，從中可見黃綰、應良來越吊喪後即赴京師。今考陽明寄尚謙云：「原中（即應良）、宗賢（即黃綰）、誠甫（即黃宗明）前後去……聞已授職大行……」此書作在嘉靖元年四月（見下，時薛侃在京任行人），所謂「原中、宗賢、誠甫前後去」，即指黃綰、應良在三月來越弔喪後，皆即北上入京。又陽明與陸原靜書二亦云：「今原中、宗賢二君復往，諸君更相與細心體究一番。」（王陽明全集卷五）此書作於嘉靖元年九月（見下，王陽明全集於此書題下明著「壬午」作），陸澄時在京任職，可見黃綰、應良在三月來越弔喪後確赴京師。總之，黃綰、應良在嘉靖元年三月來越見陽明確鑿無疑，錢德洪所述不誤也。

1838頁

黃宗明亦來越問學。

按：前引陽明寄尚謙云「原中、宗賢、誠甫前後去」，可見黃宗明與黃綰、應良同在三月來越問學，後又同赴京師。蓋黃宗明亦在其時起用，霍韜致齋黃公宗明神道碑云：「黃致齋，諱宗明，字誠甫……告病歸寶巖山中。辛巳，陞工部屯田郎中，不起。癸未，補南京刑部四川司郎中。」（國朝獻徵錄卷三十五）其說含混不明，實則黃宗明在嘉靖元年春嘗起用一出赴京，神道碑有意隱去其事。黃宗明為鄞人，其赴京必經紹興也。

王艮來越問學，助搆書院以接待四方學者。旋作鰍鱔賦別陽明，又自製蒲輪入京。

董燧王心齋先生年譜：「嘉靖元年壬午，先生四十歲。時陽明公以外艱家居，四方學者日聚其門，道院僧房至不能容。於是先生為搆書院調度，館穀以居，而鼓舞開導，多委曲其間，然猶以未能徧及天下。一日，入告陽明公曰：『千載絕學，天啟吾師倡之，可使天下有不及聞此學者乎？』因問孔子當時周流天下，車制何如，陽明公笑而不答。既辭歸，製一蒲輪，標其上曰：『天下一個，萬物一體。入山林求會隱逸，過市井啟發愚蒙。遵聖道天地弗違，致良知鬼神莫測。欲同天下人為善，無此招搖做不通。知我者，其惟此行乎？罪我者，其惟此行乎？』於是作鰍鱔賦。沿途聚講，直抵京師。」

第1839頁

王心齋先生遺集王艮雜著鰍鱔賦：「道人閑行於市，偶見肆前育鱔一缸，覆壓纏繞，奄奄然若死之狀。忽見一鰍從中而出，或上或下，或左或右，忽前忽後，周流不息，變動不居，若神龍然。其鱔因鰍得以轉身通氣，而有生意。是轉鱔之身，通鱔之氣，存鱔之生者，皆鰍之功也。雖然，亦鰍之樂也，非專為憫此鱔而然，亦非為望此鱔之報而然，自率其性而已耳。於是道人有感，喟然嘆曰：『吾與同類并育於天地之間，得非若鰍鱔之同育於此缸乎？吾聞大丈夫以天地萬物為一體，為天地立心，為生民立命，幾不在茲乎？」遂思整車束裝，慨然有周流四方之志。少頃，忽見風雲雷雨交作，其鰍乘勢躍入天河，投於大海，悠然而逝，縱橫自在，快樂無邊。回視樊籠之鱔，思將有以救之，奮身化龍，復作雷雨，傾滿鱔缸。於是纏繞覆壓者，皆欣欣然有生意。俟其甦醒，精神同歸於長江大海矣。道人欣然就車而行。或謂道人曰：「將入樊籠乎？」曰：「否。吾豈匏瓜也哉，焉能繫而不食？」「將高飛遠舉乎？」曰：「否。吾非斯人之徒而誰與？」「然則如之何？」曰：「雖不離於物，亦不囿於物也。」因詩以示之曰：「一旦春來不自由，遍行天下壯皇州。有朝物化天人

和，麟鳳歸來堯舜秋。」

按：心齋此賦乃為其北上入京、遍行天下而作，是以「鰍」（神龍）隱喻陽明，以「道人」自況，欲效法當年孔子周遊列國行道，遍行天下播灑陽明「良知」雨露。祗因其行事怪異，過於乖張招搖，卒不為陽明首肯也。詩云「一旦春來不自由，遍行天下壯皇州」，可見心齋辭別陽明北上入都在春三月末。

周衝遣門人米子榮遞書來問良知之學，有答書詳論。

傳習錄卷中啟問道通書：「吳、曾兩生至，備道道通懇切為道之意，殊慰相念。若道通，真可謂篤信好學者矣。憂病中會，不能與兩生細論，然兩生亦自有志向肯用功

者，每見輒覺有進，在區區誠不能無負於兩生之遠來，在生則亦庶幾無負其遠來之意矣。臨別以此冊（按：指傳習錄）致道通意，請書數語，荒憒無可言者，輒以道通來書中所問數節，略下轉語奉酬。草草殊不詳細，兩生當亦自能口悉也。……來書云：『凡學者纔曉得做工夫，便要識認得聖人氣象。蓋認得聖人氣象，把做準的，乃就實地做工夫去，纔不會差，纔是作聖工夫。未知是否？』先認聖人氣象，昔人嘗有是言矣，然亦欠有頭腦。聖人氣象自是聖人的，我從何處識認？若不就自己良知上真切體認，如以無星之稱而權輕重，未開之鏡而照

妍媸，真所謂以小人之腹而度君子之心矣。聖人氣象何由認得？自己良知原與聖人一般，若體認得自己良知明白，即聖人氣象不在聖人而在我矣。……來書云：『事上磨煉，一日之內不管有事無事，只是一意培養本原。若遇事來感，或自己有感，心上既有覺，安可謂無事？但因事凝心一會，大段覺得事理當如此，只如無事處之，盡吾心而已。然乃有處得善與未善，何也？又或事來得多，須要次第與處，每因才力不足，輒為所困，雖極力扶起，而精神已覺衰弱。遇此未免要十分退省，寧不了事，不可以不加培養。如何？』所說工夫，就道通分上也只

是如此用，然未免有出入。在凡人為學，終身只為這一事，自少至老，自朝至暮，不論有事無事，只是做得這一件，所謂「必有事焉」者也。若說寧不了事，不可不加培養，却是尚為兩事也。必有事焉而勿忘勿助，事物之來，但盡吾心之良知以應之，所謂「忠恕違道不遠」矣。凡處得有善有未善，及有困頓失次之患者，皆是牽於毀譽得喪，不能實致其良知耳。若能實致其良知，然後見得平日所謂善者未必是善，所謂未善者却恐正是牽於毀譽得喪，自賊其良知者也。來書云：「致知之說，春間再承誨益，已頗知用力，覺得比舊尤為簡易。但鄙心則謂與初

第1842頁

學言之，還須帶格物意思，使之知下手處。本來致知格物一併下，但在初學，未知下手用功，還說與格物，方曉得致知云云。」格物是致知工夫，知得致知，便已知得格物。若是未知格物，則是致知工夫亦未嘗知也。近有一書與友人論此頗悉，今往一通，細觀之當自見矣。來書云：「今之為朱陸之辨者尚未已，每對朋友言正學不明已久，且不須枉費心力為朱陸爭是非，只依先生『立志』二字點化人；若其人果能辨得此志來，決意要知此學，已是大段明白了，朱陸雖不辨，彼自能覺得。又嘗見朋友中見有人議先生之言者，輒為動氣。昔在朱、陸二先生

所以遺後世紛紛之議者，亦見二先生工夫有未純熟，分明亦有動氣之病，若明道則無此矣。觀其與吳涉禮論介甫之學，云：『為我盡達諸介甫，不有益於他，必有益於我也。』氣象何等從容！嘗見先生與人書中亦引此言，願朋友皆如此。如何？」此節議論得極是極是，願道通遍以告於同志，各自且論自己是非，莫論朱陸是非也。以言語謗人，其謗淺，若自己不能身體實踐，而徒入耳出口，呶呶度日，是身謗也，其謗深矣。凡今天下之論議我者，苟能取以為善，皆是砥礪切磋我也，則在我無非警惕修省進德之地矣。昔人謂「攻吾之短者是吾師」，師又

第1843頁

可惡乎？……」

按：書中所云「憂病中」、「荒憒」，乃指丁憂，在嘉靖元年二月以後也。泉翁大全集卷六十明唐府紀善進長史俸靜菴周君墓碑銘云：「庚辰（正德十五年），用御史徐讚薦，銓授湖廣應城縣令……嘉靖壬午，當道疏君耳疾，銓司改邵武教授。其教如萬安加密焉。……在萬安，聞陽明王先生講道於虔，亟往受業，聞求心致良知之說……自應城之京，復受學於甘泉湛先生，聞隨處體認天理之要。之邵武，授諸生以二先生之學，信從者衆。嘗遣門人米子榮輩質疑陽明，問答具傳習錄中。」據此，知陽明此書所云「吳、曾兩生」及「米子榮」皆為應城縣學諸生。書旨

中云「春間再承誨益」，則是先是初春二人嘗有書札往返，後周衝遣朱子榮遞書來問學，陽明未即作答。至周衝再遣吳、曾二生至，陽明乃作此答書也。書中所云「近有一書與友人論此頗悉」，即指傳習錄中答陸原靜書二。蓋此答陸澄書與答周衝書皆在詳論致良知之學，意義重大，故一併收入傳習錄中，蓋有深意焉。

唐龍乞休歸蘭溪，建春暉堂奉母。作春暉堂詩賀之。

陽明春暉堂：「春日出東海，照見堂上萱。遊子萬里歸，斑衣戲堂前。春日熙熙萱更好，萱花長春春不老。森森蘭玉氣正芬，翳翳桑榆景猶早。忘憂願母長若萱，報德兒心苦於草。君不見，柏臺白晝飛清霜，到處草木皆生光。若非堂上春暉好，安能肅殺迴春陽？」（萬曆蘭溪縣志卷十七下）

倪小野先生全集卷四春暉堂為唐侍御虞佐題：「春暉堂，畫錦日，蒼顏阿母眼如漆。鳳冠峨峨德在躬，豸繡煌煌歡繞膝。憶昔春暉涕淚前，呱呱兒女啼相牽。冰霜不廢孟母織，風雨時頌共姜篇。念茲冰霜與風雨，一朝消盡春暉吐。芳菲景畱三月花，翱翔輝動五雲羽。春暉之草植瓊園，拂天枝葉華且繁。報答春心應不盡，長養至德難具論。春暉堂下南山好，玉燭長調春不老。一年一回驄馬道，年年感此春暉草。」

第1844頁

按：春暉堂在蘭溪城中唐龍宅內。嘉慶蘭溪縣志卷十六：「春暉堂，城中，唐龍建。紹興太史董玘有記。」萬曆蘭溪縣志卷六載有董玘春暉堂記云：「予友侍御蘭溪唐君，嘗作堂為奉母之所，名之曰『春暉』之堂，而求記於予。且曰：『吾母之歸，值吾家貧甚。事吾大父母，拮据為養，簪珥貿鬻且盡，無怨言。先君治家嗃嗃，常曲為婉順，教吾兄弟，劬勞尤甚。聞有善行則喜，小有過則怒。蓋吾里中稱父賢者，必曰先君；稱母賢者，必及吾母。今春秋六十，康強無恙。』君清修好學，抱用世之志。初為鄞令，守城捍患，民尸祝之。按鎮及江右察舉撫安，知無不言，言無不盡，其名迹所起，固將有天下之任者，予故舉仁孝之說以為之記。」董玘記稱唐龍為「侍御」，並云其在「江右察舉撫安」後歸蘭溪作春暉堂養母。陽明此詩云「柏臺白晝飛清霜」，柏臺即御史臺，亦是稱唐龍以御史歸養老母。

按唐龍於正德十五年以御史來巡按江西（見前），國榷中自正德十五年起筆筆記述巡按江西御史唐龍巡按事，記述至正德十六年十一月突然中止：「正德十六年十一月戊午，故翰林院修撰羅倫，贈左春坊左諭德，謚文毅。御史唐龍之請。」此後再無敘述御史唐龍事，此顯然是唐龍在十二月後已乞休養母歸蘭溪。

唐龍忽於此時乞歸自有原因，先是陽明在正德十六年五月所上

第1845頁

劉平安義叛黨疏中云：「巡撫御史唐龍……論各勞績，皆宜旌録。」然至正德十六年十一月丁巳下詔獎陞平宸濠立功人員，中無唐龍其人，此顯是唐龍在巡按江西中因「知無不言，言無不盡」，多有奏劾，得罪朝中宰輔貴幸，遂遭遇與謝源、伍希儒同樣命運，不得賞功陞職，被迫乞休歸養。徐階唐龍墓志銘叙述唐龍巡按江西語焉不詳，忽然打住，一下子跳到叙述嘉靖五年事，中間留下大段空白（明史本傳同），顯是有意隱却此一段事實真相。大致可以肯定唐龍確在正德十六年十二月乞養老母歸休，於次年嘉靖元年春修建成春暉堂奉母，陽明遂在其時寫去此詩，蓋亦有賀唐龍母六十壽辰之意也。以倪小野詩云「芳菲景留三月花」，則在三月也。

四月，應良、黄綰、黄宗明皆北上赴京師，攜陽明書傳致行人薛侃。

陽明先生文録卷二寄薛尚謙：「原中、宗賢、誠甫前後去，所欲言者，想已皆能口悉。士鳴、崇一諸友咸集京師，一時同志聚會之盛，可想而知。但時方多諱，伊川所謂『小利貞』者，其斯之謂歟？道不同不相為謀，而仁者愛物之誠，又自有不容已者，要在默而成之，不言而信耳。困心衡慮，以堅淬其志節；動心忍性，以增益其不能。自古聖賢，未有不如此而能有立於天下者也。聞已授職大行，南差得便，後會或可有期。因便草草，言無倫次」。

按：前考薛侃在正德十六年十二月北上赴京，其授職行人則在嘉靖元年二、三月間。黄綰、應良、黄宗明在三月中旬來越問學，北上赴京已在四月。由此可知陽明此書當作在四月中。書中所言「士鳴」即楊鸞，「崇一」即歐陽德。按陽明與陸原靜書二有云：「近日楊仕鳴來過，亦嘗一及（致知之説），頗為詳悉。」是書作於嘉靖元年九月（見下），可見楊鸞亦在三月來越問學，後隨湛甘泉赴京師。陽明弟子及湛甘泉弟子其時多往聚京師，其聚會之盛猶可從湛甘泉贈石龍黄宗賢赴南臺序中見。蓋自世宗即位，一時有新君更化氣象，陽明與甘泉弟子多誤以為「大利貞」時到來，可以有所作為，皆往京師。陽明此札意在警告弟子「時方多譁」，亦不過是「小利貞」之時，還須動心忍性，淬礪其志，可謂卓識。

五月，周衝改授邵武教授，赴任途經紹興來問學，討論易學。别後陽明有答書。

陽明與周道通書一：「古易近時已有刻者，雖與道通所留微有不同，口口無大不相遠。中間盡有合商量處，愛病中情思未能及，且請勿遽刊刻，俟二三年後，道益加進，乃徐議之，如何？易者，吾心之陰陽動静也；動静不失其時，易在我矣。自强不息，所以致其功也。孔子云：『五十以學易，可以無大過矣』。今以道通之年計之，非在學易之時，恐未宜汲汲於是也。道通在諸友最為温雅近實，乃亦馳騖於此等不急之事，疑未之思歟，盛价去，昏憒草草，莫既所懷，千萬心亮！守仁拜手，道通郡博道契文侍。」（日本天理圖書館藏王陽明先生小像附尺牘）

按：陽明書稱「道通郡博」，指周衝任邵武教授。湛甘泉周道通墓碑銘云：「嘉靖壬午，當道疏君耳疾，銓司改邵武教授……乙

酉，進唐府紀善。」按周衝正德十六年已以耳疾遭劾，湛甘泉奠唐府紀善周道通文云：「辛巳之歲，因兄道明，見予京師，矢言適道，有疾其驅。繼而教授邵武。」湛甘泉三月入京師，周衝約在四月亦赴京師，改授邵武教授。其赴邵武任經紹興見陽明則約在五月中。其特攜古易來越，留古易以就教於陽明，即此書中所云「與道通所留微有不同……中間盡有合商量處」。（按：此古易本疑即湛甘泉所定）

六月四日，上疏乞恩表揚先德，請為父王華䘏典賜謚。禮部尚書毛澄摘王華科場除事不允。

王陽明全集卷二十八乞恩表揚先德疏：「竊照臣父致仕南京吏部尚書王華，以今年二月十二日病故。臣時初喪荼苦，氣息奄奄，不省人事。有司以臣父忝在大臣之列，特為奏聞，兼乞葬祭贈謚。事下，該部以臣父為禮部侍郎時，嘗為言官所論，謂臣父於暮夜受金而自首，清議難明；承朝廷遣告而乞歸，誠意安在？又為南京吏部尚書時，因禮部尚書李傑乞恩認罪回話事，奉欽依李傑、王華彼時共同商議，如何獨言張昇，顯是飾詞。本當重治，姑從輕，都著致仕。伏遇聖慈，覆載寬容，不輕絶物。然猶賜之葬祭，感激浩蕩之恩，闔門粉骨，無以為報。竊念臣父始得暗投之金，若固使其時秘而不宣，人誰

知者？而必以自首，其於心迹，可謂清矣。乞便道省毋，於既行祭告之後，其於遣祀之誠，自無妨矣。當時論者不察其詳，而輒以為言。臣父蓋嘗具本六乞退休，請究其事。當時朝廷特為暴白，屢賜温言，慰諭勉留，其事固已明白久矣。乃不意身沒之後，而尚以此為罪也，臣切痛之。正德初年，逆瑾肇亂，威行中外。其時臣為兵部主事，因瑾綁拿科道官員，臣不勝憤，斥瑾罪惡。瑾怒臣，因而怒及臣父。既而使人諷臣父，令出其門。臣父不往，瑾益怒。然臣父乃無可加之罪，後遂推尋禮部舊事，與臣父無干者，因傳旨并令臣父致仕，以泄

其怒。此則臣父以守正不阿，觸忤權奸，而為所擯抑，人皆知之，人皆冤之。乃不知身沒之後，而反以此為訾也，臣尤痛之。臣父以一甲進士，授官翰林院修撰，歷陞春坊諭德，翰林院學士，詹事府少詹事，禮部侍郎，南京吏部尚書。其間充經筵官，經筵講官，又選充東宮輔導官，東宮講讀官，與修憲廟實録及大明會典、通鑑纂要等書，積勞久而被遇深矣。故事，侍從日講輔導等官，身沒之後，類得優以殊恩，榮以美謚。而臣父獨以無實之謗，不附權奸之義，生被誣抑，而沒有餘恥，此臣之所以割心痛骨，不得不從陛下而求一表暴者也。夫人

子之孝，莫大於顯親；其不孝亦莫大於辱親。臣以犬馬微勞，躐至卿位。故事，在卿佐之列者，親沒之後，皆得為之乞請恩典。臣今未敢有所陳乞以求顯其親，而反以無實之詬辱其親於身沒之後，不孝之罪，復何以自立於天地間乎！此臣之所尤割心痛骨，不得不從陛下而求一表暴者也。臣自去歲乞恩便道歸省，陛下垂憫烏鳥，且念臣父係侍從舊臣，特推非常之恩，賜之存問。臣父先於正德九年嘗蒙朝廷推恩進階，臣伏睹制詞有云：「直道見沮於權奸，晚節遂安於靜退。」則當時先帝固已洞知臣父之枉矣。臣又伏睹陛下即位詔書，內開：「自弘治

十八年五月十八日以後，大小官員有因忠直諫諍，及守正被害去任等項，各該衙門備查奏請，大臣量進階級，并與應得恩廕。」臣父以守正觸怒逆瑾，無故被害去任，此固恩詔之所憫録，正在量進階級之列。臣父既恥於自陳，而有司又未為奏請，乃今身沒之後，而反猶以為詬，臣竊自傷痛其無以自明也。臣父中遭屈抑，晚遇聖明，庶幾沐浴恩澤，以一雪其拂鬱。而忽復逝矣，豈不痛哉！今又反以為辱，豈不冤哉！臣又查得先年吏部尚書馬文昇、屠滽等，皆嘗屢被論劾，其後朝廷推原其事，卒賜之以贈謚。臣父才猷雖或不逮於二臣，而無故被誣

，實有深於二臣者。惟陛下矜而察之。臣以功微賞重，深憂覆敗，方兩冒死辭免封爵，前後恩典，已懼不克勝荷。故於臣父之沒，斷已不敢更有乞請。乃不意蒙此誣辱，臣又安能含羞飲泣，不為臣父一致其辯乎？夫人臣之於國也，主辱則臣死；子至於父也，亦然。今臣父辱矣，臣何以生為哉！夫朝廷恩典，所以報有功而彰有德，豈下臣所敢倖乞？顧臣父被無實之恥於身後，陛下不為一明其事，自此播之天下，傳之後代，孝子慈孫，將有所不能改，而臣父之目不瞑於地下矣，豈不冤哉！夫飾非以欺上者，不忠；矯辭以誣於世者，無恥，亦所以為不孝。若使臣父果有纖毫可愧於心，而臣乃為之文飾矯誣以欺陛下，以罔天下後世，縱幸逃於國憲，天地鬼神實臨殛之。臣雖庸劣之甚，不忠無恥之事，義不忍為也。惟陛下哀而察之。臣不勝含哀抱痛，戰慄惶懼，激切控籲之至，謹具本令舍人王宗海代齎奏聞，伏候敕旨。」

國榷卷五十二：「嘉靖元年六月己卯，前南京吏部尚書王華卒……有司請卹。子守仁平逆濠功，封新建伯，贈如子爵。華才識宏達，操持堅定。逆瑾用事時，諷使就見，不往。其大節如此。又吏禮部毛澄。澄摘其科場陰事

第1852頁

，竟不許。」

黃景昉國史唯疑卷六：「毛文簡澄位宗伯，會南冢卿王華卒，請卹典賜名。毛摘其科場陰事，堅不予。陽明先生大慚恨，貽書曰：『主辱臣死，親猶君也，執事辱先君至此，守仁可以死矣。』王視毛同鼎元尚書，且其子勳名方盛，生徒滿天下，何靳一謚？毛曰：『我所知，惟禮與法，他勿問。』時怵其峻。」

按：吏部（毛澄）所劾王華任禮部侍郎時暮夜受金事與任南京吏部尚書時與李傑同罷事，一在弘治十八年，一在正德二年。國榷卷四十五：「弘治十八年六月庚辰，科道交劾禮部右侍郎王華典文招議，太常寺卿兼翰林學士張元禎奸貪附勢……應天府丞李堂奔競轉官，丁憂太僕少卿陳大章貪聲素著，俱宜罷斥。上不問。……七月乙酉，科道再劾王華、張元禎等，皆公論之不與，不宜曲賜優容，自損治體。下所司。」又卷四十六：「正德二年九月辛酉，初，晉莊王世子奇源，世孫表榮，俱早薨，先帝追封奇源靖王，表榮懷王，靖王餘子表槺、表栶、表栚、表栺皆封鎮國將軍，至是求進郡王。禮部尚書李傑等難之。廷議，先年周悼王庶子睦棟等乞加封，先帝未許，然父既追封，其子加封亦宜。遂封表槺等王爵，而詰所寢睦棟之封，出前禮部尚書張昇，詔奪散官廩役，并前侍郎、今南京吏部尚書王華與傑俱

第1853頁

罷，司官降謫有差。」按王華被劾二事確如陽明所云在當時朝廷已與暴白，明辨其誣。然因楊廷和（忌陽明功者）、毛澄（崇朱學者）初嘗參與劾王華，故後來當地方有司上吏部乞為王華葬祭贈謚，奏疏落入楊廷和、毛澄之手，其必然要借故沮抑也。據明世宗實錄卷十五云：「嘉靖元年六月己卯，南京吏部尚書王華……浙江餘姚人，成化辛丑進士及第，授翰林院修撰，預修憲廟實錄，進春坊諭德，充經筵日講官。選侍東宮講讀，陞翰林院學士，主考兩京鄉試。陞詹事府少詹事，教習庶吉士，預修資治通鑑纂要。陞禮部侍郎，南京吏部尚書，忤逆瑾，傳奉致仕。家居十餘年，卒。子守仁平逆有功，封新建伯，贈華如子爵。至是浙江布政司官為華奏乞卹典，命給祭葬如例。」可知此事卒因毛澄再上奏，摭拾王華科場隱事，朝廷終只賜王華祭葬，而不與贈謚也。

毛澄所摘王華科場隱事，向來不明。今按施顯卿奇聞類記卷三得柬擬魁：「國朝成化辛丑科，山東劉珝在內閣，其西席乃餘姚黃珣也。一日，劉使其子送柬於黃曰：『漢七制，唐三宗，宋遠過漢唐者八事，亦可出乎？』黃答曰：『但刻本常有之。』蓋劉之意，欲西席詳考，答策擬魁，而黃則未盡領會也。他日，黃之鄉里王華來訪，見案間此柬，意或謂廷試策問也，歸即操筆成篇。至日果問此策，王遂大魁天下，而黃居第二。黃固不當洩漏此柬，而劉亦不意為他人所得也。此與東坡送柬與李方叔而為二章所得事頗相類。」又黃景昉國史唯疑卷四：「王華將廷試，偶書宋朝家法過漢八事於扇，或送朱希周、朱鑑，曰：『司馬公五規不可不讀也。』制策各以為問，兩公擢第一。大科名人遭遇非偶，先輩屢精詳於度數之學，故實諳多。」顧鼎臣明狀元圖考：「狀元王華……華家素貧，嘗訪親於杭，同舟有五庠生講論，華哂之。庠生怪問，華破其講非是。眾初甚忽之，及聞其言，遂加敬，延於家教授，四方爭延講禮經。偶書宋朝家法過漢唐八事於扇，及殿試，命是題，敷衍詳悉，擢第一。」黃宗羲姚江逸詩卷五：「黃珣……太宰未遇時，授館於大學士劉珝。一日，珝書三宗七制事問之。同邑王華來訪，案上見此，遂默記而回。及殿試所問，即此事也。兩人條對詳明，連名及第。」

據此，王華、黃珣之中狀元、榜眼被疑有「作弊」之嫌。海日先生行狀云：「有以同年友事誣毀先生於朝者，人咸勸先生一白。先生曰：『某吾同年友，若白之，是我訐其友矣。是焉能浼我哉？』竟不辨。後新建復官京師，聞士夫之論，具本奏辨。先生聞之，即馳書止之曰：『是以為吾平生之大恥乎？吾本無可恥，今乃無故而攻發其友之陰私，是反為吾求一大恥矣。』人謂汝智於吾，吾不信也。」乃不復辨。」按此「同年友」應即黃珣，可見早在毛澄之前，已有人摘科場隱事以攻王華、黃珣矣。

有札致兵部尚書彭澤，懇為父王華表白辨誣。

王陽明全集卷二十一上彭幸庵：「不孝延禍先子，自惟罪逆深重，久擯絕於大賢君子之門矣。然猶強息忍死，未即殞滅，又復有所控籲者。痛惟先子平生孝友剛直，言行一出其心之誠然，而無所飾於其外。與人不為邊幅，而至於當大義，臨大節，則毅然奮卓而不可回奪。忝從大夫之後，逮事先朝，亦既屢被知遇，中遭逆瑾之變，

退伏田野。忠貞之志，抑而不申。近幸中興之會，聖君賢相方興振廢起舊，以發舒幽枉，而先子則長已矣。德蘊壅閼而未宣，終將泯滅於俗，豈不痛哉！伏惟執事才德勳烈動一世，忠貞之節，剛大之氣，屹然獨峙，百撼不搖，真足以廉頑而立懦。天子求舊圖新，復起以相，海內仰望其風采，凡天下之韜伏埋滯，窒而求通，曲而求直者，莫不延頸跂足，望下風而奔訴。況先子素辱知與，不肖孤亦嘗受教於門下，近者又蒙為之刷垢雪穢，謬承推引之恩，蓋不一而足者，反自疏外，不一以其情為請，是委先子於溝壑，而重棄於大賢君子也，不孝之罪不滋為甚歟？先子之沒，有司以贈謚乞，非執事之憫之也，而為之一表白焉，其敢覬覦於萬一乎？荒迷懇迫，不自知其僭罔瀆冒，死罪死罪！」

按：世宗即位，彭澤拜徵為太子太保、兵部尚書，清理平宸濠功陞賞人員事，即此書所云「近者又蒙為之刷垢雪穢，謬承推引之恩」。所謂「又復有所控籲者」，即指陽明上此乞恩表揚先德疏，蓋此疏與此書同時由舍人王宗海齎往京師也。

陳鼎卒，作文祭之。

王陽明全集卷二十五祭文相文：「嗚呼！文相邁往直前之氣，足以振頹靡而起退懦；通敏果絕之才，足以應煩劇

而解紛拏；激昂奮迅之談，足以破支離而折多口。此文相之所以超然特出乎等夷，而世之人亦方以是而稱文相者也。然吾之所望於文相，則又寧止於是而已乎！與文相别數年矣，去歲始復於江滸。握手半日之談，豁然遂破百年之惑，一何快也！吾方日望文相反其邁往直前之氣，以内充其寬裕温厚之仁；斂其通敏果决之才，以自昭其文理密察之智；收其奮迅激昂之辯，以自全其發強剛毅之德。固將日趨於和平而大會於中正，斯乃聖賢之德之歸矣，豈徒文章氣節之士而已乎！惜乎，吾見其進而未見其止也！一疾奄逝，豈不痛哉！聞訃實欲渡江一慟

第1858頁

，以舒永訣之哀。暑病且亢，欲往不能。臨風長號，有淚如雨。嗚呼文相，予復何言！」

按：陳鼎於正德十六年起復爲陜西右參議，掖垣人鑑卷十二：「陳鼎……十六年奉詔起原職，尋陞陜西右參議。仕終應天府尹，卒於官。」據國榷卷五十二：「嘉靖元年二月甲辰，盧氏淅川盗起，流劫商南。右參議陳鼎平之。」陳鼎當是在二、三月平定盧氏亂後陞應天府，未赴任病卒。陽明此祭文云「暑病且亢」，則在夏五、六月中。

七月三日，餘姚嚴時泰遣人送來賀儀，有書致謝。

陽明致嚴應階書：「孤不孝，延禍先子，遠承吊慰，豈勝哀感。逆惡之人，未即殞滅，微功重賞，適多其罪，詎足以言賀耶！禮意敬復，誠不敢當。使者堅不可拒，登拜悚仄，荒迷中莫知所以爲謝。伏塊拉淚，草草不次。孤守仁稽顙疏，應階嚴大人道契文侍。七月三日。餘空」。（王望霖天香樓藏帖卷一王守仁與嚴應階書，今有手迹刻石存上虞市曹娥廟）

按：嚴應階即嚴時泰，號傑山，餘姚人，與陽明早識。其正德六年舉進士，或亦出陽明所録取。國朝獻徵録卷五十三有應大猷嚴時泰行狀云：「公諱時泰，字應階，漢子陵裔，世爲餘姚人。登正德辛未進士，筮仕溧陽……授南京江西道御史，以臧畹例改鎮江府同知，轉福建鹺司……」嚴時泰任南京江西道御史與鎮江府同知時，陽明亦在南京任職，兩人當有密切往來。至嘉靖元年王華卒，嚴時泰在百日後來吊，歸即遣人送來賀儀，乃賀陽明封爵陞官，故陽明此書云「微功重賞，適多其罪，詎足以言賀耶」。

第1859頁

致書京口楊一清，懇爲父王華作墓銘。

王陽明全集卷二十一寄楊邃庵閣老：「孤聞之，昔古之君子之葬其親也，必求名世大賢君子之言，以圖其不朽。然而大賢君子之生，不數數於世，固有世有其人而不獲同其時者矣；又有同其時而限於勢分，無由自通於門

墻之下者矣。則夫圖不朽於斯人者，不亦難乎！痛惟先君宅心制行，庶亦無愧於古人，雖已忝在公卿之後，而遭時未久，志未大行，道未大明，取嫉權奸，斂德而歸，今則復長已矣。不孝孤將以是歲之冬舉葬事，圖所以為不朽者，惟墓石之誌為重。伏惟明公道德文章，師表一世；言論政烈，儀刑百辟。求之昔人，蓋歐陽文忠、范文正、韓魏公其人也。所謂名世之大賢君子，非明公其誰歟？不幸而生不同時也，則亦已矣；幸而猶及，在後進之末，雖明公固所不屑，揮之門墻之外，猶將冒昧強顏而入焉。況先君素辱知與，不肖孤又嘗在屬吏之末，受教受恩，懷知己之感，有道誼骨肉之愛，邇者又嘗辱使臨弔，寵之文詞，惻然憫念其遺孤，而不忍遽棄遺之者，是以忘其不孝之罪，犯僭踰之戮，而輒敢以誌為請。伏惟明公休休容物，篤厚舊故，甄陶一世之士，而各欲成其名；收錄小大之才，而惟恐沒其善。則如先君之素受知愛者，其忍靳一言之惠而使之泯然無聞於世耶？不腆先人之幣，敢以陸司業（深）之狀先於將命者。惟明公特垂哀矜，生死受賜，世世子孫捐軀殞命，未足以為報也，未足以為報也！不勝惶悚顛越之至！」

第1860頁

同上，卷二十七與楊邃庵：「某之繆辱知愛，蓋非一朝一夕矣。自先君之始託交於門下，至於今，且四十餘年。父子之間，受惠於不知，蒙施於無迹者，何可得而勝舉。就其顯然可述，不一而足者，則如先君之為祖母乞葬祭也，則因而施及其祖考。某之承乏於南、贛，而事之難也，則因而改授以提督。其在廣會征，偶獲微功，而見詘於當事也，則竟違衆議而申之。其在西江，幸夷大憝，而見構於權奸也，則委曲調護，既允全其身家，又因維新之詔，而特為之表揚暴白於天下，力主非常之典，加之以顯爵。其因便道而告乞歸省也，則既嘉允其奏，而復優之以存問。其頒封爵之典也，出非望之恩，而遂推及其三代。此不待人之請，不由有司之議，傍無一人可致纖毫之力，而獨出於執事之心者，恩德之深且厚也如是，受之者宜何如為報乎！夫人有德於己，而不知以報者，草木鳥獸也。櫟之樹，隨之蛇，尚有靈焉，人也而顧草木鳥獸之弗若耶？顧無所可效其報者，惟中心藏之而已。中心藏之，而輒復言之，懼執事之謂其藐然若罔聞知，而遂以草木視之也。邇者先君不幸大故，有司以不肖孤方煢然在疚，謂其且無更生之望，遂以葬祭贈謚為之代請，頗為該部所抑，而朝廷竟與之以葬祭。是執事之心，何所不容其厚哉！乃今而復有無厭之乞，

第1861頁

按：指乞墓銘），雖亦其情之所不得已，實恃知愛之篤，遂經其情，而不復有所諱忌嫌沮，是誠有類於藐然若罔聞知者矣。事之顛末，別具附啟。惟執事始終其德而不以之為戮也，然後敢舉而行之。」

楊一清海日先生墓誌銘：「……訃聞，上賜諭祭，命有司治喪事。伯安偕諸弟卜以卒之明年秋八月某日，葬公郡東天柱峰之南之原，具書戒使者詣鎮江請予銘公墓。予曩官外制官太常，接公班行不鄙，謂予以知言見待。予遷南京太常，辱贈以文。公校文南畿，道舊故甚洽。正德丁卯，取嫉權奸，歸致仕，予亦避讒構，謝病歸，杜門不接賓客，公直造內室，慰語久之。伯安又予筆銓時首引置曹屬，號知己。公銘當予屬。」（王陽明全集卷三十八世德紀）

第1862頁

錢德洪赴杭參加鄉試，來辭別請益。

錢德洪陽明先生年譜：「是月（七月），德洪赴省城，辭先生請益。先生曰：『胸中須常有舜、禹有天下不與氣象。』德洪請問，先生曰：『舜、禹有天下而身不與，又何得喪介於其中？』」

按：所謂「赴省城」，乃指錢德洪赴杭城參加秋試。呂本錢德洪墓志銘：「壬午，果領鄉薦。」

八月，王艮駕小蒲車北上，沿途聚講，直抵京師，講論一月，聳動都下。陽明移書遣人命其速歸紹興。

董燧王心齋先生年譜：「製一蒲輪……沿途聚講，直抵京師。會山東盜起，德州集兵守關，不得渡。先生託以善兵法見州守，守曰：『兵貴勇，某儒生，奈怯何？』先生曰：『某有譬語，請為公陳之：家嘗畜雞母，其所畏者，鳶也。一日，引其雛至野，鳶忽至，輒奮翼相鬥，蓋不

第1863頁

復知鳶之可畏，其故何也？憂雛之心切耳。公民之父母，州之民皆赤子也。倘不忍赤子之迫於盜，何患無勇，將見奮翼相鬪者愈於雛母也。』州守聽其言悟，益嚴於為備。遣人護先生渡河，復先於其所往。比至都下，先夕有老叟夢黃龍無首，行雨至崇文門，變為人立，晨起，先生適至。時陽明公論學與朱文公異，誦習文公者頗牴牾之，而先生復講論勤懇，冠服車輪悉古制度，人情大異。會南野諸公在都下，勸先生歸。陽明公亦移書守庵公，遣人速先生。先生還會稽，見陽明公。公以先生意氣太高，行事太奇，欲稍抑之，乃及門三日不得見。一日，陽明公送客出，先生長跪曰：『某知過矣。』陽明公不顧。先生隨入，至聽事，復厲聲曰：『仲尼不為已甚！』於是陽明公揖，先生起。時同志先在側，亦莫不歎先生勇於改過。」

趙貞吉心齋王艮墓銘：「從王陽明先生居越，嘆曰：『風之未遠也，是某之罪也。』辭還家，駕一小蒲車，二僕自隨北行，所至化導人，聳人聽觀，無慮百千，皆飽義感動。未至都下，先一夕，有老叟夢黃龍無首，行雨至崇文門，變為人立，晨起往候，而先生適應之。先生留一月，竟諧衆心而返，然先生意終遠矣。」（王心齋先生年譜附）

耿定向心齋王艮傳：「久之，嘆曰：『風之未遠，道何由明？』製輕車，詣京師，所至講說，人士聚聽，多感動。先是都下有老叟，夢黃龍無首，行雨至崇文門，化為人立，晨起往候，而先生適至應之。著書千餘言，諄諄申孝弟，擬伏闕上。然先生風格既高古，所為又卓犖如是，朝士多相顧愕眙，勸止之。先生留一月，竟諧衆心而返。還見文成，文成思裁之，不見。先生跪伏庭下，痛自省悔，久之，乃見。」（王心齋先生年譜附）

徐躍王艮傳：「先生益自任，乃辭陽明先生去。製招摇車，將遍遊天下，遂至京師，都人士聚觀如堵。顧以先生言多出獨解，與傳註異，且冠服車輪悉古制，咸目攝之。會陽明先生亦以書促還會稽，乃復遊吳越間，依陽明講業。自是亦斂圭角，就夷坦，因百姓日用以發明良知之旨，而究極於身修而天下平。」（王心齋先生年譜附）

按：前考王艮於三月末離紹興北上，其沿途聚講，至京師在五、六月間，在都下留一月，則其歸紹興，當在八月中。按王艮是次突發奇想，冠古服，駕蒲輪，招摇入都，以「神龍」自居，行事怪異，以至都人聚觀如堵，朝士相顧愕眙，震驚都下，實犯朝廷大忌。其後遂有程啟充、毛玉、向信、章僑等紛起，攻陽明學為「異學」、「邪說」，實因王艮是次入都，意氣太狂，行事太怪，有以啟之；陽明之不勝危懼，促其速歸，蓋亦以此也。自是而後，斥陽明學為「異學」、「邪說」而欲禁之之說，起矣。王艮此行，適成「學禁」之導火綫也。

江西副使顧應祥寄來江西策問，有答書論「致知」之說。

王陽明全集卷二十七與顧惟賢書八：「近得江西策問，深用警惕。然自反而縮，固有舉世非之而不顧者矣，其敢因是遂靡然自弛耶？易曰：『知至至之』。『知至』者，知也；『至之』者，致知也，此知行之所以合一也。若後世致知之說，止說得一『知』字，不曾說得『致』字，此知行所以二也。病發荼苦之人，已絕口人間事，念相知之篤，輒復一及。」

按：所謂「江西策問」，乃指是年江西鄉試策問卷。鄉試在八月上、中旬舉行，陽明得到江西策問而作是書，則在八月下旬可知。此當是江西鄉試策問有針對「致良知」發題，陰指陽明，故陽明於書中憤然謂「深用警惕。然自反而縮，固有舉世非之而不顧者矣，其敢因是遂靡然自弛耶」。按時監察御史程啟充巡按江西，方承宰輔意欲劾陽明，江西策問出題陰闢陽明，或與程啟充有關耶？

九月二日，監察御史程啟充、吏科給事中毛玉承宰輔意，論劾王守仁黨惡，學術不正。戶科給事中汪應軫、刑部主事陸澄皆上疏奏辨。御史向信再劾汪應軫、陸澄黨比欺罔，科道交章請奪王守仁爵官，上皆不問。

國榷卷五十二：「嘉靖元年九月乙巳，巡按江西監察御史程啟充上逆濠私書，劾王守仁黨惡，宜奪爵。戶科給事中汪應軫、主事陸澄皆奏辨。御史向信以應軫守仁同鄉，陸澄守仁門生，黨比欺罔。上皆不問。」

明世宗實錄卷十八：「九月丙午，巡按江西御史程啟充得逆濠通蕭敬、陸完等私書，內欲急去巡撫孫燧，云：『代者湯沐、梁宸俱可，王守仁亦好。』啟充因極論蕭敬、張銳等罪惡，併劾守仁陰謀黨惡，素與交通，乃貪天之功，謬獲封爵，宜追奪提究。戶科給事中汪應軫上書，明守仁之功，言逆濠私書已有旨燒毀，啟充不諳事體，沮抑忠義，輕信被黜知縣章玄梅捃摭之辭，復有此奏，非所以勸有功，存大體也。主事陸澄亦為守仁奏辨。於是御史向信劾應軫與守仁同府，澄係守仁門生，黨比欺罔，請正其罪。上俱命所司知之，獨戒澄，令勿妄言。既而科道交章請黜守仁爵，罷沐官，併追論完，下三法司治罪。上曰：『守仁一聞宸濠之變，仗義興兵，戡定大難，特加封爵，以酬大功，不必更議。沐令自陳。其餘宜遵前旨。』」

季本季彭山先生文集卷三奉政大夫江西按察司提學僉事汪公墓誌銘：「公諱應軫，字子宿，青湖其別號也。……先是陽明公以南贛都御史倡大義，平宸濠之亂於南昌，執政者忌其功。久之，御史程啟充巡按江西，有被問湖口縣知縣章元梅希風旨，出逆濠奏本私書抱首云其所獲，若將陰中陽明公者。御史得之，因奏其擒宸濠為貪天功，以搖視聽。公謂言官妄行舉劾，沮抑忠義，害治體不小，上疏言……議者猶喧然黨同，君子實深韙之。……平生學問，一以朱子為宗……故陽明公講道東南，天下皆尊信之，公獨以其言戾於朱子，不能相下。然觀其立朝論救之言，夫豈不相知者哉？蓋公質美善文，下筆千餘言可立就，不待起稿，頗與陽明公相似，而鄉邦之譽反或過之，謂能自立於世，以成一家，與古人相頡頏，而與陽明公之學信有不及，不欲屈隨耳。……」

汪應軫青湖文集卷一言官不諳事體不分功罪妄行舉劾沮抑忠義疏：「竊見巡按江西監察御史程啟充一本內，開據湖口縣被問知縣章玄梅將原獲逆濠奏本，私書偽旨抱首，合行具本封進。內除已問決發遣錢寧、張銳、臧賢、陸完外，其有干太監蕭敬、都御史湯沐，臣不知是非如何，獨謂新建伯王守仁貪天之功，宜追奪提究，則臣所未喻也。夫王守仁巡撫南、贛，與南昌相去亦遠。當逆濠作叛之時，乃能不俟詔旨，首倡大義，興集民兵，卒滅反賊。使其有一毫回顧之心，則必逗遛不進，中立待變，決不舉動。如是之光明號召，如是之勇敢倡率，如是之激烈殄滅，如是之迅速也，而謂之貪天之功可乎？且逆濠書內，止謂王守仁亦好，初無心腹交結之實迹，蓋欲成大事，首當渾淪持重，圭角不露，不使小人得以窺測淺深。彼逆濠者，墜其術中而不自覺，此王守仁之所以能成功也。縱使果有交通之情，比之黨與自相擒獲而出首者，亦其在所優容，而不當復論其既往也。夫勇略震主者身危，功蓋天下者不賞，自古以來蓋多有之，一王守仁何足惜？但恐王守仁由此得罪，異日天下有事，誰肯出死力以為國家耶？漢光武誅王郎，收文書，得吏人與郎交關，謗毀者數千章，會諸將燒之，曰：令反側子自安。楚莊王宴群臣，燭滅，美人有以絕纓告者，楚莊王令群臣皆絕纓，而後出火。此皆帝王務存大體，以安人心，其氣象與天地同其大，其度量與河海同其深，豈忍根連株繫，毛吹垢洗，使毀譽由此而失其真，功罪由此而顛倒哉！所以然者，非帝王故為是寬大也，蓋其知天下之人心不可以威劫，而可以德化；不可以詐取，而可以誠感。修德以治人，推誠以待物，則寇戎為父子；憑威以馭世，飾詐以惑眾，則赤子為仇讎，此理之不可易者也。由此觀之，則今日渠魁既云受殲，脅從自宜罔治，又不特王守仁所當推原之也。況逆濠所藏私書，前次已有旨燒毀之矣，今御史程啟充乃信聽被問官挾讐之言，復有此奏，尚可謂之順德意而存大體者哉！如蕭敬等果有梗新政，不懷令圖，自宜據今指摘，從實論列，不當為見淵之察竭澤之漁，以傷至公至明之治也。伏望陛下將王守仁益加慰諭，以勸忠義，仍俯從辭伯之請，以崇廉退。蕭敬憫念老，莫若許其乞閑，以保全近侍。仍令以後科道有舉奏不當者，聽其互相糾劾，必使言官取信於天下，而各衙門玩視不覆者，嚴加飭罰，以廣忠益，以贊至治，不勝幸甚！王守仁，臣同府人也，臣若有回護鄉里之嫌，則不當有此請矣；但欲為國家論大事，則不得避小嫌。伏惟陛下察之。」

按：錢德洪陽明先生年譜云：「七月……時御史程啟充、給事毛玉倡議論劾，以遏正學，承宰輔意也。」其以程、毛劾陽明在七月乃誤。所謂「承宰輔意」，宰輔者，乃指楊廷和、費宏之流。蓋是次奏劾陽明聲勢之大，竟鬧到「科道交章請黜守仁爵，罷沐官」之地步，實皆出自宰輔楊、費背後指使，而科道之官皆承望宰輔楊、費風旨也。

陸澄上疏六辯，以駁程啟充、毛玉。陽明有書致陸澄，勸其「無辯止謗」，再論知行合一之學。

陸澄辨忠讒以定國是疏：「臣切見巡按江西監察御史程啟充、户科給事中毛玉（按：當作吏科給事中，見國朝獻徵錄卷八十董玘吏科左給事中毛君玉墓志銘），各論劾丁憂新建伯王守仁，似若心跡未明，功罪未當者。此論一倡，一二嫉賢妒功之徒固有和者，而在朝在市，寃憤不平。臣係守仁門生，知之最詳，寃憤特甚，敢昧死一言。謹按守仁學本誠明，才兼文武，抗言時事，致忤逆瑾，杖之幾死。謫居龍場，居夷處困，動心忍性，獨悟道真。荷先帝收用，屢遷至於巡撫。其在南、贛四征，而福建、湖廣、廣東、江西數十年之巨寇為之蕩平。因奉敕勘事福建，道由江西至於豐城。適遇賊變，拜天轉風，舟返吉安，倡義督兵，不旬月而賊滅。人但見其處變之從容，而不知其忠誠之激切；人但見其成功之迅速，而不知其謀略之淵微；人但見其遭非常之構陷而禍莫能中，而不知其守身無毫髮之可疵。當時張銳、錢寧輩以不遂賣國之計而恨之，張忠、江彬輩以不遂冒功之私而恨之，宸濠、劉吉輩以不遂篡逆之謀而恨之，凡可殺其身而赤其族者，誅求搜剔，何所不至。使守仁而初有交好之情，中有猶豫之意，後有貪冒之為，諸人豈肯隱忍而不發乎？迨皇上龍飛，而褒慰殊恩，形於詔旨。天下方快朝廷之清明，不意功罪既白，賞罰既定，乃復有此怪僻顛倒之論，欲以曖昧不明之事，而掩其顯

第1870頁

第1871頁

著不世之功，天理人心安在哉！論者之意，大略有六：一謂宸濠私書，有「王守仁亦好」一語；二謂守仁曾遣冀元亨往見宸濠；三謂守仁亦因賀宸濠生辰而來；四謂守仁起兵，由於致仕都御史王懋中、知府伍文定攀激；五謂守仁破城之時，縱兵焚掠，而殺人太多；六謂宸濠本無能為，一知縣之力可擒，守仁之功不足多，而其捷本所陳，妝點過實。然究其本心，不過忌其功名而已。宸濠私書「王守仁亦好」之說，乃啟充得於湖口知縣章玄梅者。切惟刑部節奉欽依：「原搜簿籍，既未送官封記收掌，又事發日久，別生事端，委的真偽難辨，無憑查究，着

第1872頁

原搜獲之人盡行燒毀。欽此。」今玄梅之書從何而來？使有之，何足憑據？且出於宸濠之口，尤其不足取信者。夫豪傑用意，類非尋常可測。守仁雖有防宸濠而圖之之意，使幾事不密，則亦不過如孫燧、許逵之一死以報國而已，其何以成功以貽皇上今日之安哉？設使守仁略有交通宸濠之迹，而卒以滅之，其心事亦可以自白，況可以不足憑信之迹，遂疑其心而舍其討賊之大功哉？其遣冀元亨往見者，是守仁知宸濠素蓄逆謀，而元亨素懷忠孝，欲使啟其良心，而因以探其密計爾。元亨一見，不合而歸。使言合志投，當留信宿，何反逆之日，反

在千里之外乎？今元亨之冤魂既伸，而守仁之心事不白，天理人心何在乎？毛玉疑守仁因賀宸濠生辰，而偶爾遇變。殊不知守仁奉敕將往福建，而瑞金、會昌等縣瘴氣生發，不敢經行，故道出豐城。且宸濠生日在十三，而守仁十五方抵豐城，若賀生辰，何獨後期而至乎？其謂守仁由王懋中等攀激起兵，尤為乖謬。守仁近豐城五里而聞變，即刻偽寫兩廣都御史楊旦大兵將臨火牌，於知縣顧佖接見之時，令人詐為驛夫入遞，守仁佯喜，以為大兵既至，賊必易圖，當令顧佖傳牌入城，以疑宸濠。又令顧佖守城，許與撥兵助守。時有報稱宸濠遣賊

第1873頁

六百追虜王都者，守仁回船而南風大逆，乃慟哭告天，而頃刻反風。守仁又恐賊兵追至，急乘漁舟脫身。此時王懋中安在？次日奔至蛇河，遇臨江知府戴德孺，即議起兵。因不足恃，又奔入新淦城，欲與知縣李美集兵。度不可居，復奔至吉安。見倉庫充實，遂乃駐劄，傳檄各處，起調軍民。一面榜募忠義之士，方令伍文定以書請各鄉官王懋中等盟誓勤王。而懋中又遲疑二日，乃始同盟。夫各府及萬之兵，若非提督軍門以便宜起調，其肯聽致仕鄉官而集乎？今乃顛倒其說，至謂守仁掩懋中之功，天理人心安在乎！至於破城之時，焚者，宮中自

楚，故內室毀而外宇存，官兵但救而無楚也。掠者，伍文定之兵乘勝奪賊衣資，衆兵不然也。殺人者，知縣劉守緒所領奉新之兵，以守仁號令「開門者生，迎敵者死」，故殺迎敵者百餘人。及守仁至，斬官兵殺掠者四十六人，遂無犯者矣。且省城之人，各受宸濠銀二兩，米一石，與之拒守，是賊也，殺之何罪？又宮為賊巢，財皆賊贓，楚之掠之，亦何罪哉？今舍其大功，而摘其小過，幾何而不為逆賊報仇乎？且宸濠勢焰熏天，觸者萬死，人皆望風奔靡而已。及守仁調兵四集，搗其巢穴，散其黨與，數敗之餘，羽翼俱盡，妻妾赴水，乃窮寇爾，夫然後知縣王冕得以近之。今乃以為一知縣可擒，甚無據也。果若所言，則孫燧、許逵何為被殺？而三司衆官何為被縛耶？楊銳、張文錦何為守之一月不敢出戰，必待省城破而賊自解圍耶？伍文定何以一敗而被殺者八百人，其餘諸將，又何戰之三日而後擒滅耶？至若捷本所陳，若作偽牌以疑賊心，行反間以解賊黨之類，所不載者尤多，而謂以無為有，可乎？夫宸濠積謀有年，一旦大發，震撼兩京，而守仁以一書生，談笑平之於數日之內，功亦奇矣！使不即滅，而貽先帝親征之勞，臣不知賣國之徒計安出也？使不即滅，先帝崩，臣又不知聖駕之來，能高枕無憂否也？今建不世之功，而遭不明之謗，天理人心安在哉！臣知守仁之心，決非榮辱死生所能動者，但恐公論不明，而忠臣義士解體爾。此萬世忠義之冤，而國是之大不定者，宜乎天變之疊見也。臣與守仁分係師生，義均生死。前之所辯，天下公言。伏願聖明詳察，乞降綸音，慰安守仁。仍然戒飭言官，勿為異論。庶幾國是以定，而亦消天變之一端也。臣干冒天威，不勝戰慄待罪之至。（王陽明全集卷三十九）

王陽明全集卷五與陸原靜書二：「某不孝不忠，延禍先人，酷罰未敷，致兹多口，亦其宜然。乃勞賢者觸冒忌諱，為之辯雪，雖承道誼之愛，深切懇至，甚非不肖孤之所敢忘也。無辯止謗，嘗聞昔人之教矣，況今何止於是！四方英傑以講學異同之故，議論方興，吾儕可勝辯乎？惟當反求諸己，苟其言而是歟，吾斯尚有所未信歟，則當務求其是，不得輒是己而非人也；使其言而非歟，吾斯既已自信歟，則當益致其踐履之實，以務求於自謙，所謂『默而成之，不言而信』者也。然則今日之多口，孰非吾儕動心忍性，砥礪切磋之地乎！且彼議論之興，非必有所私怨於我，彼其為說，亦將自以為衛夫道也。況其說本自出於先儒之緒論，固各有所憑據，而吾儕之言驟異於昔，反若鑿空杜撰者。乃不知聖人之學本來如是，而流傳失真，先儒之論所以日益支離，則亦由後學沿習乖謬積漸所致。彼既先橫不信之念，莫肯虛心講究，加以吾儕議論之間或為勝心浮氣所乘，未免過為矯激，則固宜其非笑而駭惑矣。此吾儕之責，未可專以罪彼為也。嗟呼！吾儕今日之講學，將求異其說於人耶？亦求同其學於人耶？將求以善而勝人耶？亦求以善而養人耶？知行合一之學，吾儕但口說耳，何嘗知行合一耶！推尋所自，則如不肖者為罪尤重。蓋在平時徒以口舌講解，而未嘗體諸其身，名浮於實，行不掩言，己未嘗實致其知，而謂昔人致知之說未有盡。如貧子之說金，乃未免從人乞食。諸君病於相信相愛之過，好而不知其惡，遂乃共成今日紛紛之議，皆不肖之罪也。雖然，昔之君子，蓋有舉世非之而不顧，千百世非之而不顧者，亦求其是而已矣，豈以一時毀譽而動其心耶！惟其在我者有未盡，則亦安可遂以人言為盡非？伊川、晦庵之在當時，尚不免於詆毀斥逐，況在吾輩行有所未至，則夫人之詆毀斥逐，正其宜耳。凡今爭辯學術之士，亦必有志於學者也，未可以其異己而遂有所疏外。是非之心，人皆有之，彼其但蔽於積習，故於吾說卒未易解。

就如諸君初聞鄙說時，其間寧無非笑詆毀之者？久而釋然以悟，甚至反有激為過當之論者矣。又安知今日相詆之力，不為異時相信之深者乎！衰絰哀苦之中，非論學時，而道之興廢，乃有不容於泯默者，不覺叨叨至此。言無倫次，幸亮其心也。致知之說，向與惟濬及崇一諸友極論於江西，近日楊仕鳴來過，亦嘗一及，頗為詳悉。今原忠、宗賢二君復往，諸君更相與細心體究一番，當無餘蘊矣。孟子云：「是非之心，知也。」「是非之心，人皆有之。」即所謂良知也。孰無是良知乎？但不能致之耳。易謂「知至，至之」。「知至者，知也；至之者，致知也。此知行之所以一也。近世格物致知之說，只一「知」字尚未有下落，若「致」字工夫，全不曾道著矣。此知行之所以二也。」

十月十日，御史張鉞劾刑部尚書張子麟交通宸濠，陽明上辨誅遺奸正大法以清朝列疏以辨之，張子麟遂閒住。

王陽明全集卷二十八辨誅遺奸正大法以清朝列疏：「丁憂南京兵部尚書臣王某謹奏，為誅遺奸，正大法，以請朝列事：嘉靖元年十月初十等日，准南京兵部咨，准都察院咨，該巡按廣西監察御史張鉞奏，為前事，題奉聖旨：「是。」這所劾張子麟事情，還著王守仁、伍希儒、伍文定看了，上緊開具明白，奏來定奪。欽此。又准該部咨，准都察院咨，該丁憂刑部尚書張子麟奏，為辨污枉，清名節，以雪大冤事，題奉聖旨：是。張子麟所奏事情，著王守仁等一并看了來說。欽此。俱欽遵外，方在衰絰之中，憂病哀苦，神思荒憒，一切世務，悉已昏迷恍惚，奉命震悚。旋復追惟，臣先正德十四年六月初六日，奉敕前往福建查處聚衆謀反等事。本月十五日，行至豐城地方，適遇寧藩之變，倉卒脱身，誓死討賊。十八日回至吉安，督同知府伍文定等起兵。七月二十日，引兵收復南昌。二十三日，宸濠還救。二十六日，宸濠

就擒。其時餘黨尚有未盡，百務叢集。臣因先令各官分兵守視王府各門。至月初五六間，始克率同御史伍希儒、知府伍文定等入府，按視宮殿庫藏諸處。其間未經燒毁者，重加封識，以俟朝命。已被殘壞者，分令各官逐一整檢。有刑部尚書張子麟啓本一封，衆共開視，云是胡世寧招詞。臣當與各官商説，此等公文書啓之類，皆在宸濠未反數年前事，雖私與交往，不為無罪，而反逆之舉，未必曾與通謀。況此交通之人，今或多居禁近，分布聯絡，若存此等形迹，恐彼心懷疑懼，將生意外不測之變。且慮況人因而點綴掇拾，異時根究牽引，奸黨未必能懲，而忠良或反被害。昔人有焚吏民交關文書數千章，以安反側之心者，今亦宜從其處，以息禍端。遂議與各官公同燒毁。後奉刑部題奉欽依：原授簿籍，既未送官封記收掌，又事發日久，別生事端，委的真僞難辨，無憑查考。著原搜獲之人盡行燒毁。欽此。欽遵外，臣等莫不仰嘆聖主包含覆幬之量，範圍曲成之仁，可謂思深而慮遠也已。以是臣等不復為言，且謂朝廷於此等事既已一概宥略，與天下洗滌更始矣。今御史張鉞風聞其事，復有論列，是亦防閑為臣之大義，效忠於陛下之心也。尚書張子麟力辯其事，而都察

院覆奏，以為世寧之獄，悉由該院，與張子麟無干，則誠亦曖昧難明之跡。今臣等亦不過據事直言其實耳，豈能別有所查訪。然以臣愚度之，嘗聞昔年宸濠奸黨，為之經營布置於外，往往亦有詐他人書啓，歸以欺濠而罔利者，則此子麟之啓，無乃亦是類歟？不然，子麟身為執法大臣，非一日矣，縱使與濠交通，豈略不知有畏忌，而數年之前，輒以肆然稱臣於濠耶？夫人臣而懷二心，此豈可以輕貸？然亦加人以不忠之罪，則亦非細故矣。此在朝廷必有明斷，臣偶有所見，亦不敢不言之。緣奉欽依這所劾張子麟事情，還著王守仁、伍希儒、伍

文定看了，上緊開具明白，奏來定奪」，及「張子麟所奏事情，著王守仁等一併看了來說」事理，為此具本差舍人李昇親齎奏聞，伏候敕旨。」

按：張鉞劾張子麟案始於嘉靖元年七月，結案於嘉靖二年正月。國榷卷五十二：「嘉靖元年七月己巳，廣西巡按監察御史張鉞，劾前刑部尚書張子麟私通宸濠，命案其事。後王守仁謂子麟啟宸濠，臣誠見之，當即焚毀。且奸黨為濠地，或詐為貴人書罔利，未可盡信。子麟遂閑住。」明世宗實錄卷二十二：「嘉靖二年正月壬戌，御史張鉞論尚書張子麟交通逆濠，下丁憂南京兵部尚書王守仁看覈。守仁言：子麟啟本，誠於濠所見之，當即燒毀。但當時奸黨為濠經營布置於外，容有詐為貴人書啟，以欺濠而罔利者，或亦未可盡信耳。詔下都察院知之。」張子麟事得白，陽明上疏奏辯起了關鍵作用。按張鉞奏劾張子麟與程啟充、毛玉奏劾陽明在同時，皆以私結逆濠同一罪名論劾，可見張鉞之劾張子麟隱然有側擊陽明之意，蓋亦「科道交章」之一也。陽明上此辯疏，亦是據實反擊自衛也。

第1881頁

二十三日，禮科給事中章僑、御史梁世驃上書攻「異學」，乞禁「叛道不經之書」，蓋針對陽明、王艮，「學禁」自是興矣。

明世宗實錄卷十九：「嘉靖元年十月乙未，禮科給事中章僑言：『三代以下論正學，莫如朱熹。近有聰名才智足以號召天下者，倡異學之說，而士之好高務名者靡然宗之。大率取陸九淵之簡便，憚朱熹為支離，及為文辭，務宗艱險。乞行天下，痛為禁革。』時河南道御史梁世驃亦以為言。禮部覆議，以二臣之言深切時弊，有補風教。上曰：『然。祖宗表章六經，頒降敕諭，正欲崇正學，迪正道，端士習，育真才，以成正大光明之業。百餘年間，人才渾厚，文體純雅。近年士習多詭異，文辭務艱險，所傷治化不淺。自今教人取士，一依程朱之言，不許妄為叛道不經之書，私自傳刻，以誤正學。』」

明史卷二零八章僑傳：「章僑，字處仁，蘭溪人。正德十二年進士，授行人。嘉靖元年，擢禮科給事中。疏劾中官蕭敬、芮景賢等。又言：『三代以下正學，莫如朱熹。近有聰名才智，倡異學以號召，天下好高務名者靡然宗之。取陸九淵之簡便，詆朱熹為支離。乞行天下，痛為禁革。』御史梁世驃亦言之。帝為下詔申禁。」

浙江大學古籍研究所

第1882頁

按：時宰輔楊廷和、費宏在學術上尊朱學，政治上忌陽明功，由此遂引發為學禁。章僑、梁世驃實皆承楊、費風旨上書攻陸、王「異學」，亦「科道交章」論劾陽明之一耳。惟因王艮其時招搖入都，宣揚陽明學，驚動朝廷，尤為楊、費所嫉，故王艮張揚入都實可謂是「壬午學禁」之導火綫也。世宗謂「自今教人取士，一依程朱之言，至明年會試，南宮策士果然闢「心學」、攻陽明矣。

三十日，再疏辭封爵。

王陽明全集卷十三再辭封爵普恩賞以彰國典疏：「……隨於嘉靖元年七月十九日准吏部咨，該臣奏前事，節奉聖旨：『論功行賞，古今令典，詩書所載，具可考見。卿倡義督兵，剿除大患，盡忠報國，勞績可嘉，特加封爵，以昭公義。宜勉承恩命，所辭不允。該部知道。欽此。』……今臣受殊賞而衆有未逮，是臣以虛言罔誘其下，竭衆人之死而共成之，掩衆人之美而獨取之，見利忘信，始之以忠信，終之以貪鄙，外以欺其下，而內失

第1883頁

其初心，亦何顏面以視其人乎！故臣之不敢獨當殊賞者，非不知封爵之為榮也，所謂有重於封爵者，故不為苟得耳。……」

國榷卷五十二：「嘉靖元年十月壬寅，王守仁辭爵，且言同事諸臣斥謫之枉。不允辭。」

明世宗實錄卷十九：「嘉靖元年十月壬寅，南京兵部尚書王守仁疏辭封爵，因言同事諸臣未蒙均賞，反遭謫斥，乞行申理。上曰：『卿剿平禍亂，功在社稷。朝廷特加封爵，義不容辭。餘下所司議行之。』」

按：錢德洪陽明先生年譜云：「七月，再疏辭封爵。」乃誤。七月十九日乃是陽明奉吏部咨之日，非是陽明上辭封爵疏之日。

十一月七日，有書寄給事中汪應軫致謝，表明辭伯廉退之心。

陽明與子宿司諫：「守仁罪逆未死之人，天罰不令，加以人非，固其所也。乃以重累知己，為之匡扶洗滌，觸冒忌諱而不顧，此昔之君子所難能也，愧負愧負！自去歲到家，即已買田築室，為終老之計矣。遭喪以來，此意益堅，自是而後，惟山谷之不深，林壑之不邃是憂，一切人世事，當已不復與矣。然則今日之事，雖若覆其傾者，殆天將全其首領於牖下，而玉成之也已，敢不自勉，以求無負於相知之愛？衰絰荼苦中，未敢多控，齎

第1884頁

奏人去，伏塊草草，言無倫次。十一月初七日，孤子守仁稽顙，子宿司諫道契兄文侍。餘空。」（手迹見古愚生讀陽明先生真迹（王學雜誌第一卷第十一號），陽明文集失載）

按：書所云「為之匡扶洗滌，觸冒忌諱而不顧」，即指汪應軫上奏為陽明抗辯。所云「齎奏人去」，即指陽明上再辭封爵普恩賞以彰國典疏，蓋陽明此書此疏由同一人一起齎往京師也。因汪應軫在疏中云「伏望陛下將王守仁益加慰諭，以勸忠義，仍俯從辭伯之請，以崇廉退」，故陽明再上辭疏，並致書汪應軫以明辭伯廉退之心。今觀此札作在十一月初七，而云「齎奏人去，伏塊

草草」，亦可見其再上奏辭封爵在十月，年譜謂再疏辭封爵
在七月顯誤矣。
十二月，郭慶書來問學，有答書。
王陽明全集卷二十七與郭善甫：「朱生至，得手書，備悉
善甫相念之懇切。苟心同志協，工夫不懈，雖隔千里，
不異几席，又何必朝夕相與一堂之上而為後快耶？來書
所問數節，楊仁夫去，適禪事方畢，親友紛至，未暇細
答。然致知格物之說，善甫已得其端緒。但於此涵泳深
厚，諸如數說，將沛然融釋，有不俟於他人之言者矣。
荒歲道路多阻，且不必遠涉，須稍稔，然後乘興一來。
不縷縷」。
按：前考郭慶正德九、十年自黃州來南京問學。是又次書來問
學，據書中言「荒歲道路多阻」，則在嘉靖元年暮冬。蓋
郭慶書來主要道想念之切與先告欲來問學之意，至明年春果挈
其徒吳良吉來越問學矣（見下）。「楊仁夫」即楊麒，字仁甫，號四
泉，上饒人，正德十六年進士。明清進士錄：「楊麒，正德十六年三
甲五十六名進士。江西上饒人，字仁甫，號四泉。官長樂知縣，
遷應天府丞，累至南京戶部尚書。」楊麒正德十五年秋赴南昌
鄉試，或在其時來問學，蓋亦一陽明弟子也。按歐陽必進太司空楊
公麒墓志銘云：「今上登極，始舉進士，授知長樂縣。丁徐淑人憂

第1885頁

。復除濬縣。」（國朝獻徵錄卷五十二）是嘉靖元年楊麒丁憂居
上饒，故得來越問學也。
餘姚徐珊北上赴南宮春試，經紹興來見，與論良知之學。
王陽明全集卷二十四書徐汝佩卷：「壬午之冬，汝佩別予
北上，赴南宮試。……汝佩曰：『……始吾未見夫子也，
則聞夫子之學而亦嘗非笑之矣，詆毀之矣。及見夫子，
親聞良知之誨，恍然而大寤醒，油然而生意融，始自痛
悔切責。吾不及夫子之門，則幾死矣。……』」
寧海石簡北上赴南宮春試，經紹興來見，亦與論良知之
學。
涇野先生文集卷八贈石高州序：「南吏部文選郎中玉溪
石子廉伯，既有高州之命……玉溪子嘗師事陽明王公，
陽明以致良知為教，學者類能言之，然或當行而不知向
背，臨言而不知從違者亦有之，玉溪子真可謂不倍師說
者矣……故玉溪子之致良知者，正有見於今日也。玉溪
子，台之寧海人，起家嘉靖癸未進士，歷官兵刑二部，
皆以清白端謹名。」
同上，卷六贈玉溪石氏序：「……改官南來，而陽明逝矣
，方竊悼嘆。居一年，得見其徒玉溪石氏廉伯，則喜曰
：『斯人也，非他止效其言者可比，其善為陽明子之學者

第1886頁

乎？……予之學，不能陽明子萬一，而陽明子嘗曰：「夫，夫也，是可與語者也」。陽明子之道，予也魯，曾未能從，然人之議之者，則輒語之曰：「予講道之人，而索其過，非仁也」。今石氏為陽明子之學而取予，予未能為陽明子之道，而心敬石氏，至形諸寢食，則石氏非善為陽明子學者乎？……是時吳楚之學者蔣實卿輩數十人，皆信石氏之學，而樂與之遊，因其考武選三年績也，請予書別語。於戲！若考績之榮，固不足為石氏言也。」

按：石簡字廉伯，號玉溪，海寧人。明清進士錄：「石簡，嘉靖二年三甲五十六名進士。浙江寧海人，字廉伯，號玉溪。知高州府，

第1887頁

居官清廉嚴毅，人莫敢干以私。調安慶，累官巡撫雲南，卒官。」章詔都察院右副都御史石公簡行狀：「公石姓，簡名，廉伯字，台之寧海人。登嘉靖癸未科進士，授江西餘干縣知縣。」（國朝獻徵錄卷六十二）石簡中嘉靖二年進士，其當是同徐珊一樣先在嘉靖元年十二月北上經紹興來問學，然後入京赴考，遂中進士。按：陽明弟子參加嘉靖二年會試者尤多，僅中進士者即有石簡、朱廷立、歐陽德、金克厚、郭弘化、黃直、薛宗鎧、薛僑、王臣、魏良弼等人。諸弟子大多在入京赴考途中都先經紹興來問學（特別是餘姚弟子）。未中進士者亦然，除徐珊外，如王畿，徐階龍溪王先生傳：「嘉靖癸未，公試禮部，不第」，如錢德洪，緒山錢公墓志銘：「明年壬午，

果領鄉薦。癸未，下第歸」。其由餘姚北上赴南宮春試，必皆先經紹興來見陽明也。

歲暮寒夜，書唐人七律以自抒憂憤。

陽明書唐人七律二首：「裁冰疊雪不同流，妃子宮中釵上頭。一縷紅絲歸趙璧，滿階明月戲吳鉤。春情難斷銀為剪，舊壘猶存玉作樓。莫向尋常問行迹，杏花深處語悠悠。

流澌臘月下河陽，草色新年發建章。秦地立春傳太史，漢宮題柱憶仙郎。歸鴻欲度千門雪，仕女新添五夜香。蚤晚薦雄文似者，故人今已賦長楊。

寒夜獨坐，篝燈握管，為書唐律二首。新建伯王守仁。」（

第1888頁

壯陶閣書畫錄卷十）

按：嘉靖元年以來，朝中「學禁」聲起，程啟充、毛玉、向信接連奏劾陽明，章僑、梁世驃攻王學為「異學」，科道交章之，陽明在「學禁」下，龍章謗議日熾；世宗即位以來，新貴楊廷和、費宏、毛澄、喬宇（陽明「故人」）紛紛入閣入朝，盤踞要津，自邀其功，阻抑陽明入朝，陽明實已處被摒用之境，不勝憂憤。其抄寫唐律二首，實欲借以自抒其憂憤也。如第二首（乃李頎寄司勳盧員外）云「蚤晚薦雄文似者，故人今已賦長楊」，即暗諷新貴楊廷和、費宏之流乘時攀緣高官，頌揚世宗新政更化，諷使科道作彈擊之章與諷勸世宗下「學禁」之詔。第一首「莫向尋常問行迹，杏花深處語悠悠」，即暗諷朝廷推行「學禁」，科道交章，謗議四起，陽明無從辯，唯有噤不敢言，避迹自保。

一五二三　嘉靖二年　癸未　五十二歲

正月，王艮來紹興受教，旋又駕車北上入都，隨處講學，驚動朝廷，觸「學禁」大忌。陽明論「狂者胸次」。王艮

董燧王心齋先生年譜：「嘉靖二年癸未，春初，往會稽侍陽明公朝夕。」

王臣祭王心齋文：「癸未之春，予試春官。君時乘興，亦北其轅。琅琅高論，起懦廉頑。偕寓連牀，忘寐以歡。君既南歸，予官貴土。師曰：『樂哉，義擊仕轔。』」（王心齋先生年譜附錄）

黃直祭王心齋文：「癸未之春，會試舉場。兄忽北來，駕車彷徨。隨處講學，男女奔忙。至於都下，見者倉皇。事迹顯著，驚動廟廊。同志曰吁，此豈可長？再三勸諭，下車解裝。共寓京師，浩歌如常。我輩登科，兄樂未央。別去數月，受職於漳……」（王心齋先生年譜附錄）

按：是年王臣中進士，授知泰州；黃直中進士，授漳州推官。祭文所述皆兩人在都下所親見。王艮約在嘉靖元年冬歸泰州，至嘉靖二年正月初再來紹興，旋即又二次冠服駕車北上入都，實不合時宜，觸犯「學禁」，錢德洪、董燧年譜皆諱言之，幾湮沒無聞矣。按王艮是次又以「狂者」面目冠服駕車入都，實亦受陽明激發（見下），故陽明對此亦卒不置可否。

第1889頁

傳習錄卷下：「薛尚謙、鄒謙之、馬子莘、王汝止侍坐，因嘆先生自征寧藩已來，天下謗議益衆，請各言其故。有言先生功業勢位日隆，天下忌之者日衆；有言先生之學日明，故為宋儒爭是非者亦日博；有言先生自南都以後，同志信從者日衆，而四方排阻者日益力。先生曰：『諸君之言，信皆有之，但吾一段自知處，諸君俱未道及耳。』諸友請問。先生曰：『我在南都已前，尚有些子鄉愿的意思在。我今信得這良知真是真非，信手行去，更不着些覆藏。我今纔做得個狂者的胸次，使天下之人都說我行不揜言也罷。』尚謙出，曰：『信得此過，方是聖人的真血脈。』」（黃省曾錄）

傳習錄欄外書：「薛尚謙、鄒謙之、馬子莘、王汝止侍坐，請問鄉愿狂者之辨。曰：『鄉愿以忠信廉潔見取於君子，以同流合污無忤於小人，故非之無舉，刺之無刺。然究其心，乃知忠信廉潔所以媚君子也，同流合污所以媚小人也，其心已破壞矣，故不可入堯舜之道。狂者志存古人，一切紛囂俗染不足以累其心，真有鳳凰千千仞之意，一克念，即聖人矣。惟不克念，故洞略事情，而行常不揜。惟行不揜，故心尚未壞而庶可與裁。』曰：『鄉愿何以斷其媚也？』曰：『自其譏狂狷知之。』曰：『何為踽踽涼

第1890頁

涼？生斯世也，為斯世也，善斯可矣。」故其所為，皆色取不疑，所以謂之似。然三代以下，士之取盛名于時者，不過得鄉愿之似而已。究其忠信廉潔，或未免致疑於妻子也。雖欲純乎鄉愿，亦未易得，而況聖人之道乎！」曰：「狂狷為孔子所思，然至乎傳道，不及琴張輩，而傳習曾子，豈曾子乃狂狷乎？」曰：「不然。琴張輩，狂者之稟也。雖有所得，終止於狂。曾子，中行之稟也，故能悟入聖人之道。」

第1891頁

錢德洪陽明先生年譜：「二月，鄒守益、薛侃、黃宗明、馬明衡、王艮等侍，因言謗議日熾。先生曰：「諸君且言其故。」有言先生勢位隆盛，是以忌嫉謗；有言先生學日明，為宋儒爭異同，則以學術謗；有言天下從遊者衆，與其進不保其往，又以身謗。先生曰：「三言者誠皆有之，特吾自知諸君論未及耳。」請問。曰：「吾自南京以前，尚有鄉愿意思。在今只信良知真是真非處，更無掩藏迴護，纔做得狂者，使天下盡說我行不掩言，吾亦只依良知行。」請問狂者鄉愿之辨。曰：「鄉愿以忠信廉潔見取於君子，以同流合污無忤於小人，故非之無舉，刺之無刺。然究其心，乃知忠信廉潔所以媚君子也，同流合污所以媚小人也，其心已破壞矣，故不可與入堯、舜之道。狂者志存古人，一切紛囂俗染，舉不足以累其心，真有鳳凰翔於千仞之意，一克念即聖人矣。惟不克念，故闊略事情，而行常不掩。惟其不掩，故心尚未壞而庶可與裁。」曰：「鄉愿何以斷其媚世？」曰：「自其譏狂狷而知之。狂狷不與俗諧，而謂生斯世也，為斯世也，善斯可矣，此鄉愿志也。故其所為皆色取不疑，所以謂之『似』。三代以下，士之取盛名於時者，不過得鄉愿之似而已。

第1892頁

然究其忠信廉潔，或未免致疑於妻子也。雖欲純乎鄉愿，亦未易得，而況聖人之道乎？」曰：「狂狷為孔子所思，然至於傳道，終不及琴張輩而傳曾子，豈曾子亦狷者之流乎？」先生曰：「不然，琴張輩狂者之稟也，雖有所得，終止於狂。曾子，中行之稟也，故能悟入聖人之道。」

按：陽明與王艮等弟子談謗議日熾與狂狷鄉愿之說，至關重要，錢德洪定在二月，乃誤。按二月王艮已北上入都（見前），馮明衡、鄒守益也均於二月入京復職（見下），故可知此談話必在正月，蓋是次談話後，鄒、王、馮纔皆北上赴京。如王艮顯即聞陽明「我今纔做得個狂者的胸次，使天下之人都說我行不掩言」以後，遂以「狂者」面目又冠服駕車入都下隨地講學。

鄒守益、黃宗明、馬明衡皆復職北上入京，經紹興來問學。

宋儀望鄒東廓先生行狀：「明年癸未，復謁王公於越中，參訂月餘。既別，王公悵望不已。門人問曰：『夫子何念謙之之深也？』公曰：『曾子所謂以能問於不能云云，若謙之，可謂近之矣。』入京，復授館職，與經筵，修國史，進階文林郎。」（華陽館文集卷十一）

耿定向東廓先生傳：「嘉靖壬午，世宗登極，錄舊臣，逾年，先生始出。如越，謁王公，參訂月餘。既別，王公悵望不已。門人問曰：『夫子何念謙之之深也？』王公曰：『曾子云：「以能問不能，以多問寡，若無若虛，犯而不校。」謙之近之矣。』入京復職，與經筵，加文林郎。」（耿天台先生文集卷十一）

按：據前引黃省曾記語錄「薛尚謙、鄒謙之、馬子莘、王汝止侍坐」，可見鄒守益與王艮同在正月來紹興見陽明。其參訂月餘而北上赴京，則在二月，觀其別郭善夫、魏師顏、蔡希淵、王世瑞詩皆作在春二月（見下），亦足證鄒守益確是正月來見陽明。

霍韜致齋黃公宗明神道碑：「黃致齋，諱宗明，字誠甫……辛巳，陞工部屯田郎中，不起。癸未，補南京刑部四

第1893页

川司郎中。……」（國朝獻徵錄卷三十五）

按：據前引黃省曾記語錄「薛尚謙、鄒謙之、馬子莘、王汝止侍」及錢德洪記語錄「鄒守益、薛侃、黃宗明、馬明翰、王艮等侍」，可知黃宗明乃與鄒守益、王艮同在正月來紹興問學。後陽明在與黃宗賢中云：「近與尚謙、子莘、誠甫講孟子『鄉愿狂狷』一章。」即指正月間講論也。

詹仰庇明文林郎山東道監察御史師山馬公墓志銘：「……鄭安人呼侍御公謂：『而父死有令名，而致身事君，而父當益顯。』侍御公乃起復如京師，既復職太常。……二十三舉薦書，越年第進士，官太常。時王文成倡學東南，侍御公往從講業。及丁忠節公憂，服除，如京，復取道卒業文成，所酬往問質語，具載文成集中。……侍御公諱明衡，字子莘，別號師山……居莆為莆田人。」（馬忠節父子合集附錄）

按：據前引黃省曾記語錄「薛尚謙、鄒謙之、馬子莘、王汝止侍」及錢德洪記語錄「鄒守益、薛侃、黃宗明、馬明衡、王艮等侍」，可知馬明翰亦是與鄒守益、黃宗明同在正月來問學，又同赴京師復職。陽明謂「近與尚謙、子莘、誠甫講孟子『鄉愿狂狷』一章」（王陽明全集卷五與黃宗賢），即在正月也。

薛侃歸養，經紹興來問學，居會稽山中，與陽明多有

第1894页

通信往還論學。

陽明與薛尚謙手札一：「所留文字，憂病中不能細看，略閲一二篇，亦甚有筆力，氣格亦蒼老，只是未免知在過之耳。且宜俯就時格，一第不令先也。如須題目，今寫一二去，閑中試一作，春半過此帶來一看，兄弟中肯同作尤好。『修身以道，修道以仁，人生而靜，天之性也』。『學要鞭辟近裏』。『論賀今上册立中宮表』。『問聖人之心未嘗一日忘天下』。及夫子席不暇暖，而於沮溺、荷蕢丈人之賢皆有所未足，是可以知其本心矣。至其論太伯，則以為至德；論夷齊，則以為求仁得仁。『四子言志，三子在皆欲得國而治，夫子蓋未嘗有所許也。及曾點有風浴詠歸之談，幾於□……』」（該手札真跡為美國私人收藏，計文淵王陽明法書集著録）

按：據前引黃省曾記語録「薛尚謙、鄒謙之、馬子莘、王汝止侍」及錢德洪記語録「鄒守益、薛侃、黃宗明、馬明衡、王艮等侍」，可知薛侃亦是在正月歸養來紹興問學（薛侃行狀謂薛侃在嘉靖三年歸養，乃誤）。以陽明此書考之，書云「春半過此帶來一看」，顯可見陽明此書作在正月。蓋薛侃居會稽山中受學，陽明在憂居中，薛侃時時來過問受教，並有多通信往來論學。陽明此書中所言策問題目「論賀今上册立中宮表」

，按世宗立皇后在嘉靖元年九月，國榷卷五十二：「嘉靖元年九月辛未，立皇后陳氏，陳萬言女，遣成國公朱輔充正使，大學士楊廷和、毛紀充副使，持節奉册寶，行奉迎禮」。陽明此類策問題目，或為會試用也。大致薛侃正月出京來紹興問學，至六月方離紹興赴貴溪，至九月歸揭陽。

五岳山人黃省曾來紹興問學（執贄為弟子），以後有會稽問道録之記。

明儒學案卷二十五南中王門學案一孝廉黃五岳先生省曾：「黃省曾，字勉之，號五岳，蘇州人也。少好古文辭，通爾雅，為王濟之、楊君謙所知。喬白巖參贊南都，聘纂遊山記。李空同就醫京口，先生問疾，空同以全集授之。嘉靖辛卯，以春秋魁鄉榜。母老，遂罷南宮。陽明講道於越，先生執贄為弟子。時四方從學者衆，每晨班坐，次第請疑，問至即答，無不圓中。先生一日撤領，汗洽重襟，謂門人咸隆頌階聖，而不知公方塵理過，恒視坎途；門人擬滯度迹，而不知公隨新酬應，了無定景。作會稽問道録十卷。東廓、南野、心齋、龍溪，皆相視而莫逆也。陽明以先生筆雄見朗，欲以王氏論語屬之，出山不果。未幾母死，先生亦卒。……傳習後録有先生所記數十條，當是採自問道録中，往往失陽明之意。然無如儀、秦一條云：『蘇秦、張儀之智也，是聖人之資，後世事業文章，許多豪傑名家，只是學得儀、秦故智。儀、秦學術，善揣摸人情，無一些不中人肯綮，故其說不能窮。儀、秦亦是窺見得良知妙用處，但用之於不善耳』。夫良知為未發之中，本體澄然，而無人偽之雜，其妙用亦是感應之自然，皆天機也。儀、秦打入情識窠臼，一往不返，純以人偽為事，無論用之於不善，即用之於善，亦是襲取於外，生機槁滅，非良知也，安得謂其末異而本同哉？以情識為良知，其失陽明之旨甚矣。」

玉光劍氣集卷十九藝苑：「黃孝廉省曾與獻吉同時，好為文章。中年自悔，曰：『以此求當於世，亦役我以老，而非真我』。乃謁文成於陽明洞天，了然悟天則之妙。歸而著會稽問道錄，自謂得玄珠。嘗於世路有所不可，輒嘆曰：『此為置千里骨者耶？吾束吾腹歸耳』。」

按：黃省曾何時來紹興執弟子禮問學，向來不明。今按傳習錄卷下中有黃省曾記語錄六十八條，始於嘉靖二年，終於嘉靖六年。如一條語錄記云：「薛尚謙、鄒謙之、馬子莘、王汝止侍坐，因嘆先生自征寧藩已來，天下謗議益衆……」又一條語錄記云：「癸未春，鄒謙之來越問學，居數日，先生送別於浮峰……」薛侃、鄒守益、馬明衡、王艮同時來越問學在嘉靖二年正月（見前考），鄒守益別陽明北上入都在二月（見下），由此可以確知黃省曾始來越執弟子禮問學在嘉靖二年正月。黃省曾在越問學五年，陽明與之無所不談，故黃省曾所記會稽問道錄竟有十卷之多。按黃省曾向李夢陽學詩，三教九流之書無所不讀，百氏六藝之學無所不窺，著述尤豐，五岳山人詩集之外，有西洋朝貢典錄、吳風錄、稻品、蠶經、種魚經、藝菊譜、芋經、獸經、擬詩外傳、騷苑等。今李夢陽空同集卷六十一附錄一篇黃省曾答李空同書，猶可見其超逸卓異之筆力學識，無怪陽明以王氏論語相託也。會稽問道錄作為實錄，全面展現陽明晚年復雜思想之各個方面，錢德洪乃祇取其若干論良知之語入於傳習錄，可謂大失誤，卒致會稽問道錄之佚，失掉衆多了解陽明晚年思想之寶貴資料。黃宗羲謂黃省曾記語錄「往往失陽明之意」，「失陽明之旨甚矣」，恐非是，蓋黃省曾所記均出於其親口所問，親耳所聞，親眼所見，據實直記，如何會「失陽明之意」？如此論張儀、蘇秦語錄，即出於黃省曾親耳所聞，據實直記，蓋是黃宗羲自己之理解「失陽明之旨甚矣」，非是黃省曾記錄「失陽明之意」也。

第1899頁

黃岡郭慶、吳良吉來紹興問學。

傳習錄欄外書：「先生自南都以來，凡示學者，皆令存天理、去人欲，以為本。有問所謂，則令自求之，未嘗指天理為何如也。黃岡郭善甫挈其徒良吉，走越受學，途中相與辨論未合。既至，質之先生。先生方寓樓饘，不答所問，第目攝良吉者再，指所饘盂，語曰：『此盂中下乃能盛此饘，此案下乃能載此盂，此樓下乃能載此案，地又下乃能載此樓。惟下乃大也。』」

耿定向先進遺風卷上：「余里中郭孝廉慶，字善甫者，敦樸篤行人也，從先生遊最久。既歸，則以其聞諸先生者接引里中後生。里有茂才吳良吉，字仲修，性資視孝廉頗高明，因發志鬻產為資，附孝廉舟，往越中謁先生。」

耿天臺先生文集卷十三新建侯文成王先生世家：「黃岡郭善甫挈其徒吳良吉走越受學，途中相與辨論未合。既至，郭屬吳質之先生。先生方寓樓饘，不答所問，第目攝良吉者再，指所饘盂語曰：『此盂中下乃能盛此饘，此案下乃能載此盂，此樓下乃能載此案，地又下乃能載此樓

第1900頁

。惟下乃大也。』良吉退就舍，善甫問：『先生何語？』良吉涕泗橫下，嗚咽不能對。良吉歸，而安貧樂道，至老不負師門云。」

按：前考郭慶在嘉靖元年冬有書致陽明，表示欲來紹興問學之意，故遂在嘉靖二年正月偕弟子吳良吉來訪。今考鄒守益集卷二十六有同郭善甫魏師顏宿陽明洞詩，作在春二月，實為鄒守益別陽明詩（見下），故由此詩亦可見郭慶正月來越問學之況。

二月，鄒守益北上入都，陽明送別蕭山浮峰，登鎮海樓，又移舟宿延壽寺，有詩韻唱酬。

傳習録卷下：「癸未春，鄒謙之來越問學。居數日，先生送別於浮峰。是夕，與希淵諸友移舟宿延壽寺，秉燭夜坐。先生慨悵不已，曰：『江濤煙柳，故人倏在百里外矣！』一友問曰：『先生何念謙之之深也？』先生曰：『曾子所謂「以能問於不能，以多問於寡，有若無，實若虛，犯而不較」。若謙之者，良近之矣！』」

陽明鎮海樓：「越嶠西來此閣橫，隔波煙樹見吳城。春江巨浪兼山湧，斜日孤雲傍雨晴。塵海茫茫真斷梗，故人落落已殘星。年來出處嗟無累，相見休教白髮生。」（萬曆蕭山縣志卷二，陽明文集失載）

按：鎮海樓在蕭山江畔，萬曆蕭山縣志卷二宮室：「曰樓則有鎮海樓，廹西興渡。隆慶中圮。萬曆十五年，令劉會因石塘功畢，力請重建，葺舊臺，增高四尺，改方洞門，架樓三楹，其上回廊皆石柱，繚以雕欄。顏其面曰『浙東第一臺』，門曰『望京』，背曰『鎮海樓』……先是有玩江樓，久廢。弘治十年，令鄒魯重建，改今名。嘉靖十八年，通判周表修葺，太守湯紹恩扁曰『全越都會』。」陽明乃是從水路送鄒守益至蕭山，故當首登鎮海樓也。

鄒守益集卷二十六侍陽明先生及蔡希淵王世瑞登浮峰書別：「遠隨謝屐出東皋，直訪梅巖（子真常隱於此）未憚勞。杯酒百年幾勝踐，初晴千里見秋毫。沙光映日開平野，石勢連雲湧海濤。醉下長林生別思，煙汀回首越山高。」

同鄒善夫魏師顏宿陽明洞：「躡足青霄石萬尋，謝墩何處更投簪？雲穿草樹春亭靜，水點桃花洞口深。屋漏拂塵參秘訣，匡牀剪燭動幽吟。千年射的（山名，在陽明洞中）誰能中？莫遣桑蓬負壯心。」

王陽明全集卷二十夜宿浮峰次謙之韻：「日日春山不厭尋，野情原自懶朝簪。幾家茅屋山村靜，夾岸桃花溪水深。石路草香隨鹿去，洞門蘿月聽猿吟。禪堂坐久發清磬，卻笑山僧亦有心。」

再遊浮峰次韻：「廿載風塵始一回，登高心在力全衰。偶懷勝事乘春到，況有良朋自遠來。還指松蘿尋舊隱，撥開雲石翦蒿萊。後期此別知何地？莫厭花前勸酒杯。」

再遊延壽寺次舊韻：「歷歷溪山記舊蹤，寺僧遥住翠微重。扁舟曾泛桃花入，岐路心多草樹封。谷口鳥聲兼伐木，石門煙火出深松。

年來百好俱衰薄，獨有幽探興尚濃。」

按：宋儀望鄒東廓先生行狀謂鄒守益來越「參訂月餘」而別，可知其北上入都在二月中。陽明送至蕭山浮峰，按陽明於弘治十六年嘗來遊浮峰，至是恰二十年，故詩云「廿載風塵始一面」。其所次延壽寺舊韻，即次弘治十六年遊牛峰寺詩韻。明世宗實錄卷二十七：「嘉靖二年五月甲申，復除翰林院編修鄒守益原職。」蓋鄒守益至都下在三月，復職在五月。

託鄒守益遞書黃綰都下，論講學觸犯時忌事。

陽明文錄卷二與黃宗賢書一：「別去，得杭城寄回書，知人心之不可測，良用慨嘆。然山鬼伎倆有窮，老僧一空無際，以是自處而已。講學一事，方犯時諱，老婆心切，遂能緘口結舌乎？然須默而成之，不言而信，不量淺深而呶呶多口，真亦無益也。議論欠簡切，不能虛心平氣，此是吾儕通患。吾兄行時，此病蓋已十去八九，未審近來消釋已盡否？謙之行便，草草莫既，衷私幸亮。」

按：書所謂「謙之行便」，即指鄒守益二月北上入都，可見此書乃託鄒守益攜往都下與黃綰。所謂「方犯時諱」，即指犯「學禁」，蓋陽明已預感到科舉會試將欲陰闢其學矣。按王襞新鐫東厓王先生遺集卷上答秋濆漳州陳文溪書中引陽明此書，作：「講學一事，雖犯時諱，老婆心切，遂能緘口結舌乎？仁者愛物之誠，又有不容已者，要在默而識之，不言而信耳。……」黃綰將此書收入陽明文錄或有刪節。

方獻夫薦授吏部考功司員外郎入都，陽明致書論學，批評方獻夫、湛甘泉「牽制於文義」。

王陽明全集卷五答方叔賢書二：「此學蓁蕪，今幸吾儕復知講求於此，固宜急急遑遑，並心同志，務求其實，以身明道學。雖所入之途稍異，要其所志而同，斯可矣。不肖之謬劣，已無足論。若叔賢之於甘泉，亦乃牽制於文義，紛爭於辯說，益重世人之惑，以啟呶呶者之口，斯誠不能無憾焉。憂病中，不能數奉問，偶有所聞，因謙之去，輒附此。言無倫次。渭先相見，望併出此。」

按：前考方獻夫於嘉靖元年冬，有書致陽明，即西樵遺稿卷八柬王陽明書四。陽明收到方獻夫此書約在嘉靖元年歲暮，陽明此書即答方獻夫此柬王陽明書四，因說不能合，故聲色俱厲。自後方獻夫遂薦起入都矣。呂本方公獻夫神道碑銘：「正德壬申，養病乞歸，杜門十載。聖天子中興，以薦起嘉靖癸未春，復除吏部考功司員外郎，調文選司。」（國朝獻徵録卷十六）可見方獻夫必是在嘉靖二年春正月入京赴職。至二月鄒守益入都復職，陽明乃作此書，託鄒守益轉遞方獻夫，即此書所云「因諫之去，輒附此」。「渭先」即霍韜，時亦在京任兵部主事。（蓋與前引與黃宗賢書作在同時也。）

三月，會試策士以心學為問，陰闢陽明，陽明衆多弟子舉進士。

國榷卷五十二：「嘉靖二年三月乙卯，策貢士於奉天殿，賜姚淶、王教、徐階等進士及第出身有差。」

按：是歲南宮策士以心學為問，陰闢陽明。張朝瑞皇明貢舉考卷六載嘉靖二年癸未會試策五道，一曰「宋儒大有功於吾道，朱子集大成於諸儒」，一曰「漢唐宋致朋黨之原，諸君子論朋黨之別」，即所謂以心學為問、陰闢陽明之策論，蓋「壬午學禁」之大力推行之於科舉取士也。然陽明門人直接發師旨不諱，反中進士者特多，今可考者有：

王臣。皇明貢舉考卷六：「癸未嘉靖二年會試：王臣，江西南昌縣。」錢德洪陽明先生年譜：「同門歐陽德、王臣、魏良弼等直接發師旨不諱，亦在取列，識者以為進退有命。」

石簡。明清進士録：「石簡，嘉靖二年三甲五十六名進士。浙江寧海人，字廉伯，號玉溪。」

朱廷立。明清進士録：「朱廷立，嘉靖二年三甲九十一名進士。湖廣通山人。字子禮，號兩崖。受學王守仁。巡順天，督修河道。平四川土酋亂，捷聞，賜金幣。旋督北畿學政，倡正學，精藻鑒，人稱『朱夫子』。以禮部右侍郎致仕。有鹽志、馬政志、家禮節要、兩崖集等。」今存兩崖集前有朱公行狀與朱公墓志銘。

歐陽德。明清進士録：「歐陽德，嘉靖二年二甲十一名進士。」明史卷二百八十三歐陽德傳：「嘉靖二年，策問陰詆守仁，德與魏良弼等直發師訓無所阿，竟登第。」

金克厚。明清進士録：「金克厚，嘉靖二年三甲一百六十四名進士。浙江仙居人。知六合縣。溫雅忠厚，有長者風。歷工部郎中。」

郭弘化。明清進士録：「郭弘化，嘉靖二年三甲二百一十名進士。江西安福人，字子弼，號松崖。知江陵縣。徵授御史，因見彗星，請停罷廣東採珠，忤旨，黜為民。卒於家。」

黃直。明清進士録：「黃直，嘉靖二年三甲一百六十三名進士。江西金溪人，字以方，號卓峰。除漳州推官，疏請早定儲貳，貶沔陽判官。又以抗疏救楊名，戍雷州衛，赦還卒。」吳悌推官黃公直行狀：「癸未會試，場中策問極詆講學之非，先生與南野歐公獨闡聖學，力排衆議之失。編修馬公（汝驥）得卷，以為奇士。廷對，賜同進士出身。觀政吏部。」（國朝獻徵録卷九十一）

薛宗鎧。明清進士録：「薛宗鎧，嘉靖二年三甲五十八名進士。廣東揭陽人，字子修。官建陽令，求朱熹之後復之，以主祀事。徵為給事中，時汪鋐擅權，宗鎧抗疏劾之，奪職，被杖死。」

魏良弼。明清進士録：「魏良弼，嘉靖二年三甲一百六十七名進士。江西新建人，字師說，號水洲。」

第1905頁

第1906頁

蕭璆。皇明貢舉考卷六：「癸未嘉靖二年會試：蕭璆，湖廣辰州衛。」

王激。光緒永嘉縣志卷十五：「王激，字子揚，號鶴山。鉦次子。天姿英邁，豐儀秀偉。書過目成誦。正德丁卯，以春秋舉省試第二人。初嗜仙釋語，後與陽明高弟徐曰仁、金汝白諸君子相友善切磋，而張純、項喬又從激受業。嘉靖癸未，以詩經成進士，授吉水知縣……」

薛僑。皇明貢舉考卷六：「癸未嘉靖二年會試：薛僑，廣東揭陽縣。」按薛僑為薛侃弟，潮州府志、海陽縣志皆謂薛僑與侄薛宗鎧聯登是科姚淶榜進士，薛僑授國子監助校。

楊紹芳。皇明貢舉考卷六：「癸未嘉靖二年會試：楊紹芳，湖廣應城縣。」錢德洪陽明先生年譜：「於是蕭璆、楊汝榮、楊紹芳等來自湖廣。」

徐珊因南宮策問陰詆陽明學，不對而出，歸越來見，陽明為作書徐汝佩卷贊之。徐珊乃刻陽明居夷集行世。

錢德洪陽明先生年譜：「南宮策士以心學為問，陰以闢先生。門人徐珊讀策問，嘆曰：『吾惡能昧吾知以倖時好耶！』不答而出。聞者難之，曰：『尹彥明後一人也。』」

明語林卷十一排調：「癸未會試，主司出策，語詆陽明學。陽明弟子徐珊拂衣而出，時論高之。後為辰州同知，侵餉事發，自縊死。時人語曰：『君子學道則愛人，小人學道則縊死。』」（又見皇明世說新語卷七）

王陽明全集卷二十四書徐汝佩卷：「壬午之冬，汝佩別予北上，赴南宮試。已而門下士有自京來者，告予以汝佩因南宮策問若陰詆夫子之學者，不對而出，遂浩然東歸，行且至矣。予聞之，黯然不樂者久之。士曰：『汝佩斯舉，有志之士莫不欽仰歎服，以為自尹彥明之後，至今而始再見者也。夫人離去其骨肉之愛，齎糧束裝，走數千里，以赴三日之試，將竭精弊力，惟有司之好是投，以蘄一日之得，希終身之榮，斯人之同情也。而汝佩於此獨能不為其所不為，不欲其所不欲，斯非其有見得思義，見危授命之勇，其孰能聲音笑貌而為此乎？是心也，固富貴不能淫，威武不能屈者矣。將夫子聞之，躍然而喜，顯然而嘉與之也；而顧黯然而不樂也，何居乎？」予曰：「非是之謂也。」士曰：「然則汝佩之為是舉也，尚亦有未至歟？豈以汝佩骨肉之養且旦暮所不給，無亦隨時順應以少蘇其貧困也乎？若是，則汝佩之志荒矣。」予曰：「非是之謂也。」士曰：「然則何居乎？」予默然不

應，士不得問而退。他日，汝佩既歸，士往問於汝佩曰：「向吾以子之事問於夫子矣，夫子黯然而不樂，予云云，而夫子云云也，子以為奚居？」汝佩曰：「始吾見發策者之陰詆吾夫子之學也，蓋怫然而怒，憤然而不平。以為吾夫子之學，則若是其簡易廣大也；吾夫子之言，則若是其真切著明也；吾夫子之心，則若是其仁恕公普也。夫子憫人心之陷溺，若己之墮於淵壑也，冒天下之非笑詆詈而日惇惇焉，亦豈何求於世乎？而世之人曾不覺其為心，而相嫉媢詆毀之若是，若是而吾尚可與之並立乎？已矣！吾將從夫子而長往於深山窮谷，耳不與之相聞

，而目不與之相見，斯已矣。故遂浩然而歸。歸途無所事事，始復專心致志，沈潛於吾夫子致知之訓，心平氣和，而良知自發。然後黯然而不樂曰：嘻吁乎！吾過矣，非是之謂也。」士曰：「然則子之為是也，果尚有所不可歟？」汝佩曰：「吾之為是也，亦未不可；而所以為是者，則有所不可也。吾語子：始吾未見夫子也，則聞夫子之學而亦嘗非笑之矣，詆毀之矣；及見夫子，親聞良知之誨，恍然而大寤醒，油然而生意融，始自痛悔切責。吾不及夫子之門，則幾死矣。今雖知之甚深，而未能實諸己也；信之甚篤，而未能孚諸人也。則猶未免於身謗者

也，而遽爾責人若是之峻。且彼蓋未嘗親承吾夫子之訓也，使得親承焉，又焉知今之非笑詆毀者，異日不如我之痛悔切責乎？不如我之深知而篤信乎？何忘己之困而責人之速也！夫子冒天下之非笑詆毀，而日諄諄然惟恐人之不入於善，而我則反之，其間不能以寸矣。夫子之黯然而不樂也，蓋所以愛珊之至而憂珊之深也。雖然，夫子之心，則又廣矣大矣，微矣幾矣。不睹不聞之中，吾豈能盡以語子也？」汝佩見，備以其所以告於士者為問，予頷之而弗答，默然者久之。汝佩悚然若有省也。明日，以此卷入請曰：「昨承夫子不言之教，珊頃耳而聽，若

震驚百里，粗心浮氣，一時俱喪矣。請遂書之。」

錢德洪答論年譜書八：「徐珊嘗為師刻居夷集，蓋在癸未年。」（王陽明全集卷三十七）

按：羅洪先集卷五修道堂記云：「徐君（珊）事先生最久，自居夷所得片言，皆錄而傳之。」卷四辰州虎溪精舍記云：「君（徐珊）事先生最久，自誦所有片言，皆謹錄而傳之。」據此，可見居夷集乃是徐珊編集刊刻。按世宗「學禁」詔中謂「自今教人取士，一依程朱之言，不許妄為叛道不經之書，私自傳刻」，徐珊私自傳刻陽明居夷集，乃公然與世宗唱反調；而陽明精心撰書徐汝佩卷，亦隱然是對世宗「學禁」之不屈回應也。

第1911页

錢德洪、王畿南宮春試下第歸，皆來紹興受學。

呂本緒山錢公墓志銘：「癸未，下第歸，晨夕在師側，四方來從遊，如薛中離、鄒東廓、王心齋、歐陽南野、黃洛村、何善山、魏水洲、藥湖諸君，咸集館下，及聞風而來者，無慮數百人。必令引導，以端從入之途，皆稱公山中教授。」（期齋呂先生文集卷十二）

錢德洪陽明先生年譜：「德洪下第歸，深恨時事之乖。見先生，先生喜而相接，曰：『聖學從茲大明矣。』德洪曰：『時事如此，何見大明？』先生曰：『吾學惡得遍語天下士？今會試錄，雖窮鄉深谷無不到矣。吾學既非，天下必有

起而求真是者。」

徐階龍溪王先生傳：「嘉靖癸未，公試禮部，不第，嘆曰：『學貴自得，吾向者猶種種生得失之心，然則僅解悟耳。』立取京兆所給路券焚之，而請終身受業於文成。文成為治靜室，居之逾年，遂悟虛靈寂感，通一無二之旨。」（龍溪集附錄四）

周汝登王畿傳：「嘉靖癸未，試禮部不第，嘆曰：『學貴自得，吾向僅解悟耳。』立取京兆所給路券焚而歸，卒業於師門。師為治靜室，居之逾年，大悟，盡契師旨。故其言曰：『我是師門一唯參。』又曰：『致良知三字，及門者誰

第1912页

不聞？惟我信得及。』」（聖學宗傳卷十四）

俞純夫南宮春試下第，南歸來紹興受學。

夏尚樸夏東巖先生詩集卷六：「俞純夫落第南歸，得見陽明先生，遂焚引歸，即巖居，其志可謂決矣。因次所誦陽明詩韻寄之，幸勿謂老生常談見外也。

道理平鋪本自明，直須收斂見精英。獨憐拙學違初志，更覺殘齡畏後生。義利兩途須早判，知行偏廢豈能成？孔顏樂處平平地，不出虞廷敬畏情。」

按：俞純夫即俞文德，廣豐人。同治廣信府志卷九之三：「俞文德，字純夫，廣豐人。性警悟，好鑽研名理。壬午領鄉

薦，落第南歸。得見陽明先生，證良知之旨，遂決志巖居，學士宗之。」（又見同治廣豐縣志卷八之四）夏尚樸夏東巖先生詩集卷二有自嘲寄雨石俞純夫：「久已廢書策，悠悠度歲年。不知何處去，染得一身禪。」知俞純夫號雨石。

按王心齋先生遺集卷二有與俞純夫云：「只心有所向便是欲，有所見便是妄；既無所向，又無所見，便是無極而太極。良知一點，分分明明，亭亭當當，不用安排思索，聖神之所以經綸變化，而位育參贊者，皆本諸此也。此至簡至易之道，然必明師良友指點，功夫方得不錯。故曰：道義由師友有之。不然，恐所為雖是，將不免行不著，習不察。深坐山中，得無喜靜厭動之僻乎？肯出一會甯權，千載不偶。」王艮之言，不知所云，幾如說禪，夏尚樸云「不知何處去，染得一身禪」，疑即指王艮。蓋俞純夫嘉靖二年後常來越問學，故與王艮尤相知熟識也。

按：夏尚樸所次陽明詩韻，即陽明月夜二首之二（王陽明全集卷二十），末二句作「鏗然舍瑟春風裏，點也雖狂得我情」。陽明此詩作於嘉靖三年中秋（見下），可見俞純夫嘉靖三年又來受學。明儒學案卷四太僕夏東巖先生尚樸：「夏尚樸……逆瑾擅政，遂歸。王文成贈詩，有『舍瑟春風』之句，先生答曰：『孔門沂水春風景，不出虞廷敬畏情。』」按陽明「舍瑟春風」詩作於嘉靖三年，非逆瑾擅權時作；夏尚樸「不出虞廷敬畏情」詩乃為俞純夫作，非為答陽明詩。明儒學案說誤。

朱廷立南宮舉進士，授諸暨宰，經紹興來問學。

鄒守益集卷六炯然亭記：「炯然亭者，吾友武昌朱子禮之所作也。子禮為諸暨宰，受學於陽明先生，聞炯然良知之教，以省其身，以修其職。政成，入朝為監察御史，益思為德為民以充所學，猶懼其弗習也，作亭於所居，以識不忘。……」

胡直禮部右侍郎朱公廷立傳：「登癸未進士，授諸暨縣令……先是厥考嘗從陳獻章游，因以聖賢之學期立。立後又得王、湛、鄒子輩相師友，學益邃。觀其知行合一之論，心性即仁之說，事心事天之旨，正學正道之辯，率皆根本之學，有實見也。……」（國朝獻徵錄卷三十五）

謗議日熾，蕭鳴鳳書來相告，有答書。

王陽明全集卷二十七與蕭子雍：「繆妄迂疏，多招物議，乃其宜然。每勞知己為之憂念不平，徒增悚赧耳。荼毒未死之人，此身已非己有，況其外之毀譽得喪，又敢與之乎？哀痛稍蘇時，與希淵一二友喘息於荒榛叢草間，惴惴焉惟免於戮辱是幸，他更無復願矣。近惟教化大行，己不負平時之祝望。知者不慮其不明，而慮其過察；果者不慮其無斷，而慮其過嚴。若夫尊德樂義，激濁揚清，以丕變陋習，吾與昔人，可無間然矣。盛价還，草草無次。」

第1915頁

按：所謂「多招物議」，「外之毀譽得喪」，「惴惴焉惟免於戮辱是幸」，即指壬午以來「大興學禁」，直至嘉靖二年三月南宮策士陰詆陽明，謗議四起，陽明慄慄危懼。「荼毒未死」，指丁憂。「近惟教化大行」，指蕭鳴鳳時任南畿提學，大力振興教化。薛應旂蕭公鳴鳳墓表：「踰年，南畿缺提學，御史乃膺簡命……至則振起科條，以身範物……故南士有『陳泰山，蕭北斗』之謠，陳謂先提學陳恭愍公選也。」（國朝獻徵錄卷九十九）可見陽明此書約作在三、四月間。

四月，洪鍾卒，為作墓志銘。

王陽明全集卷二十五謚襄惠兩峰洪公墓志銘：「特進光祿大夫、柱國、太子太保、刑部尚書兼都察院左都御史致仕洪公，以嘉靖二年四月十九日薨，時年八十有一矣。訃聞，天子遣官九諭祭，錫謚襄惠，賜葬錢塘東穆塢之原。其嗣子澄將以明年乙酉月日舉葬事，以幣以狀來請銘。……」

按：陽明後又作祭洪襄惠公文云：「先君子素與於公，守仁雖晚，亦辱公之知愛。」按洪鍾弘治十一年後陞都察院右副都御史，巡撫順天等府，整飭薊州諸邊備，自山海關至居庸關，繕復城堡三百七十座。時陽明亦觀政工部，疏陳邊務，所謂「辱公之知愛」，即在其時也。又洪鍾晚歸居錢塘，築兩峰書院於西湖之上，講學十一年，陽明屢次往返經杭州，亦必當往訪也。

第1916頁

霍韜因上大禮疏受沮謝病歸，經武城極論陽明學術，有書致陽明辨學術異同。

明史卷一百九十七霍韜傳：「及大禮議起……其年十月上疏……帝得疏喜甚，迫群議不遽行。而朝士咸指目韜為邪說。韜意不自得，尋謝病歸。」

石頭錄石頭錄原編：「嘉靖二年癸未四月七日午，經武城。會王純甫，極論王伯安學術，駐渡口。公集中有與王伯安書曰：『讀傳習錄，多有未領，蓋賢知之過也。』又與黃致齋、張甬川論曰：『知行合一，矯學者口耳蔽敝也。要之，知行亦自有辨云云。』今自書云：『極論王伯安學術或如此。」

按：所謂「經武城」，即指霍韜因上大禮疏受沮，謝病歸南海，途經武城。「王純甫」即王道，「黃致齋」即黃宗明，「張甬川」即張邦奇。按霍韜、王道皆是尊朱學者，故所謂武城「極論王伯安學術」，實即批評王學也。時黃宗明任南京刑部四川司郎中，故霍韜當是經南京時再與黃、張極論陽明學術。前考霍韜上大禮疏時，嘗將大禮疏寄陽明請示，得陽明首肯。故是次霍韜自京師歸，疑當途經紹興，與陽明一見論學論政，至歸南海後方有書致陽明論學也。

時淮陽大饑，王艮自京師歸泰州，貸粟賑濟。

董燧王心齋先生年譜：「夏四月，貸粟賑濟。淮揚大饑，先生故所遊真州王商人居積富，雅敬重先生。於是先生從真州貸其米二千石歸，請官家出丁册給賑。時有饑甚不能移者，則作粥糜食之。既謁巡撫□公請賑，因以其所賑饑民狀對，撫公疑其言，先生曰：『賑册在場官所可稽。』乃羈先生於空廨中，令人偵先生出入所並與往來言者。時廨中有就羈有司三二人，先生坐其中，惟與三二人講究理學，暇則彈琴自娛，絕無一言及外事，亦無一人往來。偵者以實告撫公。會所取賑册至，撫公覽之，

第1917頁

大悔曰：『幾失君矣。』已乃大喜曰：『君布衣乃爾，何言有司？』明日，就先生問：『讀何書？』曰：『讀大學。』『更讀何書？』曰：『中庸。』又曰：『外此復何書？』曰：『尚多一部中庸耳。』曰：『何謂也？』曰：『誠意、正心、修身、齊家、治國、平天下，道理已備於大學。』撫公悟，大發賑行，將樹牌坊表揚先生，先生固謝之。」

五月，薛侃山居病暑，陽明致書慰問。

陽明與薛尚謙手札二：「聞貴恙，即欲往候，顧几筵不得少離，馳念何可言。山間幽寂閑散，於學力不為無助，論者以雨後毒熱，草木濕暑之氣，大能中人，暫且移卧城中，近山小庵院，俟暑退復往，如何？為學工夫最難處，惟疾病患難。患難中意氣感發，尚自振厲，小疴薄瘥猶可支持；若病勢稍重，精神昏憊，又處羈旅，即意思惝恍無聊，鮮不弛然就靡者。此皆區區嘗所經歷，不識賢者却如何耳。何鶚去不克偕，悵悵怏怏，珍攝自愛。守仁拜手，尚謙察院道契文侍。」（手札真迹為美國私人收藏，計文淵王陽明法書集著錄）

按：此札所云「几筵」，指靈座，陽明乃在憂居中。「雨後毒熱」、「濕暑之氣」，則在夏五月。既云「聞貴恙，即欲往候」，可見薛侃即居在會稽受學，若其歸揭陽，豈能往候？陽明謂夏暑太熱

第1918頁

，勸其「暫且移臥城中」，可見薛侃時居山中受學，即錢德洪所云「癸巳已後，環先生而居者比屋……南鎮、禹穴、陽明洞諸山遠近寺剎，徙足所到，無非同志遊寓所在」。薛侃當亦住諸山遠近寺剎中，因病陽明令其進紹興城居住。札中所言「何鵲去」，乃指何廷仁，原名何春，字性之，號善山。其當是在春間來越問學，至五月歸雩都。

薛宗鎧授貴溪知縣，經紹興來問學。別後陽明有書論良知之學。

陽明先生文錄卷二與薛子修書：「承遠顧，憂病中別去，殊不盡情。此時計已蒞任，人民社稷必能實用格致之力，當不虛度日月也。心之良知是謂聖，聖人之學，致此良知而已矣。謂良知之外尚有可致之者，侮聖言者也，致知為盡矣。令叔不審何時往湖湘？歸途經貴溪，想得細論一番。廷仁回省，便輒附此致間闊。心所欲言，廷仁當能面悉。不縷。」

按：薛子修即薛宗鎧，號東泓，揭陽人，薛俊子，薛侃姪。黃綰薛助教俊墓志銘：「君諱俊，字尚節，號靜軒，世為揭陽龍溪之薛壟人。……第五人：曰傑、曰侃、曰僎、曰偉、曰僑。……子三人：曰宗鐙、曰宗銓、曰宗鎧。宗鎧與僑同科進士，貴溪知縣。」（國朝獻徵錄卷七十三）陽明此札所云「此時計已蒞任」，即指薛

仲鎧中進士授貴溪知縣。所謂「承遠顧，憂病中別去」，必是指薛宗鎧中進士南下赴貴溪知縣任，途經紹興，來見陽明問學，然後相別赴貴溪而去。時陽明仍丁父憂，故云「憂病中別去」。所謂「令叔不審何時往湖湘」，乃指薛侃，蓋其時薛俊在湖湘任職，黃綰薛助教俊墓志銘：「乙亥，陞玉山教諭……丙子，陽明先生過玉山，君遂執弟子禮……是歲，聘典湖南文衡。」薛侃隨後即在六月離紹興回京，七月往赴湖湘薛俊處（見下），至次年則因母卒而歸揭陽。薛侃由紹興赴湖湘必經貴溪，而薛宗鎧方為貴溪知縣，故札云「歸途經貴溪，想得細論一番」。所謂「廷仁回省」，即指何廷仁歸雩都，與前引與薛尚謙手札所云「何鵲去不克偕」相合，可見兩札同作在五月中。何廷仁約在春間來問學，至是歸雩都亦必經貴溪，故此札云「心所欲言，廷仁當能面悉」。

六月，薛侃回京，有書來論學。陽明有答書，並寄贈新改定古本大學序。

王陽明全集卷五寄薛尚謙：「承喻『自咎罪疾，只緣「輕傲」二字累倒』，足知用力懇切。但知得輕傲處，便是良知；致此良知，除卻輕傲，便是格物。『致知』二字，是千古聖學之秘，向在虔時終日論此，同志中尚多有未徹。近於古本序中改數語，頗發此意，然見者往往亦不能察。今寄

一紙，幸熟味！此是孔門正法眼藏，從前儒者多不曾悟到，故其說卒入於支離。仕鳴過虔，常與細說，不審閑中曾論及否？諭及甘泉論仕德處，殆一時意有所向而云，蓋亦未見其止之嘆耳。仕德之學，未敢便以為至，即其信道之篤，臨死不貳，眼前曾有幾人？所云『心心相持，如髠如鉗』，正恐同輩中亦未見有能如此者也。書來，謂仕鳴、海崖大進此學，近得數友皆有根力，處久當能發揮。幸甚！聞之喜而不寐也。海崖為誰氏？便中寄知之。」

按：陽明與黃宗賢云：「近與尚謙、子莘、誠甫講孟子『鄉愿狂狷』一章，頗覺有所省發，相見時試更一論如何？」（王陽明全集卷五）此書作於七月（見下），可見薛侃乃在六月離紹興回京師。泉翁大全集卷八贈龍遊子祝憲僉序云：「司寇林公所禮其曹有三人焉，一曰龍遊祝子公叙，一曰仙居應子邦升，一曰歸安陸子元靜。三子者日與大行薛子（按：即薛侃）諸子論辯於長安……惟歲癸未之夏，祝子拜僉廣東之憲，而訪於政。甘泉子曰：『莫學非政矣。』薛子請以學告……」可見夏六月薛侃已在京師。陽明書中所言「仕鳴」即楊鸞，「仕德」即楊驥，「海崖」即陳明德，後亦為陽明弟子。薛侃集卷七陳海涯傳：「先生姓陳氏，諱明德，字

思準，海陽闢望人也……戊子，見陽明先生於羊城。」陽明於此書中云「近於古本序中改數語，頗發此意」，尤可注意。按陽明於與黃勉之中云：「古本之釋，不得已也……短序亦嘗三易稿，石刻其最後者。」（王陽明全集卷五）此書作於嘉靖三年，可見陽明嘉靖二年修改大學古本序乃最後一次改易稿，所謂「頗發此意」，即加進「致良知」之說，將大學之「致知」解釋為「致良知」也。

再致書在京薛侃、黃宗明諸門人，勉諸人在朝謹慎珍重。

陽明與尚謙誠甫世寧：「前日賤恙，深不欲諸君出，顧正恐神骨亦非久耐寒暑者。乃今果有所冒卒，而不至於甚，亦足以警也。自此千萬珍重珍重！賤軀悉如舊，但積弱之餘，兼此毒暑，人事紛沓，因是更須將息旬月，然後敢出應酬耳。味養之喻，已領盛意。守身為大，豈敢過為毀瘠，若疾平之後，則不肖者亦不敢不及也。所云私抄，且付之公論，未須深講。』山靜若太古，日長如小年。』前日已當面語，今更為諸君誦之。守仁白，尚謙、誠甫、世寧三位道契文侍。」（壯陶閣書畫錄卷十明王陽明手札冊，陽明文集失載）

按：陽明是書云「守身為大，豈敢過為毀瘠，若疾平之後，則不肖者亦不敢不及也」，乃指其守喪哀毀事。陽

明父王華於嘉靖元年二月卒，陽明守喪至嘉靖三年四月服闋，以書中云「毒暑」，指夏六月，「前日已當面語」，指六月薛侃別陽明赴京，則陽明此書必作於嘉靖二年六月，與前引陽明寄薛尚謙相先後也。書中所云「所云私抄，且付之公論」，似指薛侃在紹興所記語錄及陽明之文。「尚謙」指薛侃，「誠甫」指黃宗明。「世寧」無考，疑即馬明衡（一字世寧），蓋三人其時皆在京也（見前）。

惠州王一為負笈來越，受學半載而歸，陽明書卷贈別。

王陽明全集卷八書王一為卷：「王生一為自惠負笈來學，居數月，皆隨衆參謁，默然未嘗有所請。視其色，津津若有所喜然。一日，衆皆退，乃獨復入堂下而請曰：『致知之訓，千聖不傳之秘也，一為既領之矣。敢請益。』予曰：『千丈之木，起於膚寸之萌芽。子謂膚寸之外無所益歟，則何以至於千丈？子謂膚寸之外有所益歟，則膚寸之外子將何以益之？』一為躍然起拜曰：『聞教矣。』又三月，思其母老於家，告歸省視，因書以與之。」

按：文云「居數月」，又「三月」，則其在越受學有半載之久。大致其在夏間來問學，至冬間歸。

第1523页

七月，黃綰授南京都察院經歷，致書來告，陽明有答書，勉其謙虛講學議政。

泉翁大全集卷十七贈石龍黃宗賢赴南臺序：「石龍黃子丞志聖賢之學，前為後軍都督，與陽明子、甘泉子友，三人者解官遷轉，各別十年矣。嘉靖繼統，與甘泉子並起廢至京師。石龍子遷南臺經歷，後軍俞君請曰：『宗賢與子有同志之雅，宜為我有贈言，否則無以酬置亭待二子之意也。』甘泉子辭曰：『吾與宗賢期默成於道矣，惡乎言？』再至而再辭焉。既而應君元忠、黃君才伯請曰：『黃君與子有同志之雅，宜為吾同志有贈言。』甘泉子辭之，如辭俞君。既而王君公弼、歐君崇一、蕭君子鳴、錢君汝沖、鄭君室甫，聯王君、虞君、金君、太常李君、廷評陸君、職方梁君、秋官陸君、太史鄒君、春官陳君、韋君、黃君、魏君、陳君、二薛君、傅君、應君、

第1524页

吳君之名，中應、黄之請。辭不可，乃言之曰：「夫學，覺而已矣。伊尹，天民之先覺也。覺也者，知也；知覺也者，心之本體也。天地之常明也，以普萬物而不遺；聖人之常知也，以照萬事而無外。故知圓如天，行方如地。天包乎地，知通乎行。通乎行而知者，聖學之始終也。湯曰：『知至至之，知終終之。』記曰：『聰明睿知達天德，其知也。』夫知之用大矣哉！是故知天而天，知地而地，知萬物而萬物，知天地萬物而不遺者，其惟聖人乎！」問有疑者曰：「吾未聞知之該乎行也，請問其說。」甘泉子曰：「夫吾期與黄子默識之矣，惡乎言，惡乎言！昔有寐而寤語者，呼之寤，則不語；復寐，復寤語。於是矯令不寐而常惺，乃不復寤語。故在知覺而已。」曰：「請問其故。」曰：「今夫人之知語之為顯，而不知默之有顯也。豈徒語默為然？知益之為益，而不知損之有益也；知亢乎其舉者之能勝，而不知全放下者之有得也，皆寤之類也。是故學常知而已矣。知亡而後遷於物，物遷而流，流而不知止，天理滅矣。」曰：「然則知而已，何擇乎禪？」曰：「空知，禪也。知語、知默，知進、知退，知損、知益，通乎語默、進退、損益，而知不失其道，可以知聖矣。是故物至而知，知故知止，知止則不流，不流而

第1925頁

後澄定，澄定而後能察見天理，察見天理而後能存存。學至存存焉，至矣！」或疑之曰：「奚為其然也！然則奚擇於禪矣？」學問思辨，開其知也；篤行，恒其知也。知也者，天理也。故學至常，知天理焉，盡矣！二十五子，其為我告於黄子。」黄子曰：「然焉，則可以別矣。且以寓諸陽明子，何如也？」癸未七月二十一日。

王陽明全集卷五與黄宗賢：「南行想亦從心所欲，職守閑靜，益得專心於學，聞之殊慰！賤軀入夏來，山中感暑痢，歸卧兩月餘，變成痰咳。今雖稍平，然咳尚未已也。四方朋友來去無定，中間不無切磋砥礪之益，但真有力量能担荷得，亦自少見。大抵近世學者，只是無有必為聖人之志。近與尚謙、子莘、誠甫講孟子鄉愿狂狷一章，頗覺有所省發，相見時試更一論如何？聞接引同志孜孜不倦，甚善，甚善！但論議之際，必須謙虛簡明為佳。若自處過任而詞意重複，却恐無益有損。在高明斷無此，因見舊時友朋往往不免斯病，謾一言之。」

按：陽明書所云「南行」，即指黄綰由京南下赴南京都察院經歷任。以「入夏以來」、「歸卧兩月餘」考之，時間亦在七、八月中。湛甘泉精心撰寫贈石龍黄宗賢赴南臺序，大談心知心覺，蓋有望陽明一讀之意，故黄綰云「且以寓諸陽明子」。稍後其歸黄巖經紹興，

第1926頁

，必當將此序呈陽明一覽也。

顧應祥考滿進京，攜大禮論過紹興。陽明有答書是其大禮說。

顧應祥靜虛齋惜陰錄卷首大禮論：「禮也者，本乎天理，而合乎人情者也。是禮也，以其得於天而言，則謂之理；以其存諸心而言，則謂之性；以其發於外而應事接物，則謂之情；情之發而各當乎理，則謂之禮。謂之禮者，以其有儀文節序而言也。是故情也者，禮之本也；三千三百，禮之文也。聖人緣情以制禮，本乎天理而合乎人情者也。今上以孝宗皇帝之姪、興獻王之子，武宗皇帝

第1927頁

晏駕無嗣，遺詔遵祖訓兄終弟及之文，入繼大統。禮官援引漢哀帝、宋英宗故事，擬上考孝宗，稱興獻為叔父，聖母為叔母，而以益府次子崇仁王為興獻後。援之天理，竊恐有未安也。夫漢哀帝，定陶共王之子也，成帝立以為子。定陶王薨，成帝乃立楚孝王孫景為定陶王後，非成帝崩而臣下立之也。宋英宗乃濮安懿王第十三子，宋仁宗自幼育於宮中，正所謂為人後者。而歐陽修猶謂為人後者，為其父母服可降，而父母之名不可泯。又謂漢之宣帝不考史皇孫而上考昭帝，此又不考之故。宣帝於元康元年追尊悼考，為皇考立寢廟。夫昭帝，

宣帝之叔祖也，若考昭帝，則史皇孫當為兄矣；既考史皇孫，則不考昭帝可知矣。又謂光武崛起民間，不考南頓君，而上考元帝。夫光武建武二年立宗廟郊社，祀高祖、世宗。建武三年立四親廟於洛陽，祀父南頓君以上至舂陵節侯。建武十九年，因五官中郎張純、太僕朱浮言，徙四親於章陵，而立元成哀平四廟，自以為昭穆，當為元帝後，始祠昭帝、元帝於太廟。夫始立四親廟於洛陽者，發於天性之真也；既而遷於章陵者，迂儒執禮以誤之，然亦未嘗不考南頓君也。今上生於孝廟賓天之後，寔未嘗立為嗣，亦未嘗育於宮中也，安得比為

第1928頁

人後之禮乎？上在藩邸，稱興獻曰父也，聖母曰母也；一旦貴為天子，則曰非吾父也，叔也；非吾母也，叔母也，於人心安乎？天理順乎？孝子之於親，事死如事生，事亡如事存也。興獻王生前有一子，今復以崇仁王為後，興獻有靈，必曰吾子已為帝，安得復有此子乎？必不享其祭也。且既以崇仁王為後，則聖母乃一國之母，不宜迎入宮中矣。身為天子，而不得以天下養其母，豈得為孝乎？議禮諸臣何其不思之深也！然則追尊之禮何如？曰：追尊非古也。古者父為士，子為天子、諸侯，則祭以天子、諸侯，其尸服以士服，可見其無追尊之

禮也。武王追王太王王季，以其肇基王跡，非泛焉而尊之也。追尊之典起於後世。今品官，一品封及曾祖，三品以上封及祖，七品以上封及父母，豈有天子而不得尊其父母乎？尊之以天子之號可也。既尊以天子之號，則主藏於何所乎？曰：別立一廟，如奉先殿故事，則既得盡其誠孝之心，而於正統無干矣。如是則人心安，而天理得矣。故曰：禮也者，本乎天理，而合乎人情者也。

此論乃嘉靖二年考滿赴京途中所作，因畏避人議干進，不曾敢出，止被江西士子抄錄，傳至王陽明先生處，故陽明先生有書云：『近見禮論，足知日來德業之進。秦漢以來，禮家之說往往如仇，皆為不聞致良知之學耳。』今歲久論定，故附錄於此。」

按：顧應祥除江西副使在正德十四年七月，故其考滿赴京當在嘉靖二年七月中。以其為陽明虔誠弟子，其由南昌赴京自必經紹興來見陽明，將大禮論呈陽明審閱，所謂「被江西士子抄錄，傳至王陽明先生處」云云，恐係掩飾之詞也。陽明對大禮議之態度於此昭然若揭矣。

瑞泉南大吉來知紹興府，偕弟南逢吉、侄南軒來受學。

馮從吾關學編三：「瑞泉南先生……嘉靖癸未知紹興。時王文成公倡道東南，講致良知之學，王公乃先生辛未座

主也。先生既從王公學，得實踐致力肯綮處，乃大悟曰：『人心果自有聖賢也，奚必他求？』於是時時就王公請益焉。」

李維楨大泌山房集卷六十五南郡守家傳：「紹興守南公，名大吉，字元善，陝西渭南田市里人也。……擢知紹興……當是時，王新建方倡良知之學，公故出其門，間以政請益，新建曰：『人言不如自知之明，自悔之篤。君乃問我，中得無有不足乎？此即良知，顧力行何如耳。』公大悟，於是霽威嚴，務以和得民。乃葺稽山書院，創尊經閣，簡八邑才俊弟子肄業其中。……」

卷六十七南少參家傳：「參藩南公者，名軒，字叔後，渭南田市里人，人所稱『暘谷先生』者也。……始金生二子，伯大吉，仲逢吉，俱舉進士。大吉致浙江紹興府，逢吉山西按察副使，關西有『二南』之目焉。憲副公生三子，元配李恭人，實生公。公少警敏，日誦書數百千言，通其大義。紹興公携憲副公入官，同學於王文成公。公方七歲，文成識其不凡，授四詩諷之，憬然若有悟者。紹興公免官，公從學。」

按：南大吉在嘉靖二年六、七間來守紹興（考見下）。

八月，璽庵王藎陞右副都御史，北上經紹興來訪。

王陽明全集卷二十一答王璽庵中丞：「往歲旌節臨越，猥蒙枉顧。其時憂病憒憒，不及少申款曲。自後林居，懶僻成性，平生故舊不敢通音問。企慕之懷雖日以積，竟

未能一奉起居，其為傾渴，如何可言！……」

按：陽明是書作於嘉靖三年，所謂「往歲」即指嘉靖二年。書所致「王璽庵」向來不知何人，今考唐龍漁石集卷三有璽庵說云：「璽庵者，乃璽庵先生即其所居而號之也。」又卷一有贈王公璽庵遷秩序云：「用廷臣議，採木於湖蜀之間……僉曰：陝撫臣璽庵王公惟良哉！……申簡任之典，進秩於工部侍郎……公先為戶部郎，以剛直忤逆豎瑾，至奪職罰米數百石。尋用薦者歷試諸藩司，治行推為天下第一，璽書褒異。及今巡撫篤風訓，修國經，甄吏治，豐軍實，消民沴，抑權倖，剔政蠹……」據其任戶部郎中、陝西巡撫、工部侍郎等仕歷，則此「王璽庵」應即王藎無疑。乾隆濰縣志卷

四：「王藎，字惟忠，以戎籍生長京師。舉進士，任戶部主事，以忤劉瑾坐監收不明除名，發回原籍。茅屋蔬食，談道自樂。瑾敗，用御史薦，復職。累官河南巡撫，惠愛及民。終工部侍郎。」卷三科目下有：「弘治丙辰（九年）朱希周榜：王藎。」按明史卷一百八十七張鼐傳：「會瑾遣給事中王翊等核遼東軍餉，還奏芻粟多浥爛，遂以為守臣罪，逮鼎及繼任巡撫馬中錫、鄧璋，前參政冒政，參議方矩，郎中王藎、劉繹下詔獄，令其家人輸米遼東。鼎坐輸二千石。」此即唐龍所云「以剛直忤逆豎瑾，至奪職罰米數百石」，事在正德二年十月，國榷卷四十六：「正德二年十月甲申，兵科給事中王翊等覈遼東各倉糧芻，多虧腐。先後巡撫張鼎、馬中錫、鄧璋，分守參政冒英、右參議方矩，管糧郎中王藎、劉繹，知州章英等俱有罪，徵下鎮撫司。」陝西通志卷二十二著錄：「巡撫陝西都御史：王藎（嘉靖中）。」按王藎除巡撫陝西都御史在嘉靖三年八月，國榷卷五十三：「嘉靖三年八月壬寅，巡撫河南右副都御史王藎改陝西。」陽明書所云「中丞」，即指王藎任巡撫陝西都御史。此前王藎在嘉靖二年八月陞右副都御史，國榷卷五十二：「嘉靖二年八月丁卯，江西、陝西左布政王藎、畢昭為右副都御史。」王藎當是在八月由江西南昌入都赴右副都御史任，途經紹興來見陽明。王藎為弘治九年進士，陽明在京亦參加弘治九年會試，兩人或即在其時相識。正德元年王藎任戶部郎中，陽明任兵部武選清吏司主事，兩人關係當甚密。故陽明書中稱「生平故

舊」也。

楊鸞書來論學，陽明有答書。

王陽明全集卷五與楊仕鳴書二：「別後極想念，向得尚謙書，知仕鳴功夫日有所進，殊慰所期。大抵吾黨既知學問頭腦，已不慮無下手處，只恐客氣為患，不肯實致其良知耳。後進中如柯生輩，亦頗有力量可進，只是客氣為害亦不小。行時嘗與痛說一番，不知近來果能克去否？書至，來相見，出此共勉之。前輩之於後進，無不欲其入於善，則其規切砥礪之間，亦容有直情過當者，却恐後學未易承當得起。既不我德，反以我為仇者，有矣

，往往無益而有損。故莫若且就其力量之所可及者誘掖獎勵之。往時亦嘗與仕鳴論及此，想能不忘也。」書三：「前者是備録區區之語，或未盡區區之心；此册乃直述仕鳴所得，反不失區區之見，可見學貴乎自得也。古人謂『得意忘言』，學苟自得，何以言為乎？若欲有所記札以為日後印證之資，則直以己意之所得者書之而已，不必一一拘其言辭，反有所不達也。中間詞語，時有未瑩，病中不暇細為點檢。」

按：據書中云「別後極想念，向得尚謙書，知仕鳴功夫日有所進」，可知楊鸞乃是隨同薛侃一起往京師，「別後」乃指六月相別。「向得尚

第1933頁

謙書」，即指薛侃到京後來書，陽明寄薛尚謙（見前引）即為答書，書中云：「仕鳴過虔，嘗與細說，不審閑中曾論及否？……書來，謂仕鳴、海崖大進此學……」可見楊鸞其時確在薛侃處，陽明此二書作在七、八月中。大致楊鸞或是與薛侃同在正月來越問學，又同在六月赴京師，故其所記語録當甚多，陽明書云「前者是備録區區之語」，即指楊鸞所記語録。「柯生」疑指柯喬，書云「行時嘗與痛說一番，不知近來果能克去否」，可見其亦是在六月隨同薛侃、楊鸞赴京師。

九月，改葬父龍山公於天柱峰，母鄭太夫人於徐山。

陸深《海日先生行狀》：「始，鄭夫人殯郡南之石泉山，已而有水患，乃卜地於天柱峰之陽，而葬先生焉。」楊一清《海日先生墓誌銘》：「初，鄭夫人祔葬穴湖，已而改殯郡南石泉山。石泉近有水患，乃卜今地葬公云。」錢德洪《陽明先生年譜》：「九月，改葬龍山公於天柱峰、鄭太夫人於徐山。鄭太夫人嘗附葬餘姚穴湖，既改殯郡南石泉山。及合葬公，開壙有水患，先生夢寐不寧，遂改葬。」道光《會稽縣志稿》卷十五：「南京吏部尚書墓，《乾隆府志》：在天柱峰下。夫人鄭氏墓，在山陰之徐山。碣鐫：『皇明成化辛丑狀元、南京吏部尚書、晉封新建伯龍山府君暨德配累贈一品夫人鄭太君之墓。孝男王守仁同弟守儉、

第1934頁

守文、守章奉祀。』」

致書既白朱拱榣，並寫疏狀證明寄奉，朱宸渠、朱拱樛皆得寃白釋歸，約在其時。

陽明《答既白先生書》：「侍生王守仁頓首拜既白賢先生宗望：向者有事西江，久知賢橋梓親賢樂善有年。茲承手札，所須拙筆，冗冗未暇為也，幸恕，幸恕！尚容奉寄。不備。守仁再頓首。」（《麗澤録》卷十七《陽明文集失載》）

按：《麗澤録》一書，題作「明朱□□輯」，向不知為何人。今按《麗澤録》前有吳世良《刻麗澤集叙》云：「豫章貞湖賢藩集海內薦紳寄椿庭既白翁老先生翰札及詩若文成卷，刻置玄暢新館，題為《麗澤集》云

」。此「貞湖」即朱多熿，字宗良，號貞湖，即麗澤錄之編輯者；而「椿庭」則為其父朱拱樤，即「既白先生」也。陽明書中所云「橋梓」，即指朱拱樤、朱多熿父子。李維楨大泌山房集卷八十二有瑞昌王府輔國中尉貞湖公墓志銘云：「諱多熿，宗良其字，別號貞湖……輔國將軍宸淥孫，奉國將軍拱樤子也。」國朝獻徵錄卷一有奉國將軍拱樤云：「奉國將軍拱樤，字茂材，瑞昌拱枘弟也。博辯儒雅，有智數。嘉靖九年冬，上書請建宗學，并詔宗室設壇墠，行耕桑，禮謹祀典，加意恤刑。後以議禮稱旨，賜勑褒諭。又嘗捐田白鹿洞，贍來學者。與兄枘並以聲譽，致諸貴遊。子鎮國中尉多熿，字忠良，博雅好修，辭賦典麗。始與多烇齊名

，晚益折節虛己，獎掖後儁。草書茂美，有晉法。」蓋朱拱樤為江西宗藩，故麗澤錄中多稱其為「殿下」、「既白宗室」、「大宗藩」。陽明在江西平宸濠亂，與朱拱樤、朱多熿多有交往，吳世良刻麗澤集敘即云：「用是倡學西江，若陽明王公屢相候問不厭，往還手筆，瑤華爛存記室……陽明公得匪親見公天分誠樸可授良知聖訣耶？……」陽明此書所云「向者有事西江」，即指正德十二年至十六年在江西平亂時，居南昌與朱拱樤、朱多熿相識往還。按明史卷一百十八諸王二云：「奉國將軍拱樤，瑞昌王奠壛四世孫也。父宸渠為宸濠累，逮繫中都。兄拱枘請以身代，拱樤佐之，卒得白……多熿父拱樛以宸濠事被逮，多熿甫十餘齡，

哭走軍門，乞以身代，王守仁見而異之。嘉靖二年疏訟父冤，得釋歸，復爵。」國朝獻徵錄卷一奉國將軍拱枘亦云：「奉國將軍拱枘，瑞昌恭僖王後也。性樸茂好學，善草書。始枘父渠為濠累，逮繫中都，枘請以身代。」陽明此書所云「所須拙筆，冗冗未暇為也」，似即指朱拱樤、朱多熿為訟父冤，乞陽明寫一疏狀證詞辨其事。觀陽明此書，可知陽明後即寫疏狀證詞寄奉，故宸渠、拱樛皆得冤白釋歸。朱拱樤號「既白」，或即暗指其事「卒得白」也。按國榷卷五十二：「嘉靖二年九月甲申，封厚煡玉田王，勤烶湯溪王，畦杲海陽王，畦棆曲江王，彥檳南渭王，厚熾東平王，厚[illegible]歷城王，厚輝光山王，彌鋹承休王。」明世宗實錄卷三十一：「嘉靖二年九月甲午，命補支寧府弋陽王拱樻及鎮國等

將軍拱梴等祿米三分之二，以正德十六年奉詔減革日為始。因拱梴等奏辯，與宸濠事無相干，從該部勘覆也。」朱宸渠、朱拱樛或即與其同時獲釋封爵。

巡按山東監察御史朱節病卒，旅櫬回山陰，陽明作祭文親往哭奠。

明一統志卷二十二：「（朱節）巡按山東時，兵旱相仍，礦賊竊發，節自部封軍，身親督戰，一鼓擒賊，山東蕩平，竟以勞感疾卒。民痛如喪父母，贈大理少卿。」王陽明全集卷二十五祭朱守忠文：「嗚呼！聖學之不明也久矣。予不自量，犯天下之詬笑，而冒非其任。恃以無恐者，謂海內之同志若守忠者，為之胥附先後，終將必有所濟也。而自十餘年來，若吾姚之徐曰仁，潮陽之鄭

朝朔、楊仕德，武陵之冀惟乾者，乃皆相繼物故。其餘諸同志之尚存足可倚賴者，又皆離群索居，不能朝夕相與資切磋砥礪之益。今守忠又復棄我而逝，天其或者既無意於斯文已乎？何其善類之難合而易揆，善人之難成而易喪也，嗚呼痛哉！守忠之於斯道，既已識其大者，又能樂善不倦，旁招博采，引接同志而趨之同歸於善，若饑渴之於飲食，視天下之務不啻其家事，每欲以身殉之。今茲之没也，實以驅賊山東，晝夜勞瘁，至殞其身而不顧，嗚呼痛哉！始守忠之赴山東也，過予而告別，云：「節於先生之學，誠有終身几席之願，顧事功之心猶有未能脱然者，先生將何以裁之？」予曰：「君子之事，敬德修業而已。雖位天地，育萬物，皆已進德之事，故德業之外無他事功矣。乃若不由天德，而求騁於功名事業之場，則亦希高慕外。後世高明之士，雖知向學，而未能不為才力所使者，猶不免焉。守忠既已心覺其非，固當不為所累矣。」嗚呼，豈知竟以是而忘其身乎！守忠之死，蓋禦災捍患而死勤事，能為忠臣志士之所難能矣。而吾猶以是為憾者，痛吾道之失助，為海内同志之不幸焉耳。嗚呼痛哉！靈輀云邁，一奠永訣。豈無良朋，孰知我心之悲？嗚呼痛哉！」

按：明世宗實録卷二十九：「嘉靖二年七月戊子，録剿平山東强賊功，賞巡按都御史陳鳳梧、巡按御史朱節、河道侍郎李瓚、守巡官呂經等，各銀幣有差，贈陣亡副千户張應文為指揮僉事，世襲正千户，仍令有司致祭。」國榷卷五十二：「嘉靖二年二月癸巳，河南、山東盗平。……十月辛酉，故巡按山東監察御史朱節，贈光禄寺少卿。」

據此，朱節當卒於九月中。旅櫬歸山陰已在十月。

黄綰集卷五哭朱白浦侍御：「淮浦孤舟旅櫬回，豈禁清淚客心灰。坐惟濟世今何在？死不忘君正可哀。三徑雲中應有待，六峰湖上可誰來？當年與語無窮事，一度追思心一摧。」

卷二十八奠朱白浦侍御文：「嗚呼！白浦生不負其親，用不負其君，行不負其友，食不負其民。蓋不當求之今世，而當求之古人之中，今則已矣。天也何為？遂使慈母失其孝子，吾君失其社稷之臣，吾人失其篤志之友，吾民失其乳哺之母，斯世遂無斯人。於乎痛哉！」

鄭善夫哭朱白浦侍御：「哭友魂初返，兄今復訃音。杞憂元不寐，顏樂祇須尋。江海投膏意，乾坤攬轡心。成言俱寂寞，勝事竟消沉。邦國賢豪盡，關河涕淚深。辦香與絮酒，咫尺吊山陰。」（黄綰集卷二十二讀鄭少谷詩

十月，歐陽德授知六安州，有書札往返論學。

徐階歐陽公神道碑銘：「知六安時，為二籍，稽公使錢及其俸錢之出納，曰：『非以為名，吾屬所自檢防，固當如是。』歲侵，捐俸之半以倡，吏民得粟若干石，隨所在作粥食，饑者活數萬人。已乃興修水利，汰冗役，定經費，省訟獄之追乎，罷諸苛法。作龍津書院，進諸生，教之問學，民士咸附。」

聶豹南野歐陽公墓志銘：「癸未，舉進士……授知六安州，至則興教化，省追呼，絕宴享之供，遵原泉之利。憲臣行部至，過境不入，曰：『有賢守在。』歲大饑疫，捐俸倡賑，設糜煮藥，全活數萬人。……予惟先師倡道東南，

第1939頁

一時豪傑雲集景從，人人自以為莫公若也。先師語來學，必曰：『先與崇一論之。』而公自視欿然。」

錢德洪陽明先生年譜：「嘉靖癸未第進士，出守六安州。數月，奉書以為：『初政倥偬，後稍次第，始得與諸生講學。』先生曰：『吾所講學，正在政務倥偬中，豈必聚徒而後為講學耶？』……」

按：湛甘泉七月二十一日所作贈石龍黃宗賢赴南臺序中猶言及「歐君崇一」在京（見前引），則歐陽德之授知六安州應在八月。以「數月」計之，則陽明與歐陽德書札往返論學約始於十月。按歐陽德在六安任知州四年，今由傳習錄中答歐陽崇一觀之，可見陽明與歐陽德書札往返當甚多，蓋皆亡佚矣。

陽明答歐陽崇一問致良知書：「○良知非離見聞，惟以致良知為主，則多聞多見皆致知之功；○良知非斷思慮，良知發用之思，自是明白簡易，無憧憧紛擾之患；○致知非絕事，應實致良知，則行止，生死惟求自慊，而不為困；○致知非為逆億，致良知則知險知阻，自然明覺，而人不能罔。」（國朝獻徵錄卷九新建伯王文成公傳）

按：新建伯王文成公傳云：「歐陽崇一守六安，奏記問學，凡四條，答之：……」可知陽明此書作在嘉靖二年冬間。

第1940頁

致書黃綰，論「著察」工夫，黃綰有答書。

黃綰集卷十九寄陽明先生書一：「承示『著察』之教，警勵何如！但能精切此志，不為他物所雜，則行必自著，習必自察。此意亦時見得，然亦無別事可見。只覺心中有分曉不放過，才雜毫髮便昏昧。蓋著乃天理昭著，察乃文理密察，所以昭著密察，只常見自己過僭而已。不知是如此否？近於人情紛雜中驗之，頗覺間斷時少，莫非啟迪之功，但不知向後又知何耳。黃提學意思頗好議論，皆近裏相向之意，亦與他人不同。其它欲俯就與之一處者，亦因時事人情，略覺數端，故敢云云，亦非止為一事而言。幸察之。」

按：此書云「黃提學意思頗好議論，皆近裏相向之意」，可見此書乃黃綰在南京都察院經歷任上所作（非在都下）。按黃綰七月由京赴南京都察院經歷任，但在十月即離南京歸黃巖，並攜家過越訪陽明，故陽明與黃綰書札往返討論「著察」之說當在九、十月中。陽明論（見下）「著察」之札今佚。

二十日，黃綰攜家過越訪陽明，在紹興受教一月有餘。

黃綰集卷二十三少谷子傳：「……既而聞朱御史白浦之卒（按：朱節卒於嘉靖二年九月），則為詩哭之……予出，陞南京都察院經歷（按：黃綰陞都察院經歷赴任在嘉靖二年七月二十一日），攜家過越，聞少谷子陞南京刑部郎中，未幾改南京吏部郎中。有書期將至越訪陽明先生，先生聞之喜，留予候之，月餘不至。予至金陵，而少谷子訃至。訃者曰：『少谷子出，經武夷，陟絕巘，闖陰洞，不知其疲且襲寒，醫誤用藥，遂病革。速輿歸，至家二日而卒，年三十有九，乃歲癸未臘月晦前二日也。』」

按：黃綰七月授南京都察院經歷，即南下赴南京，旋又歸黃巖，取家眷再歸南京，途經越來訪陽明受教。據黃綰集卷十二送黃誠甫序云：「歲癸未之冬，予復同宦金陵。」又黃綰集卷二十八應召告祖考文云：「茲以當道論薦，朝命臨門，義不可辭，乃卜今年月十二日戒行。」可見黃綰乃於十月十二日後由黃巖攜家歸南京，途至紹興約在十月下旬，受教一月有餘，別陽明約在十二月中旬，歸南京而聞鄭善夫卒已在嘉靖三年正月。今有以為黃綰來越受教一月有餘在嘉靖元年，乃誤。

黃綰集卷十九與鄭繼之書三：「近至越，會陽明，其學大進。所論格致之說，明白的實，於道方有下手，真聖學秘傳也！坐間，每論執事資稟難得，陽明喜動於色，甚有衣鉢相托之意，執事可一來否？天地間此担甚重，非執事無足當之者，誠不宜自棄。近有一書，欲執事一出，非為明時可仕，實欲因此相聚，究所未究，以卒此生耳。」

十一月，刑部尚書林俊致仕歸，道錢塘來訪，陽明偕弟子張元沖趨迎於蕭山，宿浮峰寺。

泉翁大全集卷十八送司寇林見素先生致仕序（嘉靖癸未秋八月八日）：「……先生得天地剛大以直之氣，能遂其志，是以於憲廟時，則以郎官獨劾梁方以引繼曉，下獄不屈，懷恩壯之，斯非所謂其剛者耶？然而落職判官，尋感星闡，復官南都。於武廟時，則巡撫川江，卒遇麻賊，單輿入諭，羅跪請降，斯非所謂其大者耶？然而中沮於總制，乞休而歸。今上龍飛時，則首起司寇，因事納忠，據法執奏，抗奪獄之旨，以沮權幸之氣，斯非所謂其直者耶？然而初則上為薄譴，中則求去勉留，終優詔隆禮，廩夫是畀，宮保是嘉。夫公之正氣能感上天星隕之變，而不能感憲廟於初以不譴；能致懷恩之壯，而不免梁方之害；能諭麻賊之悍，而不能消總制之妒以全功；能感上之隆禮，而不能開權幸之惑，使其言之見從，而身安於朝廷之上，豈非所謂氣機之通塞乎？……昔之嘉靖初詔，堯、舜天開。公以累召而來，峨峨其冠，裔裔其衣，蹻蹻其趨，拜舞班行，如鳳鳥具五彩，聞九韶，以來儀於兩階。及其待命而去也，颯乎山巾，飄乎野服，意氣江湖，激昂雲霄，如野鶴插六翮，乘長風，將翱翔乎千仞，雖欲留之而不可得。蓋公之進也以時，而退也以時。時也者，道也，大臣之道，不可則止也。易曰：『同聲相應，同氣相求。水流濕，火就燥。雲從龍，風從虎，聖人作而萬物睹。』嗚呼時乎！公其歸矣。」

按：國榷卷五十二：「嘉靖二年七月庚寅，刑部尚書林俊致仕，進太子太保，有司月給粟三石，輿役四人，時加存問。」是林俊七月致仕，八月離京歸，十一月至錢塘，陽明至蕭山迎見。

錢德洪陽明先生年譜：「嘉靖二年十有一月，至蕭山。見素林公自都御史致政歸，道錢塘，渡江來訪，先生趨迎於蕭山，宿浮峰寺。公相對感慨時事，慰從行諸友，及時勉學，無負初志。」

按：錢德洪謂林俊「自都御史致政」，乃誤。

在舟中，與張元沖論儒佛老三家異同。

錢德洪陽明先生年譜：「張元沖在舟中問：『二氏與聖人之學所差毫釐，謂其皆有得於性命也。但二氏於性命中著些私利，便謬千里矣。今觀二氏作用，亦有功於吾身者，不知亦須兼取否？』先生曰：『說兼取，便不是。聖人盡性至命，何物不具，何待兼取？二氏之用，皆我之用：

即吾盡性至命中完養此身謂之仙；即吾盡性至命中不染世累謂之佛。但後世儒者不見聖學之全，故與二氏成二見耳。譬之廳堂三間共為一廳，儒者不知皆吾所用，見佛氏，則割左邊一間與之；見老氏，則割右邊一間與之；而己則自處中間，皆舉一而廢百也。聖人與天地民物同體，儒、佛、老、莊皆吾之用，是之謂大道；二氏自私其身，是之謂小道。」

按：前考張元沖字叔謙，號浮峰，正德十六年來受學為弟子。陽明與論儒佛老異同，以儒學為「全」，佛老為「偏」，儒學包含佛老之學；以儒為大道，佛老為小道，儒道包含佛老之道，蓋不以佛老之學為異學、不以佛老之道為異道，其說與諫迎佛疏所說全同，而更加直白簡明矣。按錢德洪云「慰從行諸友，及時勉學，無負初志」，可見陽明攜弟子往蕭山迎林俊當甚多，非張元沖一人。如是條為錢德洪所記，為其所親見，則錢德洪亦是陽明往蕭山所攜弟子也。

編修黃佐奉命冊封，南下道杭，來紹興問學。

泉翁大全集卷十八贈別黃太史序：「太史黃子才伯曰：『佐也于役於渭，誓將睽違，惟子教之。』子親于學，惟子教是靳！甘泉子曰：『欲事親者，其惟學乎！欲顯親者，其惟立身行道乎！』曰：『學何學矣？』曰：『心。故善學者如貫珠矣，不善學者如觀珠矣。』曰：『觀珠與貫珠之形何以異？』曰：『觀珠者，觀他珠也，多學而記之類也；貫珠者，我貫我珠也，自我得之也，一以貫之之類也，知識前言往行以蓄德也。』黃子曰：『唯唯！』昔者甘泉子謂黃子曰：『子之博學，如聚萬珠矣，其惟貫之已乎！』黃子曰：『唯唯！』黃子則既志乎心學矣，駸駸乎其進而不已矣，是以申告黃子之別。黃子曰：『聖學其思乎！故曰：思不出其位。』甘泉子曰：『是之謂心學矣。思曰睿，睿作聖。』請聞焉，曰：『其中思矣乎！中思故不出其位；不出其位，故思無邪。出位而思，邪，邪也；正，亦邪也。其惟中思乎！』曰：『曷為中思？』曰：『毋前爾思，毋後爾思，毋左爾思，毋右爾思，故曰中。中思也者，中心也。故曰：「中心無為，以守至正。」至正，無邪思也。若夫左右前後而思焉，出位耳矣，惡能勿邪？故中則正矣，中正一以貫之，而聖學備矣。此舜聞見善言行，沛然若決江河，莫之能禦也。其博約之教乎！』或曰：『子曰：「子中思而已矣。」將不遺於四遠乎？』甘泉子曰：『非然也。日月之照四方也，明在中也；堯德之明，思在中也，而光被四表，何遠之遺？』或以告黃子，黃子曰：『唯唯！』甘泉子曰：『可以別矣。思知事親矣。』」（嘉靖癸未季秋九月）

黃佐庸言卷九：「癸未冬，予冊封道杭，會同窗梁日孚，謂：「陽明仰子。」予即往紹興見之。公方宅憂，拓舊倉地，築樓房五十間，而居其中。留予七日，食息與俱。始談知行合一，予曰：「知以知此，行以成此，中庸兩言一也，信矣。」因指茶中果曰：「食了乃是味，猶行了乃是知，多少緊切。」予曰：「知，目也；行，足也。洵知公居足以步，目一時俱到，其實知先行後。」公曰：「尊兄多讀宋儒書。」予曰：「知之非艱，行之唯艱。豈宋儒耶？」曰：「書意在王忱不艱，可見行了乃是知。」予曰：「知之未嘗復行也。使知不在先，恐行或有不善矣。」公默然，俄謂曰：「南元善昨送賦用『兮』，『兮』，噫嘆辭也，豈可誦德？」予曰：「淇澳誦德亦用『兮』，似不妨。」公復默然。自是論征浰頭諸賊，待以不殺，併及逆濠事甚悉，予曰：「濠離豫章，猶曹操離許，使英雄如公擣虛，漢不三國矣。」公嘆曰：「直諒多聞，吾益友也。」最後出大學古本，予曰：「明明德於天下，仁也；慎獨，則止於至善矣。意誠志仁，無惡也；無惡，猶有過。廓然大公，無心過，心正矣；物來順應，無身過，身修矣。家國天下，舉而措之。」公喜，即書夾註中。瀕行，詣予舟，謂：「主一在此，不學無益，托日孚携之歸廣。」復論御狄治河縷縷，乃別，始知公未嘗不道問學也。……」

第1947页

按：黃佐所云「予冊封道杭」，即其所云「佐也于役於渭」，指同一事，似是赴渭冊封金天華嶽神。可見黃佐乃在九月離京赴渭，待冊封事畢，歸途經杭，遂來紹興見陽明，時已在冬十月、十一月間，故云「癸未冬，予冊封道杭」。時梁焯與黃佐同在京任職，據黃佐兵部職方司主事梁公焯傳：「嘉靖初，改司職方，聞弟訃而病，遂予告歸養，宜興醫士周衝送⊗之，及別，謂曰：『益莫善於養心，損莫甚於多欲。』焯佩服其言。卒於家，年四十有六。」（國朝獻徵録卷四十一）可見梁焯約在十月因弟訃告歸南海，途中寓居於杭，疑當亦來紹興見陽明，故得知「陽明仰子也」。「主一」疑即梁焯子，時在陽明處受學，陽明乃托黃佐帶給梁焯歸廣。

時四方學子來紹興受學者日衆，乃起造樓房五十餘間，以待華華學子來學，是為伯府新邸也。學子環陽明宅第而居，環坐而聽，歌聲徹昬旦。錢德洪傳習録跋：「先生初歸越時，朋友蹤跡尚寥落。既後四方來遊者日進。癸未年已後，環先生而居者比屋，如天妃、光相諸刹，每當一室，常合食者數十人。夜無卧處，更相就席，歌聲徹昬旦。南鎮、禹穴、陽明洞諸山遠近寺刹，徒足所到，無非同志遊寓所在，先生每臨

第1948页

講座，前後左右環坐而聽者常不下數百人，送往迎來，月無虛日，至有在侍更歲，不能遍計其姓名者。每臨別，先生常嘆曰：「君等雖別，不出在天地間，苟同此志，吾亦可以忘形似矣！」諸生每聽講出門，未嘗不跳躍稱快。嘗聞之同門先輩曰：「南都以前，朋友從遊者雖眾，未有如在越之盛者。此雖講學日久，孚信漸博，要亦先生之學日進，感召之機申變無方，亦自有不同也。」

黃佐庸言卷九：「癸未冬……予即往紹興見之。公方宅憂，拓舊倉地，築樓房五十間，而居其中。留予七日，食息與俱。……」

按：黃佐所見「拓舊倉地，築樓房五十間」者，即造新建伯府邸（伯府）也。大致可見陽明約於嘉靖二年春始造新府邸，至冬間黃佐來時已初建成。伯府拓地而建，東起今王衙弄，西至西小河（船舫弄），南至大有倉，北至上大路。中建天泉樓，開碧霞山房，鑿碧霞池（後稱王衙池），池上有天泉橋。伯府大廳尤規模鉅麗，梁架皆用楠木，故民間有「呂府十三廳，不及伯府一個廳」之謠。後來陽明作從吾道人記，末題「陽明山人王守仁書於第十一洞天之碧霞池上」，可見伯府中有十餘處洞天景觀。讀書樓名「天泉樓」者，概以樓壁上大書白沙題心泉詩而取名也。嘉慶山陰縣志卷十九：「王文成祠，在府北二里東光坊……今之東光坊，即公舊第，發祥有自。」乾隆紹興府志卷六：「碧霞池，在承恩坊王守仁宅內。」萬曆紹興府志卷一坊里：「西北隅領坊十四：曰西光相……曰東光相……曰承恩……」是陽明伯府乃在原來東光相坊舊宅上建，擴展到承恩坊一帶。按明史卷七十六職官五云：「公、侯、伯，凡三等，以封功臣及外戚，皆有流有世。功臣則給鐵券，封號四等：佐太祖定天下者，曰開國輔運推誠；從成祖起兵，曰奉天靖難推誠』；餘曰『奉天翊運推誠』，曰『奉天翊衛推誠』。武臣曰『宣力武臣』，文臣曰『守正文臣』。歲祿以功為差。」陽明以平宸濠功封新建伯、奉天翊衛推誠宣力守正文臣、特進光祿大夫、柱國，宜其如「推誠宣力、名載丹書者，奕葉貂蟬，保守祿位；……寄隆方岳，階晉公孤，家分典瑞之榮，朝無酬金之罰，較諸西京世冑，殆將過之」（明史卷一百〇五功臣世表），自可造高門廣宅之伯府邸宅。

按：陽明其時有答路賓陽亦云：「自來山間，朋友遠近至者百餘人。」（王陽明全集卷五）可見錢德洪所言絕非虛語，而陽明之拓舊倉地，構樓屋五十間，蓋亦為四方來學士子居住講學也。陽明謂嘉

靖二年後來學士子常有百餘人，除前所考述諸人外，今可考者尚多：

朱應鍾。光緒遂昌縣志卷八：「朱應鍾，字陽仲，號青城山人。天資警敏，篤學勵行，恬靜寡欲。嘗結青山白雲樓，讀書其中。善古文詞，尤工唐人詩。家故饒，一委之兄弟，侈用廢業，不問也。聞王陽明先生倡道東南，趨而就學。先生器重之，語曰：『以子沈重簡默，庶幾近道。予方以聖賢之徒期女，文人之雄，非所望也。』一時名公若開化方豪、青田陳中州輩，皆與之遊，著聲吳越間。年三十二卒，士林甚惜之。侍御黃中為梓陽仲詩五卷。」卷十黃中陽仲詩選序：「吾遂朱陽仲氏，七歲知屬辭，鄉之人稱奇童子。比長，刻意騷雅，至廢寢食。……予昔同為諸生，間問作詩之法，曰：『詩豈有法哉！』余不能解，請益，曰：『俟他日細論之。』甲午，陽仲以試解，客死武林，僅三十歲。詩大半散落。」宜園筆記：「陽仲先生天才卓犖，所為詩清峻雅潔，根柢騷雅，而取法於漢魏……邑乘稱陽仲嘗至姚江，從王陽明遊，陽明謂其天資近道不偽，詞章之雄。天不假年，德器未就。」

周晟。同治嵊縣志卷十四：「周晟，字伯融，宋汝士之後。天資穎敏，博極書史，為詩文有奇思。嘗從王文成遊，以所學授生徒。性嚴毅難犯，士大夫接其言論豐采，率傾心焉。貢授山東齊河令，有治聲。未期，丁外艱歸，遂不復仕。」

胡樂。同治嵊縣志卷十七：「胡樂，字濟英，居東隅。受業王文成門。文成卒，衰服哭之極哀。以貢授連江訓導。遷海豐教諭，致仕歸。」

林應麒、張奇。仙居集卷十六林應麒上鄒東廓先生：「伏念某自壬午童歲，獲侍陽明先師，又引南州妻伯引謁門下，迄今四十餘年……」卷十一林孫枝林介山先生傳：「公諱應麒，字必仁，號介山。……年二十，領嘉靖乙酉鄉薦。比試禮部不利，遂遊王陽明先生之門，講明絕學，而所造益精。尋以省親旋里。無何，贈君即世，哀毀盡禮。至十四年乙未，始成進士。……」卷十六張奇林介山先生文集後序：「第髫齡與公同學，長共遊於陽明

夫子之門，受教益深。且重金子之請也，遂忘其陋，序諸簡末云。」卷二十四：「張奇，字文瑞，號涇橋，西門人。主事榛子。邑諸生，與表兄並有才名。所著有鳴珠集二十四卷。」

胡東。民國湯溪縣志卷十：「胡東，字時震，號古愚。正德癸酉舉人，授醴陵縣知縣，銳意造士。……東博極群書，為章楓山先生高弟。先生嘗與書，勖以舉業文字上一層工夫……時餘姚王守仁倡道東南，往質之，聞良知之說，若有得也，因為述所傳於師者，守仁默然良久，曰：『甚有功於吾道。』東居官六年，當遷，解印歸，蓋廣其師說。……」

來弘振。乾隆蕭山縣志卷二十四：「來弘振，字汝剛。輕財喜客，嘗遇醉者於途，持弘振手大詈，索長跪請謝，欣然從之。陽明講學揀南，升其堂，為高弟子。陽明歿，主教天真書院，以實修為真悟，頗教為色取，人以為善學王氏者也。著有一瓶長集。孫清之，砥志學問，能紹半山業焉。」

姜子羔。黃宗羲姚江逸詩卷十二：「姜子羔，字宗孝。嘉靖癸丑進士，授成都府推官，以卓異召。嚴世蕃求賂，不應。用常調轉禮部主事，累遷陝西副使，終行太僕寺卿。太僕幼侍文成講席，輒有所契。易簀時，賦詩：『精一為何物？良知亦是閑。』是豈僅與詩人爭一聯半句之工者？然俊爽之氣涌出於行墨之間，亦復不可掩也。」

汪銓。嘉靖徽州府志卷十九：「汪銓，字元衡，婺源旃坑人。生有異質，甫八歲，讀書了大義。十五能詩。既長，厭科舉之習，潛心學，聞會稽王守仁倡道，遂往見之，上下其論。家故貧，惟教授生徒，與同志論學。邑令曾忭聞而延之，相與參定諭俗禮要，大有俾益。所著有原學、大學論正、性學辨微、桂山擴稿等書。」

程鐸。嘉靖徽州府志卷十七：「程鐸，字子木，歙城人。少穎敏，有奇氣，通經諸家，尤精於禮。聞王陽明名，負笈師之，領鄉薦，試銓部第一，除廣州府同知。時征安南兵興，搶攘轉輸，未嘗乏絕。嘗承檄鈎校韶州計簿，韶守故遺藏無名錢萬餘，攝事者以啗鐸，鐸不應，為疏始末，立法以防侵牟。新會令不善事上官，被斥，鐸上其賢，復乃已，竟以是忤時罷歸。」

尹一仁。同治安福縣志卷十一：「尹一仁，字任之，南鄉厚村人。年十五時，以大學致知格物驗諸心，多不合，每夜半起坐苦思。後赴越受業王守仁，乃稍稍洞然。嘉靖戊子舉於鄉，為諸暨教諭，以薦擢虞衡主事。歷都水郎中，忤中貴，出守歸德。多惠政，被誣劾罷歸里居。立保甲，置義倉，敦習俗，平忿爭，鄉人德之。卒之前數日，遺書其友劉陽曰：『某不敢不死於君子之手。』陽趨往視，相對屢日而卒。」

林聞。薛侃集卷七林希齋傳：「希齋，姓林氏，諱聞，字載道，揭陽人也。……時王陽明先生居越，往來侍講，學問益明。」

程梓。光緒永康縣志卷七：「程梓，字養之。生而明慧。及長，聞何、王、金、許，欣然慕之。讀正學編，躍然曰：『學在是矣！』弱冠為諸生，徒步往姚江，求文成之學。歸里，即壽山洞中倡明正學。……稱方峰先生。」

盧可久。光緒永康縣志卷七：「盧可久，字一松，邑諸生。潛心理學，與程方峰同受業陽明先生。可久刻苦精思，盡得其旨，陽明器之。比歸，送之曰：『吾道東矣。』即五峰書院授徒講學，杜惟熙、金萬選咸北面焉。程松溪嘗稱之曰：『一夔足矣。』東陽許少微亦謂其『直接何、王、金、許之傳』，蓋實錄也。所著有光餘或問、望洋日錄。」

應兼。光緒永康縣志卷七：「應兼，字抑之，有至行。……叔父典，學務致道，友應良、黃綰，而師王守仁，所至兼必偕，備聞要旨。遂繼典主盟於五峰精舍，與同門盧可久、程梓麗澤講學，四方來會者，翕然趨之餘三十年，學者稱古麓先生。」

應典。光緒永康縣志卷七：「應典，字天彝，性沈篤，操尚不群。……正德甲戌登進士，授兵部職方司主事。……以母病告歸。過蘭溪，謁楓山先生。受教歸，偕仙居應良、黃巖黃綰過從講切。又師餘姚王守仁，授良知之旨，建麗澤祠於壽山龍湫下。……」

李珙。光緒永康縣志卷七：「李珙，字侯璧，以歲貢授東鄉訓導。陞溆浦教諭，躬行教誨，士咸宗之。嘉靖乙丑，詔拔異才，以風群吏，當道薦珙，擢大理評事。珙早有志理學，徒步至姚江見陽明先生，授以致良知之訣。珙悟，獨居精思，盡得其旨，同輩咸推重之。」

周桐。光緒永康縣志卷七：「周桐，字鳳鳴。幼嗜學，年十七，從舅氏應鸝、邱恩遊學南邕。歸，又負笈姚江，從王文成遊。以明經授南京武學訓導。擢江西撫州教授，古貌古心，日以講道為諸生倡。聞母病，即日棄官歸。五峰書院自應石門典後，桐繼主繼席者多年，學者稱峴峰先生。」

王璣。嘉慶西安縣志卷三十三：「王璣，字在叔，號在庵。嘉靖進士。方青衿時，應督學召，肄業萬松書院。渡江從陽明先生，與王龍溪友善，隱士欒惠、黃彥綱、王修易、鄭禮輩同倡良知之學。居鄉以實行為化導，捐基十畝造衢麓講舍。郡守李公遂推為盟主，四方多士雲集。至其尊祖睦族，振貧周乏，與范文正公相類，蓋非止口談理學，而確有躬行實踐者也。」（儒林錄）在菴少時聞陳白沙之學，心亟仰之，渡江受業陽明之門，陽明稱其篤實。補山東按察僉事，輒進諸生論學，齊魯士彬彬向風。家居以禮為訓，每身先之，接後學溫然若家人。年七十餘卒。嘗言：『平生無過人處，惟出處分明，未嘗屈身降志云』。」（崇禎府志）

諸大倫。謝廷傑諸侯生祠記：「姚江諸君，諱大倫，別號白川：……余嘗督學南畿，與君周旋，而知君學得於陽明先生者有素，乃今睹東鄉政績，益驗君之不負所學也。……慮無不周，事無不備，精神命脈，無不流貫。茲去欣□愛戴，日長歲久，所謂盛德至善，民不能忘者非歟？……以此驗政，斯為實政；以此驗學，斯為實學，即受業陽明先生之門如君不多見也。」（康熙東鄉縣志卷七）按康熙東鄉縣志卷四有諸大倫傳，稱其為「浙江餘姚人。由進士初授淮郡節推，擢兵科諫議，左遷知東鄉」。

胡堯時。同治泰和縣志卷十七：「胡堯時，字子中。嘉靖五年進士，歷官貴州按察使。嘗師事王守仁，謂職在刑名，宜先教化，以躬行為士人倡。修陽明書院，凡守仁著作在貴陽者，悉刊行之」。

王貞善。同治泰和縣志卷十七：「王貞善，字如性，性格嚴正，少聞王守仁良知之旨，有會於心，遂師事之。既而習湛若水『隨地體認天理』之說，學益進。由嘉靖戊子舉人授海陽縣，以守正忤上官，不滿歲而歸。杜門著書，如靜談、讀史法戒及內外篇，皆本王、湛之學」。

陳璵。揭陽縣正續志卷六賢達：「陳璵，龍溪人。嘉靖中歲貢，師事餘姚王守仁，得致良知之學。歸授徒里中，從遊日衆。選思恩訓導，擢永定教諭。教人有則，士皆宗之。既歸，益勵志節，卒祀鄉賢」。

范瓘。萬曆紹興府志卷四十三：「范瓘，字廷潤，會稽人。少從新建學，卓然以古聖賢自期，晚歲所造益深。家貧，無旦夕儲，嘯咏自若，人莫能測。嘗謂人曰：『天下有至寶，得而玩之，可以忘貧。』作古詩二十章，歷叙道統及太極之說以自見。幼孤，事母盡孝，教授於鄉以給。甘、毳二兄早喪，極力斂之，撫其侄如己子。已為婚娶，而侄又早喪，而婦將他適，所得聘金悉以畀之，曰：『吾恨貧不能止汝更嫁也，而忍利其人乎？』平居無戲言，步趨不越尺寸，里中人無老幼，皆以『范聖人』呼之。與人熙熙無倨容，士大夫咸樂從之遊，然或以粟帛周之，堅却弗受也。年八十有六，將屬纊，猶戒其子曰：『我死，寧薄斂，毋妄受人賻以污我。』其生平廉潔如此。有司表其閭，立石里中，曰『范處士里』。」

孫應奎。明清進士錄：「孫應奎，嘉靖八年三甲四名進士。浙江餘姚人，字文卿，號蒙泉。嘗從王守仁講學。授章丘知縣，歷禮科給事中，劾汪鋐，忤旨廷杖，謫華亭丞。累官右副都御史，總理河道。坐事，遷山東布政。有燕詒集。」按孫應奎刻陽明先生傳習錄序云：「應奎不敏，弱冠始知有所謂聖賢之學。時先生倡道東南，因獲師事焉。憶是時先生獨引之天泉樓口，授大學

第1958頁

首章，至『致知格物』，曰：『知者，良知也，天然自有，即至善也。物者，良知所知之事也。~~格者~~，格者，格其不正以歸於正也。格之，斯實致之矣。』……」天泉樓建於嘉靖二年冬，孫應奎約是在嘉靖二年冬後來問學。

十二月三日，董山李堂書來請為其文集作序，陽明有答書婉謝之。

李堂董山集卷八與王陽明書：「自辛未得告，歲圖週紀矣。邇惟執事讀禮逾祥，敉徽指日，每瞻牙纛，冀滌渴塵。而老病杜門，動止維棘。小兒維孝回，叙道厚私，感刻，感刻！不揣輒陳所懇，伏念平生仕隱無禪，老死將及矣，一息懸懸，耻為乾沒。因輯叙感寓應酬各體詩文，擇存一十五卷，占名董山文集，非借重袞詞冠弁集首，何以光賁家藏？謹繕寫粧帙上呈，倘辱慨賜雄文一首，以慰鵠俟，何感如之！夫士先省己，物在鑒形，堂雖

第1959頁

寡昧，敢忘內訟耶？堂聞之：培塿扶嶽，涓澮朝宗，知所向也。仰止皇明文獻，何獨感於鄉邦哉！潛溪博洽，遜志精忠，惟誠意伯兼之。執事以冠世之文，成經世之業，恭毅明紀、肅愍建勳遠過焉，天相神符，昌時翊運，豈偶然哉！堂又常竊侍近世鄉賢，如鏡川明睿，方石精嚴，楓山忠信，皆見而知之矣，孰如執事親炙之深哉！一得之愚，因莫遏於求源而起壑也。德云寡矣，功云隳矣，言將益懟矣，未著自述一篇，尤希矜之鑒之。昔柳子棄僇，幸後死昌黎斯文不朽。堂何人，敢語此歟？夫陳白建明，勸規獻納，與夫感今懷古，確政紀時，痛

懲誣佞，庶幾未必無補名教之萬一也。倘留神終閱，自見腑肝，採菲錄蕘，亦備瞽矇暬御之箴兩。狂繆逾涯，情愛覼縷，伏惟容諒。不宣。」

陽明回堇山先生札：「孤子王守仁稽顙疏復司空堇山先生大人鄉丈執事：守仁罪逆深至，去歲已卜葬先考矣。不意乃有水患，今冬復改卜。方茲舉事，忽承手教，與獎過矣。寵然委使叙所著述，感怍惶悚，莫知所措。懵懵未死之人，且不知天地日月，又足以辨此乎？雖然，雅頌之音，韶英之奏，固其平生所傾渴者。喪復之後，耳目苟不廢，尚得請與樂章而共習之，其時固不敢當首序之僭，或綴數語於簡末，以自附於吳季子之末論，萬一其可也。婁人之室，虞有闕落，不可以居重寶，佳集且附使者奉納，冀卜日更請，千萬鑒恕。荒迷無次。嘉靖二年十二月初三日，孤子守仁稽顙上。　厚幣決不敢當，敬返璧，幸恕不恭。倘不蒙見亮，復有所賜，雖未數語，亦且不敢呈醜矣。方擬作答，忽頭眩嘔仆，不能手書，輒口占，令門人代筆，尤祈鑒恕。」（堇山文集前附錄，陽明文集失載）

按：李堂字時升，號堇山，鄞縣人。明清進士錄：「李堂，成化二十三年二甲九十名進士。鄞縣人，字時升，號堇山。官至工部右侍郎

，總理河道。能詩文。有堇山集、正學類稿、四明文獻志。」國朝獻徵錄卷五十一有雷禮工部侍郎李堂傳。札云「今冬復改卜」，指改葬陽明父龍山公事。「忽承手教」，指李堂書來請陽明為其文集作序。李堂書中云「自辛未得告，歲週紀矣」，指李堂與陽明正德六年十一月相別，十二年未見面。「小兒維孝回」，指李堂子李維孝先來會稽見陽明，似是李堂遣子來受陽明學，至其時歸見李堂，遂有此札來請陽明作序。按國榷卷四十八：「正德六年十一月戊申，南京科道復劾逆黨南京戶部尚書李瀚，江西總制左都御史陳金，刑部侍郎張子麟，工部侍郎李堂……有旨：瀚等令自陳，陳金仍討盜，常、麟等俱致仕。」陽明或以李堂有瑾黨之嫌而不願為之作序。

舒柏寄詐說來求教，有「敬畏灑落」之問，陽明有答書。

王陽明全集卷五答舒國用：「來書，足見為學篤切之志。國用既知其要，又能立志篤切如此，其進也孰禦！中間所疑一二節，皆工夫未熟，而欲速助長之為病耳。以國用之所志向而去其欲速助長之心，循循日進，自當有至。前所疑一二節，自將煥然冰釋矣，何俟於予言？譬之飲食，其味之美惡，食者自當知之，非人之能以其美惡告之也。雖然，國用所疑一二節者，近時同志中往往皆有之，然吾未嘗以告也，今且姑為國用一言之：夫謂

『敬畏之增，不能不為灑落之累』，又謂『敬畏為有心，如何可以無心而出於自然，不疑其所行？』凡此，皆吾所謂欲速助長之為病也。夫君子之所謂敬畏者，非有所恐懼憂患之謂也，乃戒慎不睹、恐懼不聞之謂耳；君子之所謂灑落者，非曠蕩放逸、縱情肆意之謂也，乃其心體不累於欲、無入而不自得之謂耳。夫心之本體，即天理也；天理之昭明靈覺，所謂良知也。君子之戒慎恐懼，惟恐其昭明靈覺者或有所昏昧放逸，流於非僻邪妄而失其本體之正耳。戒慎恐懼之功無時或間，則天理常存，而其昭明靈覺之本體，無所虧蔽，無所牽擾，無所恐懼憂患，無所好樂忿懥，無所意必固我，無所歉餒愧怍。和融瑩徹，充塞流行，動容周旋而中禮，從心所欲而不踰，斯乃所謂真灑落矣。是灑落生於天理之常存，天理常存生於戒慎恐懼之無間，孰謂『敬畏之增，乃反為灑落之累』耶？惟夫不知灑落為吾心之體，敬畏為灑落之功，歧為二物而分用其心，是以互相牴牾，動多拂戾，而流於欲速助長。是國用之所謂『敬畏』者，乃大學之『恐懼憂患』，非中庸之『戒慎恐懼』之謂矣。程子常言：『人言無心，只可言無私心，不可言無心。』戒慎不睹，恐懼不聞，是心不可無也。有所恐懼，有所憂患，是私心不可有也。

第1962页

堯舜之兢兢業業，文王之小心翼翼，皆敬畏之謂也，皆出乎其心體之自然也。出乎心體，非有所為而為之者，自然之謂也。敬畏之功無間於動靜，是所謂『敬以直內，義以方外』也。敬義立而天道達，則不疑其所行矣。所寄詐說，大意亦好。以此自勵可矣，不必以責人也。君子不蘄人之信也，自信而已；不蘄人之知也，自知而已。因先塋未畢功，人事紛沓，來使立候，凍筆潦草無次』。

按：錢德洪陽明先生年譜云：「嘉靖三年八月，是月，舒柏有『敬畏累灑落』之問，劉侯有『入山養靜』之問。」下遂引陽明此書證之，其說大誤。按陽明此書題下明標「癸未」作，以書中所述考之：「先塋未畢功」，指是年九月以後改葬王華於天柱峰、母鄭氏於徐山。「凍筆」，則在冬臘月。由此可以確知陽明此書作於嘉靖二年十二月中，斷非作在嘉靖三年中秋八月。「舒國用」即舒柏，同治南昌府志卷四十三：「舒柏，字國用，靖安人。少有志聖賢之學，師事王文成。領正德丙子鄉薦，授歙縣右訓導，以四禮五倫為教。知府鄭玉命主管紫陽書院，訓六邑生，修規約束，以身率先，所造門下士稱盛。行取赴都，陞梧州府同知，主梧山書院。都御史陶公謂柏『抱溫故知新之學，有成己成物之心』。復劉主嶺表書院，兩廣人士多從之遊。從王文成平田州，有贊畫

第1963页

功。遷南京刑部員外郎，以弟栴、子炯俱選藩府儀賓，例不當授京職，改兩浙鹽運司運同。尋知南寧府。」志稱「舒柏少有志聖賢之學，師事王文成」，按正德三年陽明赴謫過南昌，時舒柏為諸生，或即在其時來向陽明問學。其後舒柏任歙縣訓導，主掌紫陽書院，陽明在江西南昌、贛州，兩人當多有講學往來。

劉侯書來，有「入山養靜」之問，陽明有答書。

王陽明全集卷五與劉元道：「來喻：『欲入坐窮山，絕世故，屏思慮，養吾靈明。必自驗至於通晝夜而不息，然後以無情應世故。』且云：『於靜求之，似為徑直，但勿流於空寂而已。』觀此，足見任道之剛毅，立志之不凡。且前後所論，皆不為無見者矣，可喜可喜！夫良醫之治病，隨其疾之虛實、强弱、寒熱、內外，而斟酌加減。調理補泄之要，在去病而已。初無一定之方，不問證候之如何，而必使人人服之也。君子養心之學，亦何以異於是？元道自量其受病之深淺，氣血之强弱，自可如其所云者而斟酌為之，亦自無傷。且專欲絕世故，屏思慮，偏於虛靜，則恐既已養成空寂之性，雖欲勿流於空寂，不可得矣。大抵治病雖無一定之方，而以去病為主，則是一定之法。若但知隨病用藥，而不知因藥發病，其失一而已矣。閑中且將明道定性書熟味，意況當又不同。憂病不能一一，信筆草草無次。」

按：錢德洪陽明先生年譜云：「嘉靖三年八月，是月，舒柏有『敬畏累灑落』之問，劉侯有『入山養靜』之問。」下乃引陽明此書以證之，其說亦誤甚。按陽明此書題下明標「癸未」作，顯可見與其答舒國用作在同時（見前考）。且陽明此書云「憂病不能一一」，憂病者，即丁憂也，陽明至嘉靖三年四月服闋，僅此亦可見陽明此書斷非作在嘉靖三年中秋八月也。「劉元道」即劉侯，光緒嚴州縣志卷十九：「劉侯，字元道，壽昌人。父早亡，叔應龍教之甚嚴。年十九，以詩經領正德庚午鄉薦。受業於王陽明先生。嘉靖間，提學林雲同聘主天真書院。」萬曆壽昌縣志卷八：「劉侯，字原道，一字伯元，號沖庵（按：又號北州），六都勞村人。父早故，叔應龍教之甚嚴。年十九，以詩經領正德庚午鄉薦。受業於王陽明先生之門，學有源委。嘉靖十三年，提學林公雲同，聘主天真書院教，一時豪傑皆萃焉。後卒於其地。」按劉侯正德五年舉鄉試，次年入都參加會試，陽明適為會試同考試官，劉侯可在其時來見陽明受學。以後劉侯居家壽昌不仕，陽明屢次經嚴州，劉侯皆可來見問學也。

二十八日，少谷鄭善夫卒，陽明致書路迎痛悼之，並勉勸路迎益奮發砥礪。

王陽明全集卷五答路賓陽：「憂病中，遠使惠問，哀感何

第1964頁

第1965頁

浙江大学古籍研究所

已！守忠之訃，方爾痛心，而復□□不起，慘割如何可言！死者已矣，生者益孑立寡助。不及今舊發砥礪，坐待澌盡燈滅，固將抱恨無窮。自來山間，朋友遠近至者百餘人，因此頗有警發，見得此學益的確簡易，真是考諸三王而不謬，百世以俟聖人而不惑者。惜無因復與賓陽一面語耳。郡務雖繁，然民人社稷，莫非實學。以賓陽才質之美，行之以忠信，堅其必為聖人之志，勿為時議所搖，近名所動，吾見其德日近而業日廣矣。荒憒不能多及，心亮。」

按：是年先是陽明弟子朱節卒於九月，繼之而卒者為少谷鄭善夫，故陽明此書所云「而復□□不起」，當指鄭善夫無疑。疑此「□□」二字手稿原當作「繼之」（鄭善夫字），後來編文集者不識其為善夫之字，誤以為錯句不詞，遂刪去作空白。蓋鄭善夫尤為陽明所賞識，自十月以來即與黃綰共盼鄭善夫來紹興講論學問，等待一月有餘而不至。黃綰讀鄭少谷詩：「鄭少谷繼之詩，末卷有哭朱白浦侍御詩，云：『哭友魂初返，兄今復訃音。杞憂元不寐，顏樂祇須尋。江海投膏意，乾坤攬轡心。成言俱寂寞，勝事竟消沉。邦國賢豪盡，關河涕淚深。瓣香興絮酒，咫尺吊山陰。』即繼以憂字為題詩，云：『擬將新句咏銷憂，咏罷重增雙淚流。柱下朱郎成永別，江東黃尉竟何求？青袍事業悲三試，畫省風煙感四休。搖落江山客途裏，石門修竹夢林丘。』少谷，予知己友也。其謂『黃尉』者，蓋指予也。」（黃綰集卷二十二）又少谷子傳：「予出，陞南京都察院經歷，攜家過越，聞少谷子陞南京刑部郎中。未幾，改南京吏部郎中，有書期將至越，訪陽明先生。先生聞之喜，留予候之月餘，不至。予至金陵，而少谷子訃至，訃者曰：『少谷子出，經武夷，陟絕巘，闖陰洞，不知其瘦且襲寒，醫誤用藥，遂病革。速輿歸，至家二日而卒，年三十有九，乃歲癸未臘月晦前二日也。』」（黃綰集卷二十二）陽明得知鄭善夫訃並作此與路賓陽已在嘉靖三年正月。書稱路迎「郡務」者，按國朝獻徵錄卷三十九兵部尚書路公迎傳略云：「歷知襄陽、松江、淮安三府，豈弟廉平，務先惠養。」是其時路迎任淮安知府，與朱節關係甚密也（按：路迎為山東汶上人）。

一五二四　嘉靖三年　甲申　五十三歲

春正月，心齋王艮來會稽問學，請築書院，以居四方學者。於是乃就至大寺左建樓居齋舍，是為陽明書院（前有新建伯祠）。

張峰王艮年譜：「嘉靖三年春正月，子補生。往會稽，請築書院，以居四方學者。文成每令先生傳諭焉。」

董燧王心齋先生年譜：「嘉靖三年甲申，在會稽。是年春，四方學者聚會稽日衆，請陽明公築書院城中，以居同志。多指百姓日用以發明良知之學，大意謂：『百姓日用條理處，即是聖人條理處。聖人知，便不失；百姓不知，便會失。』同志惕然有省。未幾，陽明公謝諸生不見，獨先生侍左右。或有諭諸生，則令先生傳授。」

錢德洪陽明先生年譜附録一：「嘉靖十六年丁酉十月，門人周汝員建新建伯祠於越……先是師在越，四方同門來遊日衆，能仁、光相、至大、天妃各寺院，居不能容。同門王艮、何秦等乃謀建樓居齋舍於至大寺左，以居來學。師没後，同門相繼來居，依依不忍去。是年汝員與知府湯紹恩拓地建祠於樓前。取南康蔡世新肖師像，每年春秋二仲月，郡守率有司主行時祀。」（王陽明全集卷三十六）

錢德洪刻文録叙説：「癸巳已後（當作癸未以後），環先生之室而居，如天妃、光相、能仁諸僧舍，每一室常合食者數十人，夜無卧所，更番就席，歌聲徹昏旦。南鎮、禹穴、陽明洞諸山遠近古刹，徙足所到，無非同志遊寓之地。先生每臨席，諸生前後左右環坐而聽，常不下數百人。送往迎來，月無虚日，至有在侍更歲，不能遍記其姓字者。諸生每聽講，出門未嘗不踴躍稱快，以昧入者以明出，

以疑入者以悟出，以憂憤愊憶入者以融釋脱落出。嗚呼休哉，不圖講學之至於斯也！」（王陽明全集卷四十一）

按：關於紹興陽明書院建於何時，構於何地，向來不明，今由王艮、錢德洪所述，真況大明矣。蓋陽明書院乃環光相、能仁、至大、天妃而建，以便四方學子來居僧舍受學。萬曆紹興府志卷二十一：「光相寺，在府西北三里許，後漢太守沈勳公宅。晉義熙二年，宅有瑞光，遂捨爲寺，安帝賜『光相』額。……明嘉靖初，寺尚存。十一年，改爲越王祠。」「至大寺，在府北二里。元至大四年，僧本立購石氏故宅建。殿壁刻宋高宗御書詩尚存。」「小能仁寺，在府西北二里。宋開寶六年，觀察使錢儀建。太平興國二年，吳越給『地藏院』額。後改今額……城中諸寺，獨小能仁習禪持戒，旦夕爲飯接衆……小能仁接衆之名，遂聞於四方叢林矣。」卷二十二：「天妃宮，紹興一衛五所，每一所領伍者十，每一伍置官者一，臨山衛、觀海衛、三江所、瀝海所、三山所、龍山所各置宮一，祀其神以護海運。」卷十九：「新建伯祠，在府北二里許。嘉靖十六年，御史周汝員建，祀新建伯王守仁。」「越王祠，祀越王句踐。宋時在府西北二里，久而廢。明嘉靖十一年，知府洪珠即光相寺基改建，蓋去舊址又西北一里許。」按：嘉慶山陰縣志卷二十一：「王文成祠，在府北二里東光坊，馬如龍有碑記……碑記又云：『其里居舊有專祠，太守李君修之

。是今之東光坊，即公舊第，發祥有自，俎豆允宜。』」可見陽明書院即建在陽明居里東光相坊中，去陽明宅第（伯府）不遠，故錢德洪云學子「環先生之室而居，如天妃、光相、能仁諸僧舍」也。蓋陽明於嘉靖二年起造伯府新邸，至是大抵建成，遂乃又於伯府之外再建陽明書院也。

錢德洪陽明先生年譜云：「嘉靖四年十月，立陽明書院於越城。門人為之也。書院在越城西郭門內光相橋之東。後十二年丁酉，巡按御史門人周汝員建祠於樓前，匾曰『陽明先生祠』。」錢氏以為陽明書院建於嘉靖四年十月，乃誤。按嘉靖四年王艮春間來紹興，但六月即往廣德、孝豐（見下），如何能云嘉靖四年十月「同門王艮、何秦等乃謀建樓居舍於至大寺左」？此實是陽明書院始建於嘉靖三年正月，建成於十月，錢氏記憶失誤，乃闌入嘉靖四年十月中也。至於謂陽明書院建於西郭門內光相橋之東，則大致是，蓋即至大寺左也。西郭門即迎恩門，萬曆紹興府志卷二：「府城……又西轉而北約五里西西曰迎恩門……迎恩曰西郭……」光相橋即在東光相坊，乾隆紹興府志卷八：「光相橋，在城西北。山陰縣志：『在縣北三里許。』」

有書致泰州知府王臣，懇其為王艮救荒事解紛。

陽明先生文錄卷二與王公弼書一：「王汝止來，得備聞政化之善，殊慰傾想。昔人謂：『做官奪人志。』若致知之功能無間斷，寧有奪志之患耶？歐陽崇一久不聞問，不審近來消息如何。若無朋友規覺，恐亦未免摧墮，便中望為寄聲。此間朋友相聚，頗覺比前有益，欲共結廬山中，須汝止為之料理。而汝止以往歲救荒事，心必欲辭去。今乃強留於此，望公弼一為解紛，事若必不可為，然後放令汝止歸也。」

按：前考王臣字公弼，號瑤湖，南昌人。嘉靖二年舉進士，授泰州知府。陽明書所云「汝止以往歲救荒事」，乃指嘉靖二年夏淮揚大饑，王艮貸糧賑饑，事有糾紛，嘗為巡撫所羈押。董燧王心齋先生年譜述之甚詳：「淮揚大饑，先生故所游真州王商人居積富，稚敬重先生。於是先生從真州貸其米二千石歸，請官家出丁冊給賑。時有饑甚不能移者，則作粥糜食之。既謁巡撫□公請賑，因以其所賑饑民冊對，巡公疑其言，先生曰：『賑冊在場，官所可稽。』乃囑先生於空廨中，令人偵先生出入所並與往來言者。時廨中有就囑有司三二人，先生坐其中，惟與三二人講究理學，暇則彈琴自娛，絕無一言及外事，亦無一人往來。偵者以實告撫公。會所取賑冊至，撫公覽之大悔，曰：『幾失君矣。』……」故陽明特致書王臣，欲為一解糾紛也。又書中云「欲共結廬山中，須汝止為之料理」，即指構建陽明書院，由王艮負責料理，與董燧王心齋先生年譜所述相合，可知陽明此書作於嘉靖三年春間也。

二十一日，南京刑部主事桂萼上正大禮疏，大禮議洶洶再起。

國榷卷五十二：「嘉靖三年正月丙戌，南京刑部主事桂萼上言大禮：「自張璁、霍韜上議，時指為干進，遂因循至今。然是失也，綱常所繫，誠非細故，慨興獻帝勿祀二年矣，而臣子肆然自以為是，豈君臣一體之義哉？願陛下速發明詔，循名考實，稱孝宗曰皇伯考，武宗曰皇兄，興獻帝曰皇考，立廟大內，興國太后曰聖母，則天下之為父子君臣者定矣。」并錄南京兵部右侍郎席書、吏部員外郎方獻夫二疏上。命下廷議。萼，正德六年進士，有文名，楊一清一見喜甚，選丹徒令。後巡按論萼，改青田，棄歸。」

按：時張璁、桂萼俱在南京，而黃綰在嘉靖三年正月別陽明歸至南京，旋繼桂萼連上大禮議疏，顯是受陽明及張璁、桂萼之影響可見也。

二月，紹興郡守南大吉以座主稱門生，執贄來學，闢稽山書院，聘陽明主講，八邑彥士紛紛來學，門人日進。

王陽明全集卷七稽山書院尊經閣記：「越城舊有稽山書院，在臥龍西岡，荒廢久矣。郡守渭南南君大吉既敷政於民，則慨然悼末學之支離，將進之以聖賢之道。於是使山陰令吳君瀛拓書院而一新之。」

萬曆紹興府志卷十八：「府城內稽山書院，在臥龍山西岡，山陰地。宋朱晦庵氏嘗司本郡常平事，講學倡多士，三衢馬天驥建祠祀之。其後九江吳革因請為稽山書院，

歲久湮廢。明正德間，知縣張煥改建於故址之西。嘉靖三年，知府南大吉增建明德堂、尊經閣。後為瑞泉精舍，齋、廬、庖、湢咸備。時試八邑諸生，選其優者，升於書院，月給廩餼。」

錢德洪陽明先生年譜：「嘉靖三年正月，門人日進。郡守南大吉以座主稱門生，然性豪曠不拘小節，先生與論學，有悟，乃告先生曰：『大吉臨政多過，先生何無一言？』先生曰：『何過？』大吉歷數其事。先生曰：『吾言之矣。』大吉曰：『何？』曰：『吾不言，何以知之？』曰：『良知。』先生曰：『良知非我常言而何？』大吉笑謝而去。居數日，復自數過加密，且曰：『與其過後悔改，曷若預言不犯為佳也。』先生曰：『人言不如自悔之真。』大吉笑謝而去。居數日，復自數過益密，且曰：『身過可勉，心過奈何？』先生曰：『昔鏡未開，可得藏垢；今鏡明矣，一塵之落，自難住腳。此正入聖之機也，勉之！』於是闢稽山書院，聚八邑彥士，身率講習以督之。於是蕭璆、楊汝榮、楊紹芳等來自湖南，楊士鳴、薛宗鎧、黃夢星等來自廣東，王艮、孟源、周衝等來自直隸，何秦、黃弘綱等來自南贛，劉邦采、劉文敏等來自安福，魏良政、魏良器等來自新建，曾忭來自泰和。宮剎卑隘，至不能容。蓋環坐而聽者

三百餘人。先生臨之，只發大學萬物同體之旨，使人各求本性，致極良知以至於至善，功夫有得，則因方設教。故人人悅其易從。」

大旨總論：「大吉南先生，字元善，號南泉，渭南人。年十五，嘗賦詩言懷，有『誰謂予嬰小，忽焉十五齡。獨念前賢訓，堯舜皆可并』之語。後時時請益於王陽明先生，其示弟及諸門人詩云：『昔我在英齡，駕車辭賦場。朝夕工步驟，追踪班與揚。中歲遇達人，授我大道方。歸來三秦地，墜緒何茫茫。前訪周公跡，後竊橫渠芳。願言諸數子，教學此相將。』」

第1974頁

按：南大吉為正德六年進士，陽明為會試同考試官，故南大吉稱陽明為「座主」。萬曆紹興府志卷三十八：「南大吉，字元善，渭南人。性豪宕，雄於文，與康海、胡纘宗諸人齊名。嘉靖初，以部郎出守郡。同知靳塘多智譎，在任久諳諸利弊，大吉下車，每事諮詢。塘以書生易而證之，大吉陰察其情，而陽為不知者。既三月，一日坐堂上，召諸吏抱案集庭下，數之曰：『若等善欺予。某事善，若以為不善；某事不善，若以不然，何欺予如是？亟持案來。』案至，立剖數十事，悉中情理，人人懾伏，塘駭汗齰舌，不敢出一氣。由是飭條教頒下邑，懲奸戢暴，不撓貴勢巨豪。右天祿、戴顯八者，窩盜致饒，官府素不能治，悉逮捕，斃獄中。每臨重囚，必朱衣象簡，秉燭焚香，大開重門，令衆見之，望見者以為神人，不可犯，然頗傷苛急矣。當是時，王文成公講明聖學，大吉初以會試舉主稱門生，猶未能信，久之，乃深悟痛悔，執贄請益，文成曰：『人言不如自知之明。』自悔之篤，於是稍就平和，乃葺稽山書院，創尊經閣，簡八邑才俊弟子，講習其中。刻傳習錄風示遠近。文成振絕學於一時，四方雲集，庖廩相繼，皆大吉左右之也。」按萬曆紹興

第1975頁

府志卷二十六郡守下著録：「南大吉，渭南人，嘉靖二年。」又卷
三：「今府署，仍唐宋之舊址……嘉靖元年二月火……嘉靖二年十
月，知府南大吉乃修復之。」是南大吉乃在嘉靖二年六、七月
間來任紹興郡守，其執贄來問學及命山陰令吳瀛拓新稽山書
院約在其時。至嘉靖三年二月，其拓建稽山書院當已初成，故其後八
邑彥士遂紛紛來學也。

錢德洪謂是年來學士子三百餘人，實包括稽山書院與陽明
書院兩處學子。除錢德洪所言學子外，今茲可考者如下：

王洪、王玹。光緒海鹽縣志卷十七：「王洪，字宗範，居通園，為
塾師。董蘿石攜之遊王陽明門，陽明奇之。後令子正億執經於
洪。」卷十五：「王玹，字體山……弘治癸未歲貢，選南京鎮南衛
經歷。擢福建泉州府同知，刑罰不施，人民向化。陞刑部山
西司員外郎。解組歸，與從弟洪字宗範研心理學，甘泉、姚江
往復甚殷。太常錢薇嘗詣齋講學，有『吾鄉人豪』之稱，其見
重如此。」

潘日昇、潘日章。民國新昌縣志卷十二：「潘日昇，字益遜。性
端敏，博學多識，師事俞振強，盡得其經學宗旨，慕古力於
進修。為諸生，即器重當道，郡守南大吉掄入稽山書院。與兄
日章同遊王陽明門，深究性理之學。應選貢，任邵武教諭，至
敦禮讓，督課程，給俸賙貧，改創黌序，以陽明之學訓迪諸

士人。著父子、兄弟、夫婦、朋友四箴，俾諷詠之，一時士風丕變，
關閩之學復振。以子晟貴，乞休家居。杜門謝事，日與朋友優
游山水間，講道自樂。好讀易，扁所居曰『玩易窩』。昇持己方
嚴，處家孝友，遇族黨恩禮藹如，邑人咸敬仰之。邵武士為立
碑，請祀名宦。著有貞靜集四卷。（萬曆志原儒林傳）」

程文德。姜寶松溪程先生年譜：「先生諱文德，字舜敷。其先
新安之槐堂人……楷始居永康。……初號益齋，後號質庵，後又
改號松溪。嘉靖三年甲申，先生二十八歲，造陽明先生之門，受
學焉。先生聞陽明先生教人以學為聖賢，於是往受業，以所
聞於胡公璉、李公滄、朱公昉及所受於楓山先生者，互相印證
。陽明大悅之，相與講明致良知之說，逾數月而後歸。其後先
生跋陽明文録，略曰：『先生之可傳者存乎言，其不可傳者存於
意。聖學久湮，良知不泯，支離蔽撤，易簡功成，是先生之意也
。明德親民，無外無內，皇皇乎與人為善，而忘其毀譽者，是
先生之意也。世未平治，以為己辜，將以此學上沃聖明，而登之
熙皞焉，是先生之意也。故曰：讀斯録者，在通其意而已矣
。』」明史卷二百八十三程文德傳：「程文德，字舜敷，永康人。初受業
章懋，後從王守仁遊。登洪先榜進士第二。」

劉晃、劉輅。乾隆廬陵縣志卷三十：「劉晃，字文中，澧田人……
服膺王守仁致良知之學，與兄輅鬻產並往餘姚受業。守

仁深器之，易其名為勉。與同志往復問難無虛日。守仁卒，冕心喪三年。」

劉汝翱。同治萬安縣志卷十二：「劉汝翱，石洲人。嘉靖乙卯舉人。從王守仁悉心理學。任福建大浦知縣，校河南鄉試，陞溫郡同知。時與同官衛承芳、潘士潔冰蘗自持，有『一堂四清』之謠。」

劉文敏、劉文快、劉文協、劉文愷、劉文悌、劉子和、劉曉、劉祐、王時槐、劉繼權、劉爆、劉熄。

兩峰劉先生文敏墓志銘：「先生諱文敏，字宜充，姓劉氏，吉之安福三舍人。三舍之劉在邑為鉅姓……歲壬午，先生年二十有三，則與其族弟獅泉共學……已而讀陽明王公傳習錄所論格物致知

第1978頁

之旨，與宋儒異，展轉研思，恍若有悟，遂決信不疑，躬踐默證。久之，惟覺動靜未能融貫，乃嘆曰：『非親承師授不可。』則買舟趨越中見王公，執侍門墻，往復三歷寒暑。歸而與獅泉先生砥切於家。」（國朝獻徵錄卷一百十四）三舍劉氏七續族譜卷三十四家傳第八劉文敏傳：「……既與獅泉（劉邦采）共學，思所以自立於天地者，每至夜分，不能就寢，謂獅泉曰：『學苟小成，猶不學也。』已得傳習錄而好之，反躬實踐，唯覺動靜未融，曰：『此非師承不可。』遂率其弟文快、從弟文協、文愷、文悌、族弟子和、繼權、族子曉、祐入越而禀學焉。時吾宗北面姚江者，始於梅源，而獅泉、印山繼之，兩峰又同偕九人者往，一門九劉，雅為文成推許。」按之三舍劉氏七續族譜，劉文敏所偕九劉為：劉文快，字宜慎，號竹岡，文敏弟；劉文愷，字宜修，號密齋，文敏從弟；劉文悌，字宜慎，號西塢，文愷弟；劉文協，字宜中，號勉齋，文敏從弟；劉子和，字以節，號覺齋，生員；劉繼權，字霖卿，陽明親書致知說授之；劉祐，字孟吉，號亦省，生員，後隱於北山下，號北山；劉爆，字應成，號退齋；劉熄。

劉邦采。同治安福縣志卷十一：「劉邦采，字君亮。族子曉受業守仁，為語邦采，遂與從兄文敏及弟姪九人謁守仁於里第，師事焉。」按傳習錄卷下有黃省曾記語錄：「劉君亮要在山中靜坐。先生曰：『汝若以厭外物之心去求之靜，是反養成一個驕惰之氣了。汝若不厭外物，復於靜處涵養，却好。』」即記在其時。

第1979頁

劉敬夫。王畿集卷二十半洲劉公墓表：「公諱敬夫，字敬道，別號半洲……先師家居，四方從者雲集。公往浙二三年，聽講之暇，日夜坐小樓，證悟所聞。予相與居處，有交修之助焉。公嘆曰：『「良知即是獨知時」，此師門宗旨。』予曰：『獨知無有不良。良知者，善知也。「可欲之謂善」，有諸己，方謂之信。信者，信良知也。』公頷之曰：『良知，知是知非。』予激之曰：『良知，無是無非。』未達，予曰：『是非者，善惡之幾，分別之端。知是知非，所謂規矩也。忘規矩而得其巧，雖有分別而不起分別之想，所謂悟也。其機原於一念之微，此性命之根，無為之靈體，師門密旨也。』公將信而復疑……」

曾忭。同治泰和縣志卷十七：「曾忭，字汝誠。嘉靖五年進士，授光澤知縣。時王守仁講學虔中，忭往受業。在閩多善政，調婺源，闢紫陽書院，修韋齋祠。報最，擢吏科，陞兵科都給事，上疏忤貴溪相，下錦衣獄。已而得免，放還。家居三十餘年。」鄒守益集卷十八書曾前川子家藏頤濱帖：「前川子忭，以司諫直言褫職……前川子受學陽明先師，而交於四方之豪傑，戰戰兢兢，臨深履薄，更有家傳在。」歐陽德集卷二十八龍門曾先生像贊：「給舍君汝誠……比年，從給舍君事陽明公，有聞於良知之學……」

方紹魁。鄒守益集卷四贈南海方子之商河序：「南海方子受學於陽明先師，復遊甘泉先生之門。其署教吾邑也，協於寮友……嘉靖癸巳冬，拜商河之命……方子矍然避席曰：『以紹魁之辱愛於子，子獨無以規之？』曰：『益也聞諸父師曰：「良知也者，天然自有之規矩也；致良知也者，執規矩以出方圓也。」子務致其良知，常精常明，不為自私用智之所障，則執規以為圓，執矩以為方。……』」按方紹魁字三遲，廣東番禺人，嘗任沙縣令，嘉靖十五年修沙縣志。

梁廉、徐珊。乾隆長州府志卷三十四：「梁廉，字定齋，江西廬陵人。早以道自任，主講會稽時，日與餘姚徐珊侍陽明於鑑湖，益有所得，珊後竟折節稱弟子。嘉靖二十一年，由舉人歷工部主事，出為

長州府通判。時珊以同知先一年至，方修建道堂於虎谿。廉下車，即謁祠下。復創見江軒其側，益會士人，相與講論。由是陽明之學大昌於長州（徐汝佩記）。」

楊紹芳、楊汝榮。錢德洪稱「楊汝榮、楊紹芳等來自湖廣」，按楊紹芳為湖北應城人，故稱楊紹芳來自湖廣。楊紹芳為嘉靖二年三甲一百二十七名進士。讀史方輿紀要卷九十二：「（上虞）通明江，縣東十里，即姚江上流……邑令楊紹芳復堤塘，浚壅塞，往來者便之。……新河，在縣東北十里……嘉靖三年，楊紹芳復導流經城中……」新建伯王文成公傳：「（許璋）殁後，先生題其墓曰『處士許璋之墓』，屬知縣楊紹芳立石焉。」（國朝獻徵錄卷九）可見楊紹芳中進士後，授上虞縣令，遂來見陽明問學。萬曆紹興府志卷三十八：「楊紹芳，字伯傳，應城人。嘉靖初，知上虞。好興剔利蠹，疏運河，拓學地，修築海塘，治績甚著。擢御史去。」楊汝榮，程煇喪紀敘陽明櫬至於越城高村，來會葬者有「舉人諸大綱、楊汝榮」。

鄧周。鄒守益集卷十九松壽鄧翁崇玉遺像贊：「鄧生周趨會稽，學於陽明先師，繼而卒業於山房。嘗延予升堂，兩接松壽翁。翁溫厚簡默，居然老成也。命其長子國以家務，次子圍以商，季氏周以庠。……」按「山房」指東廓山房，可知鄧周亦安福人。

劉週。羅洪先集卷二十二明故處士劉良溪墓志銘：「劉良溪者，萬安西門鉅姓也……當是時，陽明王先生倡道於虔，吉之縉紳多往從之，而出入者亦復不少。良溪早有篤行之名，至是從諸縉紳聞其議論……間走吴越，訪諸先生長者，冀以自益，或納弟子禮，野服侍側，不知年齒長少也。……良溪名週，字繼卿，生弘治辛亥正月十八日午，卒嘉靖丁未十月二十八日戌。」

張鰲山。鄒守益集卷十八題會稽師訓卷：「張子鰲山繪先師陽明遺像，及彙書翰為一卷，夙夜用以自範。某敬題曰會稽師訓，而申於後曰：師道之功大矣哉！方先師之存也，四方之士若抱病而求障、痛，充然各得其所可願；及於亡也，悵悵然靡

所賴矣。然遺方猶存，即而服食之，咸可以却疾而延年。書中有曰：『君子之心如青天明月，雖風雨晦冥，千變萬狀，要在不失其清明皎潔。古之人顧諟明命，臨深履薄，故升沉毀譽，外境遞異，而本體恒一，由此道也。』又曰：『延平云：「中年無朋友，幾乎放倒。」所與不必盡求勝己，但得人時相切礪難，工夫便自不同。古之人耕稼陶漁中，安能得禹、契？然何莫非取善之境？故自成成物，原無塗轍。』方張子遇誣時，某上書先師申救，及侍側，懇懇言之，公莞然曰：『寄語汝立，不做好官，且做好人。』某瞿然自失於升沉毀譽之表，書中亦曰：『謙之必得數相見，於此學必有切磋砥礪之益。幸及時相與，大進此道，以繼往開來。』讀之毛髮竦然

。先師棄諸生二十年矣，諸同門相繼淪逝，而吾二人亦齒髮種種矣。仁以為己任，死而後已，請從事於當仁之訓，庶無負於茲卷。」按張鰲山會稽師訓乃彙錄嘉靖元年至嘉靖六年陽明與張鰲山之書，蓋此數年中，張鰲山不僅與陽明多有通信往來，而且亦常來會稽問學也。

金榜。吴鵬飛鴻亭集卷十九金雨洲墓志銘：「嘉靖丙寅二月二十有八，雨洲先生遘疾，卒於正寢……公諱榜，別號雨洲，文華其字也……嘉靖壬午領浙江鄉薦，明年上春官弗第，卒業南雍。大司成甘泉先生器重焉，遣就陽明先生學，賦詩贈之行。既見陽明，得聞良知之說。遨遊二先生之門，詣極根柢……公生於弘

治甲寅九月十六日，距卒之日，享年七十有三。」

徐霈、王修易。天啟衢州府志卷十一：「（江山）徐霈，字孔霖，號東溪。嘉靖丁酉鄉薦，辛丑進士，河南督學，廣東布政。幼習章句，覺與性地靈臺不甚浹洽，師事陽明，悟良知之諦，一掃誦習塵詮，其鎔鑄篇章，操縱作用，具從良知中流出。抗疏夏言，甘受廷杖，直節凛然。督學天中，提撕士類，多成鉅儒。轉轄嶺南，厭薄刀員，每入庫倉，輒覺眩，曰：『腥羶逼人。』解綬歸家，築講會舍館，著書談道，老而不倦。壽九十有五，時人比之衛武公。」同治江山縣志卷九儒林：「王西山（宋成綏志）名未詳，江山人。與徐霈同學，宅心制行卓越流俗

。早遊陽明先生之門，日講良知格物之學，恥於道腴，淡棄榮利。」「王修易，西山下人。嘉靖時貢生，官學正。為人耿直清介，不附權勢，平日以學問氣節自勵。督撫聞其名，招之講學，不輕赴，人服其有節操，或云即王西山，存以俟考。」按王畿在菴王公墓表云：「丁亥，先師赴兩廣，道衢，君與欒君惠、王君修易、林君文瓊、鄧君禮輩，候於江滸，復求印可。」（王畿集卷二十）可見王修易確為陽明弟子。乾隆南昌府志卷四十六名宦：「王修易，江山人。嘉靖間，由歲貢任新建訓導，終日對諸生講學，貧者輒周恤之。故與巡撫山陰張元沖為同門友，一日，遣

人召見修易，曰：『為公事乎？為講學乎？』講學，當以折柬；相命，即公事。』明日，趨謁讋之，如禮延請，乃赴。（豫章書）。」稱王修易與張元沖為同門友，更可見其為陽明弟子。程煇褱紀中稱「門人欒惠……王修……」此「王修」當是王修易之誤。又傳習錄卷下多有「門人黃修易錄」，錄在嘉靖四年前後。查史志無黃修易其人，疑「黃修易」亦王修易之誤。

尚班爵。馮從吾關學編三：「……時所有同州（渭南）尚公班爵，字宗周，弘治甲子經魁。父衡，為浙江參議。公隨父任，亦從王文成公學。後任安居知縣。谿田先生撰通誌，稱公作縣剛果勤勵，政舉民安。著有小淨稿、雲林集。」

來汝賢。乾隆南昌府志卷四十七名宦：「來汝賢，字子禹，蕭山人。進士，任奉新知縣。嘗從學於王守仁之門，其措施悉有條理。蒞邑僅八月，卒，士民咸悼惜之。」

駱驥。光緒諸暨縣志卷二十二人物志：「駱驥，字汝良，號櫧山，驗弟。嘉靖壬辰進士，官刑部主事。幼讀書止四五行。從祖瓏，自潮州歸，一見器之，謂其父鳳岐曰：『諸子英立，然邁種元宗者，驥也。』（駱問禮傳）及長，受業王文成之門。（毛奇齡西河全集）以仔統待後自期。及廷對，侃侃萬言，人以董江都比之。辦事刑部，應詔言事，大略謂：致中和，則天地位，萬物育；中和未

致，災異所以頻仍也。疏中語涉大學士張孚敬。孚敬向不識驥，入朝私問：『孰為駱？』某人指示之，為之悚然，且曰：『吾目中素空無人，及覩駱名心動，今果為所中。』一時風采節概，震動朝右。卒未究其用而歿。」

成子學。光緒潮州府志卷二十八人物：「成子學，字懷遠，號井居，海陽人。性孝友，少事王陽明，得良知之旨。嘉靖丁酉舉於鄉，甲辰成進士，授峽江令。邑故多郵傳雜派，子學裁革過半，使客鞅鞅，卒不復有無主荒糧。里胥相緣為奸弊，延累無已，為請於上官，均攤闔縣無偏枯。縣民鄭文生母死於虎，訟之。官焚牒告山神，

設檻以待。翌日虎斃。行取擢兩淮監察御史，累官苑
馬寺卿。生平與吉水羅洪先往復寓書，闡明理學」。
葉慎。民國台州府志卷一百零五：「葉慎，字允修，號
恒陽，太平人。……父靈鳳，弘治十五年成進士。嘗詣謝
鐸，觀案上書籍，曰：『了此庶無負矣』。尋陞南部主事
，以憂歸。……慎生十餘歲而父歿，乘喪變群侮蝟集，
慎處之裕然。長補諸生，厭舉業，從王守仁遊於會稽，
得聞良知之旨，矍然曰：『是矣，是矣！聖人決可學而
至也』。時有以『隨處體認天理』為教者，又有以『洗滌心垢
』為教者，慎曰：『理非外鑠，心本無垢』。其超悟自信，類

如此。……」
施悌。民國台州府志卷一百零八：「施槃，字彥器，號
新齋，黃巖人。成化二十年進士，授刑部主事，歷員外
、郎中。讞獄南畿江西，多所平反。……從子悌，字宜
之，性倜儻，接人有禮。嘗從王守仁遊。由例貢官鴻臚
序班。著有鶴洞稿、先覺教言。」
徐禾。乾隆海寧州志卷十：「徐禾，字仲年。為人質行，
工詩古文辭。齠齔時聞姚江王氏講良知之學，躡屩從
之，多創獲其所未發者。嘉靖丁酉舉鄉薦，謁選茶陵
知州。時有巨寇嘯聚攻剽，禾設方略逮捕，論死。戊午

秋，校楚士，拔艾穆。以諫顯，遷南比部郎。未幾，罷歸。
盤礴山水間二十餘年以終」。
陳荊獻、陳善。萬曆錢塘縣志紀獻名宦：「陳善，字思
敬。父荊獻，博洽端方，從王文成先生游，以貢司訓崑山
。善幼穎異，從父遊文成門，文成以任道器許之。弱冠舉
進士。三令巖邑，擢官伯郎，督學滇、粵。梓經史，密
課程，崇行誼，士蒸蒸向風，所至俎豆之。仕至左布政使
。……」許孚遠雲南布政使陳公善神道碑：「先生諱善，
字思敬，別號敬亭，世居錢塘太平里。……先生生而端凝
，弱不好弄。年十一能屬文，嘗從贈公讀書於觀察王公

署中，一見，目為遠器。十四及王文成先生之門，十七試有
司，督學汪公置異等。甫弱冠，當督學林公選為五經師
，所造士若太保高文端公而下，多賢達。甲午，舉浙江鄉
試第二人。辛丑，成進士。……」（國朝獻徵錄卷一百零二）
孫景時。民國杭州府志卷一百三十八儒林：「孫景時，字
成叔，杭州右衛人。性耿介，於世寡諧。師事王守仁、湛
若水，與山陰汪應軫、仁和邵銳、江暉、錢塘吳鼎為友
。正德十一年舉於鄉，授長洲教諭，遷攸縣令，卻餽例，
雪平民枉狀，逮豪右易滔，發其奸贓，論如法，人多稱之
。無何，解官歸。乃蒐輯故典，證以長老舊聞，質諸鄉

評，作武林文獻錄。」

王澧。民國杭州府志卷一百三十八儒林：「王澧，字本澄，錢塘人。幼讀朱子語錄，遂絕意舉業。聞餘姚王守仁講學，負笈往從。守仁嘉其篤志，命其子與之共學。澧勤於著述，於程子、張子遺書皆有補注。」

毛鳳起。光緒黃州府志卷十九儒林：「（麻城縣）毛鳳起，字瑞東，諸生。少習舉子業，後厭棄之。從王守仁講學，歸而授徒，作心學圖、致知說，以明其旨。嘉靖壬辰，詔舉賢良敦行遺逸之士，有司以鳳起應，辭不就。知縣陳子文為建道峰書院居之，就教者益衆。鳳起德性和易，志行高潔，孝友敦睦，老而彌篤。卒後，邑人於五腦山建明德堂，與劉承烈並祀。」

蔡月涇。光緒黃州府志卷十九儒林：「（蘄水縣）蔡月涇，字沙江。性純孝，博學好古。年十四，割股愈母疾。正德丙子舉於鄉。嘗擔囊受業於王守仁，入南雍，與湛若水游，終身不仕。教授生徒，歲至數百人。生平言動無戲渝，郡邑有司罕見其面，學者稱為『大隱先生』。著易經膚說三卷。」

王世俊。同治安福縣志卷十名宦：「王世文，字質夫，號南漚，東鄉蒙岡人。……弟世俊，師事王守仁，所著有

第 1989 页

知止錄。」

鍾圓。同治興國縣志卷二十四：「鍾圓，字椎方，藍田東高鄉人。年十七，餼於黌，郡守愛其才，為行冠禮於堂上。嘉靖中貢授江華令，致仕。從王文成公講求性命之學。壽八十九。」

曾才漢。按今存陽明先生遺言錄上題作「門人金溪黃直纂輯，門人泰和曾才漢校輯」，下題作「門人餘姚錢德洪纂輯，門人泰和曾才漢校輯」，知曾才漢為陽明門人。嘉靖太平縣志卷四：「知縣，曾才漢，字明卿，泰和人。由舉人授將樂縣知縣，未仕，丁外艱。起復，改除，以嘉靖十六年六月至。」志前有王度太平縣志序云：「吾友海峰葉君獨居山中，構思以俟。于是雙溪曾侯來會，與語大悅，遂挈而授之……雙溪名才漢，字明卿，前令袁之里人。」疑曾才漢乃是嘉靖三年與曾忭一同來受學。

禮部員外郎陳九川奉命冊封弋陽王，歸經紹興再來問學。

羅洪先集卷二十明水陳公墓志銘：「癸未，進禮部儀制員外郎，冊封弋陽王。甲申，詣陽明公於越。」

按，國朝獻徵錄卷一弋陽端惠王拱樻：「弋陽端惠王拱樻，莊僖王子也。……初封將軍，同藩諸將軍已屬目其賢。會宸濠作逆伏誅，諸郡王勢相頡頏，莫能一。上以王守正不阿，詔令統攝府事。嘉靖初，上書請復獻、惠二王廟祀，得備禮樂，稍增設審理奉祠典儀，諸宗官屬自藩臬諸司以下，歲時皆入謁如大藩禮。」陳九川當是嘉靖二年冬奉命往冊封弋陽王，

第 1990 页

至次年春事畢回京，遂經紹興再來見陽明問學。

辰州楊月山千里來紹興問學。

李彭山先生文集卷一□□□楊君擢清浪衛將序：「月山楊先生少有遠志，雖起自辰州衛百户侯，而好學求師，力行古道，故能薦立武功，累陞正千户。然以安身立命之地不在是也。聞吾師陽明公講道東越，即不遠數千里負笈過從。又以甘泉公講道南都，復不遠千里自越過從，盡究其異同，而歸宿於吾師致良知之說，於是學有定向矣。……」

按：湛甘泉在嘉靖三年八月陞南京國子監祭酒，可見楊月山當是先在嘉靖三年上半年來紹興問學於陽明，至下半年則由越往南都問學於甘泉。

南湖張綖來紹興問學，陽明書卷贈別。

王陽明全集卷二十七寄張世文：「執謙枉問之意甚盛。相與數月，無能為一字之益，乃今又將遠別矣，愧負，愧負！今時友朋，美質不無，而有志者絕少。謂聖賢不復可冀，所視以為準的者，不過建功名，炫耀一時，以駭愚夫俗子之觀聽。嗚呼！此身可以為堯、舜，參天地，而自期若此，不亦可哀也乎？故區區於友朋中，每以立志為說。亦知往往有厭其煩者，然卒不能舍是而別有所先。誠以學不立志，如植木無根，生意將無從發端矣。自古及今，有志而無成者則有之，未有無志而能有成者也。遠別無以為贈，復申其立志之說。賢者不以為迂，庶勤勤執謙枉問之盛心為不虛矣。」

按：前考張綖字世文，號南湖居士，高郵人。陽明此文乃書卷贈別之文，題作「寄張世文」未當。

張綖張南湖先生詩集卷一感述呈王陽明：「茫茫原上草，歷歷壤中英。春風一披拂，燁燁生光榮。我生百無能，承志窮一經。云胡不自勵，蹉跎日沉淪。俛懷痀瘻子，賤技何足云。凝神以禦垸，亦得□其名。造物實匪私，所志貴專精。冉冉向日晚，踽踽空江濱。盛年忽已壯，嘆息將何成？」

按：張綖此詩在詩集中列為「弘治十四年至十八年」作，乃誤。此詩云「盛年忽已壯」，按張綖生於成化二十三年，弘治中其尚未成年，其壯年已是在嘉靖中，可見張綖約在陽明陽明書院、稽山書院後來受學，乃有「相與數月」之久。蓋其時張綖八上春官不第，遂多來紹興問學也。

汪尚和屢來紹興問學，約在其時，陽明有贈言。

王陽明全集卷二十七與汪節夫書：「足下數及吾門，求一言之益，足知好學勤勤之意。人有言：古之學者為己，今之學者為人。今之學者須先有篤實為己之心，然後可以論學。不然，則紛紜口耳講說，徒足以為為人之資而已。僕之不欲多言者，非有所靳，實無可言耳。以足下之勤勤下問，使誠益勵其篤實為己之志，歸而求之，有餘師矣。有能一日用其力於仁義乎？我未見力不足者，足下勉之！『道南』之說，明道實因龜山南歸，蓋亦一時之言，道豈有南北乎？凡論古人得失，莫非為己之學，誦其詩，讀其書，不知其人，可乎？是以論其世也，是尚友也。果能有所得於尚友之實，又何以斯錄為哉？節夫姑務為己之實，無復往年務外近名之病，所得必已多矣，此事尚在所緩也。凡作文，惟務道其心中之實，達意而止，不必過求雕刻，所謂修辭立誠者也。」

按：前考汪尚和字節夫，號紫峰，休寧人。陽明書所云「往年務外近名之病」，乃指正德九年汪尚和來南京問學之時。是次「數及吾門」，則當在陽明歸紹興以後，即在嘉靖中數來紹興問學也。

第1993頁

十一日，楊廷和以大禮議忤旨致仕。謝源、伍希儒欲北上入京辯謗，陽明有書勸止行。

國榷卷五十三：「嘉靖三年二月丙午，少師兼太子太師、吏部尚書、華蓋殿大學士楊廷和致仕，以大禮織造積忤，乞歸。禮部尚書汪俊曰：『公去，誰可主者？』言官交章請留，不聽。……戊申，禮部尚書汪俊等集議大禮，云：『前後章疏，惟張璁、霍韜、熊浹與桂萼議同。其兩京諸臣凡八十餘疏，二百五十餘人，皆如部議。桂萼等肆言無忌，宜罷。』上召張璁、桂萼於南京，下部再議。」

陽明文錄卷三答伍汝真僉憲：「書來，見相念之厚，感愧，感愧！彼此情事，何俟於今日之言乎？士潔之怨，蓋有不度於事理矣。數年憂居，身在井中，下石者紛然不已，己身者且不敢一昂首視，況能為人辯是非乎？昔人有言：『何以止謗？曰：無辯。』人之是非毀譽，如水之濕，如火之熱，久之必見，豈能終掩其實者？故有其事，不可辯也；無其事，不必辯也。無其事而辯之，是自誣也；有其事而辯之，是增益己之惡而甚人之怒也，皆非所以自修而平物也。今主上聖明無比，洞察隱微，在位諸公皆兢兢守正奉法，京師事體與往時大有不同。故二君今日之事，惟宜安靜自處，以聽其來順受之而已耳

第1994頁

。天下事往往多有求榮而反辱、求得而反失者，在傍人視之甚明，及身當其事，則冥行而罔覺，何也？榮辱得失之患交戰於其中，是以迷惑而不能自定耳。區區非徒為此迂闊之言，而苟以寬二君之心者。二君但看數年來，區區所以自處者如何？當時若不自修自耐，但一開口與人辯，則其擠排彀辱之禍，將必四面而至，寧獨數倍於今日而已乎？當時諸君從傍靜觀其事勢，豈不洞見諸君之事自與區區休戚相關？故今日之言，非獨以致惻怛之愛於二君，實亦所以自愛也。幸以此意致之。士潔北行，且勿往為是，往必有悔矣。迫切之言，不罪不罪

」。

按：此書云「二君」者，即謝源、伍希儒。謝、伍黜落仕籍，多有怨言，嘗託陽明致書大臣，陽明不願辯之，已見前考。是次謝源又書來託陽明辯之，當是伍希儒除同知後不久，又陞僉憲，謝源則通判鎮寧州後不服，乃又上京辯謗，即此書所云「士潔北行」。謝、伍之被謗誣，（蓋由楊廷和一手遮天處之，）霍韜地方疏云：「姦臣張忠、許泰等欲掩王守仁之功為己有，乃揚諸人曰：『王守仁初同賊謀』。及公論難掩，乃又曰：『宸濠金帛俱王守仁、伍希儒、謝源滿載以去』。當時大學士楊廷和、尚書喬宇，亦忌王守仁之功，遂不與辨白，而黜伍希儒、謝源，俾落仕籍。王守仁不辯之謗，至今未雪，可謂黯啞之冤矣。」鄒守益南溪伍希儒墓志銘亦云：「一時娼者、爭功者，譏謗四騰，曰濫殺，曰搶掠，曰侵王府金帛。於是伍君與謝君例陟僉憲，曰賞功也；曰尋例謫邑令，曰罰罪也。未幾，遂從而褫其職。……」「西樵方公、渭厓霍公、久庵黃公，先後訟其冤於朝，宜定江西功次，而霍公尤剴切，曰：『方變起倉猝，鄙夫斂避，謝源、伍希儒非守土之任，越職分以獎忠勤。變亂既平，腐儒俗吏騰口舌以繩其短。就使二臣果有贜載金寶之實，猶斷以大義，勿恤小瑕，為後日任事之勸，況張忠、許泰鼓揚流言，而妬者附之，適以褫天下忠義之魄，而可信之乎？』其後臣巡按鎬覈實以覆，事竟不白。」（鄒守益集卷二十

二）伍希儒黜歸後，多書來託陽明辯白，然其時陽明亦自深陷於謗毀之中，故亦無從出面為伍、謝辯白其冤，而采取「無辯止謗」態度。陽明此書言「數年憂居」，按陽明父嘉靖元年二月卒，陽明憂居，至嘉靖三年四月服闋，是所謂「數年憂居」，故陽明此書當作在嘉靖三年四月前不久，疑即因楊廷和在二月罷歸，伍、謝以為辯謗雪冤時機已到，遂北上入京，並有書致陽明，懇其幫助辯冤，陽明乃作此答書勸之也。

三十日，昭聖太后壽辰，詔免朝賀，御史季本因疏諫貶揭陽主簿，戶部員外郎林應聰因論救貶徐聞縣丞。季本歸山陰來見陽明，陽明大贊林應聰氣節。

國榷卷五十三：「嘉靖三年二月乙丑，昭聖慈壽皇太后壽

節，免命婦朝賀。御史馬明衡、朱淛言：「興國太后致賀未逾月，昭聖輟而不行，非體。萬一因禮文末節，稍成嫌隙，此非細故。」上怒，下鎮撫司。修撰舒芬又言之，奪祿三月。御史蕭一中、季本、陳逅、戶部員外郎林應聰申救，皆下獄。謫應聰徐聞縣丞，本、逅揭陽、合浦主簿。」

光緒莆田縣志卷二十：「林堪，字舜卿……成化辛丑進士……。（子）應聰字汝桓，正德丁丑進士，授戶部主事。監臨清鈔關稅，減稅價，去橫徵額外，復進羨金上用，營公署，植柏柳，以憩商人。陞員外郎，值昭聖太后壽

第1997頁

辰，傳免朝賀，同邑御史朱淛、馬明衡疏諫，逮訊。應聰抗疏論救，言：『陛下以宮闈之故，罪及言官。本生正統之義，又不能無所軒輊，忠臣義士將杜口結舌，不敢復議天下事。』上怒，並詔獄。謫徐聞縣丞，航海謁陽明王守仁，講學句餘。」

按：陽明後來作題夢槎奇遊詩卷云：「林君汝桓之名，吾聞之蓋久。……今年夏，聞君以直言被謫，果信其為文章氣節者矣。」蓋可見陽明又首肯林應聰之禮說矣。

三月十一日，震澤王鏊卒，陽明為作太傅王文恪公傳，特錄其性善對。

王陽明全集卷二十五太傅王文恪公傳：「公諱鏊，字濟之……平生嗜欲澹然，吳中士夫所好尚珍賞觀遊之具，一無所入。惟喜文辭翰墨之事，至是亦皆脫落雕繪，出之自然。中年嘗作明理、克己二箴，以進德砥行。及充養既久，晚益純明，凡有著述，必有所發。其論性善云：『欲知性之善乎？盍反而內觀乎？寂然不動之中，而有至虛至靈者存焉。湛兮其非有也，窅兮其非無也；不墮於中邊，不雜於聲臭。當是時也，善且未形，而惡有所謂惡者哉？惡有所謂善惡混者哉？惡有所謂三品者哉？性，其猶鑑乎！鑑者，善應而不留。物來則應，物去則空

第1998頁

，鑑何有焉！性，惟虛也，惟靈也，惡安從生？其生於蔽乎！氣質者，性之所寓也，亦性之所由蔽也。氣質異而性隨之，譬之珠焉，墜於澄淵則明，墜於濁水則昏，墜於污穢則穢。澄淵，上智也；濁水，凡庶也；污穢，下愚也。天地間腷塞充滿，皆氣也；氣之靈，皆性也。人得氣以生而靈隨之，譬之月在天，物各隨其分而受之。江湖淮海，此月也；池沼，此月也；溝渠，此月也；坑塹，亦此月也，豈必物物而授之！心者，月也；性者，月之光也；情者，光之發於物者也。』其所論造，後儒多未之及。閑居十餘年，海內士夫文章論薦不輟。

及今上即位，始遣官優禮，歲時存問。將復起公，而公已沒，時嘉靖三年三月十一日，壽七十五矣。贈太傅，謚文恪，祭葬有加禮。……史臣曰：世所謂完人，若震澤先生王公者，非耶？內裕倫常，無俯仰之憾；外際明良，極祿位聲光之顯。自為童子至於耆耋，自廟朝下逮閭巷至於偏隅，或師其文學，或慕其節行，或仰其德業，遂所見異其稱，莫或有瑕疵者。……無錫邵尚書國賢與公婿徐學士子容，皆文名冠一時，其稱公之文規模昌黎，以及秦漢，純而不流於弱，奇而不涉於怪，雄偉俊潔，體裁截然，振起一代之衰，得法於孟子，論辯多古人未

發；詩蕭散清逸，有王、岑風格；書法清勁自成，得晉、唐筆意。天下皆以為知言。陽明子曰：『王公所深造，世或未之能盡也，然而言之亦難矣。若其性善之說，以微見其概，使後世之求公者以是觀之。』」

按：陽明所特録論性善文，即性善對，見震澤集卷三十四。蓋王鏊論性善與陽明論良知相合，故特為陽明所重也。

二十一日，禮部尚書汪俊罷。黃綰有書來告朝中大禮議之況，不答。

國榷卷五十三：「嘉靖三年三月丙戌，喬宇等再請止內殿另祀，不聽。南京刑部主事張璁、桂萼道奏：『本生對所後而言，實陽與而陰奪之也。世無兩考之禮，禮官正借此為辭，明皇上為孝宗之子云爾。不亟去本生，雖稱皇考，實與皇叔無異。謹條七事。』上心動，仍促璁、萼入京。禮部尚書汪俊罷。」

黃綰集卷十九寄陽明先生書二：「近日石齋（按：楊廷和）與石潭（按：汪俊）之去，其詳可悉聞之否？原其事情所處，惡可謂朝廷之過？此事全賴聖明。若天地包荒，只依諸公所處，國事當如何耶？雖諸公如此

悖理，如此黨比，欺忤至矣！然猶從容斟酌，略無纖毫憤懥之情，此分明堯舜之資，但惜無人輔翼，擴充此心，以為蒼生之福。今不惟不能擴充，反為摧挫抑遏，以使消沮疑阻，豈古大臣引君當道之理如是也？世道之衰，天理不明，至此極矣！為恨何如，亦無怪乎！桂子實所謂『強臣抗君』者也。御史、毛玉江西勘事，專迎當路之意，敢公然醜正如此，其又可慨何如也！」

按：所謂「大禮議」，本質上不過是關於君權帝位如何名正言順、合「禮」、合法繼承之無謂爭論，從中亦不過強烈反映了世宗君主專權獨斷之心態。黃綰竟乃謂世宗有「堯舜之資」、欲「擴充」其心（君主獨斷之

心？」），以為「蒼生之福」，而給反大禮議派加以「强臣抗君」之罪名，可謂言之太過，匪夷所思。陽明不答，蓋有難言苦衷也。

按大禮議派（御用派）人多是不信王學者，「大禮議」皇帝世宗尊朱學而反王學，乃至有「學禁」之舉；張璁、桂萼皆不信王學；霍韜崇信朱學，詆王學尤力（今人謂霍韜為陽明弟子誤甚）；方獻夫與陽明論學不合；陳洸（國傑）初從陽明問學，講論不合，乃轉投官場，經營仕途飛黃騰達。故今人謂大禮議反映王學與朱學之矛盾斗爭，亦純主觀臆説也。從政治上言，「大禮議」不過是適應登位新君專制獨裁之需要，亦是確立世宗新君專制獨裁統治之象征與標志。張璁、桂萼之輩不過善於乘時而動，見機而作，迎合了世宗專權獨斷之急迫帝王心理，借大禮議博取高官而已。世宗之昏憒專制較明武宗有過之而無不及，實由大禮議啟之，張、桂輩助之也。明乎此，陽明何以對大禮議兩派采取模棱兩可之態度，何以對弟子參加兩派禮議紛爭不置可否，個中原因不辨自明矣。

海寧董澐來遊會稽，以杖肩瓢笠詩卷來訪，執贄為弟子。

王陽明全集卷七從吾道人記：「海寧董蘿石者，年六十有八矣。以能詩聞江湖間，與其鄉之業詩者十數輩為詩社，旦夕操紙吟嗚，相與求字之工，至廢寢食，遺生業。時俗共非笑之，不顧，以為是天下之至樂矣。嘉靖甲申春，蘿石來遊會稽，聞陽明子方與其徒講學山中，以杖肩其瓢笠詩卷來訪。入門，長揖上坐。陽明子異其氣貌，且年老矣，禮敬之。又詢知其為董蘿石也，與之語連

第2001页

日夜。蘿石辭彌謙，禮彌下，不覺其席之彌側也。退，謂陽明子之徒何生秦曰：『吾見世之儒者支離瑣屑，修飾邊幅，為偶人之狀，其下者貪饕爭奪於富貴利欲之場，而嘗不屑其所為，以為世豈真有所謂聖賢之學乎？直假道於是以求濟其私耳！故遂篤志於詩，而放浪於山水。今吾聞夫子良知之説，而忽若大寐之得醒，然後知吾向之所為，日夜弊精勞力者，其與世之營營利祿之徒，特清濁之分，而其間不能以寸也。幸哉！吾非至於夫子之門，則幾於虛此生矣。吾將北面夫子而終身焉，得無既老而有所不可乎？』秦起拜賀曰：『先生之年則老矣，先生之志何壯哉！』入以請於陽明子。陽明子喟然嘆曰：『有是哉？吾未或見此翁也！雖然，齒長於我矣。師友一也，苟吾言之見信，奚必北面而後為禮乎？』蘿石聞之，曰：『夫子殆以予誠之未積歟？』辭歸兩月，棄其瓢笠，持一縑而來。謂秦曰：『此吾老妻之所織也。吾之誠積，若此縷矣。夫子其許我乎？』秦入以請。陽明子曰：『有是哉？吾或未見此翁也！今之後生晚進，苟知執筆為文辭，稍記習訓詁，則已侈然自大，不復知有從師學問之事。見有或從師問學者，則鬨然共非笑，指斥若怪物。翁以能詩訓後進，從之遊者遍於江湖，蓋居然先輩矣。一

第2002页